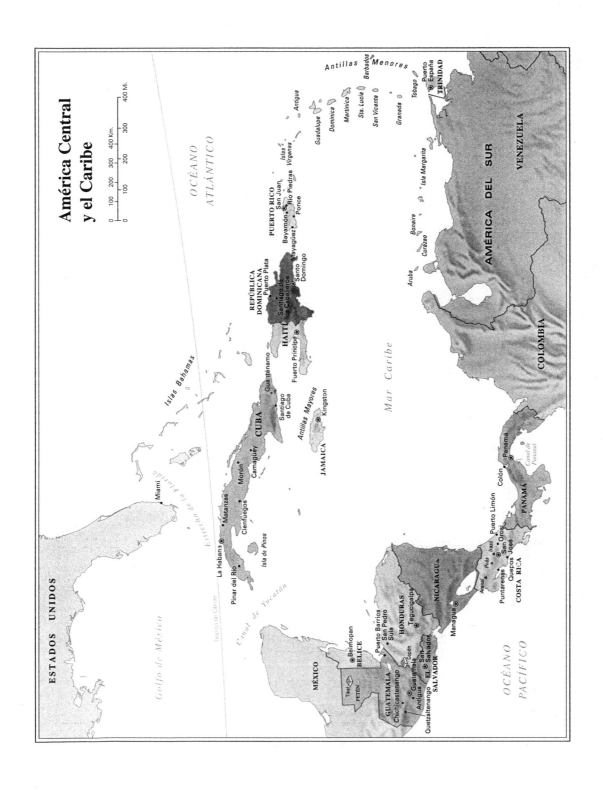

América Central y el Caribe

ESTADOS UNIDOS

Golfo de México

Miami

Trópico de Cáncer

Estrecho de la Florida

Canal de Yucatán

La Habana
Pinar del Río
Isla de Pinos
Matanzas
Cienfuegos
Morón
Camagüey
CUBA
Guantánamo
Santiago de Cuba

Islas Bahamas

OCÉANO ATLÁNTICO

0 100 200 300 400 Km.
0 100 200 300 400 Mi.

REPÚBLICA DOMINICANA
Puerto Plata
Santiago de los Caballeros
HAITÍ
Puerto Príncipe
Santo Domingo

PUERTO RICO
San Juan
Bayamón
Río Piedras
Mayagüez
Ponce

Islas Vírgenes

Antigua

Guadalupe

Dominica

Martinica

Sta. Lucía
San Vicente

Barbados

Granada

Tobago
Puerto España
TRINIDAD

Antillas Menores

Isla Margarita

Bonaire
Curazao
Aruba

Antillas Mayores
Kingston
JAMAICA

Mar Caribe

MÉXICO

Tikal
PETÉN
Belmopán
BELICE
Puerto Barrios
San Pedro Sula
HONDURAS
Copán
GUATEMALA
Chichicastenango
Guatemala
Antigua
Quetzaltenango
EL SALVADOR
San Salvador
SALVADOR
Tegucigalpa

NICARAGUA
Managua

Puerto Limón
Colón
Panamá
Canal de Panamá
PANAMÁ

Puntarenas
Quepos
San José
San Orosi
Irazú
Poás
Arenal
COSTA RICA

OCÉANO PACÍFICO

COLOMBIA

VENEZUELA

AMÉRICA DEL SUR

Imágenes

Second Edition

WITH STUDENT ACTIVITIES MANUAL

DEBBIE RUSCH
BOSTON COLLEGE

MARCELA DOMÍNGUEZ
UNIVERSITY OF SOUTHERN CALIFORNIA

LUCÍA CAYCEDO GARNER
UNIVERSITY OF WISOCONSIN-MADISON EMERITA

HOUGHTON MIFFLIN COMPANY
BOSTON   NEW YORK

IMÁGENES, SECOND EDITION
By Debbie Rusch, Marcela Domínguez, and Lucía Caycedo Garner
Copyright © 2007 by Houghton Mifflin Company. All rights reserved.

Publisher: Rolando Hernández
Development Manager: Glenn A. Wilson
Senior Project Editor: Rosemary R. Jaffe
Editorial Assistant: Deborah Berkman
Art and Design Manager: Gary Crespo
Composition Buyer: Chuck Dutton
Senior Photo Editor: Jennifer Meyer Dare
Director of Manufacturing: Priscilla Manchester
Executive Marketing Director: Eileen Bernadette Moran
Associate Marketing Manager: Claudia Martínez

Credits for texts, photographs, and realia are found following the index at the back of the book.

IMÁGENES: STUDENT ACTIVITIES MANUAL
By Debbie Rusch, Marcela Domínguez, and Lucía Caycedo Garner
Copyright © 2007 by Houghton Mifflin Company. All rights reserved.

Publisher: Rolando Hernández
Development Editor: Sandra Guadano
Project Editor: Harriet C. Dishman / Michael E. Packard
Director of Manufacturing: Priscilla Manchester
Executive Marketing Director: Eileen Bernadette Moran
Associate Marketing Manager: Claudia Martínez

CREDITS:
Page 19, © Vanidades Continental; page 19, courtesy of Humberto Hincapie Villegas; page 37, http://www.plus.es/codigo/television/television. asp; page 69, Excerpt on "Machu Picchu" from http://traficoperu.com/machupicchu.htm; page 69, Excerpt on "Hiram Bingham" from http:// www.infoweb.com.pe/villarreal/fdcpOf.htm; page 85 (top), © Nevada Wier/CO RBIS; page 85 (bottom), © Tony Arruza/CORBIS; page 101 (top and bottom) courtesy of author; page 116, © Robert Fried; page 122, courtesy of Mi Buenos Aires Querido; page 167, Copyright © 1986 by Houghton Mifflin Company. Adapted and reproduced by permission from The American Heritage Spanish Dictionary; page 179, © Mary Altier; page 190, from "El Mundo a Su Alcance con Hertz," reprinted by permission of the Hertz Corporation.

ILLUSTRATIONS:
Andres Fernandez Cordón: pages 12, 14,210,222 (top); Mark Heng: pages 57, 131, 187, 191, 217; Tim Jones: pages 90, 241; Len Shalansky: pages 6, 121, 183(a), 204, 229, 239; Doug Wilcox: pages 222 (bottom), 248; Will Winslow: pages 4, 5, 29, 46, 49, 50, 68, 76, 78, 79, 111, 130, 139, 186, 202, 203, 207, 211, 212, 214, 216, 225, 240, 245, 258; Joyce A. Zarins: pages 44, 62, 64, 67, 140, 143, 160, 183 (b&c); 213, 219, 220, 228, 230, 231, 252, 256

Custom Publishing Editor: Dee Renfrow
Custom Publishing Production Manager: Christina Battista
Project Coordinator: Georgia Young

Cover Design: Emily Quillen
Cover Image: PhotoDisc

This book contains select works from existing Houghton Mifflin Company resources and was produced by Houghton Mifflin Custom Publishing for collegiate use. As such, those adopting and/or contributing to this work are responsible for editorial content, accuracy, continuity and completeness.

Compilation copyright © 2006 by Houghton Mifflin Company. All rights reserved.

Printed in the United States of America.

ISBN-13: 978-0-618-81419-0
ISBN-10: 0-618-81419-1
N-06826

1 2 3 4 5 6 7 8 9 – AB – 08 07 06

Houghton Mifflin
Custom Publishing

222 Berkeley Street • Boston, MA 02116

Address all correspondence and order information to the above address.

To the Student

Learning a foreign language means learning skills, not just facts and information. *Imágenes* is based on the principle that we learn by doing, and therefore offers many varied activities designed to develop your listening, speaking, reading, and writing skills in Spanish. A knowledge of other cultures is also an integral part of learning languages. *Imágenes* provides an overview of the Spanish-speaking world—its people, places, and customs—so that you can better understand other peoples and their ways of doing things, which may be similar to or different from your own.

To help you get the most from your study of Spanish, keep in mind the following tips:

- Read the Overview of Your Textbook's Main Features and the Components information to familiarize yourself with the chapter organization and the resources available to you.
- Remember that learning vocabulary and grammar is a necessary part of language study but that the ultimate goal is communication. Participate orally in class activities and take every opportunity that you can to speak, read, and listen to Spanish.
- Do homework on a daily basis and not at the last minute. This will increase your retention of information.
- When listening, reading, or viewing the *Imágenes* video, focus on getting the information asked of you in the textbook activities instead of trying to comprehend every word. Use context or visual clues to help you understand and be alert to cultural information provided. You will find that you gradually understand more and more easily.
- Use the various program components, especially the Student Activities Manual, to reinforce what you learn in class. Consult the study tips in the Student Activities Manual for a variety of strategies that will help ensure your success in learning Spanish.
- Do the CD-ROM and website activities when assigned or simply as additional practice.

Finally, we hope that by approaching your study of Spanish as an adventure and with a willingness to make mistakes and try new things, you will also have fun learning with *Imágenes* and communicating in Spanish.

Debbie Rusch
Marcela Domínguez
Lucía Caycedo Garner

An Overview of Your Textbook's Main Features

The *Imágenes* text consists of a preliminary chapter followed by 12 chapters and an optional, supplementary chapter.

Each chapter opener introduces the objectives for the chapter and presents a photo relevant to a main cultural theme of the chapter. ▶

The objectives describe functions—what you can do with the language, such as greet someone or talk about your everyday activities—that are the linguistic and communicative focus for the chapter. The *¿Qué saben?* questions serve as an introduction to cultural information and topics that are presented in the chapter. ▶

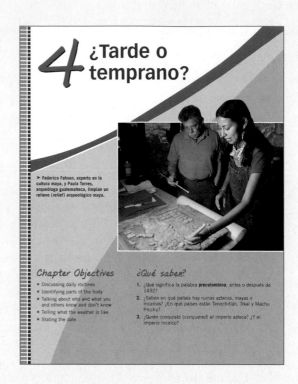

4 ¿Tarde o temprano?

▶ Federico Fahsen, experto en la cultura maya, y Paula Torres, arqueóloga guatemalteca, limpian un relieve (*relief*) arqueológico maya.

Chapter Objectives
- Discussing daily routines
- Identifying parts of the body
- Talking about who and what you and others know and don't know
- Telling what the weather is like
- Stating the date

¿Qué saben?
1. ¿Qué significa la palabra **precolombina**: antes o después de 1492?
2. ¿Saben en qué países hay ruinas aztecas, mayas o incaicas? ¿En qué países están Tenochtitlán, Tikal y Machu Picchu?
3. ¿Quién conquistó (*conquered*) el imperio azteca? ¿Y el imperio incaico?

Accessible, contextualized language provides a focus for learning

◀ Two **Para escuchar** sections in each chapter help develop your listening skills in Spanish. New and recycled vocabulary and grammar are presented in the context of realistic conversations in which you will follow a series of characters through typical events in their lives.

Para escuchar

Noticias de una amiga

◀ Un hombre hace andinismo en una montaña muy rocosa de los Andes peruanos. ¿Te gustaría hacer andinismo?

¡Qué + *adjective*!	How + *adjective*!
¡Qué inteligente!	How intelligent!
hay	there is/there are
deber + *infinitive*	ought to/should/must + *verb*
debe ser	ought to/should/must be

José Manuel, un arqueólogo venezolano que está trabajando en Perú, recibe un email de España de su amiga Marisel. José Manuel comenta el email con Rafael, otro arqueólogo venezolano.

Actividad 1 ¿Cierto o falso? Lee las siguientes oraciones. Mientras escuchas la conversación, escribe C si la oración es cierta y F si la oración es falsa.
1. _____ Rafael no conoce a Marisel.
2. _____ Marisel es arqueóloga.
3. _____ José Manuel trabaja como voluntario.
4. _____ Marisel tiene una foto de José Manuel.
5. _____ José Manuel practica andinismo.

Actividad 2 El email Después de escuchar la conversación otra vez, contesta estas preguntas.
1. ¿De dónde es Marisel y dónde está?
2. ¿Qué estudia?
3. ¿Por qué dice Rafael que José Manuel tiene un corazón grande?
4. ¿Por qué dice Marisel que José Manuel tiene que afeitarse?
5. ¿Por qué dice Marisel que José Manuel va a tener un accidente?
6. En tu opinión, ¿está loco José Manuel?
7. ¿Te gustaría hacer andinismo?

Capítulo 4   95

◀ Each conversation, recorded on the In-Text Audio CD packaged with your text, is accompanied by pre-, while-, and post-listening practice (signaled by the listening icon). The chapter conversations are also available for listening on the Student Activities Manual Audio CDs and the *Imágenes* Student Companion Website.

Focus on practical language fosters communication

Vocabulario esencial I and **II** present practical, thematically-grouped vocabulary, often through illustrations to convey the meaning of new words. The accompanying practice includes real-life situations so that you can use Spanish in meaningful contexts. ▶

To help you review or prepare for quizzes and exams, **Vocabulario funcional** (not shown) at the end of each chapter lists all active vocabulary in a thematically organized summary.

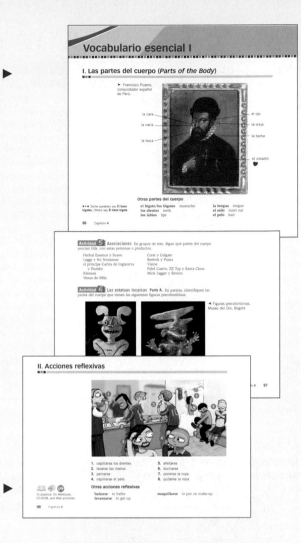

In-text icons in the vocabulary and grammar sections serve as a reminder to do the activities in the Student Activities Manual, and on the Student CD-ROM and website. ▶

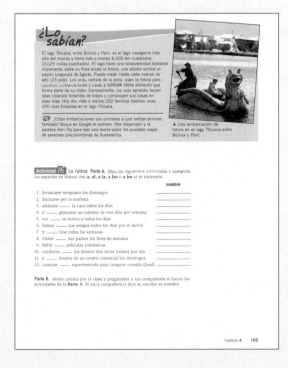

Emphasis on culture promotes awareness of the Spanish-speaking world

◀ **¿Lo sabían?** cultural readings, in Spanish beginning in Capítulo 4, offer information and insights on a range of cultural topics. Emphasizing practices and cross-cultural comparisons, these readings encourage discussion and expose you to the diverse cultures of the Spanish-speaking world.

Functional grammar presentations build communication skills

◀ **Gramática para la comunicación I** and **II** feature functionally-sequenced grammar presentations (for example, describing daily routines) that stress the use of language for communication. Explanations are in English so that you can study them at home.

◀ Numerous examples illustrate the concepts presented, and charts help you focus on key information when studying or reviewing.

◀ **Student annotations** in the margins of the textbook offer learning strategies, relevant cultural information, and study tips.

◀ The activities that follow each presentation often ask you to interact with classmates using what you have just learned so that you have numerous opportunities to express yourself in Spanish.

Learning strategies support skill development

The **Nuevos horizontes** section in each chapter is designed to help you develop your reading and writing skills in Spanish and to expand your knowledge of the Hispanic world.

◀ The **Lectura** section presents and practices specific reading techniques and strategies to help you become a proficient reader in Spanish and learn how to approach unfamiliar content.

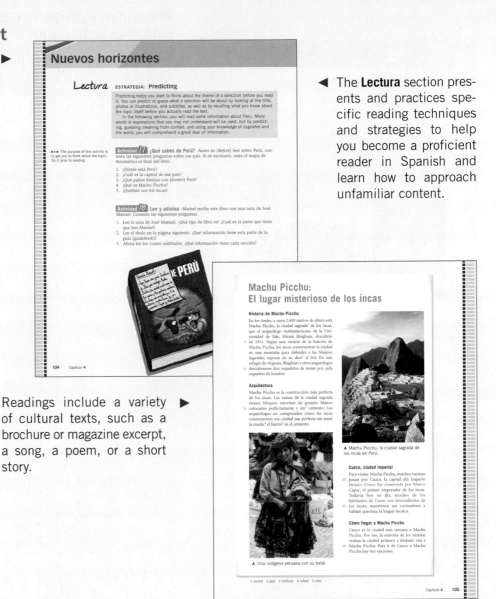

Readings include a variety of cultural texts, such as a brochure or magazine excerpt, a song, a poem, or a short story. ▶

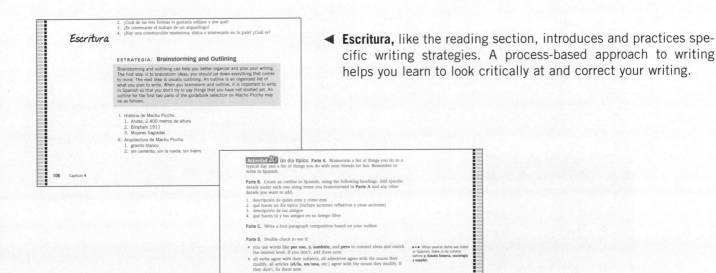

◀ **Escritura,** like the reading section, introduces and practices specific writing strategies. A process-based approach to writing helps you learn to look critically at and correct your writing.

Practical, real-world connections promote interest in learning

◀ **Más allá,** in Spanish beginning in Chapter 4, highlights professions or career opportunities within the United States where Spanish may be advantageous.

◀ Profiles of young people offer personal insights into the use of Spanish in the workplace.

The **Videoimágenes** section following each even-numbered chapter offers pre-, while-, and post-viewing activities for the *Imágenes* Video to improve your listening and observational skills and broaden your knowledge of Spanish-speaking cultures.

▼

The Student CD-ROM and website also contain activities related to the video so that you can view the video on your own to review or reinforce what you learn in class.

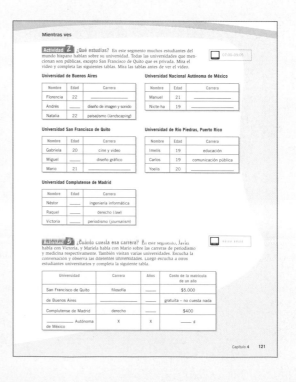

Student Components

Student Textbook

This textbook is your primary resource for learning Spanish. It contains study tips, cultural information, vocabulary and grammar presentations, and activities to practice listening, speaking, reading, and writing.

In-Text Audio CD

Packaged with your textbook, the audio CD contains recordings of the chapter conversations that correlate to the listening activities in the textbook.

Student Activities Manual (SAM): Workbook/Lab Manual

The Workbook provides a variety of practice to reinforce the vocabulary and grammar presented in each chapter and help you develop your reading and writing skills. The Lab Manual includes pronunciation explanations and practice and a variety of listening activities to develop your listening comprehension. Answer Keys may be made available to you for self-correction at the discretion of your instructor.

SAM Audio CDs

The SAM CDs contain the recorded material that coordinates with the Lab Manual portion of the Student Activities Manual to reinforce pronounciation and listening skills.

E-SAM powered by Quia with SMARTHINKING® Online Tutoring

This online version of the Student Activities Manual contains the same content as the print version, plus the material recorded on the SAM Audio CDs, in an interactive environment that provides immediate feedback for many activities so you can monitor your progress. In addition, you can link to the textbook website for additional practice or to a SMARTHINKING® tutor for extra help.

SMARTHINKING® Online Tutoring for Spanish

Packaged with the Quia E-SAM, SMARTHINKING® offers you a range of tutorial services, including live online help, independent study resources, and personalized student home pages to archive tutoring sessions and feedback for future reference.

Imágenes Video Program

The *Imágenes* Video contains six episodes of cultural segments and interviews filmed in Argentina, Ecuador, Mexico, Puerto Rico, and Spain. The episodes focus on and reinforce the themes and language presented in the textbook chapters. Activities, located in the *Videoimágenes* section at the end of each even-numbered chapter in your textbook, prepare you and guide your viewing so that you can get the most from the video. Through watching the video, you will learn more about Hispanic cultures, be able to compare certain aspects to your own, and also develop your observational and listening skills. Video clips with exercises are also included on the *Imágenes* Student CD-ROM and Website.

Student CD-ROM

This dual-platform multimedia CD-ROM helps you practice each chapter's vocabulary and grammar, and provides immediate feedback so that you can check your progress. Each chapter includes games, art- and listening-based activities, video activities, and the opportunity to record selected responses. As you work, you can access a grammar reference, a Spanish-English glossary, and a progress report. It also allows you to link directly to the *Imágenes* Website and to SMARTHINKING® Online Tutoring for extra help.

Student Companion Website

The website for *Imágenes* includes a variety of activities and resources to help you practice, review for quizzes and exams, and explore Spanish-language websites. The site also has electronic flashcards for practice of vocabulary and verb conjugations and MP3 files of the In-Text Audio CD. The website is accessible at http://college.hmco.com/languages/spanish/students.

Scope and Sequence

Capítulo 12

¡Viva la música! 332

Acknowledgments

The authors and publisher thank the following reviewers for their feedback on the first edition of *Imágenes* and their valuable suggestions for revisions, many of which have been implemented in the second edition.

Alan Bruflat, Wayne State College
Danielle L. Cahill, Christopher Newport University
Adolfo Cisneros, Bradley University
Mary Fatora-Tumbaga, Kauai Community College
Tom Fonte, El Camino College
Eddie Gert, Rose State College
Fernando Iturburu, State University of New York, Plattsburgh
Margarita López, LaGuardia Community College
Carlos Mamani, Gannon University
Eunice Myers, Wichita State University
Teresa Pérez-Gamboa, University of Georgia
Joy Saunders, University of Dallas
Dwight Tenhuisen, Calvin College
Stephen Timmons, Bellevue Community College
Leah Wilkinson, University of Arkansas, Little Rock

We are especially grateful to the following people for their valuable assistance during the development and production of this project: Glenn Wilson for helping to conceptualize the changes in this edition; Sandy Guadano, our development editor, for her observations and sound suggestions; Rosemary Jaffe, our project editor, for juggling all aspects of production with ease; Andrés Fernández Cordón, the young Argentine artist who gave the book new life with his culturally accurate drawings and always made us laugh with his touches of humor; Jerilyn Bockorick for a clear and eye-catching design; our copyeditor, Steven Patterson; the design, art, and production staff who participated in the project; the marketing staff and sales force for their support marketing the program; Rosa Maldonado-Bronnsack, Lily Moreno Carrasquillo, Martha Miranda Gómez, Virginia Laignelet Rueda, Olga Tedias-Montero, Victoria Junco de Meyer, Alberto Dávila Suárez, Dwayne Carpenter, Natalia Verjat, Carlos Abaunza, Helena Alfonzo, Luisa Briones, Clara Pastor, Alberto Villate, Christopher Wood, Carmen Fernández, Ann Merry, Fabiana López de Haro, Tanya Duarte, Vanessa Ruiz, Ali Burk, María Elena Villegas, Henry Borrero, and Rosa Garza Mouriño for their assistance answering questions about lexical items and cultural practices in the many countries that comprise the Spanish-speaking world and for field-testing activities and grammar explanations.

Additionally, we would like to thank Norma Rusch for her musical talents; Kristin Horton for her photo of the Fallas; Amy Waldren, Sarah Bartels-Marrero, Irma Perlman, Jessica Giglia, Stephanie Valencia, Finlay Klish, Arthine Cossey van Duyne, Jason Hercules, David Kupferschmidt, and Frank Garcini for their photos and quotes used in this textbook; Sarah Link for her assistance revising the Student Activities Manual, Testing program, and index; Cristina Schulze, Carmen Fernández, Charo Fernández, Ann Merry, and Viviana Domínguez for their contributions to the video program.

Imágenes

¡Bienvenidos!

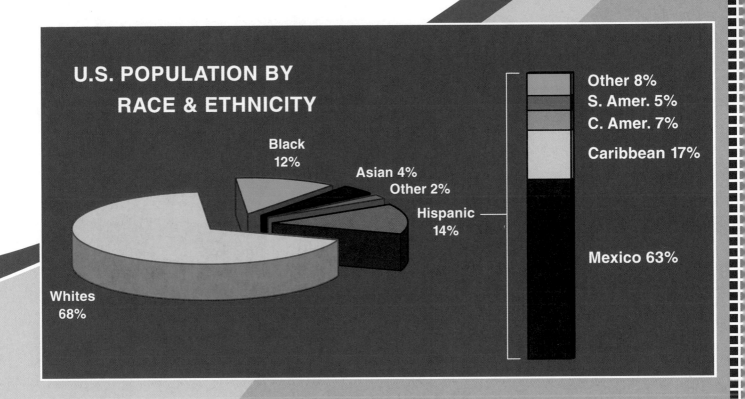

U.S. POPULATION BY RACE & ETHNICITY

Black 12%

Asian 4%
Other 2%

Hispanic 14%

Whites 68%

Other 8%
S. Amer. 5%
C. Amer. 7%
Caribbean 17%
Mexico 63%

Chapter Objectives

- Telling your name and where you are from
- Asking others their name and where they are from
- Greeting someone and saying good-by
- Telling the names of countries and their capitals
- Recognizing a number of classroom expressions and commands

Datos interesantes

Los cinco países con mayor número de personas de habla española:

México	105.000.000
Colombia	42.000.000
España	40.500.000
Argentina	39.500.000
Estados Unidos	30.000.000

Las presentaciones

➤ Estudiantes en La Paz, Bolivia.

■■■ Spanish requires that punctuation marks be used at the beginning and end of questions and exclamations.

■■■ Men say **encantado** and women say **encantada.**

A: Hola.
B: Hola.
A: ¿Cómo te llamas?
B: Me llamo Marisa. ¿Y tú?
A: Marta.
B: Encantada.

A: Igualmente.
B: ¿De dónde eres?
A: Soy de La Paz, Bolivia. ¿Y tú?
B: Soy de Caracas, Venezuela.
A: Chau.
B: Chau.

Actividad / **¿Cómo te llamas?** Take three minutes to meet as many people in your class as you can by asking their names. Follow the model.

■■■ A: Hola. ¿Cómo te llamas?
    B: Me llamo [Jessica]. ¿Y tú?
    A: Me llamo [Omar].
    B: Encantada.
    A: Igualmente.
    B: Chau.
    A: Chau.

Actividad 2 **¿De dónde eres?** Ask four or five classmates where they are from. Follow the model.

■■■ A: ¿De dónde eres?
    B: Soy de [Cincinnati, Ohio]. ¿Y tú?
    A: Soy de [Lincoln, Nebraska].

Actividad 3 Hola... Chau Go to the front of the room and form two concentric circles with the people in the inner circle facing those in the outer circle. Each person should speak to the person in front of him/her and include the following in the conversation: greet the person, ask his/her name, find out where he/she is from, say good-by. When finished with a conversation, wait for a signal from your instructor; then the inner circle should move to the next person to their right and have the same conversation with a new partner.

■■■ A: Hola.
     B: Hola.
     A: ¿Cómo te llamas?
     B: Me llamo...
     A: ...

¿Lo sabían?

Spanish has two forms of address to reflect different levels of formality. **Usted (Ud.)** is generally used when talking to people whom you would address by their last name (Mrs. Smith, Mr. Jones). **Tú** is used when speaking to a young person and to people whom you would call by their first name.

¿? What words, besides "Mr." and "Mrs.", are used in English to address people formally?

▼ Profesora de Chile y profesor de Puerto Rico.

A: Buenos días.
B: Buenos días.
A: ¿Cómo se llama Ud.?
B: Me llamo Tomás Gómez. ¿Y Ud.?
A: Silvia Rivera.
B: Encantado.
A: Igualmente.

B: ¿De dónde es Ud.?
A: Soy de Santiago, Chile. ¿Y Ud.?
B: Soy de San Juan, Puerto Rico.
A: Adiós.
B: Adiós.

■■■ Note: **Ud.** is the abbreviation of the word **usted** and will be used throughout this text.

Actividad 4 ¿Cómo se llama Ud.? Imagine that you are at a business conference. Introduce yourself to three people. Follow the model.

■■■ A: Buenos días.
     B: Buenos días.
     A: ¿Cómo se llama Ud.?
     B: Me llamo... ¿Y Ud.?
     A: Me llamo...
     B: Encantado/a.
     A: Encantado/a.
     B: Adiós.
     A: Adiós.

Actividad 5 **¿De dónde es Ud.?** You are a businessman/businesswoman at a cocktail party and you are talking to other guests. Find out their names and where they are from. Follow the model.

■■■ A: Buenas noches.
B: Buenas noches.
A: ¿Cómo se llama Ud.?
B: … ¿Y Ud.?
A: … ¿De dónde es (Ud.)?
B: Soy de… ¿Y Ud.?
A: …
B: Encantado/a.
A: …

To practice:
Do corresponding Workbook, CD-ROM, and Web activities as you proceed through the chapter.

Actividad 6 **¿Formal o informal?** Speak to at least five other members of your class: greet them, find out their names and where they are from, and then say good-by. If they're wearing jeans, use **tú.** If they are not in jeans, use **Ud.**

■■■ A: ¿Cómo estás (*said to person wearing jeans*)
B: Bien. ¿Y Ud.? (*said to person not wearing jeans*)

Los saludos y las despedidas
■■■

Los saludos (*Greetings*)

Hola.   Hi.
Buenos días.   Good morning.
Buenas tardes.   Good afternoon.
Buenas noches.   Good evening.

¿Cómo estás (tú)?
¿Cómo está (Ud.)? } How are you?
¿Qué tal? (*informal*)

¡Muy bien!   Very well!
Bien.   O.K.
Más o menos.   So, so.
Regular.   Not so good.
Mal.   Lousy./Awful.

Las despedidas (*Saying Good-by*)

Hasta luego.   See you later.
Hasta mañana.   See you tomorrow.
Buenas noches.   Good night./Good evening.
Adiós.   Good-by.
Chau./Chao.   Bye./So long.

■■■ **Adiós** is also used as a greeting when two people pass each other and want to say "Hi," but have no intention of stopping to chat.

▼ (Antigua, Guatemala) Men often shake hands or sometimes give each other a hug **(un abrazo).** In business situations, a handshake is commonly used to greet someone, regardless of gender.

▼ (México D. F.) When two women (or a man and a woman) who are friends meet, they often kiss each other on the cheek.

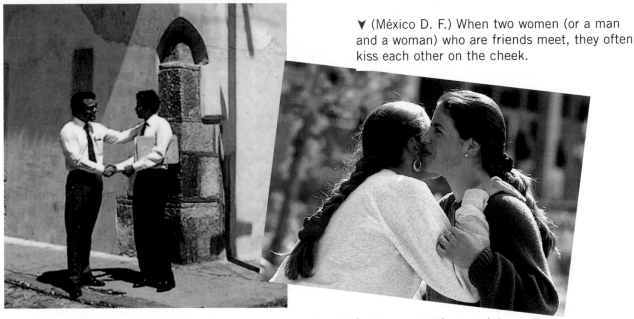

A: Buenos días, Sr. Ramírez.
B: Buenos días, Sr. Canseco. ¿Cómo está Ud.?
A: Muy bien. ¿Y Ud.?
B: Regular.

A: ¡Hola, Susana! ¿Cómo estás?
B: Bien, gracias. ¿Y tú?
A: Más o menos.

■ ■ ■ Formal = **¿Cómo está (Ud.)?**
Informal = **¿Cómo estás (tú)?**

Actividad 7 **¡Hola! ¿Cómo estás?** Mingle and greet several classmates, ask how each is, and then say good-by. To practice using both **tú** and **Ud.,** address all people wearing blue jeans informally (use **tú**) and all others formally (use **Ud.**).

■ ■ ■ Is the greeting in this activity title formal or informal?

Países de habla española y sus capitales

■ ■ ■

◄ La Paz, capital de Bolivia.

Use the maps on the inside covers of your text to learn the names of Hispanic countries and their capitals.

Otros países y sus capitales

Alemania, Berlín
Brasil, Brasilia
Canadá, Ottawa
(los) Estados Unidos, Washington, D.C.

Francia, París
Inglaterra, Londres
Italia, Roma
Portugal, Lisboa

Actividad *8* **Capitales hispanas** In pairs, take three minutes to memorize the capitals of the countries on either the front or back inside cover of your text-book. Your partner will memorize those on the opposite cover. Then go to the cover that your partner has studied and take turns asking the capitals of all the countries. Follow the model.

■ ■ ■ A: (*Looking at the back inside cover*) ¿Cuál es la capital de Chile?
B: Santiago.
A: Correcto.
B: (*Looking at the front inside cover*) ¿Cuál es la capital de Costa Rica?
A: …

¿Lo sabían?

Spanish is spoken in many countries. Although Mandarin Chinese has the largest number of native speakers in the world, Spanish is second and is followed closely by English. The term *Hispanic,* as it is used in the United States by the U.S. government, is a broad term referring to people of diverse ethnic makeup from Spain and Latin America. Many Spanish speakers in the U.S. prefer the term **Latino** or **Latina.** Spanish is spoken in the following geographical areas by people of all races:

América
Norteamérica:
    Estados Unidos,* México
Centroamérica:
    Belice,* Costa Rica, El Salvador, Guatemala,
    Honduras, Nicaragua, Panamá
El Caribe:
    Antillas Holandesas,* Cuba, Las Islas Vírgenes,*
    La República Dominicana, Puerto Rico
Suramérica:
    Argentina, Aruba,* Bolivia, Chile, Colombia,
    Ecuador, Paraguay, Perú, Trinidad y Tobago,*
    Uruguay, Venezuela
Europa
    Andorra, España, Gibraltar*
África
    Guinea Ecuatorial

*Nations where Spanish is spoken by a large number of people, but it is not an official language. In the Spanish-speaking world, only five continents are recognized: **América** (includes North and South America), **Europa, Asia, África,** and **Oceanía** (includes Australia, New Zealand, and other islands in the Pacific Ocean).

World Languages
Primary language spoken by the 6 billion people in the world

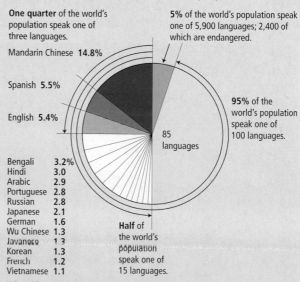

One quarter of the world's population speak one of three languages.

Mandarin Chinese 14.8%

Spanish 5.5%

English 5.4%

5% of the world's population speak one of 5,900 languages; 2,400 of which are endangered.

95% of the world's population speak one of 100 languages.

85 languages

Bengali	3.2%
Hindi	3.0
Arabic	2.9
Portuguese	2.8
Russian	2.8
Japanese	2.1
German	1.6
Wu Chinese	1.3
Javanese	1.3
Korean	1.3
French	1.2
Vietnamese	1.1

Half of the world's population speak one of 15 languages.

Adapted from *The Boston Globe.* Data from SIL Ethnologue.

¿? ¿How many continents are there, according to what you learned in school? Can you name them?

Expresiones para la clase

Learn the following commands (**órdenes**) so that you can react to them when they are used by your instructor.

Órdenes

Abre/Abran el libro en la página...   Open your book(s) to page . . .
Cierra/Cierren el libro.   Close your book(s).
Mira/Miren el ejercicio/la actividad...   Look at the exercise/the activity . . .
Escucha./Escuchen.   Listen.
Escribe./Escriban.   Write.
Lee/Lean las instrucciones.   Read the instructions.
Saca/Saquen papel/bolígrafo/lápiz.   Take out paper/a pen/a pencil.
Repite./Repitan.   Repeat.
Siéntate./Siéntense.   Sit down.
Levántate./Levántense.   Stand up.
[Vicente], pregúntale a [Ana]...   [Vicente], ask [Ana] . . .
[Ana], contéstale a [Vicente]...   [Ana], answer [Vicente] . . .
[María], repite la respuesta, por favor.   [María], repeat the answer, please.
[María], dile a [Jorge]...   [María], tell [Jorge] . . .

■ ■ ■ When two words are given (e.g., **Abre/Abran**), the first is an informal, singular command given to an individual and the second is a command given to a group of people.

The following expressions will be useful in the classroom:

¿Cómo se dice... en español?   How do you say . . . in Spanish?
¿Cómo se escribe...?   How do you spell . . . ?
¿Qué quiere decir...?   What does . . . mean?
¿En qué página, por favor?   What page, please?
No entiendo./No comprendo.   I don't understand.
No sé (la respuesta).   I don't know (the answer).
Más despacio, por favor.   More slowly, please.
(Muchas) gracias.   Thank you (very much).
De nada.   You're welcome.

Actividad 9   **Las órdenes** Listen to the commands your instructor gives you and act accordingly.

Actividad 10   **¿Qué dirías tú?** What would you say in the following situations?

1. The instructor is speaking very fast.
2. The instructor asks you a question but you don't know the answer.
3. You do not understand what the word **ejercicio** means.
4. You do not understand what the instructor is telling you.
5. You did not hear the page number.
6. You want to know how to say *table* in Spanish.

Deletreo y pronunciación de palabras:
El alfabeto

■■■

■■■ **ca, co, cu: c** is pronounced like *c* in *cat*

■■■ **ce, ci: c** is pronounced like *c* in *center*

■■■ **ga, go, gu: g** is pronounced like *g* in *go* or softer, as in *egg*

■■■ **ge, gi: g** is pronounced like *h* in *hot*

■■■ **h** is always silent

■■■ Do the lab activities for each chapter to practice pronunciation.

A	a	Argentina
B	be, be larga, be grande, be de burro	Barcelona
C	ce	Canadá, Centroamérica
(CH	che	Chile)
D	de	Santo Domingo
E	e	Ecuador
F	efe	La Florida
G	ge	Guatemala, Cartagena
H	hache	Honduras
I	i	Las Islas Canarias
J	jota	San José
K	ca	Kansas
L	ele	Lima
(LL	elle	Hermosillo)
M	eme	Montevideo
N	ene	Nicaragua
Ñ	eñe	España
O	o	Oviedo
P	pe	Panamá
Q	cu	Quito
R	ere	Perú
S	ese	Santiago
T	te	Toledo
U	u	Uruguay
V	uve, ve corta, ve chica, ve de vaca	Venezuela
W	doble uve, doble ve, doble u	Washington
X	equis	Extremadura
Y	i griega	Yucatán
Z	zeta	Zaragoza

¿Lo sabían?

The Spanish-language alphabet contains all of the letters of the English-language alphabet plus the **ñ.** Prior to 1994, the **ch (che)** and the **ll (elle)** were separate dictionary entries. Since the change is relatively recent, you may still see dictionaries that list words beginning with these letters separately from the **c** and the **l.** You may hear people say **che** or **ce hache** and **elle** or **doble ele.** The **rr,** although not considered a letter of the alphabet, is commonly identified as **erre,** but may also be called **ere ere** or **doble ere.**

Here are a few more useful facts concerning the Spanish alphabet:

■ The letter **ñ** follows **n.** Therefore, **mañana** follows **manzana** (*apple*) in dictionaries. Although few words start with the **ñ,** dictionaries maintain a separate section for words beginning with **ñ.**

■ The **k** and **w** are usually used with words of foreign origin.

■ All letters are feminine, for example: **las letras son la** *a,* **la** *b,* **la** *c,* etc.

Actividad // ¿Cómo se escribe...? Find out the name of two classmates and ask them to spell their last names. Follow the model.

> ▪▪▪ A: ¿Cómo te llamas?
> B: Teresa Domínguez Schroeder.
> A: ¿Cómo se escribe "Schroeder"?
> B: Ese-ce-hache-ere-o-e-de-e-ere.

Actividad /2 Las siglas Parte A. The following organizations or places are frequently referred to by their acronym or abbreviation. Try to figure out which letters would go in the blanks below.

1. La **Unión Europea** es una organización de países de Europa y España es uno de los países. La _____ _____ se abrevia en inglés *E.U.* (*European Union*).
2. El **Tratado de Libre Comercio** es un acuerdo (*treaty*) entre los Estados Unidos, México y Canadá. El comercio entre los países es libre. El _____ _____ _____ se llama en inglés *NAFTA* (*North American Free Trade Agreement*).
3. La **Organización de las Naciones Unidas** es una organización de los países del mundo. La sede está en Nueva York. La _____ _____ _____ se llama en inglés la *U.N.* (*United Nations*).
4. El **Distrito Federal** es el nombre de la zona donde está la ciudad de México. El _____ _____ es el nombre común de la ciudad de México.
5. La **Organización del Tratado del Atlántico Norte** mantiene la paz y seguridad de los países que son miembros de la organización. La _____ _____ _____ _____ se llama en inglés *NATO* (*North Atlantic Treaty Organization*).
6. La **Organización de los Estados Americanos** es una organización de los países del continente americano. La _____ _____ _____ se llama en inglés la *O.A.S.* (*Organization of American States*).

▪▪▪ Just as some people in the U.S. refer to Washington, D.C. as just "D.C.", Mexicans almost always call Mexico City **"el D. F."**

Note: When the words are plural, the letters are normally doubled in the abbreviation: **Los Estados Unidos = EE.UU.**

Parte B. In Spanish, it is common to pronounce abbreviations as words instead of stating every letter individually. How would you say the acronyms in numbers 3, 5 and 6 above?

Acentuación (*Stress*)
▪▪▪

In order to pronounce words correctly, you will need to know the stress patterns of Spanish.

A ▪ If a word ends in *n*, *s*, or a vowel (**vocal**), stress falls on the next-to-last syllable (**penúltima sílaba**). The underlined syllable represents where the stress should be according to this rule, and the arrow shows where the stress is. In this case, they coincide, and therefore, follow the rule and are regular, so no written accent mark is needed.

re<u>pi</u>tan   <u>lla</u>mas   <u>ho</u>la
↑   ↑   ↑

B ▪ If a word ends in any consonant (**consonante**) other than *n* or *s*, stress falls on the last syllable (**última sílaba**).

espa<u>ñol</u>   us<u>ted</u>   regu<u>lar</u>
↑   ↑   ↑

▪▪▪ For more information on syllabication and accentuation, see Appendix B.

▪▪▪ Accents on stressed, capital letters can be written or omitted. For example: both **Álvaro** and **Alvaro** are correct. This book will use the former.

C ■ Any exception to rules 1 and 2 has a written accent mark (**acento orto-gráfico**) on the stressed vowel. In the examples below, when the arrow points to a syllable other than the underlined one, the rules are broken, and therefore, a written accent is needed.

Pan<u>a</u>má   tel<u>é</u>fono   lá<u>piz</u>
     ↑   ↑   ↑

With knowledge of the accent rules and a great deal of practice, you will always know where to stress a word if you first encounter it when reading and, upon hearing a Spanish word, you will be able to write it correctly.

NOTE: There are two other sets of words that require written accents:

1 ■ Question words such as **cómo, de dónde,** and **cuál** always have written accents.

2 ■ Certain words have a written accent to distinguish them from similar words that are pronounced the same but have different meanings: **tú** (*you*), **tu** (*your*); **él** (*he*), **el** (*the*).

Actividad 13 **Énfasis** Indicate the syllable where the stress falls in each word of the following sentences. Listen while your instructor pronounces each sentence.

1. ¿Có-mo es-tá, se-ñor Pé-rez?
2. La ca-pi-tal de Pe-rú es Li-ma.
3. ¿Có-mo se es-cri-be "Ne-bras-ka"?
4. Re-pi-tan la fra-se.
5. No com-pren-do.
6. Más des-pa-cio, por fa-vor.

To practice:
Do Workbook, Lab, CD-ROM, and Web activities.

■ ■ ■ For additional practice and cultural information, access the *Imágenes* website at **http://college.hmco.com/languages/spanish/students,** select the *Imágenes,* 2nd edition textbook website, and bookmark the site for future reference.

■ ■ ■ Read the *Study Tips* section in the Activities Manual.

Actividad 14 **Acentos** Practice how to stress words in Spanish by following these steps:

1. Read the following words aloud, stressing the syllables in bold type.
2. Place arrows under these stressed syllables (those in bold type).
3. Consult the rules and underline the syllables that would be stressed according to the rules.
4. If the arrow and the underlined syllable do not coincide, add a written accent over the stressed syllable (the one in bold with the arrow).

   ■ ■ ■ **ul**tima   ú<u>l</u><u>ti</u>ma
                   ↑

1. **rá**pido
2. Sala**man**ca
3. **la**piz
4. profe**sión**
5. profe**sor**
6. tele**gra**ma
7. ca**fé**
8. na**cio**nes
9. **Mé**xico
10. doc**to**ra
11. **pá**gina
12. universi**dad**
13. pi**za**rra
14. **cán**cer
15. fan**tas**tico
16. Bogo**tá**

Vocabulario funcional

Las presentaciones (*Introductions*)

¿Cómo te llamas?	*What's your name?* (informal)
¿Cómo se llama usted (Ud.)?	*What's your name?* (formal)
Me llamo...	*My name is . . .*
¿Y tú/Ud.?	*And you?*
Encantado/a.	*Nice to meet you.* (literally: *Charmed.*)
Igualmente.	*Nice to meet you, too.* (literally: *Equally.*)
Sr./señor	*Mr.*
Sra./señora	*Mrs./Ms.*
Srta./señorita	*Miss/Ms.*

El origen

¿De dónde eres?	*Where are you from?* (informal)
¿De dónde es usted?	*Where are you from?* (formal)
Soy de...	*I am from . . .*

Los saludos y las despedidas (*Greetings and Leave Taking*)

¿Cómo estás (tú)?	*How are you?* (informal)
¿Cómo está (Ud.)?	*How are you?* (formal)
¿Qué tal?	*How are you?* (informal)
¡Muy bien!	*Very well!*
Bien.	*O.K.*
Más o menos.	*So, so.*
Regular.	*Not so good.*
Mal.	*Lousy./Awful.*
Buenos días.	*Good morning.*
Buenas tardes.	*Good afternoon.*
Buenas noches.	*Good evening.*
Hola.	*Hi.*
Adiós.	*Good-by.*
Chau./Chao.	*Bye./So long.*
Hasta luego.	*See you later.*
Hasta mañana.	*See you tomorrow.*

Expresiones para la clase

Abre/Abran el libro en la página...	*Open your book(s) to page . . .*
Cierra/Cierren el libro.	*Close your book(s).*
Mira/Miren el ejercicio/ la actividad...	*Look at the exercise/the activity . . .*
Escucha./Escuchen.	*Listen.*
Escribe./Escriban.	*Write.*
Lee/Lean las instrucciones.	*Read the instructions.*
Saca/Saquen papel/ bolígrafo/lápiz.	*Take out paper/a pen/ a pencil.*
Repite./Repitan.	*Repeat.*
Siéntate./Siéntense.	*Sit down.*
Levántate./Levántense.	*Stand up.*
[Vicente], pregúntale a [Ana]...	*[Vicente], ask [Ana] . . .*
[Ana], contéstale a [Vicente]...	*[Ana], answer [Vicente] . . .*

[María], repite la respuesta, por favor.	*[María], repeat the answer, please.*
[María], dile a [Jorge]...	*[María], tell [Jorge] . . .*
¿Cómo se dice... en español?	*How do you say . . . in Spanish?*
¿Cómo se escribe...?	*How do you spell . . . ?*
¿Qué quiere decir...?	*What does . . . mean?*
¿En qué página, por favor?	*What page, please?*
No entiendo./No comprendo.	*I don't understand.*
No sé (la respuesta).	*I don't know (the answer).*
Más despacio, por favor.	*More slowly, please.*
(Muchas) gracias.	*Thank you (very much).*
De nada.	*You're welcome.*

El alfabeto *See page 8.*

Países de habla española y sus capitales

¿Cuál es la capital de...?   *What is the capital of . . . ?*

Guinea Ecuatorial	Malabo	África
México	México, D. F. (Distrito Federal)	América del Norte/ Norteamérica
Costa Rica	San José	América Central/ Centroamérica
El Salvador	San Salvador	
Guatemala	Guatemala	
Honduras	Tegucigalpa	
Nicaragua	Managua	
Panamá	Panamá	
Argentina	Buenos Aires	América del Sur/ Suramérica
Bolivia	La Paz; Sucre	
Chile	Santiago	
Colombia	Bogotá	
Ecuador	Quito	
Paraguay	Asunción	
Perú	Lima	
Uruguay	Montevideo	
Venezuela	Caracas	
Cuba	La Habana	El Caribe
Puerto Rico	San Juan	
República Dominicana	Santo Domingo	
España	Madrid	Europa

Otros países y sus capitales

Canadá	Ottawa	Norteamérica
(los) Estados Unidos	Washington, D.C.	
Alemania	Berlín	Europa
Francia	París	
Inglaterra	Londres	
Italia	Roma	
Portugal	Lisboa	
Brasil	Brasilia	Suramérica

Los protagonistas

These are the main characters you will be learning about throughout *Imágenes*.

1. **Claudia Dávila Arenas,** 21, Colombia
2. **don Alejandro Domínguez Estrada,** 55, Puerto Rico
3. **Álvaro Gómez Ortega,** 23, España
4. **Juan Carlos Moreno Arias,** 24, Perú
5. **Vicente Mendoza Durán,** 26, Costa Rica
6. **Marisel Álvarez Vegas,** 19, Venezuela
7. **Diana Miller, 25,** los Estados Unidos
8. **Teresa Domínguez Schroeder,** 22, Puerto Rico

¿Quién es?

➤ **La biblioteca (*library*) de la UNAM (Universidad Nacional Autónoma de México).**

Chapter Objectives

- Asking and telling about yourself and others
- Giving your age
- Identifying origin and nationality
- Identifying occupation

¿Qué saben?

1. ¿Cómo se llaman las universidades más grandes (*largest*) de los Estados Unidos? En comparación con las universidades de los Estados Unidos, ¿son similares o más grandes (*larger*) las universidades públicas hispanas?

Universidad Nacional Autónoma de México (UNAM)	269.143 estudiantes
Universidad de Buenos Aires	226.073 estudiantes
Universidad Complutense de Madrid	102.128 estudiantes

2. ¿Cómo se llama la primera universidad del continente americano?

Para escuchar

En el Colegio Mayor Hispanoamericano

◄ Estudiantes en la Universidad Complutense, Madrid.

| ¿Cómo? | What? / What did you say? |
| **No hay de qué.** | Don't mention it. / You're welcome. |

■■■ The print version of the conversation appears in Appendix C. The audio CD that accompanies your text contains the recorded version of the conversation.

Teresa has just arrived in Madrid. She has come to Spain to study tourism and to help her uncle at his travel agency. In the following conversation, Teresa is registering at the dorm (**colegio mayor**) *where she will be living.*

 Actividad *1* **¿Qué escuchas?** While listening to the conversation between Teresa and the receptionist, check only the phrases that you hear from each column.

_____ Buenos días.   _____ Buenas tardes.

_____ ¿Cómo te llamas?   _____ ¿Cómo se llama Ud.?

_____ ¿Cuál es su dirección? _____ ¿Cuál es su número de pasaporte?

_____ Sí, soy de Puerto Rico. _____ Sí, es de Puerto Rico.

 Actividad *2* **¿Cierto o falso?** After listening to the conversation again, write **C (cierto)** if the statement is true or **F (falso)** if the statement is false.

1. _____ Ella se llama Teresa Schroeder Domínguez.
2. _____ Teresa es de Costa Rica.
3. _____ El pasaporte es de los Estados Unidos.
4. _____ El número de su habitación es ocho.

¿Lo sabían?

In Hispanic countries, it is typical for students to attend a university or college in their hometown and live with their parents. When they attend a school outside their hometown, it is customary for them to stay with relatives who live in that city. When this is not possible, they may live in a dorm (**colegio mayor,** **residencia estudiantil**) that is usually independent from the university. Since in some countries dorms are almost nonexistent, it is possible to rent a room in a **pensión,** which is similar to a boarding house. A small number of students rent apartments.

¿? Where do students live in your country?

■■■ A dorm is referred to as a **colegio mayor** in Spain and as a **residencia estudiantil** in most of Hispanic America. The word **dormitorio** is used by some Spanish speakers in the Caribbean.

Actividad 3 **Teresa Domínguez Schroeder** Many Spanish-speaking people use two last names, particularly for legal purposes. The first is the father's and the second is the mother's maiden name. Answer the following questions based on Teresa's family.

1. ¿El padre de Teresa es el Sr. Domínguez o el Sr. Schroeder? ¿Y cuál es el apellido de su madre?
2. ¿Teresa es la Srta. Domínguez o la Srta. Schroeder?

Vocabulario esencial I

I. Los números del cero al cien

■■■

0	cero	20	veinte	
1	uno	21	veintiuno	
2	dos	22	veintidós...	
3	tres	30	treinta, treinta y uno...	
4	cuatro	40	cuarenta, cuarenta y uno...	
5	cinco	50	cincuenta, cincuenta y uno...	
6	seis	60	sesenta, sesenta y uno...	
7	siete	70	setenta, setenta y uno...	
8	ocho	80	ochenta, ochenta y uno...	
9	nueve	90	noventa, noventa y uno...	
10	diez	100	cien	
11	once			
12	doce			
13	trece			
14	catorce			
15	quince			
16	dieciséis			
17	diecisiete			
18	dieciocho			
19	diecinueve			

■■■ To help you remember: All numbers from 16 to 29 (except 20) can be written as three words (**diez y seis**) or as one word (**dieciséis**). The latter is more common. Numbers from 31 to 99 are always written as three words (**treinta y uno**). Note that the following numbers, which end in **-s,** have a written accent: **dieciséis, veintidós, veintitrés, veintiséis.**

101 ciento uno
ciento

Actividad 4 ¡Bingo! Complete the bingo card using randomly selected numbers in the following manner: Column B (between 1 and 19), Column I (between 20 and 39), Column N (between 40 and 59), Column G (between 60 and 79), and Column O (between 80 and 99). Cross out the numbers as you hear them.

B	I	N	G	O

■ ■ ■ Phone numbers are frequently read in pairs (**dos, treinta y tres,** etc.) and then clarified by reading one by one: **dos, tres, tres,** etc.

Actividad 5 ¿Cuál es tu número de teléfono? Mingle with your classmates and write down their telephone numbers.

■ ■ ■ A: ¿Cuál es tu número de teléfono?
B: Mi número de teléfono es 2–33–65–04 (dos, treinta y tres, sesenta y cinco, cero, cuatro).
A: Dos, tres, tres, siete, cinco...
B: No. Sesenta y cinco. Seis, cinco.
A: Ahhh. Dos, tres, tres, seis, cinco, cero, cuatro.
B: Correcto.

■ ■ ■ y = +
menos = −
(multiplicado) por = ×
dividido por = ÷

Actividad 6 Las matemáticas **Parte A.** Answer the following math problems according to the model.

■ ■ ■ ¿Cuánto es catorce menos cuatro?
Es diez.

1. ¿Cuánto es cincuenta y nueve y veinte?
2. ¿Cuánto es setenta y dos dividido por nueve?
3. ¿Cuánto es diez por tres dividido por cinco?
4. ¿Cuánto es noventa y tres menos veinticuatro?

Parte B. Now write three math problems to quiz a partner. All answers must be 100 or less.

Actividad 7 La edad Mingle and ask a minimum of five students how old they are.

■ ■ ■ A: ¿Cuántos años tienes?
B: Tengo... años.

II. Las nacionalidades

Soy de España.
Soy español.

Soy de México.
Soy mexicana.

Soy de Bolivia.
Soy boliviano.

Soy de Nicaragua.
Soy nicaragüense.

Otras nacionalidades y adjetivos regionales

africano/a	cubano/a	indio/a	puertorriqueño/a
argentino/a	dominicano/a	italiano/a	ruso/a
asiático/a	ecuatoriano/a	panameño/a	salvadoreño/a
brasileño/a	europeo/a	paraguayo/a	uruguayo/a
chileno/a	guatemalteco/a	peruano/a	venezolano/a
colombiano/a	hondureño/a		

NOTE: Nationalities ending in **-o** change to **-a** when describing a woman.

árabe	canadiense	costarricense	nicaragüense

NOTE: Nationalities ending in **-e** can be used to describe both men and women.

alemán/alemana	inglés/inglesa	portugués/portuguesa
francés/francesa	irlandés/irlandesa	

NOTE: Note the accents on **alemán, francés, inglés, irlandés,** and **portugués.**

■ ■ ■ Practice using word associations: Penélope Cruz = **española;** Elton John = **inglés** (etc.).

■ ■ ■ Make flash cards of things you associate with each nationality: **tango/argentino, enchilada/mexicana,** etc.

■ ■ ■ **Indio/a** is used to refer to people from India. It is also used to refer to indigenous populations of the Americas, but may have a derogatory connotation. The word **indígena**—which has only one form ending in **-a** to describe a man or a woman—is preferred.

■ ■ ■ Nationalities are not capitalized in Spanish.

■ ■ ■ Review accent rules. See Appendix B (Stress).

To practice:
Do Workbook, CD-ROM, and Web activities.

¿Lo sabían?

How a person from the United States is referred to varies in Hispanic countries. **Americano** can be misleading, since all people from the Americas are Americans. In some Hispanic countries, such as Colombia, Venezuela, Peru, and Chile, an American may be called **un/a gringo/a,** which is not necessarily a derogatory term. But in Mexico, for example, **gringo/a** has a negative connotation. In countries such as Spain, Mexico, and Argentina, an American is usually called **un/a norteamericano/a** o **americano.** These terms are used since the word **estadounidense** is somewhat cumbersome. **Estadounidense** is used primarily in formal writing, when filling out forms, or in formal speech, such as newscasts.

¿? If someone from the United States were traveling in a Spanish-speaking country, what would be a good response to the question **¿De qué nacionalidad eres?**

Actividad 8 Gente famosa Look at the list of famous people in the first column and match them with logical sentences from the second column.

Famosos

1. Alex Rodríguez
2. Sofía Loren
3. Alex Trebek
4. Gloria Estefan

_____ Es de Cuba; entonces es cubano/a.

_____ Tiene más o menos 70 años.

_____ Es de Canadá; entonces es canadiense.

_____ Es de la República Dominicana; entonces es dominicano/a.

_____ Tiene más o menos 65 años.

_____ Tiene más o menos 30 años.

_____ Es de Italia; entonces es italiano/a.

_____ Tiene más o menos 50 años.

Actividad 9 ¿De qué nacionalidad es? In pairs, alternate asking and answering questions about the nationalities of these people.

■■■ A: ¿De qué nacionalidad es Bill Cosby?
B: Es norteamericano.

1. Harry Potter
2. Steffi Graf
3. Salma Hayek
4. Yves Saint-Laurent
5. Paloma Picasso
6. Antonio Banderas
7. Celine Dion
8. Mikhail Baryshnikov
9. Sammy Sosa

■■■ Remember: **Origen** refers to one's heritage, not to where one was born.

■■■ Note: **Y** becomes **e** before words beginning with **i** or **hi: italiano y alemán** but **alemán e italiano; historia y español** but **español e historia.**

Actividad 10 El origen de tu familia In groups of five, find out the ancestry of your group members. Follow the model.

■■■ A: ¿Cuál es el origen de tu familia?
B: Mi familia es de origen alemán e italiano.

Gramática para la comunicación I

I. Talking about Yourself and Others (Part I): Subject Pronouns, *llamarse,* and *ser*

A. Subject Pronouns

After having used Spanish to communicate with your classmates, try to answer a few questions about what you have learned. In the sentence **Me llamo Juan,** what is the subject *I, you, he,* or *she?* If you said *I,* you were correct. There is no ambiguity here and *I* is the only option (**me llamo**—both **me** and **-o** indicate the subject of the verb). What is the subject of the question **¿De dónde eres?** If you said *you,* you were correct.

The singular subject pronouns in Spanish are as follows:

Singular Subject Pronouns	
yo	I
tú	you (*familiar, singular*)
usted (Ud.)	you (*formal, singular*)
él	he
ella	she

B. Asking and Giving One's Name: *Llamarse*

The singular forms of the verb **llamarse** (*to call oneself*) are as follows:

llamarse	
yo	**Me llamo** Miguel.
tú	¿Cómo **te llamas**?
usted (Ud.)	¿Cómo **se llama** Ud.?
él	¿Cómo **se llama** él?
ella	Ella **se llama** Carmen.

Now look at this sentence and try to identify the subject: **¿Cómo se llama?** There are three options: **Ud., él,** or **ella.** In this case, a pronoun is mainly used to provide clarity: **¿Cómo se llama él?**

NOTE: Subject pronouns in Spanish are optional and are generally used only for clarification, emphasis, and contrast. In most cases, the conjugated verb forms indicate who the subject is.

C. Stating Origin: *Ser + de, ser + nationality*

The singular forms of the verb **ser** (*to be*) are the following:

ser	
yo	**Soy** de Ecuador.
tú	¿**Eres** guatemalteco?
usted (Ud.)	¿De dónde **es** Ud.?
él	¿De qué nacionalidad **es** él?
ella	Ella **es** española.

■ ■ ■ The subject pronoun *it* uses the third person singular form of the verb, in this case **es,** and has no subject pronoun equivalent in Spanish. For example: **¿Qué es? Es una computadora.**

As shown in the examples, origin can be expressed in the following ways:

ser + de + city/country   Oscar de la Renta **es de** la República Dominicana.
ser + nationality   Él **es** dominicano.

Remember: The pronouns **yo** and **tú** are only used for emphasis at the discretion of the speaker, but **Ud., él,** and **ella** can be used for emphasis or for clarity.

Actividad *11* **¿Cómo te llamas?** Meet three classmates. Introduce yourself and ask them where they are from. Follow the model.

- ▪▪▪ A: ¿Cómo te llamas?   A: Igualmente.
  - B: ... ¿Y tú?   B: ¿De dónde eres?
  - A: ...   A: Soy de... ¿Y tú?
  - B: Mucho gusto.   B: Yo también soy de... / Soy de...

▪▪▪ You can say either **Me llamo José Ramos** or **Soy el Sr. Ramos / Me llamo Ana Peña** or **Soy la Srta./Sra. Peña.**

Actividad *12* **¿Cómo se llama Ud.?** You are Hispanic businesspeople visiting the United States. In pairs, introduce yourselves and ask each other where you are from, following the model. This is a formal conversation.

- ▪▪▪ A: ¿Cómo se llama Ud.?   A: Igualmente.
  - B: Me llamo... ¿Y Ud.?   B: ¿De dónde es Ud.?
  - A: ...   A: De... ¿Y Ud.?
  - B: Encantado/a.   B: Yo también soy de... / Soy de...

▪▪▪ If you don't know, say, **No sé.**

Actividad *13* **¿Cómo se llama?** In pairs, ask each other questions to see how many of the other students' names you can remember. Also, tell where they are from. Follow the model.

            ▪▪▪ A: ¿Cómo se llama?
                B: ¿Quién, él?

A: Sí, él.   A: No, ella.
B: ¡Ah! Él se llama...   B: ¡Ah! Ella se llama...

                  A: ¿De dónde es...?
                  B: Es de...

Actividad *14* **Dos conversaciones** In pairs, construct two logical conversations using the sentences that follow. Note: Each conversation contains two extra lines that do not belong and should not be included.

Conversación 1

_____ ¿Es de Caracas?
__2__ Me llamo Roberto, ¿y tú?
_____ No, soy de Venezuela.
_____ Sí, es de la capital.
_____ ¡Mi amigo es venezolano también!
_____ Se llama Marta.
_____ Felipe. ¿Eres de Colombia?
_____ No, es de Cancún.
_____ Se llama Pepe.
_____ ¿Ah sí? ¿Cómo se llama él?
__1__ ¿Cómo te llamas?

Conversación 2

_____ No, es de Bogotá.

_____ Se llama Ana.

_____ Soy la Srta. Mejía, ¿y Ud.?

_____ ¿Ah sí? ¿Cómo se llama?

_____ ¡Ah! Mi amiga es colombiana también.

_____ No, es de Medellín.

__1__ ¿Cómo se llama Ud.?

_____ ¿Ah sí? ¿Cómo se llama él?

_____ ¿Es de la capital ella?

_____ Soy el Sr. Mendoza, de Colombia.

▲ Estudiantes en Lima, Perú

Actividad 15 **¿Cómo se llama y de dónde es?** In pairs, take turns naming as many of your classmates and their hometowns as you can remember. Follow the model and point at each person you name.

■■■ A: Ella se llama Megan y es de Milwaukee.
　　 B: Él se llama Josh. No sé de dónde es.

II. Indicating One's Age: _Tener_
■■■

One of the uses of the verb **tener** is to indicate one's age. The following are the singular forms of the verb **tener** in the present indicative:

tener	
yo	**Tengo** treinta años.
tú	¿Cuántos años **tienes**?
Ud.	¿Cuántos años **tiene** Ud.?
él	Él **tiene** diecinueve años.
ella	Ella **tiene** veintiún* años.

Remember: As with all verbs in Spanish, the pronouns can be used for emphasis or clarity. The overuse of **yo** and **tú** when speaking or writing Spanish sounds redundant, so when in doubt, omit them.

*****Note:** The number **veintiuno** loses its final **-o** when followed by a masculine noun. When the **-o** is dropped, an accent is needed over the **-u: veintiún.**

■■■ noun: a person, place, or thing

To practice: Do Workbook, CD-ROM, and Web activities.

Actividad 16 **¿Cuántos años tienes?** **Parte A.** Ask several of your classmates their age. Feel free to lie about your age if you want!

■■■ A: ¿Cuántos años tienes?
　　 B: Tengo... años. ¿Y tú?

Parte B. In pairs, ask each other questions to find out the ages of the people in the class whom you didn't get a chance to ask in **Parte A** of the activity.

■■■ A: ¿Cuántos años tiene él?

B: Tiene... años.　　　　　　 B: No sé cuántos años tiene.

Actividad 17 **¿Qué recuerdas?** In pairs, take turns saying as much as you can remember about several members of the class. Follow the model.

■■■ Ella se llama Elvira, es de Atlanta y tiene veintidós años.

Actividad 18 **Tú y él/ella** Write a few sentences introducing yourself and introducing a classmate. State: **nombre, edad** (*age*) y **de dónde eres/es.**

Actividad 19 **En el colegio mayor** In pairs, select role **(papel)** A or B and follow the instructions for that role. Do not look at the information given for the role your partner plays. When you finish, role play the second situation.

Situación 1: Papel A

You are Juan Carlos Moreno Arias and you are registering at a dorm. Give the necessary information to the receptionist when he/she asks you. Here is the information you will need:

Juan Carlos Moreno Arias
Perú   24 años
Número de pasaporte: 5–66–45–89

Situación 1: Papel B

You are the receptionist and you have to ask a new student questions to fill out the registration card below. Remember to address the new student using the **Ud.** form.

Colegio Mayor Hispanoamericano

Nombre ☐☐☐☐☐☐☐☐☐☐☐☐☐☐

Apellidos ☐☐☐☐☐☐☐☐☐☐☐☐☐☐☐☐

Edad ☐☐   Nacionalidad ☐☐☐☐☐☐☐☐☐☐☐☐

Número de pasaporte ☐☐☐☐☐☐☐☐☐

Situación 2: Papel A

You are the receptionist and you have to ask a new student questions to fill out the registration card above. Remember to address the new student using the **Ud.** form.

Situación 2: Papel B

You are Marisel Álvarez Vegas and you are registering at a dorm. Give the necessary information to the receptionist when he/she asks you. Here is the information you will need:

Marisel Álvarez Vegas
Venezuela   19 años
Número de pasaporte: L 7456824

Nuevos horizontes

Lectura ESTRATEGIA: Scanning

■ ■ ■ Typically, you scan the phone book, stats for a ball game, etc. Can you think of other types of readings you might scan?

In this book, you will learn specific techniques that will help you to become a proficient reader in Spanish. In this chapter, the focus is on a technique called *scanning*. When scanning, you look for specific bits of information as if you were on a search-and-find mission. Your eyes function as radar, ignoring superfluous information and zeroing in on the specific details that you set out to find.

Actividad 20 Completa la ficha Look at the registration card below to see what information is requested. Then scan Claudia's application form for the **Colegio Mayor Hispanoamericano** to find the information you need and fill out the registration card.

Colegio Mayor Hispanoamericano

Nombre ☐☐☐☐☐☐☐☐☐☐☐☐☐☐

Apellidos ☐☐☐☐☐☐☐☐☐☐☐☐☐☐☐☐☐☐

Edad ☐☐   Nacionalidad ☐☐☐☐☐☐☐☐☐☐☐☐

Número de pasaporte ☐☐☐☐☐☐☐☐

Dirección ☐☐☐☐☐☐☐☐☐☐☐☐☐☐☐☐☐☐☐☐

Ciudad ☐☐☐☐☐☐☐☐☐☐☐☐

País ☐☐☐☐☐☐☐☐☐☐

Prefijo ☐☐   Teléfono ☐☐☐☐☐☐

■ ■ ■ **soltera** = single

Colegio Mayor Hispanoamericano
No. 78594
Solicitud de admisión para estudiantes extranjeros

Sr./Sra./Srta. *Claudia Dávila Arenas* hijo/a

de *Jesús María Dávila Cifuentes* y

de *Elena Arenas Peña*, nacido/a en la ciudad

de *Cali*, *Colombia* el *15* de *febrero*

de *1986*, de nacionalidad *colombiana*,

estado civil *soltera*, número de pasaporte *AC 67-42 83*

de *Colombia*, con domicilio en

Calle 8 No. 15-25 Apto. 203,

de la ciudad de *Cali*, en el país de *Colombia*,

teléfono: prefijo *23*, número *67-75-52*, solicita

admisión en el Colegio Mayor Hispanoamericano con fecha de

entrada del *2* de *octubre* de *2006* y permanencia hasta

el *30* de *junio* de *2007*.

Firmado el día *19* de *enero* de *2006*

Vocabulario esencial II

Las ocupaciones

1. recepcionista
2. director/directora
3. actor/actriz
4. economista
5. estudiante
6. deportista (profesional)
7. camarero/camarera
8. dentista
9. ingeniero/ingeniera
10. médico/médica, doctor/doctora

■ ■ ■ **Doctora** is more commonly used than **médica** when referring to a female doctor.

Otras ocupaciones

abogado/abogada   lawyer
agente de viajes   travel agent
ama de casa   housewife
cantante   singer
comerciante   business owner
escritor/escritora   writer, author
hombre/mujer de negocios   businessman/businesswoman
periodista   journalist
policía/(mujer) policía   policeman/policewoman
programador/programadora de computadoras   computer programmer
secretario/secretaria   secretary
vendedor/vendedora   store clerk

To practice: Do Workbook, CD-ROM, and Web activities.

Actividad 21 **¿Quiénes son y qué hacen?** In pairs, look at the following pictures and try to match them with the descriptions below. Take turns pointing to a photo and stating the following information: **nombre, ocupación, nacionalidad, edad.**

_____ 1. Pedro Almodóvar, director, España, 1949

_____ 2. Sandra Cisneros, escritora, Estados Unidos, 1954

_____ 3. Gabriel Batistuta, futbolista, Argentina, 1969

_____ 4. Paulina Rubio, cantante, México, 1971

Actividad 22 **¿Qué hace tu padre?** In pairs, role play the parts of Claudia and Vicente. "A" covers Column B and "B" covers Column A. You are meeting each other for the first time. Introduce yourselves and ask questions about each other and about each other's parents: **nombre, nacionalidad, ocupación, edad.**

■■■ A: ¿Qué haces?
B: Soy estudiante.
A: ¿Qué hace tu padre?
B: Mi padre es economista.

A. Los Dávila de Colombia

Madre: Maribel, 46 años, ama de casa
Padre: Felipe, 48 años, hombre de negocios
Claudia: 21 años, estudiante

B. Los Mendoza de Costa Rica

Padre: Alfredo, 57 años, economista
Madre: Vanesa, 49 años, abogada
Vicente: 26 años, estudiante

Actividad 23 **¿Qué hace tu padre? ¿Y tu madre?** Interview several classmates and ask them the following information about their parents: **nombre, ocupación, de dónde es, edad.**

■■■ **Está jubilado/a.** = He/She is retired.

Para escuchar

En la cafetería del colegio mayor

¿Qué hay?	What's up?
¡Oye!	Hey!
entonces	then (when *then* means *therefore*)

■■■ The print version of the conversation appears in Appendix C. The audio CD that accompanies your text contains the recorded version of the conversation.

*After settling in at the dorm, Teresa goes to the **cafetería;** there she joins her new friend, Marisel Álvarez Vegas, who is from Venezuela. Marisel has lived at the dorm for a while and is telling Teresa who everyone is.*

 Actividad 24 **¿Quién con quién?** Look at the scene in the **cafetería.** While listening to the conversation, find out who is talking with whom. Label the drawing. The names of the people are: **Juan Carlos, Diana, Marisel, Teresa, Álvaro,** and **Vicente.**

Actividad 25 **Completa la información** As you listen to the conversation again, complete the following chart.

Nombre	País
Diana	_____
_____	Perú
_____	Costa Rica
Álvaro	_____
Teresa	Puerto Rico
Marisel	Venezuela

Actividad 26 **¿De dónde...?** Look at the list of characters and their countries in the previous activity and match them with the appropriate regional adjectives.

Diana
Juan Carlos
Vicente   es de + *país;* entonces es
Álvaro
Teresa
Marisel

norteamericano/a
caribeño/a
centroamericano/a
suramericano/a
europeo/a

¿Lo sabían?

The words **cafetería** and **bar** are almost interchangeable in some Spanish-speaking countries. These establishments open early and, in many instances, close late. Both may serve food and drink and not have any age restrictions. People may go to a **cafetería** or a **bar** at 11:00 AM or at 6:00 PM to have a coffee or a beer. There may be a group of sixty-year-old women sitting next to a sixteen-year-old couple. Many dorms and university buildings have a **cafetería/bar** that frequently serves food as well as beer, wine, and hard liquor. All dorms also have a dining room. In some trendy neighborhoods, the **bar** that people of all ages go to for a coffee and a croissant in the morning may transform into a hangout where people over the age of eighteen go at night after the movies.

¿? How do the definitions of the words "bar" and "cafeteria" in English differ from their Spanish counterparts?

Gramática para la comunicación II

I. Talking About Yourself and Others (Part II)

A. Subject Pronouns in the Singular and Plural

Subject Pronouns			
yo	I	nosotros ⎱ nosotras ⎰	we
tú	you (*informal*)	vosotros ⎱ vosotras ⎰	you (*plural informal*)
Ud. (usted)	you (*formal*)	Uds. (ustedes)	you (*plural formal/informal*)
él ella	he she	ellos ⎱ ellas ⎰	they

Note: Vosotros/as is used only in Spain.
In Hispanic America **Uds.** is the plural formal and informal form of address.

B. Singular and Plural Forms of the Verbs *llamarse, tener,* and *ser*

■■■ Note accents on question words.

llamarse			
yo	**Me llamo** Ana.	nosotros ⎱ nosotras ⎰	**Nos llamamos** los Celtics. **Nos llamamos** Ana y Clara.
tú	¿Cómo **te llamas**?	vosotros ⎱ vosotras ⎰	¿Cómo **os llamáis**?
Ud.	¿Cómo **se llama** Ud.?	Uds.	¿Cómo **se llaman** Uds.?
él ⎱ ella ⎰	**Se llama** Vicente. **Se llama** Diana.	ellos ⎱ ellas ⎰	**Se llaman** Vicente y Diana. **Se llaman** Teresa y Marisel.

tener			
yo	**Tengo** 20 años.	nosotros/nosotras	**Tenemos** 20 años.
tú	¿Cuántos años **tienes**?	vosotros/vosotras	¿Cuántos años **tenéis**?
Ud.	Ud. **tiene** 25 años, ¿no?	Uds.	Uds. **tienen** 25 años, ¿no?
él/ella	¿**Tiene** 19 años?	ellos/ellas	¿**Tienen** 19 años?

In this chapter you have seen three uses of the verb **ser:**

1 ▪ **Ser** + **de** + *city/country* or **ser** + *nationality* to indicate origin

2 ▪ **Ser** + *name* to identify a person (= **llamarse**)

3 ▪ **Ser** + *occupation* to identify what someone does for a living

ser			
yo	**Soy** Mauro Maldonado.	nosotros/nosotras	**Somos** de Chile.
tú	**¿Eres** chileno?	vosotros/vosotras	**¿De dónde sois?**
Ud.	¿Quién **es** Ud.?	Uds.	**¿Quiénes son** Uds.?
él/ella	**Es** dentista.	ellos/ellas	**Son** de Santiago.

C. Singular and Plural Forms of Occupations and Adjectives of Nationality

In this chapter you have learned how to express a person's occupation and state someone's nationality. Which of the following occupations or adjectives of nationality would you use to refer to a woman: **doctor, camarera, árabe, salvadoreña, guatemalteco?** If you answered **camarera, árabe,** and **salvadoreña,** you were correct. If you were referring to two men, which of the following occupations or adjectives of nationality would you use: **doctores, camareras, árabes, salvadoreñas, guatemaltecos?** If you said **doctores, árabes,** and **guatemaltecos,** you were correct. You used logic, intuition, and your knowledge of language in general to arrive at these choices.

▪ ▪ ▪ adjective: a word that describes a noun

1 ▪ To form the plural of occupations and adjectives ending in **-o, -a,** or **-e,** simply add an **-s.**

Soy ingenier**o.**	Nosotros somos ingenier**os.**
Ella es ingles**a.**	Ellas son ingles**as.**
Ud. es árab**e,** ¿no?	Uds. son árab**es,** ¿no?

▪ ▪ ▪ Remember: **indígena** has only one form and is used to describe a man or a woman. The plural is **indígenas** and refers to both men and women.

2 ▪ To form the plural of occupations and adjectives ending in a consonant, add **-es.**

Él es directo**r.**	Ellos son director**es.**
Soy alemá**n.**	Son aleman**es.**

NOTE:
1. The plural of **actriz** is **actrices.**
2. Note that there is an accent on **alemán,** but not on **alemanes.** For further explanation, see *Stress* in Appendix B.
3. When referring to a group that includes males and females, use the masculine plural form of the adjective or occupation: **Jorge, Pedro y Marta son panameños y son actores.**

Actividad 27 **¿De dónde son?** In pairs, alternate asking and answering questions about where the following people are from. Follow the model.

■■■ A: ¿De dónde es Antonio Banderas?

B: Es de España.   B: No sé.

A: ¡Ah! Es español.

1. Penélope Cruz
2. los príncipes Carlos, Harry y William
3. Gael García Bernal y Thalía
4. Rigoberta Menchú
5. Sofía Loren y Donatella Versace

6. Benicio Del Toro y Héctor Elizondo
7. Alex Trebek, Dan Aykroyd y k.d. lang
8. Gabriel García Márquez, Shakira y Juan Valdés

Actividad 28 **Otras personas famosas** In pairs, take turns asking and giving information about the following people.

■■■ A: ¿Cómo se llaman?

B: ...

A: ¿De qué nacionalidad son?

B: ...

A: ¿Qué hacen?

B: ...

A: ¿Cuántos años tienen?

B: ...

■■■ To ask what someone does, say **¿Qué hace?** To ask what more than one person does, say **¿Qué hacen?**

▲ Carlos Santana   Salma Hayek
(1947)   (1966)
México

▲ David Ortiz   Pedro Martínez
(1975)   (1971)
la República Dominicana

▲ Venus Williams   Serena Williams
(1980)   (1981)
los Estados Unidos

▲ Mary-Kate Olsen   Ashley Olsen
(1986)   (1986)
los Estados Unidos

II. Asking Information and Negating

A. Question Formation

1 ▪ Information questions begin with question words such as **cómo, cuál, cuántos, de dónde, qué,** and **quién/es.** Note the word order in the question and in the response.

> ¿Question word(s) + verb + (subject)? ⟶ (Subject) + verb . . .

¿De dónde es Álvaro?   (Él) es de España.
¿Cómo se llama (ella)?   (Ella) se llama Teresa.

2 ▪ Questions that elicit a yes/no response are formed as follows:

¿Es Marisel?   Sí, es Marisel.
¿Es Marisel de Venezuela? ⎫
¿Es de Venezuela Marisel? ⎭   Sí, Marisel es de Venezuela.

You can also add the tag question **¿no?** or **¿verdad?** meaning *right?* to the end of a statement.

Marisel es de Venezuela, **¿no?** ⎫
Marisel es de Venezuela, **¿verdad?** ⎭   Sí, Marisel es de Venezuela.

B. Negating

1 ▪ In simple negation, **no** directly precedes the verb.

Ellos **no** son de México.
No se llama Marisel.

2 ▪ When answering a question in the negative, always start the answer with **no** followed by a comma, and then negate again or offer new information.

¿Son ellas de Perú?   ⎧ **No,** ellas **no** son de Perú.
                            ⎩ **No,** ellas son de Panamá.

To practice:
Do Workbook, Lab, CD-ROM, and Web activities.

Actividad 29 **En Internet** You are in a chat room online. In the blanks provided, write the user name of the person that answers each question.

econo34:   ¿Tienen 30 años? _____
ruso15:   Eres ingeniera, ¿no? _____
chico50:   No, tienen 30 años.
dto2mo2:   Eres suramericano, ¿no? _____
vjia46:   Es dentista tu padre, ¿no? _____
regular24:   Sí, soy ingeniero.
cafeconleche15: No, tienen 35 años.
muchogusto16:   ¿Es de la capital tu madre? _____
origen14:   No, soy ecuatoriano.
kpfk90:   No, es ingeniera.
porfavor10:   Sí, es de Ponce.
mellamo59:   No, no es dentista.
oye36:   Sí, soy ingeniera.
tengo22:   No, es dentista.
montedvd23:   Sí, es de San Juan.
chau77:   No, soy hondureño.

Actividad 30 **¿Toledo o Toledo?** Vicente and Juan Carlos are talking about their friends. Choose the correct responses to have a conversation with a partner.

Vicente

¿Quiénes son ellas?

Teresa es suramericana, ¿no?

Y Diana, ¿también es de Puerto Rico?

¡Ah! Es española.

Juan Carlos

a. Son Diana y Álvaro.
b. Son Diana y Teresa.
c. Es Diana.

a. No, no es de Puerto Rico.
b. No, es de Puerto Rico.
c. No. Él es de Puerto Rico.

a. No, es de Toledo.
b. No, no es de España.
c. No es puertorriqueña.

a. No, no es de los Estados Unidos.
b. No es de Ohio.
c. No, es de Toledo, Ohio.

¿Lo sabían?

Toledo, Spain, is famous for the quality of its steel. For centuries, handmade swords from Toledo have been considered to be among the finest in the world. They are frequently adorned with Damascene gold work. Toledo, Ohio, was named after the Spanish city.

¿? Can you name other cities in your country with Spanish names?

Actividad 31 **¿Y tus padres?** In pairs, interview your partner to find out the following information about his/her parents: **nombre, de dónde son, ocupación, edad.**

▪▪▪ A: ¿Cómo se llaman tus padres?
B: Mis padres se llaman . . .
A: ¿Qué hacen?
B: . . .

Actividad 32 **Vecinos en la residencia estudiantil** Assume a Hispanic name. In pairs, talk with other pairs and pretend you are with your roommate, meeting your new neighbors at the dorm. Get to know them by asking questions to elicit the following information: **nombre, de dónde son, edad.**

> ■■■ A: ¡Hola! Somos sus vecinos. Yo me llamo...
> B: Y yo me llamo... Y Uds., ¿cómo se llaman?
> C: ...

Actividad 33 **¡Hola! Soy un estudiante nuevo** In pairs, imagine that one of you is a new student who has just transferred into the class. Ask your partner questions to learn about other students. Use questions such as: **¿Cómo se llaman ellos? ¿De dónde es él? ¿Quiénes son ellas?**

Actividad 34 **Preguntas y respuestas** In three minutes, use the question words you have learned (**cómo, cuál, cuántos, de dónde, qué, de qué, quién/es**) to write as many questions as you can about the characters you have met in this chapter (Teresa, Claudia, Juan Carlos, Vicente, Diana, Álvaro, and Marisel). You may also want to consult page 12. Then, in groups of four, quiz each other using the questions you have written.

■■■ Remember: ¿...? and accents on question words.

Actividad 35 **¿De qué nacionalidad son?** Look at the following pictures and try to guess the nationalities of the people.

Do Web Search Activities.

Más allá

La educación

The **Más allá** section of *Imágenes* provides an opportunity for you to think about how you might be able to use your knowledge of Spanish in the future. Teaching Spanish is probably the first job that comes to your mind. Did you know that in the United States . . .

- there is a national shortage of Spanish teachers?
- almost two thirds of all high school foreign language students take Spanish?

Did you also know that . . .

- there are more than 5,000,000 students with limited English proficiency (LEP) in the United States?
- LEP students have increased 100% in the last decade and the growth is expected to continue?
- nearly 50% of all school districts enroll LEP students?
- today's students speak over 400 languages?
- nearly one third of all LEP students get no assistance in the English language?
- the majority of LEP students are Spanish speaking (79%)?

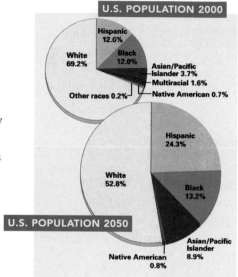

Latinos experience a high dropout rate. It is logical that if staff members speak Spanish and are familiar with Hispanic cultures, their relationship with both students and parents will be better, thus helping to lower dropout rates. For example, Lennox Middle School (Lennox, CA) requires that all of its staff speak Spanish. Lennox experiences high student achievement and a low dropout rate. Knowledge of Spanish can be used in many jobs in the field of education, from principals to librarians to counselors to teachers' aides, as well as by classroom teachers of the language itself. It is true that certain states have large Hispanic populations, but did you also know that states like Minnesota, Iowa, South Carolina, and Idaho are experiencing the largest percentage growth of limited English proficient students? As a result of the No Child Left Behind Act of 2001, an estimated 2–3.5 million new teachers will be needed during this decade, including qualified teachers of English language learners. Regardless of what area of education you may be considering, Spanish will be an asset for you and your future students.

¿? Were there any students with limited English proficiency in your high school? What programs were available to help them?

Incorporando la tecnología, el aprendizaje y los exámenes

This is part of a website of the ➤ company Bilingual Education Specialists that offers help for students wanting to pass standardized tests.

Vocabulario funcional

Los números del cero al cien *See page 15.*

Expresiones relacionadas con los números

el año	*year*
¿Cuál es tu número de teléfono?	*What is your telephone number?*
¿Cuántos años tienes?	*How old are you?*
¿Cuántos años tiene él/ella?	*How old is he/she?*
el pasaporte	*passport*
el teléfono	*telephone*
tener... años	*to be . . . years old*

El origen y las nacionalidades

¿Cuál es el origen de tu familia?	*What is the origin of your family?*
¿De dónde es él/ella?	*Where is he/she from?*
¿De qué nacionalidad eres/es?	*What is your/his/her nationality?*
ser de + *lugar*	*to be from* + place

africano/a	*African*
alemán/alemana	*German*
árabe	*Arab*
argentino/a	*Argentinean*
asiático/a	*Asian*
boliviano/a	*Bolivian*
brasileño/a	*Brazilian*
canadiense	*Canadian*
chileno/a	*Chilean*
colombiano/a	*Colombian*
costarricense	*Costa Rican*
cubano/a	*Cuban*
ecuatoriano/a	*Ecuadorian*
español/a	*Spanish*
europeo/a	*European*
francés/francesa	*French*
guatemalteco/a	*Guatemalan*
hondureño/a	*Honduran*
indio/a	*Indian*
inglés/inglesa	*English*
irlandés/irlandesa	*Irish*
mexicano/a	*Mexican*
nicaragüense	*Nicaraguan*
panameño/a	*Panamanian*
paraguayo/a	*Paraguayan*
peruano/a	*Peruvian*
portugués/portuguesa	*Portuguese*
puertorriqueño/a	*Puerto Rican*
salvadoreño/a	*Salvadoran*
uruguayo/a	*Uruguayan*
venezolano/a	*Venezuelan*

Pronombres personales (*Subject Pronouns*)

yo	*I*
tú	*you* (informal)
Ud. (usted)	*you* (formal)
él	*he*
ella	*she*
nosotros/nosotras	*we*
vosotros/vosotras (*Spain*)	*you* (plural informal)
Uds. (ustedes)	*you* (plural formal/informal)
ellos/ellas	*they*

Las ocupaciones

abogado/abogada	*lawyer*
actor/actriz	*actor*
agente de viajes	*travel agent*
ama de casa	*housewife*
camarero/camarera	*waiter/waitress*
cantante	*singer*
comerciante	*business owner*
dentista	*dentist*
deportista (profesional)	*(professional) athlete*
director/directora	*director*
doctor/doctora	*doctor*
economista	*economist*
escritor/escritora	*writer, author*
estudiante	*student*
hombre/mujer de negocios	*businessman/ businesswoman*
ingeniero/ingeniera	*engineer*
médico/médica	*doctor*
periodista	*journalist*
policía/(mujer) policía	*policeman/policewoman*
profesor/profesora	*teacher; professor*
programador/programadora de computadoras	*computer programmer*
recepcionista	*recepcionist*
secretario/secretaria	*secretary*
vendedor/vendedora	*store clerk*

La posesión

mi	*my*
tu	*your* (informal)
su	*his/her/your* (formal)

Las presentaciones

¿Cómo se llama él/ella?	*What's his/her name?*
Mucho gusto.	*Nice to meet you.*
el nombre	*first name*
el primer apellido	*first last name* (father's name)
el segundo apellido	*second last name* (mother's maiden name)
¿Quién es él/ella?	*Who's he/she?*
llamarse	*to be called*
ser	*to be*
tener	*to have*

Las personas (*People*)

el/la chico/a	*boy/girl*
la madre; la mamá	*mother; mom*
el padre; el papá	*father; dad*
los padres	*parents*

Palabras y expresiones útiles

la cafetería	*cafeteria/bar*
el colegio mayor (*Spain*); la residencia estudiantil	*dormitory*
¿Cómo?	*What?/What did you say?*
la dirección	*address*
entonces	*then* (when *then* means *therefore*)
más o menos	*more or less*
¿no?	*right?*
No hay de qué.	*Don't mention it./You're welcome.*
¡Oye!	*Hey!*
pero	*but*
¿qué?	*what?*
—¿Qué hace él/ella?	*"What does he/she do?"*
—Es...	*"He/She is a . . ."*
¿Qué hay?	*What's up?*
¿quién?/¿quiénes?	*who?*
sí	*yes*
también	*too, also*
todos	*all*
¿verdad?	*right?*
y	*and*

2 ¿Te gusta?

malayo 1,9
holandés 1,9
árabe 1,4
ruso 2,5
polaco 1,3
italiano 3,3
portugués 3,5
francés 3,8
coreano 4,1
inglés 35,8
alemán 7,3
español 9,0
japonés 9,6
chino 14,1

▲ Uso de Internet por idioma total
940.000.000   2005

▲ Mujer con computadora en Managua, Nicaragua.

Chapter Objectives

- Identifying some household objects and their owners
- Discussing your classes
- Talking about likes and dislikes
- Discussing future plans
- Expressing obligation
- Expressing possession

¿Qué saben?

1. ¿Qué porcentaje (%) de las personas que usan Internet hablan español?
2. En tu opinión, ¿el número de personas que usan Internet en países hispanos va a aumentar (*get bigger*) mucho en el futuro?
3. En Internet, si la dirección (*URL*) termina en **.edu,** significa que es de una universidad. ¿Qué significa si termina en **.es, .ar, .mx** y **.co**?
4. ¿La página web http://www.globalexchange.org/campaigns/fairtrade tiene información sobre computadoras, café, universidades o música?

Para escuchar

¡Me gusta mucho!

¡Claro! ¡Claro que sí! ¡Por supuesto!	Of course!
¿De veras?	Really?

Marisel is studying in her room. Teresa is taking a study break and comes to Marisel's room looking for something to drink and some conversation.

 Actividad 1 ¿Qué escuchas? While listening to the conversation, place a check mark next to the topics that you hear mentioned.

_____ computadoras   _____ calculadoras

_____ música salsa   _____ música rock

_____ té   _____ café

 Actividad 2 Preguntas Listen to the conversation again while reading along in Appendix C, then answer the questions.

1. ¿Qué computadora tiene Marisel? ¿Y Teresa?
2. ¿Qué tipo de conexión a Internet tiene Teresa? ¿Y Marisel?
3. ¿Cómo le gusta el café a Teresa, solo o con leche?
4. ¿Qué tiene Marisel, CDs de salsa o de música pop?

Actividad 3 **¿Y tú?** In pairs, ask your partner the following questions.

1. ¿Qué computadora te gusta?
2. ¿Tienes computadora? ¿Qué computadora tienes? ¿Tienes conexión a Internet por teléfono, por cable o por ADSL?
3. ¿Qué tipos de CDs tienes? ¿De rock? ¿De jazz? ¿De música clásica? ¿De música country? ¿De música rap?
4. ¿Te gusta el café? ¿Te gusta solo o con leche?

¿Lo sabían?

The United States is the largest consumer of coffee in the world. For many countries, including Mexico, Guatemala, Costa Rica, Honduras, Nicaragua, Colombia, Venezuela, and Ecuador, coffee plays a critical role in the economy and in some cases is a principal source for foreign exchange.

The Fair Trade Federation guarantees fair prices to Third World farmers and helps them to organize their own export cooperatives and sell their harvest directly to importers rather than middlemen who buy their goods at a fraction of the market price, thereby promoting a cycle of debt and poverty. By providing a channel for direct trade, fair prices, and access to credit, Fair Trade helps farming families to improve their nutrition and health care, keep their children in school, and reinvest in their farms. The Fair Trade label on a package indicates that these farmers earned a fair price. Coffee with this Fair Trade label is now available in stores and cafés nationwide, including Tully's, Safeway, and Starbucks.

Logo used by ➤ the Fair Trade Federation.

¿? Have you ever purchased Fair Trade coffee?

Actividad 4 **Las asignaturas** In the conversation, Marisels says "... **tengo una clase de arte moderno...**" Now, mingle with your classmates and find out what classes they have this semester. Some possible subjects are **arte, biología, economía, historia, inglés, literatura, matemáticas,** and **sociología.** Follow the model.

■■■ A: ¿Tienes historia?
B: Sí, tengo historia. / No, no tengo historia. / No, pero tengo arte.

Actividad 5 **¡Claro!** In pairs, find out whether your partner has the following things. Follow the model.

■■■ A: ¿Tienes televisor?
B: ¡Claro! / ¡Por supuesto! / ¡Claro que sí! / No, no tengo.

1. calculadora
2. equipo de música
3. reproductor de DVD
4. radio
5. guitarra
6. (teléfono) celular

Vocabulario esencial I

La habitación de Vicente

■■■ To learn vocabulary, think of the word **champú** when you are washing your hair, **jabón** when you wash your hands, etc. Say the words aloud. Remember: idle time = study time.

1. cepillo (de pelo)
2. toalla
3. silla
4. cámara (digital)
5. computadora
6. planta
7. escritorio
8. periódico
9. móvil/(teléfono) celular
10. guitarra
11. reloj
12. lámpara
13. equipo de música
14. cama
15. mochila

Artículos de higiene personal

el agua de colonia   cologne
el cepillo de dientes   toothbrush
el champú   shampoo
la crema de afeitar   shaving cream
el jabón   soap

el kleenex   Kleenex, tissue
la máquina de afeitar   electric razor
la pasta de dientes   toothpaste
el peine   comb
el perfume   perfume

■■■ **La computadora/el computador/el ordenador,** and **el vídeo/el video** are all accepted in Spanish.

■■■ **La radio** = *radio broadcast, radio station.* In some countries, **el radio** is used. **El/La radio** = *radio (appliance).*

To practice:
Do Workbook, CD-ROM, and Web activities.

Otras cosas

la calculadora   calculator
el diccionario   dictionary
el disco compacto/CD   compact disc; compact disc player
el DVD; el reproductor de DVD   DVD, DVD player
el MP3; el (reproductor de) MP3   MP3; MP3 player

la mesa   table
la novela   novel
el/la radio   radio
la revista   magazine
el sofá   sofa, couch
el televisor   television set
el video   VCR; videocassette

Actividad 6 **Asociaciones** Associate the following names with objects.

■■■ Pert Plus = champú

1. Panasonic
2. Colgate
3. Nikon
4. Memorex
5. *Time, Newsweek*

6. Gillette
7. Dial
8. Chanel Número 5
9. Gabriel García Márquez
10. Timex

Actividad 7 **Categorías** List as many items as you can that fit these categories: **cosas para leer** (*read*), **cosas que usan electricidad, cosas en un baño.**

Actividad 8 **La habitación de Vicente** In pairs, quiz each other by looking at the drawing of Vicente's room on page 40. Follow the model.

■■■ A: ¿Tiene video?
　　B: Sí, tiene. / No, no tiene.

■■■ When using **tener** to state what people have, you do not usually use the articles (**el, la, los, or las**).

Actividad 9 **¿Qué tienes en tu habitación? Parte A.** Make a list of items that you have in your room.

Parte B. In pairs, ask your partner what he/she has in his/her room. Be prepared to report back to the class. Follow the model.

■■■ A: ¿Tienes equipo de música?
　　B: Sí, tengo equipo de música. / No, no tengo equipo de música.

Actividad 10 **Las habitaciones de los estudiantes** In pairs, "A" covers the drawing of Vicente and Juan Carlos's room, and "B" covers the drawing of Marisel and Diana's room. Then, find out what each pair of roommates has in the room by asking your partner questions. Follow the model.

■■■ A: ¿Tienen reproductor de DVD Vicente y Juan Carlos?
　　B: No, no tienen reproductor.

La habitación de Marisel y Diana

La habitación de Vicente y Juan Carlos

Gramática para la comunicación I

I. Using Correct Gender and Number

All nouns in Spanish are either masculine or feminine (gender/**género**) and singular or plural (number/**número**). For example: **libro** is masculine, singular and **novelas** is feminine, plural. Generally, when nouns refer to males, they are masculine (**ingeniero**) and when they refer to females, they are feminine (**ingeniera**). The definite and indefinite articles (*the,* and *a/an/some*) agree in gender and number with the noun they modify.

■ ■ ■ Definite article = *the*
■ ■ ■ Indefinite article = *a/an, some*

Definite Article/Artículo definido		
	Singular	Plural
Masculine	el	los
Feminine	la	las

Indefinite Article/Artículo indefinido		
	Singular	Plural
Masculine	un	unos
Feminine	una	unas

■ ■ ■ Nouns have gender in many languages. Even in English we refer to a friend's new car, saying, "She runs really well."

A. Gender

1 ■ Nouns ending in the letters **-l, -o, -n,** or **-r** are usually masculine.

el pape**l**   el jab**ón**
el cepill**o**   el televis**or**

Common exceptions include **la mano** (*hand*), **la foto** (from **fotografía**), and **la moto** (from **motocicleta**).

2 ■ Nouns that end in **-e** are often masculine (**el cine, el baile, el pie**), but there are some high-frequency words ending in **-e** that are feminine: **la tarde, la noche, la clase, la gente, la parte.**

3 ■ Nouns ending in **-a, -ad, -ción,** and **-sión** are usually feminine.

la novel**a**   la composi**ción**
la universid**ad**   la televi**sión**

■ ■ ■ You buy **un televisor,** but you watch **la televisión.**

Common exceptions include:

■ Words that come from Greek such as **el día** and those ending in **-ma** and **-ta,** such as **el problema, el programa,** and **el planeta,** are masculine and take masculine articles.

■ Most feminine words that begin with a stressed **a** sound take the article **el.** For example: **el agua, el ama de casa,** and **el aula** (*classroom*).

4 ■ Most nouns ending in **-e** or **-ista** that refer to people can be masculine or feminine in gender. Context or modifiers such as articles generally help you determine whether the word refers to a male or female.

el estudiant**e**   la estudiant**e**
el pian**ista**   la pian**ista**
el art**ista**   la art**ista**

El pianista es John. / La pianista es Mary.

NOTE: The definite article is used with titles, such as **Sr., Sra., Srta., Dr., profesora,** etc., except when speaking directly to the person:

La Sra. Ramírez es de Santo Domingo.
BUT: **¿De dónde es Ud., Sr. Leyva?**

B. Number: Plural Formation

1 ■ Nouns ending in a vowel generally add **-s.**

el equipo   **los** equipo**s**   el presidente   **los** presidente**s**
  de música   de música   la revista   **las** revista**s**

2 ■ Nouns ending in a consonant add **-es.**

el profesor   **los** profesor**es**   el examen   **los** exámen**es**
la mujer   **las** mujer**es**   la nación   **las** nacion**es**
la ciudad   **las** ciudad**es**

■ ■ ■ To review accent rules, see Appendix B.

3 ■ Nouns ending in **-z** change **z** to **c** and add **-es.**

el lápiz   **los** lápi**ces**

Actividad // La revista Complete the following headlines from a magazine with **el, la, los,** or **las.**

_____ comunidad global: los factores más esenciales

_____ hoteles colombianos de la costa: _____ solución más económica para _____ turistas

Atlantis: _____ ciudad misteriosa en _____ agua

Astrología: _____ mapa biológico y psicológico del presidente

Carmen de la Vega: _____ artista más popular

_____ problema más importante de _____ Universidad Complutense: _____ clase del profesor Maldonado

Crisis en _____ **Naciones Unidas**

_____ escándalos de _____ televisión

Parte A. Decide if the following words use **el, la, los,** or **las.**

actriz	diccionario	novela	problema
cámara	directores	papel	revista
candidatos	DVDs	periodista	senadoras
clase	estudiante	planetas	televisión
composición	foto	presidente	universidad

■ ■ ■ *paper* (as in notebook paper) = **papel**

a term paper = **un trabajo/una monografía**

Parte B. Now group the words according to the following categories: **la educación, Hollywood, la política.** Some of them may belong to more than one category.

II. Expressing Likes and Dislikes (Part I): *Gustar*

1 ■ To talk about your likes and dislikes as well as those of others, you need to use the construction **(no) me gusta/n** + *article* + *noun*. The noun that follows the verb **gustar** determines whether you use **gusta** (singular) or **gustan** (plural).

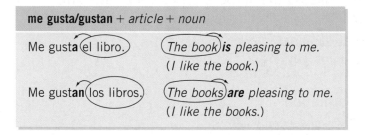

> **me gusta/gustan** + *article* + *noun*
>
> Me gusta el libro.   The book is pleasing to me.
>   (*I like the book.*)
>
> Me gustan los libros.   The books are pleasing to me.
>   (*I like the books.*)

2 ■ To talk about the likes and dislikes of others, you need to change only the beginning of the sentence.

(A mí)	me		
(A ti)	te		
(A Ud.)			
(A él)	le		
(A ella)		+	**gusta** + **el/la** + *singular noun*
(A nosotros)	nos		**gustan** + **los/las** + *plural noun*
(A vosotros)	os		
(A Uds.)			
(A ellos)	les		
(A ellas)			

3 ■ The words in parentheses in the preceding chart are optional; they are used for emphasis or clarification. When using **le gusta** or **les gusta,** clarification is especially important because **le** or **les** can refer to several different people.

> **(A Pablo) le** gusta el café de Colombia, pero **(a Alberto y a Ana) les** gusta el café de Costa Rica.
> ¿**(A ella) le** gusta el té Lipton?

NOTE: **A la** Sra. Ferrer **le** gusta el café guatemalteco. BUT: **Al** Sr. Ferrer **le** gusta el café colombiano. **(a + el = al)**

Actividad 13 **Los gustos** **Parte A.** In preparation to talk about what you and other people like, complete each of the following phrases with an appropriate word.

A mí _____   _____ ellos _____

A _____ te   A _____ me

A Juan _____   A _____ les

A la Srta. Gómez _____   _____ Sr. García le

_____ Marta _____   A Uds. _____

A _____ le   A Marcos y _____ Ana _____

A nosotros _____   A Marcos y a mí _____

Parte B. Now complete each of these phrases with the word **gusta** or **gustan** and **el, la, los, las** when necessary.

_____ _____ universidad

_____ _____ plantas

_____ _____ perfumes de Francia

_____ _____ pasta de dientes Crest

_____ _____ clase de español

_____ _____ Alex Rodríguez

_____ _____ discos compactos

_____ _____ DVDs de Julia Roberts

_____ _____ novelas de Octavio Paz

_____ _____ música clásica

_____ _____ San Juan

Parte C. Now, form sentences by combining a phrase from **Parte A** with one from **Parte B** to describe what you and others like.

◄ Alex Rodríguez, jugador de béisbol, es dominicano.

Actividad 14 **Tus gustos** In pairs, find out your partner's preferences and jot down his/her answers. Remember to include the article when necessary. Follow the model.

> ■■■ A: ¿Te gustan más los Yankees o los Dodgers?
>   B: …

1. _____ revistas o _____ libros
2. _____ perfume o _____ agua de colonia
3. _____ televisión o _____ radio
4. _____ Alex Rodríguez o _____ Pedro Martínez
5. _____ novelas de Stephen King o _____ novelas de Agatha Christie
6. _____ DVDs de terror o _____ DVDs románticos
7. _____ música pop o _____ música rock
8. _____ conciertos de rock o _____ conciertos de música clásica
9. _____ fotos digitales o _____ fotos no digitales

Actividad 15 **Compatibles** Keeping in mind the responses given by your partner in **Actividad 14**, interview a second person to see whether he/she is compatible with your partner. Be prepared to report your findings to the class. Remember to use definite articles when necessary. Use sentences such as the following:

> ■■■ Ellos son compatibles porque les gusta la televisión.
>   Ellos no son compatibles porque a él le gustan los libros y a ella le gustan las revistas.

III. Expressing Possession
■■■

A. The Preposition *de*

In this chapter, you have been using the verb **tener** to express possession: **Tengo radio. Alberto tiene televisor y DVDs.** Another way to express possession is with the preposition **de,** which is the equivalent of the English *'s:*

El equipo de música **de** Alfredo

Alfredo's stereo

—¿**De** quién es el equipo de música?	*Whose stereo is it?*
—El equipo de música es **de** Alfredo.	*The stereo is Alfredo's.*
—Y ¿**de** quién son las revistas?	*Whose magazines are they?*
—Son **de** Marta.	*They are Marta's.*
—¿Los DVDs **de** la chica son de Japón?	*Are the girl's DVDs from Japan?*
—Sí, pero el televisor es **de** la Sra. Lerma.	*Yes, but the television is Mrs. Lerma's.*

BUT: El televisor es **del** Sr. Lerma. (**de + el = del**)

NOTE: If you expect the items to be owned by two or more people, use **de quiénes.** Compare these questions and probable responses.

—¿**De quién** son las revistas?	—¿**De quiénes** son las mochilas?
(*expected response = singular*)	(*expected response = plural*)
—Son de **Ramón.**	—Son de **Ramón y Carlos.**

B. Possessive Adjectives

You can also express possession by using possessive adjectives (**adjetivos pose-sivos**); for example, *her, their, our,* etc., in English. In Spanish, **mi, tu,** and **su** agree in number with the thing or things possessed; **nuestro** and **vuestro** agree in gender and number with the thing or things possessed.

Possessive Adjectives			
mi/s	my	**nuestro/a/os/as**	our
tu/s	your (*informal*)	**vuestro/a/os/as**	your (*informal/Spain*)
su/s	{ your (*formal*) his, her	**su/s**	{ your (*in/formal*) their

—¿Son los CDs de Mario?   —No, no son **sus CDs,** son **mis CDs.**
—¿De quiénes son las guitarras?   —Son **nuestras guitarras.**
—¿Es el televisor de Ana y Luis?   —Sí, es **su televisor.**

In the sentence **Es su computadora**, who can **su** refer to? If you said *his, her, your* (*madam*), *your* (*sir*), *their, your* (*plural*), you were correct. Because **su** and **sus** can be ambiguous, it is common to ask questions to clarify the meaning. Notice how a clarification is requested and given in the following conversation:

A: ¿De quién es la computadora?

B: Es su computadora. (*Person A points to someone in a crowd, but it isn't clear to Person B to whom Person A is pointing.*)

A: ¿Es de Sonia? (*Person B thinks Person A may have pointed to Sonia, but isn't sure.*)

B: No, es de Mario.

To practice:
Do Workbook, CD-ROM, and Web activities.

Actividad 16 Las preferencias Juan Carlos and Vicente are roommates. Read about their preferences and decide what items belong to whom.

A Juan Carlos le gusta mucho la música y a Vicente le gustan los libros. Entonces, ¿de quién son estas cosas?

   ■■■ libro de Hemingway
       El libro de Hemingway es de Vicente porque a él le gustan los libros.

1. guitarra
2. diccionario
3. revistas
4. MP3
5. novelas de James Michener
6. discos compactos
7. equipo de música
8. periódicos

■■■ Have you read any books by Hemingway or Michener about Hispanic countries?

Actividad 17 Los artículos del baño Some of the women at the dorm have left things lying about in the bathroom. In pairs, "A" covers the information in Box B and "B" covers the information in Box A. Ask your partner questions to find out who owns some of the items in the bathroom. Follow the model.

■■■ A: ¿De quién es la pasta de dientes?
B: Es de...

B: ¿De quiénes son los jabones?
A: Son de...

A

You know who owns:
jaboncs – Claudia y Teresa
toalla – Diana
champú – Marisel
cepillos de dientes – Diana,
   Marisel, Teresa y Claudia

Find out who owns:
los kleenex, la pasta de dientes,
los peines, el perfume

B

You know who owns:
kleenex – Claudia
peines – Teresa y Diana
pasta de dientes – Marisel
perfume – Marisel

Find out who owns:
los jabones, el champú, la
toalla, los cepillos de dientes

Actividad 18 Nuestra música favorita In pairs, compare what young kids like and what you like in the following categories. Follow the model.

■■■ Remember that **programa** is masculine.

■■■ Sus programas favoritos son..., pero nuestros programas favoritos son...

música favorita
programas favoritos
películas (*movies*) favoritas

libros favoritos
pasta de dientes favorita
revista favorita

Actividad 19 Tu compañero/a de habitación ideal **Parte A.** Write answers to the following questions to describe your ideal roommate.

1. ¿Qué le gusta a tu compañero/a de habitación ideal? (un mínimo de dos cosas)
2. ¿Qué tiene tu compañero/a de habitación ideal? (un mínimo de dos cosas)

Parte B. In groups of three compare your answers. Begin as follows:

A mi compañero/a ideal le...; tiene televisor y...

Parte C. Individually, write a few sentences to summarize what your partners and you said in **Parte B.** Follow the examples.

A nuestro/a compañero/a ideal le... y tiene..., pero al compañero ideal de Matt le...
A mi compañero ideal le..., pero al compañero ideal de Matt y de Alissa le...

Nuevos horizontes

Lectura ESTRATEGIA: Identifying Cognates

You may already know more Spanish than you think. Many Spanish words, although pronounced differently, are similar in spelling and meaning to English words, for example: **capital** (*capital*) and **instrucciones** (*instructions*). These words are called cognates **(cognados)**. Your ability to recognize them will help you understand Spanish.

Some tips that may help you recognize cognates are:

English	Spanish Equivalent	Example
ph	f	**f**otografía
s + *consonant*	es + *consonant*	**esp**ecial
-ade	-ada	limon**ada**
-ant	-ante	inst**ante**
-cy	-cia	infan**cia**
-ty	-ad	universid**ad**
-ic	-ica/-ico	mú**sica**, púb**lico**
-tion	-ción	informa**ción**
-ion	ión	relig**ión**
-ist	-ista	art**ista**

Other cognates include many words written with one consonant in Spanish but two in English. Can you identify these words in English: **imposible, oficina, música clásica?** You will get to apply your new knowledge of cognates in the next few activities.

■ ■ ■ Other false cognates: **fútbol** (*soccer*), **lectura** (*reading*), **actual** (*current; present*), **carpeta** (*folder*), **idioma** (*language*).

¡OJO! (*Watch out!*) There are some words in Spanish and English that have similar forms but very different meanings. Context will usually help you determine whether the word is a cognate or a false cognate **(cognado falso).** Look at the following examples.

María está muy contenta porque el médico dice que está **embarazada.**

*María is very happy because the doctor says she is **pregnant.***

Necesito ir a la **librería** para comprar los libros del semestre.

*I need to go to the **bookstore** to buy books for the semester.*

Actividad 20 · Correo electrónico

Correo electrónico Look at the *Gmail* site. Use your knowledge of cognates and of email in general to answer the questions that follow.

1. How do you think you say *inbox* in Spanish?
2. You want to hear some music tonight. Which email do you open?
3. What do you click on to get your email address list?
4. What would you click on to configure your preferences such as adding a signature, what name appears when you send an email?
5. What do you think **buscar** means?
6. You are concerned with Internet privacy; what do you click on?
7. What would you click on to get to the Google Home Page?

Actividad 21 · Yahoo! México

Yahoo! México Look at a portion of the Mexican *Yahoo!* home page and answer the following questions. Use your knowledge of cognates as well as your background knowledge about the Internet and visual clues to determine meaning.

1. Look at the top line. What do you think the words **Juegos** and **Compras** mean?
2. What do you think the word **Imágenes** means above the empty rectangle?
3. In the four column list, what would you click on to get stock quotes? to check the weather forecast? to check your horoscope? to send an e-card?
4. In the shaded list on the right, what do you think the heading **Noticias** means?
5. What would you click on to download a new ringtone for your phone?
6. What type of information would you write in the empty box after the word **Encontrar** and what cities could you select after the word **Ciudad?**

Escritura ESTRATEGIA: **Connecting Ideas**

When writing, it is important to make what you write interesting to the reader. A simple way to do this is to include information that expands on or explains more about a topic, thus giving your writing more depth. It is also important to connect your ideas so that your sentences sound natural. The following words will help make your sentences flow better:

por eso *that's why, because of, therefore*
pero *but*
también *also, as well, too*
y *and*

Actividad 22 Descripción **Parte A.** Complete the following paragraph, describing yourself.

Me llamo _____ *y soy de* _____.
Tengo _____ *años y me gusta* ____ _____; *por eso*
tengo _____ *en mi habitación. También*
me gustan ____ _____, *pero no*
tengo _____.

Parte B. Rewrite the preceding paragraph, describing another person in your class. Make all the necessary changes.

Parte C. Check both paragraphs to make sure that the verbs agree with their subjects. Also check to make sure that the meaning expressed by each sentence is logical. Make any necessary changes, staple all drafts together, and hand them in to your instructor.

Vocabulario esencial II

I. Acciones

1. beber (vino/cerveza/Coca-Cola)
2. hablar (con amigos)
3. cantar
4. tocar (la guitarra/el piano)

5. bailar (merengue/salsa/rock/tecno)
6. comer (sándwiches)
7. recibir (una llamada)
8. escuchar (música salsa/rock/jazz)

■ ■ ■ Do not use the verb **tocar** with sports. You will learn how to say *"to play a sport"* in Chapter 5.

■ ■ ■ Since **DVD, CD,** and **email** come directly from English, the plural in Spanish is **DVDs, CDs** and **emails.**

Otras acciones

alquilar (un DVD)   to rent (a DVD)
aprender (español, historia)   to learn (Spanish, history)
caminar   to walk
comprar (un reloj)   to buy (a watch)
correr   to run
escribir (una composición/un trabajo/un email)   to write (a composition/paper/email)
esquiar   to ski
estudiar (cálculo/psicología)   to study (calculus/psychology)
leer (novelas)   to read (novels)
llamar a (alguien)   to call (someone)
llevar   to carry, take along
llevar (perfume/agua de colonia)   to wear (perfume/cologne)
mirar (televisión/películas)   to look, to watch (television/movies)
mirar a (alguien)   to look at (someone)
nadar   to swim
navegar por Internet   to surf the Internet
regresar (a casa)   to return (home)
sacar buena/mala nota   to get a good/bad grade
sacar fotos   to take photos
tomar café   to have coffee

trabajar   to work
usar (computadora)   to use (a computer)
vender (algo)   to sell (something)
visitar (un lugar)   to visit (a place)
visitar a (alguien)   to visit (someone)
vivir en (un apartamento/un colegio mayor)   to live in (an apartment/a dorm)

Actividad 23 **Asociaciones** Associate the actions in the preceding lists with words that you know. For example: **leer—libro; nadar—Hawai; estudiar—estudiante.**

Actividad 24 **Las categorías** In pairs, categorize the actions in the preceding lists in the following categories: **la universidad, una fiesta, el ejercicio físico,** and **una oficina.**

Actividad 25 **¿Te gusta bailar?** In pairs, use the actions in the preceding lists to find out what activities your partner likes to do. Follow the model.

▪▪▪ A: ¿Te gusta bailar merengue?
 B: Sí, me gusta bailar merengue. / No, no me gusta bailar merengue.

II. Los días de la semana *(The Days of the Week)*
■■■

Expresiones de tiempo *(Time Expressions)*

lunes 10	martes 11	miércoles 12	jueves 13	viernes 14	sábado 15	domingo 16
estudiar psicología	leer una novela	trabajar	escribir un trabajo	esquiar en Sierra Nevada	vender mi computadora por eBay	visitar a Paulina

▪▪▪ Days of the week are not capitalized in Spanish.

el fin de semana   weekend
esta mañana/tarde/noche   this morning/afternoon/evening
hoy   today
el lunes/el sábado   Monday/Saturday; on Monday/on Saturday
los lunes/los sábados   on Mondays/on Saturdays
mañana   tomorrow
por la mañana/tarde/noche   in the morning/afternoon/evening
la semana que viene   next week
tarde   late
temprano   early

To practice:
Do Workbook, CD-ROM, and Web activities.

Actividad 26 **¿Cuándo?** In pairs, alternate asking and answering the following questions.

1. ¿Tienes más clases esta tarde? ¿Esta noche? ¿Mañana?
2. ¿Cuándo es la prueba (*quiz*) del capítulo 2 en la clase de español?
3. ¿En esta universidad tenemos exámenes finales los sábados? ¿Tenemos clase el miércoles antes del día de Acción de Gracias (*Thanksgiving*)?
4. ¿Te gusta estudiar temprano por la mañana, por la tarde o tarde por la noche?
5. ¿Cuándo es tu programa de televisión favorito y cómo se llama?
6. ¿Cuándo es el próximo partido (*game*) de fútbol americano o de basquetbol de la universidad?
7. ¿Cuándo les gusta alquilar DVDs a ti y a tus amigos?
8. ¿Cuándo vas tú a fiestas?

¿Lo sabían?

In the United States, Friday the 13th evokes feelings of anxiety in some people. In Hispanic countries, bad luck is associated with Tuesday the 13th. That is why the movie *Friday the 13th* was translated into Spanish as *Martes 13*.

There is a saying in Spanish that refers to Tuesday as being the day of bad luck: **"Martes, ni te cases, ni te embarques, ni de tu casa te apartes"**. (*On Tuesdays, don't get married, don't take a trip, and don't leave your home.*)

NOVIEMBRE

l	m	m	j	v	s	d
			1	2	3	4
5	6	7	8	9	10	11
12	(13)	14	15	16	17	18
19	20	21	22	23	24	25
26	27	28	29	30		

¿? What other things are considered bad luck in your culture?

Actividad 27 **Tu horario de clases** In pairs, take turns telling your partner your class schedule. Fill in the chart with your partner's schedule. Follow the model.

■■■ Los lunes por la mañana tengo clase de...; por la tarde...

	lunes	*martes*	*miércoles*	*jueves*	*viernes*
Mañana					
Tarde					
Noche					

Para escuchar

¡Planes para una fiesta de bienvenida!

Vale./O.K.	O.K.
No importa.	It doesn't matter.

■ ■ ■ **Vale** is only used in Spain.

Marisel has decided to have a welcoming party for her new friend Teresa. She and Álvaro are now discussing some of the arrangements for a party at the dorm.

Actividad 28 Cosas para la fiesta While listening to the conversation, complete the email that Álvaro is sending some friends by matching the items with the people who are going to take them to the party. When you are finished, report to the class who is taking what, using **(Álvaro) va a llevar...**

a. la tortilla de patatas
b. los ingredientes para la sangría
c. la guitarra
d. la Coca-Cola
e. las papas fritas
f. los CDs

> ### ¡Fiesta!
>
> Mañana a las 10 de la noche Marisel va a hacer una fiesta. Éstas son las cosas que va a llevar cada persona:
>
> yo: _____
> Marisel: _____
> Juan Carlos: _____
> Claudia: _____ y _____
> Vicente: _____
>
> Un abrazo,
>   Álvaro

Actividad 29 **Preguntas** Listen to the conversation again. Then, in groups of four, answer the following questions based on the conversation and common knowledge.

1. ¿Cómo se dice *potato* en España? ¿Y en Hispanoamérica?
2. ¿Tiene alcohol la sangría?
3. ¿Cuál es el ingrediente principal de la sangría?
4. ¿Cuándo es la fiesta de Marisel y Álvaro? En general, ¿qué día de la semana son las fiestas de Uds.?

Actividad 30 **La ópera** The following is a conversation between Teresa and Vicente about opera. Arrange the lines in logical order, from 1 to 13. The first two have already been done for you. When you finish, act out the conversation aloud with a partner.

_____ Me gustan los dos. Tengo tres CDs de Carreras y ahora voy a comprar un CD de Domingo.

_____ Voy a comprar un disco compacto de ópera.

_1_ ¿Qué hay?

_____ El sábado.

_____ De Plácido Domingo. ¿Te gusta?

_____ Sí, pero a mí me gusta más José Carreras. ¿Y a ti?

_2_ ¡Ah! Vicente. ¿Qué vas a hacer hoy?

_____ Oye, ¿vas a mirar el recital de Monserrat Caballé en la televisión?

_____ No importa, pues yo sí.

_____ ¿De quién?

_____ ¿Cuándo es?

_____ Yo también tengo CDs de Carreras.

_____ No tengo televisor.

¿Lo sabían?

Plácido Domingo, Montserrat Caballé, and José Carreras are three world-renowned Spanish opera stars. Plácido Domingo, a tenor, also sings popular music. He has been living in Mexico since 1950. Montserrat Caballé is well known for the purity of her soprano voice. She became popular in the United States after singing in Carnegie Hall in 1965, and she has also sung with Freddie Mercury from the band Queen. José Carreras was a rising opera star when he was struck with leukemia. Luckily, his illness is in remission, and he has founded the José Carreras International Leukemia Foundation with branches in Spain, the United States, Switzerland, and Germany. He continues to appear in theaters throughout the world.

▲ Freddie Mercury y Montserrat Caballé cantan *Barcelona.*

¿? Do you like opera? What other internationally known opera singers do you know?

Gramática para la comunicación II

I. Expressing Likes and Dislikes (Part II): *Gustar*

As you have learned, the verb **gustar** may be followed by *article + noun*. It may also be followed by another verb in the infinitive form. An infinitive is the base form of a verb and it ends in **-ar** (**bailar** – *to dance*), **-er** (**comer** – *to eat*), or **-ir** (**vivir** – *to live*).

A Jesús y a Ramón no les gusta **el jazz.**	*Jesús and Ramón don't like jazz.*
Al Sr. Moreno le gustan **los CDs** de jazz.	*Mr. Moreno likes jazz CDs.*
¿Qué te gusta hacer?	*What do you like to do?*
A Juan le gusta esquiar.	*Juan likes to ski.*
Nos gusta bailar y cantar.*	*We like to dance and sing.*

***NOTE:** Use the singular **gusta** with one or more infinitives.

Actividad 31 La gente famosa Say what the following people like to do.

■■■ A Savion Glover le gusta bailar.

Drew Barrymore	vender ropa
Bill Gates	hablar con Cameron Díaz
Carlos Santana y Melissa Etheridge	navegar por Internet
Marc Anthony	bailar
Penélope Cruz	cantar y bailar salsa
Savion Glover	tocar la guitarra
Sean Combs y Donatella Versace	viajar con Salma Hayek

Actividad 32 Las preferencias In groups of four, find out which of the following things the members of your group prefer. Have one person take notes (place the initials of those who say "yes" next to each item in the list) and report the results back to the class. Follow the model.

■■■ A: ¿Te gusta escuchar salsa?
B: Sí/No...

(*To report results*) A ellos les gusta escuchar salsa y a nosotros nos gusta escuchar música folklórica.

_____ 1. bailar	_____ 8. recibir emails
_____ 2. beber Pepsi	_____ 9. esquiar
_____ 3. tocar la guitarra	_____ 10. estudiar
_____ 4. navegar por Internet	_____ 11. los DVDs de películas de acción
_____ 5. cantar	_____ 12. leer novelas
_____ 6. correr	_____ 13. nadar
_____ 7. la música clásica	_____ 14. vivir en la universidad

II. Expressing Obligation and Making Plans:
Tener que and *ir a*

A. Expressing Obligation: *Tener que*

To express obligation, use a form of the verb **tener** + **que** + *infinitive*.

Tengo que estudiar mañana.	*I have to study tomorrow.*
Tenemos que comprar vino.	*We have to buy wine.*
¿Qué **tiene que** hacer él?	*What does he have to do?*
¿Cuándo **tienes que** escribir el trabajo?	*When do you have to write the paper?*

B. Making Plans: *Ir a*

In the conversation where the friends are planning a party, Álvaro says, "**¿Quién va a comprar los ingredientes para mañana?**" Is he referring to a past, present, or future action? If you said future, you were correct. To express future plans, use a form of the verb **ir** + **a** + *infinitive*.

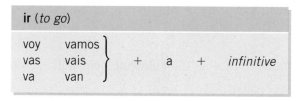

ir (*to go*)

voy	vamos					
vas	vais	}	+	a	+	*infinitive*
va	van					

Voy a esquiar mañana.	*I'm going to ski tomorrow.*
Juan **va a** estudiar hoy.	*Juan is going to study today.*
Ellos **van a** nadar el sábado.	*They're going to swim on Saturday.*
¿Qué **van a** hacer Uds.?	*What are you going to do?*

To practice:
Do Workbook, Lab, CD-ROM, and Web activities.

Actividad 33 El fin de semana This is a list of Álvaro's activities for this weekend. Say what activities he has to do and what activities he is going to do.

■■■ Álvaro tiene que... y él va a...

escuchar música
escribir un trabajo
esquiar
leer una novela para la clase de literatura
vender su guitarra por eBay
caminar a clase

estudiar para un examen de cálculo
trabajar
ir a una fiesta
comer con Vicente
hablar con su profesor de inglés
sacar fotos en la fiesta

Actividad 34 ¿Qué tienes que hacer? Parte A. Look at the list below and write E.N. (**esta noche**) in the blanks before the items that you have to do tonight and write E.S. (**el sábado**) next to those that you are going to do on Saturday.

_____ escribir una composición

_____ bailar

_____ leer el libro de _____ (clase)

_____ escuchar música

_____ nadar

_____ hablar con mi madre

_____ aprender de memoria vocabulario para la clase de español

_____ mirar una película

_____ trabajar

_____ comer en un restaurante

_____ alquilar un DVD

_____ hablar con mis amigos

Parte B. In groups of three, find out what the others have to do tonight and what they are going to do on Saturday. Ask questions like: **¿Qué tienes que hacer esta noche? ¿Qué vas a hacer el sábado?**

Parte C. Write a few sentences about what people in your group are planning on doing and report back to the class. For example: **Zach y Jessica tienen que trabajar esta noche, pero el sábado él va a nadar y ella va a mirar una película. Yo…**

Actividad 35 **La agenda de Claudia** Look at Claudia's calendar for the week and form as many questions as you can about her activities. Then ask your classmates questions from your list.

¿Cuándo van a… Claudia y Juan Carlos?
Va a… el miércoles por la tarde, ¿no?
¿Tiene que… el fin de semana?
¿Qué tiene que hacer el…?

octubre		actividades
lunes	5	nadar, escribir una composición, comer con Álvaro
martes	6	comprar pasta de dientes, leer la lección 4 para historia
miércoles	7	3 p. m. ir a la universidad, 8 p. m. aprender karate (¡primera clase!)
jueves	8	escribir un email, estudiar para el examen de literatura
viernes	9	correr, comprar papas fritas y Coca-Cola, 4 p. m. llamar a Juan Carlos
sábado	10	10 p. m. ir a la fiesta, llevar las papas fritas y la Coca-Cola
domingo	11	11 a. m. ir a Toledo con Diana, visitar la catedral

Actividad 36 **Tu futuro** Make a list of five things that you *have* to do next week and five things that you *are going* to do with your friends for fun. Then, in pairs, compare your lists to see whether you are going to do similar things. Here are some topics you may want to talk about.

concierto   teatro   examen   fiesta   dentista   película   trabajo

Actividad 37 **¡Hola! Me llamo... Parte A.** Read this paragraph and be prepared to answer questions.

Hola. Soy Álvaro Gómez, de Córdoba, una ciudad del sur de España que tiene muchos turistas. Me gusta mucho Córdoba, pero ahora tengo que estudiar en Madrid. Voy a ser abogado.

Parte B. Now read the following paragraph. Your instructor will then read it to you with some changes. Be ready to correct him/her when the information is not accurate.

¿Qué hay? Me llamo Diana Miller. Mis padres son norteamericanos. Mi padre es de Toledo, Ohio y mi madre es de Los Ángeles, pero su familia es de origen mexicano. En los Estados Unidos estudio español en la universidad y en España soy estudiante de literatura española y profesora; tengo que enseñar inglés porque no tengo mucho dinero.

Do Web Search activities.

➤ Patio con muchas flores (*flowers*) en Córdoba, España.

▼ *Read Between the Lines* es un mural en East Los Ángeles del artista David Botello.

Más allá

Internet

The Internet as a means of disseminating information, marketing products, selling goods, and staying in touch with loved ones is growing in importance in the Spanish-speaking world as more and more people go online every day. Webmasters, web page designers, translators, and Internet consultants with knowledge of other languages and cultures are in high demand. Just as Internet use is reaching a plateau in the U.S., numbers are growing in other parts of the world.

Hispanic Online Users in U.S. Exceed Total Online Population of Many Major Spanish-Speaking Nations

Fuente: Comscore.com

INTERNET USERS AND POPULATION STATS FOR AMERICA

AMERICA	Population (2005 Est.)	Internet Users, Latest Data	Use Growth (2000–2005)	Penetration (% Population)
Central America	142,671,074	**14,984,100**	365.7 %	10.5 %
South America	365,389,570	**38,480,557**	169.2 %	10.5 %
The Caribbean	38,856,548	**2,760,300**	393.4 %	7.1 %
SUB-TOTAL	546,917,192	**56,224,957**	211.2 %	10.3 %
North America	328,387,059	**221,437,647**	104.9 %	67.4 %
TOTAL AMERICA	**875,304,251**	**277,662,604**	**120.1 %**	**31.7 %**

NOTE: Data for Mexico, although it forms part of North America, is included with Central America. Fuente: InternetWorldStats.com.

- Brazil, Mexico, and Argentina account for 80% of Internet users in Latin America.

- Latin American e-commerce buyers tend to be young and university educated.

- In a three-year period from 2001 to 2004, English fell from 57% to 35.2% while Spanish rose from 6% to 9% of the total worldwide online language population.

- Only Spain and Mexico have more users that access the Internet in Spanish than the United States.

- Websites such as CNN and ESPN offer pages in Spanish. Yahoo, MSN, and AOL have Spanish-language portals. And companies like Verizon, T-Mobile, Nextel, and AT&T sell their products on the Web in both English and Spanish.

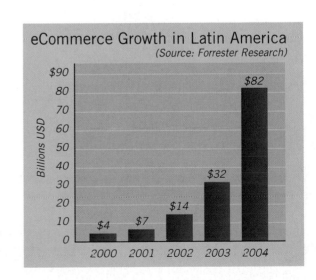

eCommerce Growth in Latin America
(Source: Forrester Research)

"My parents spoke Spanish in their jobs in health care and education in the USA. Because of my parents' work, I also traveled abroad in countries where Japanese, Chinese, Yoruba, and Spanish were spoken. In college, I studied German and Cantonese. After college, I joined the military as a linguist and studied Russian at the Defense Language Institute. I am now employed by Yahoo! in a position where I use my knowledge of languages and cultures every day."
—*Arthine Cossey van Duyne,*
Senior Producer for International Properties at Yahoo!

¿? Look at the chart on page 61 and compare the percentage of the population that is using the Internet in Hispanic countries versus the population in the United States. Taking into consideration this information and the data in the second chart, what do you predict for Latin American e-commerce in the future? What are the implications for international commerce and for your future employment opportunities?

Vocabulario funcional

Las asignaturas (*Subjects*)

el arte	*art*
la biología	*biology*
el cálculo	*calculus*
la economía	*economics*
la historia	*history*
el inglés	*English*
la literatura	*literature*
las matemáticas	*mathematics*
la psicología	*psychology*
la sociología	*sociology*

Los artículos de la habitación (*Bedroom items*)

la calculadora	*calculator*
la cama	*bed*
la cámara (digital)	*(digital) camera*
la computadora	*computer*
el diccionario	*dictionary*
el disco compacto/CD	*compact disc; compact disc player*
el DVD; el reproductor de DVD	*DVD; DVD player*
el equipo de música	*stereo*
el escritorio	*desk*
la guitarra	*guitar*
la lámpara	*lamp*
la mesa	*table*
la mochila	*backpack*

el móvil/(teléfono) celular	*cellular/mobile phone*
el MP3; el (reproductor de) MP3	*MP3; MP3 player*
la novela	*novel*
el periódico	*newspaper*
la planta	*plant*
el/la radio	*radio*
el reloj	*clock; watch*
la revista	*magazine*
la silla	*chair*
el sofá	*sofa, couch*
el televisor	*television set*
el video	*VCR; videocassette*

Artículos de higiene personal

el agua de colonia	*cologne*
el cepillo de dientes	*toothbrush*
el cepillo (de pelo)	*hairbrush*
el champú	*shampoo*
la crema de afeitar	*shaving cream*
el jabón	*soap*
el kleenex	*Kleenex, tissue*
la máquina de afeitar	*electric razor*
la pasta de dientes	*toothpaste*
el peine	*comb*
el perfume	*perfume*
la toalla	*towel*

Los gustos (Likes)

gustar — *to like, be pleasing*
más — *more*

La posesión

¿De quién/es? — *Whose?*
tener — *to have*

Los adjetivos posesivos

mi/s — *my*
tu/s — *your (informal)*
su/s — *your (formal); his; her; their*
nuestro/a/os/as — *our*
vuestro/a/os/as — *your (informal/Spain)*
su/s — *your (informal/formal)*

Las acciones

alquilar — *to rent*
aprender — *to learn*
bailar (merengue/salsa/rock/tecno) — *to dance (merengue/salsa/rock/tecno)*
beber — *to drink*
caminar — *to walk*
cantar — *to sing*
comer — *to eat*
comprar — *to buy*
correr — *to run*
escribir (una composición/un trabajo/un email) — *to write (a composition/a paper/an email)*
escuchar (música salsa/rock/jazz) — *to listen (to salsa music/rock/jazz)*
esquiar — *to ski*
estudiar — *to study*
hablar (con amigos) — *to talk (to friends)*
leer — *to read*
llamar a (alguien) — *to call (someone)*
llevar — *to carry, to take along; to wear*
mirar (televisión/películas) — *to look; to watch (television/movies)*
mirar a (alguien) — *to look at (someone)*
nadar — *to swim*
navegar por Internet — *to surf the net*
recibir (una llamada) — *to receive (a call)*
regresar (a casa) — *to return (home)*
sacar buena/mala nota — *to get a good/bad grade*
sacar fotos — *to take photos*
tocar (la guitarra/el piano) — *to play (the guitar/the piano)*
tomar café — *to have coffee*
trabajar — *to work*
usar (computadora) — *to use (a computer)*
vender (algo) — *to sell (something)*
visitar (un lugar) — *to visit (a place)*
visitar a (alguien) — *to visit (someone)*
vivir en (un apartamento/un colegio mayor) — *to live in (an apartment/a dorm)*

Los días de la semana

el lunes — *Monday*
el martes — *Tuesday*
el miércoles — *Wednesday*
el jueves — *Thursday*
el viernes — *Friday*
el sábado — *Saturday*
el domingo — *Sunday*

Expresiones de tiempo (*Time Expressions*)

esta mañana/tarde/noche — *this morning/afternoon/evening*
el fin de semana — *weekend*
hoy — *today*
el lunes — *Monday; on Monday*
los lunes — *on Mondays*
mañana — *tomorrow*
por la mañana/tarde/noche — *in the morning/afternoon/evening*
la semana que viene — *next week*
tarde — *late*
temprano — *early*

Las obligaciones

tener que + *infinitive* — *to have + infinitive (to eat, to drink, . . .)*

Los planes (*Plans*)

¿Cuándo? — *When?*
ir a + *infinitive* — *to be going + infinitive (to swim, to walk, . . .)*

Comidas y bebidas (*Food and Drink*)

el café — *coffee*
la cerveza — *beer*
la leche — *milk*
las papas/patatas fritas — *potato chips*
la sangría — *sangria (a wine punch)*
el sándwich — *sandwich*
el té — *tea*
la tortilla (de patatas) — *Spanish omelette*
el vino — *wine*

Palabras y expresiones útiles

Claro./¡Claro que sí! — *Of course.*
la clase — *class, lesson; classroom*
el/la compañero/a — *partner*
el/la compañero/a de cuarto — *roommate*
¿De veras? — *Really?*
el dinero — *money*
el, la, los, las — *the*
el examen — *exam*
la gente — *people*
la habitación — *bedroom*
hacer — *to do*
más — *more*
mucho — *a lot*
No importa. — *It doesn't matter.*
el/la novio/a — *boyfriend/girlfriend*
o — *or*
por eso — *that's why, because of this, therefore*
Por supuesto. — *Of course.*
el problema — *problem*
el programa — *program*
un, una; unos, unas — *a/an; some*
Vale./O.K. — *O.K.*

Videoimágenes

Saludos y despedidas

Antes de ver

Actividad 1 ¿Dónde? In this video you will see Mariela and Javier, students of cultural anthropology, who are doing a study in the Hispanic world. Before watching the video, look at the list of capital cities they visit and indicate the corresponding countries.

Buenos Aires   la ciudad de México
Madrid   Quito
San Juan

Mientras ves

Actividad 2 Mariela y Javier First read through the following chart about Mariela and Javier. Then, watch the first part of the video and, as you hear the answers, jot them down.

`00:34-03:42`

	Mariela	Javier
de dónde es	_____	_____
qué estudia	_____	_____
de dónde son sus padres	_____	_____ y Puerto Rico

Antes de ver

Actividad 3 En los Estados Unidos, ¿cómo saludas? Before watching the next segment, indicate how you greet the following people.

	beso (cuántos)	la mano	un abrazo
un profesor			
tu madre			
tu novio/a			
un/a amigo/a			

Mientras ves

A observar In this segment, Javier makes a mistake in greeting a woman from Spain, so Mariela and he decide to see how people from different Hispanic countries greet each other. As you watch the video, indicate what you see in the different countries. Take a moment to familiarize yourself with the chart prior to viewing.

03:43-end

	dos hombres	dos mujeres	un hombre y una mujer
España	mano y abrazo	X	_____
Ecuador	mano	X	monja (*nun*) **"Adiós"** y saluda con la mano _____
Argentina	_____	_____	1 beso
México	_____	X	_____ (*See* **¿Lo sabían?** *on page 66*)

Después de ver

Los saludos Now that you've watched the video and you know which greetings are appropriate where and between whom, you are going to practice greeting others in a culturally appropriate manner. With your classmates, form two concentric circles. Your teacher will give you a series of clues and you are to greet the person in front of you. Once you are finished, the inner circle moves one place to the right and you await the next set of instructions from your teacher.

■ ■ ■ **You can watch the video on the CD-ROM and do additional activities.**

¿Lo sabían?

When you are in another country, it is very important to observe—and at times follow the leads of—the local people. For example, at one point in the video, Javier greets a woman in Mexico with a handshake. By doing so, he is showing her respect. But as she is taking his hand, she decides that a kiss is more appropriate so she pulls him towards her to give him a kiss on the cheek. By following her lead, he reacts in a culturally correct manner.

Therefore, when traveling to another country, follow these simple rules: Observe, listen, imitate, and laugh at your mistakes, just as Javier does in the video. Laughter is the same in all languages and cultures.

¿? When learning about other cultures, sometimes one needs to examine his/her own. For example, is it appropriate in your culture for the following people to kiss a 50-year-old woman on the cheek to say good-by: a 5-year-old boy, a 15-year-old boy, the 25-year-old boyfriend of the woman's daughter, a friend of the woman's, the husband of the woman's friend, the sister of a woman's friend? In Hispanic cultures all would kiss the woman to say good-by.

3 Un día típico

➤ **Quito, Ecuador y el volcán Guagua Pichincha.**

Chapter Objectives

- Stating location and where you are going
- Talking about daily activities
- Describing people and things
- Discussing actions in progress

¿Qué saben?

1. ¿Ecuador está en Centroamérica o Suramérica?

2. El 65% de la población de Ecuador es mestiza, el 25% es indígena, el 7% española y otras, y el 3% es negra. ¿Qué significa la palabra **mestizo**: una combinación de negro y blanco o indígena y blanco?

3. La gran mayoría de las personas en Ecuador hablan español, pero también hablan idiomas indígenas. ¿Cuál es el principal idioma indígena?

Para escuchar

Una llamada de larga distancia

■■■ **Llamada de larga distancia =
conferencia** (Spain).

◄ Shakira, cantante colombiana.

demasiado	too much
No tengo idea. / Ni idea.	I have no idea.
Me/te/le... gustaría + *infinitive*	I/you/he/she . . . would like to . . .

Claudia is talking long distance to her parents who have gone from Bogotá to Quito on a business trip. They are talking about Claudia's classes and her new roommate, Teresa.

Actividad 1 La familia de Teresa While listening to the conversation, complete the following chart about Teresa's family.

	¿De dónde son?	¿Qué hacen?
Teresa	_____	_____
Padre	_____	_____
Madre	_____	_____

Actividad 2 La familia de Claudia After listening to the conversation again, answer these questions.

1. En tu opinión, ¿el padre de Claudia es hombre de negocios, médico o cantante?
2. ¿Qué estudia Claudia?
3. ¿Qué van a visitar los padres de Claudia?
4. ¿Adónde tiene que ir hoy Claudia?
5. ¿Qué tiene Claudia mañana?

Actividad 3 **Una invitación y una excusa** In pairs, invite your partner to do something. Your partner should decline, giving an excuse. Then switch roles. Follow the model.

▪▪▪ A: ¿Te gustaría ir a bailar esta noche?

B: Me gustaría, pero tengo que...

Invitaciones posibles	Excusas posibles
ir a comer	trabajar
correr mañana en el parque	leer una novela
escuchar música	escribir una composición
esquiar el sábado	visitar a tus padres

Actividad 4 **¿Estudias poco o demasiado?** **Parte A.** In pairs, find out if your partner does the following activities **poco** or **demasiado.** Follow the model.

▪▪▪ A: ¿Estud**ias** poco o demasiado?

B: Estud**io** poco.   B: Estud**io** demasiado.

1. trabajar
2. visitar a tus padres
3. hablar con tus amigos
4. escuchar música
5. mirar televisión
6. caminar
7. alquilar DVDs
8. navegar por Internet

Parte B. Now write a few sentences reporting your findings. Be ready to read them to the class. Follow the models.

▪▪▪ Paul estud**ia** poco, pero yo estud**io** demasiado.

Paul y yo trabaj**amos** poco.

¿Lo sabían?

The setting of Quito, the capital of Ecuador, is breathtaking. The city lies in a beautiful valley at the base of a volcano (see page 67). Even though it is close to the equator, Quito enjoys a moderate climate all year round since it is almost 10,000 feet above sea level. The combination of colonial and modern architecture creates a fascinating contrast in the city.

A large percentage of Ecuador's population is of native Andean origin. West of Quito is the town of Santo Domingo de los Colorados. The indigenous group of the Tsachilas, also known as the Colorados, lives on the outskirts of this town. The men are well known for their hair, which they cover with red clay and shape in the form of a leaf. The Otavalos, another indigenous group, are renowned for their success in cottage industries and textile commerce.

➤ Indígena tsachila en Ecuador.

¿? Can you name other indigenous groups from Latin America and say where they live?

Vocabulario esencial I

Lugares (*Places*)

1. la farmacia
2. la piscina
3. la playa
4. la librería
5. la iglesia
6. el cine
7. el supermercado
8. la plaza
9. la escuela/el colegio
10. el banco

■■■ Identify places while walking or riding through town: **el parque, el cine,** etc. Make idle time study time.

■■■ Translating from Spanish to English and vice versa may not be the most productive way to study. Try to think in Spanish. If you make flash cards, it is better to write the Spanish on one side and a drawing, a brand name, a name, etc., on the other. For example:

lámpara →

librería → Borders

cantar → Shakira

Otros lugares

la agencia de viajes   travel agency
la biblioteca   library
la cafetería   cafeteria
la casa   house, home
el centro comercial   mall, shopping center
la discoteca   club, disco
el edificio   building
el gimnasio   gym

el hospital   hospital
el museo   museum
la oficina   office
el parque   park
el restaurante   restaurant
el teatro   theater
la tienda   store
la universidad   university

◄ —¿Adónde vas?
—¡Mamá! Es lunes.
Voy a la escuela.

To practice: Do Workbook, CD-ROM, and Web activities.

NOTE: To say where you are going, you need to use a form of **ir + al / a la** + *destination*. Remember to use **al (a + el)** when the destination noun is masculine and singular.

—¿**Adónde van** Uds.? —— *Where are you going?*
—**Vamos al** Museo de Antropología. —— *We're going to the Anthropology Museum.*
—¿**Vas a** la fiesta después? —— *Are you going to the party later?*
—Sí, con Mariano. —— *Yes, with Mariano.*

Actividad 5 **Asociaciones** Say which places you associate with the following words: **la educación, la diversión, el trabajo.**

Actividad 6 **Acción y lugar** Choose an action from Column A and a logical place in which to do this action from Column B. Form sentences, following the models.

■■■ Me gusta nadar; por eso voy a la piscina.
Tienen que comer; por eso van al restaurante.

■■■ Remember: **a + el = al**

A	B
Me gusta nadar	la piscina
Tienen examen	el parque
Tiene que estudiar	la biblioteca
No tienes dinero	el restaurante
Tenemos que comprar papas	la universidad
Tienen que comer	la farmacia
Me gusta caminar	el banco
Tienes que comprar aspirinas	el supermercado
Me gusta el arte	el museo
	la playa
	la cafetería

Actividad 7 **Después de clase** Mingle with your classmates and find out where **(adónde)** others are going after class and with whom **(con quién)** they are going. Follow the model.

■■■ A: ¿Adónde vas?
B: Voy a casa.
A: ¿Con quién vas?
B: Voy solo/a. / Voy con...

¿Lo sabían?

Hispanic cities are experiencing changes just as are their counterparts in the U.S. The local market **(el mercado)** with a variety of individually owned food stalls still exists, but the **supermercado** has become a common sight in cities and towns. In the large cities, one can also find **el hipermercado**, a type of superstore that sells food as well as furniture, electronics, and clothing. Large **centros comerciales** with numerous stores now exist in most major cities.

Nevertheless, there are still many specialty stores. To refer to these stores, it is common to use words based on what is sold and to attach the ending **-ería**. For example: a **librería** sells **libros**. Here are a few other common terms to describe stores:

frutería/fruta	fruit store/fruit
heladería/helado	ice cream shop/ice cream
zapatería/zapatos	shoe store/shoes

¿? What neighborhood or specialty stores are there in your town or city?

Gramática para la comunicación I

I. Indicating Location: *Estar + en +* place

■■■ Practice **estar en** and **ir a** by thinking to yourself each time you are about to leave a place today: **Estoy en la cafetería y voy a la biblioteca.**

To say where you are, use a form of **estar** + **en** + *place*.

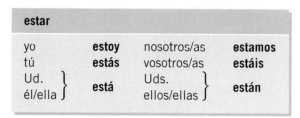

estar			
yo	**estoy**	nosotros/as	**estamos**
tú	**estás**	vosotros/as	**estáis**
Ud. él/ella	**está**	Uds. ellos/ellas	**están**

La directora no **está en** la oficina hoy.   *The director isn't in the office today.*
Mamá, **estoy en** el hospital.   *Mom, I'm in/at the hospital.*

NOTE: The preposition to express being in or at a place is **en: Estamos en el cine.** (*We're at the movies.*)

Actividad 8   **¿Dónde estoy?**   Look at the list of places on p. 70. In pairs, take turns miming actions and asking **¿Dónde estoy?** while the other person says where you are.

> ■■■ A: (*sitting in a chair applauding*) ¿Dónde estoy?
> B: Estás en el teatro.

Actividad 9   **¿Dónde están?**   In pairs, ask and state where the following people or things are.

1. el presidente de los Estados Unidos
2. la Torre Eiffel y el Arco de Triunfo
3. la Estatua de la Libertad y el museo Guggenheim
4. Bogotá
5. el Vaticano y el Papa
6. Machu Picchu y Lima

Actividad 10   **Me gustaría estar...**   Refer to the people on page 73 by their occupation and say where they are. Then state where they would like to be and what they would like to be doing. Follow the model.

> ■■■ El comerciante está en la tienda, pero le gustaría ir a una piscina para nadar.

1.

2.

3.

4.

■ ■ ■ Remember: **el ama de casa**

II. Talking About the Present (Part I): The Present Indicative of Regular Verbs

■ ■ ■

1 ■ To talk about daily activities, you use verbs in the present indicative (**el presente del indicativo**). These verbs can express actions or states: *I **run** 5 miles, but he **runs** 7 miles* (actions). *Paula **is** a full-time student, but I **am** a part-time student* (states). Notice how you change or conjugate the verb depending on the person you are talking about. To do this in Spanish you need to know whether the infinitive, or base form of the verb, ends in **-ar** (**trabajar**), **-er** (**beber**), or **-ir** (**escribir**). Then you take the stem of the verb (**trabaj-, beb-, escrib-**) and attach the following endings:

Estudio mucho, leo revistas, veo televisión y me gusta ir a la playa.

A. *-ar* Verbs

trabajar			
yo	trabaj**o**	nosotros/as	trabaj**amos**
tú	trabaj**as**	vosotros/as	trabaj**áis**
Ud. } él/ella }	trabaj**a**	Uds. } ellos/ellas }	trabaj**an**

Carola, 21
San Juan

Mi madre habl**a** español.   *My mother speaks Spanish.*
Mañana **yo** trabaj**o**.   *I work tomorrow.* (*Note: The present can also be used to talk about the near future.*)

-ar verbs that you studied in Chapter 2 include:

alquilar	comprar	hablar	nadar	tocar
bailar	escuchar	llamar	navegar	tomar
caminar	esquiar	llevar	regresar	usar
cantar	estudiar	mirar	sacar	visitar

New verbs: **Desear** (*to want, desire*) and **necesitar** (*to need*) are often followed by an infinitive:

Necesito comprar una cámara digital.   *I need to buy a digital camera.*

B. -er Verbs

beber			
yo	beb**o**	nosotros/as	beb**emos**
tú	beb**es**	vosotros/as	beb**éis**
Ud. } él/ella	beb**e**	Uds. } ellos/ellas	beb**en**

¿Beb**es** vino o agua con la comida? *Do you drink wine or water with a meal?*

Nosotros com**emos** en la cafetería. *We eat in the cafeteria.*

-**er** verbs that you studied in Chapter 2 include:

aprender   comer   correr   leer   vender

C. -ir Verbs

escribir			
yo	escrib**o**	nosotros/as	escrib**imos**
tú	escrib**es**	vosotros/as	escrib**ís**
Ud. } él/ella	escrib**e**	Uds. } ellos/ellas	escrib**en**

Isabel Allende escrib**e** novelas. *Isabel Allende writes novels.*

Nosotros viv**imos** en Lima. *We live in Lima.*

-**ir** verbs that you studied in Chapter 2 include:

recibir   vivir

■ ■ ■ Memorize infinitives. Make lists of -**ar**, -**er**, and -**ir** verbs and quiz yourself on forms and meanings, for example: **Yo estudio mucho. Mi amigo Paul no estudia. Paul y yo bebemos Pepsi. Mary bebe Coca-Cola.**

■ ■ ■ Practice question-answer pairs: **¿Trabajas? Sí, trabajo. / ¿Trabaja ella? Sí, ella trabaja. / ¿Trabajan Uds.? Sí, trabajamos.**

2 ■ In order to choose the correct ending for a verb, you need to know two things: (1) the person doing the action, and (2) the infinitive of the verb (-**ar**, -**er**, -**ir**). For example:

(1) nosotros
(2) beber (-**er**) = (Nosotros) beb**emos** Coca-Cola.

Actividad // Un juego In groups of four, the first person says a pronoun (**yo, tú, Ud., él, ella, nosotros, nosotras, vosotros, vosotras, Uds., ellos, ellas**), the second person says a verb, the third person conjugates the verb, and the fourth person starts the process again by stating a pronoun.

■ ■ ■ A: ellos
B: vender
C: ellos venden
D: Ud.
A. ...

Actividad 12 Un email de Miguel This is an email from a Honduran student who is studying in the United States. He is describing his daily activities to his parents. Complete the letter with the appropriate forms of the following verbs: **alquilar, bailar, correr, escribir, escuchar, estar, estudiar, gustar, hablar, ir, necesitar, ser, tener, tocar.** Some verbs may be used more than once.

Queridos papás:

¿Cómo _____ (1)? Yo, bien. Me gusta la universidad y _____ (2) muchos amigos. Voy a clase, _____ (3) composiciones para mi clase de francés y _____ (4) mucho porque _____ (5) demasiados exámenes; el jueves tengo un examen importante de química y _____ (6) aprender los símbolos. Los viernes y los sábados yo _____ (7) en la biblioteca y por la noche generalmente unos amigos y yo _____ (8) música en mi apartamento. Ellos _____ (9) mexicanos, venezolanos y de los Estados Unidos. Los mexicanos siempre _____ (10) de política con los venezolanos. También nosotros _____ (11) películas y nos _____ (12) mucho las películas de acción.

Santa (una chica puertorriqueña) y yo también _____ (13) a una discoteca los martes porque tienen grupos que _____ (14) música salsa; como nos _____ (15) la música del Caribe, nosotros _____ (16) mucho. Ella _____ (17) bien porque es bailarina profesional.

Bueno, ahora _____ (18) estudiar y después voy a correr. ¡Mi amigo Mateo y yo _____ (19) ocho kilómetros al día!

Besos y abrazos,

Miguel

P. D. Gracias por los $$$dólares$$$.

■ ■ ■ Why is **exámenes** written with an accent and **examen** without? See Appendix B for explanation.

■ ■ ■ P. D. = Posdata

Actividad 13 El verano In pairs, discuss what you and your partner do during the summer **(el verano)**. Use the following actions: **alquilar DVDs, bailar, comer en restaurantes, escribir poemas, escuchar música, esquiar, estudiar, hablar con amigos, mirar televisión, nadar, trabajar, visitar a amigos.** Follow the model.

■ ■ ■ A: ¿Nadas?
    B: Sí, nado todos los días.
    A: ¿Cuándo nadas?
    B: Por la mañana.
    A: ¿Dónde?
    B: En la piscina de la universidad.

Actividad 14 Nosotros y nuestros padres In groups of three, discuss what students and parents do in a typical week. Think of at least five examples. Follow the model.

■ ■ ■ Nosotros bailamos los fines de semana y nuestros padres van al cine.

III. Talking About the Present (Part II): The Present Indicative of Verbs with Irregular *yo* Forms

■■■

1 ■ Some verbs have irregular **yo** forms, but follow the pattern of regular verbs for all other persons.

hacer (*to do; to make*)			
yo	ha**go**	nosotros/as	hacemos
tú	haces	vosotros/as	hacéis
Ud. ⎫ él/ella ⎭	hace	Uds. ⎫ ellos/ellas ⎭	hacen

2 ■ The following verbs have irregular **yo** forms.

hacer	*to do; to make*	yo ha**go**
poner	*to put, place*	yo pon**go**
salir (con)	*to go out* (*with*)	yo sal**go**
salir de la/del (+ *lugar*)	*to leave* (+ *a place*)	
traer	*to bring*	yo trai**go**
traducir*	*to translate*	yo tradu**zco**
ver	*to see* (*a thing*)	yo v**eo**
ver a (alguien)	*to see* (*someone*)	

***NOTE:** Many verbs that end in **-cer** and **-ucir** follow the same pattern as **traducir**: **establecer** (*to establish*) ⟶ **establezco, producir** (*to produce*) ⟶ **produzco**.

To practice:
Do Workbook, CD-ROM, and Web activities.

Ha**go** la tarea todos los días.	*I do my homework every day.*
¿Qué hac**en** Uds.?	*What do you do?*
Sal**go** con Ramona.	*I go out with Ramona.*
Ella sal**e** temprano del trabajo.	*She leaves work early.*
¿Dónde pon**go** los libros?	*Where do I put the books?*

Actividad *15* **¡A competir!** In pairs or in groups of three you will play a game using the following list of verbs. Your instructor will give you instructions.

1. llevar	15. caminar	29. establecer
2. salir	16. poner	30. estar
3. ver	17. regresar	31. ver
4. ir	18. correr	32. hablar
5. traducir	19. hacer	33. comer
6. tener	20. producir	34. hacer
7. alquilar	21. nadar	35. leer
8. vender	22. salir	36. poner
9. llamarse	23. navegar	37. mirar
10. vivir	24. recibir	38. estudiar
11. ser	25. tocar	39. ser
12. traer	26. esquiar	40. beber
13. aprender	27. traer	41. hacer
14. escuchar	28. tomar	42. ir

Actividad 16 **Tus estudios** Mingle and interview different classmates to see who does the following activities related to this class. Answer in full sentences.

nombre

hacer la tarea todos los días   _____

ver a nuestro/a profesor/a en sus horas de oficina   _____

establecer horas específicas para estudiar   _____

hacer actividades extras en Internet   _____

poner respuestas inventadas en las preguntas
personales del cuaderno   _____

traducir todas las palabras del español al inglés   _____

salir los fines de semana y no durante la semana   _____

traer la tarea a esta clase todos los días   _____

Actividad 17 **Gente famosa** In groups of three, name famous people who do the following things: **bailar, cantar, correr, escribir novelas, esquiar, nadar, producir películas, tocar la guitarra, trabajar en Wall Street, salir con otra persona famosa.** Follow the model.

■■■ Gabriel García Márquez escribe novelas.

Actividad 18 **El cuestionario** You work for an advertising agency and have to conduct a "person-on-the-street" interview on people's likes and dislikes. Work in pairs and use the following questionnaire. The interviewer should use the **Ud.** form and complete questions to elicit responses: **¿Es Ud. estudiante? ¿Qué periódico lee Ud.?** The "person on the street" should not look at the book, and should answer in full sentences. When finished, exchange roles. Be prepared to report back to the class.

CUESTIONARIO

Nacionalidad: _____ Edad: ____

Sexo: Masculino ____   Femenino ____

Estudiar: ____ Si contesta que sí:
         ¿Dónde? _____

Trabajar: ____ Si contesta que sí:
         Ocupación _____

Vivir (con):   Familia ____   Amigo/a ____   Solo/a ____

Gustos:

Leer: ____ Si contesta que sí:
  ¿Qué lee? _____

Ver la televisión: ____ Si contesta que sí:
  ¿Qué tipo de programas? _____

Escuchar música: ____ Si contesta que sí:
  ¿Qué tipo de música? _____

Hacer ejercicio: ____ Si contesta que sí:
    Nadar ____   Correr ____   Caminar ____   Ir al gimnasio ____

Usar: Perfume ____   Agua de colonia ____

Salir mucho: al cine ____   a bailar ____
            al teatro ____   a comer en restaurantes ____

Nuevos horizontes

Lectura

ESTRATEGIA: Dealing with Unfamiliar Words

In Chapter 2 you read that you can recognize many Spanish words by identifying cognates (words similar to English words). However, other words will be completely unfamiliar to you. A natural tendency is to run to a Spanish-English dictionary and look up a word, but you will soon tire of this and become frustrated. The following are strategies to help you deal with unfamiliar words while reading.

1. Ask yourself if you can understand the sentence without the word. If so, move on and don't worry about it.
2. Identify the grammatical form of the word. For example, if it is a noun, it can refer to a person, place, thing, or concept; if it is a verb, it can refer to an action or state; if it is an adjective, it describes a noun; if it is an adverb it describes a verb or an adjective.
3. Try to extract meaning from context. To do this, you must see what information comes before and after the word itself.
4. Check whether the word reappears in another context in another part of the text or whether the writer explains the word. An explanation may be set off by commas.
5. Sometimes words appear in logical series and you can easily understand the meaning. For example, in the sequence *first, second, "boing,"* and *fourth* the meaning of *boing* becomes obvious.

These strategies will help you make reasonable guesses regarding meaning. If the meaning is still not clear and you must understand the word to get the general idea, the next step would be to consult a dictionary.

■ ■ ■ noun = **sustantivo**
Note: A noun may be preceded by articles (**el/la; un/una**)
verb = **verbo**
adjective = **adjetivo**
adverb = **adverbio**

■ ■ ■ Note: If you look up a word, don't write the translation above the Spanish word in the text. (If you reread the text, you will only see the English and ignore the Spanish.) If you must write it down, do so separately in your own personal vocabulary list.

Actividad 19 El tema Before reading the article that follows, look at the title, subtitles, and illustrations to answer the following question.

¿Cuál es el tema (*theme*) del artículo?
a. el número de hispanos en los Estados Unidos
b. el futuro político de los hispanos
c. los hispanos como consumidores

Actividad 20 Los cognados Before reading the article, go through it and underline any word that you think is a cognate. If you are doing this as an assignment to hand in, list all cognates on a piece of paper.

Actividad 21 En contexto Read the article without using a dictionary and try to determine what the following words mean.

1. **mundo** (línea 1)
2. **mercado consumidor** (línea 4)
3. **a través de** (línea 10)
4. **vida** (línea 14)
5. **teleadictos** (línea 24)
6. **telenovelas** (línea 26)

El mercado hispano en los Estados Unidos

El español es el idioma oficial de veintiún países del mundo. En total, hay aproximadamente 400 millones de personas de habla española. En los Estados Unidos hay más de 40 millones de hispanos (casi el 14% de la población total) y más de 30 millones de ellos hablan español; por eso, forman un mercado consumidor doméstico muy significativo
5 para los Estados Unidos. Las grandes compañías comprenden la importancia económica de este grupo y usan los medios de comunicación tanto en inglés como en español para venderle una variedad de productos.

Libros, periódicos y revistas

En los Estados Unidos se publican muchos periódicos y revistas en español. Hasta la revista *People* tiene una versión en español. También hay compañías como Amazon.com y
10 Booksellers que venden libros al mercado hispano a través de Internet. Autores como la chilena Isabel Allende y el mexicano Carlos Fuentes son muy populares. Pero, las personas de habla española también leen libros en inglés o traducidos al español de autores como Tom Clancy y Toni Morrison.

La radio

La radio y su música es una parte importante de la vida de los hispanos. A
15 ellos les gustan diferentes tipos de música: la folklórica, la clásica, la tejana, el rock, el jazz, etc. La música hispana que más escucha la gente joven en los Estados Unidos es la salsa de cantantes como Marc Anthony, la India y Elvis Crespo. También les gusta el rock en español de cantautores como Juanes y Shakira y de grupos como Maná, La oreja de Van Gogh y grupos eclécticos
20 como Oxomatli. Generalmente escuchan emisoras de radio en inglés y en español y, hoy en día, con una computadora y acceso a Internet también pueden escuchar la radio de otros países.

La televisión

Otra parte esencial de la vida diaria de muchos hispanos es la televisión y hay muchos teleadictos, gente que pasa horas y horas hipnotizada enfrente de la
25 tele. Los hispanos tienen sus propios programas de noticias, música, comedias y telenovelas, pero también hay muchos programas en inglés traducidos al español. Hasta Homer, Marge, Lisa y Bart de "Los Simpson" hablan español. También hay varios canales de televisión en español. Las cuatro cadenas hispanas de televisión más importantes que transmiten
30 en los Estados Unidos y a otros países son Univisión, Telefutura, Galavisión y Telemundo.

▲ Isabel Allende, escritora chilena.

Los medios de comunicación forman parte de la vida diaria de los hispanos que viven en los Estados Unidos. Cuando ellos leen el periódico, miran la televisión,
35 escuchan la radio o navegan por Internet, las grandes compañías como Wal-Mart, Pepsi, AOL, Coors y Sears están allí para venderles sus productos. ■

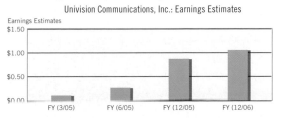

Univision Communications, Inc.: Earnings Estimates

Earnings Estimates
$1.50
$1.00
$0.50
$0.00
FY (3/05) FY (6/05) FY (12/05) FY (12/06)

➤ Cristina Saralegui, cubana, conductora de un programa de televisión.

Actividad 22 **Después de leer** Answer the following questions based on the article.

1. ¿En cuántos países es el español la lengua oficial?
2. ¿Cuántas personas hablan español en el mundo? ¿Y en los Estados Unidos?
3. ¿Qué leen, qué escuchan y qué miran los hispanos?
4. ¿Cómo se llaman las cadenas en español más importantes de los Estados Unidos?
5. ¿Qué medios de comunicación usan las grandes compañías para presentar sus anuncios comerciales? Menciona (*Mention*) un mínimo de tres.
6. ¿Lees libros en inglés de escritores hispanos? Si contestas que sí, ¿cuáles?
7. ¿Qué grupos o cantantes hispanos te gustan?

Escritura

ESTRATEGIA: Using Models

When beginning to think and write in a new language, a model can provide a format or framework to follow and give you ideas for organizing what you write. It is also useful for learning phrases and other ways to express yourself. Some phrases can be used without understanding the intricate grammatical relationship between all of the words. For example, by using such phrases along with what you already know in Spanish, you can raise the level of what you write.

Actividad 23 **Un email** **Parte A.** Look at Miguel's email in **Actividad 12** and answer these questions about the email's format.

1. The email is informal because it is addressed to Miguel's parents. What punctuation is used after the salutation, a comma or a colon?
2. What does he say in the closing of the email? To check what these words mean, see the drawings on page 64.
3. How do you write P.S. in Spanish?

Parte B. Using Miguel's email as a guide, write an email to your parents about your life at the university. Note the use of the expressions **bueno** and **gracias por los dólares** (**gracias por** + *article* + *noun*) at the end of the email.

Parte C. In your email, underline each subject pronoun (**yo, tú, él, ella,** etc.). Edit, omitting all of the subject pronouns that are not needed for clarity or emphasis, especially the pronoun **yo.**

Parte D. Rewrite your final draft, staple all drafts and your answers to **Parte A** together, and hand them in to your instructor.

Vocabulario esencial II

I. El físico y la personalidad: *Ser* + adjective

1. Es **alta.**
2. Es **baja.**
3. Es **mayor.**
4. Es **joven.**
5. Son **gordos.**
6. Son **delgados.** (Son **flacos.**)
7. Son **morenas.**
8. Son **rubias.**

Otros adjetivos

simpático/a nice	**antipático/a** unpleasant; disagreeable
caro expensive	**barato** cheap (*in price*)
guapo/a good-looking ⎫	
bonito/a pretty ⎭	**feo/a** ugly
bueno/a good	**malo/a** bad
inteligente intelligent	**estúpido/a, tonto/a** stupid
grande large, big	**pequeño/a** small
largo/a long	**corto/a** short (*in length*)
nuevo/a new	**viejo/a** old

NOTE: Adjectives, including adjectives of nationality, agree in number and, in many cases, gender with the noun modified.

■■■ **Mayor** is generally used when describing people. **Viejo** is also used, but may have a negative connotation.

Actividad 24 **¿Cómo eres? Parte A.** The following descriptive adjectives are cognates. Circle the four that best describe you and underline the four that least describe you.

activo/a	eccéntrico/a	informal	realista
ambicioso/a	egocéntrico/a	intelectual	religioso/a
arrogante	extrovertido/a	introvertido/a	reservado/a
artístico/a	formal	liberal	responsable
astuto/a	generoso/a	nervioso/a	serio/a
cómico/a	honesto/a	optimista	sociable
conservador/a	idealista	organizado/a	tímido/a
creativo/a	impaciente	paciente	tradicional
dinámico/a	indiferente	pesimista	tranquilo/a

Parte B. Talk with your partner and state what you think he/she is like. Follow the model.

> ■■■ A: Eres sociable, ¿verdad?
> B: Sí, es verdad. Soy (muy) sociable. / No, no soy sociable. / No, soy (muy) reservado.

Actividad 25 **¿Cómo son?** **Parte A.** Describe the following people using one or two adjectives and say what they do for a living.

1. Donald Trump
2. Shakira y Christina Aguilera
3. Marge Simpson
4. Sean Combs
5. Quentin Tarantino
6. Matt Damon y Ben Affleck
7. Maya Angelou
8. Shaquille O'Neal

Parte B. In pairs, take turns describing people from the list below and have the person who is listening guess who it is. Use at least five adjectives to describe the person and three to say what he/she is not like.

> ■■■ Es... y... pero no es... También es...

Mujeres: Hillary Clinton, Beyoncé, Star Jones, Martha Stewart
Hombres: Bill Gates, Arnold Schwarzenegger, Snoop Dog, Mel Gibson

Actividad 26 **¿A quién describo?** In pairs, take turns describing people in your class and have the other person guess who is being described. You may use adjectives that describe physical characteristics and personality traits.

II. Las emociones y los estados: *Estar* + adjective

1. Está **triste**.
2. Están **enamorados**.
3. Está **enojado**.
4. Está **enferma**.
5. Está **contento**.
6. Está **aburrida**.

Otros adjetivos

borracho/a drunk
cansado/a tired
preocupado/a
  worried

To practice:
Do Workbook, CD-ROM, and Web activities.

Actividad 27 **¿Cómo estoy?** In pairs, act out different adjectives and have your partner guess how you feel; then switch roles.

Actividad 28 **¿Cómo estás?** Discuss how you feel in the following situations. Follow the model.

■■■ Tienes examen mañana. ⟶ Estoy preocupado/a.

1. El político habla y habla y habla.
2. Escuchas una explosión.
3. Tienes temperatura de 39° C (*102.2° F*).
4. Vas a sacar A en el examen de matemáticas.
5. No deseas hablar con tus amigos.
6. Tienes novio/a.
7. Un señor bebe mucho alcohol.
8. Voy a comprar un televisor bueno, bonito y barato.

Actividad 29 **¿Cómo están? ¿Cómo son?** Look at the drawing and answer the following questions.

1. ¿Cómo es él?
2. ¿Cómo es ella?
3. ¿Cómo está él?
4. ¿Cómo está ella?

Para escuchar

Hay familias... y... FAMILIAS

¿Por qué? Porque...	Why? Because . . .
No te preocupes.	Don't worry.

Teresa and Vicente have started going out together. Don Alejandro, Teresa's uncle, wants to meet Vicente to "check him out." Teresa is trying to convince Vicente to meet her uncle.

 Actividad 30 **¿Cómo es el tío de Teresa?** Read through the following list. Then, while listening to the conversation, place a check mark beside the adjectives that apply to Teresa's uncle.

El tío de Teresa es:

_____ alto	_____ bajo
_____ moreno	_____ rubio
_____ delgado	_____ gordo
_____ simpático	_____ antipático
_____ pesimista	_____ optimista
_____ cómico	_____ serio
_____ liberal	_____ conservador

Actividad 31 Preguntas Listen to the conversation again, then answer the following questions.

1. ¿Adónde van a ir Teresa y Vicente el jueves antes de ir al cine?
2. ¿Con quién van a ir?
3. ¿Cómo está Vicente? ¿Por qué?
4. ¿Quiénes van a ir al cine de verdad: Teresa, su tío y Vicente o solo Teresa y Vicente?

Actividad 32 Justifiquen In pairs, alternate asking each other questions and justifying your responses. Follow the model.

■■■ A: ¿Por qué estudias aquí?
　　　 B: Porque es una universidad buena. /
　　　　　 Porque me gusta donde está. /
　　　　　 Porque aquí tengo muchos amigos. /
　　　　　 Porque es pequeña.

1. ¿Por qué estudias español?
2. ¿Por qué compras CDs de rock?
3. ¿Por qué tienes computadora?
4. ¿Por qué trabajas?
5. ¿Por qué vas a la biblioteca?

¿Lo sabían?

Since Teresa's parents are in Puerto Rico and her uncle is in Madrid, it is normal for him to consider her welfare an important responsibility. In the absence of a parent, it is common for young people to respect aunts or uncles as if they were their parents.

The word *family* has different connotations in different cultures. For Hispanics, the word **familia** suggests not only the immediate family, but also grandparents, uncles and aunts, as well as close and distant cousins.

¿? What does the word *family* mean to you?

▲ Una señora y su nieta (*grandchild*) en el Parque de Chapultepec, D. F.

Gramática para la comunicación II

I. Describing Yourself and Others: Adjective Agreement, Position of Adjectives, and *ser/estar* + Adjective

In Chapter 1, you learned how to express someone's nationality: **Carlos Santana es mexicano. Salma Hayek es mexicana. Ellos son mexicanos.** You learned that the endings of these words changed depending on whom you were describing. In this section you will review the rules and learn how they apply to all descriptive adjectives.

A. Adjective Agreement

■■■ Remember: Use a masculine plural adjective to refer to groups that include males and females.

1 ■ Adjectives that end in **-o** agree in gender (masculine/feminine) and in number (singular/plural) with the nouns they modify.

> **Francisco** es baj**o**, pero **Patricia** es alt**a**.
> **Ellos** son delgad**os** y **ellas** son delgad**as** también.

2 ■ Adjectives that end in **-e** or in a consonant only agree in number (singular/plural) with the nouns they modify.

> **Ella** está trist**e** y **ellos** también están trist**es**.
> **Camilo** no es liberal**.** **Ana y Elisa** tampoco son liberal**es**.

NOTE: j**o**ven → j**ó**venes (an accent is needed in the plural)

■■■ Remember: Professions and other nouns that end in -**ista** also have two forms only: **artista, artistas.**

3 ■ Adjectives that end in **-ista** ONLY agree in number with the nouns they modify.

> **Rafael** es real**ista** y **Emilia** es ideal**ista**.
> **Ellos** son optim**istas.**

B. Position of Adjectives

1 ■ Possessive adjectives and adjectives of quantity precede the noun they modify.

Mi novio es dentista.*	*My boyfriend is a dentist.*
Tiene **tres televisores.**	*He has three TV sets.*
Bebe **mucha Inca Kola.**	*He drinks a lot of Inca Kola.*
Tiene **muchos amigos** y **pocas amigas.**	*He has a lot of male friends and few female friends.*

*NOTE: The indefinite articles (**un, una, unos, unas**—*a/an, some*) are used with occupations only when they are modified by an adjective:

> Mi padre es **ingeniero.**
> BUT: Mi padre es *un* **ingeniero** *fantástico.*

2 ■ Descriptive adjectives normally follow the nouns they modify.

> Tenemos un **examen importante** en la clase de literatura.

We have an important exam in literature class.

▲ Inca Kola es una bebida peruana muy popular.

C. *Ser* and *estar* + Adjective

1 ▪ **Ser** + *adjective* is used to describe *the being:* what someone or something *looks like* (physical description) or *is like* (personality traits).

Elena **es** alta y delgada. (physical description)	*Elena is tall and thin.*
También **es** inteligente y optimista. (personality traits)	*She is also intelligent and optimistic.*

NOTE: Remember that **ser** can also be used to identify a person **(Es Marta.),** to identify someone's occupation **(Es dentista.),** and to say where someone is from **(Es de Tegucigalpa. Es hondureña.).**

2 ▪ **Estar** + *adjective* is used to describe *the state of being*; it indicates how people feel or describes a particular condition.

Elena **está** triste y preocupada.	*Elena is sad and worried.* (feeling)
Su novio siempre **está** borracho.	*Her boyfriend is always drunk.* (condition)

NOTE: Remember that **estar** can also be used to state location: **Estamos en la universidad.**

3 ▪ Notice how the following adjectives convey different meanings depending on whether you use **ser** or **estar.**

ser	estar
Peter **es aburrido.** (personality: *Peter is boring.*)	Peter **está** muy **aburrido.** (feeling: *Peter feels/is bored.*)
Somos muy **listos.** (personality: *We are very clever.*)	**Estamos listos.** (condition: *We are ready.*)
Eres guapo. (physical description: *You are handsome.*)	**Estás guapo** hoy. (condition: *You look handsome today.*)

Actividad 33 ¿Cómo son? In pairs, find two women and two men in your class for each of the following characteristics: **alto, moreno, inteligente, rubio, optimista, simpático, cómico.**

▪▪▪ Paula y Sara son altas. / Jason y Dave son altos.

Actividad 34 Descripción Describe the following characters from the textbook. Form logical sentences by rearranging the words given.

1. persona / Claudia / una / simpática / es
2. inteligente / estudiante / Teresa / una / Puerto Rico / es / de
3. tiene / computadoras / Vicente / dos
4. Juan Carlos / y / es / persona / optimista / una / sociable
5. amigos / tiene / Marisel / muchos
6. Don Alejandro / oficina / preocupado / en / tiene / problemas / la / está / porque / muchos

Actividad 35 **¿Adónde vas cuando... ?** In pairs, ask your partner where he/she goes when in the following moods or situations. Follow the model.

> ■■■ A: ¿Adónde vas cuando estás enojado/a?
>
> B: Cuando estoy enojado/a, voy a mi habitación.

1. estar aburrido/a
2. tener que comprar café
3. tener que trabajar
4. estar enfermo/a
5. tener que estudiar
6. desear correr
7. estar contento/a
8. tener que comprar un periódico
9. estar preocupado/a
10. estar con tu novio/a

■■■ Listen, select the appropriate sentence, look your partner in the eye, and say the line.

Actividad 36 **Una conversación** In pairs, "A" covers Column B and "B" covers Column A. Carry on a conversation with your partner. You will need to enunciate very clearly and listen closely to select the appropriate questions from Column A and responses from Column B.

A	B
¿Estás triste?	No, estoy preocupado/a. Sí, hoy no tengo problemas en la oficina.
¿Por qué? ¿Tienes problemas? ¿Cuándo?	Sí, me gustaría. Sí, es mi padre.
¿Está enfermo? ¿Está enferma?	No, es simpático, joven y muy inteligente. Sí, está en el hospital.
¿Dónde está? ¿Va a ir al hospital?	En Miami y yo voy mañana. De Guadalajara.

Actividad 37 **Información detallada** Look at the following people and give the following information: **lugar donde están, descripción física, ocupación, acción/acciones que hacen generalmente, emociones/sensaciones ahora, qué hacen ahora.**

1.

2.

3.

Actividad 38 ¿Quién es? **Parte A.** Read the following description and guess who is being described.

■■■ Es una persona famosa.
Él es guapo, alto, delgado y artístico.
Canta y baila bien.
Habla español e inglés.
Es puertorriqueño.
Él vive la vida loca.
¿Quién es?

Parte B. In pairs, prepare a description of a famous man or a famous woman.

Parte C. Read your description to the class and have them guess who it is.

Actividad 39 Tu amigo y su amiga Read the following paragraph, then invent a story about a friend of yours and his girlfriend by completing the paragraph with the types of words indicated in parentheses. Remember that adjectives agree with the nouns they modify.

Mi amigo _____ es _____ y es _____.
        (nombre)   (nacionalidad)   (ocupación)
Tiene _____ años y es _____, _____
      (número)   (adjetivo)   (adjetivo)
y _____. _____ amigo tiene una amiga
  (adjetivo)   (adjetivo posesivo)
_____ que se llama _____. También es
  (adjetivo)   (nombre)
_____ y _____. Ellos son muy
  (adjetivo)   (adjetivo)
_____, pero están _____ porque _____.
  (adjetivo)   (adjetivo)   (¿?)

Actividad 40 Biografía **Parte A.** Interview your partner. Use these questions as a guide.

1. la persona
   ■ ¿Cómo te llamas, de qué nacionalidad eres y cuántos años tienes? ¿Por qué estás aquí (*here*)?

2. sus amigos
   ■ ¿Tienes muchos o pocos amigos? ¿Cómo son?
   ■ Si son estudiantes, ¿qué estudian? ¿Estudian mucho o poco?
   ■ Si trabajan, ¿qué hacen? ¿Dónde trabajan? ¿Trabajan mucho o poco?

3. actividades
   ■ ¿Qué te gusta hacer y con quién?
   ■ ¿Qué hacen Uds. los viernes y los sábados? ¿Adónde van?
   ■ ¿Estás contento/a cuando estás con tus amigos?

Parte B. Write a three-paragraph biographical sketch by answering the preceding questions.

■■■ Pay attention to accents and punctuation.

II. Discussing Actions in Progress:
Present Indicative and Present Progressive

■■■ While watching TV, think about the actions taking place: **Están cantando, Jon Stewart está hablando,** etc.

In order to describe an action that is in progress at the moment of speaking, you use the present progressive in English (*I'm watching a movie on TV*). In order to describe an action in progress in Spanish you may use the present indicative **(Miro una película por televisión)** or the present progressive **(Estoy mirando una película por televisión).** The present progressive **(el presente continuo)** is formed as follows:

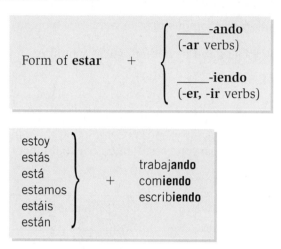

Form of **estar**   +   _____-**ando**
(-**ar** verbs)

_____-**iendo**
(-**er, -ir** verbs)

estoy
estás
está
estamos
estáis
están
+
trabaj**ando**
com**iendo**
escrib**iendo**

NOTE:

1. For **-er** and **-ir** verbs whose stems end in a vowel, substitute a **-y-** for the **-i** of the **-iendo** ending: **leer** → **le** (verb stem) → **le** + **iendo** + **leyendo.**

2. In English, the present progressive can also be used to talk about the future (*I'm watching a movie on TV tonight*). In contrast, the present progressive can *only* be used in Spanish for an action that is *happening at the moment* of speaking, an action that is actually taking place.

 To practice: Do Workbook, Lab, CD-ROM, and Web activities.

Actividad 41 **¿Qué estoy haciendo?** In groups of three, take turns miming actions and saying what the other person is doing. Follow the model.

■■■ A: (*walking around the room*) ¿Qué estoy haciendo?
B y C: Estás caminando.

Actividad 42 **¿Está Diana?** In pairs, "A" calls on the phone to talk to someone, but the person is busy. "B" says what the person is doing. When finished, change roles. (Useful excuses include: **trabajar con su padre, hacer la tarea, escribir un trabajo, traducir un poema, comer, nadar en la piscina, hablar por el móvil,** etc.)

■■■ B: ¡Aló!
A: Buenos días. ¿Está Diana?
B: Sí, está, pero está estudiando con su profesor particular (*tutor*).
A: Ah, muchas gracias, adiós. / Ah, entonces llamo más tarde.

Actividad 43 Imagina In pairs, each person picks three drawings and uses his/her imagination to explain the following: **quiénes son, cómo son (físico y personalidad), qué están haciendo,** and **dónde están.**

Do Web Search activities.

■■■ Son mis amigos Mike y Eric y son muy simpáticos. Mike es alto y delgado. Mike es de Miami y Eric es de Chicago. En la foto, ellos están esquiando en Vail. Mike esquía muy bien. Eric está aprendiendo y no le gusta mucho esquiar.

Más allá

El mundo de los negocios

The U.S. Hispanic population has grown over 85% since 1990 and its buying power is increasing at a rate that companies can't ignore. In 2005, Hispanic buying power neared $800 billion, by 2010 that number should rise to almost $1 trillion.

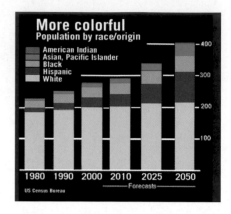

Procter & Gamble has been very successful at winning the Hispanic market. They have found that Hispanics tend to remain loyal to brands at a higher rate than non-Hispanics. The company has implemented successful strategies such as giving mothers of newborn babies free diapers and other products upon leaving the hospital, doing in-store and in-home demonstrations, along with ads at the national level, and supporting a Hispanic Scholarship Fund. Graciela Eleta, multicultural-marketing head of the company, says that soon one of every two consumers in the U.S. will be of ethnic origin, and that one quarter of that group will be Hispanic.

Many American companies enter into agreements with foreign companies to facilitate expansion abroad. In 2001, Home Depot bought a chain of stores called Total Home in Mexico and has since acquired other chains and become a leader in the Mexican marketplace. AOL, Kohler, and John Deere are other examples of companies with large operations in Latin America.

The implication is obvious for future businessmen and women: Knowledge of Spanish—particularly if combined with study abroad in Latin America—and internships in companies that market to Hispanics in the U.S. or to Spanish-speakers abroad, will be valuable information on a résumé.

South America

The U.S./South American trade agreements of the early 1990's have created new growth opportunities for Kohler. Kohler has capitalized on the new market opportunity by offering products and designs unique to the marketplace. Buenos Aires, Argentina is home base for the Kohler South and Central American sales operations. From there, Kohler and Sterling brand products are readily available in Venezuela, Colombia, Peru, Ecuador, Chili, Guatemala, Honduras, Costa Rica and Panama.

¿? Have you ever seen a commercial on TV or a print ad catering to the Hispanic market? If yes, describe the ad. Do you know anyone who is working or interning abroad or working for a foreign-owned company in the U.S.? If yes, what do they say about the experience?

Vocabulario funcional

Lugares (*Places*)

la agencia de viajes	*travel agency*
el banco	*bank*
la biblioteca	*library*
la cafetería	*cafeteria*
la casa	*house, home*
el centro comercial	*mall, shopping center*
el cine	*movie theater*
la discoteca	*club, disco*
el edificio	*building*
la escuela/el colegio	*school*
la farmacia	*pharmacy, drugstore*
el gimnasio	*gym*
la iglesia	*church*
la librería	*bookstore*
el hospital	*hospital*
el museo	*museum*
la oficina	*office*
el parque	*park*
la piscina	*swimming pool*
la plaza	*plaza, square*
la playa	*beach*
el restaurante	*restaurant*
el supermercado	*supermarket*
el teatro	*theater*
la tienda	*store*
la universidad	*university*
¿Adónde vas/va?	*Where are you going?*
¿Con quién vas/va?	*With whom are you going?*
¿Dónde estás/está?	*Where are you?*
estar en + *lugar*	*to be in/at* + place

Verbos
-ar
desear	*to want, desire*
necesitar	*to need*

-er
establecer	*to establish*
hacer	*to do; to make*
poner	*to put, place*
traer	*to bring*
ver	*to see* (a thing)
ver a (alguien)	*to see* (someone)

-ir
producir	*to produce*
salir (con)	*to go out (with)*
salir de la/del + *lugar*	*to leave* + a place
traducir	*to translate*

La descripción
¿Cómo es? Personalidad   *Personality Traits*
aburrido/a	*boring*
antipático/a	*unpleasant, disagreeable*
bueno/a	*good*
estúpido/a	*stupid*
famoso/a	*famous*
inteligente	*intelligent*
joven	*young*
listo/a	*clever*

malo/a	*bad*
simpático/a	*nice*
tonto/a	*stupid*

¿Cómo es? Características físicas   *Physical Characteristics*
alto/a	*tall*
bajo/a	*short* (in height)
barato/a	*inexpensive, cheap* (in price)
bonito/a	*pretty*
caro/a	*expensive*
corto/a	*short* (in length)
delgado/a	*thin*
feo/a	*ugly*
flaco/a	*skinny*
gordo/a	*fat*
grande	*large, big*
guapo/a	*good-looking*
largo/a	*long*
mayor	*old* (literally: *older*)
moreno/a	*brunet/te; dark-skinned*
nuevo/a	*new*
pequeño/a	*small*
rubio/a	*blond/e*
viejo/a	*old*

¿Cómo está? Adjetivos con estar
aburrido/a	*bored*
borracho/a	*drunk*
cansado/a	*tired*
contento/a	*happy*
enamorado/a	*in love*
enfermo/a	*sick*
enojado/a	*angry, mad*
listo/a	*ready*
loco/a	*crazy*
preocupado/a	*worried*
solo/a	*alone*
triste	*sad*

Palabras y expresiones útiles
antes	*before*
demasiado (*adv.*)	*too much*
después	*after*
la familia	*family*
la gente	*people*
me/te/le... gustaría	*I/you/he/she. . . would like*
muchos/as	*many*
muy	*very*
No te preocupes.	*Don't worry.*
No tengo idea. / Ni idea.	*I have no idea.*
otro/a	*other; another*
poco/a/os/as (*adj.*)	*not much, not many, few*
poco (*adv.*)	*a little*
¿Por qué?	*Why?*
porque	*because*
si	*if*
siempre	*always*
solo	*only*
el tío	*uncle*
todos los días	*every day*

4 ¿Tarde o temprano?

➤ Federico Fahsen, experto en la cultura maya, y Paula Torres, arqueóloga guatemalteca, limpian un relieve (*relief*) arqueológico maya.

Chapter Objectives

- Discussing daily routines
- Identifying parts of the body
- Talking about who and what you and others know and don't know
- Telling what the weather is like
- Stating the date

¿Qué saben?

1. ¿Qué significa la palabra **precolombina**: antes o después de 1492?

2. ¿Saben en qué países hay ruinas aztecas, mayas o incaicas? ¿En qué países están Tenochitlán, Tikal y Machu Picchu?

3. ¿Quién conquistó (*conquered*) el imperio azteca? ¿Y el imperio incaico?

Para escuchar

Noticias de una amiga

◀ Un hombre hace andinismo en una montaña muy rocosa de los Andes peruanos. ¿Te gustaría hacer andinismo?

¡Qué + *adjective*!	How + *adjective*!
¡Qué inteligente!	How intelligent!
hay	there is/there are
deber + *infinitive*	ought to/should/must + *verb*
debe ser	ought to/should/must be

José Manuel, un arqueólogo venezolano que está trabajando en Perú, recibe un email de España de su amiga Marisel. José Manuel comenta el email con Rafael, otro arqueólogo venezolano.

Actividad 1 ¿Cierto o falso? Lee las siguientes oraciones. Mientras escuchas la conversación, escribe **C** si la oración es cierta y **F** si la oración es falsa.

1. _____ Rafael no conoce a Marisel.
2. _____ Marisel es arqueóloga.
3. _____ José Manuel trabaja como voluntario.
4. _____ Marisel tiene una foto de José Manuel.
5. _____ José Manuel practica andinismo.

Actividad 2 El email Después de escuchar la conversación otra vez, contesta estas preguntas.

1. ¿De dónde es Marisel y dónde está?
2. ¿Qué estudia?
3. ¿Por qué dice Rafael que José Manuel tiene un corazón grande?
4. ¿Por qué dice Marisel que José Manuel tiene que afeitarse?
5. ¿Por qué dice Marisel que José Manuel va a tener un accidente?
6. En tu opinión, ¿está loco José Manuel?
7. ¿Te gustaría hacer andinismo?

Actividad 3 **La familia de tu compañero/a** En parejas (*pairs*), averigua (*find out*) qué ocupaciones tiene la familia de tu compañero/a. Sigue (*Follow*) el modelo.

■■■ A: ¿Hay geólogos en tu familia?
B: Sí, hay dos geólogos. / No, no hay.

Actividad 4 **Los comentarios** Caminas por la calle (*street*) y ves a diferentes personas. Haz un comentario (*Make a comment*) sobre ellas.

■■■ Lucy Liu → ¡Qué bonita!

Robin Williams, Shaquille O'Neal, Angelina Jolie, Justin Timberlake, Ruben Studdard, Britney Spears, Michael Moore, Jennifer López, Gael García Bernal, ¿ ?

Vocabulario esencial I

I. Las partes del cuerpo (*Parts of the Body*)

➤ Francisco Pizarro, conquistador español de Perú.

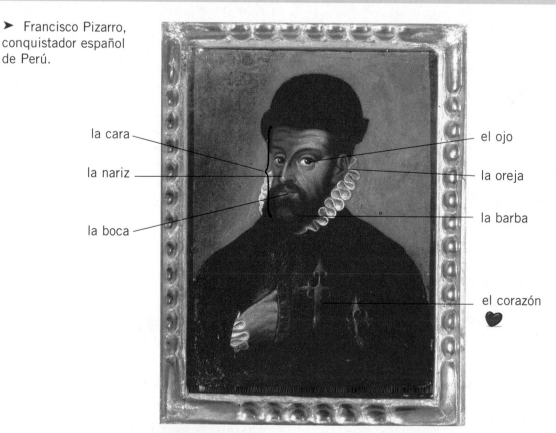

la cara
la nariz
la boca
el ojo
la oreja
la barba
el corazón

Otras partes del cuerpo

■■■ Some speakers say **Él tiene bigotes.** Others say **Él tiene bigote.**

el bigote/los bigotes	mustache	**la lengua**	tongue
los dientes	teeth	**el oído**	inner ear
los labios	lips	**el pelo**	hair

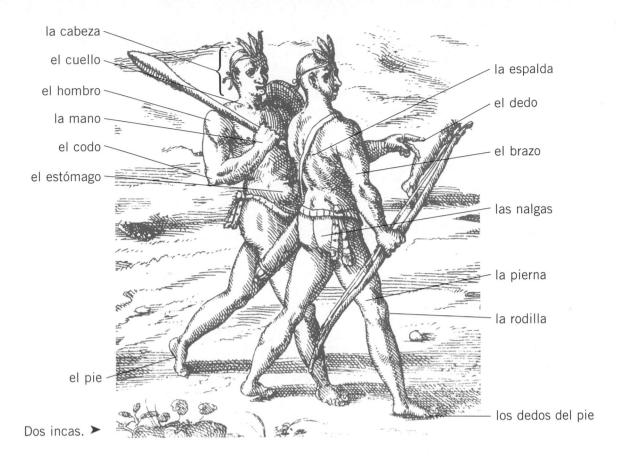

la cabeza
el cuello
el hombro
la mano
el codo
el estómago
el pie

la espalda
el dedo
el brazo
las nalgas
la pierna
la rodilla
los dedos del pie

Dos incas. ➤

Actividad 5 **Asociaciones** En grupos de tres, digan qué partes del cuerpo asocian Uds. con estas personas o productos.

Herbal Essence y Suave
Leggs y No Nonsense
el príncipe Carlos de Inglaterra
    y Dumbo
Kleenex
Venus de Milo

Crest y Colgate
Reebok y Puma
Visine
Fidel Castro, ZZ Top y Santa Claus
Mick Jagger y Revlon

Actividad 6 **Las estatuas incaicas** **Parte A.** En parejas, identifiquen las partes del cuerpo que tienen las siguientes figuras precolombinas.

◄ Figuras precolombinas, Museo del Oro, Bogotá.

Parte B. Ahora diseñen en un papel su propia (*own*) figura exótica (puede ser de una civilización de otro planeta). Luego descríbansela (*describe it*) al resto de la clase.

■■■ Nuestra figura tiene tres cabezas y dos manos. En una mano tiene cuatro dedos largos. Tiene pelo corto. Es alta y...

¿Lo sabían?

Cada idioma (*language*) tiene sus dichos (*sayings*) y proverbios, y el español tiene muchos. Algunos están relacionados con las partes del cuerpo.

¡Ojo!	*Watch out!; Careful!*
Ojo por ojo y diente por diente.	*An eye for an eye and a tooth for a tooth.*
Tengo la palabra en la punta de la lengua.	*I have the word on the tip of my tongue.*
Habla hasta por los codos.	*He/She runs off at the mouth.*

¿? ¿Cuáles de estas expresiones usas en las siguientes situaciones?
1. Tienes un amigo que habla y habla y habla.
2. Estás en un carro con una amiga y ves a un policía.
3. Un delincuente tiene que pasar tres años en la prisión.
4. Necesitas usar una palabra, pero no puedes recordarla (*can't remember it*) en este momento.

II. Acciones reflexivas

1. cepillarse los dientes
2. lavarse las manos
3. peinarse
4. cepillarse el pelo
5. afeitarse
6. ducharse
7. ponerse la ropa
8. quitarse la ropa

Otras acciones reflexivas

bañarse   to bathe
levantarse   to get up

maquillarse   to put on make-up

To practice: Do Workbook, CD-ROM, and Web activities.

Actividad 7 ¿En qué orden? En parejas, digan (*tell*) en qué orden (*order*) hacen estas acciones.

peinarse, bañarse, afeitarse, levantarse, cepillarse los dientes, ponerse la ropa

Actividad 8 Relacionen Relaciona cada (*each*) acción reflexiva con una o más partes del cuerpo.

afeitarse   los ojos
lavarse   las manos
peinarse   la barba
maquillarse   el pelo
cepillarse   los labios
                 los dientes
                 las piernas
                 la cara

Actividad 9 La rutina de los famosos En parejas, digan qué cosas de la lista les gusta y no les gusta hacer a las siguientes personas famosas: Oprah Winfrey, Paris Hilton, Bill Clinton y Tiger Woods. Usen la imaginación.

bañarse en un jacuzzi
afeitarse los fines de semana
ponerse ropa sexy
lavarse las manos después de estar con el público
maquillarse con productos de Mary Kay
ponerse sombreros elegantes
levantarse temprano los sábados
peinarse con frecuencia

Gramática para la comunicación I

I. Describing Daily Routines: Reflexive Verbs

To describe some actions that you usually do, you can use reflexive verbs (**verbos reflexivos**). A reflexive verb is used when the subject does an action to himself or herself. Study the difference between these three drawings.

■ ■ ■ As you do these activities every day, practice Spanish by saying what you are doing: **Me lavo las manos con jabón.** (etc.) Remember: idle time = study time.

Ella lava el carro.
(She performs the action.)

Él se ducha.
(He performs and receives the action.)

Él se lava las manos.
(He performs and receives the action.)

1 ■ In order to use reflexive verbs, you need to know the reflexive pronouns.

levantarse *(to get up)*	
(yo) **me** levant**o**	(nosotros/as) **nos** levant**amos**
(tú) **te** levant**as**	(vosotros/as) **os** levant**áis**
(Ud., él, ella) **se** levant**a**	(Uds., ellos, ellas) **se** levant**an**

Me levant**o** temprano.
Él **se** cepill**a** los dientes*
  después de comer.
Nos duch**amos** por la mañana.

I get up early.
He brushes his teeth after he eats.

We take a shower in the morning.

*****NOTE:** As a general rule, use definite articles with parts of the body: *He washes his hands* = **Se lava las manos.**

2 ■ The reflexive pronoun precedes a simple conjugated verb form.

Todos los días **me** levant**o** temprano.   *I get up early every day.*

3 ■ When there is a *conjugated verb + infinitive* or *+ present participle* (words ending in **-ando/-iendo**), the reflexive pronouns (**me, te, se, nos, os, se**) either precede the conjugated verb or follow attached to the infinitive or the present participle.

Mañana **me voy** a levantar tarde. ⎱
Mañana voy a **levantarme** tarde. ⎰

Tomorrow, I'm going to get up late.

Me estoy lavando el pelo. ⎱
Estoy **lavándome*** el pelo. ⎰

I'm washing my hair.

*****NOTE:** When the pronoun is attached to the present participle, a written accent is needed. For accent rules, see Appendix B.

Actividad *10* **La familia Rosado** Di qué hace la familia Rosado un día típico por la mañana. Usa la imaginación para decir la ocupación de cada persona y qué hace durante el día. Sigue el modelo.

   ■■■ Por la mañana el padre... Es... y trabaja mucho. Lee muchos libros y...

Actividad 11 ¿Qué vas a hacer? Di qué vas a hacer con estas cosas.

1. un peine
2. una bañera (*bathtub*)
3. un cepillo de dientes
4. una ducha
5. una máquina de afeitar
6. un jabón

■ ■ ■ Remember: **Me voy a levantar temprano. / Voy a levantarme temprano.**

Actividad 12 Nuestra rutina **Parte A.** En parejas, digan qué tienen que hacer los estudiantes universitarios un día típico en su residencia o apartamento por la mañana.

> ■ ■ ■ Nosotros tenemos que levantarnos... / Nosotros nos tenemos que levantar...

Parte B. Ahora describan la rutina de los estudiantes universitarios los sábados.

> ■ ■ ■ Los sábados nos levantamos tarde y...

Actividad 13 Los productos de tu compañero/a **Parte A.** En parejas, háganle preguntas a su compañero/a para saber qué productos usa. Sigan el modelo.

> ■ ■ ■ A: ¿Con qué jabón te lavas las manos?
> B: Me lavo las manos con jabón Dove.

1. pasta de dientes / cepillarse los dientes
2. jabón / ducharse
3. crema de afeitar / afeitarse
4. lápiz de labios / maquillarse
5. jabón / lavarse la cara
6. champú / lavarse el pelo

Parte B. Ahora escribe individualmente un mínimo de dos oraciones para comparar qué productos usas tú y qué productos usa tu compañero/a. Luego comparte (*share*) la información con el resto de la clase.

> ■ ■ ■ Jasmine y yo nos lavamos con jabón Dove. Ella se cepilla los dientes con Crest, pero yo me cepillo con Tom's.

Actividad 14 Un anuncio comercial En parejas, escriban el guion (*script*) de un anuncio comercial para una persona famosa. Escojan (*Pick*) un producto de la lista que sigue.

> ■ ■ ■ el maquillaje de Cover Girl / Anna Kournikova / maquillarse
> Soy una persona práctica. Tengo mucho dinero, pero no es importante. El maquillaje de Cover Girl es bueno, bonito y barato. Y cuando me maquillo con Cover Girl, tengo ojos y labios perfectos. Cover Girl, el maquillaje de hoy. Cover Girl, mi maquillaje y tu maquillaje. Cover Girl, para mí y para ti.

1. una cama Serta / Homero Simpson / levantarse
2. el jabón Ivory / Lance Armstrong / lavarse, ducharse
3. la pasta de dientes Colgate / Julia Roberts / cepillarse
4. la crema de afeitar Gillette / Mel Gibson / afeitarse
5. el champú Paul Mitchell / Penélope Cruz / lavarse

II. The Personal *a*

■■■

1 ■ You already know three uses of the word **a:**

ir **a** + *infinitive*   Mañana, por la tarde, **voy a estudiar** con Viviana.
ir **a** + *place*   Pero por la noche, **voy al cine** con Alberto.
a mí/ti/él/ella/etc.   **A Juan** y **a mí** nos gustan las películas de acción.

2 ■ Another use of the word **a** is the *personal* **a,** which is used when someone does an action to another person (when the other person is a direct object). Notice that the first three examples that follow contain the *personal* **a** because, in each case, Maricarmen is looking at a person. The fourth example does not contain the *personal* **a** because Maricarmen is looking at an object.

Maricarmen mira **a** Juan.
Maricarmen mira **al** Sr. López.
Maricarmen mira **a la** profesora.
BUT: Maricarmen mira una foto.

NOTE: 1. **Tener** does not normally take the *personal* **a: Tengo un amigo.**
2. Remember to use **el, la, los,** or **las** with titles such as **Sra., Dr.,** etc., when speaking about the person. Also remember **a** + **el** = **al.**

To practice:
Do Workbook, CD-ROM, and Web activities.

Actividad *15* **José Manuel en Perú** Completa esta historia (*story*) sobre José Manuel con **a, al, a la, a los** o **a las** solo si es necesario.

_____ José Manuel le gusta mucho trabajar como voluntario en Perú. Tres días por semana va _____ visitar _____ unos niños que no tienen _____ padre o madre. Siempre lleva _____ libros para leer con ellos. Los jueves lleva _____ dos o tres niños para ver _____ Dr. Covarrubias, un médico que trabaja para Médicos sin Fronteras. Todos los domingos por la noche él llama _____ sus padres por teléfono a Venezuela y les describe _____ su trabajo de arqueología. Los fines de semana generalmente va _____ escalar una montaña o _____ visitar _____ un pueblo diferente. También visita _____ sus amigos en Cuzco. José Manuel tiene _____ un amigo que se llama Rafael. _____ su amigo le gustaría ir _____ lago Titicaca pues es muy bonito. Pero esta semana ellos van a ir _____ ruinas incaicas de Machu Picchu para trabajar en un proyecto.

¿Lo sabían?

El lago Titicaca, entre Bolivia y Perú, es el lago navegable más alto del mundo y tiene más o menos 8.300 km cuadrados (3.025 millas cuadradas). El lago tiene una biodiversidad bastante importante; entre su flora existe la totora, una planta similar al papiro (*papyrus*) de Egipto. Puede medir hasta siete metros de alto (23 pies). Los uros, nativos de la zona, usan la totora para construir embarcaciones y casas y también como alimento que forma parte de su dieta. Curiosamente, los uros también hacen islas (*islands*) flotantes de totora y construyen sus casas en esas islas. Hoy día, más o menos 300 familias habitan unas 200 islas flotantes en el lago Titicaca.

¿? ¿Estas embarcaciones son similares a qué embarcaciones famosas? Busca en Google el nombre *Thor Heyerdahl* y la palabra *Kon-Tiki* para leer una teoría sobre los posibles viajes de personas precolombinas de Suramérica.

▲ Una embarcación de totora en el lago Titicaca entre Bolivia y Perú.

Actividad 16 La rutina Parte A. Mira las siguientes actividades y completa los espacios en blanco con **a, al, a la, a las** o **a los** si es necesario.

nombre

1. levantarse temprano los domingos _____
2. ducharse por la mañana _____
3. afeitarse _____ la cara todos los días _____
4. ir _____ gimnasio un mínimo de tres días por semana _____
5. ver _____ su novio/a todos los días _____
6. llamar _____ sus amigos todos los días por el móvil _____
7. ir _____ cine todas las semanas _____
8. visitar _____ sus padres los fines de semana _____
9. mirar _____ películas románticas _____
10. cepillarse _____ los dientes dos veces (*times*) por día _____
11. ir _____ tiendas de un centro comercial los domingos _____
12. caminar _____ supermercado para comprar comida (*food*) _____

Parte B. Ahora camina por la clase y pregúntales a tus compañeros si hacen las actividades de la **Parte A**. Si un/a compañero/a dice sí, escribe su nombre.

Nuevos horizontes

Lectura　ESTRATEGIA: **Predicting**

Predicting helps you start to think about the theme of a selection before you read it. You can predict or guess what a selection will be about by looking at the title, photos or illustrations, and subtitles, as well as by recalling what you know about the topic itself before you actually read the text.

In the following section, you will read some information about Peru. Many words or expressions that you may not understand will be used, but by predicting, guessing meaning from context, and using your knowledge of cognates and the world, you will comprehend a great deal of information.

■■■ The purpose of this activity is to get you to think about the topic. Do it prior to reading.

Actividad 17 ¿Qué sabes de Perú? Antes de (*Before*) leer sobre Perú, contesta las siguientes preguntas sobre ese país. Si es necesario, mira el mapa de Suramérica al final del libro.

1. ¿Dónde está Perú?
2. ¿Cuál es la capital de ese país?
3. ¿Qué países limitan con (*border*) Perú?
4. ¿Qué es Machu Picchu?
5. ¿Quiénes son los incas?

Actividad 18 Lee y adivina Marisel recibe este libro con una nota de José Manuel. Contesta las siguientes preguntas.

1. Lee la nota de José Manuel. ¿Qué tipo de libro es? ¿Cuál es la parte que tiene que leer Marisel?
2. Lee el título en la página siguiente. ¿Qué información tiene esta parte de la guía (*guidebook*)?
3. Ahora lee los cuatro subtítulos. ¿Qué información tiene cada sección?

Machu Picchu:
El lugar misterioso de los incas

Historia de Machu Picchu

En los Andes, a unos 2.400 metros de altura está
Machu Picchu, la ciudad sagrada[1] de los incas,
que el arqueólogo norteamericano de la Universidad de Yale, Hiram Bingham, descubrió
5 en 1911. Según una versión de la historia de
Machu Picchu, los incas construyeron la ciudad
en una montaña para defender a las Mujeres
Sagradas, esposas de su dios[2] el Sol. En este
refugio de vírgenes, Bingham y otros arqueólogos
10 descubrieron diez esqueletos de mujer por cada
esqueleto de hombre.

Arquitectura

Machu Picchu es la construcción más perfecta
de los incas. Las ruinas de la ciudad sagrada
tienen bloques enormes de granito blanco
15 colocados perfectamente y sin[3] cemento. Los
arqueólogos no comprenden cómo los incas
construyeron esa ciudad tan perfecta sin tener
la rueda,[4] el hierro[5] ni el cemento.

▲ Machu Picchu, la ciudad sagrada de
los incas en Perú.

Cuzco, ciudad imperial

Para visitar Machu Picchu, muchos turistas
20 pasan por Cuzco, la capital del Imperio
Incaico. Cuzco fue construida por Manco
Cápac, el primer emperador de los incas.
Todavía hoy en día, muchos de los
habitantes de Cuzco son descendientes de
25 los incas; mantienen sus costumbres y
hablan quechua, la lengua incaica.

Cómo llegar a Machu Picchu

Cuzco es la ciudad más cercana a Machu
Picchu. Por eso, la mayoría de los turistas
visitan la ciudad primero y después van a
30 Machu Picchu. Para ir de Cuzco a Machu
Picchu hay tres opciones:

▲ Una indígena peruana con su bebé.

1 *sacred*   2 *god*   3 *without*   4 *wheel*   5 *iron*

- Salir en tren y hacer un viaje de unos 120 kilómetros y después tomar un autobús a Machu
35 Picchu. El viaje dura más o menos cuatro horas. Esta es la opción más usada por los turistas.

40 - Hacer trekking por la ruta de "Camino del Inca". Si uno camina por esa ruta,

tarda cuatro días en llegar. La experiencia es increíble, pero solo es para personas a quienes les gustan las aventuras.
45 - Ir en helicóptero y después en autobús. El viaje es de un poco más de una hora y es posible ver vistas magníficas, pero no es posible ver Machu
50 Picchu desde el helicóptero.

■■■ You will read excerpts from Spanish-language Internet pages about Machu Picchu and Peru at the end of Ch. 4 in the Workbook.

Actividad 19 ¿Cierto o falso? Parte A. Después de leer sobre Machu Picchu, escribe **C** si la información es cierta y **F** si es falsa. Corrige (*Correct*) las oraciones falsas.

1. _____ Machu Picchu es la capital de los incas.
2. _____ Machu Picchu está en Lima.
3. _____ Un arqueólogo de los Estados Unidos descubrió Machu Picchu en 1911.
4. _____ Las construcciones de la ciudad tienen cemento.
5. _____ La lengua de los incas es el quechua.
6. _____ Las personas de Cuzco no hablan quechua.
7. _____ Para visitar Machu Picchu, muchos turistas van a Cuzco primero.

Parte B. Contesta estas preguntas.

1. Hay tres maneras de viajar de Cuzco a Machu Picchu. ¿Cuáles son?
2. ¿Cuál de las tres formas te gustaría utilizar y por qué?
3. ¿Es interesante el trabajo de un arqueólogo?
4. ¿Hay una construcción misteriosa, única o interesante en tu país? ¿Cuál es?

Escritura ESTRATEGIA: **Brainstorming and Outlining**

Brainstorming and outlining can help you better organize and plan your writing. The first step is to brainstorm ideas; you should jot down everything that comes to mind. The next step is usually outlining. An outline is an organized list of what you plan to write. When you brainstorm and outline, it is important to write in Spanish so that you don't try to say things that you have not studied yet. An outline for the first two parts of the guidebook selection on Machu Picchu may be as follows.

I. Historia de Machu Picchu
   1. Andes, 2.400 metros de altura
   2. Bingham 1911
   3. Mujeres Sagradas

II. Arquitectura de Machu Picchu
   1. granito blanco
   2. sin cemento; sin la rueda; sin hierro

Actividad 20 Un día típico Parte A. Brainstorm a list of things you do in a typical day and a list of things you do with your friends for fun. Remember to write in Spanish.

Parte B. Create an outline in Spanish, using the following headings. Add specific details under each one using items you brainstormed in **Parte A** and any other details you want to add.

1. descripción de quién eres y cómo eres
2. qué haces un día típico (incluye acciones reflexivas y otras acciones)
3. descripción de tus amigos
4. qué hacen tú y tus amigos en su tiempo libre

Parte C. Write a four-paragraph composition based on your outline.

Parte D. Double check to see if:

- you use words like **por eso, y, también,** and **pero** to connect ideas and enrich the interest level. If you don't, add them now.
- all verbs agree with their subjects, all adjectives agree with the nouns they modify, all articles (**el/la, un/una,** etc.) agree with the nouns they modify. If they don't, fix them now.
- you use the *personal* **a** if you have a sentence where the direct object is a person. If you don't, add it now.

■ ■ ■ When several items are listed in Spanish, there is no comma before **y: Estudio historia, sociología y español.**

Parte E. Rewrite your description, staple it to your rough draft—also including the brainstorming and outline created in **Partes A** and **B**—and hand them in to your instructor.

Vocabulario esencial II

I. Los meses, las estaciones y el tiempo
(*Months, Seasons, and the Weather*)

Un año en el hemisferio sur

El verano

■ ■ ■ Notice that months are written in lowercase.

En diciembre hace sol.

En enero hace calor.

En febrero llueve.

El otoño

■ ■ ■ Treinta días trae noviembre, con abril, junio y septiembre; de veintiocho solo hay uno y los demás de treinta y uno.

En marzo está nublado.

En abril hace fresco.

En mayo hace mal tiempo.

El invierno

En junio hace frío.

En julio nieva.

En agosto hace viento.

La primavera

■ ■ ■ Months: **septiembre** or **setiembre**.

En septiembre hace fresco.

En octubre hace buen tiempo.

En noviembre hace sol.

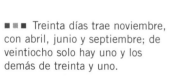

Expresiones relacionadas con el tiempo

centígrados   centigrade/Celsius
Está a _____ grados (bajo cero).   It's _____ degrees (below zero).
la temperatura   temperature
¿Qué tiempo hace?   What's the weather like?
Está lloviendo/nevando.   It's raining/snowing.
Va a llover/nevar.   It's going to rain/snow.

¿Lo sabían?

En los países que están al sur de la línea ecuatorial (*equator*), las estaciones no son en los mismos meses que en los Estados Unidos y Canadá. Por ejemplo, cuando es invierno en el hemisferio norte, es verano en Uruguay; por eso, en el hemisferio sur hace calor en la Navidad (*Christmas*). Hay clases desde marzo, en el otoño, hasta noviembre o diciembre, el final de la primavera. En los países que están cerca de la línea ecuatorial, no hay mucha diferencia de temperatura entre las estaciones. Por ejemplo, en países como Colombia la temperatura cambia según (*according to*) la altura: hace calor en la costa y hace fresco o frío en las montañas.

¿?   Mira el mapa de Suramérica en tu libro, ¿Dónde hace más calor, en Cartagena o en Bogotá que está más cerca (*closer*) de la línea ecuatorial? ¿En qué estación están en Chile ahora? ¿Y en España?

II. Las fechas (*Dates*)

—**¿Qué fecha es hoy?**   What is the date?
—**Hoy es el 20 de octubre.***   Today is October 20th.

—**¿Cuándo es la fiesta de cumpleaños?**   When is the birthday party?
—**Es el 21 de marzo.***   It's on March 21st.

***NOTE: El primero** de enero, pero **el dos/tres/cuatro**... de enero.

■■■ For practice, say dates that are important to your family: birthdays, anniversaries, etc.

To practice: Do Workbook, CD-ROM, and Web activities.

Actividad 2/ El pronóstico   Trabajas para la radio. Lee el pronóstico del tiempo para Santiago de Chile, y luego mira el gráfico en la página 110 y prepara el pronóstico para Lima, Perú.

Hoy es el lunes 4 de enero y en Santiago de Chile hace calor y está lloviendo. La temperatura está a 27 grados. El martes la temperatura máxima va a estar a 28 grados y la mínima a 20. ¡28 grados! Va a hacer calor y no va a hacer viento. El miércoles va a llover y va a hacer fresco.

Lima		
hoy	mañana	pasado mañana

Viento	18 Km/h	Viento	5 Km/h	Viento	20 Km/h
Precipitaciones	—	Precipitaciones	—	Precipitaciones	70%
Temperatura máx.	26°	Temperatura máx.	25°	Temperatura máx.	20°
Temperatura mín.	19°	Temperatura mín.	18°	Temperatura mín.	16°

Actividad 22 Las celebraciones Parte A. En parejas, pregúntenle a su compañero/a en qué mes o fecha son estas celebraciones.

■■■ A: ¿Cuándo es el Día de San José?

B: Es el 19 de marzo.

1. el día de San Valentín
2. el día de la Independencia de los Estados Unidos
3. el día de San Patricio
4. la Navidad
5. el día de Año Nuevo
6. las próximas (*next*) vacaciones de la universidad

vacation = **vacaciones** (In Spanish, the plural is used.)

Parte B. Ahora, di (*say*) qué tiempo hace generalmente en esas fechas y qué haces tú esos días.

■■■ Como el día de San Valentín es el _____ de _____, generalmente hace _____. Ese día yo me baño, me afeito por la noche y me pongo agua de colonia y salgo con...

It is possible to write the month in Roman or Arabic numerals:

3/IV/07 = 3/4/07

Actividad 23 Feliz cumpleaños Parte A. Averigua el cumpleaños de un mínimo de diez compañeros y apunta (*jot down*) la fecha de cada uno. Escribe la fecha en español. ¡Ojo! En español 3/4 = el 3 de abril.

Parte B. Contesta estas preguntas sobre tus compañeros.

1. ¿Quién cumple años en la primavera? ¿Y en el otoño?
2. ¿Quién cumple años en octubre? ¿Y en agosto?
3. ¿Quién va a celebrar su cumpleaños pronto?
4. ¿Quién celebra su cumpleaños cuando hace frío? ¿Y cuando hace calor?
5. ¿Quién es del signo del zodíaco Virgo? ¿Y Acuario?

Mi cumpleaños = My birthday
Mis cumpleaños = My birthdays

Para escuchar

El mensaje telefónico

◄ Libros a la venta en una librería de Costa Rica. ¿Conoces algunos de los escritores o títulos?

¿podrías + *infinitive?*	could you . . . ?
¿Podrías ir tú?	Could you go?
Un millón de gracias.	Thanks a million.

Teresa está trabajando en la agencia de viajes de su tío y escucha un mensaje telefónico.

Actividad 24 Deje su mensaje Lee las siguientes preguntas. Luego, escucha el mensaje y contesta las preguntas.

1. ¿De quién es el mensaje telefónico?
2. Teresa tiene que hacer dos cosas, ¿cuáles son?
   a. llevar un paquete (*package*) a una librería
   b. hacer una reserva para Federico de Rodrigo
   c. trabajar en la sección de arte en la librería
   d. comprar un libro para Federico de Rodrigo

Actividad 25 Preguntas Escucha el mensaje otra vez y contesta estas preguntas.

1. ¿Cómo se llama la librería y dónde está?
2. Teresa tiene dos opciones para ir a la librería; ¿cuáles son?
3. ¿Adónde le gustaría ir al Sr. de Rodrigo y con quiénes? ¿Van a ir de vacaciones o es un viaje de trabajo?
4. ¿En qué sección de la librería trabaja el Sr. de Rodrigo?
5. ¿Cómo se llama el libro que Teresa tiene que comprar? ¿Es sobre turismo, geografía, arte o historia?
6. ¿Por qué es interesante ese libro?
   a. Un conquistador español escribe sobre los incas.
   b. Una persona con sangre (*blood*) incaica escribe sobre los incas.

Actividad 26 **Los favores** En parejas, pídanle (*ask*) favores a su compañero/a, usando la expresión **podrías** + *infinitivo*.

■■■ A: ¿Podrías comprar champú?
    B: ¡Por supuesto! / No puedo, tengo que estudiar.

Gramática para la comunicación II

I. Talking About Who and What You Know: *Saber* and *conocer*

■■■

Both **saber** and **conocer** mean *to know*, but they are used to express very different kinds of knowledge in Spanish.

A. *Saber*

1 ■ **saber** + *infinitive* = to know how to do something

yo	**sé**	nosotros	sabemos
tú	sabes	vosotros	sabéis
él		ellos	
ella }	sabe	ellas }	saben
Ud.		Uds.	

Claudia **sabe** toc**ar** el saxofón.   *Claudia knows how to play the saxophone.*
Juan Carlos **sabe** esqui**ar**.   *Juan Carlos knows how to ski.*
Yo **sé** bail**ar** tango.   *I know how to dance the tango.*

2 ■ **saber** + *factual information* = to know something/information

Teresa **sabe** el número de   *Teresa knows the bookstore's telephone*
   teléfono de la librería.   *number.*
¿**Sabes** dónde* está La Casa   *Do you know where the "Casa del*
   del Libro?   *Libro" is?*
No **sé** si* el libro es bueno.   *I don't know if the book is good.*
Ellos **saben** quién* es el Inca   *They know who the Inca Garcilaso de la*
   Garcilaso de la Vega.   *Vega is.*

***NOTE:** Words like **si** and question words like **quién, dónde,** and **cuándo** are always preceded by **saber.**

B. Conocer

1 ■ **conocer** + *place/thing* = to be familiar with places and things

yo	cono**zco**	nosotros	conocemos
tú	conoces	vosotros	conocéis
él ⎫		ellos ⎫	
ella ⎬ conoce		ellas ⎬ conocen	
Ud. ⎭		Uds. ⎭	

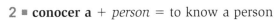

> Entonces, Mario, ¿vamos a conocer tu universidad?

Teresa no **conoce** Perú.   *Teresa doesn't know Peru.*
¿**Conoce** ella el libro *Los*   *Does she know the book*
comentarios reales del Inca   *The Royal Commentaries*
Garcilaso de la Vega?   *by the Inca Garcilaso de la Vega?*

2 ■ **conocer a** + *person* = to know a person

Federico **conoce al** tío de Teresa.   *Federico knows Teresa's*
                                          uncle.

—Teresa, ¿**conoces a** Federico   *Teresa, do you know Federico*
de Rodrigo?   *de Rodrigo?*
—Sí, **conozco a**l Sr. de Rodrigo.   *Yes, I know Mr. de Rodrigo.*

Actividad 27 **¿Sabes esquiar?** **Parte A.** Contesta esta pregunta: ¿Cuáles son un mínimo de ocho cosas que la gente sabe hacer? Por ejemplo: hablar francés o bailar salsa. Tu profesor va a escribir las acciones en la pizarra.

Parte B. En parejas, túrnense (*take turns*) para hacerse preguntas y ver cuántas de las cosas que están en la pizarra sabe hacer la otra persona.

> ■■■ ¿Sabes hablar francés?
> Sí, sé hablar francés. / No, no sé hablar francés.

Actividad 28 **Sí, lo sé** En parejas, túrnense para averiguar cuánto saben.

> ■■■ cuántos años tiene nuestro/a profesor/a
> ¿Sabes cuántos años tiene nuestro/a profesor/a?
>
> ↙   ↘
> Sí, lo sé. Tiene... años.   No, no sé.

1. cómo se llama el presidente o la presidenta de la universidad
2. quién es el jefe o la jefa de la facultad (*department*) de español
3. dónde está la oficina de nuestro/a profesor/a
4. cuándo es el próximo examen de español
5. de dónde es nuestro/a profesor/a
6. cuál es el número de teléfono de nuestro/a profesor/a

▲ Gente en un parque de Caracas, Venezuela.

Actividad 29 **¿Conoces Lima?** En parejas, túrnense para preguntar si su compañero/a conoce diferentes ciudades. Sigan el modelo.

■■■ A: ¿Conoces Lima?

B: Sí.　　　　　　　　B: No.
A: ¿Cómo es?　　　　　A: ¿Te gustaría conocer Lima?
B: Es muy bonita.　　　B: Sí, me gustaría. / No, no me interesa.

1. Barcelona
2. Los Ángeles
3. Caracas
4. París
5. Nueva York
6. Dallas
7. Jerusalén
8. Detroit
9. Quito

Actividad 30 **¿Conoces a...?** **Parte A.** Escribe una lista con el nombre de cinco personas que conoces personalmente en la universidad. Incluye a profesores, decanos (*deans*), personas que trabajan en la cafetería, deportistas o estudiantes.

■■■ Conozco a...

Parte B. En parejas, averigua si tu compañero/a sabe quiénes son las personas de tu lista. Sigue el modelo.

■■■ A: ¿Sabes quién es [Peter Smith]?

B: Sí, es profesor de　　B: No, no sé. ¿Quién es?
historia, ¿no?　　　　A: Es mi profesor de historia y
A: Sí.　　　　　　　　es excelente.

Actividad 31 **Una persona que...** Busca (*Look for*) a las personas de tu clase que saben o conocen:

nombre

1. bailar salsa _____
2. San Francisco _____
3. las ruinas de Tulum en México _____
4. tocar el piano _____
5. el número de teléfono de la policía de la universidad _____
6. cantar "La bamba" _____
7. Nueva York _____
8. cuándo es el cumpleaños del/de la profesor/a _____
9. si al/a la profesor/a le gusta levantarse temprano los sábados _____
10. una persona importante _____

II. Pointing Out: Demonstrative Adjectives and Pronouns

A. Demonstrative Adjectives

▲ **Este** animal que está **aquí** es una llama. **Esta** es la familia Grinberg, **esas** ruinas que están **allí** son Machu Picchu y **aquella** montaña que está **allá** en la distancia se llama Huayna Picchu.

■■■ **Este** has a **t** and you can touch it, **ese** is over there, and **aquel** is so far away you have to *yell.*

In English there are two demonstrative adjectives: *this* and *that* and their plurals. In Spanish there are three: **este** (*this*), which indicates something near the speaker; **ese** (*that*), which indicates something farther from the speaker; and **aquel** (*that*), which usually indicates something far away from the speaker and the listener. Since **este, ese,** and **aquel** are adjectives, they must agree with the noun they modify in gender and in number.

est**e** lib**ro**	est**os** lib**ros** ⎫	*near*
est**a** revist**a**	est**as** revist**as** ⎭	
es**e**, es**a**	es**os**, es**as**	*far*
aqu**el**, aqu**ella**	aqu**ellos**, aqu**ellas**	*waaaaaay far away*

B. Demonstrative Pronouns

1 ■ To avoid repetition, use a demonstrative pronoun and omit the noun. The pronoun forms are the same as demonstrative adjectives (**esta, ese, aquellas,** etc.).

Esta ruina es interesante, pero **esa** que está allí es fantástica.

This ruin is interesting, but that one over there is fantastic.

NOTE: You may sometimes see written accents over the stressed vowel on the demonstrative pronouns (**éste, ésas, aquél,** etc.) since they were at one time required.

2 ■ **Esto, eso,** and **aquello** are neuter (neither masculine nor feminine) demonstrative pronouns that refer to abstract concepts; they never have accents.

—¿Te gustaría comer ceviche?
—¿Ceviche? ¿Qué es **eso**?

Would you like to eat ceviche?
Ceviche? What's that?

■■■ **Ceviche** is a raw fish dish originally from Peru.

To practice: Do Workbook, Lab, CD-ROM, and Web activities.

Actividad 32 **¿Este disco compacto o ese?** Completa esta conversación entre dos vendedores de una tienda de música con pronombres y adjetivos demostrativos.

BRUNO   ¿De quién es la novela que tienes en la mano?

■ ■ ■ Mario Vargas Llosa es un escritor peruano.

PAQUITA   _____ novela es de Mario Vargas Llosa. Es nueva.

BRUNO   Me gusta Vargas Llosa. Paquita, ¿sabes cuánto cuestan _____ novelas de Vargas Llosa que están allí?

PAQUITA   _____ cuestan diez pesos. Son económicas porque son de una edición vieja.

BRUNO   ¿Y _____ libros que veo allá?

PAQUITA   ¿Cuáles? ¿_____ que están allí que son de química o _____ libros de cálculo?

BRUNO   No, de cálculo no. _____ de química.

PAQUITA   Ah, sí, de química. No sé. Un momento. Tengo que mirar uno... Sí... aquí está... _____ cuestan 80 pesos.

Actividad *33* **¿Este, ese o aquel?** **Parte A.** Mira la siguiente fiesta y describe a las personas.

■■■ La mujer número dos es alta, tiene pelo..., también es...

Parte B. Imagina que estás en la fiesta. Amplía tu descripción de las personas usando palabras como **este**, **ese** o **aquel** y di qué están haciendo. Incluye información de la **Parte A.**

■■■ Esta mujer es alta, tiene pelo corto, también es... y está bebiendo...

Parte C. En parejas, "A" cubre (*covers*) la información de B y "B" cubre la información de A. Tú y tu compañero/a están en esta fiesta y conocen a muchas personas, pero no a todas. Pregúntale a tu compañero/a si conoce a las personas que tú no conoces y averigua la siguiente información: **ocupación, edad, nacionalidad** y **quién es.**

■■■ Remember to use the *personal* **a** with **conocer** when followed by a person.

■■■ A: ¿Conoces a esta mujer alta, que tiene pelo corto, que también es... y que está bebiendo...?
　　 B: Esta se llama Ramona Carvajal y es dentista.
　　 A: ¿Sabes de dónde es?
　　 B: Sí, es...

A

1. Ramón Paredes, hombre de negocios, el novio de Carmen
3. Carmen Barrios, estudiante universitaria, estudia biología
4. Miguel Jiménez, médico, 31 años, no tiene novia
6. Germán Mostaza, periodista, 27 años

B

2. Ramona Carvajal, dentista, panameña, amiga de Laura
5. Laura Salinas, economista, trabaja en un banco
7. José Peña, geólogo, el novio de Begoña
8. Begoña Rodríguez, programadora de computadoras

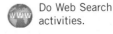 Do Web Search activities.

Más allá

Trabajo voluntario

Beneficios de ser voluntario en otro país:

- ayudar a alguien que lo necesita
- aprender otro idioma
- aprender sobre otras culturas
- vivir en otro país
- obtener un buen trabajo al volver a tu país

■■■ Some of the verb forms used refer to past actions.

Me llamo Amy y soy norteamericana. Hablo español y francés. Pasé dos años con el Cuerpo de Paz en Guinea, África, donde viví en un pueblo rural. Ahora estudio y trabajo en un hospital de Nueva Orleans y con frecuencia acompaño a médicos y a enfermeras en viajes de una o dos semanas a Centroamérica, donde interpreto del español al inglés y del inglés al español. Sé que soy solamente una persona, pero creo que el trabajo que hice, que hago y que voy a hacer es muy importante.

Me llamo Jessica y soy estudiante de español elemental y estoy en mi segundo semestre. Pasé una semana (mis vacaciones de primavera) en la República Dominicana trabajando con huérfanos (*orphans*) y solamente hablé español con los niños. Ahora, me gustaría hacer más trabajo como voluntaria.

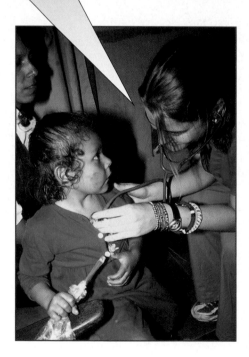

¿? ¿Trabajas como voluntario/a? ¿Qué oportunidades ofrece tu universidad para hacer trabajo voluntario? ¿Tu universidad tiene programas específicos en Latinoamérica para ayudar (*help*) a otros?

Vocabulario funcional

Las partes del cuerpo

la barba	beard
el bigote/los bigotes	mustache
la boca	mouth
el brazo	arm
la cabeza	head
la cara	face
el codo	elbow
el corazón	heart
el cuello	neck
el dedo	finger
el dedo del pie	toe
los dientes	teeth
la espalda	back
el estómago	stomach
el hombro	shoulder
los labios	lips
la lengua	tongue
la mano	hand
las nalgas	buttocks, rear end
la nariz	nose
el oído	inner ear
el ojo	eye
la oreja	ear
el pelo	hair
el pie	foot
la pierna	leg
la rodilla	knee

Verbos reflexivos

afeitarse	to shave
bañarse	to bathe
cepillarse el pelo	to brush one's hair
cepillarse los dientes	to brush one's teeth
ducharse	to shower
lavarse (las manos)	to wash (one's hands)
levantarse	to get up
maquillarse	to put on make-up
peinarse	to comb one's hair
ponerse la ropa	to put on clothes
quitarse la ropa	to take off clothes

El tiempo (*Weather*)

centígrados	centigrade/Celsius
¿Qué tiempo hace?	What's the weather like?
Está a _____ grados (bajo cero).	It's _____ degrees (below zero).
la temperatura	temperature
está nublado	it's cloudy
hace buen/mal tiempo	it's nice/bad out
hace calor/frío	it's hot/cold
hace fresco	it's chilly
hace sol	it's sunny
hace viento	it's windy
llover/llueve/está lloviendo	to rain/it rains/it's raining
nevar/nieva/está nevando	to snow/it snows/it's snowing

Los meses (*Months*)

enero	January
febrero	February
marzo	March
abril	April
mayo	May
junio	June
julio	July
agosto	August
septiembre	September
octubre	October
noviembre	November
diciembre	December

Las estaciones (*Seasons*)

el invierno	winter
la primavera	spring
el verano	summer
el otoño	fall

Expresiones de tiempo y fechas (*Time Expressions and Dates*)

el año	year
el cumpleaños	birthday
cumplir años	to have a birthday
¿Qué fecha es hoy?	What is the date today?
el mes	month

Adjetivos y pronombres demostrativos

aquel, aquella, aquellos, aquellas	those, those
ese, esa, esos, esas	these, those
este, esta, estos, estas	this, these
esto	this thing/issue
eso	that thing/issue
aquello	that thing/issue

Palabras y expresiones útiles

allá	(way over) there
allí	there
antes	before
aquí	here
cada	each
conocer	to know (a person, place, or thing)
deber + *infinitive*	ought to/should/must + verb
la facultad	academic department
la guía	guidebook
hay	there is/there are
¿podrías + *infinitive*?	could you . . . ?
¡Qué + *adjective*!	How + adjective!
saber	to know (facts or how to do something)
un millón de gracias	thanks a million
las vacaciones	vacation
veces	times

Videoimágenes

La vida universitaria
■■■

Antes de ver

Actividad 1 **En los EE.UU.** Antes de mirar un video sobre la vida universitaria en el mundo hispano, contesta estas preguntas sobre la vida universitaria en los Estados Unidos.

1. ¿Dónde viven los estudiantes normalmente? ¿En un colegio mayor? ¿En un apartamento? ¿Con su familia?
2. ¿Cuánto es la matrícula (*tuition*) en una universidad pública? ¿Y en una universidad privada? ¿Es cara la matrícula en tu universidad?
3. ¿De cuántos años es tu carrera universitaria? ¿Es igual o diferente para todas las especializaciones?
4. ¿Es normal tener clases en diferentes edificios o los estudiantes normalmente tienen todas sus clases en un edificio?
5. Si un estudiante va a estudiar medicina o derecho, ¿más o menos cuántos años necesita para terminar esa carrera?
6. Al entrar en la universidad, ¿ya saben su especialización los estudiantes de este país? ¿Es normal cambiar de especialización durante los años universitarios?

▲ Estudiantes de la Universidad San Francisco de Quito.

Mientras ves

Actividad 2 **¿Qué estudias?** En este segmento muchos estudiantes del mundo hispano hablan sobre su universidad. Todas las universidades que mencionan son públicas, excepto San Francisco de Quito que es privada. Mira el video y completa las siguientes tablas. Mira las tablas antes de ver el video.

Universidad de Buenos Aires

Nombre	Edad	Carrera
Florencia	22	_____
Andrés	_____	diseño de imagen y sonido
Natalia	22	paisajismo (*landscaping*)

Universidad Nacional Autónoma de México

Nombre	Edad	Carrera
Manuel	21	_____
Nicte-ha	19	_____

Universidad San Francisco de Quito

Nombre	Edad	Carrera
Gabriela	20	cine y video
Miguel	_____	diseño gráfico
Mario	21	_____

Universidad de Río Piedras, Puerto Rico

Nombre	Edad	Carrera
Imelís	19	educación
Carlos	19	comunicación pública
Yoelis	20	_____

Universidad Complutense de Madrid

Nombre	Edad	Carrera
Néstor	_____	ingeniería informática
Raquel	_____	derecho (*law*)
Victoria	_____	periodismo (*journalism*)

Actividad 3 **¿Cuánto cuesta esa carrera?** En este segmento, Javier habla con Victoria, y Mariela habla con Mario sobre las carreras de periodismo y medicina respectivamente. También visitan varias universidades. Escucha la conversación y observa las diferentes universidades. Luego escucha a otros estudiantes universitarios y completa la siguiente tabla.

Universidad	Carrera	Años	Costo de la matrícula de un año
San Francisco de Quito	filosofía	_____	$5.000
de Buenos Aires	_____	_____	gratuita – no cuesta nada
Complutense de Madrid	derecho	_____	$400
_____ Autónoma de México	X	X	_____ ¢

Actividad 4 **El tiempo libre** Mira el siguiente segmento y haz una lista de lo que hacen los estudiantes en su tiempo libre. Luego compártela con el resto de la clase.

16:00–end

¿Lo sabían?

Muchas universidades del mundo hispano son enormes, como la UNAM en el D. F. que tiene más de 270.000 estudiantes y la Universidad de Buenos Aires con más de 226.000. Por eso, a veces hay ciudades universitarias (*campuses*) y a veces no. En el caso de Buenos Aires, las facultades están repartidas por toda la ciudad. Esto no es problemático porque generalmente los alumnos entran directamente de la escuela secundaria en las facultades de derecho, medicina, geología, etc. Luego asisten a todas sus clases en el mismo edificio con otros estudiantes de la misma especialización.

Después de ver

Actividad 5 **A comparar** En parejas, piensen en lo que vieron en el video y examinen las tablas de las **Actividades 2** y **3** para formar oraciones comparando la vida universitaria en el mundo hispano con la de este país. Sigan el modelo.

■■■ Useful vocabulary: **carrera** (*course of study*), **especialización** (*major*), **matrícula alta/baja** (*high/low tuition*), **ciudad universitaria** (*campus*).

■■■ En España generalmente cada facultad tiene bar y vende alcohol. En los EE.UU. hay cafeterías en diferentes partes de la ciudad universitaria y normalmente no venden alcohol.

5 Los planes y las compras

Deja que el mundo te cambie, y podrás cambiar el mundo.

➤ **Gael García Bernal y Rodrigo de la Serna** en la película *Diarios de motocicleta.*

Chapter Objectives

- Expressing feelings and sensations
- Telling time
- Discussing clothing
- Indicating purpose, destination, and duration
- Specifying the location of people, things, and events
- Discussing present and future events

¿Qué saben?

1. ¿Conoces algunas (*some*) de estas películas?

   *Mar adentro**   *Todo sobre mi madre**
   *Diarios de motocicleta**   *Y tu mamá también*
   María llena eres de gracia   *Amores perros*
   El crimen del Padre Amaro   *Buena Vista Social Club*
   *Hable con ella**

2. ¿Puedes nombrar algunos actores hispanos? ¿Sabes de qué país son?

3. ¿Hay películas de países hispanos en los cines de tu ciudad en este momento?

*ganadora de un Oscar

123

Para escuchar

¿Qué hacemos esta noche?

➤ El director norteamericano Joshua Marston y la actriz colombiana Catalina Sandino Moreno durante la filmación de *María llena eres de gracia.*

¡Me fascina/n!	I love it/them!
se + *third person singular of verb*	they/people/one + *verb*
Se come bien...	They/People/One eat(s) well . . .
¡No me diga/s!	No kidding!

Juan Carlos y Claudia están en una cafetería haciendo planes para esta noche.

 Actividad 1 Marca las películas Mientras escuchas la conversación, marca las películas que mencionan Juan Carlos y Claudia. ¡Ojo! Algunas palabras no son nombres de películas.

_____ Palafox	_____ El Norte
_____ Carmen	_____ La historia oficial
_____ Alphaville	_____ Amaya
_____ Casablanca	_____ Luna

Actividad 2 Preguntas Después de escuchar la conversación otra vez (*again*), contesta estas preguntas.

1. ¿Qué van a hacer esta noche Juan Carlos y Claudia?
2. ¿Dónde buscan información?
3. ¿Qué película van a ver?
4. ¿Conoces esa película? ¿Qué tipo de película es, violenta o romántica? ¿Es un drama o una comedia?
5. ¿Qué van a hacer Juan Carlos y Claudia después del cine?
6. ¿Quién va a pagar (*pay*) en el restaurante y por qué?

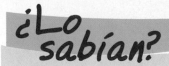

¿Lo sabían?

En algunos países de habla española como España, México y Venezuela, generalmente la persona que cumple años invita a sus amigos a tomar algo el día de su cumpleaños. Por ejemplo, puede invitar a sus compañeros de la universidad a tomar un café o una cerveza y si se reúnen (*get together*) para estudiar, a veces lleva algo para comer. En su día, la persona recibe regalos y es típico abrir (*to open*) cada regalo inmediatamente, en el momento de recibir cada uno, y no más tarde todos juntos (*together*).

¿? ¿El día de tu cumpleaños invitas a tus amigos a tomar algo? ¿Abres los regalos uno por uno en el momento en que recibes cada uno o todos juntos después?

Actividad 3 **Una entrevista** **Parte A.** Clasifica (*Rate*) los siguientes tipos de películas con esta escala de uno a cinco.

1	No me gustan nada.
2	No me gustan.
3	Me gustan.
4	Me gustan mucho.
5	Me fascinan.

_____ románticas   _____ dramáticas
_____ de terror   _____ de Disney
_____ de ciencia ficción   _____ de suspenso
_____ documentales   _____ de violencia
_____ cómicas

Parte B. Ahora, en parejas, entrevisten a su compañero/a para ver qué tipos de películas le gustan y cuáles son sus películas, actores, actrices y directores favoritos.

  ■■■ A: ¿Te gustan las películas de terror?
       B: No, no me gustan nada.
       A: ...

Actividad 4 **Información** En parejas, "A" es una persona nueva en esta ciudad y "B" vive aquí. "A" necesita información sobre la ciudad y le hace preguntas a "B".

  ■■■ A: ¿Dónde se come bien?
       B: Se come bien en...

1. comer bien
2. nadar
3. correr
4. bailar
5. caminar por la noche
6. vivir con tranquilidad

Vocabulario esencial I

I. La hora, los minutos y los segundos

■■■ When you look at your watch, try to think of the time in Spanish.

■■■ The hour may be written four different ways:
10.00 / 10,00 / 10'00 / 10:00.

menos   y

Es la una y cuarto.

Son las ocho menos diez.

Son las cinco y media.

Es (el) mediodía.

Es (la) medianoche.

En el aeropuerto

Los Ángeles

México

Nueva York

Caracas

Montevideo

Madrid

¿Qué hora **es** en Los Ángeles?   **Son las diez** de la mañana.
¿Qué hora **es** en Nueva York?   **Es la una** de la tarde.
¿Qué hora **es** en Montevideo?   **Son las tres** de la tarde.

¡OJO! **Son las once** *de* la noche/mañana. (*specific time*)
Nunca estudio *por* la noche/mañana. (*general time period*)

NOTE: To say at what time something occurs, use the following construction.

¿**A** qué hora es la clase?

La clase es **a la una.**   La clase es **a las dos.**

Actividad 5 **La hora en el mundo** En parejas, imagínense que Uds. están en el aeropuerto de México. Miren los relojes de la sección *En el aeropuerto* de la página 126, y túrnense para preguntar la hora de las diferentes ciudades.

▪▪▪ 6:15 a. m. ¿Madrid?

A: Si en la ciudad de México son las 6:15 de la mañana, ¿qué hora es en Madrid?

B: En Madrid son las 2:15 de la tarde.

Hora en México, D. F.

1. 1:15 a. m. ¿Nueva York?
2. 5:50 a. m. ¿Caracas?
3. 4:25 p. m. ¿Los Ángeles?
4. 3:30 p. m. ¿Montevideo?

Hora en México, D. F.

5. 7:16 a. m. ¿Madrid?
6. 10:20 p. m. ¿Nueva York?
7. 8:45 a. m. ¿Caracas?
8. 2:12 p. m. ¿Madrid?

Actividad 6 **Los teleadictos** **Parte A.** Escribe los nombres de cuatro programas de televisión que te gustan.

Parte B. Ahora, habla con otra persona para ver si conoce los programas y si sabe qué día y a qué hora son.

▪▪▪

A: ¿Conoces el programa...?

B: Sí, conozco ese programa.
A: ¿Sabes qué día y a qué hora es?
B: Es los... a la/s...

B: No, no conozco ese programa.
A: Es un programa muy bueno.
   Es los... a la/s...

▪▪▪ Note: **Son las 7:00** = It is 7:00; **El concierto es a las 7:00** = The concert is at 7:00. Practice this latter construction when reading movie schedules, TV guides, etc.

Actividad 7 **Tu horario** **Parte A.** Completa tu horario de clases de la universidad e incluye cuándo trabajas si tienes empleo.

hora	lunes	martes	miércoles	jueves	viernes

Parte B. En parejas, explíquenle su horario a su compañero/a. Sigan el modelo.

▪▪▪ Los lunes tengo clase de historia/inglés/etc. ... a la(s)..., etc. Los jueves trabajo...

Parte C. Con tu compañero/a tienen que decidir cuándo van a estudiar juntos (*together*) para el próximo examen de español. Es importante estudiar durante el día porque por la noche tienen otras obligaciones. Usen frases como: **Vas a estar libre el lunes a las 2:00, ¿no? Me gustaría estudiar el miércoles a la 1:00, ¿está bien para ti?**

II. Las sensaciones

1. Tiene calor.   **2.** Tienen frío.

3. Tiene miedo.

4. Tienen sed.   **5.** Tienen hambre.

6. Tiene sueño.

7. Tiene vergüenza.

To practice: Do Workbook, CD-ROM, and Web activities.

Actividad 8 **¿Cómo se sienten?** **Parte A.** Di qué sensaciones tienen estas personas en las siguientes situaciones.

▪▪▪ Si veo una serpiente, tengo miedo.

1. Si estás en la playa al mediodía, ...
2. En el mes de enero, nosotros...
3. Son las dos de la mañana y yo...
4. Si voy al dentista, ...
5. Nos gustaría beber Coca-Cola porque...
6. Después de correr cuatro kilómetros, yo...
7. Si tu amigo ve una película de terror, ...
8. ¡Vamos a comer! Es la 1:30 de la tarde y nosotros...
9. Tu padre baila hip hop con tus amigos, y tu...

Parte B. En grupos de tres, inventen más oraciones como las de la **Parte A.**

Gramática para la comunicación I

Expressing Habitual and Future Actions and Actions in Progress: Stem-changing Verbs

1 ▪ Among present-tense verbs used to express habitual actions, actions in progress, and future actions, there is a group called stem-changing verbs (**verbos con cambio de raíz**). These are similar to regular **-ar, -er,** and **-ir** verbs except that they have a vowel change in the last syllable of the stem (the stem is the verb without the **-ar, -er,** or **-ir** ending). Stem-changing verbs are often referred to as *boot verbs* (since the conjugations resemble a boot). This should help you remember in which persons the changes occur.

■ ■ ■ Drill yourself on these forms.

entender (e ⟶ ie)	
ent**ie**ndo	entendemos
ent**ie**ndes	entendéis
ent**ie**nde	ent**ie**nden

poder (o ⟶ ue)	
p**ue**do	podemos
p**ue**des	podéis
p**ue**de	p**ue**den

pedir (e ⟶ i)	
p**i**do	pedimos
p**i**des	pedís
p**i**de	p**i**den

jugar (u ⟶ ue)	
j**ue**go	jugamos
j**ue**gas	jugáis
j**ue**ga	j**ue**gan

—¿Ent**ie**ndes las reglas del tenis?
—Sí, j**ue**go al tenis muy bien.
—Mañana p**u**demos jugar en el club.
—Bueno. ¿Por qué no p**i**des hora para reservar una cancha?

Do you understand the rules of tennis?
Yes, I play tennis very well.
We can play at the club tomorrow.
Good. Why don't you ask for a time to reserve a court?

2 ▪ The following is a list of common stem-changing verbs.

e ⟶ ie
cerrar to close
comenzar to begin
despertar/se* to wake someone up/to wake up
divertirse* to have fun
empezar to begin
entender to understand
pensar (en) to think (about)
pensar + *infinitive* to plan to (*do something*)
perder to lose
preferir to prefer
querer to want
querer a alguien to love someone
sentarse* to sit down
tener** to have
venir** to come

o ⟶ ue
acostar/se* to put someone to bed/to go to bed
almorzar to have lunch
dormir/se* to sleep/to fall asleep
encontrar to find
poder to be able, can
volver to return, come back

e ⟶ i
decir** to say; to tell
pedir to ask for
servir to serve

u ⟶ ue
jugar to play (*a sport or game*)

■ ■ ■ Note changes in meanings when some verbs become reflexive.

■ ■ ■ Use **creer que,** not **pensar que,** to express an opinion: **Creo que la clase de filosofía es difícil porque tengo que pensar mucho.** *I think philosophy class is hard because I have to think a lot.*

■ ■ ■ For things you are physically able/unable to do, use **poder;** for things you know/don't know how to do, use **saber.**

NOTE: Verbs with one asterisk (*) are reflexive verbs; for example, **sentarse: Yo me siento.** Verbs with two asterisks (**) are conjugated the same as stem-changing verbs in the present indicative, except for a different **yo** form: **tengo, vengo, digo.**

I. Los colores

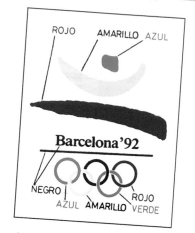

▲ Logotipo de los Juegos Olímpicos de Barcelona 1992.

■■■ Identify colors in Spanish as you walk down the street.

anaranjado/a orange
blanco/a white
gris gray

marrón brown
morado/a purple
rosa, rosado/a pink

NOTE: Colors are adjectives and agree in number with the noun they modify (**elefante gris, elefantes grises**). Colors that end in **-o** also agree in gender (**reloj negro, toallas blancas**).

Actividad 22 Asociaciones En grupos de cinco, digan qué colores asocian Uds. con las siguientes ideas.

1. el 14 de febrero
2. un elefante
3. la noche
4. la Coca-Cola
5. las plantas
6. el 25 de diciembre
7. el inspector Clouseau y la pantera...
8. el arco de McDonald's
9. está nublado
10. el café
11. el 4 de julio
12. el jabón Ivory
13. el 17 de marzo
14. tener vergüenza
15. está nevando

II. La ropa y los materiales (*Clothes and Materials*)

el saco
la bufanda
la camiseta
la chaqueta
el cinturón
la falda
las botas
los zapatos
los pantalones

La ropa

el abrigo coat
el suéter sweater
la camisa de manga larga/corta
  long/short sleeve shirt
la blusa blouse
el traje suit
el vestido dress
el traje de baño bathing suit
los pantalones cortos shorts
las medias socks; stockings
la ropa interior men's/women's
  underwear
la corbata tie
el pañuelo scarf (women)
los zapatos de tacón alto
  high-heeled shoes
los (zapatos de) tenis tennis shoes
las sandalias de playa flip-flops
el sombrero hat
la gorra cap
las gafas de sol sunglasses
el bolso/la cartera purse

Los materiales

el algodón cotton
el cuero leather
la lana wool
el nailon/nilón nylon
el rayón rayon
la seda silk

Estampados

de cuadros plaid

de lunares polka dots

de rayas striped

Verbos relacionados con la ropa

costar (o → ue) to cost
estar de moda to be in style
llevar to wear
probarse (o → ue) to try on
vestirse (con) (e → i, i) to put on

■ ■ ■ The term used for the word *fleece* seems to still be evolving since this is a relatively new material. One term used is **polar** and comes from the brand name Polartec. It is stressed on the first syllable even though it doesn't have a written accent. It can be used as follows: **una chaqueta (de) polar.** One may also hear **un polar** to refer to a fleece jacket.

To practice: Do Workbook, CD-ROM, and Web activities.

■ ■ ■ Remember: The first change shown (for the stem-changing verbs) is the present-tense stem change and the second is the stem change for the present participle of **-ir** verbs.

¿Lo sabían?

Entre los diseñadores hispanos más famosos en los Estados Unidos se encuentran la venezolana Carolina Herrera y el dominicano Óscar de la Renta. Laura Bush llevó ropa de los dos diseñadores en las fiestas de enero de 2005 que se organizaron para su esposo después de las elecciones. Entre los diseñadores jóvenes más populares están el norteamericano de origen cubano Narciso Rodríguez (favorito de Sarah Jessica Parker y Salma Hayek) y Esteban Cortázar, que nació en Colombia en 1984. Con cinco shows en Nueva York antes de cumplir los 21 años, Cortázar es el diseñador joven más exitoso del momento.

En los países hispanos, la gente joven lleva el mismo tipo de ropa que los jóvenes europeos y los norteamericanos. La gente, por lo general, no compra tanta ropa como los norteamericanos, pero sí llevan la ropa que está de moda.

¿? ¿Cuáles son algunos diseñadores famosos de tu país? ¿Compras mucha o poca ropa? ¿Cuál es la moda en este momento? ¿Generalmente llevas ropa de moda?

▲ Esteban Cortázar, colombiano.

Actividad 23 Cuándo y qué En parejas, hagan una lista de ropa que lleva la gente en el invierno y otra lista de ropa que lleva en el verano. Es importante incluir los materiales.

■■■ To indicate origin and material use **ser de: La camisa es de Taiwán y es de seda.**

Actividad 24 El origen y el material En grupos de cinco, averigüen de dónde es y de qué (material) es la ropa de cada persona del grupo. Luego compartan la información con el resto de la clase.

> ■■■ A: ¿De dónde es y de qué (material) es tu camisa?
> B: Es de...

Actividad 25 Comentarios En parejas, díganle a su compañero/a que les gusta una prenda (*item of clothing*) que lleva. Sigan el modelo.

> ■■■ A: Me gusta esa camisa/blusa. El color es muy bonito./Es nueva, ¿no?/Es de Gap ¿verdad?/etc.
> B: Gracias. Es de Gap/de Abercrombie y Fitch/de Goodwill/etc.

■■■ Each morning, describe to yourself what you are wearing: the article of clothing, material, and color.

Actividad 26 De compras Mira el catálogo y elige tres prendas para comprar: una prenda para un amigo, una para una amiga y otra cosa para ti. Después, en parejas, hablen de qué van a comprar, de qué colores y por qué van a comprar estas cosas.

> ■■■ Voy a comprar una blusa de seda roja para mi amiga porque su cumpleaños es el viernes.

A: Chaquetas de cuero. Colores: negro, marrón oscuro o marrón claro. Talla P, M, G, XG. $245

B: Vestidos de algodón, lavar a máquina. Colores: morado o amarillo. Talla: P, M, G, XG. $120

C: Botas de cuero Gacela de Chile con tacón alto. Número: 35-40. $95

D: Abrigos de lana. Color: beige. $45

E: Sombreros de cuero. $70

F: Gafas de sol Óscar de la Renta. $68

G: Camisetas de algodón. Colores variados. P, M, G, XG. $25

H: Trajes informales de lana para todas las ocasiones. Colores: gris, azul o negro. $188,95

I: Zapatos de cuero negro. $100

Trajes de baño. Colores: rojo con lunares blancos o amarillo con lunares morados. $54

Medias de algodón y lana. $15,99

Faldas clásicas de lana en muchos colores. $60

Blusas de seda de Carolina Herrera. $55

Suéteres, lavar a mano, colores variados. $72

Actividad 27 **El pedido** En parejas, una persona va a llamar a la tienda del catálogo de la página 140 para comprar ropa y la otra persona va a recibir la llamada. Usen las siguientes tablas para encontrar la talla correcta. Después de las tablas hay una lista de expresiones útiles para la conversación.

■ ■ ■ **talla** = clothes size; **número** = shoe size

TALLAS DE MUJER						
Ropa:						
• Europa	38	40	42	44	46	48	50
• EE.UU.	6	8	10	12	14	16	18
Zapatos:						
• Europa	35	36	37	38	39	40	41
• EE.UU.	5	6	7	8	9	10	11

TALLAS DE HOMBRE						
Trajes:						
• Europa	44	46	48	50	52	54	56
• EE.UU.	34	36	38	40	42	44	46
Camisas:						
• Europa	38	39	40	41	42	43	44
• EE.UU.	15	15½	15½	16	16½	17	17½
Zapatos:						
• Europa	40	41	42	43	44	44	45
• EE.UU.	6	7	8	9	10	10½	11

Comprador/a

¿Tiene Ud... en azul?
¿Tiene Ud... en talla/número...?
¿De qué (material) es...?
¿Cuánto cuesta/n?
Es muy caro/barato.
Me gustaría comprar...

Vendedor/a

No tenemos talla/número...
¿De qué color quiere...?
Cuesta/n + precio (*price*).
¿Va a pagar con Visa, American Express o MasterCard?
¿Cuál es el número de su tarjeta de (Visa)?
¿Cuál es su dirección (*address*)?

Actividad 28 **La noche de los Oscars** En parejas, Uds. están trabajando como reporteros en la ceremonia de los Oscars. Al llegar las estrellas, Uds. tienen que decir qué ropa llevan y con quién vienen.

■ ■ ■ A: Ahora viene Antonio Banderas y lleva unos pantalones negros y una chaqueta negra de cuero y viene con Melanie Griffith.

B: Ella lleva...

Las estrellas: Hillary Swank, Robert De Niro, Oprah, Sarah Jessica Parker, Cher, el Dr. Phil, Elton John, Janet Jackson, Jude Law, Jennifer López.

Antonio Banderas, ▲ actor español.

Actividad 29 **El desfile de modas** En parejas, están en un desfile de modas (*fashion show*). Observen a su compañero/a y describan qué lleva. Escriban la descripción y después léanle esta descripción al resto de la clase. Mencionen el nombre del/de la modelo y su origen. Describan qué lleva: colores, materiales, de dónde es el conjunto (*outfit*).

Para escuchar

De compras en San Juan

Un hombre con guayabera. ➤

acabar de + *infinitive*	to have just + *past participle*
Acaban de llegar.	They have just arrived.
Cuesta un ojo de la cara.	It costs an arm and a leg.
Te queda bien.	It looks good on you./It fits you well.

■■■ **Plaza Las Américas** is a mall in Hato Rey, on the outskirts of San Juan. Puerto Ricans often refer to it as **"Plaza"**.

Teresa está en Puerto Rico de vacaciones y ahora ella y su hermano Luis están de compras en el centro comercial Plaza Las Américas.

 Actividad 30 Escoge las opciones Lee las siguientes oraciones y mientras escuchas la conversación, escoge las opciones correctas para completar cada oración. Puede haber más de una respuesta correcta.

1. Teresa quiere comprar una camiseta...
   a. de muchos colores.
   b. políticamente correcta.
   c. de algodón.
   d. económica.

2. Luis quiere comprar una guayabera para...
   a. salir con Teresa.
   b. una fiesta de aniversario.
   c. ir a una fiesta.
   d. almorzar en un restaurante.

3. Luis compra una guayabera...
   a. cara.
   b. barata.
   c. de talla 40.
   d. de seda.

Actividad 31 Unas preguntas Después de escuchar la conversación otra
vez, contesta las siguientes preguntas.

1. ¿Por qué dice Teresa que la camiseta que quiere comprar es "políticamente correcta"?
2. Al hablar de la ropa, ¿cuáles son las tres "bes" que le gustan a Luis? ¿Cuál de las tres "bes" es la más importante para ti?
3. ¿De qué material es la guayabera que compra Luis? ¿Qué tipo de materiales prefieres usar?
4. ¿Qué prefieres, la ropa práctica o la ropa elegante?
5. ¿A qué tipo de tienda te gusta ir de compras, a una tienda grande o a una boutique?

Como hace calor en las zonas tropicales de Hispanoamérica, con frecuencia los hombres no llevan chaqueta; muchos prefieren llevar guayabera, que es un tipo de camisa muy fresca. Hay guayaberas para ir al trabajo y también hay guayaberas muy elegantes que muchos hombres llevan en vez de traje y corbata. El colombiano Gabriel García Márquez llevaba (*was wearing*) guayabera cuando recibió el Premio Nobel de Literatura en Estocolmo, Suecia.

¿? ¿Qué ropa llevan los hombres en tu país a un evento elegante en el verano?

Actividad 32 Acaban de... Al llegar a casa después de ir al centro comercial, Teresa y Luis se encuentran con otros miembros de su familia. Combina ideas de las dos columnas para decir qué acaban de hacer los miembros de la familia.

1. El perro está súper contento.   comer en el centro comercial
2. La madre tiene un aroma muy bueno.   correr cinco kilómetros
3. Martita tiene miedo y no puede dormir la siesta.   ver a Luis y a Teresa
4. Luis y Teresa no tienen hambre.   ponerse perfume
5. El padre tiene mucha sed.   ver una película de terror

Actividad 33 Las compras En grupos de tres, dos personas van a comprar ropa para una fiesta elegante. La otra persona es el/la vendedor/a. Mantengan la conversación en la tienda. Hablen de diferentes opciones, tallas, colores, materiales y precios.

Los/Las clientes pueden usar expresiones como: **te queda bien, cuesta un ojo de la cara, voy a probarme...**

El/La vendedor/a puede usar expresiones como: **¿Quiere algo en especial? cuesta/n..., también hay de otros colores.**

Gramática para la comunicación II

I. Indicating Purpose, Destination, and Duration: *Para* and *por*

In this chapter, you will learn a few uses of **para** and **por**. Other uses will be presented in Chapter 11.

Esta calavera de azúcar es para mi gran amiga Mariela... Para decirle que pienso en ella.

Use para:	
■ to indicate purpose (in order to)	¿**Para qué** es eso? → Es **para** hacer* café. ¿**Para qué** necesitas mi carro? → **Para** ir* a la universidad. Estudio **para** (ser) abogado.
■ to indicate direction towards a destination	Salgo **para** la clase en cinco minutos.
■ to express deadline	La tarea es **para** mañana.
■ to indicate the recipient of a thing or an action	La composición es **para** el profesor. Trabajo **para** mi padre.

Use por:	
■ to express duration of an action (you can also use **durante** instead or, more commonly, just the time period)	Voy a estar en Caracas **por/durante un año.** / Voy a estar en Caracas **un año.**
■ to express a general time period	Trabajo **por la mañana** y estudio **por la noche.**

*****Note:** Because **por** and **para** are prepositions, verbs that follow them directly must be in the infinitive.

Actividad 34 ¿**Cuándo?** En parejas, contesten las siguientes preguntas. Usen frases como **por la mañana, dos horas,** etc.

1. ¿Cuándo prefieres estudiar?
2. ¿Cuándo te gusta tener clase?
3. Si trabajas, ¿cuándo trabajas?
4. ¿Cuándo sales con tus amigos?
5. ¿Cuánto tiempo estudias por semana?
6. ¿Cuánto tiempo por semana miras televisión?

Actividad 35 Una encuesta Parte A. Completa las siguientes ideas con **para** o **por.**

nombre

1. compra regalos _____ sus padres _____
2. estudia _____ ser hombre/mujer de negocios _____
3. siempre se acuesta temprano _____ la noche los domingos _____
4. usa la biblioteca mucho _____ buscar información _____
5. va a estar en la universidad _____ tres años más _____
6. trabaja mientras (*while*) estudia _____ tener dinero _____
7. tiene que terminar un trabajo _____ el viernes _____
8. sale _____ otra clase después de esta clase _____

Parte B. Ahora haz una encuesta *(poll)* para averiguar si tus compañeros hacen las cosas de la **Parte A.** Intenta encontrar a dos personas para cada situación. Haz preguntas como **¿Compras regalos para tus padres? ¿Estudias para ser hombre de negocios?**

Actividad 36 Los regalos En parejas, Uds. van a darles (*give*) las cosas de esta lista a diferentes compañeros de la clase. Decidan para quién es cada cosa, para qué se usa y por qué es para esa persona.

   ■■■ peine

    El peine es para Chuck, para peinarse porque tiene el pelo muy bonito.

1. equipo de audio
2. reproductor de DVD
3. cámara digital
4. máquina de afeitar
5. libro de filosofía
6. CD de Elvis
7. blusa de seda
8. camiseta de Amnistía Internacional
9. reloj
10. disco compacto de Alicia Keyes

II. Indicating the Location of a Person, Thing, or Event: *Estar en* and *ser en*

■■■

1 ■ You learned in Chapter 3 that **estar en** is used to specify the location of people or things.

   Diana es de los Estados Unidos, pero **está en** España.
   En este momento Teresa **está en** la agencia de viajes de don Alejandro.

2 ■ Ser en is used to specify where an event *takes place* (a concert, a lecture, an exhibit, etc.).

   La clase de arte es en el Museo de Arte Contemporáneo.
    La clase ⟶ *the class meeting takes place in the museum*

   La clase está en el Museo de Arte Contemporáneo.
    La clase ⟶ *the students are in the museum*

3 ■ Here is a summary of the uses of **ser** and **estar**.

Use ser:	Use estar:
■ to describe someone or something (looks, personality, nationality, occupation) Ella **es** bonita y simpática y **es** colombiana. **Es** cantante.	■ to express the state of being of a person, place, or thing Paula **está** cansada porque acaba de hacer ejercicio.
■ to describe the location of an event La fiesta **es** en la discoteca.	■ to describe the location of a person, place, or thing. Ahora Paula **está** en el gimnasio que **está** en la universidad.
■ to express possession La discoteca **es** del padre de Paula.	■ to describe actions in progress **Está** bebiendo agua porque tiene sed.
■ to state what something is made of Los sofás de la discoteca **son** de cuero.	
■ to express origin La música **es** de Colombia.	
■ to tell time and date Hoy **es** viernes, **son** las 10 de la noche y la fiesta **es** a medianoche.	

To practice: Do Workbook, Lab, CD-ROM, and Web activities.

Actividad 37 **Cultura general** En parejas, túrnense para preguntar dónde están las siguientes cosas.

■■■ A: ¿Dónde están las ruinas de Tikal?
    B: Están en Guatemala./No tengo idea. ¿Tú sabes?

1. la Estatua de la Libertad
2. el Museo del Prado
3. Machu Picchu
4. el Museo del Louvre y la Torre Eiffel
5. la Pequeña Habana
6. las Pirámides del Sol y de la Luna
7. el Vaticano
8. el Palacio de Buckingham
9. el cuadro *Guernica* de Picasso

Actividad 38 **Un día de mucha actividad** La policía de Madrid tiene que preocuparse por muchas cosas hoy. Di dónde están las siguientes personas o dónde son los siguientes acontecimientos (*events*).

Personas y acontecimientos

_____ 1. el concierto de Harry Connick, Jr.
_____ 2. el concierto de Plácido Domingo
_____ 3. la exhibición de Pablo Picasso
_____ 4. los diplomáticos de la ONU
_____ 5. los hijos de los diplomáticos de la ONU
_____ 6. el partido de fútbol entre el Real Madrid y Zaragoza

Lugares

a. el Centro de Arte Reina Sofía
b. el Estadio Bernabéu
c. Clamores, club de jazz
d. el Hotel Castellana
e. el Teatro de la Ópera
f. el zoológico en la Casa de Campo

■■■ **la ONU** = the U.N.

¿Lo sabían?

En el cuadro *Guernica*, Pablo Picasso (español) muestra los horrores de la guerra civil española cuando en 1937 Hitler, aliado del general español Francisco Franco, ordena el bombardeo aéreo del pueblo de Guernica en España. Miles de personas mueren, entre ellos niños, mujeres y ancianos.

▲ *Guernica* (349 × 776 cm), Pablo Picasso, Museo Nacional Centro de Arte Reina Sofía, Madrid.

¿? ¿Puedes encontrar un elemento que simboliza la esperanza (*hope*)? ¿Cómo se llama un artista, cantante o escritor de tu país que representa los horrores de la guerra?

■■■ 349 × 776 cm = 137.4 × 305.5 inches (almost 11½ × 25½ feet)

Actividad 39 **Los planes** En parejas, miren los anuncios para unos espectáculos y hagan planes para esta semana. Decidan qué van a hacer, dónde y a qué hora. Luego decidan qué ropa van a llevar.

■■■ A: ¿Te gustaría ir...?/¿Qué tal si vamos...?/ ¿Quieres ir al concierto de...?
B: Sí. ¿Dónde es?
A: Es en el Estadio...

Actividad 40 **Los novios** Mira la siguiente escena y la información sobre Pablo y Elena. Después describe a cada uno y habla de sus planes para esta noche, usando **ser** y **estar**.

Pablo

Origen: Colombia
Ocupación: dentista
Lugar de residencia:
  Venezuela
Físico: ¿?
Personalidad: ¿?
Emociones/
  sensaciones: ¿?

Elena

Origen: Perú
Ocupación: estudiante
  universitaria
Lugar de residencia:
  Venezuela
Físico: ¿?
Personalidad: ¿?
Emociones/sensaciones: ¿?

Planes para esta noche

Concierto de Juanes, Poliedro de Caracas, 20.30 Hs.

Conciertos

LA OREJA DE VAN GOGH
Rock español. Estadio de béisbol de la UCV: jueves 9 a las 21Hs.

ORQUESTA SINFÓNICA SIMÓN BOLÍVAR
Teatro Teresa Carreño: viernes 10 a las 22 Hs.

ÓPERA
Don Giovanni de Mozart en el Teatro Municipal: viernes 10 a las 21 Hs. Entrada gratis.

PABLO MILANÉS
Cantautor cubano. Centro Cultural Chacao: viernes 10 a las 21 Hs.

JUANES
Poliedro de Caracas: sábado 11 a las 20:30 Hs.

MANÁ
Día de rock: Poliedro de Caracas: sábado 11, Los Sinvergüenzas a las 14 Hs. Maná a las 16 Hs.

ORQUESTA PARA LA PAZ
Con el pianista Miguel Ángel Estrella, auspiciado por la UNESCO. Teatro Teresa Carreño: domingo 12 a las 14 Hs.

FESTIVAL DE JAZZ
Biela Da Costa en el Teatro de Corp Banca: domingo 12 a las 20 Hs.

■■■ Juanes es un famoso cantante colombiano.

 Do Web Search activities.

Más allá

La política

El voto de los latinos en los Estados Unidos es cada día más importante. Al comienzo del siglo XXI, el voto latino empieza a recibir mucha atención al nivel nacional. Empezando con la campaña presidencial de 2000, los principales candidatos para la presidencia tienen páginas web en español, hacen anuncios en la televisión dirigidos a los latinos y algunos candidatos a veces hablan español.

La comunidad latina tiene cada día más influencia política. Por eso hoy día, si sabes español, puedes trabajar al nivel local, estatal, nacional o internacional como activista, analista, diseñador de páginas web, recaudador de fondos, consejero político, miembro del cuerpo diplomático y hasta puedes ser candidato presidencial. Estos empleos no existen solamente en ciudades como San Antonio, San Diego, Miami y Tucson, sino también en lugares como Milwaukee, Wichita, Providence y Atlanta. En Chicago, donde una de cada cuatro personas es hispana, se calcula que entre los años 2000 y 2012 los hispanos van a representar el 100% del crecimiento total de la población porque los otros grupos étnicos van a disminuir (*decrease*).

▲ En esta foto George P. Bush baila con Thalía, una cantante mexicana, en un evento organizado por la Casa Blanca para celebrar el Cinco de Mayo, un día importante para la comunidad mexicoamericana.

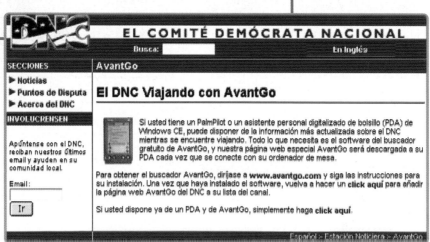

¿Participas en alguna organización política en tu universidad? ¿Piensas trabajar en el futuro en una campaña electoral? ¿Por qué?

■ ■ ■ Look up the Spanish pages for the Democratic and Republican National Committees on the Internet. Reading about topics familiar to you is relatively easy and a good way to learn new vocabulary.

Vocabulario funcional

La hora (*Telling Time*)

¿Qué hora es?	*What time is it?*
Es la una menos cinco.	*It's five to one.*
Es (la) medianoche.	*It's midnight.*
Es (el) mediodía.	*It's noon.*
Son las tres y diez.	*It's ten after three.*
¿A qué hora...?	*At what time . . . ?*
A la una./A las dos de la tarde.	*At one o'clock./At two o'clock in the afternoon.*
cuarto	*quarter (of an hour)*
la hora	*hour*
media	*half (an hour)*
el minuto	*minute*
el segundo	*second*

Verbos con cambio de raíz

e ⟶ ie

cerrar	*to close*
comenzar	*to begin*
despertar/se	*to wake someone up/to wake up*
divertirse	*to have fun*
empezar	*to begin*
entender	*to understand*
pensar (en)	*to think (about)*
pensar + *infinitive*	*to plan to (do something)*
perder	*to lose*
preferir	*to prefer*
querer	*to want*
querer a alguien	*to love someone*
sentarse	*to sit down*
tener	*to have*
venir	*to come*

o ⟶ ue

acostar/se	*to put someone to bed/ to go to bed*
almorzar	*to have lunch*
costar	*to cost*
dormir/se	*to sleep/to fall asleep*
encontrar	*to find*
poder	*to be able, can*
probarse	*to try on*
volver	*to return, come back*

e ⟶ i

decir	*to say; to tell*
pedir	*to ask for*
servir	*to serve*
vestirse	*to get dressed*

u ⟶ ue

jugar	*to play (a sport or game)*

Las sensaciones

tener calor	*to be hot*
tener frío	*to be cold*
tener hambre	*to be hungry*
tener miedo	*to be scared*
tener sed	*to be thirsty*
tener sueño	*to be tired*
tener vergüenza	*to be ashamed*

Los colores

¿De qué color es?	*What color is it?*
amarillo/a	*yellow*
anaranjado/a	*orange*
azul	*blue*
blanco/a	*white*
gris	*gray*
marrón	*brown*
morado/a	*purple*
negro/a	*black*
rojo/a	*red*
rosa, rosado/a	*pink*
verde	*green*
claro/a	*light*
oscuro/a	*dark*
de cuadros	*plaid*
de lunares	*polka dotted*
de rayas	*striped*

La ropa (*Clothing*)

el abrigo	*coat*
la blusa	*blouse*
el bolso	*purse*
las botas	*boots*
la bufanda	*scarf (for winter)*
la camisa	*shirt*
la camiseta	*T-shirt*
la cartera	*purse*
la chaqueta	*jacket*
el cinturón	*belt*
la corbata	*tie*
la falda	*skirt*
las gafas de sol	*sunglasses*
la gorra	*cap*
la manga corta/larga	*short/long sleeve*
las medias	*stockings; socks*
los pantalones	*pants*
los pantalones cortos	*shorts*
el pañuelo	*scarf (women's); handkerchief*
la ropa interior	*men's/women's underwear*
el saco	*sports coat*
las sandalias de playa	*flip-flops*
el sombrero	*hat*
el suéter	*sweater*
el traje	*suit*
el traje de baño	*bathing suit*
el vestido	*dress*
los zapatos	*shoes*
los zapatos de tacón alto	*high-heeled shoes*
los (zapatos de) tenis	*tennis shoes*

Los materiales

¿De qué (material) es?	*What (material) is it made of?*
el algodón	*cotton*
el cuero	*leather*
la lana	*wool*
el nailon/nilón	*nylon*
el rayón	*rayon*
la seda	*silk*

Ir de compras (*To go shopping*)

barato/a	*inexpensive*
caro/a	*expensive*
¿Cuánto cuesta/n...?	*How much is/are . . . ?*
estar de moda	*to be in style*
ir de compras	*to go shopping*
llevar	*to wear*
el número	*shoe size*
el precio	*price*
la talla	*clothing size*
Te queda bien.	*It looks good on you./ It fits you well.*

Palabras y expresiones útiles

a eso de	*around*
acabar de + *infinitive*	*to have just* + past participle
el concierto	*concert*
creer	*to think; to believe*
Cuesta un ojo de la cara.	*It costs an arm and a leg.*
después/luego/más tarde	*then, later (on)*
después de + *infinitive*	*after _____ing*
Me fascina/n.	*I love it/them.*
¡No me diga/s!	*No kidding!*
No me gusta/n nada.	*I don't like it/them at all.*
por fin	*at last, finally*
primero	*first*
se come bien...	*They/People/One eats well . . .*

6 Ayer y hoy

➤ El cerro Fitz Roy y un glaciar en la Patagonia, Argentina.

Chapter Objectives

- Talking about things you and others did in the past
- Asking and giving prices
- Discussing the location of people and things
- Describing family relationships

¿Qué saben?

Marca si estas oraciones son ciertas o falsas y corrige las falsas si puedes.

1. _____ Buenos Aires tiene mucha influencia indígena.
2. _____ El mate es una comida importante en Argentina, Paraguay y Uruguay.
3. _____ Las montañas de los Andes son más altas que las Rocosas en los Estados Unidos.
4. _____ Chile y Argentina tienen el 10% de los volcanes del mundo.
5. _____ Los pingüinos son animales que viven en zonas frías como la Patagonia y Alaska.

Para escuchar

Una llamada de Argentina

▲ Una cafetería de la Recoleta.

El cementerio de la Recoleta. ➤

¡Qué + *noun* + **más** + *adjective*!	What a + *adjective* + *noun*!
¡Qué hotel más lujoso!	What a luxurious hotel!
adjective + **-ísimo/a**	
bello/a ⟶ **bellísimo/a**	very beautiful
Perdón.	Excuse me.

Alejandro, el tío de Teresa, recibe una llamada de su amigo Federico de Rodrigo que está viajando por Argentina. Federico llama para contarle sobre el viaje.

 Actividad / El itinerario Escucha la conversación y pon en orden del 1 al 4 los lugares que visitaron o que van a visitar Federico y su familia.

_____ Mendoza, Argentina

_____ las cataratas del Iguazú, Argentina

_____ Buenos Aires, Argentina

_____ Santiago, Chile

Actividad 2 **¿Comprendieron?** Lee las siguientes ideas y luego escucha la conversación otra vez para seleccionar la información correcta.

1. Cuando Federico llama, sus hijos y su esposa...
   a. están de compras.   b. están esquiando.

2. El Aconcagua es una montaña en...
   a. los Pirineos.   b. los Andes.

3. Se... yerba mate.
   a. come   b. bebe

4. El español de Argentina es... español de España.
   a. diferente del   b. igual al

5. La Recoleta es...
   a. una zona de oficinas.   b. una zona de cafeterías.

¿Lo sabían?

El mate es un té de yerba que se toma especialmente en Argentina, Paraguay, Uruguay y en algunas partes de Chile. Se bebe en un recipiente, también llamado mate, que puede ser una pequeña calabaza seca (*dried gourd*) o un recipiente de forma similar. Se usa con una bombilla (*a special straw*), y se pasa de persona a persona. Beber mate a veces es una actividad social y normalmente se toma con un grupo de amigos o con la familia.

¿? ¿Existen en tu país bebidas que asocias con diferentes ocasiones (Navidad, Año Nuevo, etc.)?

■ ■ ■ **Yerba** is also spelled **hierba**.   ■ ■ ■ In Paraguay they often drink **tereré**, or cold **mate**.

▲ Un gaucho toma mate en la provincia de Formosa, Argentina.

Actividad 3 **¡Qué exageración!** En parejas, una persona describe de forma exagerada a algunas personas y cosas que conoce, usando estos adjetivos: **altísimas, gordísimo, guapísimos, feísimo, flaquísimo, simpatiquísima.** La otra persona responde indicando que está de acuerdo (*agrees*). Recuerden que el adjetivo concuerda (*agrees*) con el sustantivo que modifica. Sigan el modelo.

■ ■ ■ To keep the [k] sound, **-c-** changes to **-qu-** before adding **-ísimo/a: flaco/a ⟶ flaquísimo/a.**

■ ■ ■ grandísima
> A: La ciudad de Nueva York es grandísima.
> B: Es verdad. ¡Qué ciudad más grande!

Vocabulario esencial I

I. Los números del cien al millón

■■■ El uso del punto y de la coma varía del inglés al español:
inglés = 54.56 y 1,987,789
español = 54,56 y 1.987.789

■■■ Note spelling of **quinientos**, **setecientos**, and **novecientos**.

■■■ **Mil personas**, BUT **un millón de personas**.

100	cien
101, 102	ciento uno, ciento dos
200	doscientos
300	trescientos
400	cuatrocientos
500	quinientos
600	seiscientos
700	setecientos
800	ochocientos
900	novecientos
1.000	mil
2.000	dos mil
1.000.000	un millón
2.000.000	dos millones

Señora muere a los ciento quince años

Miles afectados por virus misterioso

Dos niños encuentran cuatro millones de pesos

NOTE: The following words are frequently used with numbers: **alrededor de** (*about*), **más o menos** (*more or less*), and **casi** (*almost*).

Esta chaqueta cuesta casi 200 pesos.

Actividad 4 Los precios correctos En parejas, usen la lógica para combinar las cosas de la primera columna con los precios de la segunda columna y decir cuánto cuestan en dólares estas cosas en un viaje a Argentina.

■■■ seis días de clases de esquí en Las Leñas deben costar...

_____ 1. seis días de clases de esquí en Las Leñas

_____ 2. una habitación por una noche en el hotel Presidente

_____ 3. una comida para dos en un restaurante de la Recoleta

_____ 4. un pasaje de United Airlines de Los Ángeles a Buenos Aires

_____ 5. un pasaje de Delta Airlines de Washington a Buenos Aires

_____ 6. una chaqueta de cuero

_____ 7. un show de tango con comida para nueve personas

a. $45
b. $135
c. $159
d. $360
e. $550
f. $1177
g. $1255

Actividad 5 Las montañas del hemisferio

Las montañas más altas del hemisferio occidental (*western*) están en los Andes. Hay más de 40 montañas más altas que el monte McKinley (20.320 pies) en Alaska. En parejas, "A" cubre la información de "B" y viceversa. Luego háganse preguntas (*ask each other*) para averiguar la información que no tienen. Hagan preguntas como: **¿Sabes dónde está...? ¿Sabes cuántos metros/pies de alto tiene el Tupungato?**

■ ■ ■ El monte Whitney en California, la montaña más alta de los EE.UU. sin contar Alaska, tiene sólo 4.418m. (14.494 pies).

■ ■ ■ Suramérica, especialmente Chile y Argentina, tienen centros de esquí muy buenos. Muchas personas van a esos países para esquiar en julio y agosto.

A

Montaña	País	Pies	Metros
1. Aconcagua	_____	_____	_____
2. Ojos del Salado	_____	22.572	6.880
3. Bonete	Argentina	_____	_____
4. Tupungato	Argentina/Chile	22.310	6.800
5. Pissis	_____	22.241	6.779

B

Montaña	País	Pies	Metros
1. Aconcagua	Argentina	22.834	6.960
2. Ojos del Salado	Argentina/Chile	_____	_____
3. Bonete	_____	22.546	6.872
4. Tupungato	_____	_____	_____
5. Pissis	Argentina	_____	6.779

Actividad 6 Un ojo de la cara

Parte A. En parejas, decidan cuánto cuestan las siguientes cosas que necesita un estudiante universitario.

■ ■ ■ La matrícula (*tuition*) de un año cuesta casi/más o menos/alrededor de...

1. la matrícula de un año
2. los libros
3. la comida
4. la vivienda
5. la cuenta de teléfono por mes

Parte B. Ahora digan cuánto cuestan las siguientes cosas que quiere tener un estudiante.

1. un equipo de audio bueno
2. una semana de vacaciones en Cancún
3. un televisor de plasma
4. una cámara digital
5. una computadora
6. una chaqueta de cuero
7. un MP3

II. Preposiciones de lugar

To practice: Do Workbook, CD-ROM, and Web activities.

encima (de)

detrás (de)

a la izquierda (de)

al lado (de)

delante (de)

a la derecha (de)

debajo (de)

cerca (de)

enfrente (de)

lejos (de)

Actividad 7 La Meca de la Elegancia En parejas, Uds. están en la tienda La Meca de la Elegancia, una tienda súper cara. "A" es un/a cliente que quiere comprar una cosa; "B" es un/a vendedor/a. "B" tiene que indicar dónde está cada cosa y decir cuánto cuesta.

■■■ A: Por favor, ¿(me puede decir) dónde está/n...?
B: Está/n...
A: ¿Cuánto cuesta/n...?
B: Cuesta/n...
A: ...

Actividad 8 Tu ciudad A veces conocemos una tienda, un restaurante u otro lugar, pero no podemos recordar su nombre. En grupos de tres, una persona explica dónde está un lugar de la ciudad y las otras intentan (*try*) decir el nombre. La persona que puede nombrar el lugar describe otro. Usen preposiciones de lugar en las descripciones.

> ■■■ A: Hay una tienda de ropa que está enfrente de..., también está cerca de... y a la izquierda de.... ¿Saben cómo se llama?
>
> B o C: Sí, es...

Gramática para la comunicación I

I. Talking About the Past: The Preterit

1 ■ In Chapter 5 you saw how to discuss the immediate past using **acabar de +** *infinitive*. To talk about what you did yesterday, last week, or last year, you need to use the preterit **(el pretérito)**. All regular verbs as well as stem-changing verbs and reflexives ending in **-ar** and **-er** are formed as follows. (You will learn the preterit of stem-changing **-ir** verbs in Chapter 7.)

■■■ All **-ar** and **-er** stem-changing verbs are regular in the preterit, that is, they have no vowel change: **cerrar:** present ⟶ **cierro,** preterit ⟶ **cerré.**

cerrar	
cerr**é**	cerr**amos**
cerr**aste**	cerr**asteis**
cerr**ó**	cerr**aron**

comer	
com**í**	com**imos**
com**iste**	com**isteis**
com**ió**	com**ieron**

escribir	
escrib**í**	escrib**imos**
escrib**iste**	escrib**isteis**
escrib**ió**	escrib**ieron**

¡El vestido costó un ojo de la cara!

■■■ Note the use of accents.

■■■ **Vosotros** form = **tú** form + **-is: bebiste** + **-is = beb**is**teis.**

—Ayer Paco y yo **estudiamos.** Luego yo **vi** una película y él **se acostó.**
—¿**Estudiaron** mucho ayer?
—Sí, porque **empezaron** los exámenes.

Yesterday, Paco and I studied. Then I saw a movie and he went to bed.
Did you study a lot yesterday?
Yes, because exams began.

NOTE:

a. Regular **-ar** and **-ir** verbs have the same ending in the **nosotros** form in the present indicative and the preterit. Context helps determine the tense of the verb. For example: **Todos los días almorzamos a las 2:00, pero ayer almorzamos a la 1:00.**

b. Verbs that end in **-car, -gar,** or **-zar** require a spelling change in the **yo** form:

tocar ⟶ **toqué**	To**qué** la guitarra en un café.
jugar ⟶ **jugué**	Ayer ju**gué** al fútbol y Juan también ju**gó.**
empezar ⟶ **empecé**	Anoche empe**cé** a trabajar en un banco.

■■■ Remember the following spelling conventions:
ga, **gue**, gui, go, gu
ca, **que**, qui, co, cu
za, **ce**, ci, zo, zu

c. Regular reflexive verbs follow the same pattern as other regular verbs in the preterit. The reflexive pronoun precedes the conjugated form. For example: **Esta mañana me levanté temprano.**

d. **Ver** is regular in the preterit and it has no accents because **vi** and **vio** are monosyllables.

2 ■ Three common irregular verbs in the preterit are **ir** and **ser,** which have the same preterit forms, and **hacer.**

ir/ser	
fui	fuimos
fuiste	fuisteis
fue	fueron

hacer	
hice	hicimos
hiciste	hicisteis
hi**z**o	hicieron

—Ella no **fue** al concierto.   *She didn't go to the concert.*
—Y tú, ¿qué **hiciste** anoche?   *And what did you do last night?*

3 ■ The following time expressions are frequently used with the preterit to express a completed past action.

anoche   last night
ayer   yesterday
anteayer   the day before yesterday
la semana pasada   last week
el sábado/mes/año pasado   last Saturday/month/year
de repente   suddenly
hace tres/cuatro/... días   three/four/. . . days ago
hace dos/tres/... semanas/meses/años   two/three/. . . weeks/months/years ago
¿Cuánto (tiempo) hace que + *preterit...*?   How long ago did . . . ?

Hace tres meses que Diana   *Diana started school three months ago.*
   empezó las clases.
La semana pasada Juan Carlos y   *Last week Juan Carlos y*
   Claudia **vieron** *Casablanca.*   *Claudia saw* Casablanca.

Here are some frequently used verbs that you will practice in the chapter activities.

abrir to open		**llegar** to arrive	
asistir a to attend (*class, church, etc.*)		**llorar** to cry	
buscar to look for		**pagar** to pay (for)	
decidir to decide		**terminar** to finish	
dejar to leave behind; to let, allow		**tomar** to drink; to take (*a bus, etc.*)	
desayunar to have breakfast		**viajar** to travel	

Muchas personas **asistieron**   *Many people attended the concert.*
   al concierto.
Nosotros **llegamos** tarde.   *We arrived late.*
El concierto **terminó** a las 11:30.   *The concert ended at 11:30.*

Actividad **9** **Juana en Buenos Aires** **Parte A.** Juana vive en Buenos Aires, Argentina, y cuenta qué hizo el viernes pasado. Completa su historia con la forma correcta de los verbos que están en orden a la izquierda.

levantarse   El viernes por la mañana _____ (1) a las 7:30,

tomar, escuchar   _____ (2) un café con leche, _____ (3) las noti-

salir   cias en la radio y _____ (4) de mi casa a las 8:30.

ir, llegar   _____ (5) al trabajo en taxi y _____ (6) justo a

sentarse   las 9:00. _____ (7) enfrente de la computadora

almorzar   hasta la 1:00. Luego, Agustín y yo _____ (8) en
                    un restaurante que está enfrente del trabajo y yo

pagar   _____ (9) porque era (*was*) el cumpleaños de

volver   Agustín. A las 2:00 nosotros _____ (10) a la oficina

trabajar   y yo _____ (11) hasta las 7:00.

ir

Al final de mi día de trabajo, _____ (12) a un pub cerca de la oficina a tomar una cerveza. A las

regresar

8:00 _____ (13) a casa muy cansada. Mi madre

hacer

_____ (14) una cena deliciosa y nosotros

comer, acostarse

_____ (15) a las 9:30. Luego yo _____ (16)

levantarse

por dos horas y a las 12:30 _____ (17),

ducharse

_____ (18) y con minifalda y zapatos de tacón

salir

_____ (19) de casa para ir a una discoteca con mis

bailar

amigos. _____ (20) desde las 2:00 hasta las 6:30.

ir

Después _____ (21) a tomar un

llegar

café y a las 7:30 yo _____ (22) a mi casa para dormir ocho horas. ¡Qué día tan largo!

■ ■ ■ Las discotecas en Argentina abren a la medianoche, la música para bailar empieza a las dos y no cierran hasta el amanecer (*sunrise*).

■ ■ ■ Es típico vivir en casa de los padres hasta casarse en muchos países.

Parte B. Ahora en parejas, díganle a la otra persona qué hicieron el viernes pasado y a qué hora hicieron esas actividades. Usen la historia de Juana como guía.

Una discoteca en Buenos Aires. ➤

Actividad *10* **Intercambio cultural** **Parte A.** Una estudiante norteamericana fue a un programa de intercambio (*exchange*) cultural a otro país. Mira las cosas que hizo y ponlas en un orden lógico.

_____ Fui directamente a la casa de una familia uruguaya donde viví durante un semestre.

_____ Viajé por American Airlines y Pluna (aerolínea uruguaya).

_____ Recibí muchos emails de mis amigos uruguayos.

_____ Llegué al aeropuerto de Montevideo en marzo.

_1_ Tomé una clase de español para prepararme para el viaje.

_____ Busqué información en Internet sobre programas de intercambio.

_____ Asistí a la Universidad de la República.

_____ Lloré cuando dejé a mi familia uruguaya.

_____ Decidí finalmente ir a Uruguay.

_____ Saqué buenas notas en mis clases.

Parte B. Ahora cuéntale a la clase, desde tu punto de vista (*your point of view*), qué hizo esta estudiante norteamericana. Usa expresiones como **primero, después, después de, luego, por último** (*finally*).

■ ■ ■ Primero ella tomó una clase... Después...

Actividad 11 Ayer En tu clase probablemente hay personas que hicieron estas actividades ayer. Haz preguntas para encontrar a esas personas.

> ▪▪▪ A: ¿Hiciste la tarea ayer?
>   B: Sí, hice la tarea./No, no hice la tarea.

nombre

1. tomar Pepsi _____
2. correr _____
3. bailar _____
4. recibir un email _____
5. comer a las 7:00 _____
6. ir al cine _____
7. tocar el piano _____
8. mirar televisión _____
9. asistir a la iglesia _____
10. viajar en autobús _____
11. hacer ejercicio _____

Actividad 12 ¿A qué hora? Parte A. En la columna que dice "tú" escribe a qué hora hiciste ayer (o el viernes pasado si hoy es lunes) las siguientes actividades.

	tú	compañero/a
1. levantarse	_____	_____
2. almorzar	_____	_____
3. ir a la primera clase	_____	_____
4. terminar la última clase	_____	_____
5. llegar a casa (o la residencia)	_____	_____
6. acostarse	_____	_____

Parte B. Ahora, en parejas, pregúntenle a su compañero/a a qué hora hizo las actividades de la **Parte A** y escriban su respuesta en la segunda columna.

> ▪▪▪ A: ¿A qué hora te levantaste ayer?
>   B: Me levanté a las...

Actividad 13 ¿Cuánto tiempo hace que...? En parejas, pregúntenle a su compañero/a cuánto tiempo hace que hizo estas actividades.

> ▪▪▪ A: ¿Cuánto (tiempo) hace que visitaste a tus padres?
>
> B: Hace tres semanas que visité a mis padres.   B: Visité a mis padres ayer.

1. viajar a otra ciudad
2. ir al médico
3. escribir una composición
4. hablar por teléfono
5. comer pizza
6. sacar "A" en un examen de historia
7. ir al cine
8. asistir a un concierto
9. buscar información en Internet
10. llorar en una película

ayer
anteayer
hace tres/cuatro/cinco días
la semana pasada
hace dos/tres semanas
el mes pasado
hace dos/tres/cuatro meses
¿ ?

Actividad 14 **¿Sabes mucho de historia?** En parejas, digan en qué año ocurrieron los siguientes acontecimientos.

> ■■■ La Armada Invencible española / perder contra los ingleses
> La Armada Invencible española perdió contra los ingleses en mil quinientos ochenta y ocho.

1. Cristóbal Colón / llegar a América
2. George W. Bush / ganar las elecciones contra John Kerry
3. los ingleses / perder la Guerra Revolucionaria contra las colonias norteamericanas
4. Neil Armstrong / caminar en la luna
5. los Juegos Olímpicos / ser en Barcelona
6. la Segunda Guerra Mundial / empezar

II. Indicating Relationships: Prepositions and Prepositional Pronouns

■■■

1 ■ Prepositions (**preposiciones**) establish relationships between one word and another in a sentence. You already know prepositions like **a, de, en, para,** and **por.** Other common prepositions are:

■■■ Common prepositions of location are listed on p. 156.

con	with	**entre**	between	**hasta**	until	**sobre**	about
desde	from	**hacia**	toward	**sin**	without		

El sábado pasado, un niño caminó **hacia** la playa.	*Last Saturday, a child walked toward the beach.*
Salió **sin** el permiso de sus padres.	*He left without his parents' permission.*
La policía buscó al niño **hasta** las ocho.	*The police looked for the boy until eight o'clock.*
Al final, volvió solo **desde** la playa.	*In the end, he returned home alone from the beach.*

2 ■ When pronouns follow a preposition, the forms of the pronouns are the same as subject pronouns, except for the forms corresponding to **yo** and **tú,** which are **mí** and **ti,** respectively. Notice that these are the same pronouns you use with **gustar: <u>A mí</u> me gusta ir a la playa.**

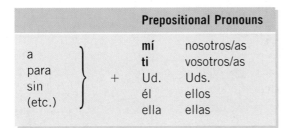

Prepositional Pronouns		
a para sin (etc.) +	**mí** **ti** Ud. él ella	nosotros/as vosotros/as Uds. ellos ellas

—Tengo dinero **para ti.**
—¿**Para mí?** Gracias.

—¿Van a ir **sin Juan?**
—No, vamos a ir **con él.**

NOTE:

a. With the preposition **con,** the pronouns **mí** and **ti** become **conmigo** and **contigo.**

—¿Quieres ir **conmigo?**	*Do you want to go with me?*
—Sí, voy **contigo.**	*Yes, I'll go with you.*

b. The preposition **entre** uses **tú** and **yo.**

Vamos a hacer el trabajo **entre tú** y **yo.**	*We are going to do the work between you and me.*

3 ■ When a verb immediately follows a preposition, it is always in the infinitive form.

Ayer **después de comer,** miramos la tele.*

Yesterday after eating, we watched TV.

Fernando tomó un café **antes de ducharse.**

Fernando had a coffee before showering.

Para dormirme, tomé un té de manzanilla.

In order to sleep, I had a chamomile tea.

***NOTE:** Compare with this sentence: **Después, comimos y miramos la tele.** (Later we ate and watched TV.)

4 ■ Note the prepositions used with the following verbs.

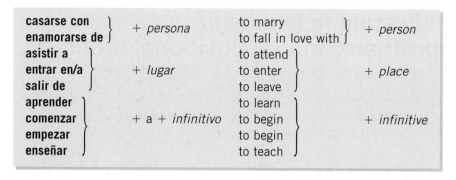

casarse con ⎫	+ *persona*	to marry ⎫	+ *person*
enamorarse de ⎭		to fall in love with ⎭	
asistir a ⎫		to attend ⎫	
entrar en/a ⎬	+ *lugar*	to enter ⎬	+ *place*
salir de ⎭		to leave ⎭	
aprender ⎫		to learn ⎫	
comenzar ⎬	+ a + *infinitivo*	to begin ⎬	+ *infinitive*
empezar ⎪		to begin ⎪	
enseñar ⎭		to teach ⎭	

NOTE: The verbs **deber, necesitar, poder,** and **querer** are directly followed by the infinitive.

Quiero estudiar porque tengo un examen.

I want to study because I have an exam.

Debemos volver a casa.

We should return home.

To practice: Do Workbook, CD-ROM, and Web activities.

Actividad 15 Una encuesta Parte A. En preparación para hacer una encuesta, mira las siguientes ideas y complétalas con las preposiciones **a, con, de, desde, entre, hasta** y **sin.**

nombre

1. anoche estudió _____ un amigo _____
2. en esta clase se sienta _____ dos chicas _____
3. esta mañana fue a clase _____ desayunar _____
4. hoy salió _____ la residencia muy tarde _____
5. asiste _____ una clase de yoga cada semana _____
6. el lunes pasado tuvo clase _____ las 10:00 _____ las 2:00 _____
7. hace un mes empezó _____ hacer dieta _____
8. siempre se enamora _____ la persona incorrecta _____

Parte B. Ahora camina por la clase para encontrar a las personas que hacen o hicieron las acciones de la **Parte A.**

Actividad 16 **De compras** Durante tus últimas vacaciones fuiste de compras. En parejas, explíquenle a su compañero/a lo siguiente.

1. adónde fuiste
2. quién fue contigo
3. qué viste
4. si compraste algo y para quién
5. qué hiciste después de ir de compras

Actividad 17 **¿Recuerdas?** **Parte A.** Vas a prepararte para hablar de qué hiciste ayer. Piensa en las respuestas a estas preguntas, pero también piensa en otros detalles (*details*).

1. ¿Qué hiciste antes de salir de tu casa?
2. ¿Desayunaste? ¿Dónde y con quién?
3. ¿Asististe a clase?
4. ¿Almorzaste? ¿Dónde y con quién?
5. Después de almorzar, ¿qué hiciste?
6. ¿Desde qué hora hasta qué hora estudiaste?
7. Y por la noche, ¿saliste con tus amigos? ¿Hiciste algo interesante? ¿Quiénes fueron contigo?

Parte B. En parejas, hablen sobre qué hicieron ayer. Si quieren saber más, deben hacer preguntas como las siguientes: **Y después de desayunar, ¿qué hiciste? ¿A cuántas clases asististe? ¿Quién comió contigo? Después de terminar las clases, ¿adónde fuiste?** Empiecen la conversación preguntando **¿Qué hiciste ayer?**

Actividad 18 **La entrevista** **Parte A.** Para hacer publicidad, la administración de tu universidad quiere saber qué tipo de estudiantes asisten a esta institución. Para prepararte a entrevistar a un/a compañero/a, completa las siguientes ideas con las preposiciones apropiadas.

Pregúntenle a su compañero/a...

1. _____ qué año entró _____ la universidad.
2. si asistió _____ otras universidades. ¿Dónde? ¿_____ cuánto tiempo?
3. por qué decidió venir aquí.
4. si aprendió _____ usar computadoras _____ esta universidad, _____ otra universidad, _____ la escuela secundaria o _____ la escuela primaria (*elementary school*).
5. qué hace generalmente después _____ asistir _____ sus clases.
6. si juega _____ tenis, _____ basquetbol o _____ otro deporte.
7. dónde y cuántas horas _____ día estudia.
8. _____ qué año va a terminar sus estudios.
9. qué piensa hacer después _____ terminar la universidad.
10. si al terminar los estudios va a salir del estado _____ buscar trabajo.

Parte B. Ahora en parejas, entrevisten a su compañero/a y luego informen al resto de la clase.

Actividad 19 **Personas famosas** **Parte A.** Lee esta descripción de una persona famosa y contesta las preguntas que siguen.

Norma Aleandro, famosa actriz argentina, nació (*was born*) el 2 de mayo de 1936 en Buenos Aires. Empezó a actuar en el teatro a los nueve años. Fue la

protagonista de muchas obras de teatro y también de muchas películas. Durante la época de la dictadura militar en Argentina entre 1976 y 1983, se exilió en Uruguay por cinco años. En 1985 actuó en la película *La historia oficial* que recibió el Oscar a la Mejor Película Extranjera y ella ganó el premio a la Mejor Actriz en el festival de cine de Cannes. Después hizo varias películas en inglés. Por su trabajo en *Gaby* recibió una nominación para el Oscar a la Mejor Actriz.

Hoy día Norma Aleandro actúa en televisión, teatro y cine. Además de ser actriz, es directora; también escribe libros y poemas. En el futuro, quiere escribir más y actuar más en teatro.

1. ¿En qué año nació Norma Aleandro?
2. ¿Qué hizo?
3. ¿Qué premios recibió?
4. ¿Qué hace ahora? ¿Qué planes tiene para el futuro?

▲ Norma Aleandro

Parte B. Busca en Internet información sobre una de las siguientes personas chilenas y argentinas.

■ ■ ■ To do a search, use a good search engine such as **google.com** and type the name + *biography* or *his/her life* to get sites in English, or the name + **biografía** or **su vida** to get sites in Spanish. You may need to consult both to complete this assignment. When saying what someone did, avoid description and simply refer to completed actions.

Isabel Allende, escritora
Diego Maradona, ex futbolista
Don Francisco (Mario Kreutzberger), anfitrión del show "Sábado Gigante"

Charly García, cantante
Nicole Perrot, golfista
César Pelli, arquitecto

En la próxima clase, tienes que hablar sobre la siguiente información.

1. ¿Dónde y cuándo nació? ¿Qué hizo? (Usa el pretérito.)
2. ¿Qué hace ahora? (Usa el presente.)
3. ¿Qué va a hacer en el futuro? Puedes inventar la respuesta a esta pregunta. (Usa **va a** + *infinitivo*, **quiere** + *infinitivo*, **piensa** + *infinitivo*, **le gustaría** + *infinitivo*.)

Nuevos horizontes

Lectura ESTRATEGIA: **Skimming**

In Chapter 1, you learned about scanning. When scanning, you read quickly to look for specific information and your eyes resemble laser beams zeroing in on a subject. Skimming is similar; however, when you skim a text, you simply read quickly to get the main idea without stopping to wonder about the meaning of unknown words. You will practice skimming as you read an article about South America.

■ ■ ■ **patrimonio mundial** = World Heritage Site

Actividad 20 Predicción Parte A. Antes de leer el artículo sobre Suramérica, mira la lista de palabras y trata de predecir cuál es el tema del artículo.

indígenas	montañas	playas blancas
glaciares	mitología local	parque nacional
flora	fauna	patrimonio mundial

¿Tema del artículo?
a. la naturaleza (*nature*) de Suramérica
b. la destrucción de los ecosistemas de Suramérica
c. el abuso de las grandes compañías petroleras y su efecto en la ecología
d. unas vacaciones en Suramérica —nadar, esquiar, hacer trekking

Parte B. Ahora en grupos de tres, digan cuál creen que es el tema del artículo y por qué. Usen frases como: **En mi opinión el artículo es sobre... porque... Creo que el artículo es sobre... porque... Puede ser un artículo sobre... porque...**

■ ■ ■ Remember: You are not expected to comprehend every word; you are just reading to get the gist.

Actividad 21 Lectura rápida Ahora lee rápidamente el artículo para confirmar tu predicción de la actividad anterior y para saber qué es Torres del Paine y qué son las cataratas del Iguazú. Luego comparte la información con el resto de la clase.

Actividad 22 Lectura detallada Lee el artículo otra vez y contesta las siguientes preguntas.

1. En el párrafo 1 (línea 4), ¿cuál es el sujeto del verbo **contrastan**?
2. En el párrafo 2 (línea 9), ¿cuál es el sujeto del verbo **existe**?
3. En el párrafo 3 (línea 12), ¿quién o qué es **Cai Cai**?
4. En el párrafo 3 (línea 14), ¿quién o qué convirtió a los dos guerreros en piedra?
5. En el párrafo 4 (línea 19), ¿cuáles son dos cosas que contrasta la frase **más altas que**?
6. En el párrafo 5 (línea 25), ¿a qué se refiere **Esta**?
7. En el párrafo 5 (línea 26), ¿a quién se refiere **ella**?
8. En el párrafo 5 (línea 28), ¿cuál es un sinónimo de **se enojó** (*got mad*)?
9. En el párrafo 5 (línea 28), ¿quién **se enojó**? ¿El dios, Tarob o Naipi?
10. En el párrafo 5 (línea 29), ¿quiénes son **los enamorados**?

Suramérica y su belleza natural

Suramérica se caracteriza por su diversidad y su belleza natural. Esta belleza varía desde la selva amazónica en países como Ecuador, Perú y Brasil hasta el árido desierto de Atacama en el norte de Chile. También se encuentran las playas blancas de Colombia, Venezuela y Uruguay que contrastan con los Andes y sus nieves eternas en Argentina, Chile
5 y Bolivia. Entre las bellezas naturales también están el Parque Nacional Torres del Paine y el Parque Nacional Iguazú.

El Parque Nacional Torres del Paine se encuentra en la zona de la Patagonia de Chile y es tan espectacular como el Parque Yellowstone o el Yosemite. Tiene una variedad de ecosistemas con flora y fauna que no existe en otras partes del mundo. Entre los lugares más
10 interesantes para visitar están el lago y glaciar Grey y los Cuernos del Paine, dos montañas que son gigantescos pilares de granito que se formaron hace 12 millones de años.

La mitología local dice que una serpiente llamada Cai Cai causó una inundación masiva para matar con el agua a la tribu guerrera[1] que vivía en Torres del Paine. Cuando el agua retrocedió, Cai Cai tomó a los dos guerreros más grandes y los convirtió en piedra; ahora
15 son las dos famosas montañas que se llaman los Cuernos del Paine que se pueden ver hoy día en ese parque nacional chileno.

En el Parque Nacional Iguazú se encuentran las cataratas del Iguazú que están localizadas en el río del mismo nombre, en la frontera entre Argentina y Brasil cerca de Paraguay. Tienen una caída de ochenta metros y son veinte metros más altas que las
20 cataratas del Niágara entre los Estados Unidos y Canadá. El salto o catarata más importante es la Garganta del Diablo[2]. En el lado brasileño hay una vista panorámica de las cataratas, pero en el lado argentino se puede caminar muy cerca de cada salto. Las cataratas no sólo son ricas en flora y fauna; también son una fuente de electricidad para Argentina, Brasil y Paraguay. En 1984 la UNESCO declaró las cataratas del Iguazú patrimonio mundial.

▼ Los Cuernos del Paine en el Parque Nacional Torres del Paine, Chile.

1 *warrior*   2 *Devil's Throat*

▲ Las cataratas del Iguazú, entre Argentina y Brasil.

25   Los indígenas de esta zona explican el origen de estas cataratas con una leyenda. Esta dice que el dios de los indígenas eligió a Naipi, la hija del jefe de la tribu, como esposa, pero ella se enamoró de Tarob y un día Naipi y Tarob se fueron en una canoa por el río Iguazú ("agua grande" en la lengua indígena). Cuando el dios escuchó esto, se enfureció y decidió crear las cataratas para matar a los enamorados con su torrente de agua. Así terminó la vida de los
30   jóvenes amantes.

Tanto el Parque Nacional Torres del Paine como el Parque Nacional Iguazú reciben un gran cantidad de turistas al año que llegan a los parques a practicar turismo de aventura. En estos dos parques se puede hacer trekking y caminatas.

Actividad 23 Busca información Después de leer el artículo, contesta las siguientes preguntas.

1. ¿Con qué parques nacionales de los Estados Unidos compara el artículo al Parque Torres del Paine? ¿Dónde se encuentra?
2. ¿En qué se diferencian las cataratas del Iguazú de las cataratas del Niágara? ¿Dónde se encuentran? ¿Para qué se utilizan las cataratas del Iguazú?
3. ¿Los mitos indígenas sobre la formación de los Cuernos del Paine y de las cataratas del Iguazú son pacíficos o violentos?

Actividad 24 Las leyendas Parte A. Los indígenas tienen leyendas que explican la formación de los Cuernos del Paine y las cataratas del Iguazú. Marca **C** si la oración es cierta y **F** si es falsa. Después corrige las falsas.

Leyenda sobre los Cuernos del Paine

1. _____ Cai Cai es una persona.
2. _____ Las personas de la tribu son violentas.
3. _____ Cai Cai mató a muchas personas con un incendio (*fire*) grande.
4. _____ Ahora, los dos guerreros son montañas que se llaman los Cuernos del Paine.

Leyenda sobre las cataratas del Iguazú

1. _____ Un dios se enamoró de Naipi.
2. _____ Naipi se enamoró del dios.
3. _____ Iguazú significa "río corto" en la lengua indígena.
4. _____ El dios se enfureció y mató a Naipi y a Tarob con agua.
5. _____ Hoy día, el torrente de agua se llama las cataratas del Iguazú.

Parte B. Lee este resumen corto de la leyenda norteamericana de Paul Bunyan.

Paul Bunyan, un hombre enorme, simpático y trabajador, formó los Grandes Lagos para tener agua para Babe, su buey azul. También se dice que los 10.000 lagos de Minnesota se formaron con las huellas (*footprints*) profundas de las botas de Paul Bunyan y la nieve que se convirtió en agua en la primavera.

Ahora compara la leyenda norteamericana de Paul Bunyan con las leyendas de la **Parte A.** ¿Son personas que existieron de verdad? ¿Hay dioses? ¿Hay animales? ¿Existe un conflicto? ¿Cómo son los protagonistas de las leyendas: simpáticos o antipáticos, violentos o pacíficos, grandes o pequeños, poderosos (*powerful*) o débiles? ¿Qué explican los mitos: la formación de aspectos geográficos o la historia de la zona?

Escritura

ESTRATEGIA: Chronological Order

Texts such as news reports, histories, biographies, or travelogues often are organized chronologically. In Chapter 5 you used adverbs of time to help sequence events. Verb forms also help establish the order of events. To apply a simple chronological order when writing, you may report past, present, and then future actions:

- Use preterit to say what the person did.
- Use present tense for present, ongoing activities.
- Use **ir a** + *infinitive* and constructions such as **querer** + *infinitive*, **le gustaría** + *infinitive*, **pensar** + *infinitive* to refer to future plans.

■ ■ ■ Remember: Do your outline in Spanish.

Actividad 25 Una biografía Parte A. You are going to write a biography about a famous, living person. First, think of someone you admire or would like to learn more about, or choose from the names suggested by your instructor. If needed, use the Internet to obtain information and organize an outline in Spanish based on the following.

- Paragraph 1: name, when and where he/she was born, what he/she did (avoid description, just state actual accomplishments)

NOTE: When writing a biography, it is common to present most data in chronological order. Use words like **primero, más tarde, luego, después, después de** + *infinitive,* **antes,** and **antes de** + *infinitive* in the first paragraph.

- Paragraph 2: what he/she is doing now
- Paragraph 3: what he/she is going to do in the future

Parte B. Write a three-paragraph biography based on your outline. You may want to look at the biography in Activity 19 as a reference.

Parte C. Check to see if you used the preterit in the first paragraph to refer to past actions. Also check to make sure you avoided description. Did you use the present tense in the second paragraph? In the final paragraph you should have used constructions such as **ir a** + *infinitive,* **pensar** + *infinitive,* **le gustaría** + *infinitive,* and **querer** + *infinitive.* Make any necessary changes to your final draft and hand in all drafts to your instructor.

Vocabulario esencial II

La familia de Diana

Frank Miller — Marina Torres Milán   Ramón Vegas Pérez — María Luisa Yépez Ortiz

Rosie Hernández — Frank Jr.   Alicia   Mark — Ana María   Mª Rebeca   Marta — Charles Brown

Zoe   Brandon   Diana   Jesse   Tommy

La familia de Diana es grande. Sus **abuelos** maternos son Ramón y María Luisa y viven en Jalisco, México. Sus **abuelos** paternos son Frank y Marina y viven con los **padres** de Diana en Los Ángeles. El **padre** de Diana se llama Mark y la **madre,** Ana María. Diana tiene un **hermano menor** que se llama Jesse y ella, por supuesto, es la **hermana mayor.** Tiene cuatro **tíos:** Frank Jr. y Alicia son **hermanos** de su padre y Marta y Ma. Rebeca, **hermanas** de su madre. Para Marta, Diana es una **sobrina** muy especial. Diana también tiene dos **tíos políticos:** Rosie, la **esposa** de su **tío** Frank Jr., y Charles, el **esposo** de su **tía** Marta. Rosie y Frank Jr. tienen dos **hijos,** Zoe y Brandon, que son **primos** de Diana; pero su **primo** favorito es Tommy, **hijo** de su **tía** Marta y su **esposo** Charles. Tommy, Diana y Jesse son **nietos** de Ramón y María Luisa.

■ ■ ■ Many Mexican-Americans adopt some American customs; therefore Diana's uncle is named Frank Jr.

■ ■ ■ **Ma.** = abbreviation for María.

■ ■ ■ **Esposo/marido** = husband; **esposa/mujer** = wife

Otras palabras relacionadas con la familia

el/la cuñado/a   brother/sister-in-law
el/la hermanastro/a   stepbrother/stepsister
el/la hijastro/a   stepson/stepdaughter
la madrastra   stepmother
el padrastro   stepfather
el/la suegro/a   father/mother-in-law

el/la pariente   relative
ser soltero/a   to be single
estar casado/a (con)   to be married (to)
estar divorciado/a (de)   to be divorced (from)

■■■ **Parientes** = relatives; **padres** = parents

To practice: Do Workbook, CD-ROM, and Web activities.

Actividad 26 La familia de Mark   En parejas, miren el árbol genealógico de la página 169 y describan la familia de Mark. Por ejemplo: **El padre de Mark se llama Frank. Mark tiene dos hermanos, Alicia y Frank Jr.**

¿Lo sabían?

Hay alrededor de veinticinco millones de personas de origen mexicano que viven en los Estados Unidos. Muchas son recién llegadas y hablan español e inglés y muchas más están en el proceso de aprender inglés. Los inmigrantes del siglo XXI que llegan a los Estados Unidos aprenden inglés más rápidamente que los inmigrantes que vinieron a principios del siglo XX. Saben que tienen que aprender inglés para adaptarse e integrarse a los Estados Unidos.

Hay muchas familias mexicoamericanas que llevan siglos en los Estados Unidos y ya ni hablan español. Stephanie Valencia, mexicoamericana de Nuevo México, comenta que su madre siempre dice: *"We didn't cross the border, the border crossed us"*. Esta frase se refiere al año 1848 cuando México le cedió (*ceded*) mucho territorio a los Estados Unidos después de una guerra entre los dos países. Ahora, Stephanie es típica de un grupo de jóvenes estadounidenses que quieren aprender el idioma y la cultura de sus antepasados. Por eso puedes ver a muchos estudiantes de apellido español en clases básicas de español, como también puedes ver a gente de origen italiano, alemán y japonés en clases donde estudian el idioma de sus antepasados.

▲ Stephanie Valencia y su madre.

■■■ In 1848, the U.S. and Mexico signed the Treaty of Guadalupe Hidalgo, giving the U.S. control of a large area of land in the Southwestern U.S.

■■■ Immigration stories can be interesting; ask your friends about their family stories. If you don't know your family's history, ask your parents or grandparents.

¿? ¿Cuál es el origen de tu familia? ¿Estudias o hablas el idioma de tus antepasados? ¿Otras personas de tu familia hablan ese o esos idiomas?

■ ■ ■ **O** (*Or*) becomes **u** before words beginning with **o** or **ho**: vertical **u** horizontal.

Actividad 27 ¡Bingo! Vas a jugar al bingo. Tienes que hacerles preguntas a diferentes compañeros de la clase basándote en la información de las casillas (*boxes*). Si una persona contesta que sí a una pregunta, escribe su nombre en la casilla correspondiente. La persona que completa primero una hilera (*line*) diagonal, vertical u horizontal es el/la ganador/a (*winner*).

B	I	N	G	O
un hermano	cumpleaños en septiembre	madre alta	un abuelo irlandés	una tía enfermera
cumpleaños en febrero	padre gordo	no tiene hermanos	una tía que se llama Ann	tiene primos
tiene cuatro abuelos	un tío que se llama Bill	cumpleaños en julio	tiene esposo	un hermano rubio
dos hermanos	una abuela italiana	dos cuñados	tiene una sobrina	un abuelo con poco pelo
hermanas	tiene un sobrino	tiene una hija	cumpleaños en el otoño	dos hermanas

Actividad 28 Oraciones incompletas **Parte A.** En tres minutos escribe oraciones incompletas sobre la familia. Por ejemplo: **La madre de mi madre es mi _____.**

Parte B. Ahora, en grupos de tres, una persona lee sus oraciones incompletas y los compañeros tienen que completar esas oraciones.

Actividad 29 Una reunión familiar En parejas, cada uno debe mirar una de las fotos, imaginar que es su familia y explicar quién es cada persona. Hablen de qué hacen, qué están haciendo y dónde están en la foto en relación con otros parientes.

■ ■ ■ Mi madre es la persona que está lejos de...

La boda en Chile

Novios celebrando su boda. ➤

■■■ **Novios** = boyfriend and girlfriend; bride and groom

echar la casa por la ventana	to go all out (literally: *to throw the house out the window*)
requete+*adjective*	really/extremely + *adjective*
requetefeo	really/extremely ugly
tener ganas de + *infinitive*	to feel like + -ing
Tengo ganas de viajar.	I feel like traveling.

Federico de Rodrigo, su esposa y sus hijos fueron de Argentina a Chile para asistir a la boda de Olga, la hija de unos muy buenos amigos. Ahora Federico y su esposa Camila están en un hotel en Santiago hablando con su hijo Andrés sobre la boda.

 Actividad 30 Marca los regalos Mientras escuchas la conversación, marca solo los regalos (*presents*) que recibieron los novios. Lee la lista antes de empezar a escuchar.

¿Qué recibieron?

unas toallas	_____	una casa	_____
un equipo de audio	_____	un viaje	_____
un televisor	_____	un reproductor de DVD	_____
un sofá	_____		

1. El día después de la boda, ¿se levantaron tarde o temprano Federico, su esposa y su hijo?
2. ¿Con quién entró la novia en la iglesia?
3. ¿Quiénes les dieron los siguientes regalos: el estéreo, el televisor, el sofá y el viaje?
4. ¿Adónde van Nando y Olga para la luna de miel?
5. Si Andrés se casa, ¿qué dice que va a recibir de su tía Carmina? ¿Qué quiere recibir?
6. ¿Qué palabras usan Andrés y su madre para describir el regalo de la tía Carmina?
7. ¿A qué fiesta asististe donde echaron la casa por la ventana? ¿Un cumpleaños, una boda, un aniversario, una reunión familiar, etc.?

¿Lo sabían?

Con frecuencia, en las bodas hispanas los amigos de los novios no participan directamente en la ceremonia; en cambio, los padres de los novios son los "padrinos" y están en el altar acompañando a sus hijos. El novio entra en la iglesia del brazo de su madre (la madrina) y, como en los Estados Unidos, la novia entra del brazo de su padre (el padrino).

Generalmente cuando una mujer hispana se casa, en muchos países conserva sus apellidos y, con frecuencia, añade (adds) el primer apellido de su esposo. Por ejemplo, si María Luisa Yépez Ortiz se casa con Ramón Vegas Pérez, ella se llama María Luisa Yépez (Ortiz) de Vegas. Si tienen un hijo, sus apellidos van a ser Vegas Yépez.

> *Pedro Domínguez y Susana Bensabat de Domínguez participan a Ud. la boda de su hijo Pablo con la señorita Mónica Graciela Guerrero y le invitan a presenciar la ceremonia religiosa que se efectuará en la Iglesia Santa Elena el viernes 15 de diciembre a las 20 y 30.*
>
> *Buenos Aires, 2006*
>
> *Los novios saludarán en el atrio.*
> *Juan F. Seguí 3815*

¿? ¿Te gusta la idea de tener a los padres como padrinos de una boda? ¿Qué apellidos se usan en los Estados Unidos? Si te casas y tienes hijos, ¿qué apellidos quieres usar para ti? ¿Y para tus hijos?

Actividad 32 **El viaje del año pasado** En grupos de tres, pregúntenles a sus compañeros adónde fueron de viaje el año pasado y qué hicieron. También pregúntenles qué tienen ganas de hacer este año.

■■■ A: ¿Adónde fuiste el año pasado?
B: Fui a San Francisco.
A: ¿Qué hiciste?
B: ...
A: ...

Gramática para la comunicación II

I. Using Indirect-Object Pronouns

■■■ See **gustar**, p. 44.

1 ■ In this sentence from the conversation about the wedding in Chile, **Una tía de él les dio un televisor de plasma,** who gave the TV and who received the TV? If you said *his aunt* and *them* (*the bride and groom*) respectively, you are correct. **Una <u>tía</u> de él** is the subject (the person that did the action), **un <u>televisor</u> de plasma** is the direct object (what was given), and **les** is the indirect-object pronoun (to whom the TV was given, the people that received the direct object: the TV). An indirect object **(objeto o complemento indirecto)** indicates to whom or for whom an action is done. You have already learned the indirect-object pronouns **(pronombres de complemento indirecto)** with the verb **gustar.**

Indirect-Object Pronouns	
me	nos
te	os
le	les

■■■ What was sent? ⟶ money = direct object

■■■ To whom was the money sent? ⟶ to me = indirect object

—¿Quién **te** mandó dinero?　　*Who sent you money?*
—Mi padre **me** mandó dinero.　*My father sent me money.*

2 ■ Like the reflexive pronoun, the indirect-object pronoun precedes a conjugated verb or follows attached to a present participle or an infinitive.

Ayer **le escribí** una nota.　　　　　*I wrote you/him/her a note yesterday.*
Ahora **le estoy** escribiendo (estoy　*I'm writing you/him/her an email now.*
　escrib**iéndole**) un email.
Mañana **le voy** a escribir (voy a　　*I'm going to write you/him/her a card*
　escrib**irle**) una tarjeta.　　　　　　*tomorrow.*

3 ■ An indirect-object pronoun can be emphasized or clarified by using a phrase introduced by the preposition **a,** just as you learned with the verb **gustar: me, te, le, nos, os,** and **les** can be emphasized or clarified with **a mí, a ti, a Luis, a nosotros, a vosotros, a Uds., a mis padres,** etc.

Le escribí un email **a Juan.**　　　*I wrote an email to Juan.*
Ella **les** explicó el problema **a ellos.**　*She explained the problem to them.*

NOTE: The indirect-object pronoun in Spanish is almost always mandatory. In the following sentences the items in parentheses are optional and the words in color are mandatory. Those in parentheses are used to provide clarity or emphasis.

Les regalaron un viaje (a Olga y a Nando).
Mi padre **me** mandó dinero (a mí).

4 ■ The following verbs are commonly used with indirect-object pronouns.

contar (o → ue) to tell	**hablar** to speak
contestar to answer	**mandar** to send
dar* to give	**ofrecer** to offer
escribir to write	**pagar** to pay (for)
explicar to explain	**preguntar** to ask a question
gritar to shout, scream	**regalar** to give a present

■ ■ ■ Remember to conjugate **ofrecer** like **conocer: ofrezco, ofreces...**

***NOTE: Dar** has an irregular **yo** form in the present: **doy, das, da, damos, dais, dan.** It is irregular in the preterit and, although it is an **-ar** verb, is conjugated like an **-ir** verb: **di, diste, dio, dimos, disteis, dieron.**

Los padres de Nando **les pagaron** el viaje.	*Nando's parents paid for the trip (for them).*
La familia de Olga **les regaló** muchas cosas.	*Olga's family gave them many things.*
La familia de Federico **les dio** un sofá.	*Federico's family gave them a sofa.*

Actividad 33 ¿Corbata o falda? Lee las siguientes oraciones y para cada situación decide si la persona recibió una corbata o una falda.

1. Mi madre le compró una _____ a mi padre.
2. Le compró una _____ mi padre a mi madre.
3. A mi hermana, su novio le regaló una _____.
4. Su amiga le dio a mi primo una _____.
5. Le regaló una _____ la abuela a su nieto.

Actividad 34 Su profesor y Uds. En parejas, usen las siguientes ideas para decir las cosas que hace su profesor/a de español y las cosas que hacen Uds. Usen los pronombres **nos** y **le** en las oraciones.

■ ■ ■ El/La profesor/a **nos** hace preguntas fáciles a veces.
Nosotros le...

explicar mucha gramática	contar sobre el mundo hispano
hablar en inglés con frecuencia	ofrecer crédito extra
traer fotos interesantes	mandar a buscar información en Internet
poner videos en clase	dar muchas excusas
entregar (*to hand in*) la tarea	mandar emails con preguntas
regalar chocolates	escribir emails con respuestas a nuestras preguntas

Actividad 35 Acciones Di las actividades que estas personas van a hacer mañana o qué hicieron ayer. Forma oraciones con elementos de cada columna.

ayer	yo	explicar	un trabajo	a la psicóloga
mañana	el paciente	contestar	algo indiscreto	a Julieta
	la abogada	mandar	una carta de amor	a su nieto
	Romeo	ofrecer	su problema	a nosotros
	ellos	preguntar	un email	a ti
	la abuela	contar	cien dólares	al piloto
			su nombre	al médico
				a mí

Parte A. En parejas, pregúntenle a su compañero/a qué les regaló a cinco personas el año pasado. Piensen en ocasiones especiales y en personas como sus abuelos, su novio/a, un/a amigo/a especial, su hermano/a, etc.

■■■ ¿Qué les regalaste a tus abuelos para... el año pasado?

Parte B. Pregúntenle a su compañero/a qué le dieron a él/ella el año pasado esas cinco personas.

■■■ ¿Qué te dieron tus abuelos para... el año pasado?

Actividad 37 ¿Cuándo fue...? Contesta estas preguntas.

1. ¿Cuándo fue la última vez (*last time*) que le mandaste algo a alguien? ¿Qué le mandaste y a quién?
2. ¿Cuándo fue la última vez que alguien te mandó algo? ¿Quién te mandó algo y qué te mandó?
3. ¿Quién te manda tarjetas de Hallmark? ¿Cuándo fue la última vez que recibiste una tarjeta virtual?
4. ¿Cuándo fue la última vez que un pariente te regaló algo requetefeo? ¿Qué pariente? ¿Qué te regaló?
5. ¿Cuándo fue la última vez que le diste a tu novio/a un beso en público?
6. ¿Cuándo fue la última vez que una persona te gritó?

II. Using Affirmative and Negative Words

Palabras afirmativas	Palabras negativas
todo everything **algo** something	**nada** nothing
todos/as everyone **alguien** someone	**nadie** no one
siempre always	**nunca** never

1 ■ "I'm not doing nothing" is considered incorrect in English, but in Spanish the double negative construction is usually used with the negative words **nada, nadie,** and **nunca** as follows.

> **no** + verb + negative word

—¿Tienes algo para mí?   —¿Llamó alguien?
—No, **no** tengo **nada.**   —No, **no** llamó **nadie.**

—¿Siempre estudia tu hermana?
—No, **no** estudia **nunca.**

2 ■ **Nunca** and **nadie** can also precede the verb. In this case **no** is omitted.

Nunca estudio los viernes.
Nadie llamó.

3 ■ **Alguien** and **nadie** require the personal **a** when they are the object of the verb, that is, when they are not the subject. Note the differences in these sentences.

■ ■ ■ Remember: The subject does the action to the direct object.
■ ■ ■ Review use of the *personal* **a**, Ch. 4.

Alguien/nadie as a subject	**Alguien/nadie** as direct object
—¿**Alguien/nadie** me llamó?	—¿Llamaste **a alguien**?
—No, no te llamó **nadie.**	—No, no llamé **a nadie.**

Actividad 38 ¡**No, no y no!** En parejas, terminen estas conversaciones entre padres e hijos con palabras afirmativas y negativas como **siempre, nunca, algo, nada, alguien** y **nadie.** Después, presenten las diferentes conversaciones; una persona es el padre o la madre y la otra es el/la hijo/a.

—¿Qué tienes en esa mano detrás de ti?
—No tengo...

—¿Qué hiciste?
—No hice...

—¿Terminaste la tarea?
—... termino la tarea antes de salir a jugar.

—¿Qué me vas a regalar?
—... muy especial.

—¿Hay alguien contigo?
—No, no hay... Estoy solo/a.

To practice: Do Workbook, Lab, CD-ROM, and Web activities.

Actividad 39 **El optimista y el pesimista** En parejas, uno/a de Uds. es una persona optimista y la otra persona es pesimista; siempre se contradicen.

■ ■ ■ Optimista: Alguien me manda emails.
  Pesimista: Nadie me manda emails./No me manda emails nadie.

optimista

Voy a comer algo.

_____

Siempre me regalan algo.

_____

Siempre me habla alguien.

_____

Tengo ganas de ver a todos.

pesimista

_____

No conozco a nadie de la clase.

_____

Nunca voy a fiestas.

_____

Mis padres nunca me dieron nada.

_____

Actividad 40 **Educación sexual** En parejas, Uds. van a hablar sobre el tema de la educación sexual. Primero, usen la siguiente información para preparar las preguntas y después túrnense para entrevistarse. Averigüen lo siguiente:

1. si le preguntó a alguien de dónde vienen los niños
2. si alguien le explicó la verdad (*truth*)
   Si contesta que sí, ¿quién/qué le dijo (*did he/she say*)?
3. si estudió la sexualidad humana en la escuela
4. si les va a decir a sus hijos de dónde vienen los niños

Actividad 41 **La familia de tu compañero/a** **Parte A.** Dibuja (*Draw*) el árbol de tu familia y trae este árbol contigo a la próxima clase de español. También debes traer fotos de las personas de tu familia, si las tienes. Para dibujar el árbol, usa símbolos, pero no incluyas nombres. Sigue el modelo que se presenta abajo.

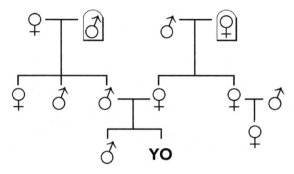

Parte B. En parejas, intercámbiense (*exchange*) los árboles genealógicos y háganse preguntas para averiguar la siguiente información sobre la familia de su compañero/a. Escriban la información en el árbol.

    ■■■ A: ¿Qué hace tu primo y cuántos años tiene?
        B: Mi primo es... y tiene... años.
        A: ¿Quién te manda tarjetas virtuales?
        B: Mi... y mi... me mandan tarjetas virtuales./Nadie me manda...

- ocupación
- edad
- estado civil (soltero...)
- cuándo casarse

- dónde vivir
- estudiar en otra universidad
- mandarle tarjetas virtuales
- darle regalos para su cumpleaños

 Do Web Search activities.

Más allá

Investigación científica

Jason Hercules, estudiante de la Universidad de Southwestern, vivió en Costa Rica por casi cuatro meses haciendo estudios de biología y al regresar a los Estados Unidos decidió cambiar su especialización a estudios del medio ambiente (*environmental science*). También estudió español y comunicaciones como especializaciones secundarias.

Premios Nobel de Ciencia

Medicina y Psicología

Santiago Ramon y Cajal	1906	sistema nervioso	España
Bernardo Houssay	1917	hormonas y metabolismo de azúcares	Argentina
Severo Ochoa	1959	ácidos nucleicos	España
Baruj Benacerraf	1980	inmunología	Venezuela
César Milstein	1980	anticuerpos	Argentina

Química

Luis Federico Leloir	1970	descubrimiento de nucleótidos de azúcar	Argentina
Mario Molina	1995	estudios sobre ozono	México

"... el mejor trabajo en el campo del medio ambiente sería (*would be*)... ser consultor y hacer desarrollo de políticas (*policy development*)... el trabajo me permitiría viajar por todo el mundo y ofrecer mis servicios."
—Jason Hercules, Southwestern University

Muchos estudios relacionados con la naturaleza se realizan en laboratorios. Otros se llevan a cabo en la naturaleza misma. Hay lugares como la selva tropical de Costa Rica y las Islas Galápagos de Ecuador, que contienen una biodiversidad increíble y donde se puede hacer una variada cantidad de estudios científicos. También hay lugares como el Parque Nacional Ischigualasto en Argentina, donde existen fósiles de dinosaurios que resultan de gran interés para los expertos en paleontología.

Hoy día, los científicos asisten a congresos en diferentes países, leen informes en muchos idiomas y se comunican con colegas de todas partes del mundo; por eso, si estudias ciencias, es una ventaja (*advantage*) saber otros idiomas.

¿? ¿Sabes si los científicos de tu universidad colaboran con científicos de otros países para hacer investigación? ¿Sabes si van a otros países para hacer estos estudios?

Vocabulario funcional

Preposiciones de lugar

a la derecha (de)	*to the right of*
a la izquierda (de)	*to the left of*
al lado (de)	*beside*
cerca (de)	*near*
debajo (de)	*under*
delante (de)	*in front of*
detrás (de)	*behind*
encima (de)	*on top of*
enfrente (de)	*facing, across from*
lejos (de)	*far from*

Otras preposiciones

con	*with*
conmigo	*with me*
contigo	*with you*
desde	*from*
entre	*between*
hacia	*toward*
hasta	*until, up to*
sin	*without*
sobre	*about*

Los numeros de cien a millón y otras palabras

cien	*100*
ciento uno	*101*
ciento dos	*102*
doscientos	*200*
trescientos	*300*
cuatrocientos	*400*
quinientos	*500*
seiscientos	*600*
setecientos	*700*
ochocientos	*800*
novecientos	*900*
mil	*1,000*
dos mil	*2,000*
un millón	*1,000,000*
dos millones	*2,000,000*
alrededor de	*about*
casi	*almost*
más o menos	*more or less*

Expresiones de tiempo pasado

anoche	*last night*
ayer	*yesterday*
anteayer	*the day before yesterday*
la semana pasada	*last week*
el sábado/mes/ año pasado	*last Saturday/ month/year*
de repente	*suddenly*
hace tres/cuatro/... días	*three/four/. . . days ago*
hace dos/tres/... semanas/ meses/años	*two/three/. . . weeks/ months/years ago*
¿Cuánto (tiempo) hace que + *preterit...*?	*How long ago did . . . ?*

Verbos

abrir	*to open*
asistir a	*to attend* (class, church, etc.)
buscar	*to look for*
casarse (con)	*to marry; to get married* (to)
contar (o → ue)	*to tell*
contestar	*to answer*
dar	*to give*
decidir	*to decide*
dejar	*to leave behind; to let, allow*
desayunar	*to have breakfast*
enamorarse de	*to fall in love with*
enseñar	*to teach*
entrar en/a	*to enter*
explicar	*to explain*
gritar	*to shout, scream*
llegar	*to arrive*
llorar	*to cry*
mandar	*to send*
ocurrir	*to occur, happen*
pagar	*to pay* (for)
preguntar	*to ask a question*
regalar	*to give a present*
sacar	*to get* (a grade); *to take out*
terminar	*to finish*
tomar	*to drink; to take* (a bus, etc.)
viajar	*to travel*

Palabras afirmativas y negativas

algo	*something*
alguien	*someone*
nada	*nothing*
nadie	*no one*
nunca	*never*
siempre	*always*
todo	*everything*
todos/as	*everyone*

La familia

el/la abuelo/a	*grandfather/grandmother*
el/la cuñado/a	*brother-in-law/sister-in-law*
el/la esposo/a	*husband/wife*
el/la hermanastro/a	*stepbrother/stepsister*
el/la hermano/a	*brother/sister*
el/la hijastro/a	*stepson/stepdaughter*
el/la hijo/a	*son/daughter*
la madrastra	*stepmother*
el/la novio/a	*boyfriend/girlfriend; groom/bride*
el/la nieto/a	*grandson/granddaughter*
el padrastro	*stepfather*
los padres/papás	*parents*
el pariente	*relative*
el/la primo/a	*cousin*
el/la sobrino/a	*nephew/niece*
el/la suegro/a	*father-in-law/mother-in-law*
el/la tío/a	*uncle/aunt*
el/la tío/a político/a	*uncle/aunt by marriage*
ser soltero/a	*to be single*
estar casado/a (con)	*to be married (to)*
estar divorciado/a (de)	*to be divorced (from)*
mayor	*older*
menor	*younger*

Palabras y expresiones útiles

bellísimo/a (*adjective+ -ísimo/a*)	*very beautiful*
la boda	*wedding*
el control remoto	*remote control*
echar la casa por la ventana	*to go all out*
la luna de miel	*honeymoon*
Perdón.	*Excuse me.*
¡Qué + *noun* + más + *adjective*!	*What a + adjective + noun!*
requete+*adjective*	*really/extremely + adjective*
la tarjeta	*card*
tener ganas de+*infinitive*	*to feel like + -ing*

Videoimágenes

Dos celebraciones
■■■

Antes de ver

Actividad 1 **La boda en los Estados Unidos** Antes de ver el segmento sobre una boda en Argentina, contesta estas preguntas para hablar sobre la última boda a la que asististe.

1. ¿La boda fue civil o religiosa?
2. ¿Dónde se casaron los novios?
3. ¿A qué hora se casaron?
4. Si la ceremonia tuvo lugar en una iglesia, ¿viste en el altar a los novios con los amigos, con los padres o con los hermanos?
5. ¿A qué hora empezó la boda y a qué hora terminó la fiesta?
6. ¿Comiste pastel (*cake*) en la fiesta?
7. ¿Tiró un ramo de flores (*threw a bouquet*) la novia? Si contestas que sí, explica por qué.

Mientras ves

17:38–21:55

Actividad 2 **Una boda en Argentina** Mientras ves el video sobre la boda, contesta estas preguntas. Lee las preguntas antes de ver este segmento del video.

1. ¿ En cuántas ceremonias participó esta pareja?
   a. cero   b. una   c. dos
2. En la ceremonia religiosa, ¿a quiénes viste en el altar?
   a. amigos   b. padres   c. padres y amigos
3. ¿Cuándo tuvo lugar (*took place*) la ceremonia religiosa?
   a. por la mañana   b. por la tarde   c. por la noche
4. Primero bailaron un...
   a. tango.   b. vals.   c. merengue.
5. En la fiesta, hay una parte especial llamada...
   a. el carnaval.   b. el merengue.   c. el ritual.
6. La fiesta terminó...
   a. temprano porque los novios empezaron su luna de miel.
   b. tarde, a la 1:00 o a las 2:00 de la mañana.
   c. muy tarde, a las 4:00, 5:00 ó 6:00 de la madrugada.

■■■ **madrugada** = wee hours of the morning

¿Lo sabían?

Una costumbre argentina es que antes de cortar el pastel, las muchachas que no están casadas toman las cintitas (*ribbons*) que están en el pastel y tiran (*pull*) de ellas. Todas las cintitas tienen un dije (*charm*) en el otro extremo, pero una de ellas tiene un anillo (*ring*). La creencia (*belief*) tradicional es que la muchacha que saca la cinta con el anillo se casa el año próximo.

¿? ¿Hay una costumbre similar en tu país?

Después de ver

Actividad 3 A comparar Después de ver el segmento sobre la boda, trabajen en parejas. Piensen en sus respuestas a las Actividades 1 y 2 para comparar una boda argentina con una boda de su país.

Antes de ver

Actividad 4 La conmemoración de los muertos En los Estados Unidos, existe *Memorial Day*, un día para recordar y conmemorar a los muertos. En tu ciudad, ¿hacen algo especial ese día? ¿Tu familia hizo algo especial el año pasado?

Algunas palabras útiles son: **las flores** (*flowers*), **la bandera** (*flag*), **conmemorar** (*to commemorate*), **la guerra** (*war*), **los veteranos, el desfile** (*parade*), **la banda** (*band*), **la barbacoa, el cementerio.**

Mientras ves

 21:56-end

Actividad 5 El Día de los Muertos Mientras ves este segmento sobre la celebración del Día de los Muertos en México, contesta estas preguntas. Lee las preguntas antes de ver el video.

1. ¿Cuándo es el Día de los Muertos?
2. ¿Adónde va la gente para recibir al espíritu del muerto?
3. ¿Dónde se construye el altar en memoria del muerto?
4. ¿Qué cosas ponen en el altar? Haz una lista de algunas de las cosas.
5. En el cementerio ponen velas (*candles*), calaveras (*skulls*), incienso y flores. ¿Qué figuras hacen con las flores?
6. ¿Es el Día de los Muertos un día triste o alegre en México?

Después de ver

Actividad 6 Una comparación Después de ver el video, en parejas, comparen *Memorial Day* y el Día de los Muertos. Consulten el vocabulario de la Actividad 4.

7 Los viajes

➤ Una representación de la historia española. En Alcoy, España, cada abril hay representaciones de batallas entre los moros (árabes del norte de África) y los cristianos.

Chapter Objectives

- Identifying means of transportation
- Making hotel and plane reservations
- Narrating past actions and occurrences
- Placing phone calls
- Stating how long ago an action took place and specifying its duration
- Telling time and age in the past

¿Qué saben?

1. España está en una península. ¿Cómo se llama esa península?
2. ¿Qué idioma forma la base del español?
   a. el latín
   b. el griego
   c. el alemán
3. ¿España tiene más o menos turistas que habitantes al año?
4. ¿Qué puede visitar un turista en España?
   a. anfiteatros romanos
   b. catedrales cristianas
   c. sinagogas judías
   d. castillos medievales
   e. mezquitas moras
   f. palacios renacentistas

Para escuchar

¿En un "banco" de Segovia?

◄ El Alcázar de Segovia, España. En este castillo vivieron los Reyes Católicos Isabel y Fernando. ¿Te gustaría visitar este castillo?

quisiera/quisiéramos	I/we would like
Lo siento.	I'm sorry.
Sí, cómo no.	Sure.
¡Caray!	Darn! Rats! (negative) Wow! (positive)

Juan Carlos y Claudia están en Segovia, adonde fueron a comer, y allí tienen problemas.

Actividad  **Escoge la opción** Lee las siguientes oraciones. Después, mientras escuchas la conversación, escoge la opción correcta.

1. Claudia y Juan Carlos perdieron...
   a. el reloj. b. el autobús. c. el dinero.
2. Ellos tuvieron que buscar...
   a. una habitación. b. un autobús. c. a don Andrés.
3. Claudia llamó a...
   a. Teresa. b. don Andrés. c. Marisel.
4. Claudia habló con...
   a. Teresa. b. don Andrés. c. Marisel.
5. Finalmente tuvieron que dormir...
   a. en un parque. b. en una habitación doble. c. no se sabe dónde.

Actividad 2 **Preguntas** Después de escuchar la conversación otra vez, contesta estas preguntas.

1. ¿Por qué perdieron el autobús Claudia y Juan Carlos?
2. ¿Cuándo sale el próximo autobús para Madrid?
3. ¿Por qué usa Claudia un teléfono público?
4. ¿A quién le dejó un mensaje Claudia?
5. En tu opinión, ¿qué van a hacer Claudia y Juan Carlos? ¿Van a dormir? ¿Dónde?

¿Lo sabían?

▲ La sinagoga de Santa María la Blanca en Toledo, España.

Con más de 50.000.000 de turistas por año, España tiene más vistitantes que habitantes. Muchos van a España por su belleza natural, principalmente las playas. Pero otros van por la riqueza histórica. Se dice que "las piedras (*rocks*) hablan" y en realidad, muchos monumentos representan las múltiples culturas que ocuparon la Península Ibérica y que formaron lo que hoy en día se llama España. Entre esas culturas están las de los fenicios, los celtas, los romanos y los moros. Los romanos llevaron la religión cristiana y su lengua y, a través de los moros, no sólo España sino toda Europa aprendió el concepto del cero y el álgebra. En ciudades como Segovia y Toledo es posible revivir la historia española viendo acueductos romanos, pasando por debajo de arcos moros y visitando sinagogas judías y catedrales cristianas.

¿? Si un/a turista viene a tu país, ¿qué monumentos o lugares históricos debe ver?

Actividad 3 **Quisiera...** En parejas, "A" es turista en esta ciudad y "B" es de la ciudad. Lean las instrucciones para su papel (*role*) y mantengan una conversación.

Turista

Quieres saber la siguiente información: dónde hay un hotel barato; dónde hay un restaurante de comida mexicana bueno, bonito y barato; qué dan en los teatros este fin de semana, y si hay un lugar para bailar salsa. Tú empiezas diciendo **Perdón, quisiera saber dónde...**

Residente de la ciudad

Contesta las preguntas con información verdadera sobre tu ciudad. Si no sabes, responde **Lo siento, pero...**

■ ■ ■ **teatro** = theater
■ ■ ■ **cine** = movie theater

Vocabulario esencial I

I. El teléfono

Qué debes decir cuando...

contestas el teléfono	{ ¿Aló? { Diga./Dígame. (España)
preguntas por alguien	{ ¿Está Álvaro, por favor? { Quisiera hablar con Álvaro, por favor.
te identificas	{ —¿Quién habla? { —Habla Claudia. { —¿De parte de quién? { —(De parte) de Claudia.
quieres dejar un mensaje	{ ¿Le puedo dejar un mensaje? { Quisiera dejarle un mensaje. { ¿Le puede(s) decir que llamó (Claudia)?
marcas el número equivocado	{ —Está Marisel, por favor? { —No, tiene el número equivocado.
tienes problemas de comprensión	¿Puede(s) hablar más despacio, por favor?
tienes problemas con el móvil	{ No tengo batería./Tengo la batería baja (*low*). { No tengo señal (*signal*).

Tipos de llamadas telefónicas

local   **de larga distancia**   **internacional**

Para llamar al Hotel Acueducto: 001 34 902 250 550

el código internacional		001 (internacional)
el indicativo/código del país	*country code*	34 (España)
el área/prefijo (España)	*area code*	902 (Segovia)
el número		250 550

■■■ Words vary according to country. When you travel, familiarity with these terms will help you understand written instructions on public telephones or questions from operators.

Actividad 4 **Las llamadas** En parejas, mire cada uno la información de la columna A o la columna B solamente y túrnense para hacer las siguientes llamadas (*calls*). Para la llamada número 1 el/la estudiante A llama a B.

■■■ B: Aló.
     A: Buenos días...

Llamada número 1	A. Llamas y preguntas por (nombre de tu compañero/a de esta actividad).	B. Preguntas quién llama.
Llamada número 2	A. No hay nadie llamado Paco en tu casa.	B. Llamas y preguntas por Paco.
Llamada número 3	A. Llamas y preguntas por la Sra. Rodríguez. Si no está, dejas un mensaje.	B. Preguntas quién llama. La Sra. Rodríguez no está. Tomas el mensaje.
Llamada número 4	A. Tienes problemas para entender a la persona que llama.	B. Llamas y preguntas por el Dr. López. Hablas rápidamente.

En parejas, "A" cubre la información de B y "B" cubre la información de A. "A" llama a "B" (el/la operador/a) para averiguar los números de teléfono de unos lugares y escribe esos números. Después cambien de papel.

> ■■■ B: Información.
> A: Quisiera el número (de teléfono) del restaurante El Hidalgo.
> B: Es el.../Lo siento, pero no tengo ese número.

A

Averigua el teléfono de:
1. el restaurante El Hidalgo
2. el Teatro Bellas Artes
3. la Librería Compás

Usa esta información cuando eres el/la operador/a:

B

Averigua el teléfono de:
1. el restaurante La Fonda
2. el peluquero Pedro Molina
3. los Minicines Astoria

Usa esta información cuando eres el/la operador/a:

Actividad **6** **Una llamada a don Alejandro** Vicente llama con su móvil a don Alejandro a su agencia de viajes. Pon esta conversación en orden lógico.

_____ ¿De parte de quién?

__1__ Todos nuestros agentes están ocupados en este momento. Espere por favor. ♪♪♪

_____ Bueno. Gracias, Irene. Corto porque tengo la batería baja.

_____ Hola, Vicente. Habla Irene, la secretaria de don Alejandro. Él no está.

_____ De nada. Adiós.

_____ TravelTur, buenos días. Dígame.

_____ Bueno, ¿le puedo dejar un mensaje?

_____ Buenos días. ¿Está don Alejandro?

_____ Sí, por supuesto.

_____ De parte de Vicente.

_____ ¿Puedes decirle que yo puedo ir al aeropuerto para recoger a Teresa?

_____ Sí, cómo no.

¿Lo sabían?

Hoy día, es muy común en países hispanos tener móvil. En países como la República Dominicana, Guatemala y El Salvador, que tienen poco acceso a líneas fijas en zonas rurales, hay dos veces más móviles que líneas fijas. A diferencia de los Estados Unidos, el dueño del móvil generalmente no paga cuando recibe una llamada. En algunos países es común usar móviles con tarjetas prepagadas, y el precio por minuto varía según la hora de la llamada y si se llama a otro móvil de la misma compañía, de otra compañía o a una línea fija. Las llamadas desde los teléfonos de línea fija, tanto las locales como de larga distancia, a otra línea fija o a móviles, se pagan por minuto. Por eso, las llamadas normalmente son cortas.

Alguien espera tu llamada.

Recarga Ya
TU TARJETA DE PREPAGO

Horas	de 0 a 5 h.	de 6 a 10 h.	de 10 a 15 h	de 16 a 24 h	de 0 a 24 fines de semana
Tarifas	0,15	0,45	0,62	0,15	0,15

Tarifas de llamadas de un minuto. IVA incluido.

¿? ¿Son caros los minutos de celular en tu país? ¿Tienes teléfono de línea fija o sólo móvil?

Actividad 7 **Llamada de larga distancia** En parejas, cada persona lee las instrucciones para un papel solamente.

■ ■ ■ The currency of Uruguay is the **peso.**

A

Estás en Montevideo, Uruguay, y necesitas llamar a los Estados Unidos. Llama al/a la operador/a para averiguar cómo llamar y el precio por minuto.

B

Eres operador/a y ahora llama un/a cliente porque necesita instrucciones para hacer una llamada a los Estados Unidos. Empieza diciendo:
Operador/a internacional, bueno días.
código internacional: 00
código del país: 1
Tarifas: $4,94 por minuto

II. En el hotel
■■■

1. el botones
2. la maleta
3. la empleada (de servicio)
4. la recepcionista
5. las estrellas

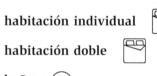

Acueducto		Hotel ★ ★ ★
Padre Claret, 10		
40001 Segovia		
Tel: 902 250 550		
Fax: 921 428 4466		
79 habitaciones		

Servicios del hotel

Admite tarjetas de crédito • Aire Acondicionado • Garaje • Bar/Cafetería • Caja fuerte • Calefacción • Ascensor • Salón de reuniones • Teléfono • Televisión • TV satélite

Tarifas estándares:

Alojamiento			Tarifa
Habitación individual Comidas no incluidas	Baño, Ducha, Lavabo, Inodoro	1 persona	60 EUR
Habitación doble Comidas no incluidas	Baño, Ducha, Lavabo, Inodoro	2 personas	85 EUR
Desayuno (buffet)			6 EUR
IVA 7%			

reservas@hotelacueducto.com

habitación individual

habitación doble

baño (w.c.)

desayuno

media pensión (desayuno y almuerzo o cena)

pensión completa (desayuno, almuerzo y cena)

propina (*tip*) $$$

To practice: Do Workbook, CD-ROM, and Web activities.

Actividad 8 ¿Quién es o qué es? Usa el vocabulario sobre el hotel para decir qué es o quién es...

1. la persona que lleva las maletas a la habitación del hotel.
2. el lugar donde te bañas o te cepillas los dientes.
3. el desayuno y una comida más en el hotel.
4. la persona que te dice los precios de las habitaciones.
5. el desayuno y dos comidas en el hotel.
6. la persona que hace las camas.
7. una habitación para una persona.
8. el lugar del hotel donde está el/la recepcionista.
9. una habitación para dos personas
10. un hotel de muy buena categoría.
11. el dinero que le das al botones por llevar las maletas a la habitación.

En recepción En parejas, una persona es el/la recepcionista de un hotel y la otra persona llama para hacer una reserva. Cada persona solo lee un papel.

Cliente

Tu primo/a y tú van a visitar Segovia por 4 días y 3 noches y necesitan hotel. Llama al Hotel Acueducto para reservar una habitación y pregunta por la Sra. Gómez que es muy buena con las reservas. Piensan llegar el 31 de diciembre. Averigua cuántas estrellas tiene, el precio por día, si incluye el IVA y el desayuno y si tiene piscina.

Recepcionista

Trabajas en el Hotel Acueducto. Hoy la Sra. Gómez, que es la recepcionista del hotel, está enferma y por eso estás en la recepción contestando el teléfono. Ahora un/a cliente llama para hacer una reserva. Mira la información del hotel en la página anterior para responder a las preguntas y completa el formulario que tienes aquí.

HOTEL ACUEDUCTO

★ ★ ★

Fechas
desde _____
hasta _____

Habitación
☐ individual
☐ doble
☐ triple

☐ pensión completa
☐ media pensión
☐ solo desayuno

Gramática para la comunicación I

I. Talking About the Past

A. Irregular Verbs and Stem-Changing Verbs in the Preterit

1 ■ Some common irregular verbs share similar patterns in the preterit.

Verbs that are conjugated like **tener:**

tener	
tuve	tuvimos
tuviste	tuvisteis
tuvo	tuvieron

estar ⟶ **estuve**
poder ⟶ **pude**
poner ⟶ **puse**
querer ⟶ **quise** (*tried but failed*)
saber ⟶ **supe** (*found out*)
venir ⟶ **vine**

Verbs that are conjugated like **decir:**

decir	
dije	dijimos
dijiste	dijisteis
dijo	dijeron

traducir* ⟶ **traduje**
traer ⟶ **traje**

■ ■ ■ Verbs with an irregular preterit stem ending in **-j-** add **-eron,** not **-ieron,** in the third person plural form.

*__NOTE:__ Most verbs that end in **-ucir** follow the same pattern as **trad<u>ucir</u>:**
cond<u>ucir</u> ⟶ cond<u>uje</u>, prod<u>ucir</u> ⟶ prod<u>uje,</u> etc.

—¿**Tuviste** que trabajar anoche?
—Sí, **tuve** que trabajar mucho.

Did you have to work last night?
Yes, I had to work a lot.

—¿Quién te **dijo** eso?
—Lo **dijeron** en las noticias.

Who told you that?
They said it in the news.

2 ■ Verbs with stems ending in a vowel + **-er** or **-ir** take **-y-** instead of **-i-** in the third persons singular and plural. These verbs include **leer, creer** (*to believe*), **construir** (*to build*), and **oír** (*to hear*).

leer	
leí	leímos
leíste	leísteis
leyó	leyeron

oír	
oí	oímos
oíste	oísteis
oyó	oyeron

—¿Por qué no le**y**eron Uds. el artículo? *Why didn't you read the article?*
—Porque él o**y**ó las noticias en la radio. *Because he heard the news on the radio.*

3 ■ Just as stem-changing verbs ending in **-ar, -er,** and **-ir** are referred to as *boot verbs* in the present, only **-ir** stem-changing verbs may be called *shoe verbs* in the past because they have a stem change only in the third person singular and plural. The changes in these verbs are indicated in parentheses: **dormir (ue, u).** The first change represents the one for the present **(duermo)**; the second one is the change for the past **(durmió)** and the present participle **(durmiendo).**

preferir (e ⟶ ie, i)	
preferí	preferimos
preferiste	preferisteis
prefirió	prefirieron

pedir (e ⟶ i, i)	
pedí	pedimos
pediste	pedisteis
pidió	pidieron

dormir (o ⟶ ue, u)	
dormí	dormimos
dormiste	dormisteis
durmió	durmieron

e ⟶ ie, i
divertirse to have fun
mentir to lie
sentirse to feel

e ⟶ i, i
repetir to repeat
seguir to follow
servir to serve
vestirse to get dressed

o ⟶ ue, u
morirse to die

—¿D**u**rmieron en el parque Claudia y Juan Carlos? *Did Claudia and Juan Carlos sleep in the park?*

—No, creo que prefirieron no dormir. *No, I think they preferred not to sleep.*

—Oí que Juan Carlos le pidió un reloj nuevo para su cumpleaños. *I heard that Juan Carlos asked her for a new watch for his birthday.*

B. Change of Meaning in the Preterit

The following Spanish verbs have a change of meaning in English when used in the preterit.

	Present	Preterit
conocer	to know	met
no poder	not to be able	was/were not able to and didn't do it
no querer	not to want	refused to
saber	to know	found out
tener que	to have to, be supposed to	had to and did

Ayer **conocí** al padre de mi novia en un café, pero su madre **no pudo** ir porque **tuvo que** trabajar todo el día. El padre **no quiso** hablar de su esposa y después **supe** que piensan separarse.

Yesterday I met my girlfriend's father at a coffee shop, but her mother couldn't come because she had to work all day. Her father refused to talk about his wife and then I found out they plan to separate.

Actividad 10 **La historia de España** **Parte A.** Lee la siguiente información sobre la historia de España. Escoge el verbo correcto de la lista al final de cada sección y completa las oraciones con el pretérito de los verbos.

1. Los romanos _____ en lo que hoy en día es España desde 209 a. C. hasta 586 d. C. _____ su religión y su idioma, el latín, a ese nuevo territorio y _____ acueductos, caminos, puentes y teatros que todavía (*still*) se pueden ver hoy día.   **(construir, estar, llevar)**

2. Los moros _____ en el año 711 y _____ casi toda la Península Ibérica. _____ mezquitas y palacios. También _____ consigo (*with them*) sus conocimientos; uno de los más importantes _____ el concepto del cero y el sistema decimal. Junto con académicos judíos y cristianos, _____ textos científicos e históricos del árabe y del latín al castellano. En el año 1492, _____ que salir de la península.
   (conquistar, construir, llegar, llevar, ser, tener, traducir)

3. En 1492, Cristóbal Colón _____ a América y entonces los europeos _____ de la existencia de otro continente. Pronto la gente _____ historias sobre el oro de los indígenas y empezó así la época de la conquista y colonización. _____ muchísimos españoles e indígenas, algunos en la búsqueda del oro y otros por enfermedades y batallas de la conquista. Los misioneros les _____ su religión a los indígenas y también su idioma. En 1898, _____ el período de la colonización: 400 años de dominación que _____ un gran cambio en todo el continente.
   (llegar, morir, oír, producir, saber, terminar, traer)

Parte B. Contesta estas preguntas acerca de la historia de los Estados Unidos.

1. ¿Cuándo y adónde llegaron los ingleses? ¿Qué trajeron? ¿Qué construyeron?
2. ¿Cuándo y adónde llegaron los españoles en lo que hoy en día son los Estados Unidos? ¿Qué trajeron? ¿Qué construyeron?

¿Quién lo dijo? En parejas, decidan quién dijo estas frases famosas. Sigan el modelo.

> ■■■ No puedo decir mentiras.
> George Washington dijo: «No puedo decir mentiras».

1. Ser o no ser, esa es la cuestión.
2. Pienso luego existo.
3. Ganar no es todo; es lo único.
4. Dios está muerto.
5. Tu hermano mayor te vigila.
6. El que no sirve para servir, no sirve para vivir.
7. Elemental, mi querido Watson.
8. Vine, vi, vencí.
9. E es igual a MC al cuadrado.
10. Francamente querida, ¡me importa un bledo!

a. Lombardi
b. Holmes
c. Nietzsche
d. Rhett Butler
e. Hamlet
f. Julio César
g. Descartes
h. Orwell
i. la Madre Teresa
j. Einstein

Actividad **12** **Las noticias del año** En grupos de tres, formen oraciones usando las siguientes ideas para hablar de noticias (*news*) importantes de este año.

1. (una persona famosa) / morirse
2. (un político) / mentirle al público norteamericano
3. (una persona famosa) / tener un niño
4. (personas famosas) / casarse
5. (una persona famosa) / estar en la prisión
6. la gente / saber la verdad sobre el escándalo de...
7. (una persona famosa) / venir a hablar a esta universidad o ciudad
8. (una persona famosa) / pedirle el divorcio a su esposo/a
9. (una persona famosa) / sentirse mal y estar en el hospital
10. (un/a tenista famoso/a) / jugar en Wimbledon

Actividad **13** **Las noticias de ayer** En parejas, Uds. van a narrar las noticias de ayer. Escriban el guion (*script*) que van a usar.

La bomba

terrorista / poner / bomba / el aeropuerto

terrorista / llamar / la policía

policía / ir / el aeropuerto

personas / salir / el aeropuerto

perro / encontrar / la bomba

policía / poder detener / el terrorista

■■■ **la policía** → the police (force) is singular (**La policía de mi ciudad es muy eficiente.**); **el/la policía** → the police officer.

Lulú Camacho

Lulú Camacho / recibir / el título de Miss Cuerpo

anoche / llorar de alegría

darles / las gracias / a sus padres, etc.

perder / el título

su agente / decir la verdad / Lulú tomar esteroides

Lulú / preferir / no hacer comentarios

Actividad 14 **¿En la escuela secundaria...?** Busca personas de la clase que hicieron cosas de la siguiente lista en la escuela secundaria. Escribe el nombre de las personas que contestan que sí.

▪▪▪ A: ¿Te dormiste en una clase en la escuela secundaria?
B: No, no/Sí, me dormí en una clase.

nombre

1. leer una novela de Sandra Cisneros _____
2. ver una película en español _____
3. decir una mentira grande como una casa _____
4. llevar a tu mascota (*pet*) a la escuela _____
5. conocer a alguien famoso _____
6. tener que pasar una noche sin dormir _____
7. mentir por un amigo _____
8. pedir en un restaurante una comida de $50 o más _____
9. oír una canción de Shakira _____
10. conducir un coche sin tener licencia _____

▪▪▪ Many people use the *personal* **a** when talking about their pets.

Actividad 15 **Tus actividades de la semana pasada Parte A.** En preparación para hablar de la semana pasada, rellena los espacios en blanco con la preposición correcta. Después, en la primera lista marca las cosas que tuviste que hacer la semana pasada. Luego en la segunda lista marca las cosas que no pudiste hacer, y en la tercera lista marca las cosas que hiciste para divertirte.

Tuviste que...

_____ trabajar _____ ocho horas
_____ escribir una composición
_____ tomar un examen _____ la mañana
_____ buscar información por Internet
_____ hacer trabajo voluntario

_____ asistir _____ una reunión (*meeting*)
_____ preparar un proyecto
_____ hacer una presentación
_____ ir _____ la oficina de un/a profesor/a

No pudiste...

_____ terminar la tarea	_____ contestar un email
_____ dormir bien	_____ hacer ejercicio _____
_____ comer comida saludable (_healthy_)	bajar de peso (_to lose weight_)
_____ prepararte bien _____	_____ escuchar el programa de
un examen de...	audio de español
_____ hablar _____ tus padres	_____ leer una novela _____
	la clase de...

Para divertirte...

_____ ir _____ cine /	_____ ir _____ una fiesta
_____ un restaurante	_____ ir de compras
_____ charlar por Internet	_____ oír un CD nuevo
_____ bailar _____ una	_____ leer una novela
discoteca	_____ salir _____ amigos
_____ mirar un DVD	
_____ organizar una fiesta	

Parte B. Ahora en parejas, usen la información de la **Parte A** y llamen por teléfono a su compañero/a para contarle qué hicieron la semana pasada. Incluyan información como la siguiente en su conversación.

> ■ ■ ■ La semana pasada tuve que tomar un examen en mi clase de física y por eso no pude dormir bien el martes por la noche. Por suerte, me divertí mucho el sábado porque mis amigos y yo fuimos a una fiesta y bailamos toda la noche.

II. Expressing the Duration of an Action: _Hace_ + Time Expression + _que_ + Verb in the Present
■ ■ ■

1 ■ You already know how to say how long ago something took place.

> **Hace** + _time expression_ + **que** + _verb in the preterit_

—¿Cuánto (tiempo) **hace que** ella **llegó**?   _How long ago did she arrive?_
—**Hace dos horas que** ella **llegó**.   _She arrived two hours ago._

2 ■ To express the duration of an action that began in the past and continues into the present, apply the following formula.

> **Hace** + _time expression_ + **que** + _verb in the present_

¿Cuánto (tiempo) **hace que vives** aquí?   _How long have you lived here?_
—**Hace tres años que vivo** aquí.   _I have lived here for three years._

3 ▪ Note the difference between these two sentences.

Hace dos años que **estudio** en esta universidad.

Hace dos años que **estudié** en esta universidad.

4 ▪ Read the following sentences and decide who has spent vacations in San Andrés, Colombia, for the last five years and who will go again this year, and who went on vacation to San Andrés five years ago.

Hace cinco años que Ramón fue de vacaciones a la isla de San Andrés.
Hace cinco años que Elena va de vacaciones a la isla de San Andrés.

If you answered Elena and Ramón respectively, you are correct.

To practice: Do Workbook, CD-ROM, and Web activities.

Actividad *16* **La entrevista** Lee esta parte del currículum vitae de Carmen Fernández y completa la entrevista (*interview*) que sigue. La entrevista fue el 7 de septiembre de 2005.

1999–presente	Empleada de IBM
2003–presente	Programadora de computadoras
1999–2002	Recepcionista
1994–1996	Secretaria, Aeroméxico

ENTREVISTADORA ¿Cuánto tiempo hace que Ud. _____ en IBM?

CARMEN Hace seis años que _____ allí.

ENTREVISTADORA ¿Qué hace?

CARMEN Soy programadora de computadoras ahora, pero hace tres años _____ recepcionista por un tiempo.

ENTREVISTADORA ¿Por cuántos años fue Ud. recepcionista en esa compañía?

CARMEN Tres años.

ENTREVISTADORA ¿Y antes de trabajar para IBM?

CARMEN Fui secretaria para Aeroméxico.

ENTREVISTADORA Entonces, hace seis años que _____ en Aeroméxico.

CARMEN No, hace nueve años que _____ allí.

ENTREVISTADORA Entonces, ¿qué hizo entre 1997 y 1999?

CARMEN Tuve un hijo y me quedé en casa con él.

Actividad *17* **Los anuncios comerciales** En grupos de tres, Uds. trabajan para una agencia de publicidad. Tienen que escribir anuncios (*ads*) para estos productos.

▪▪▪ el agua de colonia "Atracción"
   Hace un año que uso el agua de colonia "Atracción" y ahora tengo muchos amigos.

1. el jabón para la cara "Radiante"
2. el champú para hombres "Hércules"
3. el detergente para ropa "Blancanieves"
4. el perfume "Gloria"
5. el desodorante "Frescura Segura"

Actividad *18* **¿Sabes mucho de historia?** En parejas, túrnense para preguntar cuánto tiempo hace que murieron estas personas.

■ ■ ■ A: ¿Cuánto (tiempo) hace que murió Francisco Franco?

B: Hace más o menos 30 años que murió Francisco Franco. (1975)

B: No tengo idea. ¿Sabes tú?

1. Martin Luther King, Jr. y Robert Kennedy
2. John Kennedy
3. Abraham Lincoln
4. Roberto Clemente
5. John Lennon
6. Ray Charles y Marlon Brando
7. Eva Perón
8. el Papa Juan Pablo II

Actividad *19* **El hotel** **Parte A.** Vas a hacerle preguntas a tu compañero/a sobre la última vez que se quedó (*stayed*) en un hotel, pero primero tienes que formar las preguntas. Toma dos minutos y escribe las preguntas que le vas a hacer.

1. cuánto tiempo hace que / estar / en un hotel
2. hacer la reserva por Internet
3. ir a un hotel de cinco estrellas
4. cuántos días / estar
5. el botones / subirle / las maletas a la habitación
6. dormir bien
7. poder hacer ejercicio o nadar en el hotel
8. la empleada / ponerle / chocolates en la almohada (*pillow*)
9. darle propina / a alguien en el hotel
10. usar el teléfono para hacer llamadas de larga distancia
11. le gustaría quedarse en el hotel en el futuro

Parte B. Túrnense para entrevistarse sobre la última vez que se quedaron en un hotel.

Nuevos horizontes

Lectura   ESTRATEGIA: Identifying Main Ideas

As you saw in Chapter 6, when skimming you read quickly to find only the main ideas of a text. If the topic interests you, you may want to learn more about it, that is, read more in depth about the subject in question. Main ideas can be found in titles, headings, or subheadings and also in topic sentences, which many times begin a paragraph or a section of a reading. Other important or supporting ideas can be found in the body of a paragraph or section.

In the following reading about Spain, each section is introduced by a title and a topic sentence.

Actividad 20   Mira y contesta Antes de leer un artículo sobre la historia de España, contesta las siguientes preguntas.

1. Mira las fotos de las páginas 200 y 201. ¿Son construcciones modernas o antiguas?
2. En tu opinión, ¿cuál es la conexión entre las fotos y el título del artículo?
3. Se dice que para entender el presente tenemos que mirar el pasado. ¿Estás de acuerdo con esta idea? En tu opinión, ¿qué cosas de la historia de un país son importantes para entender el presente?

■■■ While reading, use your knowledge of cognates to help you get the general idea of the article.

Actividad 21   Ideas principales y detalles Lee el artículo para completar la siguiente tabla con los títulos de las secciones, la oración principal y las subcategorías relacionadas con la historia española.

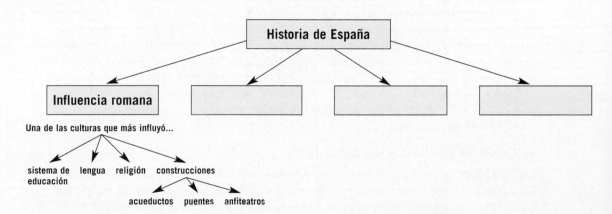

Historia de España

El estudio de las diferentes civilizaciones que vivieron en España nos ayuda a entender a los españoles; también nos ayuda a comprender a los habitantes de todos los países hispanoamericanos porque esos países recibieron, de algún modo, influencias de la "madre patria".

I. La influencia romana

Una de las culturas que más influyó en España fue la cultura romana. Durante seis siglos, de II a. C. a V d. C., España fue la provincia más importante del Imperio Romano. Los romanos introdujeron la base del sistema educativo actual: escuela primaria, secundaria y escuelas profesionales. Su influencia fue también muy notable en la lengua y en la religión: más o menos el 70% del idioma español proviene de su lengua, el latín, y los romanos también llevaron a España la religión cristiana. Los romanos construyeron anfiteatros y puentes, como el puente de Salamanca, que todavía se usa. Construyeron además acueductos como el acueducto de Segovia, que se hizo hace dos mil años y se usó hasta mediados de los años sesenta del siglo XX.

▲ El Parador de Alarcón, un hotel de cuatro estrellas en un castillo medieval.

II. Los moros

Otra influencia importante en España fue la de los moros, árabes del norte de África, que vivieron principalmente en el sur de España por unos ocho siglos (711–1492). Ellos llevaron a España el concepto del cero, el álgebra y su idioma, el árabe, que también influyó en el español. Esta influencia se ve en palabras como alcohol, álgebra y algodón. Los moros fundaron ciudades esplendorosas como Granada y Córdoba. En esta última, instalaron la primera escuela de científicos donde se hizo cirugía cerebral. Además de hacer contribuciones científicas, los moros participaron en la Escuela de Traductores de Toledo. Allí cristianos, moros y judíos —otro grupo que contribuyó a la riqueza cultural de la España medieval— colaboraron para traducir textos científicos e históricos del árabe y del latín al castellano. Toledo entonces era la ciudad que mejor reflejaba la coexistencia pacífica de moros, judíos y cristianos.

III. Los Reyes Católicos y una nueva época

En 1492 los Reyes Católicos (Fernando de Aragón e Isabel de Castilla) pudieron expulsar a los moros y a los judíos de España y unificaron el país política y religiosamente. Ese mismo año empezaron a financiar los viajes de Cristóbal Colón y de otros exploradores al Nuevo Mundo. Los viajes de Colón iniciaron una época de exploración y dominación española en el Nuevo Mundo y, al extender su poder, los españoles transmitieron el idioma español, su cultura y la religión cristiana por América.

IV. Los Paradores conservan la historia

Para revivir la historia española, es posible trans-
portarse a través del tiempo y pasar una noche en un
parador histórico. Los Paradores de Turismo constituyen la modalidad hotelera más original e interesante
de la oferta turística española. La mayoría de estos
hoteles están en antiguos edificios de valor histórico
como castillos, palacios, monasterios y conventos, que
fueron abandonados en el pasado y luego rehabilitados
para ofrecerle los más modernos servicios al cliente.
Todos tienen de tres a cinco estrellas. El Parador de
Alarcón, situado entre Madrid y Valencia, es un ejemplo de la rica historia que tienen los paradores.

Una habitación del ➤
Parador de Alarcón.

La historia del Parador de Alarcón

Después de conquistar Alarcón de los moros en 1184, Alfonso VIII destruye la fortaleza mora y construye las bases del actual Castillo.

Finales s.XII

Don Juan Pacheco termina de reformar el Castillo tal como lo vemos hoy día.

Siglo XV

Siglo VIII

La fortaleza de origen árabe se construye en el año 780.

Siglo XIV

Don Juan Manuel, escritor y aristócrata, reforma el Castillo.

1968

Tras años de abandono, el Castillo es restaurado y acondicionado como Parador De Turismo.

Actividad 22 **Termina las ideas** Después de leer el artículo, habla sobre
las siguientes ideas.

1. para Hispanoamérica, ese país es la "madre patria"
2. algo importante que introdujeron los romanos
3. personas que dominaron España durante más de siete siglos
4. una de las ciudades fundadas por los moros
5. dos contribuciones de los moros
6. tres cosas que hicieron los Reyes Católicos en 1492
7. tres cosas que transmitieron los españoles a América
8. qué son los paradores
9. año en que se construyó el castillo (*castle*) de Alarcón y dos personas que le hicieron reformas

Escritura

ESTRATEGIA: The Paragraph

When doing formal or informal writing, it is common to develop each paragraph around a theme or idea. The topic sentence generally starts a paragraph and serves as an introduction to the theme of the paragraph. The remainder of the paragraph is comprised of supporting details that expand upon or support the idea expressed in the topic sentence.

Actividad 23 **Un email** **Parte A.** Write an email to a friend about a recent trip (real or fictitious). Separate your email into three paragraphs and use the following outline as a guide.

■ ■ ■ To say what you did, use the preterit. Avoid past description, just say what you did.

■ ■ ■ **Quedarse en** + **un hotel** = to stay in a hotel

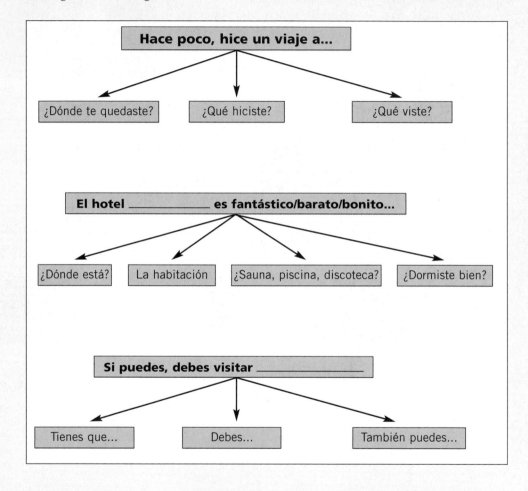

Hace poco, hice un viaje a...

¿Dónde te quedaste? ¿Qué hiciste? ¿Qué viste?

El hotel _____ es fantástico/barato/bonito...

¿Dónde está? La habitación ¿Sauna, piscina, discoteca? ¿Dormiste bien?

Si puedes, debes visitar _____

Tienes que... Debes... También puedes...

■ ■ ■ To describe the hotel, use the present tense. Remember to integrate hotel related vocabulary.

■ ■ ■ To give your friend advice, remember: **tienes que/debes/puedes** + *infinitive.*

Parte B. Reread your email. Have you included supporting details that will be of interest to your friend? Does the first paragraph contain preterit verb forms? Does the second use the present tense to describe the hotel? Do you vary expressions used to give advice in the third? Make any necessary changes.

Parte C. Staple all drafts and your final draft together to hand in to your instructor.

Vocabulario esencial II

I. Medios de transporte

1. el metro
2. el camión
3. el avión
4. el autobús
5. el barco

6. la bicicleta
7. la moto/motocicleta
8. el carro/coche/auto
9. el taxi
10. el tren

Otras palabras relacionadas con el transporte

el aeropuerto   airport
la estación (de trenes, autobuses)   (train, bus) station
la (camioneta) 4 × 4   SUV, 4 × 4
manejar (América Latina); **conducir** (España)   to drive
montar en bicicleta/moto   to ride a bike/motorcycle
ir en barco/tren/etc.   to go by ship/train/etc.

Actividad 24 **Asociaciones** Di qué medios de transporte se asocian con estas palabras: Greyhound, Northwest, U-haul, el color amarillo, Porsche, Titanic, Amtrak, Kawasaki, Trek, Ford Explorer.

Actividad 25 **Los transportes de tu ciudad** En parejas, hagan una lista de los medios de transporte de la ciudad donde Uds. estudian. Digan cuánto cuestan, qué zonas recorren y a qué hora empiezan su servicio. Expliquen también qué medios de transporte no hay y cuáles necesita su ciudad.

■ ■ ■ Avianca, la aerolínea nacional de Colombia, fue la primera aerolínea de este hemisferio; comenzó sus operaciones en el año 1919.

■ ■ ■ **Carro** is understood throughout most of Hispanic America, although in some countries **auto** and/or **coche** are used; **coche** is used in Spain. **Autobús** = **camión** (México), **guagua** (Puerto Rico, Cuba), **ómnibus** (Perú), **camioneta** (Guatemala). **Bus** is also used in some countries.

■ ■ ■ 4 × 4 = cuatro por cuatro

Actividad 26 En grupos de tres, hablen sobre las siguientes preguntas relacionadas con el transporte.

1. ¿Alguna vez durmieron en un tren o en un autobús? ¿Adónde fueron?
2. ¿Cuánto hace que viajaron en avión? ¿Adónde viajaron?
3. Cuando están en un autobús en la ciudad, ¿hablan con la persona que está a su lado? ¿Y cuando viajan en avión?
4. ¿Les gusta viajar en avión? ¿Por qué?
5. ¿Es divertido o tienen miedo de montar en moto?
6. ¿Les gusta montar en bicicleta por las montañas (*mountain*)?

II. El pasaje y el aeropuerto

■■■ Note the use of the 24-hour clock.

VIAJA
Viajes Internacionales

Apellido	Asiento	Fecha
VEGA	23A	26 DE AGOSTO

Destino	Vuelo	Salida	
NUEVA YORK	357	14:20	Se prohibe fumar en todos los vuelos de VIAJA.

Sr. Vega, su pasaje de ida y vuelta está confirmado. Puede llevar dos maletas y un bolso de mano pero hay un límite de 32 kilos por pasajero.
-- IDA --
VIAJA 357 de Caracas a Nueva York
    Salida de Caracas: 14:20
    Escala y aduana en Miami
    Llegada a Nueva York (JFK): 22:15
-- VUELTA -------------------------------------
VIAJA 358 de Nueva York a Caracas
    Salida de Nueva York (JFK): 13:15
    Escala en Miami
    Llegada a Caracas: 21:00
    Aduana en Caracas

▲ la tarjeta de embarque

To practice: Do Workbook, CD-ROM, and Web activities.

la aduana customs		**la llegada** arrival	
el asiento seat		**llegar a tiempo** on time	
del medio center		**con retraso** late	
del pasillo aisle		**el pasaje** ticket	
de la ventanilla window		**de ida** one way	
el bolso de mano hand/carry-on luggage		**de ida y vuelta** round trip	
el destino destination		**el/la pasajero/a** passenger	
el equipaje luggage		**la reserva** reservation	
la escala a stop, layover		**la salida** departure	
fumar to smoke		**el vuelo** flight	
la línea aérea airline		**la vuelta** return trip	

Actividad 27 **¿Qué es?** Contesta estas preguntas, usando el vocabulario del pasaje y de la información de la agencia de viajes.

1. ¿Cómo se llama el pasajero?
2. ¿El señor tiene un pasaje de ida o de ida y vuelta?
3. ¿Cómo se dice en español *a one-way ticket*?
4. ¿Qué se presenta a la entrada del avión antes de subir?
5. ¿Tiene el Sr. Vega un vuelo a Nueva York directo o con escala?
6. ¿Cuánto equipaje puede llevar el Sr. Vega? ¿Cuántos kilos puede llevar como máximo?
7. ¿Cuál es el número del asiento del Sr. Vega? ¿Es de la ventanilla o del pasillo? ¿Prefieres asiento de pasillo o de ventanilla? ¿Por qué?
8. ¿A qué hora llega el vuelo a Nueva York? ¿Y a Caracas?
9. ¿Sabes qué cosas no se pueden pasar por la aduana?
10. ¿Hay aduanas en aeropuertos que no son internacionales? ¿Qué aeropuertos de este país tienen aduana?

Actividad 28 **Información** En parejas, una persona necesita información sobre vuelos y le pregunta a un/a empleado/a del aeropuerto. Usen la siguiente información sobre vuelos para contestar las preguntas.

Llegadas internacionales

Línea aérea	Número de vuelo	Procedencia	Hora de llegada	Comentarios
Iberia	952	Lima	09:50	a tiempo
Aeropostal	354	Santo Domingo	10:29	11:05
LAN Chile	988	Santiago/Miami	12:45	a tiempo
LASCA	904	México/N.Y.	14:00	14:35

Salidas internacionales

Línea aérea	Número de vuelo	Destino	Hora de salida	Comentarios	Puerta
American Airlines	750	San Juan	10:55	11:15	2
Avianca	615	Bogotá	11:40	a tiempo	3
Aeropostal	357	Miami/N.Y.	14:20	a tiempo	7
Aeroméxico	511	México	15:00	16:05	9

1. ¿A qué hora llega el vuelo número 354 de Santo Domingo?
2. ¿De qué línea aérea es el vuelo 904? ¿Llega a tiempo o con retraso?
3. ¿De dónde viene el vuelo 952?
4. ¿A qué hora sale el vuelo 615 para Bogotá?
5. ¿De qué puerta sale el vuelo 615? ¿Sale con retraso?
6. ¿Adónde va el vuelo 511 de Aeroméxico?

Ahora cambien de papel.

1. ¿A qué hora sale el vuelo de Aeropostal a Miami?
2. ¿De dónde viene el vuelo 354?
3. ¿Llega a tiempo o con retraso el vuelo de México?
4. ¿A qué hora llega el vuelo de Santiago?
5. ¿Adónde va el vuelo 750 de American Airlines?
6. ¿De qué puerta sale el vuelo a Nueva York? ¿Sale con retraso?

Actividad 29 **La reserva** En parejas, Uds. están en México en una agencia de viajes. "A" es el/la cliente que habla con "B", un/a agente de viajes, para hacer una reserva. Lean el papel que les corresponde y mantengan una conversación en la agencia.

■■■ US$ = dólares estadounidenses
■■■ MX$ = pesos mexicanos

A. Cliente

Quieres viajar de México, D. F. a Lima el 23 de diciembre para volver el 2 de enero. No puedes salir por la mañana. No quieres hacer escala. Necesitas saber la aerolínea, la hora de salida y de llegada y el precio.

B. Agente

Usa la siguiente información para tomar la reserva.

TACA	México-Bogotá-Lima	Ida: US$399 (MX$4409)
	México 13:15	Ida y vuelta: US$668 (MX$7380)
	Lima 23:45	
LanPerú	México-Lima	Ida: US$530 (MX$5850)
	México 8:10	Ida y vuelta: US$739 (MX$8166)
	Lima 13:40	

Para escuchar

Un día normal en el aeropuerto

Pasajeros en el aeropuerto ➤
de Santo Domingo.

darse cuenta de algo	to realize something
No me di cuenta de la hora.	I didn't realize the time.
¿Cómo que...?	What do you mean . . . ?
¿Cómo que no hay asiento?	What do you mean there aren't seats?

Mientras Juan Carlos y Claudia tienen problemas en Segovia, Teresa también tiene algunos problemas durante su viaje. Antes de regresar a España, ella va a la República Dominicana para trabajar una semana en el aeropuerto. Mientras ayuda en el mostrador (check-in counter) *del aeropuerto de Santo Domingo, empiezan los problemas con los pasajeros.*

 Actividad 30 **¿Cierto o falso?** Lee las siguientes oraciones. Después, mientras escuchas las conversaciones, marca si estas oraciones son ciertas (**C**) o falsas (**F**).

1. _____ El señor es paciente.
2. _____ El señor quiere un asiento de pasillo.
3. _____ El niño viaja solo.
4. _____ Al final, el niño no lleva el ron.
5. _____ La señora perdió el pasaje.
6. _____ La señora llegó con un día de retraso.

 Actividad 31 **Los problemas de los pasajeros** **Parte A.** Después de escuchar las conversaciones otra vez, identifica cuáles son los problemas del señor, del niño y su madre, y de la señora.

Parte B. Ahora di cómo son físicamente el señor, la madre y la señora e identifica quién está confundido/a (*confused*), nerviosa/a, enojado/a, preocupado/a.

Gramática para la comunicación II

I. Indicating Time and Age in the Past: *Ser* and *tener*

■■■

Until now you have been using the *preterit* to talk about the past. The *imperfect*, which has its own set of rules, is also used when talking about the past.

1 ■ When you want to express age in the past, use an imperfect form of the verb **tener.**

tener	
tenía	teníamos
tenías	teníais
tenía	tenían

Álvaro **tenía** diez años cuando viajó en avión por primera vez.

Álvaro was ten when he flew for the first time.

Una vez, cuando **tenía** quince años, fui a Santo Domingo.

Once, when I was fifteen, I went to Santo Domingo.

2 ■ When you want to indicate the time an action took place, use the imperfect form of the verb **ser: era** or **eran.**

Era la una de la mañana cuando me llamó mi novia.

It was one in the morning when my girlfriend called me.

Eran las ocho cuando salí de mi casa.

It was eight when I left my house.

Actividad 32 **¿Cuántos años tenían?** **Parte A.** En parejas, averigüen cuántos años tenía su compañero/a cuando hizo estas cosas.

■■■ aprender a nadar

A: ¿Cuántos años tenías cuando aprendiste a nadar?

B: Tenía siete años cuando aprendí a nadar.

1. terminar la escuela secundaria
2. manejar un carro
3. tener su primer (*first*) trabajo
4. tener novio/a por primera vez
5. aprender a leer

Parte B. En parejas, averigüen cuántos años tenía alguien de su familia cuando ocurrieron estas cosas.

1. su madre / él/ella nacer (*to be born*)
2. su padre / él/ella nacer

Actividad 33 **Era medianoche cuando...** En parejas, lean la siguiente historia y después digan a qué hora ocurrieron las acciones que se presentan, empezando cada oración con **Era/Eran** (+ hora) **cuando...**

Era medianoche cuando Pablo llegó a casa. Una hora más tarde, alguien llamó por teléfono, pero él no contestó porque diez minutos antes había empezado (*had started*) a bañarse. Estuvo en el baño por media hora. Justo cuando salió de la bañera empezó un episodio viejo de "Seinfeld" donde un señor antipático no le quiere servir sopa a Elaine y ella se pone furiosa. Cuando terminó el programa, Pablo se acostó.

1. él / llegar / a casa
2. alguien / llamar
3. él / empezar a bañarse
4. el programa / empezar
5. él / acostarse

II. Avoiding Redundancies: Direct-Object Pronouns

In the conversation between the mother and the child at the airport, to what does **Las** refer in the following exchange?

NIÑO Mamá, ¿dónde pongo estas botellas de ron?

MADRE **Las** llevas en la mano.

■ ■ ■ **Compro <u>un pasaje</u>.** (**pasaje** = direct object)

Le **compro <u>un pasaje</u>** *a mi hermano.* (**pasaje** = direct object; **le/a mi hermano** = indirect object)

If you said **estas botellas de ron,** you are correct. By using the direct-object pronoun **las** instead of repeating **estas botellas de ron,** the conversation sounds more natural. We frequently use direct-object pronouns (**pronombres de complemento directo**) to avoid redundancy.

1 ■ A direct object (**objeto directo**) is the person or thing that is directly affected by the action of the verb. It answers the question *what?* or *whom?* In the sentence **Necesito un pasaje,** a ticket is *what* you need. In the sentence **Necesito a mi amigo,** your friend is *whom* you need. Remember that when the direct object is a person, it is preceded by the *personal* **a.**

■ ■ ■ Review the *personal* **a**, Ch. 4.

In Spanish, the direct object may be expressed by the direct-object pronoun to avoid redundancy, as you saw in the exchange above.

Direct-Object Pronouns	
me	nos
te	os
lo/la	los/las

Direct-object pronouns follow the same placement rules as the reflexive and the indirect-object pronouns. All object pronouns are placed:

a. before the conjugated verb,
b. after and attached to the infinitive, or
c. after and attached to the present participle (**-ando/-iendo**).

2 ■ Look at this email that Claudia and Juan Carlos sent to Marisel and see how they avoid redundancy.

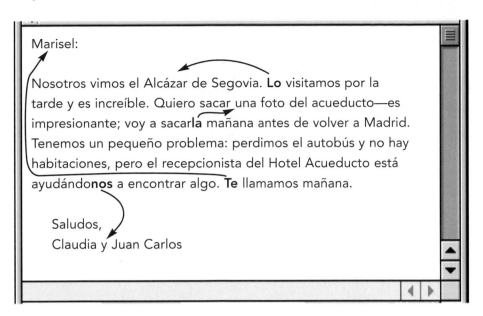

Marisel:

Nosotros vimos el Alcázar de Segovia. **Lo** visitamos por la tarde y es increíble. Quiero sacar una foto del acueducto—es impresionante; voy a sacar**la** mañana antes de volver a Madrid. Tenemos un pequeño problema: perdimos el autobús y no hay habitaciones, pero el recepcionista del Hotel Acueducto está ayudándo**nos** a encontrar algo. **Te** llamamos mañana.

Saludos,
Claudia y Juan Carlos

3 ■ The following verbs can frequently take direct objects.

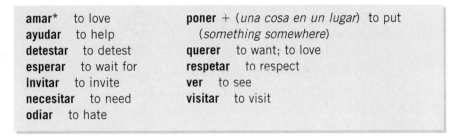

amar* to love	**poner** + (*una cosa en un lugar*) to put
ayudar to help	(*something somewhere*)
detestar to detest	**querer** to want; to love
esperar to wait for	**respetar** to respect
invitar to invite	**ver** to see
necesitar to need	**visitar** to visit
odiar to hate	

***NOTE:** Only use **amar** with people, **Amo a mis padres.** For inanimate objects or concepts, use **gustar** or **fascinar: Me gusta mucho tu camisa./Me fascina tocar el piano.**

—¿Antonia va a la fiesta de tu hermano?
—No sé, voy a invitar**la** esta tarde. **La** voy a ver en casa de Marta.
—¿Dónde pusiste los regalos?
—**Los** puse en mi habitación debajo de la cama.

■ ■ ■ ¿A qué o a quién se refiere la palabra **lo** en la tira cómica?

To practice: Do Workbook, Lab, CD-ROM, and Web activities.

Actividad 34 La redundancia Estas conversaciones no suenan (*sound*) bien porque tienen mucha redundancia. En parejas, cámbienlas usando pronombres para evitar la repetición.

—¿Dónde está mi tarjeta de embarque?
—¡Caray! Tienes la tarjeta de embarque en la mano.

—¿Compraste el pasaje?
—No, no compré el pasaje.
—¿Por qué no compraste el pasaje?
—Porque mi conexión a Internet no funciona hoy.
—¿Cuándo vas a comprar el pasaje?
—Voy a comprar el pasaje mañana si tengo conexión.

—Puse una canción nueva en mi móvil.
—¿Puedo escuchar la canción nueva?
—Claro. Pero para oír la canción nueva tienes que llamarme.

—¿Cuándo vas a hacer la maleta?
—Estoy haciendo la maleta ahora mismo.

—¿Llamaste al recepcionista para hacer la reserva de la habitación?
—Sí, llamé al recepcionista para hacer la reserva de la habitación.
—¿Y tienen aire acondicionado, caja fuerte y televisión satélite?
—Sí, tienen aire acondicionado, caja fuerte y televisión satélite.

■ ■ ■ **pareja** = partner/pair

Actividad 35 Las cosas para el viaje En parejas, una persona es el esposo y la otra es su esposa. Van a hacer un viaje y quieren saber dónde puso su pareja las siguientes cosas. Túrnense para hacer las preguntas.

■ ■ ■ A: ¿Dónde pusiste la cámara?
B: La puse en el bolso de mano.

Cosas: el champú, las gafas de sol, los trajes de baño, la máquina de afeitar, el peine, los zapatos de tenis, las sandalias, los cepillos de dientes, el pasaporte, los regalos, el móvil, la ropa interior, la tarjeta telefónica, los pasajes del ferry, la confirmación de la reserva del hotel, el niño
Lugares: la maleta, el carro, el bolso de mano

Actividad 36 Romeo y Julieta En parejas, inventen una conversación romántica entre los protagonistas de una telenovela (*soap opera*): Romeo y Julieta. Usen en la conversación un mínimo de tres de estos verbos en oraciones o preguntas: **querer, necesitar, odiar, detestar, respetar, invitar** y **esperar.**

■ ■ ■ Romeo: Julieta, te quiero.
Julieta: Yo también te quiero, pero mi padre te odia.

Actividad 37 **¿Te quiere o no te quiere?** **Parte A.** Escribe el nombre de un miembro de tu familia y de alguien que conoces fuera de tu familia con quien te llevas bien (*get along with well*) y un miembro de tu familia y alguien fuera de tu familia con quien te llevas mal.

	Me llevo bien con...	Me llevo mal con...
miembro de tu familia		
conocido		

Parte B. Combina verbos de las dos columnas para hablar de tu relación con las personas de la **Parte A.** Empieza cada oración con una persona de tu lista y su emoción. Luego di lo que haces tú.

▪▪▪ Mi cuñada Elena me odia y por eso yo no la visito nunca.

admirar   (no) invitar a comer
odiar   (no) visitar
querer   (no) llamar con frecuencia
necesitar   (no) ver mucho
detestar   (no) ayudar
respetar

Actividad 38 **Una entrevista** **Parte A.** En parejas, entrevístense para completar este cuestionario.

¿Cuándo empezaste a estudiar en esta universidad? _____
¿Estudiaste en otra universidad antes de venir aquí? Sí ☐ No ☐
   Si contesta que sí: ¿Cuándo empezaste a estudiar allí? _____
¿Trabajas? Sí ☐ No ☐
   Si contesta que sí: ¿Cuándo empezaste? _____
¿Cuál fue el último trabajo que tuviste? _____
   ¿Cuándo lo empezaste? _____
   ¿Cuándo lo dejaste? _____
¿Dónde vives?
   Residencia estudiantil ☐ Apartamento ☐ Casa ☐
   ¿Cuándo empezaste a vivir allí? _____
¿Vives con alguien? Sí ☐ No ☐
   Si contesta que sí: ¿Con quién vives? _____
¿Tienes carro? Sí ☐ No ☐
   Si contesta que sí: ¿Cuándo lo compraste? _____
¿Tienes bicicleta? Sí ☐ No ☐
   Si contesta que sí: ¿Cuándo la compraste? _____
¿Haces reservas de avión/hotel por Internet? Sí ☐ No ☐
   Si contesta que sí: ¿En qué sitios las haces? _____
¿Usas teléfono móvil para las llamadas de larga distancia? Sí ☐ No ☐
   Si contesta que sí: ¿Cuándo las haces?
   a toda hora ☐ por la noche y los fines de semana ☐

Parte B. Ahora, individualmente hagan un resumen de la información del cuestionario. Por ejemplo:

▪▪▪ Hace dos años que John estudia en esta universidad. Trabaja en la biblioteca y empezó a trabajar allí hace tres meses. Antes trabajó en un restaurante. Empezó a trabajar allí hace dos años y dejó de trabajar (*quit working*) allí el verano pasado...

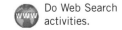
Do Web Search activities.

Más allá

El turismo

Cuando un turista visita un lugar, evidentemente necesita comer, beber y dormir y también viajar de una ciudad a otra. Normalmente visita lugares de interés como museos, parques y lugares históricos y, con frecuencia, compra souvenirs del lugar. Es por todo esto que el turismo es una industria que genera no solo mucho dinero sino también muchas oportunidades laborales.

- Alrededor de 50 millones de turistas de otros países visitan los Estados Unidos cada año, de los cuales 12 millones son mexicanos.
- Más o menos un millón de turistas que anualmente reciben los Estados Unidos vienen de España, Venezuela y Colombia.
- La página web dedicada al turismo del estado de Nueva York está en seis idiomas: alemán, español, francés, inglés, italiano y japonés.

El turismo crea empleos en las áreas de hoteles, restaurantes, producción y venta de souvenirs, agencias de viajes, transporte público, agencias de alquiler de coches, parques de atracciones, parques nacionales y museos. De todos los hispanos que llegan a los Estados Unidos, el 77% viene de vacaciones y dentro de este grupo, el 43% también visita a amigos o parientes durante su viaje. Los destinos turísticos más populares entre los hispanos son Los Ángeles, San Francisco, Miami, Chicago, Boston, Washington y Nueva York.

▲ Turistas hispanos en Disneylandia.

▲ Muchos sectores se benefician del dinero que gastan los turistas.

¿? ¿Tuviste alguna vez un trabajo relacionado con el turismo? Si contestas que sí, ¿cuál? En el futuro, ¿te gustaría trabajar en algo relacionado con el turismo? ¿Por qué sí o por qué no?

Vocabulario funcional

El teléfono

el área/prefijo	area code
el código internacional	international access code
el código/indicativo del país	country code
la llamada de larga distancia	long-distance call
la llamada local	local call
marcar directo	to dial direct

¿Aló?/Diga./Dígame.	Hello?
¿Está..., por favor?	Is . . . there, please?
Quisiera hablar con..., por favor.	I would like to speak with . . . , please.
¿De parte de quién?	Who is calling?
(De parte) de...	It's/This is . . .
¿Quién habla?	Who is speaking?
Habla...	It's/This is . . .
No, tiene el número equivocado.	No, you have the wrong number.
¿Puede(s) hablar más despacio, por favor?	Can you speak more slowly, please?
Quisiera dejarle un mensaje.	I would like to leave him/her a message.
¿Le puedo dejar un mensaje?	Can I leave a message for him/her?
¿Le puede(s) decir que llamó (Claudia)?	Can you tell him/her that (Claudia) called?
No tengo batería.	My battery is dead.
Tengo la batería baja.	My battery is low.
No tengo señal.	I don't have a signal.

El hotel

el almuerzo	lunch
el baño	bathroom
el botones	bellboy
la cena	dinner
la comida	meal
el desayuno	breakfast
la empleada (de servicio)	maid
la estrella	star
la habitación doble	double room
la habitación individual	single room
la maleta	suitcase
media pensión	breakfast and 1 meal included
la propina	tip
pensión completa	all meals included
la recepción	front desk
el/la recepcionista	receptionist

Medios de transporte

el aeropuerto	airport
el autobús	bus
el avión	plane
el barco	boat
la bicicleta	bicycle
el camión	truck
la (camioneta) 4 × 4	SUV, 4 × 4
el carro/coche/auto	car
conducir (España)/manejar (América Latina)	to drive
la estación (de trenes, autobuses)	(train, bus) station
ir en barco/tren/etc.	to go by ship/train/etc.
el metro	subway
la moto/motocicleta	motorcycle
el taxi	taxi
el tren	train
montar en bicicleta/moto	to ride a bike/motorcycle

El pasaje y el aeropuerto

la aduana	customs
el asiento	seat
del medio	center
de pasillo	aisle
de ventanilla	window
el bolso de mano	hand/carry-on luggage
el destino	destination
el equipaje	luggage
la escala	a stop, layover
fumar	to smoke
la línea aérea	airline
la llegada	arrival
llegar a tiempo	on time
con retraso	late
el pasaje	ticket
de ida	one way
de ida y vuelta	round trip
el/la pasajero/a	passenger
la reserva	reservation
la salida	departure
la tarjeta de embarque	boarding pass
la vuelta	return
el vuelo	flight

Verbos

amar	to love
ayudar	to help
construir	to build
creer	to believe (something)
detestar	to detest
esperar	to wait (for)
invitar	to invite
mentir (e ⟶ ie, i)	to lie
odiar	to hate
oír	to hear
quedarse en (+ place)	to stay in (+ place)
repetir (e ⟶ i, i)	to repeat
respetar	to respect
seguir (e ⟶ i, i)	to follow
sentirse (e ⟶ ie, i)	to feel

Palabras y expresiones útiles

¡Caray!	Darn! Rats! (negative); Wow! (positive)
¿Cómo que...?	What do you mean . . . ?
darse cuenta de algo	to realize something
Lo siento.	I'm sorry.
las noticias	news
por fin	at last, finally
próximo/a	next
quisiera/quisiéramos	I/we would like
Sí, cómo no.	Sure.
la última vez	the last time

8 La comida y los deportes

➤ Volcán Poás, Costa Rica.

Chapter Objectives

- Ordering food and planning a meal
- Expressing likes, dislikes, and opinions
- Avoiding redundancies in everyday speech
- Talking about sports
- Describing in the past
- Telling what you used to do

¿Qué saben?

1. Costa Rica solo cubre el 0,03% de la superficie total del planeta, pero contiene aproximadamente un _____ de la biodiversidad mundial.
   a. 2%   b. 4%   c. 6%

2. Desde 1869 la educación en Costa Rica es obligatoria y gratuita (*free*), y hoy día el _____ de la población sabe leer.
   a. 76%   b. 86%   c. 96%

3. Costa Rica no tiene _____ desde 1948.
   a. universidades privadas   b. militares   c. un gobierno estable

Para escuchar

¡Feliz cumpleaños!

◀ Niños en una carreta en Costa Rica.

echar de menos	to miss (*someone or something*)
a lo mejor	perhaps
aburrirse como una ostra	to be really bored (literally: *to be bored like an oyster*)

Después de pasar un año en España sin ver a su familia, Vicente regresa a Costa Rica de vacaciones para ver a sus padres y para celebrar su cumpleaños.

Actividad 1 **¿Cierto o falso?** Mientras escuchas la conversación entre Vicente y sus padres, escribe **C** si la oración es cierta y **F** si es falsa.

1. _____ Vicente le mandó una tarjeta virtual a su madre.
2. _____ A la madre le gustó la tarjeta.
3. _____ Hoy es el cumpleaños de Vicente.
4. _____ Los padres de Vicente le compraron un regalo.
5. _____ Vicente y sus padres van a ir a Sarchí.
6. _____ A lo mejor Vicente le compra un regalo a Teresa.

Actividad 2 **Preguntas** Después de escuchar la conversación otra vez, contesta estas preguntas.

1. ¿Por qué le mandó Vicente una tarjeta virtual a su madre?
2. ¿Qué le regalaron a Vicente sus padres para su cumpleaños?
3. ¿Qué van a hacer Vicente y su padre en Sarchí?
4. ¿Qué va a pasar esta noche en la casa de Vicente?
5. ¿Es verdad que la madre de Vicente se siente mal?
6. La madre de Vicente usa frases de origen religioso. ¿Cuáles son?

Actividad **3** **Echo de menos...** Ahora que Uds. están en la universidad, a lo mejor echan de menos algunas cosas (casa, pueblo, escuela secundaria, familia, perro, etc.). En parejas, hagan una lista de cinco cosas que echan de menos y de tres cosas que no echan de menos. Después, compartan sus ideas con la clase.

■■■ When speaking about a family pet, it is common to use the *personal* **a.**

■■■ Paul echa de menos a su perro... y yo echo de menos...

¿Lo sabían?

En español las palabras **Dios** y **Jesús** se oyen con frecuencia en las conversaciones. Esto no significa que la persona que las usa es religiosa o irrespetuosa. Algunas expresiones comunes que se usan son **¡Por Dios!**, **¡Dios mío!**, **Con la ayuda de Dios**, **¡Sabe Dios...!** (*Who knows . . .*), **Dios mediante** (*God willing*) y **Que Dios te acompañe** (*May God be with you*).

¿? ¿Es común usar el nombre de Dios en expresiones como estas en tu país?

Vocabulario esencial I

La comida

1. el cerdo
2. la sopa
3. el bistec/churrasco
4. el pescado
5. las arvejas
6. la coliflor
7. la zanahoria
8. los espárragos
9. el ajo
10. el pollo
11. los camarones
12. la copa de vino
13. el cuchillo
14. el plato
15. la cuchara
16. el vaso
17. el tenedor
18. el pan
19. la taza
20. la servilleta

■■■ Spoons come in many sizes. Some common sizes include **cuchara de sopa** and **cucharita de café.**

Las legumbres y los cereales (*Legumes and cereals*)

el arroz rice
los frijoles beans
las lentejas lentils

Las verduras (*Vegetables*)

la cebolla onion
las espinacas spinach
las habichuelas green beans
la lechuga lettuce
el maíz/elote corn
la papa potato
  el puré de papas mashed potatoes
  las papas fritas French fries
el tomate tomato

Las carnes (*Meats*)

la carne de res beef
la chuleta chop
el cordero lamb
la ternera veal

Las aves (*Poultry*)

el pavo turkey

Los postres (*Desserts*)

el flan Spanish egg custard
la fruta fruit
el helado ice cream
  de chocolate chocolate
  de vainilla vanilla

Otras palabras relacionadas con la comida

la bebida beverage
los cubiertos silverware
la cuenta the bill
la ensalada salad
  el aceite oil
  el vinagre vinegar
  la sal salt
  la pimienta pepper
poner la mesa to set the table
el primer/segundo plato first/second course
el queso cheese

■ ■ ■ NOTE: The following words are used in Spain: **los guisantes (las arvejas); las gambas (los camarones); la patata (la papa); las judías verdes (las habichuelas).**

■ ■ ■ Think of the names of food items when you eat.

To practice: Do Workbook, CD-ROM, and Web activities.

¿Lo sabían?

La comida básica de los países hispanos varía de región a región según la geografía. Por ejemplo, en la zona del Caribe la base de la comida es el plátano (*plantain*), el arroz y los frijoles. El maíz es importante especialmente en México y Centroamérica, y la papa en la región andina de Suramérica. En el Cono Sur se come mucha carne, producto de las pampas argentinas. Y en España, que está en una península y por eso tiene mucha costa, es común comer pescado y mariscos (*seafood*). El nombre de muchas comidas también varía según la región; por ejemplo, judías verdes, habichuelas, porotos verdes, vainas y ejotes son diferentes maneras de decir *green beans*.

¿? ¿Con qué regiones de los Estados Unidos relacionas estas comidas: langosta (*lobster*), "grits", "jambalaya" y el queso "cheddar"? ¿Por qué son populares estos platos en esas regiones?

Actividad 4 **¿Comen bien o mal?** En grupos de tres, averigüen qué comieron Uds. ayer en el almuerzo y en la cena e incluyan el primer plato, el segundo plato, el postre y la bebida. Luego decidan quién de los tres come bien y tiene una dieta buena.

Actividad 5 **La cena en el hospital** En grupos de tres, Uds. trabajan en la cocina de un hospital y necesitan planear la cena para los siguientes pacientes: el paciente No. 1 es vegetariano, la paciente No. 2 necesita una dieta de mucha proteína, el paciente No. 3 necesita comidas bajas en calorías. Incluyan el primer plato, el segundo plato, el postre y la bebida.

Actividad 6 **Cómo poner la mesa** Numera cada cosa que ves en esta foto de una mesa elegante.

1. copa de agua
2. copa de champán
3. copa de vino
4. cuchara de postre
5. cuchara de sopa
6. cuchillo de entrada (*first course*)
7. cuchillo de postre
8. cuchillo principal

9. pimentero (*pepper shaker*)
10. plato para pan
11. platos
12. salero (*salt shaker*)
13. servilleta
14. tenedor de entrada
15. tenedor de mariscos (*seafood*)
16. tenedor principal

Actividad 7 **¡Camarero!** En grupos de cuatro, una persona es el/la camarero/a y las otras tres son clientes que van a comer juntos en Los Ticos, un restaurante costarricense que tiene comida típica y comida internacional. Miren las siguientes listas de frases útiles para prepararse a pedir comida o a tomar el pedido (*the order*).

Camarero/a

¿Qué van a comer?
¿De primer plato?
¿De segundo plato?
¿Qué desean beber?
El/La... está muy bueno/a hoy.
El/La... está muy fresco/a hoy.
El menú del día es...
De postre tenemos...
Aquí tienen la cuenta.

Clientes

¿Está bueno/a el/la...?
¿Cómo está el/la...?
Me gustaría el/la...
¿Qué hay de primer/segundo plato?
¿Viene con papas?
¿Hay...?
¿Cuál es el menú del día?
¿Qué hay de postre?
La cuenta, por favor.

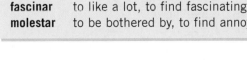

Los Ticos

Primer plato
Sopa de pollo ¢ 320
Sopa de verduras ¢ 350
Espárragos con mayonesa ¢ 425

Segundo plato
Pollo con salsa de espárragos ¢ 1900
Pollo al ajillo ¢ 1820
Pescado al curry ¢ 1859
Bistec con salsa de tomate ¢ 1950
Chuletas de cerdo a la
    plancha con puré de papas ¢ 1995
Espagueti con salsa blanca ¢ 1500

Platos típicos
Casado con pollo en salsa picante (con
    arroz, frijoles negros y ensalada mixta) ¢ 2200
Casado con bistec encebollado
    (con arroz, frijoles negros,
    plátano frito y ensalada mixta) ¢ 2500

Olla de carne (con papa,
    yuca, plátano verde, elote) ¢ 1200

Ensaladas
Mixta ¢ 350
Ensalada verde ¢ 360
Ensalada de pollo ¢ 400

Bebidas
Agua en botella ¢ 350
Refresco natural o tropical ¢ 325
Cervezas ¢ 500
Gaseosas (Pepsi, 7-Up) ¢ 475
Café ¢ 200
Café con leche ¢ 250

Postres
Ensalada de frutas ¢ 430
Helado de vainilla, chocolate ¢ 400
Flan de coco ¢ 510

Plato del día: primer plato –
    ensalada mixta o sopa de
    pescado, segundo plato – pollo
    al curry con arroz, postre – fruta
    y café ¢ 2390

■ ■ ■ ¢ = **colón** (Costa Rican currency)

Gramática para la comunicación I

I. Expressing Likes, Dislikes, and Opinions: Using Verbs Like *gustar*

■■■

In Chapter 2, you learned how to use the verb **gustar**.

¿**Te gusta** el festival?
Nos gustan las carretas de Sarchí.

1 ■ Here are some other verbs that function like **gustar**.

encantar	to like a lot, to love
faltar	to lack, to be missing
fascinar	to like a lot, to find fascinating
molestar	to be bothered by, to find annoying

¡Me fascina Buenos Aires, es una ciudad que tiene mucha vida!

A Vicente **le encanta** visitar a su familia.

Vicente loves to visit his family. (literally: Visiting his family is really pleasing to him.)

Le fascina hablar y salir con sus amigos,* pero **le molestan** las personas que fuman en los bares.

He likes to talk to and go out with his friends, but he is bothered by people who smoke in bars. (literally: . . . people that smoke in bars bother him.)

■ ■ ■ The verb agrees with what is loved, what bothers you, etc. The indirect-object pronoun tells who is affected. To review **gustar,** see Ch. 2.

*****NOTE:** Use the singular verb form when one or more infinitives follow.

2 ▪ The verb **parecer** (*to seem*) follows a similar pattern to **gustar,** but is generally used with an adjective. It is used in the singular when followed by a singular adjective or an idea introduced by **que** and in the plural when followed by a plural adjective.

Ese restaurante **me parece horrible.**	*This restaurant seems horrible to me.*
Esas chuletas de cerdo **me parecen exquisitas.**	*Those pork chops seem delicious to me.*
A ella **le parece que** es mejor comer afuera.	*It's seems better to her to eat outside.*

Notice the meaning of **parecer** when it is used in a question with the word **qué.**

—**¿Qué te pareció** el flan?	*How did you like (What did you think of) the flan?*
—**Me pareció** delicioso.	*I thought it was (seemed) delicious.*

▼ En México y en algunos países centroamericanos y suramericanos se usa una gran variedad de chiles en la preparación de comidas picantes.

▪▪▪ In many countries it is common to eat French fries with mayonnaise instead of ketchup.

Actividad 8 **¿No te gusta, te gusta o te encanta?** Vas a hacer una encuesta. Pregúntales a tus compañeros si les gustan estas cosas. Anota (*Jot down*) sus nombres en la columna apropiada y luego comparte la información con el resto de la clase.

▪▪▪

¿Te gusta la comida picante?

No, no me gusta.   Sí, me gusta.   Sí, me encanta.

	no gustar	gustar	encantar
la comida picante (*spicy*)	_____	_____	_____
los postres	_____	_____	_____
la coliflor	_____	_____	_____
cocinar	_____	_____	_____
los espárragos	_____	_____	_____
la zanahoria	_____	_____	_____
comer comida china	_____	_____	_____
las lentejas	_____	_____	_____
las papas fritas con mayonesa	_____	_____	_____
las habichuelas	_____	_____	_____

Actividad 9 **Las cosas que le faltan** En parejas, miren la siguiente lista y usen la imaginación para decir las tres cosas más importantes que le faltan a la universidad y las tres cosas más importantes que le faltan a la cafetería.

▪▪▪ A esta universidad le falta(n)… También le…

En general

laboratorios de computadoras
lugares para estacionar (*to park*)
espacio verde
residencias modernas
un periódico estudiantil informativo
diversidad étnica

Comida

fruta orgánica
variedad de helados
verduras frescas
café bueno
porciones grandes
una cafetería abierta las 24 horas

Actividad *10* **¿Te molesta? Parte A.** En parejas, digan si les encanta o si les molesta hablar de los siguientes temas: la política, la religión, el arte, la música, los problemas de otros, sus problemas, la economía, la comida, la vida de personas famosas, los deportes, la ropa.

Parte B. Teniendo en cuenta los temas que le encantan a su compañero/a, sugiéranle una revista.

■■■ Debes comprar *Rolling Stone* porque te encanta...

Actividad *11* **¿Qué te pareció? Parte A.** En parejas, túrnense para averiguar qué opina su compañero/a sobre estos temas.

■■■ A: ¿Qué te pareció la última prueba de la clase de español?
    B: Me pareció fácil/difícil/justa/etc.

1. el partido del último *Superbowl*
2. los resultados de las últimas elecciones
3. los escándalos presidenciales de Clinton
4. la última película de Hilary Swank
5. tus clases del semestre pasado
6. el último disco compacto de Beyonce

Parte B. Ahora, pregúntenle a su compañero/a cuál de los temas de la **Parte A** le interesa más: los deportes, la política, el cine, la universidad o la música. Luego conversen con su pareja sobre ese tema por un minuto. Por ejemplo, si a su pareja le interesa la música:

■■■ A: ¿Cuál de los temas te interesa más: los deportes, la política, etc.?
    B: Me interesa más la música.
    A: ¿Qué te parece la música de...?

II. Avoiding Redundancies: Combining Direct- and Indirect-Object Pronouns

■■■

In the conversation, you heard Vicente's father say to his son, "**Vamos a darte tu regalo de cumpleaños. Te lo compramos porque sabemos que es algo que te gusta.**" In the last sentence, *to whom* and *to what* do you think the words **te** and **lo** refer?

If you said *to Vicente* and *to the gift*, you were correct.

In Chapters 6 and 7 you learned how to use the indirect- and the direct-object pronouns separately. Remember that the subject performs the action, the indirect object tells *for whom* or *to whom* the action is done, and the direct object is the person or thing that is directly affected by the action and answers the question *what* or *whom*.

Indirect-Object Pronouns	
me	nos
te	os
le	les

Direct-Object Pronouns	
me	nos
te	os
lo, la	los, las

—**Le** compré un pastel para el cumpleaños.

I bought her a cake for her birthday.

—Y ¿mandaste el regalo?
—Sí, **lo** mandé.

And did you send the gift?
Yes, I sent it.

1 ■ When you use both an indirect- and a direct-object pronoun in the same sentence, the indirect-object pronoun immediately precedes the direct-object pronoun.

> Mi novio me dio <u>una raqueta</u>.   ¿Quién te compró <u>el pastel</u>?
>
> Mi novio **me la** dio.   ¿Quién **te lo** compró?
> *My boyfriend gave it to me.*   *Who bought it for you?*

2 ■ The indirect-object pronouns **le** and **les** become **se** when combined with the direct-object pronouns **lo, la, los,** and **las**. The chart on the right shows all possible combinations.

> me lo, me la, me los, me las
> te lo, te la, te los, te las
> se lo, se la, se los, se las
> nos lo, nos la, nos los, nos las
> os lo, os la, os los, os las
> se lo, se la, se los, se las

> le/les ⟶ **se** + lo/la/los/las
> Le voy a pedir un café (a Inés). ⟶ **Se lo** voy a pedir (a Inés/a ella).
> Les escribí las instrucciones (a ellos). ⟶ **Se las** escribí (a ellos).

NOTE: Never use **me lo, me la,** etc., with verbs like **gustar** since the noun following the verb is not a direct object, but rather the subject of the verb.

3 ■ Remember that object pronouns either precede a conjugated verb or are attached to the end of an infinitive or present participle.

■ ■ ■ Remember to add accents when needed.

> **Se lo preparé** ayer.   = ———
> **Se lo voy** a preparar.   = Voy a prepar**árselo.**
> **Se la estoy** escribiendo.   = Estoy escrib**iéndosela.**

Actividad 12 **Me lo, me la...** La conversación que escuchaste al principio de este capítulo usa pronombres de complemento directo e indirecto para evitar la redundancia. Mira las páginas R19–R20 y di a qué o a quién se refieren las palabras en negrita en las siguientes líneas. ¡Ojo! Tienes que leer estas líneas en el con-texto de la conversación para poder contestarlas.

1. MADRE: … Y muchas gracias por la tarjeta virtual que **me** mandaste para mi santo.
2. VICENTE: Cuando vi esa tarjeta en Internet, **te la** mandé inmediatamente.
3. PADRE: Sí, **lo** celebran hoy.
4. PADRE: Sí, yo conozco un lugar perfecto donde **se la** puedes comprar.

■ ■ ■ Remember: The indirect-object pronouns **le** and **les** become **se** when followed by **lo, la, los,** and **las.**

Actividad 13 **La redundancia** Estas conversaciones tienen mucha repetición innecesaria. En parejas, arréglenlas (*fix them*) para hacerlas más naturales.

1. A: ¿Piensas comprarle un regalo a tu hermano?
   B: Sí, mañana pienso comprarle un regalo a mi hermano.
   A: ¿Cuándo vas a mandarle el regalo a tu hermano?
   B: Voy a mandarle el regalo a mi hermano mañana por la tarde.

2. A: Vicente, ¿les trajiste los cubiertos a Teresa y a Marisel?
   B. No, no les traje los cubiertos a Teresa y a Marisel. ¿Quieres que les traiga los cubiertos a Teresa y a Marisel mañana?
   A: Claro, mañana puedes traerles los cubiertos.

3. A: ¿Cuándo vas a prepararme mi comida favorita?
   B: Estoy preparándote tu comida favorita ahora.
   A: Pero no me gustan los frijoles. Siempre dices que vas a prepararme mi comida favorita y nunca me preparas esa comida. No me quieres.
   B: Bueno, bueno. Voy a prepararte tu comida favorita mañana. Perdón, mi amor, ¿cuál es tu comida favorita?

Actividad 14 ¿**Lo hiciste?** En parejas, Uds. son hermanos/as y están preparando comida. En parejas, usen las oraciones de la lista que sigue para formar dos conversaciones lógicas de seis líneas cada una. A continuación tienen la primera oración de cada conversación.

Conversación A
—¿Me compraste el pollo?
—¿ ?

Conversación B
—¿Me compraste la carne?
—¿ ?

_____ Ah, es verdad. Los puse en la mesa.

_____ Sí, te lo compré anoche. ¿Y tú? ¿Le preparaste los frijoles a la abuela?

_____ Te lo di, ¿no?

_____ No, no se los preparé.

_____ Perfecto. ¿Puedes darme los cubiertos?

_____ Sí, se lo preparé.

_____ Ah, es cierto. Y yo se lo di a Carmen.

_____ Sí, te la compré anoche. ¿Y tú? ¿Le preparaste el pastel a Juancito?

_____ Te los di, ¿no?

_____ ¿Puedes prepararlos ahora, por favor? ¿Y cuándo vas a darme el dinero para el supermercado?

Actividad 15 **En casa** En parejas, túrnense para hacerse las siguientes preguntas sobre la última vez que visitaron a sus padres. Cuando puedan, contesten usando pronombres de complemento directo e indirecto para evitar la redundancia.

La última vez que estuviste en la casa de tus padres...

¿quién te preparó la comida?
¿saliste a comer en un restaurante? ¿Con quién o con quiénes fuiste? ¿Quién pagó la cuenta?
¿tu madre o padre te enseñó a preparar tu comida favorita?
¿tus padres te dieron comida para llevar a la universidad? ¿Qué te dieron?
¿quién te lavó la ropa?
¿les mandaste emails a tus amigos de la universidad?
¿estudiaste español?
¿tu madre o tu padre te dio dinero al salir de casa?

Actividad 16 **No es así** Las oraciones de la primera columna contienen información incorrecta. La segunda columna contiene la información necesaria para corregirlas, pero está fuera de orden. En parejas, túrnense para leer estas oraciones. Al leer una oración, la otra persona tiene que corregir la información. Sigan el modelo.

■■■ A: Los navajos le vendieron la ciudad de Nueva York a Peter Minuit.
B: No, los lenapes **se la** vendieron.

1. Los navajos le vendieron la ciudad de Nueva York a Peter Minuit.
2. Los aztecas les ofrecieron la papa a los españoles.
3. La Cruz Roja le construye casas a la gente necesitada.
4. El avión Barón Rojo les tiró la bomba atómica a los habitantes de Hiroshima.
5. Los mayas les dieron el chocolate a los españoles.
6. En el 2000 los ingleses le dieron el control del canal a Panamá.
7. AmeriCorps les da asistencia médica a personas enfermas en todo el mundo.
8. Julián de Medici le financió el viaje a Cristóbal Colón.
9. Inglaterra les regaló la Estatua de la Libertad a los norteamericanos.

a. los incas
b. Francia
c. Isabel la Católica
d. Habitat para la Humanidad
e. los lenapes
f. los aztecas
g. los norteamericanos
h. Médicos Sin Fronteras
i. Enola Gay

III. Using *ya* and *todavía*

A. *Ya*

1 ■ **Ya** means *already* or *now*. Context helps determine which meaning is being conveyed.

—¿Te explico la lección?   *Shall I explain the lesson to you?*
—No, gracias. **Ya** la entiendo.   *No, thank you. I **already** understand it.*

—¿Ves? Así se hace una tortilla.   *See? This is how a tortilla is made.*
—¡Ah! ¡**Ya** entiendo!   ***Now** I understand!*

2 ■ **Ya no** means *no longer, not anymore.*

Ya no tengo que estudiar porque   *I **don't** have to study **anymore** because*
   terminé los exámenes.   *I finished my exams.*
Ya no fumo.   *I **don't** smoke **anymore**./I **no longer** smoke.*

B. *Todavía*

1 ■ **Todavía** means *still.*

Todavía tengo problemas.   *I **still** have problems.*

2 ■ **Todavía no** means *not yet.*

—¿Estudiaste?   *Did you study?*
—**Todavía no.**   ***Not yet.***

To practice: Do Workbook, CD-ROM, and Web activities.

Actividad ***17*** **¿Ya estudiamos...?** En parejas, háganse preguntas para ver si ya estudiaron los siguientes temas en esta clase de español.

■■■   A: ¿Ya estudiamos el pretérito?

B: Sí, ya lo estudiamos.   B: Todavía no.

1. el objeto directo
2. el imperfecto
3. el subjuntivo
4. los números del cien al millón
5. palabras afirmativas y negativas
6. las comparaciones

Actividad 18 **En el restaurante** **Parte A.** En parejas, una persona es el/la camarero/a y cubre la columna A y la otra persona es el/la dueño/a (*owner*) y cubre la columna B. Los dos quieren saber si la otra persona hizo las cosas que tenía que hacer. El/La dueño/a hace preguntas primero, basándose en la información de la columna A.

■ ■ ■ Remember to address each other formally.

■ ■ ■ Dueño/a: ¿Le llevó la comida a la mesa 2?
  Camarero/a: Sí, ya se la llevé./No, todavía no se la llevé.

A (Dueño/a)

Esto es lo que tienes que hacer:

- ☐ llevarles el pescado a los clientes de la mesa 1
- ☐ limpiar (*clean*) la mesa 4
- ☐ poner la mesa 4
- ☐ servirle las chuletas a la señora de la mesa 2
- ☐ tomar todos los pedidos (*orders*)
- ☐ poner los cubiertos en la mesa 3

B (Camarero/a)

Esto es lo que tiene que hacer el/la dueño/a:

- ☑ limpiar (*clean*) la mesa 4
- ☐ servirle las chuletas a la señora de la mesa 2
- ☐ llevarles el pescado a los clientes de la mesa 1
- ☑ poner los cubiertos en la mesa 3
- ☐ poner la mesa 4
- ☑ tomar todos los pedidos (*orders*)

■ ■ ■ A check mark indicates that the task has been completed.

Parte B. Ahora, el/la camarero/a hace las preguntas, basándose en la información de la columna B abajo.

A (Dueño/a)

Cosas que debes hacer:

- ☑ prepararle la cuenta a la mesa 4
- ☐ traer los cubiertos para el postre
- ☑ servirles una copita de coñac a las personas de la mesa 5
- ☑ darle la lista de platos especiales para mañana al chef
- ☐ comprar más vinagre para esta noche

B (Camarero/a)

Cosas que debe hacer el/la dueño/a:

- ☐ traer los cubiertos para el postre
- ☐ darle la lista de platos especiales para mañana al chef
- ☐ prepararle la cuenta a la mesa 4
- ☐ comprar más vinagre para esta noche
- ☐ servirles una copita de coñac a las personas de la mesa 5

Nuevos horizontes

Lectura ESTRATEGIA: Finding References

When reading in Spanish, as in English, you need to identify the subject of a sentence to discern who is doing or did what, and you also need to identify the referent for object pronouns to understand what is done to whom.

- In Spanish the subject generally precedes the verb, but it may also follow.
  Mi madre le regaló una corbata a mi padre.
  Le regaló **mi madre** una corbata a mi padre.
  Mi padre se puso la corbata que le regaló **mi madre.**

- Subjects usually follow verbs like **gustar,** or they may be omitted altogether. Infinitives may also serve as subjects of verbs like **gustar.**
  —¿Le gustan mucho **los deportes?**   —¿Le gusta mucho **jugar?**
  —Sí, le encantan.   —Sí, le fascina.

- With the verb **parecer,** a noun phrase or a clause introduced by **que** can function as the subject. Also, if the subject is omitted when using **parecer,** you will need to look at the preceding sentences to identify it.
  Me parece interesante **la película.**
  Me parece **que la película es interesante.**
  Ya vi **esa película.** Me pareció interesante.

In Spanish, as in English, writers frequently use pronouns to avoid redundancies. As you read, it is necessary to identify the referent for subject, object, and reflexive pronouns.

Subject pronouns: **yo, tú, Ud., él, ella, nosotros/as, vosotros/as, Uds., ellos/as**
Direct-object pronouns: **me, te, lo/la, nos, os, los/las**
Indirect-object pronouns: **me, te, le (se), nos, os, les (se)**
Reflexive pronouns: **me, te, se, nos, os, se**

You will practice identifying subjects of verbs and finding referents for pronouns in the reading passage that follows.

■■■ noun phrase: a phrase that has a noun, but not a conjugated verb

clause: a phrase that has a conjugated verb

■■■ Remember: The indirect-object pronouns **le** and **les** become **se** when followed by **lo, la, los,** or **las.**

Actividad *19* **Los deportistas profesionales** Antes de leer un artículo sobre el fútbol, habla sobre las siguientes preguntas.

1. Generalmente, ¿cuántos años juega profesionalmente un deportista? ¿Siempre juega en el mismo equipo (*team*)?
2. ¿En ciertos deportes, hay un límite de dinero que puede recibir un jugador? ¿En ciertos deportes, hay un límite de dinero que puede gastar un equipo en sueldos (*wages*) para los jugadores?
3. ¿Reciben los jugadores primas o bonos, es decir dinero extra, si hacen algo especial (por ejemplo si un lanzador [*pitcher*] de béisbol gana más de 20 partidos)?
4. ¿Cuánto tiempo pasa hasta que un jugador puede ser un agente libre (*free agent*)?
5. ¿Cómo te sientes cuando un jugador cambia de equipo? ¿Y cuando un equipo cambia de ciudad como cuando los Rams fueron de Los Ángeles a St. Louis?
6. ¿Puedes nombrar jugadores de la NBA que no son de este país? ¿Y de béisbol?

Actividad 20 Predicciones **Parte A.** En el siguiente artículo llamado "El fútbol y yo", el escritor comenta que no está muy contento con el fútbol profesional. Piensa tú en algunos de los problemas de los deportes profesionales en los Estados Unidos y antes de leer el artículo, contesta esta pregunta: ¿Qué quejas (*complaints*) crees que puede tener el escritor sobre el fútbol? Escribe una lista de por lo menos tres quejas.

■■■ Los jugadores no son buenos modelos para los jóvenes.

Parte B. Lee el artículo rápidamente para confirmar o corregir tus predicciones.

El fútbol y yo
Adolfo Marsillach

Hay algunas cosas de **las** que últimamente me estoy quitando. Y entre **ellas** está el fútbol. Ya no me **gusta.** Recuerdo que cuando era jovencito jugué de
5 portero y me metían muchos goles, pero yo lo pasaba muy bien. Luego, **me** hice partidario de un equipo de mi ciudad que
10 **perdía** casi siempre. Este fracaso[1] continuo me parecía fascinante porque venía a coincidir con mi idea romántica de enten-
15 der la vida. (Me **encanta** sentirme al lado de los perdedores. No hay que darme las gracias, natural-mente.)
20   En aquella época, el fútbol reunía dos condiciones estupendas: era un juego que se basaba en atacar y hacer gol y, por
25 otra, los jugadores pertenecían a la región que **representaba** el equipo para el que **estaban**

▲ Un partido entre Bolivia y España.

jugando. En cuanto se **pusieron** de moda[2] las tácticas defensivas y se contrataron —a precios irritantes— futbolistas de todos los países del
30 mundo, comencé a aburrirme como una ostra. (No sé quién descubrió que las ostras se aburren: segu-ramente alguien que no
35 tenía nada que hacer.)
    Y, además, está lo de las primas[3]. Me **parece** escandaloso que se premie a un individuo para que
40 haga bien algo que está obligado a no hacer mal. Vamos, como si a un actor **le** entregaran unas peseti-llas[4] para que diga su texto
45 sin equivocarse. Bueno, lo dejo, no vaya a dar ideas.

Adolfo Marsillach, español, ex director de la Compañía Nacional de Teatro Clásico.

1 *failure* 2 *became fashionable* 3 dinero extra 4 unas pocas pesetas (*old Spanish currency before the euro*)

Actividad 21 Las referencias Ahora lee el artículo otra vez para contestar estas preguntas.

1. ¿A qué o a quiénes se refieren estos pronombres?
   a. **las** (línea 1)
   b. **ellas** (línea 2)
   c. **me** (línea 8)
   d. **le** (línea 43)

2. ¿Cuáles son los sujetos de estos verbos?
   a. **gusta** (línea 3)
   b. **perdía** (línea 10)
   c. **encanta** (línea 15)
   d. **representaba** (línea 26)
   e. **estaban jugando** (líneas 26–27)
   f. **pusieron** (línea 27)
   g. **parece** (línea 37)

Actividad 22 **¿Qué opina?** **Parte A.** Adolfo Marsillach, que escribe el artículo, está un poco molesto con el fútbol. ¿Cuáles son las tres razones que menciona?

1. Ahora es un juego defensivo y no ofensivo.
2. Su equipo favorito siempre pierde.
3. Los jugadores del mismo equipo son de todas partes del mundo.
4. A los jugadores les dan demasiado dinero y hasta les dan pagos extra simplemente por hacer su trabajo.
5. Hay muchos escándalos hoy en día, como el consumo de drogas ilegales.

Parte B. En parejas, discutan las siguientes preguntas sobre los deportes.

1. ¿Los deportistas ganan (*earn*) poco, mucho o demasiado dinero?
2. ¿Abusan las universidades de sus deportistas?
3. Las mujeres deportistas normalmente ganan menos dinero que los hombres. ¿Va a cambiar en el futuro? ¿Va a ser más popular en el futuro el basquetbol o el voleibol de mujeres?
4. ¿Qué les gustaría ser: un político famoso, un deportista famoso, un actor famoso o una persona normal con un trabajo interesante? ¿Por qué?
5. Hay deportistas como Mike Tyson, Kobe Bryant, Diego Maradona y O. J. Simpson que tienen problemas con la ley. ¿Les molesta eso? ¿Por qué sí o no?
6. Sabemos que muchos deportistas toman esteroides. ¿Es esto un gran problema? ¿Debe haber controles más estrictos en las ligas profesionales? ¿En las universidades? ¿En las escuelas primarias y secundarias?

Escritura   ESTRATEGIA: **Avoiding Redundancy**

When writing in Spanish, you should avoid redundancy whenever possible to make the text more pleasing to read. One way of doing this is to use direct- and indirect-object pronouns to avoid needless repetition.

Another way to enrich your writing is to express similar thoughts using different words. For example:

me gusta $\longrightarrow$ me encanta $\longrightarrow$ me fascina
me molesta $\longrightarrow$ no me gusta $\longrightarrow$ no me gusta nada
la Universidad de Harvard $\longrightarrow$ la universidad $\longrightarrow$ Harvard

Actividad 23 **Tus impresiones** **Parte A.** Write two or three paragraphs on the following topic. Conclude with two or three sentences that summarize your opinions.

¿Te parece buena, mala o regular tu universidad? ¿Qué te gusta de la universidad y qué le falta a la universidad?

Parte B. Check your draft to see if you did the following and then make any necessary corrections.

- Did you support your opinions or simply state them?
- To support opinions, did you use words like **por eso, por lo tanto** (*therefore*), **como resultado** (*as a result*), **eso quiere decir que, es decir** (*that is*), **porque,** etc.?

Parte C. Staple all drafts together and turn them in to your instructor.

Vocabulario esencial II

Los artículos deportivos

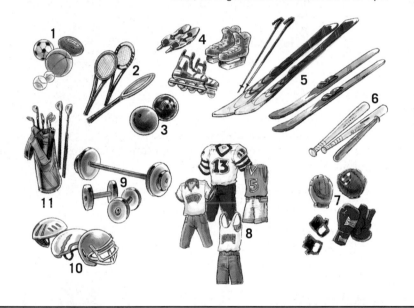

El Estadio del Deporte

312 Alcalá   Tel: 456 33 42

SE CIERRA EL NEGOCIO
GRANDES REBAJAS

Tenemos todo lo que Ud. necesita para los deportes: en el campo de fútbol, en la cancha de tenis, en el gimnasio. Uniformes de todo tipo.

1. los balones de fútbol, fútbol americano, basquetbol y las pelotas de tenis, squash, golf y béisbol
2. las raquetas de tenis y de squash
3. las bolas de bolos
4. los patines de hielo y en línea
5. los esquíes de agua y de nieve
6. los bates
7. los guantes de béisbol, boxeo y ciclismo
8. los uniformes
9. las pesas
10. los cascos de bicicleta, moto y fútbol americano
11. los palos de golf

■■■ jugar a los bolos = jugar al boliche

Otras palabras relacionadas con los deportes

el/la campeón/campeona   champion
el campeonato   championship
el equipo   team; equipment, gear
ganar   to win
el/la hincha   fan
el/la jugador/a   player
el partido   game
el torneo   tournament

To practice: Do Workbook, CD-ROM, and Web activities.

Actividad 24 Asociaciones Asocia estas personas con un deporte y los objetos que se usan en ese deporte.

1. Serena y Venus Williams
2. Pelé y Hugo Sánchez
3. Shaq y Kobe
4. Sammy Sosa y Nomar Garcíaparra
5. Michelle Kwan y Sasha Cohen
6. Arnold Schwarzenegger
7. Muhammad Ali y Óscar de la Hoya
8. Tiger Woods y Sergio García
9. Tom Brady, Tiki Barber y Peyton Manning
10. Laverne y Shirley

Actividad 25 ¿Son Uds. deportistas? En grupos de cuatro, identifiquen estos equipos y digan de dónde son, a qué deporte juegan, cómo se llama el estadio donde juegan, cuáles son los colores de su uniforme, y cuándo fue la última vez que ganaron la Serie Mundial o el Superbowl.

▪▪▪ El equipo de los Packers es de Green Bay, Wisconsin. Ellos juegan al fútbol americano en el Estadio Lambeau. Los colores de su uniforme son verde y amarillo. Hace (más o menos) XX años que ganaron el Superbowl.

1. los Yankees
2. los Bears
3. los Broncos
4. los Blue Jays
5. los Twins
6. los Patriots

Actividad 26 Opiniones Los deportes favoritos cambian de país en país. En grupos de cuatro, digan cuáles son los deportes más populares de su país, de Suramérica y del Caribe y por qué creen que son populares. Después de terminar, comparen sus opiniones con las de otros grupos.

▪▪▪ A: Para mí el béisbol es...
B: No, para mí el béisbol no es el deporte...
C: El fútbol americano puede ser el deporte... porque...

¿Lo sabían?

En la mayoría de los países hispanos el fútbol es el deporte más popular. Es un deporte muy económico porque solo se necesita un balón y se puede jugar en cualquier lugar. En los Estados Unidos vive un comentarista argentino de fútbol llamado Andrés Cantor. Él es famoso por su gran conocimiento de todos los aspectos de este deporte, pero quizá es más famoso por la manera en que grita la palabra **gol.** Un "¡GOOOOOOL!" de Cantor puede durar más de 20 segundos.

En el Caribe el deporte más popular es el béisbol. A principios del siglo XX, los norteamericanos lo llevaron a esa zona porque tiene un clima ideal que permite practicar el deporte todo el año. Otros deportes populares en el mundo hispano incluyen el voleibol y el atletismo (*track*) en Cuba, el boxeo en Panamá y Cuba y el basquetbol en España y en Puerto Rico.

En países como España, México y Perú, la corrida de toros es popular. A mucha gente le gusta ver la corrida y la considera un arte y no un deporte, pero también hay muchas personas a quienes no les gusta.

MARTES
DIA **18** DE AGOSTO
6 TOROS 6
DE LA GANADERIA DE
D. NAZARIO IBAÑEZ AZORIN,
DE YECLA (MURCIA).

(X)

PARA LOS ESPADAS:
**PEPIN JIMENEZ
CRISTINA SANCHEZ
ANTONIO FERRERA**

¿? ¿Te parece cruel la corrida de toros? ¿Por qué crees que algunos la consideran un arte? ¿Por qué el fútbol profesional no es tan popular en los Estados Unidos como en el resto del mundo?

Actividad 27 **¿Y tú?** En parejas, pregúntenle a su compañero/a qué deportes practica y qué equipo tiene para jugarlos. Averigüen también qué deportes le gusta ver (en el estadio o en la televisión) y cuáles no le gustan nada.

Para escuchar

Teresa, campeona de tenis

◄ Playa Brasilito, Costa Rica.

cambiando de tema	changing the subject
dejar de + *infinitive*	to stop/quit + -ing
Te va a salir caro.	It's going to cost you.

Vicente acaba de volver de sus vacaciones en Costa Rica y está hablando con Teresa.

Actividad 28 **¿Qué hizo?** Mientras escuchas la conversación, marca las cosas que hizo Vicente en Costa Rica.

1. _____ Pasó tiempo con sus padres.
2. _____ Salió con sus amigos.
3. _____ Votó en las elecciones.
4. _____ Fue a la playa.
5. _____ Jugó un partido de fútbol.
6. _____ Fue a un partido de fútbol.
7. _____ Vio a una estrella de cine.
8. _____ Notó tensión por problemas económicos.
9. _____ Jugó al tenis.
10. _____ Ganó un partido de tenis.

Actividad 29 **¿Entendiste?** Escucha la conversación otra vez y contesta estas preguntas.

1. ¿Qué grita Andrés Cantor?
2. ¿Cómo es la situación económica de Costa Rica? ¿Y del resto de Centroamérica?
3. Teresa fue campeona de tenis, pero dejó de jugar. ¿Cuándo dejó de jugar?
4. Teresa y Vicente van a jugar al tenis. ¿Qué va a pasar si gana Vicente? ¿Y si gana Teresa?

Actividad 30 **¿Quién va a ganar?** En parejas, usen la información de la conversación para predecir quién va a ganar el partido de tenis, Teresa o Vicente, y por qué.

■■■ En mi opinión... porque.../Para mí... porque...

Actividad 31 **Problemas económicos** Uds. acaban de recibir la cuenta de Visa y no tienen dinero para pagarla. En parejas, decidan qué van a dejar de hacer para ahorrar (*save*) el dinero.

■■■ Ahora tomo mucho café en Starbucks, pero puedo dejar de comprar café.

Gramática para la comunicación II

Describing in the Past: The Imperfect

■■■

■■■ **(tú) dices = (vos) decís** (Argentina)
mamuts = wooly mammoth

In the conversation, when talking about tennis, Vicente said, "**Practicaba todos los días...**" and Teresa responded, "**Yo también jugaba mucho.**" In these sentences, do the verbs **practicaba** and **jugaba** refer to past actions that occurred only once or to habitual past actions?

If your response is habitual past actions, you are correct.

As you have already learned, the preterit in Spanish is used to talk about completed past actions. There is another set of past tense forms, the imperfect, whose main function is to describe and to report habitual actions.

A. Formation of the Imperfect

1 ■ To form the imperfect of *all* **-ar** verbs, add **-aba** to the stem.

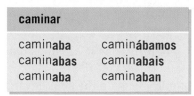

caminar	
camin**aba**	camin**ábamos**
camin**abas**	camin**abais**
camin**aba**	camin**aban**

NOTE: All **-ar** verbs in the **nosotros** form have an accent.

2 ■ To form the imperfect of **-er** and **-ir** verbs, add **-ía** to the stem.

volver	
volv**ía**	volv**íamos**
volv**ías**	volv**íais**
volv**ía**	volv**ían**

salir	
sal**ía**	sal**íamos**
sal**ías**	sal**íais**
sal**ía**	sal**ían**

NOTE: Accents are used in **-er** and **-ir** verbs to break diphthongs.

3 ■ There are only three irregular verbs in the imperfect.

ser	
era	éramos
eras	erais
era	eran

ver	
veía	veíamos
veías	veíais
veía	veían

ir	
iba	íbamos
ibas	ibais
iba	iban

B. Using the Imperfect

1 ■ As you learned in Chapter 7, the imperfect (**el imperfecto**) is always used when telling time and one's age in the past.

Eran las diez de la mañana.	*It was ten in the morning.*
El salvavidas **tenía** unos 19 años.	*The lifeguard was about 19 years old.*

2 ■ The imperfect is also used in the following situations.

■ to describe people, places, things, or scenes in the past	El salvavidas **era** alto y **tenía** pelo corto.
	Había mucha gente en el mar.*
	Hacía mucho calor en la playa.
■ to describe ongoing past states of mind and feelings	La gente **estaba** contenta.
■ to describe habitual or recurring actions in the past	Todos los días **nadaban** en el mar y **jugaban** en la playa. (*habitual*)**
	Cada año **organizaban** un torneo de voleibol. (*recurring*)**

NOTE: ***Había** means both *there was* and *there were*.

**Habitual or recurring past actions can be expressed in English with the simple past, "used to + verb" or "would + verb":

Every day we *swam* and *played* at the beach.
Every day we *used to swim* and *play* at the beach.
Every day we *would swim* and *play* at the beach.

To practice: Do Workbook, Lab, CD-ROM, and Web activities.

■■■ Description of habitual past actions.

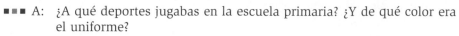

Actividad 32 **Los deportes que jugabas** Habla con un mínimo de cinco personas para averiguar a qué deportes jugaban cuando estaban en la escuela primaria y cuáles en la escuela secundaria y de qué color eran sus uniformes si jugaban en equipo.

■■■ A: ¿A qué deportes jugabas en la escuela primaria? ¿Y de qué color era el uniforme?

B: Jugaba al fútbol, al béisbol, ... Cuando jugaba al béisbol llevaba camiseta blanca con mangas azules.

A: ¿Y en la secundaria?

B: ...

◄ Unos jóvenes juegan al béisbol en La Habana, Cuba.

Actividad 33 **La niñez** **Parte A.** Marca las actividades que hacías cuando eras pequeño/a bajo la columna **Tú.**

Tú	Tu compañero/a	Acción
		comer espinacas
		chuparse el dedo gordo
		asistir a una escuela privada
		asistir a una escuela pública
		tomar el autobús
		caminar a la escuela
		ir en coche con sus padres a la escuela
		llevar la comida a la escuela
		comer la comida de la escuela
		portarse bien en clase
		hablar en clase

■■■ **chuparse el dedo gordo** = to suck one's thumb

■■■ Past habitual actions.

Parte B. Ahora, en parejas, entrevístense para ver qué hacían cuando eran niños/as. Marquen la respuesta de su compañero/a en la lista de la **Parte A.** Sigan el modelo.

■■■ A: ¿Caminabas a la escuela?

B: Sí, caminaba a la escuela./No, no caminaba a la escuela.

Parte C. Cuéntenle a la clase las cosas que hacían Uds. cuando eran niños.

■■■ Yo tomaba el autobús a la escuela, pero él caminaba. Nosotros llevábamos la comida a la escuela y...

Actividad 34 Otra vida En parejas, miren este dibujo y describan cómo era la señora cuando era joven y tres cosas que hacía. Luego describan cómo es ahora y tres cosas que hace.

■ ■ ■ Past habitual actions.

ANA VON REBEUR

Actividad 35 Tus gustos Parte A. Usa la siguiente escala de uno a cuatro para marcar en la columna que dice **Tú** qué actividades o cosas no te gustaban y cuáles te encantaban cuando eras niño/a.

1. no me gustaba/n nada
2. me gustaba/n
3. me gustaba/n mucho
4. me encantaba/n

	Tú	Tu compañero/a
leer novelas como *Harry Potter*	_____	_____
el fútbol	_____	_____
jugar en un equipo	_____	_____
nadar sin traje de baño	_____	_____
escuchar música	_____	_____
el helado	_____	_____
dormir en casa de amigos	_____	_____
las verduras	_____	_____
los perros calientes (*hot dogs*)	_____	_____
invitar a los amigos a la casa	_____	_____
mirar mucha televisión	_____	_____
la sopa	_____	_____
los juegos electrónicos	_____	_____
los maestros	_____	_____
hablar mucho en clase	_____	_____
las papas fritas	_____	_____

Parte B. En parejas, entrevisten a su compañero/a para averiguar qué actividades o cosas le gustaban o no cuando era niño/a. Marquen las respuestas en la lista de la **Parte A.** Sigan el modelo.

■ ■ ■ A: ¿Leías novelas como *Harry Potter*?
　　　B: Sí, me gustaban mucho./Sí, me encantaban./No, no me gustaban nada.

Parte C. En parejas, piensen en las respuestas de su compañero/a para decirle cuáles de los siguientes adjetivos describen mejor cómo era él/ella de niño/a y por qué, y si comía bien o no.

1. extrovertido/a o introvertido/a
2. hablador/a o callado/a
3. travieso/a u obediente
4. activo/a o inactivo/a
5. bien/mal educado/a
6. comer bien/mal

■ ■ ■ Describing people in the past.

■ ■ ■ **travieso/a** = mischievous, naughty

■ ■ ■ **bien educado/a** = well behaved/mannered

Actividad 36 **La rutina diaria** En parejas, describan un día típico de su vida cuando tenían quince años. Incluyan qué comida comían y qué hacían con sus amigos.

■ ■ ■ Describing ongoing past
states of mind and past habitual
actions.

Actividad 37 **Ilusiones y desilusiones** **Parte A.** En parejas, pregúntenle a su compañero/a (1) qué fantasías tenía cuando era niño/a y cuándo dejó de creer en ellas, y (2) si hacía ciertas cosas y cuándo dejó de hacerlas. Usen las siguientes listas.

¿Creías...?

en el Coco (*boogie man*)
en el ratoncito (*tooth fairy*)
que había monstruos (*monsters*)
   debajo de la cama
que la cigüeña (*stork*) traía a los bebés

¿Hacías estas cosas?

odiar a los chicos/las chicas
dormir con la luz encendida (*lit*)
jugar con pistolas/muñecas (*dolls*)
comer toda la comida

Parte B. Ahora comenten esta pregunta: Muchos niños tienen fantasías, ¿es bueno tener fantasías? ¿Por qué sí o no?

¿Lo sabían?

Por influencia de los Estados Unidos y Europa, en muchos países hispanos se habla de Santa Claus o Papá Noel. En algunos países, como Panamá, Uruguay y Puerto Rico, los niños reciben los regalos de Papá Noel o del Niño Jesús a la medianoche del veinticuatro de diciembre (Nochebuena).

En España, México y otros países hispanos, de la misma manera que en Bélgica y Francia, los Reyes Magos (*Three Wise Men*) les traen los regalos a los niños el 6 de enero, día de la Epifanía. Los Reyes Magos llegan en camello y dejan los regalos en los balcones o cerca de las ventanas. Con frecuencia, en las ventanas de la casa, los niños ponen los zapatos llenos de paja (*hay*) para los camellos y, al día siguiente, encuentran los regalos al lado de ellos.

▲ En Tizmín, estado de Yucatán en México, se celebra la Epifanía. ¿Sabes cuándo es la Epifanía?

¿? Ahora responde a las preguntas para decir cómo es la costumbre de Santa Claus en tu país.

- ¿Santa viaja en una 4 × 4 o en trineo?
- ¿Qué animales lo ayudan: perros o renos?
- ¿Cómo entra en la casa: por la chimenea o por la puerta?
- ¿Qué cuelgan los niños en la chimenea: medias o zapatos?
- ¿Qué le dejan los niños a Santa: leche y galletas o una taza de café?
- ¿Dónde les deja los regalos Santa: enfrente de la chimenea o debajo del árbol?
- ¿En qué son similares y diferentes Santa y los Reyes Magos?

Actividad 38 ¿Tenías razón? **Parte A.** Piensa en las ideas que tenías sobre la universidad antes de comenzar el primer año y di qué piensas ahora. ¿Qué creías y qué crees ahora?

■■■ Describing past beliefs.

Lo que creía antes	**Lo que creo ahora**
las clases eran difíciles	las clases son fáciles
¿ ?	¿ ?

Parte B. En grupos de tres, compartan sus ideas y digan si cambiaron o no. Usen oraciones como:

■■■ Yo creía que las clases eran difíciles, pero ahora me parece que son fáciles.

Actividad 39 Descripciones En grupos de tres, describan cómo creen que eran las siguientes personas u otros personajes famosos y qué hacían.

■■■ Description in the past.

■■■ George Washington era honesto y nunca decía mentiras. Tenía pelo blanco, era alto y se dice que tenía dientes de madera, pero no es verdad. ...

Ray Charles, la princesa Diana, Don Quijote, Abraham Lincoln, Marilyn Monroe, John Belushi, Christopher Reeve, Martin Luther King, Jr.

Actividad 40 El extraterrestre Uds. vieron a un extraterrestre. En grupos de tres, contesten estas preguntas para describirlo. Después, léanle su descripción al resto de la clase.

■■■ Description of a person or thing.

1. ¿Dónde estaban Uds. cuando lo vieron?
2. ¿Día?
3. ¿Hora?
4. ¿Qué tiempo hacía?
5. ¿Cómo era el extraterrestre?
6. ¿Color?
7. ¿Cuántos ojos?
8. ¿Llevaba ropa?
9. ¿ ?

Actividad 41 Mi habitación En parejas, explíquenle a su compañero/a cómo era su habitación y qué hacían allí cuando tenían diez años. Sigan este bosquejo. Al terminar, cambien de papel.

I. Descripción física
   Muebles: cama/s (dormir solo/a o con hermano/a), silla/s, escritorio/s
II. Decoración y diversión
   A. color
   B. carteles (*posters*)
   C. juguetes (*toys*)
   D. televisión, equipo de audio, radio, computadora, etc.
   E. cosas para practicar deportes
III. Actividades y cuándo
   A. Con amigos
      jugar, hablar, dormir
   B. Solo/a
      leer, escuchar música, estudiar, mirar televisión, comer, jugar videojuegos

■■■ Póster is a common Anglicism for **cartel;** in many countries, **afiche** is used.

Do Web Search activities.

Más allá

El español y el ocio

▼ Jorge Drexler en los Oscars.

Sentados frente al televisor, en el teatro, en un concierto, en el cine o simplemente escuchando la radio, es inevitable oír español en los Estados Unidos. En el área musical, este país tuvo el primer boom latino en las décadas de 1930 y 1940, y más tarde al final del siglo XX empezó otro boom que continúa hoy día. Poco a poco, la música latina se ha integrado a la programación musical tanto de la radio como de la televisión. En el teatro, el tango llegó a Broadway con los shows *Tango Argentino* y *Tango Forever.* Y en 1999 empezaron a entregar los *Grammys latinos.* Las galerías y museos tienen mucho interés en exponer obras del mundo de habla española, y los artistas latinos que viven en los Estados Unidos tienen cada día más éxito (*success*). Todos los años, los americanos ven más y más películas en español y en 2005, le dieron el Oscar a la Mejor canción a Jorge Drexler por "Al otro lado del río", una canción en español que se escucha en la película *Diarios de motocicleta.* De la misma manera, el idioma español también se hace presente en la televisión, inclusive en programas dirigidos al público de habla inglesa. Esto se ve, por ejemplo, en *Ley y orden: Unidad especial para víctimas,* donde Olivia, una detective, entrevista a personas en español y luego le traduce todo a su compañero Elliot.

El numeroso público hispano sigue también los eventos deportivos en canales como Univisión, Telemundo, Telefutura y Galavisión ya que es enorme la participación de latinos en béisbol, boxeo y, por supuesto, fútbol. En realidad, es tan grande la teleaudiencia hispana que, recientemente, cuando en la ciudad de Nueva York se hizo un análisis del *raiting* a la hora de las noticias, el canal Univisión superó a ABC, CBS y NBC en cuanto a la cantidad de televidentes; y, como consecuencia, las grandes compañías crean cada vez más anuncios comerciales para canales en español para así atraer a los televidentes hispanos.

Es evidente que la vida y las culturas hispanas han llegado a ser parte de los Estados Unidos, y los medios de comunicación diariamente ayudan a transmitirlas y llevan al público la riqueza y variedad de estas culturas.

Major Photographic Exhibition "Americanos: Latino Life in the United States" Opens April 1

It is estimated that 100,000 Latinos call Greater Memphis home. The arrival of *Americanos: Latino Life in the United States* at the National Civil Rights Museum provides a unique and intimate view of the extensive and varied national Latino community through the work of 30 prize-winning photographers. The 120 photographs in the exhibition are organized around themes that reflect the diversity and scope of the Latino experience, ranging from family and community to work and sports.

Policía con su hijo en el Desfile ▲ Puertorriqueño de Nueva York.

¿? En la última semana, ¿viste u oíste algo en español en tu ciudad? ¿Y en la televisión o la prensa (*press*)? Si contestas que sí, ¿qué?

Vocabulario funcional

La comida
Las legumbres y los cereales — *Legumes and cereals*
el arroz	*rice*
las arvejas	*peas*
los frijoles	*beans*
las habichuelas	*green beans*
las lentejas	*lentils*

Las verduras — *Vegetables*
el ajo	*garlic*
la cebolla	*onion*
la coliflor	*cauliflower*
los espárragos	*asparagus*
las espinacas	*spinach*
la lechuga	*lettuce*
el maíz/el elote	*corn*
la papa	*potato*
las papas fritas	*French fries*
el puré de papas	*mashed potatoes*
el tomate	*tomato*
la zanahoria	*carrot*

Las carnes — *Meats*
el bistec/churrasco	*steak*
la carne de res	*beef*
el cerdo	*pork*
la chuleta	*chop*
el cordero	*lamb*
la ternera	*veal*

Las aves — *Poultry*
el pavo	*turkey*
el pollo	*chicken*

Los postres — *Desserts*
el flan	*Spanish egg custard*
la fruta	*fruit*
el helado	*ice cream*
de chocolate	*chocolate*
de vainilla	*vanilla*
el pastel	*cake*

Otras palabras relacionadas con la comida
el aceite	*oil*
la bebida	*beverage*
los camarones	*shrimp*
la ensalada	*salad*
el pan	*bread*
el pescado	*fish*
la pimienta	*pepper*
el queso	*cheese*
la sal	*salt*
la sopa	*soup*
el vinagre	*vinegar*
poner la mesa	*to set the table*
la copa de vino	*wine glass*
los cubiertos	*silverware*
la cuchara	*spoon*
el cuchillo	*knife*
el tenedor	*fork*
el plato	*plate; dish, course*
la servilleta	*napkin*
la taza	*(coffee/tea) cup*
el vaso	*glass*
la cuenta	*the bill*

el primer plato	*first course*
el segundo plato	*second course*

Otros verbos como *gustar*
encantar	*to like a lot; to love*
faltar	*to lack, be missing*
fascinar	*to like a lot; to find fascinating*
molestar	*to be bothered by; to find annoying*
parecer	*to seem*

Artículos deportivos y deportes
el balón	*ball (large in size)*
el bate	*bat*
la bola de bolos	*bowling ball*
el casco	*helmet*
los esquíes de agua/nieve	*water skis/snow skis*
los guantes	*gloves*
el palo de golf	*golf club*
los patines de hielo/en línea	*ice skates/in-line skates*
la pelota	*ball (small in size)*
las pesas	*weights*
la raqueta	*racquet*
el uniforme	*uniform*
el basquetbol	*basketball*
el béisbol	*baseball*
el boxeo	*boxing*
el ciclismo	*cycling*
el fútbol	*soccer*
el fútbol americano	*football*
el golf	*golf*
el hockey	*hockey*
el squash	*squash*
el tenis	*tennis*
el voleibol	*volleyball*

Otras palabras relacionadas con los deportes
el campeón/la campeona	*champion*
el campeonato	*championship*
el equipo	*team; equipment, gear*
el estadio	*stadium*
ganar	*to win; to earn*
el/la hincha	*fan*
el/la jugador/a	*player*
el partido	*game*
patinar	*to skate*
el torneo	*tournament*

Palabras y expresiones útiles
aburrirse como una ostra	*to be really bored (literally: to be bored like an oyster)*
a lo mejor + *indicative*	*perhaps*
cambiando de tema	*changing the subject*
como resultado	*as a result*
dejar de + *infinitive*	*to stop, quit + -ing*
echar de menos	*to miss (someone or something)*
es decir	*that is*
limpiar	*to clean*
por lo tanto	*therefore*
Te va a salir caro.	*It's going to cost you.*
todavía	*still, yet*
todavía no	*not yet*
ya	*already; now*
ya no	*no longer, not any more*

Videoimágenes

El buen sabor

Antes de ver

Actividad *1* **¿Dónde comen qué?** Antes de ver el segmento, mira la siguiente lista de comidas e indica con qué país asocias cada comida.

1. _____ coco (*coconut*)
2. _____ carne a la parrilla (*grilled*)
3. _____ tacos
4. _____ paella

    a. Argentina
    b. España
    c. México
    d. Puerto Rico

Mientras ves

 26:10–30:18

Actividad *2* **Cómo preparar y comer un taco** En este segmento Javier va a una taquería en el D. F. y una pareja le explica cómo preparar y comer un taco al pastor. Escucha la conversación y completa las siguientes instrucciones sobre los seis pasos para preparar un taco y los tres pasos para comerlo.

Seis pasos para preparar un taco al pastor

1. Cortar _____ de cerdo.
2. Ponerle _____ a la tortilla.
3. _____ un trocito de piña (*pineapple*).
4. Ponerle frijoles.
5. Ponerle _____ roja.
6. Ponerle _____.

Tres pasos para comerlo

1. Ponerse de pie.
2. Inclinarse hacia _____.
3. Extender los _____ y las manos hacia delante.

➤ Charo, Paquita y Javier en la cocina de La Corralada, un restaurante en Madrid.

Actividad 3 **Restaurante La Corralada** En este segmento Javier visita un restaurante en Madrid. Mientras miras el video, contesta las siguientes preguntas.

30:19–end

1. ¿Cuál es la especialidad de este restaurante los miércoles?
2. ¿De qué región de España es la comida de este restaurante?
3. ¿A qué hora almuerza la gente? ¿A qué hora cena?
4. ¿Cuántos platos pide una persona y qué bebe después de comer?

Después de ver

Actividad 4 **Cuando eras niño/a** Después de ver el segmento, en grupos de tres, hablen de las siguientes preguntas relacionadas con la comida.

1. ¿Qué comías en casa cuando eras niño/a?
2. ¿Cuántos platos había en una comida normal en tu casa?
3. ¿Cuál era tu restaurante favorito y qué comida pedías?
4. ¿Te gustaba comer en casa de amigos? ¿Por qué?

¿Lo sabían?

En varios países hispanos, el uso del tenedor y el cuchillo para ciertas comidas es mucho más frecuente que en este país. En casa o en restaurantes que no sirven comida rápida, es común usar estos cubiertos para comer sándwiches, pizza y papas fritas. Inclusive se usan los cubiertos para comer frutas tales como la sandía (*watermelon*). Hasta la banana se pela (*one peels it*), con frecuencia, con cuchillo y tenedor y no con la mano. Por otro lado, a la hora de comer pan en la mesa, es común partirlo (*break it*) con la mano en trozos pequeños a medida que se come. También en algunos lugares se usa el pan como otro utensilio para empujar (*push*) la comida hacia el tenedor. Las costumbres pueden variar de país a país; por eso, cuando estés en el mundo hispano, es importante observar e imitar.

9 Cosas que ocurrieron

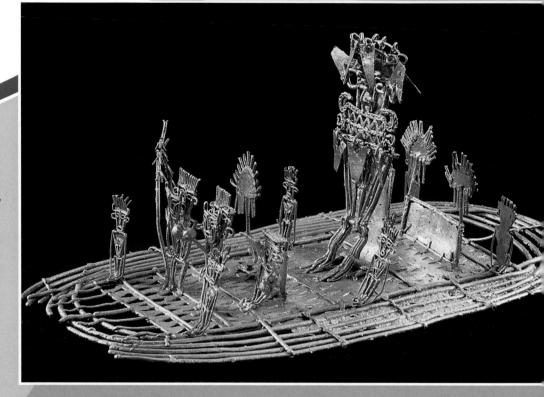

➤ **Balsa muisca, Museo del Oro, Bogotá.**

Chapter Objectives

- Explaining medical problems
- Discussing car-related needs and problems
- Describing and narrating past events

¿Qué saben?

1. ¿Qué país o países de Suramérica tiene(n) costa en dos océanos?
2. ¿De qué explorador famoso recibió su nombre Colombia?
3. ¿Qué colombiano famoso escribió el libro *Cien años de soledad*?
4. ¿Cuáles son las principales exportaciones de Colombia?

   a. petróleo y café
   b. carros y oro
   c. tecnología y flores

Para escuchar

De vacaciones y enfermo

(No) vale la pena.	It's (not) worth it.
(no) vale la pena + *infinitive*	it's (not) worth + *-ing*
ahora mismo	right now
además	besides

Don Alejandro, el tío de Teresa, tuvo que ir a Bogotá en un viaje de negocios y decidió llevar a toda la familia para hacer turismo. Cuando estaban allí, su hijo Carlitos no se sentía bien y lo llevaron al médico para ver qué tenía.

Actividad *1* **Marca los síntomas** Mientras escuchas la conversación en el consultorio de la doctora, marca los síntomas que tenía Carlitos.

_____ diarrea	_____ falta de apetito
_____ hemorragia	_____ dolor de cabeza
_____ dolor de estómago	_____ fiebre
_____ náuseas	_____ dolor de pierna
_____ vómitos	

Actividad *2* **¡Pobre Carlitos!** Después de escuchar la conversación otra vez, pon esta lista en orden cronológico. Luego, en parejas, comparen sus respuestas.

_____ antibióticos	_____ dolor de pierna
_____ tener dolor de estómago, náuseas y no querer comer	_____ 39° C de fiebre
	_____ análisis de sangre
_____ operación	

■■■ 39° C = 102.2° F

Actividad 3 Una llamada de larga distancia En parejas, una persona hace el papel de don Alejandro, el tío de Teresa, y la otra persona hace el papel de Teresa. Don Alejandro llama a Teresa para informarle qué le pasa a Carlitos.

■■■ TERESA:	Aló.
ALEJANDRO:	Hola Teresa, te llamo desde Bogotá para decirte que Carlitos está en el hospital.
TERESA:	¡Por Dios! ¿Qué le pasó? ¿Tuvo un accidente? ¿Está bien ahora?
ALEJANDRO:	…
TERESA:	…

Actividad 4 ¿Vale la pena? Habla de las cosas que valen o no valen la pena hacer, formando oraciones con frases de las tres columnas.

si no estás enamorado
si no hace mucho calor
   en tu ciudad
si quieres saber
   esquiar bien
si te gusta Sean Penn   (no) vale la pena
si visitas Perú
si quieres sentirte
   seguro/a (*safe*)
si no te gusta el
   pescado

tener aire
   acondicionado
conocer Machu Picchu
ver su última película
tener alarma en la casa
tomar clases
casarte
tener unos esquíes
   buenos
ir por el Camino del Inca
comer en Red Lobster

¿Lo sabían?

En Colombia hay muchos lugares de atracción turística. Uno de ellos es el Museo del Oro en Bogotá, que contiene más de 33.600 piezas precolombinas hechas de oro. Estas piezas son de pueblos como los tayronas o los muiscas que antes de la llegada de los españoles vivían en lo que hoy día es Colombia.

La Catedral de Sal es otro lugar de interés turístico. Está en Zipaquirá, a unos 50 kilómetros de Bogotá, y es una obra única de ingeniería, arquitectura y arte. Es una iglesia enorme, construida en varios niveles (*levels*) debajo de la tierra, en una mina de sal que los indígenas ya explotaban antes de la llegada de los españoles a América.

Catedral de Sal, Zipaquirá, Colombia. ▶

¿? En el año 2004, el Smithsonian abrió el *Museo nacional del indio americano* en Washington, D.C. que incluye grupos de todo el continente. ¿Conoces este museo? ¿Qué tipos de artefactos tiene?

Vocabulario esencial I

I. La salud

1. la sangre

2. el enfermero

3. tener escalofríos

4. la ambulancia

5. la fractura

6. la radiografía

Otras palabras útiles

caerse   to fall
cortarse   to cut oneself
doler* (ue)   to hurt
la enfermedad   sickness, illness
estar mareado/a   to be dizzy
estar resfriado/a   to have a cold
estornudar   to sneeze
la herida   injury, wound
la infección   infection
lastimarse   to hurt oneself
quemarse   to burn oneself
romperse (una pierna)   to break (a leg)
sangrar   to bleed

tener
  buena salud   to be in good health
  catarro   to have a cold
  diarrea   to have diarrhea
  dolor de cabeza   to have a headache
  fiebre   to have a fever
  gripe   to have the flu
  náuseas   to feel nauseous
  tos   to have a cough
tenerle alergia a (los gatos)   to be allergic to (cats)
torcerse (ue) un tobillo   to sprain an ankle
toser   to cough
vomitar/devolver (ue)   to vomit

*NOTE: The verb **doler,** like **gustar,** agrees with the subject that follows: **Me duelen los pies. Me duele la cabeza.**

■■■ Remember: In Spanish, the possessive adjectives (**mi, tu, su,** etc.) are seldom used with parts of the body: **Me duele <u>la</u> cabeza.**

Actividad 5 **Los síntomas** Di qué síntomas puede tener una persona que...

1. le tiene alergia al polen
2. tuvo un accidente automovilístico
3. está embarazada (*pregnant*)

4. tiene gripe
5. se cayó de una escalera (*ladder*)
6. tiene apendicitis

Actividad 6 **Los dolores** Después de jugar un partido de fútbol, los deportistas profesionales siempre tienen problemas. Mira el dibujo de estos futbolistas y di qué les duele.

▪▪▪ Al número 10 le duele el codo.

Actividad 7 **Una emergencia** En parejas, lea cada uno solamente uno de los siguientes papeles. Luego mantengan una conversación telefónica.

Sala de Emergencias + Hospital Privado Francés

Fecha: el 14 de mayo
Hora: 6:30 p.m.
Paciente: Mariano Porta Lerma
Dirección: Avenida Bolívar, 9
Ciudad: Asunción
Teléfono: 26-79-08
Estado civil: casado
Alergias: penicilina
Diagnóstico: contusiones; fractura de la tibia izquierda
Tratamiento: 5 puntos en el codo derecho
Causa: accidente automovilístico

Ernesto Bello

▪▪▪ **puntos** = stitches

A

Tú eres el Dr. Bello y vas a llamar a la Sra. Porta por teléfono para decirle que su esposo tuvo un accidente automovilístico. Usa la ficha médica para explicar qué ocurrió. Al contestar ella el teléfono, dile: —Buenas noches. ¿Habla la Sra. Porta?

B

Tú eres la Sra. Porta y estás preocupada porque son las 12 de la noche y tu esposo todavía no llegó a casa. Ahora suena el teléfono. Contesta el teléfono diciendo: —Aló.

II. Los medicamentos y otras palabras relacionadas

el antibiótico antibiotic	**la inyección** injection, shot
la aspirina aspirin	**el jarabe** (cough) syrup
la cápsula capsule	**la píldora/pastilla** pill
la curita/tirita Band-Aid	**la receta (médica)** prescription
las gotas drops	**el vendaje** bandage

NOTE: With **curita/tirita, gotas, inyección,** and **vendaje** one can use the verb **poner** with a reflexive or an indirect-object pronoun.

Tuve que **ponerme** una inyección.	*I had to get a shot./I had to give myself a shot.*
El médico **me puso** una inyección.	*The doctor gave me a shot.*

To practice: Do Workbook, CD-ROM, and Web activities.

▲ Puesto de un mercado de La Paz, Bolivia, donde se venden hierbas para combatir diferentes enfermedades: úlceras, gases de estómago, bronquitis, etc.

¿Lo sabían?

Si viajas a un país hispano y te enfermas a las tres de la mañana, ¿adónde vas para comprar medicamentos? En muchas ciudades hispanas hay farmacias de turno, o de guardia, adonde puedes ir durante la noche. Estas se anuncian en el periódico o en la puerta de las farmacias mismas.

Hay muchos medicamentos que no necesitan receta médica como en los Estados Unidos. Antes de comprar un medicamento para la tos, para un catarro o para algo más grave, la gente con frecuencia recurre al farmacéutico para saber qué tomar.

FARMACIAS

Farmacias en servicio de urgencia día y noche, ininterrumpidamente.

Tetuán-Fuencarral-Peña Grande y barrio del Pilar: Bravo Murillo, 257 / San Modesto, 42 (delante de la clínica Ramón y Cajal) / San Benito, 20 (Ventilla) / Sangenjo, 5 (semiesquina a Ginzo de Limia) / Capitán Haya, 5.

Universidad-Monoloa: Martín de los Heros, 48 (esquina a Rey Francisco) / Fernando el Católico, 12.

Chamberí: Divino Pastor, 28 (próximo a San Bernardo) / Plaza de San Juan de la Cruz, 3 (frente al Ministerio de la Vivienda)

Centro-Latina: Marqués de Valdeiglesias, 6 (semiesquina a Gran Vía, 2) / Paseo Imperial, 20 (semiesquina a Gil Imón, 10) / Argensola, 12 (semiesquina a Génova).

¿? ¿Adónde vas en tu país para comprar medicamentos a las tres de la mañana?

Actividad 8 **Asociaciones** Di qué palabras asocias con estas marcas: Bayer, Contac, Formula 44, ACE, Valium, Visine y Nyquil.

Actividad 9 **Tratamientos** Di cuáles son algunos tratamientos para los siguientes síntomas. ¡Ojo! Hay muchas posibilidades.

Problema

1. Una persona se cortó y está sangrando.
2. Tiene tos.
3. Tiene una infección de oído.
4. Está resfriado.
5. Tiene fiebre.
6. Tiene diarrea.
7. Cree que se rompió el brazo.
8. Estornuda cuando está cerca de los gatos.
9. Tiene conjuntivitis.
10. Tiene 80 años y problemas de respiración.

Tiene que/Debe...

a. comer poco y beber agua mineral
b. ponerse un vendaje
c. ponerse una inyección para la gripe
d. tomar pastillas para la alergia
e. tomar antibióticos
f. acostarse y dormir
g. tomar un jarabe
h. tomar aspirinas
i. ponerse unas gotas
j. hacerse una radiografía

Actividad 10 **Consejos** En parejas, "A" se siente enfermo/a y llama a su compañero/a para quejarse (*to complain*). "B" le da consejos (*advice*). Después cambien de papel.

■ ■ ■ B: ¿Aló?
A: Hola, habla...
B: Ah, hola. ¿Qué tal?
A: La verdad, estoy fatal. Tengo fiebre y no tengo mucho apetito.
B: Lo siento. Debes tomar dos aspirinas y acostarte.

Gramática para la comunicación I

I. Narrating and Describing in the Past (Part I): The Preterit and the Imperfect

■ ■ ■

■ ■ ■ Review uses of the imperfect in Ch. 8.

Before studying the grammar explanation, look at the following sentences and identify the uses of the imperfect that you have learned.

a. Paco **tenía** siete años.
b. (Él) **era** alto, **tenía** ojos color café y **era** muy simpático.
c. Él siempre **se levantaba** temprano.
d. Pero ese día, **eran** las 11:00 cuando **se despertó**.
e. **Era** un día fantástico; **hacía** calor y por eso fue a la playa con su familia.
f. **Estaba** contento de no tener clases.

Sentence **a** tells Paco's age, which provides a background for something that occurred; **b** describes what Paco looked like and was like; **c** expresses a habitual or recurring action in the past; **d** tells the time and provides a background for when he awoke; **e** describes the scene by telling what the weather was like; and **f** describes a state of mind or feeling.

1 ▪ The basic difference between the preterit and the imperfect is one of focus. The preterit is generally used when recalling a completed action or state or the beginning or end of an action or state.

A gas line **exploded** in a hotel.	Completed action.
I **was scared** when it happened.	Completed state limited by time.
The building **burned** for three hours.	Completed action limited by time.
The fire **began** at 2:00 and **was put out** by 5:00.	Start and end of an action.

2 ▪ In contrast, the imperfect is used to focus on the middle of an action or state. If you think of the preterit as a photograph that gives you individual, separate shots of events, you can think of the imperfect as a video camera that gives a series of continuous shots of a situation. Look at the following.

El edificio **se quemaba** cuando **llegó** la ambulancia.

In the preceding example, the use of the imperfect places the speaker's focus on the middle of the action of burning; it is an action in progress that was occurring when the ambulance arrived (a completed action = preterit). The start, duration, or end of the fire is irrelevant and is not the focus.

3 ▪ Compare the uses of the preterit and imperfect in the charts below and on page 250.

Preterit	Imperfect
▪ **Focus on a completed action or state or a series of actions or states**	▪ **Focus on the middle of an action or state or a series of simultaneous actions in progress or states**

Ayer el médico me **operó** de apendicitis.	Ayer a las 3:30 el médico me **operaba** de apendicitis.

Primero me **pusieron** anestesia y luego me **hicieron** una incisión y me **sacaron** el apéndice.	Mientras el médico me **operaba**, **escuchaba** música clásica. **Estaba** muy tranquilo.

(continued)

Preterit	Imperfect
■ Focus on a completed action or state that occurred over a set time period $\boxed{X}$ La operación **duró** un poco más de dos horas. El médico **trabajó** todo el tiempo sin sentarse.*	■ Focus on habitual or recurring events  Cuando era niño, **me enfermaba** con frecuencia y por eso **pasaba** muchos días en cama.
■ Focus on the beginning or end of an action or state **X... ...X** Ayer a las 3:00 el médico me **operó** (= *began to operate*) en la sala 6. La operación **terminó** a las 5:15.	■ Focus on time, age, or a description of people, places, or things **Eran** las 5:15 cuando salí de la sala. Mi enfermero **era** simpático, bajo y gordo y **tenía** unos 25 años.

■ Focus on the middle of an action (imperfect) and a completed action (preterit) that may or may not interrupt the one in progress

Yo **dormía**** tranquilamente después de la operación cuando el enfermero me **despertó** para darme un antibiótico.

Mientras el médico me **explicaba**** los detalles de la operación, mi madre **salió** para comprarme unas revistas.

NOTE: *In English, you can either say *The doctor worked the whole time without sitting down* or *The doctor was working the whole time without sitting down.* The latter is usually preferred to place emphasis on the duration of the action. In Spanish, you can only use the preterit, even though it happened for a while, since it is viewed as a completed action that is limited by time (**un poco más de dos horas**).

**A past action in progress can also be expressed by using the past progressive.

■ ■ ■ To review the present participle, see p. 90.

estaba/estabas/etc. + *present participle* = imperfect

dormía = **estaba durmiendo**   explicaba = **estaba explicando**

4 ■ When telling a story, the imperfect sets or describes the background and tells what is going on, while the preterit moves the story forward. In the following story, notice how you can tell what happened by simply looking at the verbs in the preterit. The imperfect is used to add background details to the story.

Cuando **llegué** al hospital, **llovía**. Yo **tenía** fiebre y me **dolía** la pierna derecha. Entonces el médico **pidió** una sala para operarme de urgencia. Mientras yo **esperaba** en una cama, **llegó** una enfermera y me **puso** una inyección para el dolor. **Estuve** en el hospital tres días y **llovió** todo el tiempo. Cuando **salí**, ya no **llovía** más y yo **me sentía** bien.

Actividad *11* **Las costumbres** Hay ciertos personajes de la televisión que todos conocemos. En parejas, digan qué cosas de la lista hacían los siguientes personajes en su programa de televisión: Gilligan, Marcia Brady, Phoebe, el Sr. Rogers.

■■■ Recurring or habitual actions or states in the past.

■■■ Gilligan siempre llevaba la misma ropa y...

llevar suéter
siempre llevar la misma ropa
hablar con Greg
caerse mucho
tocar la guitarra
cambiarse los zapatos
tener familia grande

cantar sobre un gato oloroso
llevar ropa de los años setenta
ser masajista
vivir en un apartamento
tener problemas con sus novios
nadar en una laguna
ser amigo del cartero McFeely

Actividad *12* **Estaba...** En parejas, uno de Uds. es detective y está investigando un crimen que ocurrió ayer. Háganle preguntas al sospechoso (*suspect*) para saber qué estaba haciendo ayer a las siguientes horas. Luego cambien de papel.

■■■ Actions in progress.

■■■ A: ¿Qué estaba haciendo ayer a las ocho y diez de la mañana?
     B: A las ocho y diez, yo estaba durmiendo./A las ocho y diez, yo dormía.

1. 7:00 a. m.
2. 9:30 a. m.
3. 12:15 p. m.
4. 3:30 p. m.
5. 6:05 p. m.
6. 8:45 p. m.
7. 10:30 p. m.
8. 11:45 p. m.

Actividad *13* **Dos cosas a la vez** **Parte A.** Muchas personas hacen dos cosas a la vez (*at the same time*). Piensa en lo que hacías ayer mientras hacías las siguientes cosas.

■■■ Simultaneous actions in progress.

¿Qué hacías ayer mientras...

1. comías?
2. hablabas por teléfono?
3. escuchabas música?
4. mirabas televisión?
5. caminabas a clase?
6. escuchabas al/a la profesor/a?

Parte B. Ahora usa la siguiente lista para explicar las cosas que ocurrieron o que hiciste mientras hacías las cosas de la **Parte A.**

■■■ Actions in progress that were interrupted.

■■■ A: ¿Qué pasó ayer mientras hablabas por teléfono?
     B: Mientras hablaba por teléfono, un amigo llegó.

Cosas que ocurrieron

a. una amiga llamarte por teléfono
b. dormirte
c. caerte y torcerte el tobillo
d. un amigo llegar
e. empezar a tener náuseas
f. hacer una caricatura de él/ella

Actividad *14* **Todos somos artistas** **Parte A.** Rompe un papel en cuatro partes iguales. En cada papel, dibuja una de las siguientes oraciones, pero no escribas la oración en el papel.

El terrorista salía del banco cuando explotó la bomba.
El terrorista salió del banco y explotó la bomba.

Ella besaba a su novio cuando su padre entró.
Ella besó a su novio y su padre entró.

Parte B. Muéstrales tus dibujos a otras personas de la clase para que decidan a cuál de las oraciones se refiere cada uno.

■■■ Middle of a state and completed action.

Actividad *15* Los problemas médicos

Ayer la enfermera estuvo muy ocupada. Combina ideas de las dos columnas para explicar cómo se sentía, qué síntomas tenía o qué le pasó a cada paciente y qué hizo la enfermera en cada caso.

■■■ No. 7: estar resfriado / darle antibióticos

El paciente de la habitación siete estaba resfriado y por eso la enfermera le dio antibióticos.

Habitación	Enfermera
No. 1: dolerle la cabeza	ponerle agua fría
No. 2: estar mareado	darle aspirinas
No. 3: tener tos	darle jarabe
No. 4: dolerle un ojo	ponerle una curita
No. 5: quemarse	ponerle gotas
No. 6: cortarse un poco el dedo	ofrecerle una silla

■■■ Ongoing action interrupted by another action.

Actividad *16* ¿Qué pasó?

En parejas, pregúntenle a su compañero/a si alguna vez le ocurrió alguna de estas cosas y averigüen qué estaba haciendo cuando le ocurrió.

■■■ A: ¿Alguna vez dejaste las llaves en el carro?
B: Sí.
A: ¿Qué pasó?/¿Qué estabas haciendo?
B: ...

1. encontrar dinero
2. torcerse el tobillo
3. romperse una pierna/un brazo
4. quemarse
5. ¿ ?

Actividad *17* ¿Aló?

Uds. están en la cola del supermercado y un hombre está hablando muy fuerte por su móvil. Uds. pueden escuchar todo lo que él dice. En parejas, intenten inventar la otra parte de la conversación telefónica.

■■■ Remember: **La policía** (*the police*) is singular.

—¿Dónde estaba José?
—¿Con quién?
—¿Qué estaban haciendo ellos mientras tú esperabas?
—¿Qué ocurrió?
—¡Por Dios! ¿Y después?
—¿Qué hizo la policía?
—¿De verdad?
—¿Qué hacían ellos mientras la policía hacía eso?
—¿Cómo se sentían?
—¿Adónde fueron?

II. Narrating and Describing in the Past (Part II): Time Expressions

■■■

1 ■ Some time expressions are often used with the imperfect when describing habitual or recurring actions or states in the past. Other expressions can be used with either the preterit or the imperfect when narrating a story.

To describe past habitual actions or states and recurring events (imperfect)	To narrate a story (preterit or imperfect)
a menudo frequently, often	**anoche** last night
cada día/mes/año every day/month/year	**ayer** yesterday
con frecuencia frequently, often	**anteayer** the day before yesterday
a veces at times	**la semana pasada** last week
de vez en cuando once in a while, from time to time	**el mes pasado** last month
muchas veces many times	**el año pasado** last year
siempre always	**hace dos/tres semanas/meses/años** two/three weeks/months/years ago
todos los días/meses every day/month	**mientras** while*
	de repente** suddenly

NOTE: *Most of the time, the imperfect is used with **mientras.**
****De repente** is always used with the preterit.

Cuando estaba en la escuela secundaria, **con frecuencia** tenía catarro o gripe. También tenía alergias y entonces, **a veces** cuando comía muchos chocolates, **vomitaba.** Ahora no me enfermo tanto, pero **ayer** comía un chocolate cuando **de repente empecé a sentir** náuseas.

2 ■ The expressions in the left-hand column of the preceding chart tend to be used with the imperfect to describe habitual or recurring actions. But, notice how, by adding a specific period of time, the same expressions can be used with the preterit to report events that were neither recurring nor habitual, but rather completed. Compare these sentences.

Habitual action/recurring event = Imperfect	Non-habitual action/non-recurring event = Preterit
Cuando era niño, todos los días mis padres me **daban** una sopa que no me **gustaba.**	Estuve en el hospital **durante tres días** y **todos los días** me **dieron** una sopa que no me **gustó** nada.
Durante los veranos, cada tarde **nadaba** en la piscina de mis abuelos.	Después de mi operación, fui a Cancún **para pasar unas vacaciones** y **cada tarde** **nadé** en la piscina.

To practice: Do Workbook, CD-ROM, and Web activities.

Actividad 18 Las vacaciones Los siguientes párrafos cuentan lo que les
pasó a diferentes personas durante sus vacaciones. Primero lee cada uno y luego
complétalos con el pretérito o el imperfecto de los verbos que aparecen después
de cada historia. Los verbos están en orden.

A. Para mis últimas vacaciones _____ (1) a Puerto Rico por una semana.
   Me quedé en un hotel espectacular que _____ (2) al lado de la playa
   y _____ (3) cuatro piscinas y un club de golf. El hotel también
   _____ (4) televisión por cable, conexión a Internet, sauna y jacuzi.
   Durante toda la semana, _____ (5) al golf por la mañana y por la
   tarde, _____ (6) en la piscina. Al mediodía _____ (7) en los
   restaurantes del hotel y por la noche _____ (8) a los restaurantes
   locales. Un día _____ (9) un tour del interior de la isla y otro día
   _____ (10) a visitar San Juan. _____ (11) unas vacaciones
   estupendas.

   ir, estar, tener, tener, jugar, nadar, comer, salir, hacer, ir, ser

B. Para nuestras últimas vacaciones de verano mi familia y yo _____ (1)
   a las Islas Canarias. Los primeros días _____ (2) diferentes partes de
   la isla, pero un día mientras _____ (3) por una playa que
   _____ (4) muchas rocas, yo _____ (5) y _____ (6)
   el tobillo. Mis padres me _____ (7) al hospital y los médicos me
   _____ (8) una radiografía. Me _____ (9) un vendaje y luego
   mi familia y yo _____ (10) al hotel. _____ (11) fatal y por
   eso _____ (12) una pastilla de Tylenol para el dolor. Durante el
   resto del viaje _____ (13) a la playa todos los días, pero no
   _____ (14). Después de las vacaciones, _____ (15) bronceada
   por el sol menos el tobillo que _____ (16) una raya blanca.

   **ir, visitar, caminar, tener, caerse, torcerse, llevar, hacer, poner,
   volver, sentirse, tomar, ir, nadar, estar, tener**

C. De pequeño, me _____ (1) ir de vacaciones con mis padres y mis
   hermanos. Todos los veranos _____ (2) el mes de agosto en las montañas. En el carro _____ (3) canciones infantiles y _____
   (4) a "veo una cosa que empieza con la letra **a**" y la otra persona _____
   (5) que decir algo que empezaba con la letra **a** como "ambulancia". Pero un
   día _____ (6) una montaña cuando de repente _____ (7) otro
   carro. _____ (8) de un lado a otro a mucha velocidad y finalmente
   _____ (9) contra un árbol. Mi padre _____ (10) del carro,
   _____ (11) hacia el otro carro y _____ (12) al conductor. Le
   _____ (13) la vida porque el carro _____ (14) unos minutos
   después. Por eso, cuando yo era niño, mi padre _____ (15) mi héroe
   y todavía lo es.

   **encantar, pasar, cantar, jugar, tener, subir, ver, ir, chocar,
   salir, correr, sacar, salvar, explotar, ser**

Actividad 19 Con frecuencia En parejas, digan cuándo o con qué frecuencia hicieron o hacían las siguientes actividades cuando eran niños. Usen el pretérito o el imperfecto, según el caso, y palabras como **una vez, dos veces, a veces, de vez en cuando, con frecuencia, a menudo, todos los sábados, una vez al año,** etc. Sigan el modelo.

■ ■ ■ Cuando era pequeña, yo iba al dentista dos veces al año, ¿y tú?

1. ir al dentista
2. visitar Disneyworld o Disneylandia
3. ir a conciertos
4. comer pavo
5. ver películas
6. hacerte una operación
7. jugar videojuegos
8. visitar a tus abuelos
9. romper una ventana
10. asistir a un servicio religioso
11. romperte una pierna/un brazo
12. lastimarte

Actividad 20 ¿Qué hiciste ayer? En parejas, hablen de las cosas que hicieron ayer. Usen palabras como **primero, después, a las 8:30, mientras,** etc.

■ ■ ■ Ayer me levanté a las... Después...

Actividad 21 La bomba y Lulú En parejas, miren una de las historias de la Actividad 13 en las páginas 194–195. Primero cuenten qué ocurrió usando expresiones de tiempo (**anoche, luego, más tarde,** etc.) y luego cuenten la historia otra vez para "decorarla" con la siguiente información.

La bomba

- el aeropuerto estar lleno de gente
- hacer buen tiempo
- los aviones llegar y salir mientras el terrorista...
- la bomba estar debajo de un asiento
- la gente tener miedo
- el perro ser grande, inteligente
- la policía estar contenta

Lulú Camacho

- Lulú ser musculosa, bonita
- haber mucha gente en el público
- ella estar contenta
- los organizadores estar enojados
- el agente estar nervioso
- haber muchos periodistas
- Lulú estar triste

Actividad 22 ¿Una noche ideal? En parejas, miren la siguiente historia y cuenten qué ocurrió el sábado pasado en la casa de Francisco. Usen el pretérito y el imperfecto y expresiones de tiempo como **mientras, de repente, luego, más tarde, después, al final** para contar la historia.

Nuevos horizontes

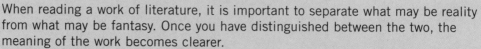

Lectura ESTRATEGIA: Approaching Literature

When reading a work of literature, it is important to separate what may be reality from what may be fantasy. Once you have distinguished between the two, the meaning of the work becomes clearer.

    You will get a chance to practice separating reality from fantasy when reading "Tragedia" by the Chilean author Vicente Huidobro (1893–1948). In many Spanish-speaking countries, it is common to have two first names (Juan Carlos, José María, Miguel Ángel, etc.). Many of the women's names start with María (María Elena, María del Carmen, María José, etc.). In this story, the author tells us about a woman named María Olga who seems to have a dual personality, just as she has a double first name.

▲ Vicente Huidobro.

Actividad 23 Las relaciones de pareja Antes de leer "Tragedia", contesta las siguientes preguntas.

1. ¿Qué haces si tu pareja te critica mucho?
   a. No dices nada.
   b. Lo/La escuchas.
   c. Lo/La criticas también.
   d. Te vas con tus amigos/as.
   e. ¿ ?

2. En un matrimonio tradicional, ¿de qué manera cumple la mujer con su deber (*does what she is supposed to do*)?

   _____ tiene un trabajo fuera de casa   _____ adora a su esposo
   _____ prepara la comida   _____ tiene niños
   _____ da su opinión   _____ se ocupa de los niños
   _____ limpia la casa   _____ cocina
   _____ toma decisiones   _____ va al supermercado

3. ¿Cómo era el rol de tu abuela en su familia cuando tenía 40 años? ¿Qué hacía? ¿Era igual o diferente al rol que ocupa tu madre (o tú si eres madre) hoy?

Actividad 24 María Olga Mira esta lista de ideas y luego mientras lees el cuento, escribe una **M** si la oración se refiere a María o una **O** si se refiere a Olga.

1. _____ Se casó.
2. _____ Tenía un amante.
3. _____ Hacía todo lo que su esposo quería.
4. _____ Vio la pistola.
5. _____ No entendió.
6. _____ Murió.
7. _____ Es feliz, pero un poco zurda.

Tragedia

Vicente Huidobro

María Olga es una mujer encantadora. Especialmente la parte que se llama Olga.

5 Se casó con un mocetón grande y fornido, un poco torpe, lleno de ideas honoríficas, reglamentadas como árboles de paseo.

Pero la parte que ella casó era su parte que se llamaba María. Su parte 10 Olga permanecía soltera y luego tomó un amante que vivía en adoración ante sus ojos.

Ella no podía comprender que su marido se enfureciera[1] y le 15 reprochara[1] infidelidad. María era fiel, perfectamente fiel. ¿Qué tenía él que meterse con Olga?[2] Ella no comprendía que él no comprendiera[1]. María cumplía con su deber, la parte 20 Olga adoraba a su amante.

¿Era ella culpable de tener un nombre doble y de las consecuencias que esto puede traer consigo?

Así, cuando el marido cogió el 25 revólver, ella abrió los ojos enormes, no asustados, sino llenos de asombro, por no poder entender un gesto tan absurdo.

Pero sucedió que el marido se 30 equivocó y mató a María, a la parte suya, en vez de matar a la otra. Olga continuó viviendo en brazos de su amante, y creo que aún sigue feliz, muy feliz, sintiendo solo que es un 35 poco zurda[3].

1 Verb forms you will study in future: **enfureciera** *became angry*, **reprochara** *reproached*, **comprendiera** *understood*   2 *Why did he have to stick his nose in Olga's business?*
3 *left-handed; awkward; incomplete*

Actividad 25 **La narración** **Parte A.** Vuelve a leer el cuento y marca todos los verbos que aparecen en el pretérito.

Parte B. Ahora lee solo las frases del cuento que tienen un verbo en el pretérito y di para qué se usa el pretérito en este cuento.

a. para contar los hechos (*the events*) de la historia
b. para hablar de acciones pasadas en progreso
c. para describir escenas (*scenes*)

Parte C. Vuelve a leer el cuento y marca todos los verbos que aparecen en el imperfecto.

Parte D. Ahora lee solo las frases del cuento que tienen un verbo en el imperfecto y di cuáles de los siguientes usos tiene en cada caso.

a. describir un sentimiento o un estado
b. describir una acción habitual

Actividad 26 **¿Entendiste? Parte A.** Contesta estas preguntas sobre el cuento.

1. ¿Quién se casó? ¿Cómo era el esposo físicamente? ¿Era un hombre tradicional o moderno?
2. ¿Quién tenía un amante? ¿Cómo era su relación con el amante: romántica o aburrida?
3. ¿A quién mató el marido?
4. Al final, ¿el marido está contento? ¿Olga está contenta?

Parte B. En parejas, discutan (*discuss*) el final del cuento. Decidan si el marido de verdad mató a María o si la acción de matarla fue solamente una metáfora. Estén preparados para defender su opinión.

Escritura

ESTRATEGIA: Narrating in the Past

When narrating in the past, you need to say what happened (preterit) and usually add descriptive and background information (imperfect). As you saw while reading "Tragedia," it is by combining the preterit and the imperfect that one is able to give a complete narration in the past.

Actividad 27 **Una anécdota Parte A.** Think about something that occurred in the past. It can be a personal experience. Make two lists. The first should contain what happened and the second should contain description.

Qué pasó (pretérito)	Descripción (imperfecto)

Parte B. Now, combine the sentences from the first column with the descriptions in the second column to create a story with logical paragraphs.

Parte C. Hand in your lists from Part A, your drafts, and your final version to your instructor.

Vocabulario esencial II

El carro

1. la llanta
2. la puerta
3. el tanque de gasolina
4. el baúl
5. el parabrisas
6. el limpiaparabrisas
7. las luces

■ ■ ■ While in a car, practice vocabulary by quizzing yourself on car parts and actions relating to driving.

Otras palabras relacionadas con el carro

el aceite   oil
el aire acondicionado   air conditioning
automático   automatic
la batería   battery
el cinturón de seguridad   seat belt
con cambios   standard shift
el estacionamiento   parking lot
los frenos   brakes
la gasolinera   gas station
la licencia/el permiso de conducir   driver's license
la llave   key
la matrícula/placa   license plate
el motor   engine

Verbos útiles

abrocharse el cinturón   to buckle the seat belt
acelerar   to accelerate
alquilar   to rent
apagar   to turn off
arrancar   to start the car
atropellar   to run over
chocar (con)   to crash (into)
descomponerse   to break down
echarle gasolina al carro   to put gas in the car
estacionar   to park
frenar   to brake
funcionar   to work (things)
ponerle una multa (a alguien)
  Me puso una multa (por exceso de velocidad).   I got a (speeding) ticket.
  Le puse una multa.   I gave him/her a ticket.
revisar   to check

■ ■ ■ **Descomponerse** is conjugated like **poner (puso; se descompuso).**

To practice: Do Workbook, CD-ROM, and Web activities.

Actividad 28 **Definiciones y problemas** **Parte A.** En grupos de tres, una persona da definiciones de palabras asociadas con el carro y las otras personas tienen que adivinar qué cosas son.

> ▪▪▪ A: Es un líquido que cambias cada tres meses.
> B: El aceite.

Actividad 29 **¡Qué desastre!** Todos conocemos a alguien que tiene un carro desastroso. Combina ideas de las dos columnas para decir oraciones que normalmente oye un mecánico.

> ▪▪▪ Tengo un problema con...

1. las llantas
2. el limpiaparabrisas
3. la batería
4. la llave
5. el motor
6. el aire acondicionado

a. no funcionar cuando llueve
b. no echar aire frío
c. no arrancar cuando hace frío
d. nunca tener suficiente aire
e. no abrir el baúl
f. el carro no tener electricidad

▪▪▪ If you have never been in an accident, invent one.

Actividad 30 **El accidente automovilístico** En parejas, usen la siguiente información como guía para contar un accidente automovilístico que tuvieron o que vieron.

Antes del accidente

dónde y con quién estabas
cómo se sentían Uds.
qué tiempo hacía
qué hora era
a qué velocidad iban
si tenían el cinturón de seguridad puesto
si hacías algo mientras manejabas

El accidente

qué ocurrió
si había personas heridas (fracturas, sangrar, etc.)
si llegó la ambulancia o la policía
si al/a la otro/a conductor/a le pusieron una multa por exceso de velocidad / por estar borracho/a
cómo se sentían Uds.

Actividad 31 **La persuasión** En parejas, Uds. van a mantener una conversación en una tienda de carros (*car dealership*). Para prepararse, lea cada uno solamente el papel A o B. Luego empiecen la conversación así:

> ▪▪▪ A: Buenos días. ¿En qué puedo servirle?
> B: Me interesa comprar este carro.
> A: ¡Ah! Es un carro fantástico. Tiene llantas Michelín...

radio con CD estéreo	estándar
llantas Michelín	estándar
cinturones de seguridad	estándar
limpiaparabrisas trasero	estándar
motor de seis cilindros	estándar
frenos hidráulicos	estándar
bolsas de aire	estándar
transmisión automática	$999
aire acondicionado	$799
ventanillas y cierre automático	$349
asientos de cuero	$689

Precio total sin IVA
ni matrícula $28.995
Garantía: 7/70.000
35 millas por galón de gasolina

A

Eres vendedor/a de carros y recibes comisión si los clientes compran los accesorios adicionales del carro. Tu misión: El/La cliente debe gastar mucho dinero. Intenta convencerlo/la.

B

Eres cliente y estás interesado/a en comprar un carro. Quieres un buen precio, no tienes mucho dinero y le tienes fobia a los vendedores de carros.

Para escuchar

Si manejas, te juegas la vida

◄ Cordillera Real, los Andes, Bolivia. ¿Te gustaría manejar en esta carretera?

¡Qué lío!	What a mess!
¡Qué va!	No way!
para colmo	to top it all off
jugarse la vida	to risk one's life

Operaron a Carlitos y don Alejandro todavía tiene negocios que hacer. Por eso deja a la familia en Bogotá y se va en un carro alquilado hacia el sur del país. Ahora, don Alejandro tiene una conversación de larga distancia con su esposa.

Actividad 32 **¿Cierto o falso?** Mientras escuchas la conversación, marca **C** si la oración es cierta o **F** si es falsa. Corrige las oraciones falsas.

1. _____ Cuando don Alejandro llamó, su esposa estaba preocupada.
2. _____ Don Alejandro llegó tranquilo a Cali.
3. _____ El carro alquilado era un desastre.
4. _____ Las gasolineras estaban cerradas porque era mediodía.
5. _____ Carlitos va a salir mañana del hospital.
6. _____ Don Alejandro va a regresar en carro.
7. _____ A don Alejandro le gusta viajar en carro por Colombia.

Actividad 33 **¡Qué problemas!** Después de escuchar la conversación otra vez, contesta estas preguntas.

1. Cuando don Alejandro llamó, ¿dónde estaba él y dónde estaba su esposa Rosaura?
2. Don Alejandro tuvo muchos problemas. ¿Cuáles fueron?
3. ¿Cómo era el mecánico? ¿Qué le ofreció a don Alejandro y por qué?
4. ¿Por qué es difícil viajar en carro por Colombia?
5. ¿Manejaste alguna vez en las montañas? ¿Fue fácil o difícil? ¿Tenías miedo mientras manejabas?

Actividad 34 **Jugarse la vida** Di en cuáles de las siguientes situaciones te jugaste la vida.

Me jugué la vida cuando...

subirse a un árbol muy alto
estar en un carro con un/a conductor/a borracho/a
acelerar a más de 80 millas por hora en una calle
saltar con una cuerda bungee
comer pescado de la semana anterior
¿ ?

¿Lo sabían?

Si viajas, vas a notar que en muchos países hispanos no es común tener autoservicio en las gasolineras; normalmente hay personas que atienden a los clientes y es costumbre darles una pequeña propina.

El precio de la gasolina puede ser muy alto, a veces más de un dólar por litro o más o menos el doble que en los Estados Unidos. También es más común encontrar carros pequeños. Los carros con transmisión automática no son nada comunes y, por eso los carros de alquiler normalmente son con cambios.

¿? ¿Por qué crees que es común tener carros pequeños y con cambios en muchos países hispanos en vez de carros grandes? ¿Es igual en tu país?

▲ Una calle típica de Albarracín, España.

Gramática para la comunicación II

I. Narrating and Describing in the Past (Part III)

A. Expressing Past Intentions and Responsibilities:
Iba a + infinitive and *tenía/tuve que* + infinitive

1 ▪ To express what you were going to do, but didn't, use **iba a** + *infinitive*. To tell what you actually did, use the preterit.

> **Iba a estudiar,** pero **fui** a una fiesta.   *I was going to study, but I went to a party.* (unfulfilled intention)

2 ▪ To express what you had to do, and perhaps didn't, use **tenía que** + *infinitive*.

> **Tenían que** trabajar, pero **fueron** al cine.   *They had to/were supposed to work, but they went to the movies.* (They did not fulfill their obligation.)
>
> —**Tenía que** hablar con el profesor.   *I had to/was supposed to speak with the professor.*
>
> —¿Y? ¿**Hablaste** con él o no?*   *And? Did you speak with him or not?*

*NOTE: The listener does not know whether or not the obligation was fulfilled and therefore has to ask for a clarification.

3 ▪ To express what you had to do and did (a completed action), use **tuve que** + *infinitive*.

> —**Tuve que ir** al médico.   *I had to go to the doctor.* (I had to and did go.)
>
> —¿Qué te dijo el médico?   *What did the doctor tell you?*

(continued)

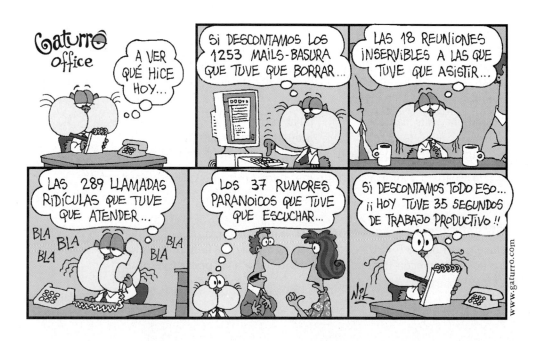

After studying the grammar explanation, answer the following questions.

■ In the sentences that follow, who actually went to buy a present, the man or the woman?

Ella **fue** a comprarle un regalo.　　　Él **iba** a comprarle un regalo.

If you said "the woman," you were correct since the words **iba a** imply merely an unfulfilled intention to do something.

■ If someone said, **"Tenía que comprarle un regalo",** what would be a logical response?

¿Qué compraste?　　　　　　　　¿Y lo compraste?

If you chose the second, you were correct. **Tenía que** simply indicates an obligation; if that obligation was met or not is up in the air.

B. *Saber* and *conocer* in the Imperfect and Preterit

Saber and **conocer** express different meanings in English depending on whether they are used in the preterit or the imperfect. When used in the preterit, they express the beginning of knowing. Note that the imperfect retains the original meaning of the verb.

■ ■ ■ To review uses of **saber** and **conocer**, see Ch. 4.

	Imperfect	Preterit
conocer	knew	met (for the first time), became acquainted with
saber	knew	found out

Virginia **supo** que recibió una oferta de trabajo de InTec.
Ella **sabía** demasiado para tener un trabajo tan fácil, pero aceptó la oferta de todos modos.
Conoció a mi padre el lunes cuando empezó el trabajo —es su jefe.
Ya **conocía** a mi primo Fernando que también trabaja en InTec.

Virginia found out that she received a job offer from InTec.
She knew too much to have such an easy job, but she accepted the offer anyway.
She met my father on Monday when she started the job—he's her boss.
She already knew my cousin Fernando who also works for InTec.

Actividad 35 Buenas intenciones En español, como en inglés, hay un refrán que dice "No dejes para mañana lo que puedas hacer hoy". Pero, con frecuencia, todos dejamos para mañana lo que podemos hacer hoy. En parejas, digan qué acciones iban a hacer la semana pasada, pero no hicieron. Usen algunas de las siguientes ideas si quieren.

llamar a sus padres　　　　lavar ropa
visitar a su hermana　　　　limpiar la casa/habitación
pagar la cuenta del móvil　　hacer un trabajo para la clase de...

■ ■ ■ Iba a visitar a mi hermana, pero no fui porque no tenía carro.

Actividad 36 ¿Mala memoria? Su profesor/a organizó una fiesta para la clase, pero nadie fue. Ustedes tienen vergüenza y tienen que inventar buenas excusas. Empiecen diciendo: **"Lo siento. Iba a ir, pero tuve que..."**

Actividad 37 ¿Eres responsable? Escribe tres cosas que tenías que hacer
y que no hiciste el fin de semana pasado y tres cosas que tuviste que hacer.
Luego, en parejas, comenten por qué las hicieron y por qué no.

Actividad 38 ¿Cuántos años tenías? Di cuántos años tenías cuando conociste a las siguientes personas o supiste la siguiente información.

1. ¿Cuántos años tenías cuando conociste a las siguientes personas?
   a. tu mejor amigo
   b. tu mejor amiga
   c. tu profesor favorito de la escuela secundaria

2. ¿Cuántos años tenías cuando supiste la siguiente información?
   a. de dónde venían los niños
   b. que Santa Claus no existía
   c. que un/a amigo/a tomaba drogas ilegales

Actividad 39 ¿Ya sabías? En parejas, digan a qué personas o qué cosas ya
conocían o qué información ya sabían el primer día de clases de su primer año
de universidad y qué personas o lugares conocieron o qué información supieron
después de empezar el año.

   ■■■ A: ¿Sabías el número de tu habitación?
       B: Sí, ya lo sabía./No, no lo sabía todavía.
       A: ¿Cuándo lo supiste?
       B: Lo supe cuando llegué a la residencia.

1. la ciudad universitaria
2. dónde ibas a vivir
3. el nombre de tu compañero/a de cuarto
4. tu compañero/a de cuarto o apartamento
5. tu número de teléfono
6. tus profesores
7. tu horario de clases
8. tu email de la universidad

II. Describing: Past Participle as an Adjective

■■■

1 ■ The past participle (**participio pasivo**) can function as an adjective to
describe a person (the *injured* woman), place (the *constructed* shopping mall), or
thing (a *finished* assignment, a *rented* car), and agrees in gender and number
with the noun it modifies. To form the past participle in Spanish, add -**ado** to the
stem of all -**ar** verbs, and -**ido** to the stem of most -**er** and -**ir** verbs.

> alquilar ⟶ alquil**ado**   perder ⟶ perd**ido**   servir → serv**ido**

Él fue a Cali en un carro **alquilado.**   *He went to Cali in a rented car.*
Solo encontró gasolineras **cerradas.**   *He only found closed gas stations.*

2 ■ Use **estar** + *past participle* to describe a condition resulting from an action. The past participle functions as an adjective.

Cerraron las gasolineras.   *They closed the gas stations.*

Ahora las gasolineras **están cerradas.**   *The gas stations are closed now.*

Él arreglo los frenos.   *He fixed the brakes.*

Los frenos **están arreglados.**   *The brakes are fixed.*

3 ■ The following verbs have irregular past participles.

abrir	**abierto**	morirse	**muerto**
cubrir (*to cover*)	**cubierto**	poner	**puesto**
decir	**dicho**	romper (*to break*)	**roto**
escribir	**escrito**	ver	**visto**
hacer	**hecho**		

—Alguien entró en mi apartamento.   *Someone entered my apartment.*
—¿Robaron algo?   *Did they steal anything?*
—No, pero un vaso **estaba roto** y   *No, but a glass was broken and the*
la mesa **estaba cubierta** de leche.   *table was covered with milk.*

To practice: Do Workbook, Lab, CD-ROM, and Web activities.

Actividad 40 ¿Qué pasó? Terminen estas oraciones usando **estar** + *el participio pasivo* de un verbo apropiado: **abrir, aburrirse, beber, cubrir, dormir, encantar, morirse, pagar, preocuparse, resfriarse, romper, vender** y **vestirse.**

■■■ Use **estaba/n** + *past participle*, since you are describing in the past.

■■■ Remember: Past participles as adjectives agree in gender and number with the nouns they modify.

1. El carro iba haciendo eses (*was zigzagging*) porque el conductor _____.

2. La chica estaba en una clase de matemáticas y el profesor hablaba y hablaba y ella _____.

3. Ella se fue el fin de semana a la playa y desafortunadamente no les puso agua a las flores. Cuando llegó, todas _____.

4. Salí a comer con mi amigo y cuando iba a pagar la cuenta, el camarero me dijo que la cuenta ya _____.

5. Mi esposo y yo estábamos en el carro y hacía un calor terrible. Entonces decidí poner el aire acondicionado, pero _____ así que casi nos morimos de calor.

6. El tenor José Carreras no pudo cantar porque _____.

7. Mi padre _____ en el sillón cuando terminó el programa de televisión.

8. Cuando llegué al carro, no lo podía creer. La puerta del conductor _____ y me faltaba la radio.

9. Queríamos comprar entradas para el cine, pero todas _____.

10. No pude sentarme, Como siempre, el sofá y las sillas _____ de periódicos.

11. Mi novio llegó temprano y tuvo que esperar porque todavía yo no _____.

12. Su esposa debía de llegar a las 8:00 y ya era la medianoche. El señor _____.

Actividad 41 **Detectives** En parejas, Uds. son el detective Sherlock Holmes y su ayudante Watson. Describan la escena que encontraron al entrar en un apartamento donde ocurrió un asesinato. Usen el participio pasivo de los siguientes verbos: **abrir, cubrir, escribir, hacer, morirse, poner, preparar, romper** y **servir.**

■■■ Un plato estaba roto...

■■■ Vocabulario útil: **la cortina** = curtain; **el asesino** = assassin, murderer; **la vela** = candle.

Actividad 42 **Un poema** **Parte A.** Alfonsina Storni (1892–1938), poeta argentina, escribió el poema "Cuadrados y ángulos" para hacer un comentario social. Primero, cierra los ojos y escucha mientras tu profesor/a lee el poema en voz alta. Después contesta esta pregunta: ¿Oíste mucha repetición de letras? ¿De palabras?

Parte B. En parejas, pongan las letras de los dibujos al lado de la línea del poema que representan.

Cuadrados y ángulos

Casas enfiladas[1], casas enfiladas,

casas enfiladas. _____

Cuadrados[2], cuadrados, cuadrados. _____

Casas enfiladas. _____

Las gentes ya tienen el alma[3] cuadrada, _____

ideas en fila _____

y ángulo en la espalda. _____

Yo misma he vertido[4] ayer una lágrima[5],

Dios mío, cuadrada. _____

1 *in rows*   2 *Squares*   3 *soul*   4 *shed*   5 *tear*

Parte C. Ahora, decidan cuál de las siguientes oraciones describe mejor el mensaje del poema. Justifiquen su respuesta.

1. Storni dice que la vida es aburrida porque todo es igual —no hay variedad.
2. Storni dice que la gente se conforma con las normas establecidas de la sociedad —no hay individualismo.

Parte D. Discutan estas preguntas y justifiquen sus respuestas.

1. ¿Storni se conforma con las normas establecidas o es individualista?
2. ¿Uds. se conforman con las normas establecidas o son individualistas?

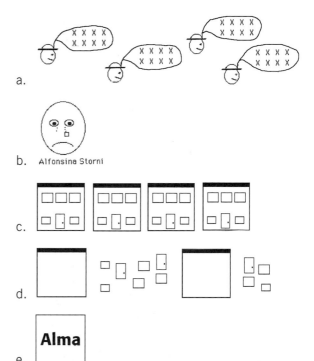

primera línea: un sustantivo

segunda línea: dos adjetivos (es posible usar participios)

tercera línea: tres acciones (verbos)

cuarta línea: una frase relacionada con el primer sustantivo (cuatro o cinco palabras máximo)

quinta línea: un sustantivo que resuma la idea del primer sustantivo

Do Web Search activities.

¿Lo sabían?

Entre los grandes poetas del mundo hispano se encuentran los chilenos Gabriela Mistral (1889–1957) y Pablo Neruda (1904–1973). Mistral, que llegó a ser diplomática y ministro de cultura, fue la primera mujer de América Latina en recibir el Premio Nobel de Literatura. Los temas principales de su poesía son el amor, la tristeza y los recuerdos dolorosos. Entre sus obras más famosas está *Sonetos de la muerte*. Neruda, que fue diplomático y estaba afiliado al partido marxista, también recibió el Premio Nobel de Literatura. Entre sus obras más famosas está *Veinte poemas de amor y una canción desesperada*. Él habla no solo del amor sino también de la lucha política de la izquierda y del desarrollo histórico-social de Suramérica.

En los países de habla española, generalmente, los estudiantes de la primaria y la secundaria tienen que memorizar poemas de escritores famosos para recitarlos, pues se considera que la poesía se escribe para ser escuchada. Esto lleva a tener cierta apreciación por la poesía y no es de sorprender que si un grupo de adultos hacen un tour en autobús, en vez de cantar canciones, alguien recite un poema.

▲ Para conmemorar los 100 años del nacimiento de Pablo Neruda los chilenos escribieron un poema de dos kilómetros de largo en Valparaíso, Chile.

¿? ¿Cuáles son unos grandes poetas de tu país? ¿Los estudiantes tienen que memorizar poemas en la escuela? ¿Puedes recitar un poema? Para ti, ¿es mejor leer u oír un poema? Cuando lees poesía, ¿lees los poemas en voz alta?

Más allá

La medicina

Cada día en el campo de la medicina en los Estados Unidos, se necesitan más y más personas que puedan comunicarse en español. Hay situaciones muy delicadas en las que un doctor debe explicarle claramente al paciente la condición física en que se encuentra. Con frecuencia, el paciente habla español y poco inglés y si el médico no sabe el idioma, necesita la ayuda de un intérprete. Existen también servicios de traducción telefónica que pueden usarse en situaciones de emergencia. Por ejemplo, cuando los paramédicos atienden a un paciente que no habla inglés, usan la ayuda de un intérprete telefónico para comunicarse con el paciente. Para evitar el uso de intérpretes, muchas personas que trabajan en el campo de la medicina—tanto paramédicos y enfermeras como psicólogos y médicos—se preocupan por aprender español para poder darles un mejor servicio a sus pacientes. Por esa razón, muchas universidades ofrecen clases de español para estas profesiones.

Las compañías de seguro médico, así como el Departamento de Salud y otras organizaciones públicas de este país, se preocupan por crear folletos (*brochures*) en español para educar, informar y atender a las necesidades de la población hispana.

NOAH: New York Online Access to Health

Welcome
Bienvenido(a)

Health Topics
Word Search
NOAH Providers
What's New
Help
About NOAH
Feedback
NOAH Sponsors

Temas de Salud
Búsqueda por Palabras
Proveedores de NOAH
Lo Nuevo
Ayuda
Acerca de NOAH
Comentarios
Patrocinadores

NYAML

NYPL

Awards

Premios

Pregúntale a NOAH sobre la salud

Somos ginecólogos bilingües y trabajamos en una clínica del condado (*county*) de Joliet cerca de Chicago. El 50% de nuestras pacientes son de habla española, la gran mayoría de ellas de ascendencia mexicana. Como médicos, es esencial para nosotros poder comunicarnos directamente con nuestras pacientes.
—*Dr. Frank Garcini y Dra. Hysoo Ka*

¿? Imagina que estás en otro país y que tienes un accidente de tráfico, ¿en qué idioma te gustaría comunicarte con los médicos, en inglés o en español? ¿Sabes si tu doctor/a habla otro idioma? ¿Hay intérpretes en los hospitales de tu ciudad?

Vocabulario funcional

La salud (Health)

la ambulancia	ambulance
caerse	to fall
cortarse	to cut oneself
doler (o → ue)	to hurt
la enfermedad	sickness, illness
el/la enfermero/a	nurse
estar mareado/a	to be dizzy
estar resfriado/a	to have a cold
estornudar	to sneeze
la fractura	fracture, break
la herida	injury, wound
la infección	infection
lastimarse	to hurt oneself
quemarse	to burn oneself
la radiografía	X-ray
romperse (una pierna)	to break (a leg)
sangrar	to bleed
la sangre	blood
tener	
buena salud	to be in good health
catarro	to have a cold
diarrea	to have diarrhea
dolor de cabeza	to have a headache
escalofríos	to have the chills
fiebre	to have a fever
gripe	to have the flu
náuseas	to feel nauseous
tos	to have a cough
tenerle alergia a (los gatos)	to be allergic to (cats)
torcerse un tobillo (o → ue)	to sprain an ankle
toser	to cough
vomitar/devolver (o → ue)	to vomit

Los medicamentos y otras palabras relacionadas

el antibiótico	antibiotic
la aspirina	aspirin
la cápsula	capsule
la curita/tirita	Band-Aid
las gotas	drops
la inyección	injection, shot
el jarabe	(cough) syrup
la píldora/pastilla	pill
la receta (médica)	prescription
el vendaje	bandage

El carro

el aceite	oil
el aire acondicionado	air conditioning
automático	automatic
la batería	battery
el baúl	trunk
el cinturón de seguridad	seat belt
con cambios	standard shift
el estacionamiento	parking lot
los frenos	brakes
la gasolinera	gas station
la licencia/el permiso de conducir	driver's license
el limpiaparabrisas	windshield wipers
la llanta	tire
la llave	key
las luces	lights
la matrícula/placa	license plate
el motor	engine
el parabrisas	windshield
el tanque de gasolina	gas tank

Acciones relacionadas con el carro

abrocharse el cinturón	to buckle the seat belt
acelerar	to accelerate
alquilar	to rent
apagar	to turn off
arrancar	to start the car
atropellar	to run over
chocar (con)	to crash (into)
descomponerse	to break down
echarle gasolina al carro	to put gas in the car
estacionar	to park
frenar	to brake
funcionar	to work, function (things)
ponerle una multa (a alguien)	to give (someone) a ticket
revisar	to check

Expresiones de tiempo

a menudo	frequently, often
a veces	at times
cada día/mes/año	every day/month/year
con frecuencia	frequently, often
de repente	suddenly
de vez en cuando	once in a while, from time to time
mientras	while
muchas veces	many times
todos los días/meses	every day/month

Palabras y expresiones útiles

además	besides
ahora mismo	right now
la calle	street
cubrir	to cover
jugarse la vida	to risk one's life
(No) Vale la pena.	It's (not) worth it.
(No) Vale la pena + infinitive.	It's (not) worth + -ing.
para colmo	to top it all off
¡Qué lío!	What a mess!
¡Qué va!	No way!
romper	to break
quejarse	to complain

10 Mi casa es tu casa

➤ Aeropuerto Ronald Reagan en Washington, D.C., diseñado por César Pelli, arquitecto argentino.

Chapter Objectives

- Indicating sequence
- Describing wants and needs
- Describing the layout of a house
- Describing furnishings and household items
- Expressing hope, giving advice, and making requests

¿Qué saben?

1. Calatrava es el arquitecto español que diseñó...
   a. la terminal de transportes en la "zona cero" de Nueva York.
   b. la Catedral de Nuestra Señora de Los Ángeles.
   c. el Museo Guggenheim en Bilbao, España.
2. Los edificios del arquitecto español Antonio Gaudí son famosos por el uso de...
   a. la línea recta.   b. la curva.
3. ¿Qué creó el artista español Jaume Plensa?
   a. la fuente de Trevi en Roma
   b. la estatua de la Libertad en Nueva York
   c. la fuente de Corona en Chicago

En busca de apartamento

➤ La Pedrera, edificio de apartamentos en Barcelona, España, diseñado por el arquitecto español Antonio Gaudí. Se pueden visitar el techo (*roof*) y el ático del edificio, donde hay una exhibición de las obras del arquitecto español.

o sea	that is to say
Fulano, Mengano y Zutano	Tom, Dick, and Harry
¡Vaya!	Wow!

Las cuatro chicas buscan apartamento porque el colegio mayor se cierra el mes de agosto durante las vacaciones. Ahora Diana, Marisel y Teresa están hablando sobre qué tipo de apartamento quieren.

Actividad 1 Marca qué buscan Lee la siguiente lista. Después, mientras escuchas la conversación, marca qué cosas buscan las chicas en un apartamento.

dormitorios	2	3	4
cocina grande	sí	no	opcional
muebles	sí	no	opcional
portero	sí	no	opcional
línea de teléfono	sí	no	opcional
balcón	sí	no	opcional
muchas ventanas	sí	no	opcional

■■■ **Departamento** is sometimes used for **apartamento** in some Latin American countries.

Actividad 2 ¿Comprendiste? Después de escuchar la conversación otra vez, contesta estas preguntas.

1. ¿Qué comentario hace Marisel sobre los novios de Teresa y de Claudia?
2. ¿Qué es un portero? ¿Es común tener portero en los Estados Unidos? ¿Te gustaría vivir en un edificio con portero?
3. ¿Por qué dice Marisel que no hay problema por ahora si no tienen línea de teléfono en el apartamento?

4. Cuando Diana dice, "¡Uf! ¡No pedimos nada!", ¿quiere decir que va a ser fácil o difícil encontrar apartamento?

5. ¿En qué piso/s (*floor/s*) no quieren vivir las chicas: en la planta baja (*ground floor*), el primero o el segundo? ¿Por qué?

6. ¿Prefieres vivir en un apartamento o en una residencia estudiantil?

Actividad 3 ¿Qué prefieren Uds.? En grupos de cinco, decidan cuáles son las cosas más importantes para Uds. en un apartamento. Clasifiquen las siguientes cosas con una escala de uno a tres. Después díganle al resto de la clase las cosas que son importantes para Uds.

1 no es importante

2 es importante

3 es muy importante

_____ el número de dormitorios   _____ que tenga garaje

_____ que sea barato   _____ que tenga cocina grande

_____ que tenga balcón   _____ el piso en que esté

_____ que esté amueblado   _____ que tenga portero

_____ la parte de la ciudad en que esté   _____ que tenga aire acondicionado

¿Lo sabían?

Los países de habla española le han dado al mundo un grupo de arquitectos con gran visión artística. Entre ellos se encuentra el minimalista mexicano Luis Barragán (1902–1988), quien recibió el Premio Pritzker en 1980 por sus diseños de casas que incluyen no solo aspectos autóctonos mexicanos sino también árabes y mediterráneos. Otro arquitecto incomparable es Antonio Gaudí (1852–1926) de Barcelona, España, quien parecía no conocer la línea recta. Sus edificios se caracterizan por sus curvas sensuales y su diseño casi surrealista que les dan un aspecto de fantasía. El argentino César Pelli (1926–), que fue decano (*dean*) de la Facultad de Arquitectura de Yale, tiene una empresa de arquitectura que diseña torres de oficinas, teatros, museos, hoteles, estadios deportivos, etc., en todo el mundo. Santiago Calatrava, español (1951–), quien también

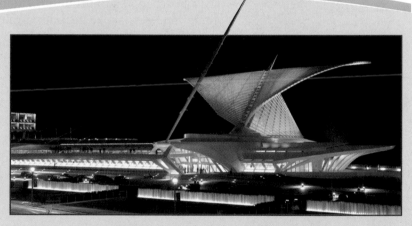

▲ *El Pabellón Quadracci*, extensión del Museo de Arte de Milwaukee realizada por Santiago Calatrava, arquitecto español. Esta estructura simula un pájaro con alas que se abren y se cierran y funciona como un parasol para el pabellón que está debajo.

diseña en diferentes partes del mundo, es conocido por sus estructuras dinámicas de estilo muy abierto y que, algunas veces, hasta se mueven (*they even move*). Es el arquitecto del nuevo centro de transporte en la "zona cero" de Nueva York.

¿? ¿Sabes los nombres de algunos arquitectos famosos de tu país? ¿Sabes si un arquitecto hispano construyó algo en tu ciudad o país?

■■■ Pelli and Calatrava have their own web pages, and Barragán as well as Gaudí have many web pages written about them. All contain photos and descriptions of their works.

I. Los números ordinales

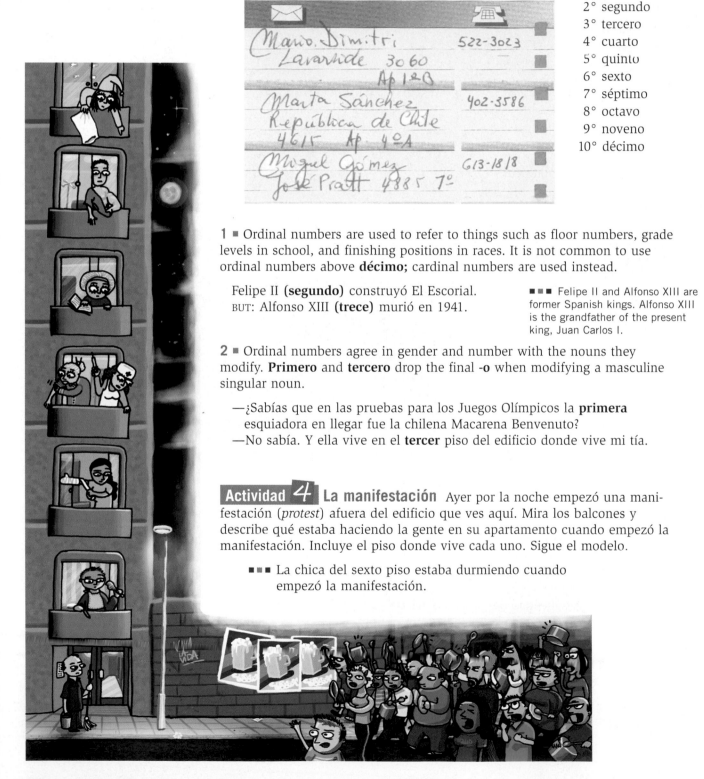

1°	primero
2°	segundo
3°	tercero
4°	cuarto
5°	quinto
6°	sexto
7°	séptimo
8°	octavo
9°	noveno
10°	décimo

1 ▪ Ordinal numbers are used to refer to things such as floor numbers, grade levels in school, and finishing positions in races. It is not common to use ordinal numbers above **décimo**; cardinal numbers are used instead.

Felipe II **(segundo)** construyó El Escorial.
BUT: Alfonso XIII **(trece)** murió en 1941.

▪▪▪ Felipe II and Alfonso XIII are former Spanish kings. Alfonso XIII is the grandfather of the present king, Juan Carlos I.

2 ▪ Ordinal numbers agree in gender and number with the nouns they modify. **Primero** and **tercero** drop the final **-o** when modifying a masculine singular noun.

—¿Sabías que en las pruebas para los Juegos Olímpicos la **primera** esquiadora en llegar fue la chilena Macarena Benvenuto?
—No sabía. Y ella vive en el **tercer** piso del edificio donde vive mi tía.

Actividad 4 La manifestación Ayer por la noche empezó una manifestación (*protest*) afuera del edificio que ves aquí. Mira los balcones y describe qué estaba haciendo la gente en su apartamento cuando empezó la manifestación. Incluye el piso donde vive cada uno. Sigue el modelo.

▪▪▪ La chica del sexto piso estaba durmiendo cuando empezó la manifestación.

Actividad 5 **La carrera de ciclismo** En una carrera (*race*) de ciclismo este fin de semana participaron seis ciclistas de Hispanoamérica. En parejas, lean las pistas (*clues*) y adivinen el número de llegada (primero, segundo, etc.), nombre, nacionalidad y color de camiseta de cada ciclista.

1. Claudio Vardi, con camiseta roja, es de un país suramericano.
2. El uruguayo llegó en tercer lugar.
3. El hombre de camiseta amarilla se llama Augusto Terranova y no es uruguayo.
4. El colombiano que llegó primero tiene camiseta roja.
5. Hernando Calasa, con camiseta morada, no llegó cuarto.
6. Francisco Lara, que tiene camiseta azul, es el único que no es suramericano.
7. Silvio Scala, de nacionalidad chilena, llegó justo después del boliviano de camiseta amarilla.
8. El peruano de camiseta morada llegó último.
9. El guatemalteco llegó justo después del colombiano.
10. La camiseta del uruguayo Marcelo Ruso es verde y no negra como la del ciclista chileno.

¿Lo sabían?

El ciclismo es un deporte muy popular en muchos países y cada año hay carreras internacionales. Quizás las más interesantes sean las de España y de Colombia, por la habilidad de los participantes y también por ser muy difíciles, pues hay muchas montañas. La carrera más importante del mundo es la Vuelta a Francia, que tiene lugar todos los años en el mes de julio. En 1988, la ganó un español, Pedro Delgado, y la ganó otro español, Miguel Indurráin, de 1991 a 1995. Aunque la mayoría de los ciclistas profesionales son de Europa o los Estados Unidos, los ciclistas colombianos generalmente se clasifican entre los mejores del mundo.

¿? ¿Sabes los nombres de algunos ciclistas norteamericanos que ganaron la Vuelta a Francia? Piensa en los deportes más populares de tu país. ¿Qué lugar crees que ocupa el ciclismo?

II. Las habitaciones de una casa

■ ■ ■ Dormitorio = habitación, alcoba, cuarto, recámara, pieza

1. hall de entrada
2. sala
3. comedor
4. ⎫
5. ⎭ dormitorio
6. dormitorio
7. pasillo
8. ⎫
9. ⎭ baño
10. cuarto de servicio
11. cocina

Otras palabras relacionadas con la casa

el agua water		**la electricidad/luz** electricity	
el alquiler rent		**la fianza/el depósito** security deposit	
amueblado/a furnished		**el gas** gas	
la calefacción heat		**los gastos** expenses	

To practice: Do Workbook, CD-ROM, and Web activities.

Actividad 6 Asociaciones Di qué cuartos de la casa asocias con las siguientes actividades o cosas: dormir, mirar televisión, comer, estudiar, hablar con amigos, leer, ducharse, escuchar música, lavarse las manos, preparar comida.

Actividad 7 ¿Cómo es tu casa? Parte A. En grupos de tres, cada persona les describe la casa de su familia a sus compañeros. Digan si es grande o pequeña, qué tiene (cuántos dormitorios, etc.) y si tiene alguna característica especial.

Parte B. Ahora describan cómo era la casa en que vivían cuando tenían entre 8 y 10 años. Si es la misma casa que tiene su familia ahora, digan las cosas que eran diferentes.

A y B

Quieren saber:
1. cuánto es el alquiler
2. si es necesario pagar depósito
3. si está amueblado
4. si hay calefacción
5. si hay otros gastos como gas, agua y luz

C

Sabe:
1. el alquiler es 5.500 pesos al mes
2. un mes de depósito
3. está amueblado (con muebles viejos)
4. hay calefacción central
5. el alquiler incluye gas, agua y luz

Gramática para la comunicación I

I. Using Other Affirmative and Negative Words

In Chapter 6 you learned some affirmative and negative expressions such as **algo-nada, alguien-nadie, siempre-nunca.** Here are some more expressions.

Affirmative and Negative Adjectives	Affirmative and Negative Pronouns
algún/alguna/algunos/algunas + noun some/any + *noun* **ningún/ninguna** + singular noun not any + *noun*	**alguno/alguna/algunos/algunas** some/any **ninguno/ninguna** none/no one/not any

■ ■ ■ Review other affirmative and negative words, Ch. 6.

Note that **alguno** and **ninguno** can <u>never</u> be followed by a noun because they are pronouns. Also note that the adjectives **ningún/ninguna** and the pronouns **ninguno/a** are seldom used in the plural.

—¿**No** vamos a ver **ningún** apartamento este fin de semana?

Aren't we going to see any apartments this weekend?

—Sí, es posible. ¿Tienes **algunos** teléfonos para llamar?

Possibly. Do you have any telephone numbers to call?

—Tengo **algunos,** pero **no** tengo **ninguno** aquí.

I have some, but I don't have any here.

Actividad 9 **¿Qué hay?** En algunas salas de clase hay muchas cosas, pero otras no tienen mucho. ¿Cuáles de las siguientes cosas hay y no hay en tu clase? Fotografías, mapas, televisor con video, ventanas, proyector, pantalla (*screen*), computadora, reloj, equipo de audio, tablón de anuncios, aire acondicionado, reproductor de DVD. Sigue el modelo.

■■■ En nuestra clase no hay ninguna...
En nuestra clase hay...

Actividad 10 **La habitación desordenada** En parejas, "A" cubre el dibujo B y "B" cubre el dibujo A. El dibujo A está incompleto y por eso "A" debe averiguar qué cosas de las que están debajo de su dibujo se necesitan para completarlo, cuántas hay y dónde están. Cuando averigüe, "A" debe dibujar las cosas en el lugar apropiado.

■■■   A: ¿Hay alguna camisa en esta habitación?

B: Sí, hay una.   B: No, no hay ninguna.
A: ¿Dónde está?   A: ¿Hay algunos televisores?
B: ...   B: ...

II. Talking About the Unknown: The Present Subjunctive

Up to now, you have used all verbs in the indicative mood. There is another verbal mood called the subjunctive **(el subjuntivo),** which is used to express things such as doubt, uncertainty, hope, influence, and to talk about the unknown. You will learn about these uses little by little in this and the next chapter.

A. Use of the Present Subjunctive

1 ▪ When talking about something or someone, you may describe it/him/her with an adjective or with an adjective clause usually introduced by **que.**

▪ ▪ ▪ clause: a phrase that has a conjugated verb

Vivo en un apartamento *grande.* (adjective)
Vivo en un apartamento *que es grande.* (adjective clause with a conjugated verb in the indicative mood)

The two previous sentences describe an apartment where the speaker lives. The apartment actually exists: the speaker knows the address, how many bedrooms it has, what color the walls are, etc. When describing something that you are not sure exists, you may also use an adjective or an adjective clause, normally introduced by **que,** that contains a verb in the subjunctive mood.

Busco un apartamento *grande.* (adjective)
Busco un apartamento *que sea grande.* (adjective clause with a conjugated verb in the subjunctive mood)

2 ▪ Compare the following sentences.

Exists	May or may not exist
Conozco al portero **que trabaja en mi edificio.**	Busco un portero **que trabaje bien.** *
Tengo una cama **que es pequeña.**	Necesito una cama **que sea grande.**
Mis padres viven en un apartamento **que tiene balcón.**	Mis padres quieren un apartamento **que tenga balcón.**
Conozco un apartamento **que tiene una cocina grande que es perfecta para ti.**	¿Hay algún apartamento **que tenga una cocina grande que sea perfecta para mí**?

***NOTE:** The *personal* **a** is not used when the direct object refers to a person or persons that may or may not exist, unless it is **alguien** or **algún/alguna:**
Busco a alguien/alguna persona que conozca bien la zona.

3 ▪ A verb in the subjunctive mood is also used in adjective clauses to describe something that does not exist from the point of view of the speaker. This type of construction is frequently used to complain or whine about a problem.

No encuentro una persona **que me alquile un apartamento amueblado.** * — *I can't find a person who will rent me a furnished apartment.*

No conozco a ningún portero **que sea eficiente.** * — *I don't know any doorman who is efficient.*

No conozco a nadie **que sepa cocinar bien.** * — *I don't know anybody who knows how to cook well.*

***NOTE:** The *personal* **a** is not used when the direct object refers to a person or persons that do not exist, unless it is **nadie** or **ningún/ninguno/a.**

B. Forms of the Present Subjunctive

1 ▪ To conjugate most verbs in the subjunctive, apply the following rules.

a. Take the present indicative **yo** form: **hablo, como, salgo**

b. Drop the **-o** from the verb ending: **habl-, com-, salg-**

c. Add **-e** for **-ar** verbs: que habl**e**

    Add **-a** for **-er** and **-ir** verbs: que com**a**, que salg**a**

d. Add the endings for the other persons as shown in the following charts.

■ ■ ■ When practicing the subjunctive, say **que** before each form to emphasize the dependency of the subjunctive clause.

caminar		
camin**o** ⟶	que camin**e**	que camin**emos**
	que camin**es**	que camin**éis**
	que camin**e**	que camin**en**

correr		
corr**o** ⟶	que corr**a**	que corr**amos**
	que corr**as**	que corr**áis**
	que corr**a**	que corr**an**

salir		
salg**o** ⟶	que salg**a**	que salg**amos**
	que salg**as**	que salg**áis**
	que salg**a**	que salg**an**

NOTE:

a. Remember that reflexive pronouns precede a conjugated form.

levantarse	
que **me** levant**e**	que **nos** levant**emos**
que **te** levant**es**	que **os** levant**éis**
que **se** levant**e**	que **se** levant**en**

■ ■ ■ Remember these spelling conventions:

ca **que** qui co cu

ga **gue** gui go gu

za **ce** ci zo zu

ja ge gi **jo** ju

b. Verbs ending in **-car, -gar, -zar,** and **-ger** require spelling changes in all present subjunctive forms.

	Indicative	Subjunctive
to**car**	toco	que to**que**
pa**gar**	pago	que pa**gue**
empe**zar**	empiezo	que empie**ce**
esco**ger** (*to choose*)	escojo	que esco**ja**

■ ■ ■ Review **-ir** stem-changing verbs, Chs. 5 and 7.

2 ▪ In the subjunctive, stem-changing verbs ending in **-ar** and **-er** have the same changes as in the present indicative: **que yo piense, que tú vuelvas, que él quiera, que ellos jueguen.** Remember that there is no change in the **nosotros** and **vosotros** forms: **que almorcemos, que empecéis.** Stem-changing verbs ending in **-ir** have the same stem change as in the present indicative. In addition, the nosotros and vosotros forms require a stem change from -e- to -i- or from -o- to -u-.

mentir	
que m**ie**nta	que m**i**ntamos
que m**ie**ntas	que m**i**ntáis
que m**ie**nta	que m**ie**ntan

dormir	
que d**ue**rma	que d**u**rmamos
que d**ue**rmas	que d**u**rmáis
que d**ue**rma	que d**ue**rman

3 ▪ The following verbs are irregular in the present subjunctive.

dar	⟶ que **dé**	haber	⟶ que **haya**	saber	⟶ que **sepa**
estar	⟶ que **esté**	ir	⟶ que **vaya**	ser	⟶ que **sea**

Here are the complete conjugations of **dar** and **estar**.

dar	
que d**é**	que d**emos**
que d**es**	que d**eis**
que d**é**	que d**en**

estar	
que est**é**	que est**emos**
que est**és**	que est**éis**
que est**é**	que est**én**

▪▪▪ The accent distinguishes **dé**, the subjunctive, from **de**, the preposition. Accents on **estar** reflect pronunciation.

▪▪▪ **hay** = indicative
que haya = subjunctive

To practice: Do Workbook, CD-ROM, and Web activities.

Actividad // Por teléfono En parejas, una persona busca apartamento y necesita llamar a una agencia de alquiler. Tomen un minuto para pensar en la siguiente información y después una persona llama a la otra buscando apartamento.

▪▪▪ If something exists, use the indicative. If something may or may not exist, use the subjunctive.

ser grande/pequeño
estar cerca de la universidad/del
 centro
tener cocina grande/pequeña
ser moderno/antiguo
tener 1 ó 2 baños

tener garaje (para 1 ó 2 carros)
(no) estar amueblado
estar en el 1er/2°/3er/... piso
tener muchas ventanas con luz
 natural
tener vista de la ciudad

▪▪▪ A: Busco un apartamento que tenga..., que sea... y que esté...

　　 B: Tenemos un apartamento que tiene..., que es... y que está...

Actividad /2 Nuestra primera casa **Parte A.** En parejas, imagínense que Uds. son una pareja de recién casados (*newlyweds*) y quieren comprar una casa. Obviamente, tienen que pensar en el futuro y la vida que van a tener. Decidan cómo debe ser su casa. **Queremos una casa que...**

Parte B. Ahora, comparen lo que quieren Uds. con lo que quiere la pareja de la siguiente tira cómica de Maitena.

Actividad 13 Lo ideal En grupos de cuatro, describan a su profesor/a, jefe/a (*boss*), secretario/a, padre/madre o amigo/a ideal. El/La secretario/a del grupo toma apuntes. Después, comparen su descripción con las de otros grupos.

■■■ Queremos tener un profesor que...
Buscamos un jefe que...

Actividad 14 Se busca Parte A. Busca personas de la clase que tengan o hagan las siguientes cosas.

■■■ que tenga dos hijos
A: ¿Tienes dos hijos?
B: Sí, tengo dos hijos./No, no tengo dos hijos.

1. que trabaje en un restaurante
2. que termine los estudios este año
3. que vaya a Bolivia este verano
4. que tenga tres hermanos
5. que sepa hablar catalán
6. que sea de Illinois
7. que hable japonés
8. que piense casarse este año
9. que tenga perro
10. que sepa preparar mole poblano

■■■ **Catalán** = idioma que se habla en Calatuña (noreste de España). La capital de Cataluña es Barcelona.

■■■ **Mole poblano** = salsa picante (*spicy*) mexicana que se prepara con chocolate.

Parte B. Ahora, contesta las preguntas de tu profesor/a.

■■■ ¿Hay alguien en la clase que trabaje en un restaurante?

Sí, hay alguien que trabaja en un restaurante; [Charlie] trabaja en [Red Lobster].

No, no hay nadie que trabaje en un restaurante.

■■■ Nonexistence from the speaker's point of view = subjunctive

Actividad 15 El eterno pesimista Eres una persona pesimista. Completa estas oraciones de forma original.

■■■ No hay ninguna persona que sea inteligente.

1. No hay nadie que...
2. No tengo nada que...
3. No conozco a ningún estudiante que...
4. El presidente no hace nada que...
5. En las tiendas no encuentro nada que...
6. No tengo ningún profesor que...

Actividad 16 Se necesita Parte A. Lee y completa los siguientes anuncios. Después decide cuáles pueden combinarse.

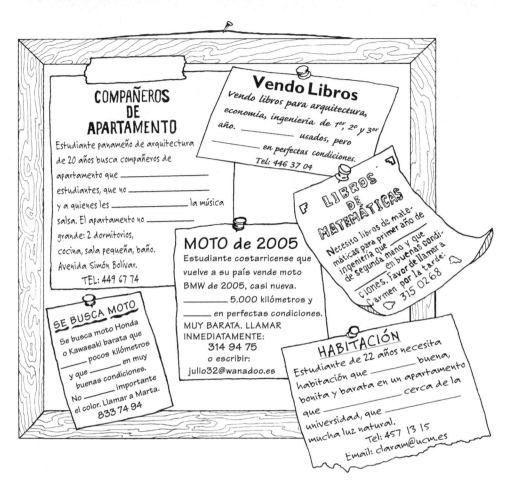

COMPAÑEROS DE APARTAMENTO

Estudiante panameño de arquitectura de 20 años busca compañeros de apartamento que _____ estudiantes, que no _____ y a quienes les _____ la música salsa. El apartamento no _____ grande: 2 dormitorios, cocina, sala pequeña, baño. Avenida Simón Bolívar.

TEL: 449 67 74

Vendo Libros

Vendo libros para arquitectura, economía, ingeniería de 1er, 2º y 3er año. _____ usados, pero _____ en perfectas condiciones.

Tel: 446 37 04

LIBROS DE MATEMÁTICAS

Necesito libros de matemáticas para primer año de ingeniería que _____ de segunda mano y que _____ en buenas condiciones. Favor de llamar a Carmen por la tarde: 315 0268

MOTO de 2005

Estudiante costarricense que vuelve a su país vende moto BMW de 2005, casi nueva. _____ 5.000 kilómetros y _____ en perfectas condiciones. MUY BARATA. LLAMAR INMEDIATAMENTE: 314 94 75 o escribir: julio32@wanadoo.es

SE BUSCA MOTO

Se busca moto Honda o Kawasaki barata que _____ pocos kilómetros y que _____ en muy buenas condiciones. No _____ importante el color. Llamar a Marta. 833 74 94

HABITACIÓN

Estudiante de 22 años necesita habitación que _____ buena, bonita y barata en un apartamento que _____ cerca de la universidad, que _____ mucha luz natural.

Tel: 457 13 15
Email: claram@ucm.es

■■■ The infinitive is frequently used to give impersonal written commands: **Llamar a Marta.**

Parte B. En parejas, una persona llama para pedir más información y la otra da información adicional.

■■■ A: ¿Aló?
B: Sí, llamo por la moto...

¿Lo sabían?

En los países hispanos no es común vender cosas de segunda mano delante de la casa o en el garaje (*tag or garage sales*). Generalmente, la gente les regala la ropa usada a miembros de la familia, a personas pobres o también a la iglesia. Las cosas usadas como equipos de audio, computadoras y libros se anuncian en la sección de avisos clasificados del periódico, en revistas o periódicos como *Segundamano* o en Internet.

¿? ¿Conoces algún periódico como este en tu ciudad o un lugar en Internet que venda cosas de segunda mano? ¿Compras o vendes cosas usadas por Internet?

Nuevos horizontes

Lectura

ESTRATEGIA: Using the Dictionary

■ ■ ■ Note: Since all dictionaries are not the same, it is important to familiarize yourself with your dictionary. Consult the Table of Contents and indexes.

So far in this text you have practiced a number of strategies to help you understand the meaning of a passage you are reading; for example, predicting, identifying cognates, and guessing meaning from context. In this chapter, you will practice using the dictionary to discern meaning. Remember: Use a dictionary only when the word is essential to your understanding of the passage.

The following guidelines will help you make better use of the dictionary.

1. Try to guess meaning from context. Then, look up the word to confirm your guess. Remember that a word may have more than one meaning, so you should check the context in which it appears when making your choice.

2. Check the grammatical form of the word. This may help you determine which definition is correct according to context. Important grammar abbreviations are: *m.* (masculine noun), *f.* (feminine noun), *adj.* (adjective), *adv.* (adverb), *v. tr.* (a transitive verb—one that is followed by a direct object), *v. intr.* (an intransitive verb—one that does not admit a direct object), and *reflex.* (reflexive verb).

■ ■ ■ In Spanish, the verb *to leave* can be transitive or intransitive and has two equivalents when translated. Transitive (takes a direct object): He always *leaves his keys* on the table. **Siempre deja las llaves en la mesa.** Intransitive (doesn't take a direct object): Every morning she *leaves* at seven. **Todas las mañanas ella sale a las siete.**

3. If a word you are looking up is part of an idiom, you will find it referenced under the main word of the idiom.

4. Nouns are usually presented in the singular form of the corresponding gender: masculine singular, feminine singular.

5. Adjectives are normally presented in their masculine singular form.

■ ■ ■ In the sentence **Busco una persona que tenga estas credenciales**, the word **tenga** is the subjunctive of the verb **tener** and you should look up the word **tener.**

6. Verbs are normally listed only in the infinitive form; therefore, it is necessary to determine what the infinitive is from the conjugated form.

7. Knowing some common abbreviations may be helpful: ARTS fine arts; BOT. botany; CHEM. chemistry; COLL. colloquial; FIG. figurative; ZOOL. zoology; etc. There is normally a key to abbreviations in the dictionary itself, which should be consulted when a question arises.

Actividad *17* **El contexto histórico** **Parte A.** Antes de leer un poema de la poeta española Ángela Figuera, que escribió después de la guerra civil en su país, lee sobre la historia de España.

La guerra civil española entre los nacionalistas (conservadores, entre ellos militares y monarquistas con tendencias fascistas) y los republicanos (izquierdistas, entre ellos los sindicatos, comunistas y anarquistas) duró tres años, de 1936 a 1939. Los nacionalistas, que recibieron ayuda de Hitler y Mussolini, ganaron y el general Francisco Franco subió al poder. Después de la guerra, España estaba totalmente destruida: el pueblo español pasó por una época difícil de mucha censura y no

■ ■ ■ During the post-war years, labor unions, demonstrations, civil marriage, and divorce were banned. The Catholic church played a prominent role in society and religious education was compulsory in schools.

había ni las cosas necesarias para la vida diaria como la comida. Había mucha inflación y por eso, algunas personas sacaron su dinero del país. Muchos republicanos también salieron del país y otros fueron a la cárcel (*prison*). En esos años España no recibió ningún tipo de ayuda internacional porque pronto empezó la segunda guerra mundial. Hitler y Mussolini perdieron la guerra y entonces España, que estaba bajo el gobierno de Franco, se encontró aislada (*isolated*) del resto del mundo. Europa recibió dinero del Plan Marshall para su reconstrucción, pero España no.

Ángela Figuera ➤
Aymerich
(1902–1984).

Parte B. Ahora marca si las siguientes oraciones son ciertas (**C**) o falsas (**F**) para ver cuánto sabes sobre la guerra civil y la posguerra española.

1. ¿Qué es lo que no puede hacer la gente bajo un gobierno militar?

    _____ criticar al gobierno

    _____ leer periódicos objetivos

    _____ organizar manifestaciones

    _____ leer los libros que quieren

    _____ los hombres llevar pelo largo

    _____ llevar ropa sexy

    _____ estar en la calle después de las 10 p. m.

    _____ hablar con libertad

    _____ viajar libremente

2. Después de una guerra civil, ¿en qué condiciones crees que se encuentre un país?

    _____ No hay comida para todos.

    _____ La gente está muy triste.

    _____ La gente está contenta.

    _____ La gente no confía en (*trust*) el vecino.

    _____ La gente está dividida.

    _____ Hay mucha pobreza.

    _____ La gente está enojada.

Actividad 18 Lectura rápida Lee el poema una vez y mira los dibujos para comprender mejor el significado de algunas palabras. No uses el diccionario. Contesta estas preguntas al terminar.

1. ¿Cómo se siente la poeta Ángela Figuera, triste o contenta?
2. ¿Qué aspecto de la sociedad critica: que la gente es demasiado materialista o que no tiene libertad de expresión?
3. En tu país, ¿pueden pasar las cosas que ella critica? ¿Por qué sí o no?

No quiero

Ángela Figuera

1 No quiero
 que los besos se paguen
 ni la sangre se venda
 ni se compre la brisa
 ni se alquile el **aliento**.

2 No quiero
 que el trigo se queme y el pan se **escatime**.

3 No quiero
 que haya frío en las casas,
 que haya miedo en las calles,
 que haya rabia en los ojos.

4 No quiero
que en los labios se encierren mentiras,
que en las arcas se encierren millones,
que en la cárcel se encierre a los buenos.

5 No quiero
que el **labriego** trabaje sin agua,
que el marino navegue sin brújula,
que en la fábrica no haya **azucenas,**
que en la mina no vean la aurora,
que en la escuela no **ría** el maestro.

6 No quiero
que las madres no tengan perfumes,
que las mozas no tengan amores,
que los padres no tengan tabaco,
que a los niños les pongan los **Reyes**
camisetas de **punto** y cuadernos.

7 No quiero
que la tierra se parta en porciones,
que en el mar se establezcan dominios,
que en el aire se **agiten** banderas,
que en los trajes se pongan señales.

8 No quiero
que mi hijo desfile,
que los hijos de madre desfilen
con fusil y con muerte en el hombro:
que jamás se **disparen** fusiles,
que jamás se fabriquen fusiles.

9 No quiero
que me manden Fulano y Mengano,
que me **fisgue** el vecino de enfrente,
que me pongan carteles y sellos,
que decreten lo que es poesía.

10 No quiero
amar en secreto,
llorar en secreto,
cantar en secreto.

11 No quiero
que me **tapen** la boca
cuando digo NO QUIERO.

Actividad 19 El diccionario Lee el poema otra vez con más cuidado (*care*). Mira las palabras que están en negrita (*boldface*) y busca el significado de cada palabra. A continuación se presentan definiciones de estas palabras.

a·gi·tar tr. (*sacudir*) to wave, shake; FIG. (*alborotar*) to agitate, excite —reflex. (*sacudirse*) to wave, flutter; FIG. (*perturbarse*) to be agitated *or* excited; MARIT. to be rough *or* choppy.

a·lien·to m. (*soplo*) breath; (*respiración*) breathing, respiration; FIG. (*valor*) strength, courage ♦ **dar a. a** FIG. to encourage • **de un a.** FIG. in one breath, without stopping • **cobrar a.** FIG. to take heart • **sin a.** breathless.

a·zu·ce·na f. BOT. white *or* Madonna lily; CUBA, BOT, nard; FIG. pure *or* delicate person ♦ **a. anteada** day *or* fire lily • **a. atigrada** tiger lily • **a. de agua** water lily.

dis·pa·rar tr. to fire, shoot; (*echar*) to throw, hurl.

es·ca·ti·mar tr. to skimp on, to be sparing with ♦ **e. la comida** to skimp on food; to spare • **no e. esfuerzos** to spare no effort.

fis·gar tr. (*pescar*) to spear, harpoon (fish); (*husmear*) to pry into, snoop on —intr. & reflex. to make fun of, mock.

la·brie·go, -ga m.f. farm hand or worker.

pun·to m. (*señal pequeña*) small dot; (*sitio*) point, spot ♦ **p. de reunión** the meeting point; (*ocasión*) point, verge • *ellos están a p. de lograrlo* they are on the verge of accomplishing it; GRAM. dot *el p. de la i* the dot of the i; period; • **al p.** at once, immediately • **a p.** just in time • **a p. de** on the verge of, about to • **de p.** knitted • **calcetines de p.** knitted socks • **dos puntos** GRAM. colon • **en p.** on the dot, sharp.

reír intr. to laugh *echarse a. r.* to burst out laughing; FIG. (*burlar de*) to make fun of, laugh at; (*brillar*) to be bright, sparkle, (one's eyes).

rey m. (*monarca*) king, sovereign; (*en juegos*) king; FIG. king • *r. de los animales* the king of beasts ♦ **a cuerpo de r.** FIG. like a king *vivir a cuerpo de r.* to live like a king • **cada uno es r. en su casa** a man's home is his castle • **día de Reyes** Epiphany, Twelfth Night • **Reyes magos** the Three Magi *or* Wise Men.

rí·a f. estuary.

rí·a, río *see* reír

ta·par tr. (*cubrir*) to cover, cover up; (*cerrar*) to plug up, to stop up; (*ocultar*) to block, obstruct (the view); FIG. (*esconder*) to conceal, hide —reflex. to cover oneself up.

Actividad 20 En otras palabras Indica qué idea representa mejor cada estrofa (*stanza*) del poema.

_____ El mundo debe estar unido y nadie debe controlar nada.

_____ Los jóvenes no deben tener que ser soldados y llevar armas.

_1_ La gente necesita ser libre: poder respirar y amar libremente.

_____ La gente no debe esconder (*to hide*) ideas ni dinero y el gobierno no debe poner en la cárcel a los inocentes.

_____ La gente debe tener calefacción, y no debe tener miedo ni estar enojada.

_____ Los trabajadores deben tener buenas condiciones de trabajo y sentirse contentos.

_____ Nadie debe darle órdenes a nadie ni censurar lo que escribe.

_____ La poeta quiere poder hablar y criticar cuando quiere.

_____ La poeta quiere poder hacer las cosas más personales abierta y libremente sin tener a nadie vigilándola cuando las hace.

_____ Debe haber comida para todos.

_____ Todos deben tener pequeños placeres (*pleasures*).

ESTRATEGIA: Pastiche

Escritura

When you read in English, you frequently learn new words and phrases that you then incorporate in your speech and writing. By using your knowledge of Spanish, your observational skills, and common sense, you can learn about the Spanish language while reading. Not only can you pick up vocabulary words and idiomatic phrases, but structures as well. Trust your instincts, take calculated risks, and try to use new knowledge with someone who will correct you when needed. Risk takers are good language learners.

1. Answer these questions about part of the sixth stanza of the poem **"No quiero."**

No quiero que las madres no tengan perfumes,	What is the subject of **No quiero?** What is the subject of **no tengan?**

Therefore, the sentence **"No quiero que las madres no tengan perfumes,"** has two subjects. What word comes right after the first verb? Is **tengan** in the indicative or the subjunctive mood?

2. Reread this stanza and answer the questions.

No quiero
   amar en secreto,
   llorar en secreto,
   cantar en secreto.

What is the subject of **No quiero?** Are there any other subjects in the next three lines of the stanza? Is the word **que** present? What form of the verb are **amar, llorar,** and **cantar?**

Parte B. Imitate Figuera's style and apply what you have just learned through observation to write your own poem, titled **"Quiero."**

Quiero
   que _____
   que _____
   que _____
Quiero
   que _____
   que _____
   que _____
Quiero
   _____
   _____
   _____
Quiero
   que _____
   que _____
   que _____

Did you use a subject other than **yo** after **que** in each line?

Did you use a subject other than **yo** after **que** in each line?

Did you use an infinitive to start each line to describe what you want to do?

Did you use a subject other than **yo** after **que** in each line?

Vocabulario esencial II

En la casa

En la cocina

1. la estufa/cocina eléctrica/de gas
2. el (horno de) microondas
3. el lavaplatos
4. el fregadero
5. la cafetera

6. la nevera/el refrigerador
7. el congelador
8. la aspiradora
9. la lavadora
10. la tostadora

■ ■ ■ Clothes dryers (**secadoras**) are not as common in Spain and Hispanic America as in the U.S. **La secadora** = (clothes) dryer; **el secador** = hair dryer.

■ ■ ■ Some people say **el lavava-jillas** for **el lavaplatos.**

En el baño

1. el inodoro
2. el bidé
3. la bañera
4. la ducha
5. el espejo
6. el lavabo

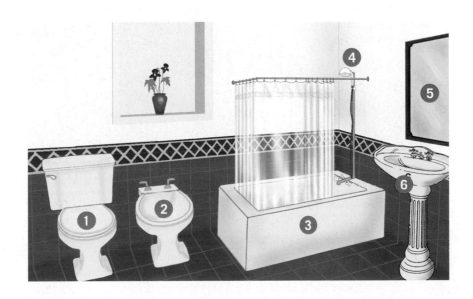

Actividad 22 **¿Dónde se ve?** Lee las siguientes situaciones y decide si estas se ven generalmente en los Estados Unidos (**E**), en un país hispano (**H**) o en los dos (**EH**).

1. _____ Hay portero en el edificio.
2. _____ Los ascensores tienen espejos.
3. _____ En el congelador hay mucha comida congelada.
4. _____ Hay televisor en la cocina.
5. _____ No hay secadora en la casa.
6. _____ Hay bidé en el baño.

Actividad 23 **Asociaciones** Asocia estas marcas con el vocabulario de la cocina y el baño.

Maytag	Mr. Coffee	Mr. Bubble	Hoover
Frigidaire	Toastmaster	Kenmore	Saniflush

Actividad 24 **Describe y dibuja** En parejas, "A" le describe a "B" su cocina o baño. "A" debe indicar qué muebles y otras cosas tiene en ese cuarto y dónde están. "B" dibuja un plano del lugar con muebles y otras cosas. Después cambien de papel.

Los muebles

1. la alfombra
2. el armario/el ropero
3. el sillón
4. el estante
5. la cómoda

 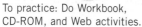

To practice: Do Workbook, CD-ROM, and Web activities.

Actividad 25 **Otras asociaciones** Di que muebles u objetos asocias con las siguientes habitaciones, acciones o cosas.

1. la sala, el dormitorio, el comedor
2. dormir, maquillarse, escribir, comer, sentarse, bañarse, lavar ropa
3. suéteres, vestidos, peine, diccionario, las verduras
4. hacer café, lavar los platos, lavarse las manos, ducharse, leer

Actividad 26 **Casa amueblada** Mira el plano (*diagram*) de la casa en la página 276 y describe los muebles que ves y di en qué parte de la casa están.

Actividad 27 **El apartamento** En grupos de tres, Uds. acaban de alquilar un apartamento semiamueblado. El apartamento tiene tres dormitorios, sofá, dos camas, dos cómodas, una mesa grande en el comedor y solamente tres sillas para la mesa. Miren la siguiente lista y decidan las cuatro cosas más importantes que van a comprar.

alfombras	cómodas	una lavadora	un teléfono
una aspiradora	equipo de audio	un microondas	un televisor
una cafetera	espejos	sillas para el comedor	una tostadora
camas	estantes	sillones	

Para escuchar

Todos son expertos

◀ El Rastro, un mercado al aire libre en Madrid, España. Solo se abre los domingos.

ojalá (que) + *subjunctive*	I hope (that) . . .
Ojalá que quiera venderla.	I hope (that) he wants to sell it.
la plata	slang for "money" (literally: *silver*)
¡Por el amor de Dios!	For heaven's sake! (literally: *For the love of God!*)

Don Alejandro, el tío de Teresa, tiene algunos muebles para el apartamento que acaban de alquilar las chicas, pero ellas tienen que comprar algunas cosas. Vicente y don Alejandro le están dando consejos a Teresa sobre los muebles de la casa.

■ ■ ■ **Ojalá** = may God grant (from Arabic).

Actividad 28 Marca los muebles Mientras escuchas la conversación, marca solo las cosas que necesitan las chicas.

_____ alfombra

_____ cama

_____ cómoda

_____ escritorio

_____ estantes

_____ lámpara

_____ lavadora

_____ sofá

Actividad 29 ¿Hay soluciones? Después de escuchar la conversación otra vez, explica cómo va a obtener Teresa la cama, una lámpara, dos estantes y la lavadora.

Actividad 30 Los deseos de Año Nuevo Uds. están celebrando el Año Nuevo y están brindando (*toasting*) por el año que comienza. Hagan un deseo para el año nuevo.

■■■ Ojalá que este año pueda ir de vacaciones a México.

¿Lo sabían?

El famoso mercado de El Rastro se encuentra en el corazón de Madrid y ocupa varias calles. Allí puedes encontrar de todo: ropa, zapatos, juguetes, muebles e inclusive antigüedades. Se abre solo los domingos por la mañana y se cierra a eso de las 2:00 de la tarde. En contraste con este y otros mercados en grandes metrópolis, hay otros como el mercado de Chichicastenago que se encuentra en una ciudad pequeña de Guatemala donde los indígenas de la zona venden sus productos. En este colorido mercado, los jueves y los domingos, se venden flores, artesanías (*crafts*), textiles, muebles, frutas, condimentos y hierbas medicinales, entre otras cosas.

▲ Vendedoras de comida en el mercado de Chichicastenango, Guatemala.

¿? ¿Hay mercados en tu ciudad que sean como los que se mencionan? ¿Qué es posible comprar?

■■■ flea market = **mercado de (las) pulgas**

Gramática para la comunicación II

Giving Advice and Stating Desires: Other Uses of the Subjunctive

■■■

¿Qué lugares me recomiendas que visite?

Te recomiendo que empieces en la Plaza San Martín.

In the conversation you heard between Teresa and her uncle, (1) how many subjects are there in each sentence in the following exchange? (2) Is the uncle asking for permission not to do something or is he requesting her not to do something?

TÍO **No quiero que compres una cama usada.**

TERESA **...¿quieres que duerma en la alfombra?**

If you said two in each for the first question and requesting her not to do something for the second question, you were correct. What form of the verb follows the word **que?** The correct answer is *subjunctive.*

1 ■ Look at how you can give advice, and express hopes, desires, and requests in a personal way.

To give someone advice, make requests of others, or express hopes and desires about others, use a verb that expresses advice, hope, or request + **que** + *subjunctive.*	To express what you want for yourself or what other people want for themselves, use a verb that expresses desire or hope + *infinitive.*
Quiero que (tú) vayas al Rastro. *I want you to go to the Rastro.*	**Quiero ir** al Rastro. *I want to go to the Rastro.*
Espero que encuentres algunos estantes. *I hope that you find some bookshelves.*	**Espero encontrar** algunos estantes. *I hope to find some bookshelves.*
Te recomiendo que llegues temprano porque hay mucha gente. *I recommend that you arrive early because there are a lot of people.*	**Pienso llegar** temprano porque hay mucha gente. *I plan on arriving early because there are a lot of people.*

The sentence **Quiero que (tú) vayas al Rastro** has two clauses. **Quiero** is called an independent clause since it is actually a sentence all by itself. But, **que (tú) vayas al Rastro** is simply a phrase that cannot stand on its own, and is therefore called a dependent clause. In order to form a sentence there must be an independent clause prior to the dependent.

2 ■ The following verbs are frequently used to give advice, to request an action, or to express hopes and desires.

desear esperar } to hope querer	**aconsejarle (a alguien)** to advise **pedirle (e → i, i) (a alguien)** **prohibirle (a alguien)** to forbid, prohibit **recomendarle (e → ie) (a alguien)** to recommend	

Ella **me pide que no use** su aspiradora. *She asks me not to use her vacuum cleaner.*

Y yo **le prohíbo que coma** mi comida. *And I forbid her to eat my food.*

3 ■ Now look at how you can give advice, and express hopes, desires, and requests in an impersonal way.

To give advice, express hopes or desires, or make requests in an impersonal way about someone or something, use an impersonal expression + **que** + *subjunctive.*	To give advice, express hopes or desires, or make requests of no one in particular, use an impersonal expression + *infinitive.*
Es mejor que mires mucho antes de comprar. *It's better that you look around a lot before buying.*	**Es mejor mirar** mucho antes de comprar. *It is better to look around a lot before buying.*
Es importante que busques buen precio. *It's important that you look for a good price.*	**Es importante buscar** buen precio. *It's important to look for a good price.*

4 ■ The following impersonal expressions are frequently used to give advice, request an action, or express hopes and desires.

es mejor es bueno	(no) es necesario (no) es importante

To practice:
Do Workbook, Lab, CD-ROM, and Web activities.

You now know many ways to give people advice, all with different degrees of forcefulness. Compare the following.

1. Es importante estudiar.
2. Debes estudiar.
3. Es importante que estudies.
4. Quiero que estudies.
5. Te aconsejo que estudies.
6. Tienes que estudiar.

Actividad 31 **La búsqueda** Termina esta conversación entre Mario y un señor que trabaja para la agencia Vivir Feliz. Escribe las formas apropiadas de los verbos indicados usando el subjuntivo, el indicativo o el infinitivo.

MARIO Necesito un apartamento que _____ (1) cerca de la universidad. (estar)

AGENTE Hay un apartamento a cinco minutos de aquí que _____ (2) un dormitorio. (tener)

MARIO No, ese no me va a servir. Busco un apartamento que _____ (3) tres dormitorios y dos baños. (tener)

AGENTE Te aconsejo que _____ (4) con otra agencia porque nosotros solo tenemos apartamentos pequeños. (hablar)

MARIO   ¿Algún otro consejo?

AGENTE   Sí, es importante que _____ (5) a buscar ahora, porque hay pocos apartamentos y muchos estudiantes. (empezar)

MARIO   Buena idea. ¿Es necesario que yo _____ (6) un depósito o solamente tengo que firmar un contrato? (pagar)

AGENTE   Generalmente es necesario _____ (7) en el momento de firmar. (pagar)

MARIO   Ahora tengo que _____ (8), pero como Ud. dice, es importante que yo _____ (9) temprano para buscar apartamento. Muchas gracias, Sr. Moreno. (estudiar, levantarse)

Actividad 32 ¿Quién lo dice? Mira las siguientes ideas y marca quién te las dice generalmente. Luego comparte la información con el resto de la clase.

■■■ Mi compañero de habitación me dice "Es importante que..."

	Tu compañero/a de habitación	Tu profesor/a de español	Un/a compañero/a de esta clase
Te aconsejo que hagas la tarea todos los días.	_____	_____	_____
Te pido que me expliques la tarea.	_____	_____	_____
Es importante que pases la aspiradora.	_____	_____	_____
Espero que estudies conmigo para el examen del subjuntivo.	_____	_____	_____
Es necesario pagar el alquiler a tiempo.	_____	_____	_____
Es importante que no escuches música a todo volumen.	_____	_____	_____
Te recomiendo que no comas la comida de la cafetería.	_____	_____	_____
Es importante que no copies las respuestas.	_____	_____	_____
Quiero que me ayudes con el subjuntivo.	_____	_____	_____

Actividad 33 **Todos quieren algo de mí** Combina las ideas de las dos columnas para decir lo que diferentes personas quieren que tú hagas y contrástalo con lo que tú quieres hacer.

> ■■■ Mi madre quiere que yo sea dentista, pero yo quiero ser director/a de cine.

1. mi madre
2. mi padre
3. mis amigos
4. mi profesor/a de...
5. mi perro/gato

ser (+ ocupación)
estudiar mucho
llamarlos con frecuencia
darle comida
llevarlo al parque
jugar al (deporte)
sacar buenas notas
pasar las vacaciones con ellos

Actividad 34 **Consejos para presidentes** **Parte A.** Imagina que tienes la oportunidad de hablar directamente con el/la presidente/a de tu país. Dale consejos.

1. No querer / que / Ud. / subir / los impuestos (*taxes*)
2. Es importante / que / Ud. / preocuparse / por los pobres
3. Es mejor / que / los candidatos / no recibir / dinero de grupos con intereses económicos
4. Es necesario / que / haber / menos corrupción en el gobierno
5. Esperar / que / Ud. / escuchar / al pueblo (*people*)
6. Aconsejarle / que / ser / (más o menos) liberal
7. ¿ ?

Parte B. Tu universidad es buena, pero no es perfecta. En parejas, preparen cuatro consejos para el/la presidente/a de su universidad con cambios que les gustaría ver.

Actividad 35 **Los consejos de un padre** En parejas, "A" es un padre o una madre que tiene que darle consejos a su hijo/a sobre las drogas y el alcohol. "B" es el/la hijo/a que reacciona y también da consejos. Lean sus papeles y al hablar, usen frases como **te aconsejo (que), te prohíbo (que), es importante (que),** etc.

A (El padre/La madre)

Crees que tu hijo/a de 16 años consume drogas y bebe alcohol. Quieres mucho a tu hijo/a. Habla con él/ella y explícale lo que sabes. Luego dale consejos. Recuerda: tú no eres perfecto/a tampoco. Tú empiezas diciendo, "Hijo/a, quiero que hablemos. Estoy muy preocupado/a."

B (El hijo/La hija)

Tienes 16 años y eres muy rebelde. Últimamente tu padre toma una copa de vino cuando llega del trabajo y también con la comida. Tu madre siempre toma un whisky antes de la comida. Los dos fuman. Explícale a tu padre/madre lo que sabes y luego dale algún consejo. Recuerda: tú no eres perfecto/a tampoco.

Querida Esperanza **Parte A.** Dos personas con problemas personales le escribieron a Esperanza, una señora que da consejos en Internet. Para completar sus emails, primero escoge el verbo correcto de la lista y luego escribe la forma correcta del indicativo (presente, pretérito, imperfecto), el infinitivo o el subjuntivo.

cambiar
comprar
empezar
escribir
hablar
hacer
poder
salir
ser
tener
tener

Querida Esperanza:

_____ (1) un hombre de 35 años y tengo un problema: hace una semana _____ (2) una crema especial y muy cara para cambiarme el color del pelo. Mi pelo _____ (3) de color, pero también _____ (4) a caerse. Antes _____ (5) mucho pelo, pero ahora ya no _____ (6) pelo. ¡Imagínese! Me da vergüenza _____ (7) de casa. ¿Qué puedo _____ (8)? ¿Comprar un sombrero? ¿Qué es mejor, que le _____ (9) a la compañía que hizo la crema o que _____ (10) con un abogado? ¿Hay algún abogado que Ud. me _____ (11) recomendar?

Calvo y sin plata

Para la respuesta de Esperanza, haz clic <u>aquí</u>.

_____

caminar
comprar
estar
estar
hablar
hacer
hacer
llevar
morirse
tener

Querida Esperanza:

Hace un mes _____ (1) mi suegra y ahora _____ (2) problemas con la herencia. Ella _____ (3) enferma durante tres años y yo la _____ (4) al médico, le di de comer y cuando ya no pudo _____ (5), le _____ (6) una silla de ruedas. Ella _____ (7) feliz con la silla que le compré. El hermano de mi esposa no _____ (8) nada, pero recibió todo el dinero y a nosotros mi suegra nos dejó solamente el gato y un álbum de fotos. ¿Qué nos aconseja que _____ (9)? ¿Es necesario que _____(10) con el hermano de mi esposa?

Responsable pero pobre

Para la respuesta de Esperanza, haz clic <u>aquí</u>.

Do Web Search activities.

Parte B. Ahora imagínate que eres Esperanza y tienes que escribir respuestas a estas personas. Usa expresiones como **es necesario que, le aconsejo que,** etc.

Trabajo en el ámbito legal

Con la gran cantidad de personas de habla española que hay en los Estados Unidos y con los acuerdos comerciales como el Tratado de Libre Comercio (*NAFTA*) que existen en la actualidad, cada día se necesitan más y más personas que sepan español para trabajar en el ámbito legal. Esto incluye desde secretarios e intérpretes para juicios (*court cases*) hasta abogados. Algunas especialidades de derecho tienen más demanda que otras, como el derecho migratorio, el derecho penal y el derecho internacional. Hasta los abogados de bienes raíces (*real estate*) que hablan español tienen muchas oportunidades de trabajo en ciertas regiones del país.

Otro campo donde hay gran demanda de personas bilingües es el policial. En ciudades como Pittsburgh y Nueva York la policía ofrece clases de "Survival Spanish" para sus trabajadores donde se estudian no solo el vocabulario de uso frecuente sino también las diferentes culturas hispanas y sus costumbres. Por ejemplo, en muchos países hispanos, cuando un policía le pide al conductor de un carro que pare, es común que el conductor inmediatamente baje del carro y camine hacia donde está el policía. Saber las diferencias ayuda a reducir conflictos innecesarios.

Law Office of Shawn C. Brown
A Professional Corporation
540 South St. Marys Street
San Antonio, TX 78205
Ph: (210) 224-8200

Se Habla Español

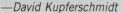

Estudié ciencias políticas, derecho y tomé cursos de español en la universidad. Hoy día soy abogado y también fotógrafo profesional. Gracias a mi español, tuve la oportunidad de conocer todo un continente y sus culturas. También pude documentarlas en mis trabajos como consultor sobre sociedad civil y en industrias de alta tecnología que tienen operaciones en Latinoamérica.

—*David Kupferschmidt*

 En tu comunidad o estado, ¿es común que los policías, los abogados o los trabajadores de las cortes hablen español? ¿Por qué?

Vocabulario funcional

Los números ordinales

primero	*first*
segundo	*second*
tercero	*third*
cuarto	*fourth*
quinto	*fifth*
sexto	*sixth*
séptimo	*seventh*
octavo	*eighth*
noveno	*ninth*
décimo	*tenth*

Las habitaciones de la casa

el baño	*bathroom*
la cocina	*kitchen*
el comedor	*dining room*
el cuarto de servicio	*maid's room*
el dormitorio	*bedroom*
el hall (de entrada)	*entrance hall*
el pasillo	*hallway*
la sala	*living room*

Palabras relacionadas con la casa o el apartamento

el agua	*water*
el alquiler	*rent*
amueblado/a	*furnished*
el apartamento	*apartment*
la calefacción	*heat*
el edificio	*building*
la electricidad	*electricity*
la fianza/el depósito	*security deposit*
el garaje	*garage*
el gas	*gas*
los gastos	*expenses*
la luz	*light; electricity*
el piso	*floor*
el portero	*doorman; janitor*

En la cocina

la aspiradora	*vacuum cleaner*
la cafetera	*coffee maker*
el congelador	*freezer*
la estufa/cocina eléctrica/ de gas	*electric/gas stove*
el fregadero	*kitchen sink*
el (horno de) microondas	*microwave (oven)*
la lavadora	*washing machine*
el lavaplatos	*dishwasher*
la nevera/el refrigerador	*refrigerator*
la tostadora	*toaster*

En el baño

la bañera	*bathtub*
el bidé	*bidet*
la ducha	*shower*
el espejo	*mirror*
el inodoro	*toilet*
el lavabo	*sink*

Los muebles

la alfombra	*carpet*
el armario/el ropero	*armoire, closet*
la cómoda	*dresser*
el estante	*bookshelf; shelf*
el sillón	*easy chair*

Palabras afirmativas y negativas

algún, alguna, algunos, algunas (*adjectives*)	*some; any*
alguno, algunas, algunos, algunas (*pronouns*)	*some; any*
ningún, ninguna (*adjectives*)	*(not) any*
ninguno, ninguna (*pronouns*)	*none; no one; not any*

Más verbos

aconsejarle (a alguien)	*to advise (someone)*
escoger	*to choose, select*
esperar	*to hope*
prohibirle (a alguien)	*to forbid, prohibit*
recomendarle (e ⟶ ie) (a alguien)	*to recommend (to someone)*

Palabras y expresiones útiles

el consejo	*advice*
de segunda mano	*secondhand, used*
es bueno	*it's good*
es importante	*it's important*
es mejor	*it's better*
es necesario	*it's necessary*
la esperanza	*hope*
Fulano, Mengano y Zutano	*Tom, Dick, and Harry*
el/la jefe/a	*boss*
o sea	*that is to say*
ojalá (que) + *subjunctive*	*I hope that . . .*
la plata	*slang for "money" (literally: silver)*
¡Por el amor de Dios!	*For heaven's sake! (literally: For the love of God!)*
¡Vaya!	*Wow!*

Videoimágenes

La vida de la ciudad

Antes de ver

Actividad 1 El barrio ideal Antes de ver el video, en parejas, digan qué cosas de la siguiente lista buscan Uds. en el barrio (*neighborhood*) ideal y por qué. Sigan el modelo.

> ■■■ Es importante que tenga un supermercado cerca porque no quiero usar mi carro para hacer compras.

ser tranquilo	poder estacionar el carro en la calle
haber mucha gente joven	tener restaurantes económicos
ser seguro	estar en un lugar céntrico
tener tiendas muy cerca	tener acceso a transporte público
(no) haber muchos niños	

Mientras ves

34:34–37:33

Actividad 2 Busca un apartamento que... Javier quiere alquilar un apartamento en Madrid en el mes de agosto. Mientras miras el siguiente segmento, escribe qué muebles y otras cosas ves en las diferentes habitaciones del apartamento de Carmen, una secretaria administrativa que vive con su hija en un barrio de clase media.

salón comedor	dormitorio	baño	cocina

Javier con Carmen Fernández. ➤

Actividad 3 **Visita por el barrio** En este segmento, Carmen lleva a Javier a conocer el barrio. Escribe una lista de lugares que están cerca del apartamento.

Después de ver

Actividad 4 **A comparar** Después de ver el video, compara tu casa o apartamento con el de Carmen Fernández. Luego compara el barrio de Madrid donde vive Carmen con el de tu casa o apartamento.

Mientras ves

Actividad 5 **Visita por Buenos Aires** En este segmento Mariela habla con una amiga en Buenos Aires, Argentina, sobre el centro de esa ciudad. Mientras escuchas la conversación, completa las siguientes ideas.

38:42–end

1. San Martín es el _____ de Argentina.
2. El Kavannagh es el _____ rascacielos (*skyscraper*) de América Latina.
3. La zona de la calle Florida es el centro _____.
4. El horario de trabajo es de _____ a _____.
5. El horario del almuerzo es de _____ a _____.
6. La ropa típica que llevan los hombres al trabajo es pantalones _____, saco _____ y camisa _____.
7. Después del trabajo la gente va a la casa, _____ o a _____.

Después de ver

Actividad 6 **Costumbres de este país** Después de ver el segmento, en parejas, digan cuáles son algunas costumbres del país donde viven Uds. para poder describírselas a un turista.

1. horario de trabajo
2. horario del almuerzo
3. ropa típica que llevan al trabajo los hombres y las mujeres
4. cosas típicas que hace una persona después del trabajo
5. número de semanas de vacaciones

El tiempo libre

➤ **Indígenas zapotecas en un mercado del estado de Oaxaca, México.**

Chapter Objectives

- Discussing leisure-time activities
- Expressing doubt and certainty
- Telling how an action is done (quickly, etc.)
- Discussing food and its preparation
- Giving instructions
- Expressing emotion

¿Qué saben?

1. México es _____ veces más grande que Texas.
   - a. dos
   - b. tres
   - c. cinco
2. México tiene más de 20.500.000 turistas al año. Entre ellos el _____ son estadounidenses.
   - a. 67,5%
   - b. 77,5%
   - c. 87,5%
3. ¿Qué países toman parte del Tratado de Libre Comercio de Norteamérica? (*NAFTA*)?
4. ¿Cómo se llaman las fábricas en México y Centroamérica donde hacen productos para luego venderlos principalmente en los Estados Unidos?
5. ¿Cómo se llama la ciudad mexicana que está al otro lado de la frontera de El Paso, Texas?

Para escuchar

El trabajo y el tiempo libre

◄ Un restaurante en México.

tal vez/quizá(s) + *subjunctive*	perhaps/maybe
Somos dos.	There are two of us.
¡Qué (buena) suerte!/	What (good) luck!/
¡Qué mala suerte!	What bad luck!

■■■ **Tal vez** and **quizá** (or **quizás**) don't use **que;** they are followed directly by the subjunctive.

Raúl, un amigo de Vicente y Juan Carlos que es sociólogo, está ahora en México haciendo investigación sobre las maquiladoras. Las maquiladoras, plantas que importan materiales para ensamblar (assemble) *y luego exportar, generalmente están en México o Centroamérica y muchas son de compañías de los Estados Unidos y Japón. Ahora Raúl entra a almorzar en un restaurante con su amiga Rosa, una asistente social mexicana.*

Actividad *1* **¿Cierto o falso?** Lee las siguientes oraciones y luego, mientras escuchas la conversación, identifica si son ciertas (**C**) o falsas (**F**).

1. _____ La gente de Nogales que trabaja en las maquiladoras no tiene tiempo libre.
2. _____ Muchas mujeres trabajan durante el día.
3. _____ Raúl compara a Rosa con Frida Kahlo.
4. _____ A las mujeres les pagan igual que a los hombres.
5. _____ Las mujeres trabajan menos que los hombres.
6. _____ El sábado Raúl va a comer en un restaurante.

Actividad *2* **Preguntas** Después de escuchar la conversación otra vez, contesta estas preguntas.

1. ¿Por qué muchas mujeres trabajan por la noche en las maquiladoras?
2. ¿Por qué conoce Rosa los problemas que existen en las maquiladoras?
3. ¿Por qué Raúl compara a Rosa con Frida Kahlo?
4. ¿Cómo es el salario de los trabajadores de las maquiladoras: alto, bajo o normal?
5. En tu país, ¿cómo es la situación laboral para los hombres y las mujeres?

¿Lo sabían?

Diego Rivera (1886–1957) y Frida Kahlo (1907–1954) fueron una pareja de famosos pintores mexicanos. Se conoce a Rivera por sus murales que representan la historia y los problemas sociales de su país y de otros países del hemisferio occidental. Pintó muchos murales en edificios públicos, ya que consideró que la clase trabajadora debía tener acceso a ellos. En los Estados Unidos se pueden ver sus murales en Detroit y en San Francisco.

Kahlo, quien de joven sufrió un terrible accidente que la afectó durante toda la vida, pintó mayormente autorretratos. Ella dijo: "Me pinto a mí misma porque estoy a menudo sola y porque soy la persona a la que mejor conozco". Muchas de sus pinturas, tristes y con elementos fantásticos, se encuentran hoy día en el Museo Frida Kahlo en Coyoacán, México, que está en la casa donde vivieron los dos pintores.

¿? ¿Hay murales en tu ciudad? ¿Están en edificios públicos o privados? ¿Quiénes los pintaron? ¿Cuál son los temas de los murales?

Actividad 3 ¿Qué crees? **Parte A.** Contesta estas preguntas escogiendo las opciones que describen tu opinión.

1. ¿Crees que exista la suerte?

   _____ Sí, creo que existe.   _____ Es posible que exista.

   _____ No, no creo que exista.

2. ¿Crees que se pueda ver el futuro en la palma de la mano?

   _____ Sí, creo que se puede ver el futuro en la palma de la mano.

   _____ Es posible que se pueda ver el futuro en la palma de la mano.

   _____ No, no creo que se pueda ver el futuro en la palma de la mano.

3. ¿Crees que haya vida en otros planetas (Venus, Marte, Plutón, Urano)?

   _____ Sí, creo que la hay.   _____ Es posible que la haya.

   _____ No, no creo que la haya.

4. ¿Crees que algunas personas tengan percepción extrasensorial (*ESP*)?

   _____ Sí, creo que algunas personas tienen percepción extrasensorial.

   _____ Es posible que algunas personas tengan percepción extrasensorial.

   _____ No, no creo que ninguna persona tenga percepción extrasensorial.

Parte B. En parejas, háganle a su compañero/a las preguntas de la **Parte A** para ver qué opina y por qué.

Actividad 4 Quizás... quizás... quizás En parejas, Uds. tienen problemas y quieren hablar con un/a amigo/a para pedirle consejos. "A" cubre la columna B y "B" cubre la columna A. Primero "A" le explica sus problemas a "B" para ver que cree que debes hacer. Después cambien de papel.

■■■ A: Dejé las llaves dentro del coche.
     B: Tal vez tengas que romper la ventanilla./Quizás debas llamar a la policía.

A	B
1. No funciona el televisor nuevo que compraste.	1. Acabas de empezar un nuevo trabajo y de repente te obligan a trabajar sábados y domingos.
2. Acabas de recibir una cuenta de teléfono de $325. Hay tres llamadas de larga distancia a Japón y no llamaste a nadie allí.	2. Un buen amigo bebe mucho y crees que es alcohólico.
3. Te acaban de poner una multa.	3. Acabas de romper un espejo.

Vocabulario esencial I

Los pasatiempos

1. hacer rompecabezas
2. jugar juegos de mesa
3. jugar (a las) cartas
4. jugar (al) ajedrez
5. jugar (al) billar
6. jugar con juegos electrónicos/videojuegos

Otros pasatiempos

arreglar el carro   to fix the car
cocinar   to cook
coleccionar   to collect
  estampillas   stamps
  monedas   coins
  tarjetas de béisbol   baseball cards
coser   to sew
cuidar plantas (hacer jardinería)
  to take care of plants (to do gardening)
escribir poesía   to write poetry

hacer artesanías   to make crafts
hacer crucigramas   to do crossword puzzles
navegar por Internet   to surf the Net
pasar tiempo con amigos   to hang out with friends
pescar   to fish
pintar   to paint
tejer   to knit; to weave

■ ■ ■ Associate people you know with their hobbies.

To practice: Do Workbook, CD-ROM, and Web activities.

Actividad 5 **Los pasatiempos** **Parte A.** Escribe la primera letra de tu nombre en el primer espacio en blanco de la columna apropiada para describir tus pasatiempos. Luego, escribe una **M** o una **P** en el segundo espacio en blanco de la columna apropiada para describir los pasatiempos de tu madre o tu padre.

Me/Le gusta	mucho	poco	nada
1. pintar	____ ____	____ ____	____ ____
2. cuidar plantas	____ ____	____ ____	____ ____
3. navegar por Internet	____ ____	____ ____	____ ____
4. pescar	____ ____	____ ____	____ ____
5. hacer crucigramas	____ ____	____ ____	____ ____
6. jugar juegos de mesa	____ ____	____ ____	____ ____
7. ¿ ?	____ ____	____ ____	____ ____

Parte B. En parejas, hablen con su compañero/a para ver qué hacen él/ella y su madre o padre en el tiempo libre. Hagan preguntas como **¿Te gusta cocinar? ¿Pintas en tu tiempo libre? ¿A tu madre/padre le gusta cuidar plantas?**

Parte C. En parejas, escriban tres oraciones para describir qué hacen Uds. en su tiempo libre. Por ejemplo:

> ■■■ A nosotros nos gusta mucho navegar por Internet, pero a la madre de Phil no le gusta nada.

Actividad 6 **Los intereses** En grupos de tres o cuatro, háganse las siguientes preguntas para averiguar qué hacen en su tiempo libre.

1. jugar a las cartas
   Si contestan que sí: ¿A qué juegan? ¿Con quiénes? ¿Juegan por dinero? En general, ¿pierden o ganan dinero?
   Si contestan que no: ¿Por qué no?

2. tener alguna colección
   Si contestan que sí: ¿De qué? ¿Cuántos/as tienen en su colección? ¿Cuántos años tenían cuando empezaron esa colección?
   Si contestan que no: ¿Les gustaría tener una colección? ¿Qué les gustaría coleccionar?

3. hacer crucigramas o rompecabezas
   Si contestan que sí: ¿Dónde? ¿Cuándo? ¿Son expertos?
   Si contestan que no: ¿Por qué? ¿Son interesantes esos juegos o les causan frustración?

4. jugar con juegos electrónicos
   Si contestan que sí: ¿Cuáles? ¿Dónde? ¿Son expertos? ¿Cuánto tiempo hace que juegan?
   Si contestan que no: ¿Por qué no juegan? ¿Tienen computadora?

5. ¿Qué otra actividad hacen en su tiempo libre?

Actividad 7 **El juego apropiado** Uno de Uds. tiene que organizar una reunión donde va a haber personas de diferentes edades y la otra persona trabaja en una tienda de juegos. Cada uno mire solamente un papel.

Organizador/a	**Vendedor/a**
Necesitas buscar actividades o juegos para las siguientes personas:	Estos son algunos de los juegos o pasatiempos que puedes sugerir:
■ niños de 10 años	■ juegos de mesa: Monopolio, Pictionary, ajedrez
■ un grupo de adolescentes	■ cartas para jugar a "Texas Hold'em", al solitario, al bridge
■ una persona a quien le encanta estar sola	■ revistas de crucigramas
■ personas entre 40 y 60 años	■ juegos electrónicos
■ una persona muy intelectual	Recuerda dar consejos con expresiones como **Le aconsejo que..., Es bueno que...**
Usa frases como **Busco un juego/una actividad que sea...**	

Gramática para la comunicación I

I. Expressing Doubt and Certainty: Contrasting the Subjunctive and the Indicative

■■■

In the conversation between Rosa and Raúl at the beginning of the chapter, Rosa says, **"Dudo que yo pinte tan bien como la Kahlo."** Is she expressing certainty or doubt? Which of the two verbs in the sentence is in the indicative mood and which is in the subjunctive?

If you said doubt to the first question, and **dudo** (indicative) and **pinte** (subjunctive) to the second one, you were correct.

1 ■ To express doubt, denial, or certainty in a personal way, use the following.

Expression of doubt/denial + **que** + subjunctive	Expression of certainty + **que** + indicative
dudar que... **¿creer que...?** **no creer que...**	**no dudar que...** **estar seguro/a de que...** **creer que...**
Dudo que ellos **sean** buenos amigos. *I doubt that they are good friends.*	**Estoy segura que son** buenos amigos. *I'm sure that they are good friends.*
¿Crees que ellos **se diviertan** con el ajedrez? *Do you believe (think) that they have fun with chess?*	Él **está seguro de que** ellos **se divierten** con el ajedrez. *You are sure they have fun with chess.*
No creo que ella **salga** con él esta noche. *I don't think that she will go out with him tonight.*	**Creo* que** ella **sale** esta noche. *I believe (think) that she will go out tonight.*

*NOTE: Creer in an affirmative statement does not imply doubt.

2 ■ To express doubt, denial, or certainty in an impersonal way, use the following.

Expression of doubt/denial + **que** + subjunctive	Expression of certainty + **que** + indicative
(no) es posible que... **(no) es probable que...** **quizás/tal vez*** **es dudoso que...** **no está claro que...** **no es evidente que...** **no es cierto que...** **no es verdad que...**	**no hay duda que...** **está claro que...** **es evidente que/es obvio que...** **es cierto que...** **es verdad que...**
No es cierto que Diana **escriba** poesía. *It isn't true that Diana writes poetry.*	**Es cierto que** Diana **escribe** poesía. *It's true that Diana writes poetry.*
Es probable que ellos **jueguen** a las cartas. *It's probable that they play cards.*	

*NOTE: Quizás and **tal vez** do not use **que**.

3 ■ You can use **(no) es posible** + *infinitive* to express doubt, when referring to no one in particular.

Es posible ir mañana.   *It's possible to go tomorrow.*

■ ■ ■ Doubt = subjunctive
Certainty = indicative

Actividad *8* **La política** **Parte A.** En parejas, turnénse para dar sus opiniones sobre el presidente de los Estados Unidos, formando oraciones con frases de las tres columnas.

Es evidente		ser inteligente
Dudo		entender los problemas del país
(No) creo		querer mejorar la educación
(No) es cierto	que el presidente	ser liberal
Es obvio		ser bueno
(No) es posible		trabajar mucho
(No) es probable		decir la verdad
(No) es verdad		saber hablar con otros líderes

■ ■ ■ Doubt = subjunctive
Certainty = indicative

Parte B. Después de escuchar las oraciones de tu pareja, ¿crees que él/ella sea liberal, conservador/a o que tenga poco interés en la política?

Actividad *9* **En la calle** Hace calor y Uds. están caminando por la calle. Todas las ventanas están abiertas y oyen conversaciones. En parejas, hagan conjeturas sobre qué está haciendo la gente o de qué está hablando. Usen frases como **es posible que..., es probable que..., creo que...**

1. —Voy a comprar un hotel.
   —¡Caray! ¡Otro hotel! Ya tienes cinco.
   —Vas a perder.
   —No creo. Vamos a ver. Uno, dos, tres, cuatro, cinco, seis, siete.
   —Ja, ja, ja. Tienes que ir a la cárcel. ¿Ves? Como te dije, no vas a ganar.

2. —¡Gané yo! Tengo tres ochos.
   —Un momento, dos... tres... cuatro... cinco... y seis y todas de corazón.
   —¡Caray!

3. —Comida de viejas.
   —¿Cuántas letras?
   —Ocho y la primera es una "l" y la tercera es una "n".
   —Lentejas.
   —Gracias.

4. —Esta tarjeta me la regaló mi padre.
   —¿Y quién es ese en la foto?
   —Es Roberto Clemente y jugó para los Tigres de Pittsburgh.
   —Y, dime, ¿cuántas tienes?
   —Más o menos 250 ahora.

◄ Ruinas mayas de Chichén Itzá, península de Yucatán, México.

Actividad *10* **Los mexicanos Parte A.** Lee la siguiente información sobre los mexicanos y responde a las preguntas de tu profesor/a.

■ México es un país principalmente católico pues casi el 90% de la población es católica aunque muchos no van a la iglesia.

■ En el país se hablan más de 250 idiomas diferentes y la gran mayoría son idiomas indígenas como el náhuatl.

■ La composición étnica de la población es la siguiente:
    mestizo   60%
    amerindio   30%
    blanco   9%
    otro   1%

■ La educación pública a nivel primario, secundario y universitario es gratuita o casi gratuita, pero la gente de clase alta generalmente asiste a instituciones privadas.

■ Con frecuencia, los hijos no se van de la casa de sus padres hasta casarse. Algunos de la clase trabajadora se quedan en la casa después de casarse y al tener hijos, si ya no hay más lugar en la casa, se van.

■ El 10% más rico de la población consume el 35,6% del mercado interno mientras que el 10% más pobre consume el 1,6%.

Parte B. Ahora, en parejas, usen la información que leyeron en la **Parte A** para expresar su opinión sobre las siguientes ideas. Al opinar, usen frases como **creo que...**, **dudo que...**, **no creo que...** y expliquen por qué piensan de esa manera.

1. Hay mucha diversidad en México.
2. No existe la discriminación racial en México.
3. Hay igualdad de oportunidades.
4. Las familias son muy unidas.
5. El porcentaje de divorcios es muy bajo.

- ■ ■ ■ A: ¿Cuándo es tu cumpleaños?/¿De qué signo eres?
  - B: Mi cumpleaños es el... de...
  - C: Entonces eres de virgo/acuario/etc.

Ahora lean su propio horóscopo y el de sus compañero/as para este mes y coméntenlos usando las siguientes frases.

es evidente que hoy debo... porque...   es probable que yo/tú...
no creo que sea verdad porque yo/tú...   dudo que tú...
es posible que yo/tú...   es mejor que tú...
es necesario que tú...   te aconsejo que...

ARIES
21 de marzo—20 de abril

Alguien que te ama secretamente va a confesarte su amor. Vas a perder mucho dinero este mes jugando a las cartas. Suerte: días 25 y 29.

TAURO
21 de abril—21 de mayo

Entras en una etapa de expansión sentimental. Debes escribir poesía romántica. Conoces a una persona que va a ser muy importante en tu vida. Suerte: días 17 y 29.

GÉMINIS
22 de mayo—21 de junio

Esa cosa que esperas hace mucho tiempo finalmente llega. Estás muy nervioso; debes tomar bebidas sin cafeína y hacer crucigramas para relajarte. Suerte: días 14 y 27.

CÁNCER
22 de junio—22 de julio

Este mes vas a estar lejos de una persona que quieres mucho. Vas a sentirte un poco triste, pero si te mantienes activo todo va a ser mucho mejor. Hacer jardinería o arreglar el carro te pueden ayudar a estar activo. Suerte: días 17 y 18.

LEO
23 de julio—23 de agosto

Días muy positivos en tu vida. Buena semana para buscar un trabajo nuevo. Si navegas por Internet, puedes encontrar opciones interesantes. Tu situación económica va a mejorar considerablemente. Suerte: días 15 y 16.

VIRGO
24 de agosto—23 de septiembre

Toda la energía que pusiste en tu trabajo hasta ahora va a darte resultados inesperados. Vas a recibir un gran regalo. Es hora de pasar tiempo con los amigos y la familia. Suerte: días 19 y 20.

LIBRA
24 de septiembre—22 de octubre

Días de contraste entre tu vida sentimental y tu vida laboral. Llega una sorpresa. Suerte: días 12 y 17.

ESCORPIÓN
23 de octubre—22 de noviembre

Una persona que conoces hace mucho tiempo te va a decir que está loca de amor por ti. Debes actuar con calma. Suerte: días 14 y 29.

SAGITARIO
23 de noviembre—20 de diciembre

Alguien que conoces quiere invitarte a bailar. Acepta esa invitación. Va a hacerte feliz. Suerte: días 13 y 17.

CAPRICORNIO
21 de diciembre—20 de enero

No te preocupes demasiado por tus obligaciones. Necesitas dormir más. Debes quedarte en casa y hacer cosas allí. Suerte: días 11 y 29.

ACUARIO
21 de enero—19 de febrero

Un amigo te da un buen consejo. ¡Ojo! Puede afectar tu futuro. Suerte: días 10 y 27.

PISCIS
20 de febrero—20 de marzo

Un amigo de la escuela secundaria viene a pasar tiempo contigo. Vas a recordar momentos felices. ¡Ojo con las comidas que cocina él! Suerte: días 11 y 29.

¿Verdad o mentira? **Parte A.** Escribe tres oraciones sobre tu vida actual y dos sobre tus pasatiempos. Dos deben ser falsas y tres deben ser ciertas. Por ejemplo:

■■■ Vivo en un apartamento con cinco personas y dos perros.

Uno de mis pasatiempos favoritos es.../Tengo una colección de...

Parte B. En parejas, túrnense para leerle las oraciones a su compañero/a. El/La compañero/a debe decir si cree que son verdad o mentira. Usen frases como **(No) creo que..., Dudo que..., (No) es verdad que..., Es cierto que...** y justifiquen sus respuestas. Sigan el modelo.

■■■ A: Vivo en un apartamento con cinco personas y dos perros.

B: Creo que sí vives en un apartamento con... porque...

B: No creo que vivas en un apartamento con... porque...

II. Saying How an Action is Done: Adverbs Ending in *–mente*

■■■

1 ■ An adverb of manner indicates how the action expressed by the verb is done. In English, many adverbs of manner end in *-ly*. In Spanish, adverbs of manner are formed by adding **-mente** to the feminine singular form of the adjective. However, if the adjective ends in a consonant or **-e,** simply add **-mente.** If the adjective has an accent, it is retained when **-mente** is added.

> rápid**o** ⟶ rápid**amente**   frecuent**e** ⟶ frecuent**emente**
> general ⟶ general**mente**

Speedy González corre **rápidamente.**   *Speedy González runs rapidly.*

2 ■ If used in a series, only the last adverb ends in **-mente;** the others, however, use the feminine form of the adjective.

Speedy González corre **rápida** y **frecuentemente.**

3 ■ Common adverbs include:

constantemente	frecuentemente	probablemente
continuamente	generalmente	rápidamente
divinamente	inmediatamente	solamente*
fácilmente	posiblemente	tranquilamente

*****NOTE: solamente = solo** (*only*)

It is common to say **solamente** or simply **solo.** (You may see this word written with an accent: **sólo.**)

To practice: Do Workbook, CD-ROM, and Web activities.

ADVERTENCIA DEL CIRUJANO GENERAL: Dejar de Fumar Ahora Reduce Enormemente Los Graves Riesgos Para Su Salud.

Actividad 13 **¿Cómo son?** Pon el nombre apropiado de una persona famosa en cada oración. Luego, en parejas, comparen sus respuestas.

1. _____ baila divinamente.

2. _____ maneja rápidamente.

3. Frecuentemente _____ tiene problemas con la policía.

4. _____ solo hace papeles dramáticos en las películas.

5. _____ cambia de novio/a constantemente.

6. Generalmente _____ le miente al pueblo (*the people*).

7. Normalmente _____ es muy cómico/a.

■■■ solo = solamente

Actividad 14 **¿Qué hace?** ¿Conoces bien a tu compañero/a? Escribe oraciones para expresar tu opinión sobre las costumbres de tu compañero/a combinando ideas de todas las columnas. Usa expresiones como **dudo que, no creo que, estoy seguro que, creo que...** y justifica tus ideas. Después, en parejas, léanse las oraciones para ver si Uds. se conocen bien o no.

■■■ A: Dudo que duermas tranquilamente porque siempre estás cansada/o en clase.

↙   ↘

B: Es verdad que no duermo tranquilamente.   B: No, yo duermo tranquilamente todas las noches.

		hacer rompecabezas	constante
		leer poesía	continuo
		jugar con videojuegos	divino
tú	(no)	conducir	fácil
		dormir	frecuente
		dormirte	general
		navegar por Internet	inmediato
		¿ ?	tranquilo
			rápido

Nuevos horizontes

ESTRATEGIA: Reading an Informative Interview Article

Interview articles are normally easier to read than prose since the questions serve as a guide or outline that helps the reader focus on the important points. Here are a few tips that can help you when reading an informative interview article.

1. Read the headline and introductory paragraph; these usually contain or summarize the main idea of the article.
2. Look at the pictures, tables, or graphs that may accompany the text; they illustrate themes in the article.
3. Scan the text to read only the interviewer's questions, which will clue you in to the main ideas.
4. Find out who is being interviewed: Is the person considered an expert on the subject because of research he or she has done? Is the person relating a life experience? Is the person a spokesperson for a company?, etc.

By following these steps, you will gain background knowledge about the topic, which will increase your understanding when reading the complete text.

Actividad 15 Lee y adivina Antes de leer un artículo sobre las maquiladoras o maquilas, haz las siguientes cosas.

1. Lee el título y la introducción y mira la foto de esta página. Explica en una oración la idea del artículo. Luego lee solamente las preguntas de la entrevistadora para confirmar tu predicción.
2. Mira el artículo para buscar quién es la persona entrevistada:
   a. el dueño de una maquiladora
   b. la presidenta del sindicato (*union*) de trabajadores
   c. una persona que trabajó en las maquiladoras
   d. la directora de una película documental

Ahora, sin leer el artículo, trata de responder a las siguientes preguntas.
3. ¿Crees que el trabajo en la maquiladora sea fácil o difícil?
4. ¿Crees que el salario que se gana en la maquiladora sea bueno o malo?
5. ¿Por qué dejó de trabajar en la maquiladora la persona entrevistada?

Ahora lee la entrevista para confirmar tus respuestas y saber más sobre las maquiladoras.

◄ Mujeres trabajando en una maquiladora en México.

LA VIDA EN LA MAQUILA

Por sólo 60 dólares al mes, la joven nicaragüense Miriam V. trabajó durante ocho años en una maquila, industrias manufactureras ubicadas en zonas francas de México y Centroamérica, principalmente. La explotación que sufren estas trabajadoras se retrata en el documental "Maquiladoras".

Durante ocho años, Miriam V. trabajó los siete días de la semana, catorce horas diarias, en varias maquilas de Nicaragua. La necesidad de alimentar y vestir a sus tres hijos llevó a esta joven de 26 años a trabajar en condiciones de explotación, "como una máquina" como ella misma dice, y por unos quince dólares a la semana.

La historia de Miriam y de muchas otras mujeres nicaragüenses que trabajan en las maquilas se narra en el documental "Maquiladoras" que estos días se presenta en Barcelona. Para explicar de primera mano las condiciones en las que trabajan las maquiladoras, Miriam viajó hasta España. "Espero que el documental sea un granito de arena[1] y ayude a mejorar las condiciones en las maquilas", explica esperanzada.

¿Cómo es un día de trabajo en una maquila?

► Mi jornada comenzaba a las seis de la mañana y acababa a las siete o las ocho de la tarde, sábados y domingos incluidos. La jornada era bien dura porque trabajaba numerando un montón de piezas de tela, para después poder armar pantalones, y el trabajo venía y venía sin cesar. En un sólo día podía contar miles de piezas y pantalones, siempre de pie, en un área con mucho polvo y sin descanso en todo el día, sólo con 45 minutos para almorzar.

¿Qué derechos tenías como trabajadora?

► Tenemos el derecho al pago de nuestras horas extras, pero no a un salario digno. También tenemos derecho a ir a la clínica, pero siempre y cuando en tu tarjeta del seguro especifique la fecha en la que vas, así que si tienes dolor de cabeza o te sientes mal no puedes ausentarte. En toda nuestra jornada laboral, además, sólo podemos ir dos veces al baño.

¿Cuánto se cobra por realizar este trabajo?

► En una de las cuatro fábricas en las que trabajé tenía un salario básico de 15 dólares a la semana, trabajando las 48 horas legales más un mínimo de 24 horas extra.

En comparación con otros empleos, ¿es un trabajo bien pagado?

► Está mal pagado. Mucha gente me pregunta cómo entré a trabajar en una maquila. La verdad es que me casé a los 16 años, ahora tengo 26 y tres niñas, una de 9 años y un par de gemelas de 8 años. Empecé a trabajar en una maquila para verlas alimentadas, vestidas y con su salud pagada porque al cotizar[2], mi seguro de asistencia médica también las cubría a ellas.

¿Todas las prendas de ropa que confeccionan se exportan o algunas se comercializan en Nicaragua?

► Todo lo que producen las maquilas sale al exterior, sólo se instalan en Nicaragua para explotar la mano de obra.

Es algo impresionante, porque por poner un ejemplo, una camiseta sencilla para una niña pequeña la pueden vender por 18 dólares, ¡más de uno de mis sueldos semanales! ¿Puedes imaginar un encargo de 100.000 camisas a la maquila que con cada prenda gana 18 dólares y se produce en un país donde no paga impuestos?

LA ACTITUD DEL GOBIERNO

A pesar de las malas condiciones laborales en las maquilas, ¿favorece el gobierno la entrada de estas fábricas en Nicaragua?

► Sí, porque al Estado no le conviene tener a tanta gente desempleada. El trabajo que ofrecen las maquilas no respeta las leyes laborales, pero eso el Estado no lo tiene en cuenta, no piensa en crear una ley que obligue a estas fábricas a respetar a los ciudadanos. El sueldo y el trato que reciban los trabajadores no les importa.

Fuente: Canal Solidario Catalunya
1 *grain of sand*   2 *when calculating* (*the contents of her benefit package*)

Durante ocho años trabajaste en varias maquilas pero finalmente abandonaste este trabajo, ¿cómo te decidiste?

► Llevaba nueve meses trabajando en una maquila y, a causa de las condiciones en las que tenemos que trabajar, tuve problemas de salud. Pero no me querían dar permiso para ir al médico porque había mucho trabajo. Me dio neumonía, padecí de asma, tuve fiebre muy alta... llevé un documento en el que constaba que debía hacer 15 días de reposo, de tan grave que estaba, y estuve dos días internada en una clínica.

Hasta que el jefe me dijo que era demasiado tiempo de permiso, que tenía que trabajar. Yo todavía andaba mal y al final me planté en su despacho y le dije que no trabajaba, que priorizaba mi salud, y salí de la maquila.

El documental, un 'granito de arena'

Ahora que has dejado de trabajar en las maquilas, que has pasado unas semanas en España y que regresas a tu país con tu marido y tus hijas, ¿cómo ves tu futuro?

► Mi sueño es estudiar Derecho. Me gustaría darle otra imagen a mi vida, no tanto por mí como por mis hijas, para que valoren el estudio y no tengan que trabajar en una maquila.

Actividad 16 **Preguntas** Lee el artículo otra vez y contesta las siguientes preguntas usando tus propias palabras.

1. ¿Cuántas horas por semana, contando el almuerzo, trabajaba la entrevistada?
2. ¿Qué tipo de trabajo hacía y cuánto dinero ganaba por semana?
3. Menciona dos derechos que tiene un trabajador en las maquiladoras y dos que no tiene.
4. ¿Por qué trabajó Miriam V. en una maquiladora?
5. ¿Por qué son las maquiladoras buenas para el gobierno de Nicaragua?
6. ¿Por qué decidió dejar el trabajo?
7. ¿Qué quiere que hagan sus hijas?

Actividad 17 **Tu opinión** **Parte A.** En el artículo que acabas de leer, no se publica el apellido de Miriam. En grupos de tres, digan un mínimo de tres razones por las que no se lo publicó.

Parte B. El documental "Maquiladoras" muestra las injusticias que ocurren en las maquiladoras. ¿Conocen Uds. otras películas o documentales que muestren injusticias? ¿Qué problemas presentan?

ESTRATEGIA: Describing and Giving Your Opinion   *Escritura*

In the article on the maquiladoras, the author hopes to raise the reader's consciousness about an issue. Through her writing, she wants people to be moved enough by the article to see the documentary and even to take action so that conditions in the maquiladoras improve. In order to reach this goal, she chose to simply introduce the theme and print the transcript of the interview, letting Miriam V.'s comments speak for themselves. Another way to educate the reader and to promote action through writing is to provide commentary and opinions about a topic or situation. To do this:

1. Summarize the main idea, situation, theory, or point of view you want to convey by answering the question *what?*

(continued)

2. Address the questions *who?, when?, where?, how?,* and *why?* to provide supporting details and background information so that your reader gains an understanding of the situation.
3. Include statistics, first-hand accounts, and quotes to support your point of view.
4. Use expressions such as **es importante notar, se dice, es bueno/malo que,** etc., to introduce your point of view. In informal writing, you may express your point of view or interpretation of the topic with phrases such as **dudo que, en mi opinión, creo que,** and **tal vez.**

Actividad 18 Querida Esperanza Parte A. A mother wrote an email to "Querida Esperanza" explaining a problem she is having with her daughter. Read it to learn what the problem is.

> Querida Esperanza:
>
> Le escribo porque estoy preocupada por mi hija Isabel. La chica tiene 13 años y es adicta a los videojuegos. Cuando regresa de la escuela se sienta frente a la computadora y juega eternamente. Solamente se levanta para comer algo y siempre navega por Internet, chatea con gente que no conoce y juega a las cartas con sus amigos virtuales. Ella dice que le gusta porque puede conocer a gente de todo el mundo. También dice que yo la quiero controlar y que no le doy suficiente libertad. Isabel es buena estudiante, pero no tiene amigos de verdad, solo amigos virtuales, y su único pasatiempo es usar la computadora. No hace nada de ejercicio físico y eso me preocupa también porque está un poco gorda. Necesito ayuda urgentemente.
> Una madre desesperada

Parte B. You are "Querida Esperanza". Write your response to the mother in Part A and remember to address her formally.

- Summarize in your own words the problem that the mother has and give her your opinions using expressions like **(no) creo que, dudo que, (no) es verdad que,** etc.
- You can research the issue and include statistics, quotes, or personal accounts of others to support your opinion (lack of outside interests, lack of physical activity, disconnecting from friends, dangers of Internet chat rooms, etc.).
- End the email with advice for the mother using expressions like **le aconsejo que, es necesario que, Ud. tiene que,** etc.

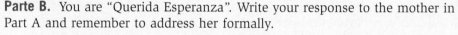 Keep a copy of your email in case your partner loses it!

Parte C. Exchange your email with a partner. At home, critique (in Spanish) your partner's email.

- Is it clear? Logical? Well explained?
- Are ideas from the mother's email paraphrased or are they copied too closely from the text?
- Are there supporting details? Is there a need for a justification somewhere?
- Are there grammar or vocabulary problems (agreement of subjects with verbs and of adjectives with nouns)?

When commenting, use phrases like: **Interesante. Bien explicado. Buena justificación. No entiendo. Necesitas más explicación. No entiendo la lógica. No es correcto. La forma del verbo es incorrecta.** (etc.) Make at least **five** comments. When finished, write at the top of the paper: "**Revisado por**" and your name.

Parte D. Read your partner's comments and make all necessary changes in your final draft. Staple together all drafts and hand them in to your instructor.

Vocabulario esencial II

I. El desayuno

■■■ Practice these words when cooking, eating breakfast, etc.

1. el jugo/zumo (España)
2. la mermelada
3. la tostada
4. el yogur
5. la mantequilla
6. la galleta
7. el azúcar
8. el café
9. el croissant/la medialuna

Otras palabras relacionadas con el desayuno

el cereal   cereal
el chocolate con churros   hot chocolate with Spanish crullers
las fresas   strawberries
los huevos (fritos, revueltos, duros)   eggs (fried, scrambled, hard boiled)
el jamón   ham
la manzana   apple
la naranja   orange
la salchicha   sausage
el tocino   bacon

¿Lo sabían?

En muchos países hispanos generalmente se toma un desayuno ligero (*light*) que puede consistir en café con leche y galletas, croissants o tostadas con mantequilla y mermelada. Hoy día algunas personas también comen cereal para el desayuno, pero no comen huevos con tocino. En España, muchos jóvenes pasan la noche en las discotecas y a primera hora de la mañana van a una churrería para tomar un desayuno de chocolate con churros.

¿? ¿El desayuno de tu país es grande o pequeño? ¿En qué consiste y por qué crees que sea así?

Actividad 19 **Las calorías** Divide las comidas de la lista de vocabulario en dos categorías: comidas que tienen muchas calorías y comidas que tienen pocas.

Actividad 20 **Las preferencias** En grupos de tres, cuenten qué desayunan durante la semana y el fin de semana. Si comen huevos, averigüen cómo los prefieren.

Actividad 21 **Un café ¡Marchando!** En grupos de cuatro, "A" es el/la camarero/a y "B", "C" y "D" son tres amigos que entran en la cafetería para tomar el desayuno. Antes de pedir, cada persona debe leer solamente las instrucciones para su papel. Después de pedir, "B", "C" y "D" deben dar su opinión sobre el lugar y el/la camarero/a.

A (Camarero/a)

No hay tocino, croissants, churros, jugo de naranja. Hay tostadas, salchichas, jugo de tomate, huevos, chocolate y café.
Si un cliente te pide algo que no hay, dale un consejo sobre lo que puede comer.

B

Hoy te gustaría un desayuno fuerte porque no vas a poder almorzar. Te gusta mucho el jugo de naranja fresco. Da tu opinión sobre el/la camarero/a usando expresiones como **Dudo que..., Creo que...**

C

Te gustaría comer un croissant y tomar un café con leche para despertarte. Da tu opinión sobre esta cafetería usando expresiones como **Dudo que..., Creo que...**

D

Te encanta el chocolate con churros. Siempre comes algo dulce por la mañana. Da tu opinión sobre la comida usando expresiones como **Dudo que..., Creo que...**

¿Lo sabían?

En español hay muchos dichos relacionados con la comida:

- **Se vende como pan caliente/Se venden como churros** se usa cuando una cosa es muy popular y se vende mucho en las tiendas.

- **Estoy hecho/a una sopa** se dice cuando una persona está muy mojada después de caminar en la lluvia o después de hacer ejercicio.

- **Se puso rojo como un tomate** se dice cuando una persona tiene vergüenza y se pone rojo.

- **No sabe ni papa** se usa cuando una persona es ignorante.

¿? ¿Hay equivalentes en inglés para estos dichos? ¿Qué dichos relacionados con la comida conoces en inglés?

II. La preparación de la comida

1. el recipiente
2. la sartén
3. la olla

4. revolver (o ⟶ ue)
5. añadir
6. darle la vuelta

7. freír (e ⟶ i, i)
8. cortar
9. hervir (e ⟶ ie, i)

■ ■ ■ **Freír** is an irregular verb. See Appendix A.

To practice: Do Workbook, CD-ROM, and Web activities.

Actividad 22 **Los cocineros** Di qué cosas de la siguiente lista de comida se pueden cortar, freír, revolver, añadir, etc.

	los huevos
	la mantequilla
se corta/n	las papas
se fríe/n	el jamón
se añade/n	el café con azúcar
se le/s da la vuelta a	las zanahorias
se revuelve/n	el queso
se hierve/n	las cebollas
	el tocino
	la coliflor

■ ■ ■ Note: **Se corta el jamón,** but **Se cortan los tomates.**
Se le da la vuelta al huevo, but **Se les da la vuelta a los huevos.**

Actividad 23 **El buen comer** En parejas, una persona le explica a la otra cómo se prepara uno de los siguientes platos. Al terminar la otra persona le explica cómo se prepara otro plato típico que se come en este país.

macarrones con queso
French toast
tacos
ensalada de pollo

Para escuchar

Después de comer, nada mejor que la sobremesa

◄ *Making Tortillas*, Diego Rivera, 1926.

hay que + *infinitive*	one/you must + *verb*
mientras tanto	meanwhile
No puedo más.	I can't eat/take it/do it anymore.
tomarle el pelo a alguien	to pull someone's leg (literally: *hair*)

■ ■ ■ **platicar** = to chat (*Mexico*); many other countries use **charlar**.

Después de la cena en casa de Rosa y Mauricio, Raúl y sus amigos hacen la sobremesa, es decir, platican y beben un café después de la comida.

Actividad 24 **¿Cierto o falso?** Mientras escuchas la conversación entre Rosa, Mauricio y Raúl, escribe **C** si la oración es cierta y **F** si es falsa.

1. _____ Rosa y Mauricio son cocineros excelentes.
2. _____ Raúl quiere postre con el café.
3. _____ Comieron tacos en la comida.
4. _____ En muchos hogares (*homes*) de México, la tortilla es más importante que el pan.
5. _____ El maíz (*corn*) se cultiva en pocas zonas de México.
6. _____ Con la comida, Raúl bebió una bebida hecha de maíz.

1. ¿Quiénes son buenos cocineros? Y tú, ¿cocinas bien?
2. ¿Qué comidas con tortillas comió Raúl en México?
3. ¿Cuál es el ingrediente principal de las tortillas y por qué es tan importante en México?
4. ¿Dónde se compran las tortillas en México? ¿Y en tu ciudad?
5. ¿Qué bebida tomó Raúl con la cena?
6. ¿Con qué dice Rosa que hay que acompañar el café y por qué?
7. ¿Sabes cuál es la diferencia entre la tortilla española y la tortilla mexicana?

¿Lo sabían?

El año 1492 fue muy importante para el mundo entero. El encuentro entre culturas cambió la dieta en el continente europeo y el americano. Los europeos conocieron en América el maíz, el tomate, la papa, el pavo, los chiles y el chocolate y trajeron a este continente la caña de azúcar. Muchas comidas de los dos continentes se combinaron y el chocolate, como lo conocemos hoy día, es un buen ejemplo de la fusión de culturas.

- Los aztecas bebían chocolate caliente, una bebida amarga (*bitter*) que no les gustaba mucho a los europeos.

- En 1492 Colón llevó semillas de cacao a España.
- Cortés mezcló el chocolate con el azúcar de caña.
- En España empezaron a mezclarlo con vainilla y canela (*cinammon*) y así los europeos comenzaron a beberlo. Era muy popular entre la clase alta.
- En 1847 una compañía inglesa produjo chocolate sólido.
- En 1876 los suizos le añadieron leche y así crearon el chocolate que conocemos hoy día.

¿? ¿Conoces algunas comidas o algunos animales que existían en Europa y no en América en 1492? ¿Qué comidas de América luego influyeron en la comida de Irlanda e Italia?

Actividad 26 **Hay que...**   Termina estas frases, usando **hay que**.

■■■ Para aprender más sobre México...
   Hay que buscar información en Internet./Hay que ir a la biblioteca y leer./Hay que hablar con los mexicanos./Hay que hablar con el/la profesor/a de español./etc.

1. Para ver las pinturas de Frida Kahlo y Diego Rivera...
2. Para hacer un viaje a México...
3. Para preparar un taco...
4. Para comer comida mexicana auténtica,...

Gramática para la comunicación II

I. Giving Instructions: The Passive *se*

One way to give instructions in Spanish is to use the *passive* **se (se pasivo).** You already did this in **Actividad 22.** The *passive* **se** is used when it is not important to know who is performing the action. Study the following formulas and examples.

se +	third person singular of verb	+	singular noun
	third person plural of verb	+	plural noun or series of nouns

Primero, **se lava la lechuga.**
First, you wash the lettuce. (literally: First, the lettuce is washed.)

Segundo, **se cortan los tomates** en trozos pequeños.
Second, you cut the tomatoes in small pieces. (literally: Second, the tomatoes are cut in small pieces.)

Tercero, **se cortan una cebolla y una papa.**
Third, you cut an onion and a potato. (literally: Third, an onion and a potato are cut.)

***NOTE:** You may also use the *passive* **se** to request or give information as in the following sentences.

¿Dónde **se venden verduras** frescas en esta ciudad?
Where do they sell fresh vegetables in this city? (literally: Where are fresh vegetables sold in this city?)

Se necesitan camareros.
Waiters (are) needed. (Sign seen in a restaurant window.)

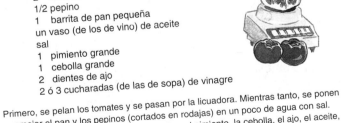

Gazpacho andaluz

2 kilos de tomates muy maduros
1/2 pepino
1 barrita de pan pequeña
un vaso (de los de vino) de aceite
sal
1 pimiento grande
1 cebolla grande
2 dientes de ajo
2 ó 3 cucharadas (de las de sopa) de vinagre

Primero, se pelan los tomates y se pasan por la licuadora. Mientras tanto, se ponen a remojar el pan y los pepinos (cortados en rodajas) en un poco de agua con sal. Se trituran juntos, en la licuadora, el pepino, el pimiento, la cebolla, el ajo, el aceite, el pan, el agua del pan, el vinagre y sal a gusto. Se mezcla este líquido con los tomates y se pasa todo, otra vez, por la licuadora. Se pone todo en la nevera. Se sirve con trocitos de pimiento, pepino, tomate y pan.

◄ Una tortilla española, jamón serrano y pan. ¿Tienes hambre?

Actividad 27 **Una receta** La tortilla española es muy diferente de la tortilla mexicana. Da instrucciones para preparar una tortilla española usando el **se** pasivo.

■■■ Lavas las patatas. ⟶ Se lavan las patatas.

1. Cortas las patatas y la cebolla.
2. Fríes las patatas y la cebolla.
3. Pruebas (*Taste*) las patatas y la cebolla.
4. Revuelves los huevos.
5. Pones las patatas y la cebolla en un recipiente.
6. Revuelves las patatas y la cebolla con los huevos.
7. Añades la sal.
8. Quitas casi todo el aceite de la sartén.
9. Lo pones en la sartén.
10. Le das la vuelta a la tortilla.
11. Comes la tortilla.

Actividad 28 **El "chef"** **Parte A.** En parejas, Uds. son cocineros y ahora van a inventar un plato nuevo. Escriban la receta (*recipe*). Por ejemplo: **Primero se cortan..., Después se...,** etc. **Se llama... y es delicioso.**

Parte B. Cada pareja debe leerle su receta a la clase y los miembros de la clase deben hacer comentarios y dar recomendaciones: **Creo que ese plato es un asco** (*disgusting*) **porque... Dudo que sea delicioso porque... Les aconsejo que le añadan...**

Actividad 32 Quinceañera Sandra vive en un pueblo de México y hoy cumple 15 años. Sus padres le organizaron una fiesta muy grande. Forma oraciones para las siguientes situaciones relacionadas con la fiesta usando **para** o **por**.

1. Los padres de Sandra alquilaron un salón de fiestas y celebraron su cumpleaños.
2. Los padres le compraron un vestido blanco a Sandra. Les costó 5.000 pesos.
3. Óscar compró doce rosas porque es el cumpleaños de su novia.
4. El padre de Sandra trabaja en el Banco Central de México.
5. Hoy su padre no fue al trabajo para asistir a la fiesta. Su amigo Ramón trabajó en su lugar.
6. Su tío de Los Ángeles le mandó un regalo. Usó la compañía FedEx.
7. Después de la misa, la quinceañera, su familia y sus invitados caminaron de la iglesia al salón de fiestas detrás de una banda de músicos. Caminaron a través del pueblo.
8. En la fiesta, su padre le cambió los zapatos a Sandra. Le quitó los zapatos de tacón bajo y le puso unos de tacón alto.
9. Sandra cree que su cumpleaños de quince años fue un evento muy especial.

¿Lo sabían?

En México y en partes de los Estados Unidos donde hay influencia mexicana, cuando las chicas cumplen los 15 años se hace una celebración que marca el paso de niña a mujer. El día del cumpleaños, la quinceañera, su familia y otros invitados van a una misa especial en la iglesia. Después, es común organizar un baile en la casa o en un salón de fiestas. En pueblos pequeños la quinceañera, su familia y sus amigos caminan detrás de una banda desde la iglesia hasta el lugar de la fiesta. En las grandes ciudades, algunos alquilan limosinas para este corto viaje. En la fiesta, el padre da un discurso para presentar a su hija en sociedad y luego empieza el baile con música en vivo. La quinceañera primero baila con su padre, generalmente un vals, pero después baila música moderna con sus chambelanes. En algunos casos, las damas de honor y los chambelanes hacen un baile con coreografía. En algunos festejos, la quinceañera lleva zapatos de tacón bajo a la iglesia, y luego en la fiesta, el padre le cambia los zapatos y le pone zapatos de tacón alto para representar que ya no es una niña.

▲ Tarjeta de Hallmark.

¿? ¿Hay fiestas similares en tu país? ¿Cómo se celebran?

■ ■ ■ **chambelanes y damas de honor** = a group of young men and women similar to a prom court

III. Expressing Emotions: More Uses of the Subjunctive

Up to now, you have seen that the subjunctive is used in sentences that describe what you are looking for, to give advice, to indicate hope, and express doubt. It is also used to express emotion about other people's actions.

1 ■ As with other uses of the subjunctive, notice how you can express emotion in a personal way.

To express emotion in a personal way about another person's actions or about a situation, use a verb that expresses emotion + **que** + *subjunctive.*	To express emotion in a personal way about someone's own actions or a situation, use a verb that expresses emotion + *infinitive.*
Me alegro de que vayamos a ese restaurante. *I am happy that we are going to that restaurant.*	**Me alegro de ir** a ese restaurante. *I am happy about going to that restaurant.*
A ella le **gusta que** tú seas buen cocinero. *She likes it that you are a good cook.*	A ella le **gusta ser** buena cocinera. *She likes to be a good cook.*

2 ■ The following verbs are frequently used to express emotions.

esperar **gustar** **molestar**	**tener miedo de** to be scared of **temer** to be afraid of **sentir** (e ⟶ ie, i) to feel/ be sorry	**alegrarse de** to be happy about **sorprenderse de** to be surprised about

3 ■ Now notice how you can express emotion in an impersonal way.

To express emotion in an impersonal way about someone or something specific, use an impersonal expression + **que** + *subjunctive.*	To express emotion in an impersonal way about no one in particular, use an impersonal expression + *infinitive.*
¡Es fantástico que ella **tome** el desayuno en la cama! *It's great that she has breakfast in bed.*	**Es fantástico tomar** el desayuno en la cama. *It's great to have breakfast in bed.*

4 ■ The following impersonal expressions are frequently used to express emotions.

es fantástico **qué lástima** what a shame	**qué pena** what a pity **es una pena** it's a pity	

■ ■ ■ At the end of the Workbook chapter, you will find a complete review of the subjunctive.

To practice: Do Workbook, Lab, CD-ROM, and Web activities.

Actividad 33 La esperanza y el miedo Todos tenemos esperanzas y miedos sobre el futuro. Lee la siguiente lista de frases y di si te dan miedo o si son tus esperanzas. Empieza con **Espero (que)...** o **Tengo miedo de (que)...**, etc.

1. la gente / preocuparse / por la ecología
2. (yo) ayudar / a otras personas
3. el mundo / tener / una guerra nuclear
4. la gente del mundo / vivir / en paz
5. California / tener / un terremoto (*earthquake*)
6. (yo) conseguir / un trabajo bueno
7. (yo) sacar / buenas notas
8. todos los grupos religiosos / aprender a vivir / juntos

Actividad 34 Esperanzas Haz una lista de cosas que esperas hacer en el futuro y otra de cosas que esperas que hagan tus compañeros de clase.

■ ■ ■ Espero vivir en una ciudad grande porque...

Espero que Steve sea profesor de filosofía porque...

Actividad 35 Nada es perfecto En parejas, hagan una lista de algunas características positivas y otras negativas de su universidad. Usen expresiones como:

Positivas	**Negativas**
Me alegro de que...	Es una pena...
Es fantástico que...	¡Qué pena que...!
Me sorprendo de que...	Me sorprendo de que...
Estoy contento/a de...	Es una lástima que...
Espero que...	Siento que...
Me gusta que...	Me molesta que...

Actividad 36 La salud Parte A. Mira y completa las siguientes cosas que puede hacer una persona para adelgazar usando **para** o **por**.

1. correr _____ un parque grande
2. hacer dieta _____ un mes
3. no comer tarde _____ la noche
4. reemplazar huevos fritos _____ huevos duros
5. cocinar comida de bajas calorías _____ él/ella y sus amigos
6. reemplazar el tocino _____ el jamón
7. cambiar el juego de ajedrez _____ el Twister
8. no pasar tanto tiempo navegando _____ Internet
9. salir _____ el trabajo temprano y caminar _____ hacer ejercicio

Parte B. En parejas, uno/a de Uds. es una persona que tiene el colesterol muy alto y va a ver al médico. La otra persona es el/la doctor/a. Lea cada uno un papel solamente.

<table>
<tr><td>Paciente</td><td>Doctor/a</td></tr>
<tr><td>Ahora entras al consultorio (office) de un/a doctor/a para hablar de tu colesterol alto. Tu problema es que te encanta comer y no te gusta hacer ejercicio. Expresa tus emociones sobre las recomendaciones del/de la doctor/a usando frases como Es terrible que yo no pueda... porque...</td><td>Eres doctor/a y tu paciente tiene el colesterol muy alto. Debes darle recomendaciones sobre las comidas que puede y no puede comer. Recomiéndale también algunos pasatiempos activos. Usa ideas de la Parte A si quieres y expresiones como Le aconsejo que..., Es necesario que...</td></tr>
</table>

Actividad 37 **¿Cuál?** **Parte A.** Tus amigos y tú siempre intentan tomar las mismas clases juntos. Uds. tienen que tomar una clase de Anatomía I porque quieren ser médicos. Lee las siguientes descripciones de los profesores y decide con cuál de los tres quieres estudiar. Escribe tres razones por las que quieres tener a esta persona como profesor/a y escribe dos razones en contra de los otros dos.

Profesor Emilio Escarpanter

56 años. Es muy inteligente y va a clase bien preparado, pero tiene una voz monótona. Sus clases no son interesantes, pero siguen una organización lógica y es muy fácil tomar apuntes. La asistencia a clase es obligatoria y te baja la nota final si tienes muchas faltas. Hay que leer muchísimo para la clase. Hay dos exámenes parciales y un examen final. Sus exámenes son muy difíciles (se basan en los apuntes de clase y las lecturas), pero el 45% de la clase recibe buenas notas.

■ ■ ■ **apuntes** = class notes
notas = grades
lecturas = readings

Profesora Rosalía Obregón

45 años. Es muy inteligente y muy organizada en clase. Es cómica y explica las lecciones a base de ejemplos divertidos. A veces trae su guitarra a clase y canta canciones para ayudar a los estudiantes a recordar la materia importante. Es necesario asistir a clase todos los días. También hay que leer mucho y saber la materia antes de ir a clase porque la participación cuenta un 25% de la nota final. Hay un proyecto que también cuenta un 25% y un examen final que cuenta el 50%. Ella no tiene fama de dar buenas notas, pero es justa. Hay que trabajar mucho en su clase, pero los estudiantes saben la materia al terminarla.

Profesora Enriqueta Maldonado

45 años. Es muy inteligente, pero muy desorganizada en clase. Si un estudiante tiene preguntas, es mejor verla fuera de clase. Es muy simpática y escribe buenas cartas de recomendación. La asistencia no es obligatoria y los exámenes se basan en las lecturas, no en la materia presentada en clase. Sus exámenes son relativamente fáciles y el 65% de la clase recibe buena nota, pero por lo general no están bien preparados para Anatomía II al terminar el curso.

Parte B. En grupos de tres, decidan con quién van a tomar la clase. Usen frases como:

es posible que	creo que	es mejor que
es una lástima que	dudo que	me molesta que
me gusta que	es una pena que	es fantástico que

 Do Web Search activities.

Más allá

Asistencia social

Con más de veintiocho millones de habitantes de habla española en los Estados Unidos, la demanda de asistentes sociales en los campos de gerontología, de servicios para niños y de asistencia para familias es urgente. En lugares como el condado de Los Ángeles, por ejemplo, hay una ley que exige que el asistente social le hable al cliente en su propio idioma si es que este no habla bien el inglés. Desafortunadamente, hay casos en que el asistente social no habla español y generalmente un hijo, a veces menor de diez años, traduce para sus padres, muchas veces sobre temas muy delicados o complicados. Como sabemos, hay inmigrantes de una variedad de países hispanos. La mayoría habla español y las diferencias gramaticales entre los dialectos son mínimas, casi sin importancia, pero el uso del vocabulario regional puede causar problemas de comunicación para el asistente social. Así por ejemplo, para la palabra **autobús,** los caribeños usan **guagua** y los inmigrantes mexicanos usan **camión.** Por esa razón, el asistente social debe conocer por lo menos las diferencias léxicas más importantes. Imagina a un paciente mexicano que, cuando un asistente social le pregunta por qué se siente mal, le explica que está **endrogado.** El asistente sin experiencia tal vez tenga una impresión equivocada del paciente si cree que la palabra significa **drogado** cuando en realidad significa **abrumado** (*overwhelmed*). Sin embargo, y quizá lo más importante, es que el asistente social debe estar familiarizado con las diferencias culturales de los grupos de inmigrantes. Esto puede eliminar obstáculos entre el cliente y su asistente y hacer que la comunicación sea mucho más fácil.

¿? Después de estudiar casi dos semestres de español, contesta estas preguntas para ver si ya sabes algunas cosas que pueden ayudarte a trabajar con clientela hispana.

- Al hablar con una persona de más de 25 años, ¿es mejor usar **tú** o **Ud.**?

- Al conocer a una persona, ¿crees que sea apropiado solo decirle "Encantado/a" o "Mucho gusto" o también debes darle la mano?

- Si una persona entra en una habitación y otra persona te presenta a esa persona, ¿es mejor que te levantes o que te quedes sentado/a?

- ¿Crees que sea buena idea hablar de cosas sin importancia antes de hablar de cosas serias o es mejor hablar de las cosas más importantes al principio?

Vocabulario funcional

Los pasatiempos (*Hobbies*)

arreglar el carro	to fix the car
cocinar	to cook
coleccionar estampillas/ monedas/tarjetas de béisbol	to collect stamps/coins/ baseball cards
coser	to sew
cuidar plantas/hacer jardinería	to take care of plants, do gardening
escribir poesía	to write poetry
hacer artesanías	to make crafts
hacer crucigramas	to do crossword puzzles
hacer rompecabezas	to do jigsaw puzzles
jugar (al) ajedrez	to play chess
jugar (al) billar	to play billiards
jugar (a las) cartas	to play cards
jugar con juegos electrónicos/videojuegos	to play videogames
jugar juegos de mesa	to play board games
navegar por Internet	to surf the Net
pasar tiempo con amigos	to hang out with friends
pescar	to fish
pintar	to paint
tejer	to knit; to weave

El desayuno

el azúcar	sugar
el café	coffee
el cereal	cereal
el chocolate con churros	hot chocolate with Spanish crullers
el croissant/la medialuna	croissant
las fresas	strawberries
la galleta	cookie/cracker
los huevos (fritos, revueltos, duros)	eggs (fried, scrambled, hard boiled)
el jamón	ham
el jugo/zumo (España)	juice
la mantequilla	butter
la manzana	apple
la mermelada	marmalade
la naranja	orange
la salchicha	sausage
el tocino	bacon
la tostada	toast
el yogur	yoghurt

La preparación de la comida

añadir	to add
cocinar	to cook
cortar	to cut
darle la vuelta	to turn over, flip
freír (e ⟶ i, i)	to fry
hervir (e ⟶ ie, i)	to boil
la olla	pot
probar (o ⟶ ue)	to taste
el recipiente	bowl
revolver (o ⟶ ue)	to mix
la sartén	frying pan

Expresiones impersonales de duda y negación

no es cierto/verdad	it isn't true
no está claro	it isn't clear
es dudoso	it's doubtful
no es evidente	it isn't evident
(no) es posible	it is/isn't possible
(no) es probable	it is/isn't probable
quizá/quizás/tal vez	perhaps

Expresiones impersonales de certeza

es cierto/verdad	it's true
está claro	it's clear
es evidente	it's clear, evident
es obvio	it's obvious
no hay duda (de)	there's no doubt

Expresiones impersonales de emoción

es fantástico	it's fantastic
es una pena	it's a pity
qué lástima	what a shame
qué pena	what a pity

Adverbios

constantemente	constantly
continuamente	continually
divinamente	divinely
fácilmente	easily
frecuentemente	frequently
generalmente	generally
inmediatamente	immediately
posiblemente	possibly
probablemente	probably
rápidamente	rapidly
solamente	only
tranquilamente	calmly

Verbos

alegrarse de	to be happy about
dudar	to doubt
estar seguro/a (de)	to be sure (of)
sentir (e ⟶ ie, i)	to be/feel sorry
sorprenderse de	to be surprised about
temer	to be afraid (of)
tener miedo de	to be scared of

Palabras y expresiones útiles

hay que + *infinitive*	one/you must + verb
mientras tanto	meanwhile
No puedo más.	I can't eat/take it/do it anymore.
¡Qué (buena) suerte!	What (good) luck!
¡Qué mala suerte!	What bad luck!
Somos dos.	There are two of us.
tener (buena) suerte/tener mala suerte	to be lucky/unlucky
tomarle el pelo a alguien	to pull someone's leg (literally: hair)

12 ¡Viva la música!

➤ Una pareja baila un tango sensual para un grupo de turistas, en el barrio de La Boca en Buenos Aires.

Chapter Objectives

- Talking about music
- Discussing postal services and the Internet
- Making comparisons
- Giving orders
- Describing geographical features

¿Qué saben?

1. La música salsa se originó en...
   a. Cuba.   b. Puerto Rico.   c. Nueva York.
2. La música que se asocia con Ecuador es...
   a. el tango.   b. el flamenco.   c. la música andina.
3. Celia Cruz era conocida como la reina...
   a. del flamenco.   b. de la salsa.   c. del tango.
4. Tres cantantes españoles de ópera son...
   a. Segovia, Casals y Cugat.
   b. Domingo, Carreras y Caballé.
   c. Puente, Arnaz y Ferrer.

Para escuchar

¡Qué música!

¿Qué es poesía? — dices mientras clavas
en mi pupila tu pupila azul,
¿Qué es poesía? ¿Y tú me lo preguntas?
Poesía... ¡eres tú!

¡Qué chévere!	Great! (*Caribbean expression*)
¡Qué cursi!	How tacky!
¿Algo más?	Something/Anything else?
ni... ni	neither . . . nor

Teresa jugó un partido de tenis con Vicente y ganó ella. Por eso él tuvo que invitarla a comer. Ahora están en un restaurante argentino donde hay un conjunto de música.

Actividad *1* **¿Cierto o falso?** Mientras escuchas la conversación, marca **C** si la oración es cierta y **F** si es falsa.

1. _____ Teresa aprendió a jugar al tenis en un parque de Puerto Rico.
2. _____ Vicente juega bien al tenis.
3. _____ El profesor de tenis de Teresa le daba muchas órdenes (*orders*).
4. _____ Vicente es un hombre muy romántico.
5. _____ A Teresa le gusta mucho que los músicos le toquen una canción.

Actividad *2* **Preguntas** Después de escuchar la conversación otra vez, contesta estas preguntas.

1. ¿Qué tipo de música se asocia con Argentina?
2. ¿Por qué es buena jugadora de tenis Teresa?
3. ¿Qué van a comer Vicente y Teresa?
4. ¿Por qué a Vicente le gusta Teresa?
5. ¿Crees que la última canción que tocan los músicos sea un tango?
6. ¿Por qué crees que los músicos fueron a la mesa de Vicente y Teresa a tocar esa canción?

El tango se originó en los barrios pobres de inmigrantes en las afueras de Buenos Aires al final del siglo XIX. Los instrumentos originales del tango eran la guitarra, la flauta y el violín, pero más tarde se introdujo el bandoneón, que es una especie de acordeón con botones. Al principio se consideraba el tango como una música vulgar, pero en los años 20 el cantante Carlos Gardel empezó a tener fama y a llevar el tango a los escenarios de Europa y de todo el continente americano y llegó a hacer películas para la Paramount Pictures. Lamentablemente en 1935, Gardel falleció en un accidente aéreo en Colombia. Hoy día Gardel sigue siendo un símbolo del tango, y su estatua, que se encuentra en el Cementerio de la Chacarita en Buenos Aires, tiene placas y flores frescas de admiradores de todas partes del mundo.

▲ El mausoleo de Carlos Gardel, cantante de tango.

¿? ¿Qué tipo de música se originó en tu país?

Actividad 3 **¿Cursi o chévere?** Di si las siguientes cosas son cursis o chéveres o ninguna de las dos.

> ■■■ ¡Qué chévere es la foto de la pareja bailando tango!
> ¡Qué cursis son las tarjetas del día de San Valentín!
> El Mini Cooper no es ni cursi ni chévere.

jugar al bingo
Graceland y Elvis
los videojuegos
unas vacaciones en el Caribe
el concurso de Miss Universo
ganar la lotería

Actividad 4 **¿Qué sabes de música?** El bandoneón es el instrumento principal del tango como la guitarra es el del flamenco. En parejas, decidan cuáles de los instrumentos de la lista necesitan estos grupos musicales: **una orquesta sinfónica, una banda municipal** y **un conjunto de rock.**

la flauta
la trompeta
el violín
el saxofón
el trombón
la batería (*drums*)
el clarinete
el violonchelo
la guitarra eléctrica

Vocabulario esencial I

El correo y la red

el remite

el sobre

POR AVION

la estampilla/
el sello

el código postal

la dirección

■■■ **Correo** = post office *or* mail. **Oficina de correos** is also used.

(envelope: Isabel Durán de Mendoza / Apartado Postal 496-1000 / San José, Costa Rica)

(envelope: Sr. Vicente Mendoza Durán / Colegio Mayor Hispanoamericano / Universidad Complutense de Madrid / Avenida de la Moncloa s/n / 28016 Madrid / España)

Otras palabras relacionadas con el correo y la red

el buzón   mailbox
la carta   letter
el/la cartero   letter carrier
el fax
hacer cola   to stand in line
mandar (una carta)   to send (a letter)
el paquete   package
la (tarjeta) postal   postcard

bajar información/música   to download information/music
el buscador   search engine
caerse el servidor   to go down/ crash (server)
la contraseña   password
el correo electrónico/mensaje electrónico/email
el enlace/link
el/la Internet
navegar por Internet   to surf the Net
el nombre de usuario   user name
perder la conexión   to lose the connection
el sitio web   website
la tarjeta (virtual)   (virtual) greeting card

■■■ Practice this vocabulary while receiving and sending letters, and working on the Internet.

■■■ In Spanish, many people use English terms with Spanish pronunciation when discussing cyberspace; others choose to use the Spanish equivalent. Note: The term **Internet** is frequently used without an article in Spanish: **Lo leí en Internet.**

This is how you read an Internet address in Spanish:

http://www.gauchonet.com = **h t t p dos puntos barra barra w w w punto gauchonet punto com**

This is how to read an email address:

smith@abc.edu = **smith arroba a b c punto edu**

In Spanish, if one can easily pronounce part of an address, it is pronounced vs. spelled. For example: "dot e d u" would be read as two words: **punto edu.**

To practice: Do Workbook, CD-ROM, and Web activities.

Actividad 5 En orden, por favor En parejas, pongan estas oraciones sobre el correo en orden lógico.

_____ Busco un buzón.

_____ Escribo el remite en el sobre.

_____ Le pongo una estampilla.

_____ Echo la carta en el buzón.

_____ Escribo la carta.

_____ La pongo en un sobre.

_____ Escribo la dirección en el sobre.

Actividad 6 Definiciones En parejas, una persona define o explica palabras relacionadas con el correo y la red y la otra adivina qué palabras son. Túrnense con frecuencia.

■■■ A: Si quiero mandarte un regalo, te mando esto.
B: Un paquete.

Actividad 7 La red En grupos de tres, hablen con sus compañeros para averiguar si usan y cómo usan la red. Apunten sus respuestas.

1. su dirección de correo electrónico
2. si mandan muchos o pocos mensajes por correo electrónico cada semana
3. a quién le escriben
4. si cada semana navegan mucho o poco por Internet
5. si su servidor se cae con frecuencia
6. su buscador favorito
7. su enlace favorito y la dirección (si la saben)
8. qué bajan de Internet
9. si usan muchos nombres de usuario y contraseñas diferentes
10. qué hacen para recordar sus nombres de usuario y contraseñas

Actividad 8 El toque personal Mira este anuncio del Correo Argentino. Luego, di si hay ocasiones cuando uno debe mandar una carta o una tarjeta en vez de un email o una tarjeta virtual.

Querida Laura:

Aquí te escribe tu amado Fernando y lo hago en forma manual porque creo en la revalorización de la escritura, en la sensibilidad del trazo personal y en el valor agregado de la tinta y el papel.

Te escribo de todo corazón, Laura, porque todo argentino tiene derecho u tener un "carta manuscrita"

Las cartas son pensamientos que quedan.

www.correoargentino.com.ar

CORREO ARGENTINO

Gramática para la comunicación I

I. Making Comparisons (Part I)

A. Comparisons of Inequality

1 ▪ To compare two people or two things that are different (**comparación de desigualdad**), use the following formula.

Mando **más emails que** tú.
I send more emails than you.

Bajo **menos música que** mi hermana.
I download less music than my sister.

Mi conexión es **más rápida que** tu conexión.
My connection is faster than your connection.

Me acosté **más tarde que** tú porque estaba bajando canciones.
I went to bed later than you because I was downloading songs.

2 ▪ To indicate that there is more or less than a certain *amount*, use the following formula.

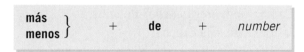

Más de 1.500 personas visitaron mi sitio web ayer.
More than 1,500 people visited my website yesterday.

Mi conexión de alta velocidad cuesta **menos de $40** por mes.
My high-speed connection costs less than $40 a month.

3 ▪ Some adjectives have an irregular comparative form.

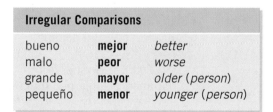

Irregular Comparisons		
bueno	**mejor**	*better*
malo	**peor**	*worse*
grande	**mayor**	*older (person)*
pequeño	**menor**	*younger (person)*

Mandar un email es **mejor que** mandar una carta.
Sending an email is better than sending a letter.

Mi sitio web es **peor que** tu sitio.
My website is worse than your site.

Carlitos es **menor que** tu primo y ya navega por Internet.
Carlitos is younger than your cousin and he already surfs the Net.

Creo que Steve Jobs es **mayor que** Bill Gates.
I think that Steve Jobs is older than Bill Gates.

La música caribeña y sus diferentes ritmos son la mejor expresión de la mezcla europea y africana.

B. The Superlative

When you want to compare three or more people or things, use the superlative (**el superlativo**).

> el/la/los/las (*noun*) **más**
> el/la/los/las (*noun*) **menos** } + *adjective*

Esta es **la mejor** (tarjeta de cumpleaños).*

Para mí, entre Google, Yahoo! y AOL, Google es **el** (buscador) **más eficiente de** los tres.*

This is the best (birthday card).

For me, among Google, Yahoo! and AOL, Google is the most efficient (search engine) of the three.

*NOTE:

a. **Mejor** (*Best*) and **peor** (*worst*) usually precede the nouns they modify: **Calatrava.com es** *el mejor sitio* **que conozco.**

b. In the superlative, *in* = **de: Para mí, Calatrava es el mejor arquitecto** *del* **mundo.**

Actividad 9 Las vacaciones En parejas, "A" cubre la columna B y "B" cubre la columna A. Uds. deben decidir adónde quieren ir de vacaciones. Con su compañero/a, describan y comparen diferentes características de los lugares para decidir cuál de los dos lugares les parece mejor.

■■■ A: El Hotel Casa de Campo tiene tres canchas de tenis.
     B: Pues el Hotel El Caribe tiene seis canchas.
     A: Entonces el Hotel Caribe tiene más canchas de tenis que el Hotel Casa de Campo.

A

La Romana, República Dominicana
Hotel Casa de Campo ★ ★ ★
Media pensión
Temperatura promedio 30°C
Increíble playa privada
Tres canchas de tenis
Golf, windsurfing
Discoteca
US$2.199 por persona en
  habitación doble por semana

B

Cartagena, Colombia
Hotel El Caribe ★ ★ ★ ★
Pensión completa
Temperatura promedio 27°C
Playas fabulosas
Seis canchas de tenis
Golf, pesca, esquí acuático
Casino
US$2.599 por persona en
  habitación doble por semana

■■■ 30°C = 86°F
27°C = 81°F

Actividad 10 ¿Cuánto gane? Di cuánto crees que gana una persona en las siguientes ocupaciones durante el primer año de trabajo. Sigue el modelo.

■■■ El primer año de trabajo, un médico gana más de 50.000 dólares y menos de 75.000 dólares.

1. un/a abogado/a
2. un/a policía
3. un/a asistente social
4. un/a recepcionista
5. un/a diseñador/a de sitios web
6. un beisbolista profesional
7. un/a profesor/a de escuela secundaria
8. un/a cartero

◄ Las playas del Caribe son unas de las mejores del mundo. Playa Flamenco en la isla Culebra, Puerto Rico.

Actividad 11 **¿Mejor o peor?** **Parte A.** En parejas, túrnense para preguntar cuál de las siguientes cosas son mejores o peores. Justifiquen sus respuestas. Digan si están de acuerdo o no con su compañero/a y por qué.

1. unas vacaciones en las montañas o en la playa
2. tener un trabajo aburrido donde se gana muchísimo dinero o tener un trabajo interesante donde se gana poco dinero
3. tener un hijo o tener muchos hijos
4. vivir en una ciudad o vivir en el campo
5. una cena romántica o un concierto
6. ir de camping o quedarse en un hotel elegante
7. el machismo o el feminismo
8. mandar una tarjeta de cumpleaños de Hallmark o una tarjeta virtual con música y animalitos que bailan

Parte B. Basándose en sus respuestas de la **Parte A,** discutan si Uds. son compatibles o no.

Actividad 12 **Comparaciones** **Parte A.** Rompe un papel en tres partes. Sin consultar con nadie, escribe el nombre de una persona famosa en el primer papel. En el segundo papel, escribe el nombre de un lugar famoso. En el tercero, escribe el nombre de una cosa. Dobla cada papel.

Parte B. Tu profesor/a tiene tres sobres grandes, uno dice **gente famosa,** otro dice **lugares** y el tercero dice **cosas.** Pon los papeles en los sobres correspondientes.

Parte C. Un estudiante debe escoger dos o tres papeles del mismo sobre y leer el contenido en voz alta. La clase debe hacer comparaciones. Repitan este proceso cinco o seis veces.

▪▪▪ Alicia Keys / Beyonce / Britney Spears
    Alicia Keys es la más inteligente y la mejor cantante de las tres.

¿Lo sabían?

En español hay muchos dichos que son comparaciones. Es común oír expresiones como "es más viejo que (la moda de) andar a pie", "es más viejo que Matusalén", "es más largo que una cuaresma (*Lent*)" o "es más largo que una semana sin carne". Para hablar de la mala suerte se dice: "es más negra que una noche". Para decir que una persona es muy religiosa, los hispanoparlantes dicen "es más papista que el Papa".

¿? ¿Qué se puede aprender de una cultura y los valores de su gente a través de sus dichos?

Actividad 13 Los recuerdos de la escuela secundaria En parejas, hablen sobre los siguientes recuerdos de la escuela secundaria.

1. el mejor profesor que tuviste: cómo se llamaba, cómo era, por qué te gustaba su clase
2. el peor profesor que tuviste: cómo se llamaba, cómo era, por qué no te gustaba su clase
3. las mejores vacaciones que tuviste: adónde fuiste, con quién, por qué te gustaron

Actividad 14 El mejor o el peor Uds. quieren comprar un perro. En grupos de tres, miren los perros y decidan cuál van a comprar y por qué. Usen frases como **Chuchito es más bonito que Toby. Toby es el más inteligente de todos. Rufi es la mejor porque...**

Rufi (hembra), 8 semanas

Chuchito (macho), 6 meses

Toby (macho), 6 meses

Actividad 15 El Oscar En grupos de tres, hagan una lista de las mejores películas de este año y hagan nominaciones para estas categorías: película dramática, película cómica, actor y actriz. Digan por qué cada una de sus nominaciones es mejor que las otras y por qué debe ganar. Después, hagan una votación (*vote*).

II. Making Requests and Giving Commands (Part I): Commands with *usted* and *ustedes*

You have already learned several ways to ask somebody to do something.

Es importante que mandes este paquete ahora.
No quiero que usen mis estampillas.
Debes mandar esta carta.
Tiene que mandarle este fax al Sr. Pérez.

■ ■ ■ To review formation of the subjunctive, see Ch. 10.

1 ■ To make a direct request or to give a command (**órdenes**) to people you address as **Ud.** or **Uds.,** use the corresponding present subjunctive verb forms.

Busque (Ud.) la información en Internet.* ⎫ *Look for the information on*
Busquen (Uds.) la información en Internet.* ⎭ *the Internet.*
¡**No pierdan** mi dirección de email! *Don't lose my email address.*

***NOTE:** Subject pronouns **Ud.** and **Uds.** are often omitted with commands, but if they are used, they follow the verb and are used for emphasis.

2 ■ When reflexive or object pronouns are used with commands, follow these rules.

a. When the command is affirmative, the pronouns are attached to the end of the verb.

Mánde**lo** por FedEx. *Send it by FedEx.*
Dígan**selo** a él. *Tell it to him.*
Siénte**se** enfrente de esa computadora, señor. *Sit in front of that computer, sir.*

■ ■ ■ Remember to use accents. To review double object pronouns, see Ch. 8.

b. When the command is negative, the pronouns immediately precede the verb.

¡**No se lo** mande tarde!   *Don't send it to him late!*
No se lo digan a él, por favor.   *Please, don't tell it to him.*
Sr. Palacios, **no se siente** enfrente de esa   *Mr. Palacios, don't sit in front*
  computadora porque no funciona.   *of that computer because it*
         doesn't work.

To practice: Do Workbook, CD-ROM, and Web activities.

Actividad 16 Sigan las instrucciones Escuchen las instrucciones de su profesor/a y hagan las acciones del siguiente gesto (*gesture*) hispanos.

Para indicar que una persona es tacaña (*stingy*):

1. Levántense.
2. Doblen el brazo derecho con la mano hacia arriba.
3. Cierren la mano derecha.
4. Abran la mano izquierda.
5. Pongan la mano izquierda debajo del codo derecho.
6. Con la palma de la mano izquierda, tóquense el codo varias veces.

Actividad 17 Te toca a ti Lee las siguientes instrucciones y escribe órdenes con los verbos entre paréntesis para poder hacer otros gestos típicos de la cultura hispana. Usa la forma de Uds. al escribir las instrucciones.

1. Para indicar que se debe tener cuidado:
   _____ el dedo índice debajo del ojo y _____ hacia abajo.
   (Poner, tirar = *to pull*)
2. Para indicar que una persona es delgada:
   _____ la mano y _____ el dedo meñique (*little finger*) hacia arriba. (Cerrar, levantar)
3. Para indicar que hay muchas personas en un lugar:
   Con la palma de la mano hacia arriba, _____ la mano. _____
   los dedos hacia arriba. _____ el pulgar (*thumb*) con los otros dedos.
   (cerrar, Extender (**ie**), Tocar)

Actividad 18 ¿Quién dice qué? Parte A. Completa las siguientes órdenes con la forma de Uds.

1. No _____ en voz alta. (hablar)
2. No _____ canciones en nuestras computadoras. (bajar)
3. No _____. (fumar)
4. No _____. (tocar)
5. _____ a la policía. (Llamar)
6. _____ cola. (Hacer)
7. _____ el cinturón de seguridad. (Abrocharse)

Parte B. Ahora en parejas, decidan en qué situaciones o lugares se dicen estas órdenes.

Actividad 19 **La clase de Internet** Trabajas como voluntario dando clases de computación en un centro para personas mayores. Hoy tienes solo un estudiante de 80 años en clase que va a usar Internet por primera vez. Dale órdenes para hacer todo correctamente.

1. usar buscadores buenos como Google
2. no dar el número de su tarjeta de crédito por Internet si no conoce la tienda
3. escoger un nombre de usuario y contraseña fáciles
4. escribir su nombre de usuario y contraseña en un lugar seguro
5. guardar sus enlaces favoritos
6. no mandarles demasiados chistes a sus amigos
7. tener cuidado con los virus

Actividad 20 **Los asistentes de vuelo Parte A.** Lee las siguientes medidas de seguridad que se escuchan en un avión y subraya todas las órdenes que encuentres.

Buenos días y bienvenidos a bordo. Ahora unas medidas de seguridad. Abróchense el cinturón de seguridad. Mantengan el respaldo del asiento en posición vertical, la mesa en la posición inicial y pongan su equipaje de mano completamente debajo del asiento de adelante o en uno de los compartimientos de arriba. Recuerden: no usen móviles durante el vuelo. Por favor, apaguen el móvil. Se prohíbe fumar en todos los vuelos de TACA. Obedezcan el aviso de no fumar. En el respaldo del asiento, delante de Uds., hay una tarjeta con información. Esta tarjeta les indica la salida de emergencia más cercana. Tomen unos minutos para leerla. En este avión hay dos puertas en cada extremo de la cabina y dos salidas sobre las alas. En caso de que sea necesario, el cojín del asiento puede usarse como flotador: pasen los brazos por los tirantes que están debajo del cojín. Si hay un cambio brusco de presión en la cabina, los compartimientos que contienen las máscaras de oxígeno se abren automáticamente. Entonces, pónganse la máscara sobre la nariz y la boca y respiren normalmente. Después, tomen la cinta elástica y pónganseta sobre la cabeza. Después de ponerse la máscara, ajusten bien la máscara de sus niños. Gracias por su atención y esperamos que tengan un buen viaje a bordo de TACA.

Parte B. La aerolínea costarricense TACA va a hacer un video para demostrar las medidas de seguridad en sus vuelos. En grupos de cuatro, lean las siguientes instrucciones para su papel.

Estudiantes A, B y C

Uds. quieren ser actores en el video de TACA. Van a hacer una prueba (*audition*) para ver quién es el/la mejor actor/actriz. Un empleado de TACA va a leer el guion del video mientras Uds. hacen las acciones.

Estudiante D

Trabajas para TACA y tienes que seleccionar a la mejor persona para actuar en un video que demuestra las medidas de seguridad de la aerolínea. Lee en voz alta el texto que aparece en la **Parte A** de esta actividad y observa como actúan los posibles actores. Selecciona a la mejor persona para el trabajo.

Parte C. Ahora las personas que trabajan para TACA van a decirle a la clase cuál fue el/la mejor actor/actriz de su grupo en las siguientes categorías y por qué:

cómico/a   claro/a   energético/a   creativo/a

▪▪▪ El más cómico fue... porque...

Nuevos horizontes

ESTRATEGIA: The Importance of Background Knowledge *Lectura*

When reading an article, an essay, a poem, a novel, or song lyrics **(la letra de una canción)** on a specific topic, your background knowledge helps you to interpret the message being conveyed. Song lyrics may draw attention to an event in an attempt to enact change, or simply to keep the event in the memory of the people. This was particularly true in the United States during the tumultuous 1960s, when songwriters such as Bob Dylan, Joan Baez, and John Lennon wrote songs in opposition to the Vietnam War.

You will read the lyrics to a song entitled **"El padre Antonio y el monaguillo** (*altar boy*) **Andrés"** by Rubén Blades. In order to best understand this song you must know the following background information.

■ ■ ■ Rubén Blades is a Panamanian singer, actor, politician, lawyer, and Minister of Tourism. He has acted in over 30 films, including *The Cradle Will Rock, Gideon's Crossing, All the Pretty Horses, Crossover Dreams, The Milagro Beanfield War, The Two Jakes, Mo' Better Blues,* and *The Devil's Own.*

■ ■ ■ To learn more about Archbishop Romero, search the Internet.

El 24 de marzo de 1980, el arzobispo Óscar Arnulfo Romero fue asesinado en El Salvador. Una persona desconocida entró en la iglesia donde el padre Romero celebraba misa (*mass*) y lo mató. Se especula que el asesino era militar porque Romero era considerado portavoz (*spokesman*) de los pobres y había expresado su oposición a la represión y la violencia de los militares. Desde su muerte, el padre Romero es un símbolo político y, en Roma, se han recibido peticiones para canonizarlo (hacerlo santo).

▲ El arzobispo Óscar Arnulfo Romero.

Actividad 21 Otras canciones En grupos de tres, nombren por lo menos tres canciones populares que tienen mensaje social y expliquen cuál es el mensaje de cada una.

Actividad 22 Mensajes Ahora vas a leer la letra de "El padre Antonio y el monaguillo Andrés". Al leer, contesta estas preguntas. Recuerda que no necesitas entender todas las palabras para contestar las preguntas.

1. Según la primera estrofa, ¿cómo es el padre Antonio?
   a. burocrático   b. agresivo   c. sencillo
2. Según la segunda estrofa, ¿cómo es Andrés?
   a. un niño normal   b. un niño muy   c. un niño con
                              inteligente   conflictos
3. ¿Qué tragedia ocurrió y dónde tuvo lugar?
4. ¿El final de la canción es pesimista o expresa esperanza para el futuro?
5. ¿Cómo crees que sea la música de la canción?
   a. rápida, con buen   b. una balada lenta   c. ni rápida ni lenta,
      ritmo para bailar   pero seria

"El padre Antonio y el monaguillo Andrés"
Rubén Blades

(canción dedicada al Padre A. Romero)

El padre Antonio Tejeira vino de España buscando
Nuevas promesas en esta tierra.
Llegó a la selva sin la esperanza de ser obispo,
Y entre el calor y entre los mosquitos habló de Cristo.
5 El Padre no funcionaba en el Vaticano entre papeles
Y sueños de aire acondicionado,
Y fue a un pueblito en medio de la nada a dar su sermón.
Cada semana pa'[1] los que busquen la salvación.

El niño Andrés Eloy Pérez tiene diez años
10 Y estudia en la elementaria Simón Bolívar.
Todavía no sabe decir el credo correctamente.
Le gusta el río, jugar al fútbol y estar ausente.
Le han dado el puesto en la iglesia de monaguillo
A ver si la conexión compone al chiquillo.
15 Y su familia está muy orgullosa porque a su vez se cree
Que con Dios conectando a uno conecta a diez.

Suenan las campanas un – dos – tres
Del padre Antonio y su monaguillo Andrés.
Suenan las campanas otra vez...
20 Del padre Antonio y su monaguillo Andrés.

El Padre condena la violencia.
Sabe por experiencia que no es la solución.
Les habla de amor y de justicia
De Dios va la noticia vibrando en su sermón.

25 Suenan las campanas un – dos – tres
Del padre Antonio y su monaguillo Andrés.
Suenan las campanas otra vez...
Del padre Antonio y su monaguillo Andrés.

Al Padre lo halló la guerra un domingo en misa,
30 Dando la comunión en manga de camisa.
En medio del Padre Nuestro entró el matador
Y sin confesar su culpa le disparó.
Antonio cayó hostia[2] en mano y sin saber por qué.
Andrés se murió a su lado sin conocer a Pelé.
35 Y entre el grito y la sorpresa agonizando otra vez
Estaba el Cristo de palo pegado a la pared.
Y nunca se supo el criminal quién fue
Del padre Antonio y su monaguillo Andrés.
Pero suenan las campanas otra vez
40 Por el padre Antonio y su monaguillo Andrés.

Suenan las campanas tierra va a temblar.
Suenan las campanas por América.
Suenan las campanas ¡O Virgen Señora!
Suenan las campanas ¿Quién nos salva ahora?
45 Suenan las campanas de Antonio y Andrés.
Suenan las campanas óyelas otra vez.
Suenan las campanas centroamericanas.
Suenan las campanas por mi tierra hermana.
Suenan las campanas mira y tú verás.
50 Suenan las campanas el mundo va a cambiar.

Suenan las campanas para celebrar.
Suenan las campanas nuestra libertad.
Suenan las campanas porque un pueblo unido.
Suenan las campanas no será vencido.
55 Suenan las campanas de Antonio y Andrés.
Suenan las campanas suénenlas otra vez.
Suenan las campanas por un cura bueno.
Suenan las campanas Arnulfo Romero.
Suenan las campanas de la libertad.
60 Suenan las campanas por América.

▲ Rubén Blades.

1 pa' = para   2 *the Host*

Actividad 23 **Descripción** **Parte A.** En tus propias palabras, describe qué pasó en la iglesia. ¿Qué estaba haciendo el padre Antonio? ¿Y Andrés? ¿Qué ropa llevaba el padre Antonio? ¿Qué ocurrió?

Parte B. Rubén Blades intenta mostrarnos (*is trying to show us*) que el padre Antonio es una persona común y corriente y que Andrés es un niño típico. Busca partes de la canción que muestren esto.

Actividad 24 **Las ideas** En un concierto, Rubén Blades dijo: "En Latinoamérica matan a la gente, pero no la idea". Di qué opinas sobre este comentario.

ESTRATEGIA: Comparing and Contrasting

Escritura

To compare or contrast two ideas is to present their similarities and differences. This may be done by presenting one idea and then the other or by presenting the similarities of both ideas followed by their differences. The following linking words can help create cohesive and coherent sentences.

a diferencia de
a pesar de (*in spite of*)
al igual que (*just like*)
pero
más/menos... que

como
sin embargo (*nevertheless*)
por un lado (*on the one hand*)
por otro lado (*on the other hand*)

■ ■ ■ Remember: Use an infinitive after a preposition: **A pesar de ser una persona sencilla,...** vs. **A pesar de que era una persona sencilla,...**

When writing a comparison, you may want to use a Venn Diagram to help organize your ideas. The following diagram reflects information on **el padre Antonio** and **Andrés.** The circle on the left contains information about **el padre Antonio,** and the other has data about **Andrés.** Where the circles overlap there is information common to both of them.

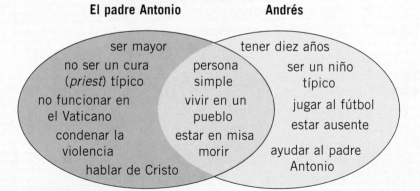

El padre Antonio: ser mayor, no ser un cura (*priest*) típico, no funcionar en el Vaticano, condenar la violencia, hablar de Cristo

Común: persona simple, vivir en un pueblo, estar en misa, morir

Andrés: tener diez años, ser un niño típico, jugar al fútbol, estar ausente, ayudar al padre Antonio

Actividad 25 **Contrastes** **Parte A.** Vas a escribir un párrafo que contraste y compare elementos positivos y negativos de tu personalidad, dos ciudades o dos universidades. Primero, escoge el tema y haz un diagrama Venn para organizar tus ideas. Después, escribe el párrafo.

Parte B. Revisa bien el párrafo. ¿Usaste frases como **sin embargo, más/menos... que** y **a diferencia de**? Al terminar, entrégale el diagrama Venn, los borradores y la copia final a tu profesor/a.

Vocabulario esencial II

La geografía

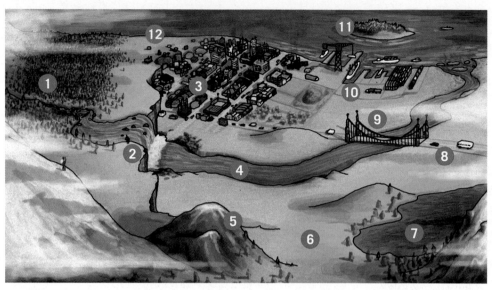

1. el bosque	**4.** el río	**7.** el lago	**10.** el puerto
2. la catarata	**5.** la montaña	**8.** la carretera	**11.** la isla
3. el pueblo	**6.** el valle	**9.** el puente	**12.** la costa

■ ■ ■ **el norte** = north,
el sur = south,
el este/oriente = east,
el oeste/occidente = west

To practice: Do Workbook,
CD-ROM, and Web activities.

Otras palabras relacionadas con la geografía

la autopista	freeway, toll road	**el mar**	sea
el campo	countryside	**el océano**	ocean
la ciudad	city	**la playa**	beach
la colina	hill	**la selva**	jungle
el desierto	desert	**el volcán**	volcano

Actividad 26 **Asociaciones** Asocia estos nombres con las palabras presentadas.

Amazonas	Cuba	Andes	Quito
Cancún	Mediterráneo	Iguazú	Atacama
Pacífico	Titicaca	Baleares	Panamericana

Actividad 27 **Categorías** En parejas, organicen las palabras relacionadas con la geografía en las siguientes categorías.

1. cosas que asocian Uds. con el agua
2. lugares donde normalmente hace calor
3. lugares donde normalmente hace frío
4. cosas que no forman parte de la naturaleza (*nature*)

¿Lo sabían?

La variedad geográfica de Hispanoamérica incluye fenómenos naturales como el lago de Nicaragua que, aunque es de agua dulce (*fresh water*), tiene tiburones (*sharks*) y el lago Titicaca, entre Bolivia y Perú, que es el lago navegable más alto del mundo. En los Andes está el Aconcagua, la montaña más alta del hemisferio. También hay erupción de volcanes y terremotos causados por una falla (*fault line*) que va de Centroamérica a Chile. Esta variedad geográfica que les da su encanto a diferentes partes de América Latina, también trae problemas catastróficos. Algunos desastres que ocurrieron al final del siglo XX hicieron eco en todo el mundo.

1985 La erupción de un volcán en Colombia destruyó un pueblo de más de 20.000 habitantes.

1998 El huracán Mitch mató a 8.000 personas en Honduras y un millón de personas se quedaron sin casa.

1999 En la ciudad de La Guaira, en la costa venezolana, hubo terribles inundaciones y derrumbamientos de lodo (*mud slides*). Murieron más de 30.000 personas.

▲ El Salto Ángel, Venezuela, la catarata más alta del mundo.

■ ■ ■ **agua salada** = salt water

¿? Menciona algún desastre natural que ocurrió en el mundo recientemente. ¿Está bien preparado tu país para los desastres naturales?

Actividad 28 ¿Dónde naciste tú? Parte A. En parejas, descríbanle a su compañero/a la geografía de la zona donde nacieron.

Parte B. Ahora, descríbanle a su compañero/a la geografía de una zona donde les gustaría vivir. Empiecen diciendo: **Quiero vivir en un lugar que tenga...**

Actividad 29 La propaganda Parte A. En grupos de cuatro, cada uno de Uds. va a preparar un anuncio para la televisión hispanoamericana para atraer más turismo a una zona específica. Deben poner énfasis en la variedad de belleza natural que tiene cada lugar. Escojan uno de los siguientes lugares.

- Las islas Galápagos
- El Petén
- La Patagonia
- Los Picos de Europa

Como tarea, cada uno debe investigar su lugar en Internet y preparar un anuncio comercial de un mínimo de 30 segundos e incluir fotos del lugar.

Parte B. Cada persona debe presentarle el anuncio a su grupo.

Para escuchar

La propuesta

Una pareja en Mérida, ➤
Venezuela.

hoy (en) día	today; nowadays
verdadero/a	real, true
Ya era hora.	It's about time.

Vicente tiene una pequeña sorpresa (surprise) planeada para Teresa. Todos sus amigos los esperan en el apartamento para ver qué pasa.

Actividad 30 Reacciones iniciales Escucha la conversación y marca tus reacciones a estas preguntas.

1. ¿Cómo está Teresa al principio de la conversación?

   _____ triste
   _____ contenta
   _____ preocupada
   _____ distraída (*distracted*)

2. ¿Cómo es Vicente?

   _____ romántico
   _____ chistoso (*funny*)
   _____ estúpido
   _____ absurdo

Actividad 31 Preguntas Después de escuchar la conversación otra vez, contesta estas preguntas que continúan en la página siguiente.

1. ¿Cómo son las canciones que canta Vicente: románticas, violentas, cómicas, cursis, tristes?
2. ¿Qué le propone Vicente a Teresa?
3. ¿Teresa le contesta que sí o que no?
4. ¿Cómo sabes que Vicente estaba convencido de que Teresa iba a decir que sí?
5. ¿Te gustaría tener un/a novio/a tan chistoso/a como Vicente o prefieres una persona más romántica?

6. Las cuatro primeras canciones que canta Vicente son canciones de amor y todas tienen un tema en común. ¿Cuál es?
   a. la atracción física entre el cantante y la mujer
   b. solo hay una mujer para el cantante y es la mujer a quien le canta
   c. la atracción espiritual entre el cantante y la mujer
   d. el cantante salió con muchas mujeres, pero la mujer a quien le canta es la mejor de todas

¿Lo sabían?

▲ Un miembro de la Tuna de Derecho de Valladolid se casa en la iglesia de Santa María en Wamba, España.

En España, muchas facultades de las diferentes universidades tienen conjuntos musicales llamados tunas, formadas de estudiantes que cantan y tocan guitarras, bandurrias (*mandolins*) y panderetas (*tambourines*). Los tunos, o miembros de la tuna, llevan trajes al estilo de la Edad Media y cantan canciones tradicionales en restaurantes, en plazas y por las calles. Esta tradición también se puede ver en algunas universidades en lugares como México, Perú y Puerto Rico. Generalmente, los tunos son hombres, pero últimamente también es posible ver tunas de mujeres.

¿? ¿Hay grupos de estudiantes que canten en tu universidad? ¿Cómo se llaman algunos de estos grupos? ¿Qué tipo de música cantan? ¿Participas tú en alguno de esos grupos?

Gramática para la comunicación II

I. Making Comparisons (Part II): Comparisons of Equality

■ ■ ■

When you want to compare things that are equal (**comparaciones de igualdad**), you can apply the following formulas.

tan + *adjective/adverb* + **como**

Esa isla es **tan bonita como** la isla de Pascua.
That island is as pretty as Easter Island.

Llegaste **tan tarde como** tus hermanos porque no fuiste por la autopista.
You arrived as late as your brothers because you didn't go on the freeway.

tanto/a/os/as + *noun* + **como**

La República Dominicana tiene **tantas playas como** Puerto Rico.
The Dominican Republic has as many beaches as Puerto Rico.

Hay **tantas mujeres como** hombres en el tour del volcán.
There are as many women as men on the tour of the volcano.

Actividad 32 La comparación Forma oraciones lógicas para comparar lugares famosos del mundo usando **tan... como, tanto/a/os/as... como.**

■■■ El Gran Cañón de Colorado es tan impresionante como las cataratas del Iguazú.

el Gran Cañón del Colorado es	caliente	en Alaska
el agua cristalina del lago Titicaca es	playas blancas	los Pirineos
en Seatle llueve	carros	las cataratas del Iguazú
en Puerto Rico hay	impresionante	el cielo (*sky*)
las montañas de los Andes son	frío	en la selva tropical del Amazonas
en la Patagonia hace	azul	en Costa Rica
el agua de mar Mediterráneo es	bonitas	en las autopistas de Los Ángeles
en México D. F. hay	frecuentemente	el agua del Caribe

Actividad 33 Tan... como... Usa la imaginación para comparar dos personas o animales de la siguiente lista. Incluye las expresiones **tan... como..., tantos/tantas... como** y **más/menos... que...**

■■■ Bart Simpson es tan inteligente como Ozzy Osbourne, pero es más inteligente que Regis Philbin.

Jennifer López   Ozzy Osbourne   Jim Carrey   Flipper   Gael García Bernal   Halle Berry   Tiger Woods   Matt Damon   Pedro Martínez   Martha Stewart   Charlize Theron   Donald Trump   Tom Cruise   Drew Barrymore   Brad Pitt   Bart Simpson   Adam Sandler   Jon Stewart   Ricky Martin   Lucy Liu   Beyonce Knowles   Johnny Depp   Jackie Chan   Denzel Washington   Serena Williams   Catherine Zeta-Jones   Queen Latifah   Angelina Jolie   Jesse Jackson   Shakira   Shaquille O'Neal   Regis Philbin   Marc Anthony   Will Smith   Winona Ryder   Lassie

Actividad 34 Las comparaciones En parejas, comparen a Adela y Consuelo, dos buenas amigas que tienen muchas cosas en común. "A" cubre la columna B y "B" cubre la columna A. Túrnense para dar información.

■■■ A: Adela tiene 28 años. ¿Y Consuelo?
B: Veintinueve. Entonces Adela es menor que Consuelo./Entonces Consuelo es mayor que Adela.

A	B
Adela	Consuelo
medir 1,70 (uno setenta)	medir 1,65 (uno sesenta y cinco)
pesar 65 kilos	pesar 65 kilos
ser bonita	ser bonita
jugar bien al tenis	jugar bien al tenis
tener dos carros	tener dos carros
tener $10.000 en el banco	tener $1.000 en el banco

■■■ **medir** (e ⟶ i, i)
■■■ **1,70 = 1 metro 70 centímetros = 5 pies 6 pulgadas**
■■■ 65 kilos = 142 libras

II. Making Requests and Giving Commands (Part II): Commands with *tú*

■■■

At the start of the conversation, Marisel says, **"Juan Carlos, cállate."** Is she making a suggestion or giving a command? Do you think Marisel is using the **Ud.** or the **tú** form when talking to her friend?

If you said command to the first question and the **tú** form to the second question, you were correct.

¡Bésame, bésame mucho!

1 ■ In this book you have seen the singular familiar command **(tú)** used in the directions for many activities (**imagina, escribe**). To give an affirmative familiar command or to make a request, use the present indicative **tú** form of the verb omitting the **-s** at the end: **hablas ⟶ habla.**

> practicar ⟶ practic**a**   traer ⟶ tra**e**   subir ⟶ sub**e**

—**Sube** al carro y **maneja** con cuidado.
—¡**Espera** un momento! ¿Cómo llego a la autopista?

Get in the car and drive with care.
Wait a minute! How do I get to the freeway?

2 ■ The familiar commands for the following verbs are irregular.

decir	**di**	salir	**sal**
hacer	**haz**	ser	**sé**
ir	**ve**	tener	**ten**
poner	**pon**	venir	**ven**

Ve al campo para relajarte.
Sé bueno y **ven** a la costa conmigo.

Go to the country to relax.
Be good and come to the coast with me.

■■■ **Sé** is a familiar command, **se** is a reflexive pronoun and an object pronoun.

3 ■ To give a negative familiar command, use the **tú** form of the present subjunctive.

No salgas de la ciudad esta tarde.
No vayas por las montañas; hay muchas curvas.

Don't leave the city this afternoon.
Don't go through the mountains; there are lots of curves.

NOTE: Subject pronouns are seldom used with familiar commands, but if they are, they follow the verb: **Estoy ocupado; ven tú. No lo hagas tú; yo voy a hacerlo.**

■■■ To review formation of the subjunctive, see Ch. 10.

4 ■ In familiar commands, as in formal commands (**Ud.** and **Uds.**), reflexive and object pronouns are attached to the end of an affirmative command and immediately precede the verb in a negative command.

Levánta**te**.
No se lo digas.

Get up.
Don't tell it to her.

■■■ Note the need for an accent.

5 ■ The following chart summarizes the forms used for commands.

Ud./Uds.		Tú	
Affirmative: subjunctive	Negative: subjunctive	Affirmative: present indicative **tú** form without **-s**	Negative: subjunctive
suba/n	**no suba/n**	**sube***	**no subas**

*****NOTE:** All forms are identical to the subjunctive except the affirmative command form of **tú**.

■■■ **Vosotros** affirmative commands: **decir = deci + d ⟶ decid.**
■■■ Negative **vosotros** commands use the corresponding subjunctive forms: **no digáis.**
■■■ Reflexive affirmative **vosotros** commands: **lavarse = lava + os ⟶ lavaos.**

To practice: Do Workbook, Lab, CD-ROM, and Web activities.

Actividad 35 Los mayores siempre mandan Parte A. Los niños reciben muchas órdenes inclusive cuando están de vacaciones. Completa las siguientes órdenes que escucha un niño.

1. No _____ por el puente solo. (caminar)
2. _____ del mar porque es hora de comer. (Salir)
3. _____ el protector solar. (Ponerse)
4. _____ la colina conmigo. (Subir)
5. No _____ arena a la gente. (tirarle)
6. No _____ flores. (cortar)
7. _____ aquí ahora mismo. (Venir)
8. _____ dónde estabas. (Decirle)
9. _____ y _____ helados. (Correr, comprarnos)

Parte B. Ahora, en parejas, hagan una lista de, por lo menos, cinco órdenes afirmativas y cinco órdenes negativas que un niño o una niña de cinco años normalmente oye de sus padres, hermanos o maestros.

Actividad 36 ¡Cuántas órdenes! En grupos de tres, Uds. son tres hermanos que viven juntos e invitaron a comer a un amigo de su padre que está de visita en la ciudad. Tienen que darse órdenes para preparar la comida. Normalmente, los hermanos se contradicen (*contradict each other*) mucho.

> hacer papas fritas · hacer una ensalada · limpiar la casa
> ir al supermercado y comprar carne
> salir y comprar Coca-Cola · comprar manzanas
> preparar el pollo · lavar y secar los platos · servir vino

- A: ¡Corre a la tienda y compra café!
- B: ¡No compres café, compra té!
- C: No, voy a comprar Pepsi.

Actividad 37 ¿Quién hace qué? En parejas, Uds. son Vicente y Teresa y están organizando su boda. Lean primero solo las instrucciones para su papel; luego denle órdenes a su novio/a. Si hay algo que no quieren hacer, negocien con la otra persona. Sigan el modelo.

- VICENTE: Yo no sé nada de flores, así que escoge tú las flores, ¿bien?
- TERESA: No, escógelas tú porque luego vas a decir que no te gustan.
- VICENTE: Si las escoges, puedo hacer otra cosa.
- TERESA: ...

Vicente

Quieres que Teresa:
- escoja las flores para la iglesia
- haga la lista de regalos
- baje de Internet música para la fiesta
- vaya a ver la iglesia
- reserve el salón para la fiesta
- busque un hotel en Ibiza para la luna de miel

Tú ya: escribiste el remite en todos los sobres

Teresa

Quieres que Vicente:
- baje de Internet música para la fiesta
- te diga cuántos invitados tiene
- busque un hotel en Ibiza para la luna de miel
- escriba el remite en todos los sobres
- escoja las flores para la iglesia
- mande las invitaciones

Tú ya: reservaste el salón para la fiesta

Actividad 38 Lo bueno y lo malo Parte A. En grupos de tres, "A" tiene dudas sobre qué debe hacer en ciertas situaciones. "B" y "C" son su conciencia buena y su conciencia mala. Después de escuchar las dos voces de la conciencia, la persona "A" tiene que decidir qué va a hacer y por qué.

1. No tengo dinero y quiero un helado. ¿Debo robarle el dinero a mi madre?
2. No sé la respuesta, pero puedo ver el examen de Gonzalo. ¿Debo copiar la respuesta?
3. Hay una cola larga y no tengo mucho tiempo. ¿Debo ponerme adelante de alguien o debo ir al final de la cola?
4. No fui al trabajo ayer porque fui a la montaña. ¿Debo mentirle a mi jefa y decirle que estuve enfermo/a?
5. Me encanta esa canción y está en Internet. ¿Debo bajarla ilegalmente o comprarme el CD?

Parte B. Todos sabemos que es malo robar como también es malo ser deshonesto. En su grupo, miren las siguientes acciones y digan si una es peor que la otra o si una es tan **mala, deshonesta** o **irresponsable** como la otra.

> ▪▪▪ Es tan irresponsable copiar... como...
>
> Es peor copiar... que...

1. robarle $10 a tu madre o robárselo a tu novio/a
2. copiar la respuesta de un compañero en un examen o dejar que se copien de ti
3. mentirle a un jefe y decir que estuviste enfermo/a y por eso no fuiste a trabajar o mentirle a un profesor y no ir a clase
4. bajar una canción ilegalmente o comprar un CD pirata

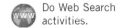 Do Web Search activities.

Más allá

El español te abre puertas

A lo largo de este libro has leído sobre diferentes maneras de usar el español en este país o en un país de habla española. Ya sea en un trabajo pagado o voluntario, saber español te ofrece oportunidades en el campo de las comunicaciones, los negocios, la medicina, el mundo legal y el de la diversión o el entretenimiento. Asimismo, el español te abre puertas a nivel personal: Te permite leer artículos de revistas y poesía, cuentos cortos y novelas en su versión original. Te permite también disfrutar de la música y de películas hispanas en el idioma original, ya que se pierden muchas sutilezas (*subtleties*) al traducir una película o una canción.

El saber español te abre además las puertas de la comunicación con gente de habla española en cualquier parte del mundo. En el trabajo, puedes sentir el placer de comunicarte con un colega en su propia lengua. Si viajas, no hay nada mejor que hablar el idioma del país que visitas; así puedes conocer a la gente del lugar, comprender su cultura, entender cómo piensa, cómo actúa y cuáles son sus costumbres. Todas estas son cosas que un libro apenas puede explicar. Y, quién sabe, quizá a través del español, puedas llegar a conocer a alguien muy especial con quien decidas pasar el resto de tu vida.

▼ Sarah (norteamericana) y Hernán (venezolano), recién casados.

▲ Irma (cubana) y Richard (norteamericano) llevan más de 50 años de casados.

 ¿Cómo crees que puedas usar el español en el futuro? Para ti, ¿cuáles son las ventajas más importantes de saber español?

Vocabulario funcional

La música y los instrumentos

la batería	*drums*
el clarinete	*clarinet*
el conjunto	*band, group*
la flauta	*flute*
la orquesta	*orchestra*
el saxofón	*saxophone*
el trombón	*trombone*
la trompeta	*trumpet*
el violín	*violin*
el violonchelo	*cello*

El correo

el buzón	*mailbox*
la carta	*letter*
el/la cartero	*letter carrier*
el código postal	*zip code*
la dirección	*address*
la estampilla/el sello	*stamp*
el fax	*fax*
hacer cola	*to stand in line*
mandar (una carta)	*to send (a letter)*
el paquete	*package*
el remite	*return address*
el sobre	*envelope*
la (tarjeta) postal	*postcard*

La red

bajar información/música	*to download music*
el buscador	*search engine*
caerse el servidor	*to go down/crash (server)*
la contraseña	*password*
el correo electrónico/ mensaje electrónico/email	*email*
el enlace/link	*link*
el/la Internet	*Internet*
navegar por Internet	*to surf the Net*
el nombre de usuario	*user name*
perder la conexión	*to lose the connection*
el sitio web	*website*
la tarjeta (virtual)	*(virtual) greeting card*
barra /	
arroba @	
dos puntos :	

Las comparaciones

más	*more*
mayor	*older; greater* (+ noun)
mejor	*better*
menor	*younger; lesser* (+ noun)
menos	*less*
peor	*worse*
tan	*so*
tan... como	*as . . . as*
tanto/a... como	*as much . . . as*
tantos/as... como	*as many . . . as*

La geografía

la autopista	*freeway, toll road*
el bosque	*woods*
el campo	*countryside*
la carretera	*highway*
la catarata	*waterfall*
la ciudad	*city*
la colina	*hill*
la costa	*coast*
el desierto	*desert*
la isla	*island*
el lago	*lake*
el mar	*sea*
la montaña	*mountain*
el océano	*ocean*
la playa	*beach*
el pueblo	*town*
el puente	*bridge*
el puerto	*port*
el río	*river*
la selva	*jungle*
el valle	*valley*
el volcán	*volcano*

Los puntos cardinales

el este	*east*
el norte	*north*
el oeste	*west*
el sur	*south*

Palabras y expresiones útiles

¿Algo más?	*Something/Anything else?*
hoy (en) día	*today; nowadays*
¡Qué chévere!	*Great!* (Caribbean expression)
¡Qué cursi!	*How tacky!*
ni... ni	*neither . . . nor*
verdadero/a	*real, true*
Ya era hora.	*It's about time.*

Videoimágenes

Ritmos

Antes de ver

Actividad 1 **La música** ¿Cuánto sabes sobre la música hispana? Antes de ver el segmento, marca qué país o región asocias con estos tipos de música.

1. _____ flamenco   a. Argentina
2. _____ mariachi   b. el Caribe
3. _____ merengue   c. España
4. _____ música andina d. México
5. _____ salsa   e. Perú, Ecuador y Bolivia
6. _____ tango

Mientras ves

42:14–46:20

Actividad 2 **En España** La música nos revela mucho de una cultura. Escucha esta entrevista con Carmen Cubillos y contesta las siguientes preguntas sobre el flamenco, la música típica de Andalucía, una región del sur de España.

1. ¿Qué instrumento musical se asocia con este tipo de música?
   a. la trompeta
   b. la guitarra
   c. el piano

2. Al escuchar la música, ¿qué influencia notaste?
   a. polkas de Alemania
   b. música del Medio Oriente
   c. cantos gregorianos

3. Según Carmen Cubillos, ¿qué partes del cuerpo son importantes al bailar flamenco?
   a. los brazos
   b. las piernas
   c. todo el cuerpo

4. ¿Qué adjetivo es el que describe mejor el flamenco?
   a. alegre
   b. dramático
   c. lento

46:21–51:55

Actividad 3 **En Ecuador** Mientras escuchas una entrevista con el conjunto otavaleño Ñanda Mañachi ("Préstame el camino", en quichua), completa las siguientes ideas y contesta las preguntas sobre la música andina. Lee las preguntas antes de mirar el video.

1. La música andina tiene influencias...
   a. indígena, española y africana.
   b. indígena y española.
   c. indígena y africana.

2. El señor toca y habla de varios instrumentos. Escribe una **V** si el instrumento es de viento o una **C** si es un instrumento de cuerda (*string*).

_____ bandolín

_____ guitarra

_____ bocina

_____ rondador

_____ charango

_____ zampoña o sikus

▲ El charango, un instrumento típico de la zona andina.

3. ¿Qué animal se usa para hacer un charango?
   a. el armadillo
   b. el cocodrilo
   c. la tortuga (*turtle*)

4. ¿Cuál es el tema principal de las canciones de Ñanda Mañachi?
   a. la naturaleza
   b. los problemas de los indígenas
   c. el amor

Actividad 4 En Puerto Rico La salsa es un baile típico del Caribe. Mira este segmento del video para completar estas ideas sobre la salsa.

51:56–end

1. La salsa tiene influencias...
   a. indígena, española y africana.
   b. indígena y española.
   c. africana y española.

2. Para bailar salsa, ¿qué es importante? Es posible marcar más de una respuesta.
   a. mantener la espalda recta
   b. mover mucho las caderas (*hips*)
   c. comunicarse con su pareja
   d. nunca separarse de su pareja

Después de ver

Actividad 5 ¿Tocas? En grupos de tres, descubran el talento musical de sus compañeros. Pregúntenles qué instrumentos tocan o tocaban y averigüen algo sobre su experiencia musical, según las indicaciones.

Nombre _____

Instrumento(s) _____

Toca/Tocaba _____ muy bien _____ bien _____ un poco

Cuándo empezó a tocar _____

Dónde aprendió a tocar _____

Quién le enseña/enseñaba _____

Cuánto tiempo practica/practicaba _____

Si ya no toca, cuándo dejó de tocar y por qué _____

_____

Si no toca ningún instrumento, pregúntale cuál le gustaría tocar y por qué _____

Temas suplementarios

I. Review of Narrating and Describing in the Past: The Preterit and the Imperfect

To narrate in the past tense in Spanish, you need to use the preterit and the imperfect. To review uses, see the explanations in Chapters 8 and 9. The following is a brief summary of some of the major concepts underlying the use of the preterit and the imperfect. Since correct usage is conceptual in nature, the discussion is in English but readily applied to Spanish.

1 ■ The imperfect sets the scene and is used to describe habitual actions and recurring events. Keeping this in mind, look at the following paragraph.

> When I **was** young, I **attended** a public school. It **was** a small rural school with about 300 students. It was about six miles from my house. My father **drove** me to school and **picked** me **up** afterwards every day because I **used to get sick** on the bus. Sometimes I **stayed** after school because I **played** sports . . .

In the preceding paragraph, all verbs would be in the imperfect in Spanish since they refer to description or habitual actions. Now, look at this paragraph.

> When I **was** eight years old, my father **drove** me to school and **picked** me **up** afterwards every day. One day in February, when it **was** very cold, I **lost** my mittens at recess, and later my father **had** an accident and **didn't come** to get me afterwards. It **was** five o'clock and it **was snowing**. No one **called** me and I **walked** the six miles to my house . . . without mittens!

The verbs in red move the story along and tell what happened that day. These verbs would be in the preterit in Spanish.

2 ■ The distinction between habitual actions and recurring events as opposed to something that occurred but was not habitual nor a recurring event is quite simple. Basically, if you can insert the words *used to* in a sentence without changing meaning, then you should use the imperfect. If not, use the preterit. Study these examples.

When I was little, we *spent* the summers at the lake.	When I was little, we *used to spend* the summers at the lake.

Both of the preceding sentences convey the same idea and *used to spend* makes perfect sense; therefore, the imperfect would be used in Spanish.

Last year we *spent* the summer at the lake.	Last year we *used to spend* the summer at the lake.

In the preceding pair of sentences, the first makes sense, but the second makes no sense whatsoever; therefore, the preterit is needed.

3 ■ The imperfect is also used to describe an action in progress and the preterit is used for an interrupting action. Compare these sentences.

He **was leaving** the bank when the mugger **attacked** him.	He **left** the bank and the mugger **attacked** him.

These two sentences describe completely different scenes. In the first sentence, the victim was in the doorway of the bank. In the second, the victim was outside the bank when he was attacked. By visualizing what you are trying to relate, you can more easily choose between the preterit and imperfect.

Actividad 7 **Ricitos de Oro** Lee la siguiente historia de "Ricitos de Oro y los tres osos" y complétala con el pretérito o el imperfecto de los verbos que están entre paréntesis.

En el bosque _____ (1. vivir) una familia con tres osos: papá oso, mamá osa y el hijo osito. Ellos _____ (2. tener) una casa pequeña, pero _____ (3. estar) muy felices de vivir allí. Todos los días _____ (4. levantarse) temprano y _____ (5. desayunar) juntos antes de empezar el día. Pero un día, que _____ (6. ser) el primer día de la primavera y _____ (7. hacer) muy buen tiempo, ellos _____ (8. decidir) salir a caminar antes de desayunar.

En otra parte del bosque una niña, que _____ (9. tener) siete años y que _____ (10. llamarse) Ricitos de Oro, _____ (11. empezar) a recoger flores y a alejarse (*to get further away*) de su casa. De repente, cuando _____ (12. levantar) los ojos, _____ (13. ver) una casa pequeña muy bonita. Como ella _____ (14. ser) muy curiosa y como la puerta _____ (15. estar) abierta, _____ (16. decidir) entrar. En la sala de la casa _____ (17. haber) una mesa con tres recipientes. Uno _____ (18. ser) grande, el otro mediano y el último pequeño, pero todos _____ (19. tener) leche con miel (*honey*). Ricitos _____ (20. probar) la leche del primer recipiente y luego del segundo, pero _____ (21. estar) muy caliente. Sin embargo, la leche del recipiente más pequeño _____ (22. estar) perfecta y Ricitos la _____ (23. tomar). Después de caminar y de comer, _____ (24. estar) cansada y por eso en la sala _____ (25. probar) las tres sillas. Al final le _____ (26. gustar) la silla más pequeña porque _____ (27. ser) la más cómoda, pero la _____ (28. romper) al sentarse. Luego _____ (29. ir) a la habitación de la casa y _____ (30. probar) todas las camas. Finalmente _____ (31. acostarse) y _____ (32. dormirse) en la más pequeña.

Mientras _____ (33. dormir) muy tranquilamente, _____ (34. llegar) a la casa los tres osos. _____ (35. Tener) mucha hambre y _____ (36. ir) inmediatamente a la mesa para desayunar, pero cuando _____ (37. sentarse), el hijo osito _____ (38. protestar) porque su recipiente no _____ (39. tener) leche. Luego en la sala, él _____ (40. ver) que su silla favorita _____ (41. estar) rota. Después los tres _____ (42. ir) a la habitación y _____ (43. ver) que en la cama más pequeña _____ (44. haber) una niña que _____ (45. dormir). Ninguno de los tres la _____ (46. conocer). De repente, Ricitos _____ (47. despertarse) y _____ (48. ver) a los tres osos que la _____ (49. mirar). Ellos _____ (50. estar) muy enojados y entonces Ricitos _____ (51. levantarse) rápidamente de la cama y _____ (52. escapar) de la casa. _____ (53. Estar) muy nerviosa y _____ (54. correr) por el bosque una hora hasta que finalmente _____ (55. encontrar) su casa.

Actividad 2 Jack y la habichuela gigante En grupos de tres, Uds. van a contar ahora la versión abreviada de otro cuento de niños muy popular. Primero, lean las ideas de las dos columnas y luego cuenten la historia usando el pretérito y el imperfecto. Incluyan también las siguientes expresiones de tiempo para conectar su historia.

| un día | cuando | mientras | de repente |
| más tarde | luego/después | generalmente | de vez en cuando |

Descripciones y acciones en progreso	Acciones completas
(1.) Jack tener diez años y vivir con su madre	
(2.) Los dos ser muy pobres: no tener comida, pero tener una vaca (*cow*) lechera	
	(3.) La madre decidir vender la vaca
	(4.) Jack ir a vender la vaca
(5.) Jack caminar ➜	conocer a un hombre
	(6.) El hombre cambiarle la vaca por unas habichuelas mágicas
	(7.) Jack volver a la casa y mostrarle las habichuelas a la madre
(8.) La madre estar muy enojada ➜	(la madre) tirar las habichuelas por la ventana
	(9.) Por la noche, Jack mirar por la ventana y ver una planta
(10.) La planta ser enorme	(11.) (Jack) subir por la planta y llegar a un castillo
(12.) El castillo ser muy grande: tener muchos muebles de oro	(13.) Entrar en el castillo y una señora enorme en la cocina esconderlo en la estufa
	(14.) Un gigante sentir olor (*scent*) a niño y entrar en la sala pero no ver a Jack
	(15.) El gigante dormirse
	(16.) Jack salir de la estufa y
	(17.) (Jack) ver una gallina (*hen*) y decidir escapar con ella
(18.) La madre estar muy nerviosa porque no saber dónde estar su hijo	
(19.) Jack bajar por la planta ➜	ver que el gigante empezar a bajar por la planta también
	(20.) Jack tomar un hacha (*ax*) y cortar la planta
	(21.) El gigante volver inmediatamente a su castillo
	(22.) La gallina poner un huevo (*to lay an egg*) de oro
(23.) Jack y su madre estar sorprendidos	(24.) Así ellos hacerse (*to become*) ricos

Actividad 3 Las vacaciones Parte A. En grupos de tres, describan qué hacían durante las vacaciones de verano cuando estaban en la escuela primaria. Hable cada uno de un mínimo de cinco actividades.

Parte B. Ahora cuenten qué hicieron durante unas vacaciones en particular.

II. Speaking About Past Experiences: The Present Perfect

■■■

1 ■ The present perfect (**el pretérito perfecto**) is frequently used to ask and answer the question *"Have you ever . . .?"*

haber (present)		
he	hemos }	
has	habéis }	+ *past participle*
ha	han }	

—¿**Han ido** Uds. a Suramérica alguna vez?
Have you (ever) gone to South America?

Possible answers include:

—No, nunca **hemos ido**.
No, we have never gone.

—No, todavía no **hemos ido** a Suramérica, pero nos gustaría.
No, we haven't gone to South America yet, but we would like to.

—Sí, ya **hemos ido** y nos gustaría volver pronto.
Yes, we have gone already and we would like to return soon.

—Sí, ya fuimos y nos encantó.
Yes, we already went and we loved it.

NOTE: The past participle always ends in **-o** in the present perfect. Compare:

Description   **Action**

La puerta está abiert<u>a</u>.   versus   **Ellas han abiert<u>o</u> la puerta.**
   (*adjective*)   (*present perfect*)

2 ■ The present perfect can also be used to talk about the recent past. As in English, it can be used interchangeably with the preterit without changing the message of the sentence or question.

¿**Has visto** el nuevo video de Marc Anthony?
Have you seen the new video by Marc Anthony?

¿**Viste** el nuevo video de Marc Anthony?
Did you see the new video by Marc Anthony?

Ya **he comido**.
I have already eaten.

Ya **comí**.
I already ate.

Actividad 4 **De viaje Parte A.** Entre todos, hagan una lista en la pizarra de lugares interesantes para visitar.

Parte B. Pregúntenles a algunos de sus compañeros si han estado en esos lugares. Si contestan que sí, pregúntenles cuándo fueron, con quién, cuánto tiempo estuvieron y qué hicieron.

■■■ A: ¿Has estado en el parque de Yellowstone?

B: Sí, he estado.	B: No, no he estado nunca.
A: ¿Cuándo fuiste?	A: ¿Te gustaría ir?
B: Fui en el 99.	B: Sí/No...
A: ¿Qué hiciste?	A: ¿Por qué?
B: ...	B: ...

■■■ En el 99 = en 1999

El Club Med de Punta Cana, República Dominicana, está entrevistando gente para el puesto (*position*) de director de actividades. Esta es la persona que entretiene a todos los huéspedes (*guests*) durante una semana, organizando bailes, competencias deportivas y otras actividades. En parejas, escojan el Papel A o B y sigan las instrucciones para su papel.

A

Trabajas para el Club Med y vas a entrevistar a una persona para el puesto de director de actividades. La persona que buscas debe haber hecho las siguientes cosas: trabajar para el Club Med antes y tener experiencia con adultos o con niños y con primeros auxilios (*first aid*). Buscas una persona que sea dinámica. Haz preguntas como la siguiente: ¿Has trabajado antes para el Club Med?

B

Estás en una entrevista para el puesto de director de actividades del Club Med. Esta es la información que puede ayudarte a conseguir el trabajo: fuiste huésped en un Club Med hace dos años, tienes cuatro hermanos pequeños y enseñas educación física en una escuela. En este momento, eres estudiante en un curso de primeros auxilios (*first aid*).

III. Expressing Feelings About the Past: *Haya* + Past Participle

■■■

■■■ Review the subjunctive, Ch. 10 and 11.

To express present doubts, feelings, and desires about past actions or events, use an expression of doubt, emotion, hope, etc. in the present, followed by a clause with a verb in the present perfect subjunctive (**pretérito perfecto del subjuntivo**). It is formed as follows.

que + *present subjunctive of* **haber** + *past participle*

haber (present subjunctive)		
que **haya**	que **hayamos**	
que **hayas**	que **hayáis**	+ *past participle*
que **haya**	que **hayan**	

—Dudo que ella **haya viajado** mucho y yo busco personas que **hayan estado** en Suramérica.

—¿Crees que ella **haya ido** a Bolivia a visitar a su novio?

I doubt that she has traveled a lot, and I'm looking for people who have been in South America.
Do you think she has gone to Bolivia to visit her boyfriend?

Compare:

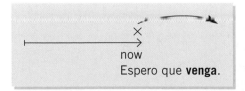

now
Espero que **venga**.

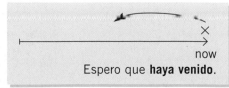

now
Espero que **haya venido**.

Actividad 6 **El puesto** Una jefa y su asistente hablan sobre los posibles candidatos para un puesto en un Club Med. Completa la conversación con el pretérito perfecto o el pretérito perfecto del subjuntivo de los verbos que se presentan.

ASISTENTE: Tenemos una candidata que es muy buena. _____ (1. trabajar) con niños de cinco a siete años. También _____ (2. estudiar) primeros auxilios y eso es esencial para este trabajo.

JEFA: ¿Crees que _____ (3. estar) en alguno de nuestros Club Med del Caribe?

ASISTENTE: Es posible que _____ (4. ir) a alguno, pero no sé si en el Caribe porque en su currículum solo _____ (5. escribir) que le gusta mucho el sistema de entretenimiento de nuestros Club Med y que ella y su familia _____ (6. ir) a varias islas del Caribe.

JEFA: Estoy segura, entonces, que _____ (7. conocer) alguno de nuestros clubes. Tenemos varios allí y si le interesa este trabajo es porque _____ (8. ver) nuestros clubes y sabe cómo funcionan. ¿Y nos _____ (9. mandar) el currículum algún otro candidato?

ASISTENTE: Sí, pero ninguno tiene la experiencia de esta chica.

JEFA: ¡Qué lástima que no _____ (10. recibir) el currículum de más candidatos con las condiciones que queremos porque no hay muchos para elegir!

Actividad 7 **¿Alguna vez...?** **Parte A.** Pregúntales a un mínimo de cuatro compañeros si han hecho las cosas de la siguiente lista. Si contestan que sí, pregúntales cuándo, cuántas veces, con quién y si les gustó. Si contestan que no, pregúntales si les gustaría hacerlas algún día.

■■■ A: ¿Has piloteado un avión?
　　 B: No, nunca.
　　 A: ¿Te gustaría hacerlo?
　　 B: Sí, me gustaría porque.../No, no me interesa porque...

1. nadar en el Caribe o en el Golfo de México
2. hablar con un cubano de Miami
3. hacer un viaje a la Patagonia
4. ver el desfile (*parade*) puertorriqueño en Nueva York
5. comer ropa vieja, paella o gazpacho
6. viajar en un tour a Tikal en Guatemala
7. visitar Puerto Rico o la República Dominicana
8. estudiar sobre el TLC (*NAFTA*)

Parte B. Ahora tu profesor/a va a hacerte algunas preguntas.

■■■ Profesor/a: ¿Hay alguien en la clase que haya nadado en el Caribe?

S1: No, no hay nadie que haya nadado en el Caribe.

S2: Sí, hay alguien que ha nadado en el Caribe.
Profesor/a: ¿Quién es?
S2: Jim nadó en el Caribe el año pasado.

Actividad 8 **Los preparativos para el viaje** En parejas, tu esposo/a y tú se van de viaje con sus siete hijos a una playa de Puerto Rico. "A" preparó una lista de cosas que cada persona de la familia tenía que hacer y ahora quiere saber si las hicieron. "B" sabe qué hizo o no hizo cada uno. Miren solo su papel.

■■■ Juan: hacer la maleta

A: Espero que Juan haya hecho la maleta.

B: Ya la ha hecho./Todavía no la ha hecho, pero va a hacerla hoy.

A

1. Pablo: comprar los pasajes
2. Pepe y Manuel: ir al banco
3. Victoria y Ángela: comprar gafas de sol
4. Elisa: llevar el perro a la casa de su amiga
5. Guillermo y Manuel: recoger (*pick up*) sus pasaportes
6. Tu esposo/a: poner el Pepto-Bismol en la maleta
7. Victoria: hacer la reserva del hotel
8. Todos: poner los trajes de baño en la maleta

B

Tú sabes que tus hijos y tú han hecho las cosas que tenían que hacer, pero que tus hijas no las han hecho.

Actividad 9 **Una llamada urgente** En parejas, imaginen que su profesor/a de español hoy no vino a clase. Reaccionen a esa situación usando frases como **Dudo que haya..., Es posible que..., No creo que...,** etc.

■■■ Es posible que haya tenido problemas con la policía.

IV. Expressing the Future: The Future Tense

1 ■ As you have already seen, the future may be expressed with the present indicative or with the construction **ir** + **a** + *infinitive:* **Te veo mañana. Voy a ver a mi padre mañana.** The future may also be expressed with the future tense (**el futuro**). To form the future tense, add the following endings to the infinitives of **-ar, -er,** and **-ir** verbs.

mirar	
miraré	miraremos
mirarás	miraréis
mirará	mirarán

traer	
traeré	traeremos
traerás	traeréis
traerá	traerán

ir	
iré	iremos
irás	iréis
irá	irán

■■■ Note that only the **nosotros** form has no accent.

El año que viene, Marta y Laura **irán** a Suramérica.

Si él se gradúa en junio, **trabajará** para el Club Med en el verano.

Marta and Laura will go to South America next year.

If he graduates in June, he'll work for Club Med in the summer.

2 ■ The following groups of verbs have an irregular stem in the future tense, but use the same endings as regular verbs.

Infinitive	Stem	Future
haber	habr-	**habré**
poder	podr-	**podré**
querer	querr-	**querré**
saber	sabr-	**sabré**
poner	pondr-	**pondré**
salir	saldr-	**saldré**
tener	tendr-	**tendré**
venir	vendr-	**vendré**
decir	dir-	**diré**
hacer	har-	**haré**

Habrá muchos amigos esperando a las jugadoras de fútbol en el aeropuerto.

Si Felipe llega hoy, él y Juana **saldrán** a cenar esta noche.

There will be many friends waiting for the soccer players at the airport.

If Felipe arrives today, he and Juana will go out to eat tonight.

■ ■ ■ **hay** = there is/are
■ ■ ■ **habrá** = there will be

Actividad 10 El futuro Completa estas oraciones sobre qué pasará en el mundo en el año 2022 con la forma apropiada del futuro de los verbos indicados.

1. J. Lo _____ un Grammy y un Oscar el mismo año. (ganar)
2. Los médicos _____ la cura para el cáncer. (encontrar)
3. Madonna _____ cirugía plástica y los médicos le _____ un kilo de celulitis de cada pierna. (hacerse, quitar)
4. La gente _____ bajar de peso sin ponerse a dieta. (poder)
5. El equipo norteamericano de fútbol _____ campeón de la Copa Mundial. (ser)
6. Los coches no _____ gasolina y las condiciones del medio ambiente _____. (usar, mejorar)
7. Ricky Martin _____ un programa que _____ *Menudo*. En el programa les _____ a muchos cantantes jóvenes la oportunidad de salir en la televisión. (tener, llamarse, dar)
8. La NASA _____ un centro de investigación en el planeta Marte. (poner)
9. Una mujer hispana _____ a la presidencia de los Estados Unidos. (subir)
10. No _____ llaves ni tarjetas de crédito ni dinero en efectivo. Todo _____ con máquinas que _____ los ojos de las personas. (haber, funcionar, leer)

Actividad 11 La bola de cristal Escribe predicciones sobre el mundo de Hollywood y de Washington.

1. el próximo presidente de este país
2. el próximo escándalo en Washington
3. la mejor película del año
4. la boda del año en Hollywood
5. el divorcio menos esperado

V. Expressing Pending Actions: The Subjunctive in Adverbial Clauses

■■■

■■■ Remember: After a preposition, use an infinitive: **Después de llegar a casa...**

1 ■ When using adverbial conjunctions of time such as **cuando, después de que,** and **hasta que,** use the indicative to express *habitual* or *completed actions.*

Habitual

Siempre preparo la cena **cuando llego** a casa.
I always prepare dinner when I get home.

Preparaba la cena **cuando llegaba** a casa.
I used to prepare dinner when I got home.

Generalmente trabaja **hasta que está** cansada.
She generally works until she is tired.

Completed

Preparé la cena **cuando llegué** a casa.
I prepared dinner when I got home.

Trabajó **hasta que se jubiló.**
He worked until he retired.

2 ■ Use the subjunctive to express states or actions that are pending (haven't happened yet) in clauses starting with **cuando, después de que,** and **hasta que.**

Pending

Voy a preparar la cena **cuando llegue** a casa.
I'm going to prepare dinner when I get home.

Trabajará en esa compañía **hasta que se jubile.**
He'll work at that company until he retires.

Actividad 12 **Vacaciones presentes, pasadas y futuras** Completa estas oraciones sobre las vacaciones con la forma correcta del subjuntivo o del indicativo (presente o pasado) de los verbos indicados.

1. Normalmente, cuando _____ a la playa, me divierto mucho, pero no sé lo que va a pasar este año cuando mi familia y yo _____ las vacaciones en la montaña. (ir, pasar)

2. Todos los años mis padres _____ de la ciudad para las vacaciones y _____ a un pueblo pequeño porque no tienen mucho dinero. Como ahora están jubilados, no van a poder conocer otras partes del mundo hasta que no _____ la lotería. (salir, viajar, ganar)

3. A mis hermanos les gusta mucho el mar. De pequeños se quedaban en el agua hasta que _____ el sol. (ponerse)

4. El año que viene, mis amigos y yo iremos a Perú para las vacaciones y caminaremos por el Camino del Inca. Me dicen que se necesitan cuatro días para recorrerlo. Cuando _____, estaremos en Machu Picchu. Después, nos quedaremos en Lima hasta que _____ otros amigos y luego pensamos ir al lago Titicaca. (terminar, llegar)

5. Después de que _____ mi último examen final, pienso viajar en moto por todo el país. No voy a volver hasta que _____ las clases en el otoño. (tener, empezar)

Parte A. Muchas personas se quejan de no tener variedad en la vida y de que su rutina diaria es siempre igual. Termina estas oraciones con lo que haces normalmente.

1. Todos los días cuando termina esta clase, yo...
2. Siempre cuando llega el verano, yo...
3. Todos los días cuando entro en casa, yo...
4. Cuando llega el fin de semana, mis amigos y yo...
5. Los sábados cuando voy a fiestas, yo...

Parte B. Ahora selecciona tres ideas de la Parte A y escribe cómo vas a cambiar tu rutina. Sigue el modelo.

■■■ Todos los días cuando termina esta clase, voy a la cafetería de la universidad y como una hamburguesa, pero mañana cuando termine la clase, pienso ir a un restaurante mexicano y pediré una quesadilla.

VI. Discussing Imaginary Situations: The Conditional
■■■

1 ■ The conditional tense (**el condicional**) may be used to express something that you would do in an imaginary situation. The formation of this tense is similar to that of the future tense in that it uses the same stems. To form the conditional, add the conditional endings (**-ía, -ías, -ía,** etc.) to the infinitive of regular verbs or to the future stem of irregular verbs.

mirar	
miraría	miraríamos
mirarías	miraríais
miraría	mirarían

traer	
traería	traeríamos
traerías	traeríais
traería	traerían

ir	
iría	iríamos
irías	iríais
iría	irían

■■■ The conditional endings are the same as those of imperfect **-er** and **-ir** verbs. Unlike the imperfect endings, they are added to the infinitive or to an irregular stem.

¿¡El carro de Gonzalo!? Yo que tú, no lo **compraría.**
Sería mejor idea buscar en los anuncios del periódico.

Gonzalo's car!? If I were you, I wouldn't buy it.
It would be a better idea to look in the newspaper ads.

2 ■ The following groups of verbs have the same irregular stems in the conditional as they do in the future.

Infinitive	Stem	Conditional
haber	habr-	**habría**
poder	podr-	**podría**
querer	querr-	**querría**
saber	sabr-	**sabría**
poner	pondr-	**pondría**
salir	saldr-	**saldría**
tener	tendr-	**tendría**
venir	vendr-	**vendría**
decir	dir-	**diría**
hacer	har-	**haría**

■■■ **hay** = there is/are
■■■ **habría** = there would be

Con el dinero que gana en la agencia, Teresa **podría** ir a Puerto Rico.
Vicente no sabe qué **haría** sin Teresa.

With the money she earns at the agency, Teresa could (would be able to) go to Puerto Rico.
Vicente doesn't know what he would do without Teresa.

Actividad *14* **Posibilidades** Un grupo de amigos te sugieren países donde podrías pasar tu tercer año de la universidad. Completa estas oraciones con la forma apropiada del condicional de los verbos indicados.

1. Yo que tú, _____ a Chile. Allí _____ en los Andes y _____ en las playas del Pacífico. También _____ los glaciares del sur. (ir, esquiar, nadar, visitar)

2. Yo que tú, _____ en Madrid. Tú _____ ver el Museo del Prado, el Reina Sofía y el Thyssen Bornemiza, tres museos magníficos. Como Madrid está en el centro del país, _____ fácil viajar a cualquier parte de España para pasar un fin de semana. Yo no _____ los festivales regionales como Semana Santa en Sevilla, las Fallas de Valencia y San Fermín en Pamplona. Pero yo no _____ delante de los toros en Pamplona porque es muy peligroso. (estudiar, poder, ser, perderse, correr)

3. Ecuador es un país espectacular. Tú _____ estudiar más español en Quito. Desde Quito _____ bueno hacer excursiones a Otavalo donde tú _____ a tocar instrumentos indígenas. También _____ la oportunidad de ir a las islas Galápagos donde _____ animales super interesantes. Yo que tú, _____ una semana o más después de terminar el curso y _____ trekking en los Andes. (poder, ser, aprender, tener, ver, quedarse, hacer)

4. México, D. F. es un lugar ideal, especialmente si te gustan las culturas precolombinas. Allí yo _____ museos y _____ a eventos culturales. Tú y tus amigos _____ hacer muchas excursiones a los pueblos cercanos para conocer las costumbres de la gente. Para el Día de los Muertos, yo _____ a Mixquic donde tienen una celebración muy tradicional. (visitar, asistir, poder, ir)

Actividad *15* **¿Qué harías?** Completa estas conversaciones con tus consejos. Usa el condicional.

1. —No sé qué hacer; mi jefe quiere que yo salga con él.
   —En tu lugar, yo...

2. —Tengo un problema: los frenos de mi carro están muy mal y no tengo dinero.
   —Yo que tú...

3. —Me están molestando muchísimo los lentes de contacto. Siempre lloro.
   —En tu lugar, yo...

4. —Lo bueno es que tengo una entrevista con una compañía muy buena, pero lo malo es que es el mismo día de mi examen final de economía. No quiero cambiar la entrevista y el profesor es muy estricto en cuanto a los exámenes.
   —En tu lugar, yo...

Reference Section

Appendix A: Verb Charts

Regular Verbs

Infinitive	hablar	comer	vivir
Present participle	hablando	comiendo	viviendo
Past participle	hablado	comido	vivido

Simple Tenses

	hablar	comer	vivir
Present indicative	hablo	como	vivo
	as	es	es
	a	e	e
	amos	emos	imos
	áis	éis	ís
	an	en	en
Imperfect indicative	hablaba	comía	vivía
	abas	ías	ías
	aba	ía	ía
	ábamos	íamos	íamos
	abais	íais	íais
	aban	ían	ían
Preterit	hablé	comí	viví
	aste	iste	iste
	ó	ió	ió
	amos	imos	imos
	asteis	isteis	isteis
	aron	ieron	ieron
Future indicative	hablaré	comeré	viviré
	ás	ás	ás
	á	á	á
	emos	emos	emos
	éis	éis	éis
	án	án	án
Conditional	hablaría	comería	viviría
	ías	ías	ías
	ía	ía	ía
	íamos	íamos	íamos
	íais	íais	íais
	ían	ían	ían
Affirmative and negative commands	**tú:** habla, no hables	come, no comas	vive, no vivas
	Ud.: hable, no hable	coma, no coma	viva, no viva
	Uds.: hablen, no hablen	coman, no coman	vivan, no vivan
	vosotros/as: hablad, no habléis	comed, no comáis	vivid, no viváis
Present subjunctive	que hable	que coma	que viva
	es	as	as
	e	a	a
	emos	amos	amos
	éis	áis	áis
	en	an	an
Imperfect subjunctive	que hablara	que comiera	que viviera
	aras	ieras	ieras
	ara	iera	iera
	áramos	iéramos	iéramos
	arais	ierais	ierais
	aran	ieran	ieran

Compound Tenses

	hablar	comer	vivir
Present perfect indicative	he hablado has hablado, *etc.*	he comido has comido, *etc.*	he vivido has vivido, *etc.*
Pluperfect indicative	había hablado habías hablado, *etc.*	había comido habías comido, *etc.*	había vivido habías vivido, *etc.*
Future perfect	habré hablado habrás hablado, *etc.*	habré comido habrás comido, *etc.*	habré vivido habrás vivido, *etc.*
Conditional perfect	habría hablado habrías hablado, *etc.*	habría comido habrías comido, *etc.*	habría vivido habrías vivido, *etc.*
Present perfect subjunctive	que haya hablado hayas hablado, *etc.*	que haya comido hayas comido, *etc.*	que haya vivido hayas vivido, *etc.*
Pluperfect subjunctive	que hubiera hablado hubieras hablado, *etc.*	que hubiera comido hubieras comido, *etc.*	que hubiera vivido hubieras vivido, *etc.*

Stem-Changing Verbs

Note: Only forms in which a change occurs are shown.

	-ar verbs: e ⟶ ie		-er verbs: e ⟶ ie	
Infinitive	**pensar** to think		**entender** to understand	
Present indicative	**pienso** **piensas** **piensa**	pensamos pensáis **piensan**	**entiendo** **entiendes** **entiende**	entendemos entendéis **entienden**

Affirmative and negative commands	**piensa** /
	  no pienses
	(no) **piense**
		pensad /
		  no penséis
		(no) **piensen**
			entiende /
			  no entiendas
			(no) **entienda**
				entended /
				  no entendáis
				(no) **entiendan**

Present subjunctive	que **piense** **pienses** **piense**	pensemos penséis **piensen**	que **entienda** **entiendas** **entienda**	entendamos entendáis **entiendan**

	-ar verbs: o ⟶ ue		-er verbs: o ⟶ ue	
Infinitive	**contar** to tell; to count		**volver** to return	
Present indicative	**cuento** **cuentas** **cuenta**	contamos contáis **cuentan**	**vuelvo** **vuelves** **vuelve**	volvemos volvéis **vuelven**

Affirmative and negative commands	**cuenta** /
	  no cuentes
	(no) **cuente**
		contad /
		  no contéis
		(no) **cuenten**
			vuelve /
			  no vuelvas
			(no) **vuelva**
				volved /
				  no volváis
				(no) **vuelvan**

Present subjunctive	que **cuente** **cuentes** **cuente**	contemos contéis **cuenten**	que **vuelva** **vuelvas** **vuelva**	volvamos volváis **vuelvan**

-ir verbs: **e → i, i**		
Infinitive	**servir** to serve	
Present indicative	**sirvo**	servimos
	sirves	servís
	sirve	**sirven**
Affirmative and negative commands	**sirve / no sirvas**	servid / **no sirváis**
	(no) **sirva**	(no) **sirvan**
Present subjunctive	que **sirva**	**sirvamos**
	sirvas	**sirváis**
	sirva	**sirvan**
Preterit	serví	servimos
	serviste	servisteis
	sirvió	**sirvieron**
Imperfect subjunctive	que **sirviera**	
	sirvieras, *etc.*	
Present participle	**sirviendo**	

	-ir verbs: **e → ie, i**		-ir verbs: **o → ue, u**	
Infinitive	**sentir** to feel; to regret		**dormir** to sleep	
Present indicative	**siento**	sentimos	**duermo**	dormimos
	sientes	sentís	**duermes**	dormís
	siente	**sienten**	**duerme**	**duermen**
Affirmative and negative commands	**siente /** **no sientas**	sentid / **no sintáis**	**duerme /** **no duermas**	dormid / **no durmáis**
	(no) **sienta**	(no) **sientan**	(no) **duerma**	(no) **duerman**
Present subjunctive	que **sienta**	**sintamos**	que **duerma**	**durmamos**
	sientas	**sintáis**	**duermas**	**durmáis**
	sienta	**sientan**	**duerma**	**duerman**
Preterit	sentí	sentimos	dormí	dormimos
	sentiste	sentisteis	dormiste	dormisteis
	sintió	**sintieron**	**durmió**	**durmieron**
Imperfect subjunctive	que **sintiera**		que **durmiera**	
	sintieras, *etc.*		**durmieras**, *etc.*	
Present participle	**sintiendo**		**durmiendo**	

Verbs with Spelling Changes

Note: Only forms in which a change occurs are shown.

	Verbs in **-car:** **c → qu** before **e**		Verbs in **-gar:** **g → gu** before **e**	
Infinitive	**buscar** to look for		**llegar** to arrive	
Preterit	**busqué**	buscamos	**llegué**	llegamos
	buscaste	buscasteis	llegaste	llegasteis
	buscó	buscaron	llegó	llegaron
Affirmative and negative commands	busca / **no busques**	buscad / **no busquéis**	llega / **no llegues**	llegad / **no lleguéis**
	(no) **busque**	(no) **busquen**	(no) **llegue**	(no) **lleguen**
Present subjunctive	que **busque**	**busquemos**	que **llegue**	**lleguemos**
	busques	**busquéis**	**llegues**	**lleguéis**
	busque	**busquen**	**llegue**	**lleguen**

	Verbs in **-ger** and **-gir**: g → j before **a** and **o**		Verbs in **-guir**: gu → g before **a** and **o**	
Infinitive	**escoger** to choose		**seguir** to follow	
Present indicative	**escojo**	escogemos	**sigo**	seguimos
	escoges	escogéis	sigues	seguís
	escoge	escogen	sigue	siguen
Affirmative and negative commands	escoge / **no escojas** **(no) escoja**	escoged / **no escojáis** **(no) escojan**	sigue / **no sigas** **(no) siga**	seguid / **no sigáis** **(no) sigan**
Present subjunctive	que **escoja**	**escojamos**	que **siga**	**sigamos**
	escojas	**escojáis**	**sigas**	**sigáis**
	escoja	**escojan**	**siga**	**sigan**

	Verbs in **-zar**: z → c before **e**	
Infinitive	**empezar** to begin	
Preterit	**empecé**	empezamos
	empezaste	empezasteis
	empezó	empezaron
Affirmative and negative commands	empieza / **no empieces** **(no) empiece**	empezad / **no empecéis** **(no) empiecen**
Present subjunctive	que **empiece**	**empecemos**
	empieces	**empecéis**
	empiece	**empiecen**

	Verbs in **-eer**: unstressed i → y	
Infinitive	**creer** to believe	
Preterit	creí	creímos
	creíste	creísteis
	creyó	**creyeron**
Imperfect subjunctive	que **creyera**	**creyéramos**
	creyeras	**creyerais**
	creyera	**creyeran**
Present participle	**creyendo**	

Reflexive Verbs

	levantarse to get up; to stand up
Present indicative	me levanto, te levantas, se levanta nos levantamos, os levantáis, se levantan
Participles	levantándose, levantado
Affirmative and negative commands	**tú:** levántate / no te levantes **Ud.:** levántese / no se levante **Uds.:** levántense / no se levanten **vosotros/as:** levantaos / no os levantéis

Irregular Verbs

	caerse to fall	**conducir** to drive
Present indicative	me caigo, te caes, se cae, nos caemos, os caéis, se caen	conduzco, conduces, conduce, conducimos, conducís, conducen
Preterit	me caí, te caíste, se cayó, nos caímos, os caísteis, se cayeron	conduje, condujiste, condujo, condujimos, condujisteis, condujeron
Imperfect	me caía, te caías, *etc.*	conducía, conducías, *etc.*
Future	me caeré, te caerás, *etc.*	conduciré, conducirás, *etc.*
Conditional	me caería, te caerías, *etc.*	conduciría, conducirías, *etc.*
Present subjunctive	que me caiga, te caigas, se caiga, nos caigamos, os caigáis, se caigan	que conduzca, conduzcas, conduzca, conduzcamos, conduzcáis, conduzcan
Imperfect subjunctive	que me cayera, te cayeras, se cayera, nos cayéramos, os cayerais, se cayeran	que condujera, condujeras, condujera, condujéramos, condujerais, condujeran
Participles	cayendose, caído	conduciendo, conducido
Affirmative and negative commands	_____ / no te caigas _____ / no se caiga _____ / no se caigan	conduce / no conduzcas conducid / no conduzcáis (no) conduzca (no) conduzcan

	conocer to know, be acquainted with	**construir** to build
Present indicative	conozco, conoces, conoce, conocemos, conocéis, conocen	construyo, construyes, construye, construimos, construís, construyen
Preterit	conocí, conociste, conoció, conocimos, conocisteis, conocieron	construí, construiste, construyó, construimos, construisteis, construyeron
Imperfect	conocía, conocías, *etc.*	construía, construías, *etc.*
Future	conoceré, conocerás, *etc.*	construiré, construirás, *etc.*
Conditional	conocería, conocerías, *etc.*	construiría, construirías, *etc.*
Present subjunctive	que conozca, conozcas, conozca, conozcamos, conozcáis, conozcan	que construya, construyas, construya, construyamos, construyáis, construyan
Imperfect subjunctive	que conociera, conocieras, conociera, conociéramos, conocierais, conocieran	que construyera, construyeras, construyera, construyéramos, construyerais, construyeran
Participles	conociendo, conocido	construyendo, construido
Affirmative and negative commands	conoce / no conozcas conoced / no conozcáis (no) conozca (no) conozcan	construye / no construyas construid / no construyáis (no) construya (no) construyan

	dar to give	**decir** to say; to tell
Present indicative	doy, das, da, damos, dais, dan	digo, dices, dice, decimos, decís, dicen
Preterit	di, diste, dio, dimos, disteis, dieron	dije, dijiste, dijo, dijimos, dijisteis, dijeron
Imperfect	daba, dabas, *etc.*	decía, decías, *etc.*
Future	daré, darás, *etc.*	diré, dirás, *etc.*
Conditional	daría, darías, *etc.*	diría, dirías, *etc.*
Present subjunctive	que dé, des, dé, demos, deis, den	que diga, digas, diga, digamos, digáis, digan
Imperfect subjunctive	que diera, dieras, diera, diéramos, dierais, dieran	que dijera, dijeras, dijera, dijéramos, dijerais, dijeran
Participles	dando, dado	diciendo, dicho
Affirmative and negative commands	da / no des dad / no deis (no) dé (no) den	di / no digas decid / no digáis (no) diga (no) digan

	estar to be	**freír** to fry
Present indicative	estoy, estás, está, estamos, estáis, están	frío, fríes, fríe, freímos, freís, fríen
Preterit	estuve, estuviste, estuvo, estuvimos, estuvisteis, estuvieron	freí, freíste, frió, freímos, freísteis, frieron
Imperfect	estaba, estabas, *etc.*	freía, freías, *etc.*
Future	estaré, estarás, *etc.*	freiré, freirás, *etc.*
Conditional	estaría, estarías, *etc.*	freiría, freirías, *etc.*
Present subjunctive	que esté, estés, esté, estemos, estéis, estén	que fría, frías, fría, friamos, friáis, frían
Imperfect subjunctive	que estuviera, estuvieras, estuviera, estuviéramos, estuvierais, estuvieran	que friera, frieras, friera, friéramos, frierais, frieran
Participles	estando, estado	friendo, frito
Affirmative and negative commands	está / no estés estad / no estéis (no) esté (no) estén	fríe / no frías freíd / no friáis (no) fría (no) frían

	haber to have (*auxiliary verb*)	**hacer** to do; to make
Present indicative	he, has, ha, hemos, habéis, han	hago, haces, hace, hacemos, hacéis, hacen
Preterit	hube, hubiste, hubo, hubimos, hubisteis, hubieron	hice, hiciste, hizo, hicimos, hicisteis, hicieron
Imperfect	había, habías, *etc.*	hacía, hacías, *etc.*
Future	habré, habrás, *etc.*	haré, harás, *etc.*
Conditional	habría, habrías, *etc.*	haría, harías, *etc.*
Present subjunctive	que haya, hayas, haya, hayamos, hayáis, hayan	que haga, hagas, haga, hagamos, hagáis, hagan
Imperfect subjunctive	que hubiera, hubieras, hubiera, hubiéramos, hubierais, hubieran	que hiciera, hicieras, hiciera, hiciéramos, hicierais, hicieran
Participles	habiendo, habido	haciendo, hecho
Affirmative and negative commands	————	haz / no hagas haced / no hagáis (no) haga (no) hagan

ir to go			**oír** to hear		
Present indicative	voy, vas, va, vamos, vais, van		oigo, oyes, oye, oímos, oís, oyen		
Preterit	fui, fuiste, fue, fuimos, fuisteis, fueron		oí, oíste, oyó, oímos, oísteis, oyeron		
Imperfect	iba, ibas, iba, íbamos, ibais, iban		oía, oías, *etc.*		
Future	iré, irás, *etc.*		oiré, oirás, *etc.*		
Conditional	iría, irías, *etc.*		oiría, oirías, *etc.*		
Present subjunctive	que vaya, vayas, vaya, vayamos, vayáis, vayan		que oiga, oigas, oiga, oigamos, oigáis, oigan		
Imperfect subjunctive	que fuera, fueras, fuera, fuéramos, fuerais, fueran		que oyera, oyeras, oyera, oyéramos, oyerais, oyeran		
Participles	yendo, ido		oyendo, oído		
Affirmative and negative commands	ve / no vayas (no) vaya	id / no vayáis (no) vayan	oye / no oigas (no) oiga	oíd / no oigáis (no) oigan	

poder (ue) to be able, can			**poner** to put		
Present indicative	puedo, puedes, puede, podemos, podéis, pueden		pongo, pones, pone, ponemos, ponéis, ponen		
Preterit	pude, pudiste, pudo, pudimos, pudisteis, pudieron		puse, pusiste, puso, pusimos, pusisteis, pusieron		
Imperfect	podía, podías, *etc.*		ponía, ponías, *etc.*		
Future	podré, podrás, *etc.*		pondré, pondrás, *etc.*		
Conditional	podría, podrías, *etc.*		pondría, pondrías, *etc.*		
Present subjunctive	que pueda, puedas, pueda, podamos, podáis, puedan		que ponga, pongas, ponga, pongamos, pongáis, pongan		
Imperfect subjunctive	que pudiera, pudieras, pudiera, pudiéramos, pudierais, pudieran		que pusiera, pusieras, pusiera, pusiéramos, pusierais, pusieran		
Participles	pudiendo, podido		poniendo, puesto		
Affirmative and negative commands	————		pon / no pongas (no) ponga	poned / no pongáis (no) pongan	

querer (ie) to want; to love (someone)			**saber** to know (how)		
Present indicative	quiero, quieres, quiere, queremos, queréis, quieren		sé, sabes, sabe, sabemos, sabéis, saben		
Preterit	quise, quisiste, quiso, quisimos, quisisteis, quisieron		supe, supiste, supo, supimos, supisteis, supieron		
Imperfect	quería, querías, *etc.*		sabía, sabías, *etc.*		
Future	querré, querrás, *etc.*		sabré, sabrás, *etc.*		
Conditional	querría, querrías, *etc.*		sabría, sabrías, *etc.*		
Present subjunctive	que quiera, quieras, quiera, queramos, queráis, quieran		que sepa, sepas, sepa, sepamos, sepáis, sepan		
Imperfect subjunctive	que quisiera, quisieras, quisiera, quisiéramos, quisierais, quisieran		que supiera, supieras, supiera, supiéramos, supierais, supieran		
Participles	queriendo, querido		sabiendo, sabido		
Affirmative and negative commands	quiere / no quieras (no) quiera	quered / no querráis (no) quieran	sabe / no sepas (no) sepa	sabed / no sepáis (no) sepan	

	salir de to leave; to go out	**ser** to be
Present indicative	salgo, sales, sale, salimos, salís, salen	soy, eres, es, somos, sois, son
Preterit	salí, saliste, salió, salimos, salisteis, salieron	fui, fuiste, fue, fuimos, fuisteis, fueron
Imperfect	salía, salías, salía, salíamos, salíais, salían	era, eras, era, éramos, erais, eran
Future	saldré, saldrás, *etc.*	seré, serás, *etc.*
Conditional	saldría, saldrías, *etc.*	sería, serías, *etc.*
Present subjunctive	que salga, salgas, salga, salgamos, salgáis, salgan	que sea, seas, sea, seamos, seáis, sean
Imperfect subjunctive	que saliera, salieras, saliera, saliéramos, salierais, salieran	que fuera, fueras, fuera, fuéramos, fuerais, fueran
Participles	saliendo, salido	siendo, sido
Affirmative and negative commands	sal / no salgas salid / no salgáis (no) salga (no) salgan	sé / no seas sed / no seáis (no) sea (no) sean

	tener to have	**traer** to bring
Present indicative	tengo, tienes, tiene, tenemos, tenéis, tienen	traigo, traes, trae, traemos, traéis, traen
Preterit	tuve, tuviste, tuvo, tuvimos, tuvisteis, tuvieron	traje, trajiste, trajo, trajimos, trajisteis, trajeron
Imperfect	tenía, tenías, *etc.*	traía, traías, *etc.*
Future	tendré, tendrás, *etc.*	traeré, traerás, *etc.*
Conditional	tendría, tendrías, *etc.*	traería, traerías, *etc.*
Present subjunctive	que tenga, tengas, tenga, tengamos, tengáis, tengan	que traiga, traigas, traiga, traigamos, traigáis, traigan
Imperfect subjunctive	que tuviera, tuvieras, tuviera, tuviéramos, tuvierais, tuvieran	que trajera, trajeras, trajera, trajéramos, trajerais, trajeran
Participles	teniendo, tenido	trayendo, traído
Affirmative and negative commands	ten / no tengas tened / no tengáis (no) tenga (no) tengan	trae / no traigas traed / no traigáis (no) traiga (no) traigan

	venir to come	**ver** to see
Present indicative	vengo, vienes, viene, venimos, venís, vienen	veo, ves, ve, vemos, veis, ven
Preterit	vine, viniste, vino, vinimos, vinisteis, vinieron	vi, viste, vio, vimos, visteis, vieron
Imperfect	venía, venías, venía, veníamos, veníais, venían	veía, veías, veía, veíamos, veíais, veían
Future	vendré, vendrás, *etc.*	veré, verás, *etc.*
Conditional	vendría, vendrías, *etc.*	vería, verías, *etc.*
Present subjunctive	que venga, vengas, venga, vengamos, vengáis, vengan	que vea, veas, vea, veamos, veáis, vean
Imperfect subjunctive	que viniera, vinieras, viniera, viniéramos, vinierais, vinieran	que viera, vieras, viera, viéramos, vierais, vieran
Participles	viniendo, venido	viendo, visto
Affirmative and negative commands	ven / no vengas venid / no vengáis (no) venga (no) vengan	ve / no veas ved / no veáis (no) vea (no) vean

blanco/a white 5; **blanco y negro** black and white

blando/a soft

la blusa blouse 5

la boca mouth 4

la boda wedding 6

la bola: ~ de bolos bowling ball 8; ball

el boleto ticket

el bolígrafo ballpoint pen Pre.

boliviano/a Bolivian 1

los bolos bowling

la bolsa bag

el bolso purse 5; **~ de mano** hand luggage, carry-on bag 7

bonito/a pretty 3

borracho/a drunk 3

el borrador rough draft

borrar to erase

el bosque woods 12; **~ pluvial** rain forest

el bosquejo outline

la bota boot 5

la botánica store that sells herbs, candles, books, and religious articles (*Puerto Rico, Cuba*)

la botella bottle

el botones bellboy 7

el boxeo boxing 8

brasileño/a Brazilian 1

el brazo arm 4

breve brief

la brisa breeze

bueno/a good 3; **es bueno** it's good; **buena salud** good health 9; **Buenas noches.** Good night. Good evening. Pre.; **Buenas tardes.** Good afternoon. Pre.; **Buenos días.** Good morning. Pre.

la bufanda scarf (*winter*) 5

el buscador search engine 12

buscar to look for 6

la búsqueda search

el buzón mailbox 12

el caballero gentleman

el caballo horse

la cabeza head 4; **tener dolor de cabeza** to have a headache 9

la cabina cabin

cabo: al fin y al ~ after all; **llevar a ~** to accomplish

cada each, every 4; **~ día/mes/año** every day/month/year 9

la cadena chain; (television) network

la cadera hip

caerse to fall 9; **~ el servidor** to go down (*server*) 12; to drop; **Me cae (la mar de) bien.** I like him/her a lot.; **Me cae mal.** I don't like him/her.

el café coffee 2; **tomar café** to have coffee 2

la cafetera coffeepot 10

la cafetería cafeteria, bar 1

la caída fall, drop

la caja cashier's desk; box

el/la cajero/a cashier

el cajero automático ATM

la calabaza gourd

el calcetín sock

la calculadora calculator 2

el cálculo calculus 2

la calefacción heat (*in a house*) 10

el calendario calendar

caliente warm

¡Calla! Quiet!

callado/a quiet, silent

callarse to be silent, keep quiet

la calle street 9

calor: hace ~ it's hot 4; **tener ~** to be hot 5

calvo/a bald

los calzoncillos/calzones men's/women's underwear

la cama bed 2

la cámara (digital) (digital) camera 2; **~ de video** video camera

el/la camarero/a waiter/waitress 1

los camarones shrimp 8

cambiar to change; **~ de papel** to switch roles; **~ (dinero)** to exchange, change (money); **cambiando de tema** changing the subject 8

el cambio exchange rate; change (*i.e.,* *coins*); **~ de raíz** stem change; **en cambio** in exchange; on the other hand; instead

los cambios gears (*car*); **con cambios** standard shift (transmission) 9

caminar to walk 2

la caminata walk, stroll

el camino road, path

el camión truck 7

la camioneta 4 x 4 SUV, 4 x 4 7

la camisa shirt 5

la camiseta T-shirt 5

la campana bell

el campeón/la campeona champion 8

el campeonato championship 8

el/la campesino/a peasant; farmer

el campo countryside 12; field; **~ de fútbol** soccer field

canadiense Canadian 1

el canal de televisión TV channel

la canasta basket

la cancha (*tennis, basketball*) court

la canción song

la canica marble (*for games*)

cansado/a tired 3

el cansancio fatigue, tiredness, weariness

el/la cantante singer 1

cantar to sing 2

la cantidad quantity

el canto singing, song

el caparazón shell

capaz capable

la capital capital (city); **¿Cuál es ~ de...?** What is the capital of . . . ? Pre.

el capítulo chapter

la cápsula capsule 9

captar to capture

la cara face 4; **Cuesta un ojo de ~.** It costs an arm and a leg. (literally: *It cost an eye of my face.*) 5

¡Caray! Darn! Rats! (*negative*); Wow! (*positive*) 7

la carga load, cargo, burden

cargar to carry, transport

la carne meat 8; **~ de res** beef 8

caro/a expensive 3; **Te va a salir caro.** It's going to cost you. 8

la carrera course of study; career; race

la carreta wagon, cart

la carretera road, highway 12

el carro car 7

la carta letter 12; menu; **~ de recomendación** letter of recommendation

las cartas: jugar (u → ue) a ~ to play cards 11

el cartel poster

la cartera purse 5; wallet

el/la cartero letter carrier 12

la casa house; home 3; **echar ~ por la ventana** to go all out (literally: *to throw the house out the window*)

casado/a: estar ~ (con) to be married (to) 6

casarse (con) to marry, get married (to) 6

el casco (de bicicleta/de moto/de fútbol americano) (bicycle/motorcycle/ football) helmet 8

casi almost 6

la casilla box

caso: en ~ (de) que in case that; **hacer ~ (de)** to pay attention (to)

el cassette tape, cassette

las castañuelas castanets

el castellano Spanish (*language*)

el castigo punishment

el castillo castle

casualidad: por (pura) ~ by (pure) chance

la catarata waterfall 12

catarro: tener ~ to have a cold 9

el/la cazador/a hunter

cazar to hunt

la cebolla onion 8

la cédula ID card

celebrar to celebrate

celos: tener ~ (de) to be jealous (of)

celoso/a: estar ~ (de) to be jealous (of); **ser ~** to be jealous

celular: el (teléfono) ~ cell phone 2

el cementerio cemetery

la cena dinner 7

cenar to have supper/dinner

el centavo cent

centígrados centigrade/Celsius 4

el centro comercial mall, shopping center 3

cepillarse: ~ el pelo to brush one's hair 4; **~ los dientes** to brush one's teeth 4

el cepillo: ~ de dientes toothbrush 2; **~ de pelo** hairbrush 2

cerca (de) near 6

cercano/a near, close by

el cerdo pork 8; pig

el cereal cereal 11

el cerebro brain

cero zero 1

cerrado/a closed

cerrar (e → ie) to close 5; **Cierra/ Cierren el libro.** Close your book. Pre.

la certeza certainty

la cerveza beer 2

el cetro scepter

el champán champagne

el champú shampoo 2

el chantaje blackmail

Chao. Bye., So long. Pre.

la chaqueta jacket 5

el charango small, five-stringed guitar

la charla talk, conversation

charlar to chat, talk

Chau. Bye., So long.   Pre.

el cheque check; **~ de viajero** traveler's check

chévere: ¡Qué ~! Great! (*Caribbean expression*)   12

el/la chico/a boy/girl   1

el chile chili pepper

chileno/a Chilean   1

la chimenea chimney

el/la chiquillo/a a young child

los chismes gossip

el chiste joke, funny story

chocar (con) to crash (into)   9

el chocolate chocolate   8; **~ con churros** hot chocolate with Spanish crullers   11

el chofer driver, chauffeur

el chorizo a highly seasoned pork sausage

la chuleta chop (*cut of meat*)   8

el churrasco steak (*Argentina*)   8

los churros crullers; **el chocolate con churros** hot chocolate with Spanish crullers   11

el ciclismo cycling   8

el/la ciclista cyclist

cien one hundred   1

la ciencia science

ciento uno, ciento dos one hundred and one, one hundred and two   6

Cierra/Cierren el libro. Close your book. Pre.

cierto/a sure, certain, true; **es cierto** it's true   11; **por cierto** by the way

el cigarrillo cigarette

la cigüeña stork

el cine movie theater   3

la cinta tape, cassette

el cinturón belt   5; **~ de seguridad** seat belt   9; **abrocharse ~** to buckle the seat belt   9

la cirugía surgery

la cita appointment; date; quote

la ciudad city   12; **~ universitaria** college campus

el/la ciudadano/a citizen

el clarinete clarinet   12

claro/a light   5; clear; **Claro.** Of course. 2; **¡Claro que no!** Of course not!; **¡Claro que sí!** Of course!   2; **está claro** it's clear   11

la clase lesson, class; classroom   2

clasificar to rate

el claustro cloister

la cláusula clause

clavar to fix upon; to nail down

clic: hacer ~ to click on (*an icon, a link, etc.*)

el/la cliente client

el clima climate

cobrar to charge; to collect

cobro: llamada a ~ revertido collect phone call

el coche car   7

la cocina kitchen   10; **~ eléctrica/de gas** electric/gas stove   10

cocinar to cook   11

el/la cocinero/a cook

el código: ~ internacional international access code (*telephone*)   7; **~ del país** country code (*telephone*)   7; **~ postal** postal/zip code   12

el codo elbow   4

el cognado cognate

el cojín pillow, cushion

cola: hacer ~ to stand in line   12

coleccionar to collect   11; **~ estampillas** to collect stamps   11; **~ monedas** to collect coins   11; **~ tarjetas de béisbol** to collect baseball cards   11

el colegio school   3; **~ mayor** dormitory (*Spain*)   1

colgar (o → ue) to hang

la coliflor cauliflower   8

la colina hill   12

colmo: para ~ to top it all off   9

colocado/a positioned, arranged

colombiano/a Colombian   1

la colonia colony; **el agua de colonia** cologne   2

el color color   5; **¿De qué color es?** What color is it?   5

la comedia comedy

el comedor dining room   10

comentar to comment on; to gossip

el comentario comment

comenzar (e → ie) to begin   5

comer to eat   2

el/la comerciante business owner   1

la comida meal   7; food

el comienzo beginning, start

como like, as; **~ consecuencia** as a consequence; **~ resultado** as a result   8; **~ si** as if

¿cómo? what? / What did you say?   1; **¿~ es?** What is he/she like?   3; **¿~ estás/está?** How are you? (*informal/formal*)   Pre., 3; **¿~ que...?** What do you mean . . . ? 7; **¿~ se dice en español?** How do you say it in Spanish?   Pre.; **¿~ se escribe?** How do you spell it?   Pre.; **¿~ se llama (Ud.)?** What's your name? (*formal*)   Pre.; **¿~ se llega a...?** How do you get to . . . ?; **¿~ te llamas?** What's your name? (*informal*)   Pre.; **Sí, cómo no.** Sure.   7

la cómoda chest of drawers   10

cómodo/a comfortable

el/la compañero/a companion; partner 2; **~ de cuarto** roommate   2

la compañía comercial company, business

comparar to compare

compartir to share

completar to fill out; to complete, finish

el comportamiento behavior

comprar to buy   2

compras: de ~ shopping; **ir de ~** to shop, go shopping   5

comprender to understand; **No comprendo.** I don't understand. Pre.

comprobar (o → ue) to check

comprometido/a: estar ~ to be engaged

la computadora computer   2

común common; **en ~** in common

la comunidad community

con with   6; **~ cambios** standard shift   9; **~ cuidado** carefully; **~ frecuencia** frequently, often   9; **~ mucho gusto** with pleasure; **¿~ quién vas?** With whom are you going?   3; **~ retraso** late   7; **~ tal (de) que** provided that

el concierto concert   5

la concordancia concordance, harmony

concordar (o → ue) to agree

el concurso contest

conducir to drive (*Spain*)   7

conectar to connect

la conferencia lecture, talk; long-distance call (*Spain*)

la confianza confidence

el congelador freezer   10

el conjunto (musical) group, band   12; outfit

conmigo with me   6

conocer to know (*a person/place/thing*) 4; **dar a ~** to make known

conocido/a known

el conocimiento knowledge

la conquista conquest

conquistar to win; to conquer; to overcome

la consecuencia consequence; **como consecuencia** as a consequence

conseguir (e → i, i) to get, obtain

el/la consejero/a counselor

el consejo advice   10

conservar to conserve, preserve; to take care of

consistir en to consist of

constante constant

constantemente constantly   11

construir to build   7

consultar to consult

el consultorio doctor's office

el consumidor consumer

el consumo consumption

la contaminación contamination, pollution

contar (o → ue) to tell   6; to count

contemporáneo/a contemporary

el contenido content

contento/a happy   3

el contestador automático answering machine

contestar to answer   6; **(Ana), contéstale a (Vicente)...** (Ana), answer (Vicente) . . .   Pre.

contigo with you   6

continuamente continually   11

continuar to continue   12

contra: estar en ~ to be against

la contraseña password   12

la contratapa inside cover

el contrato contract

el control remoto remote control   6

convencer to convince

conversar to converse, talk

convertir (e → ie, i) to convert; to become

la copa stemmed glass, goblet; **~ Mundial** World Cup (*soccer*); **~ de vino** wine glass   8

la copia copy

el corazón heart   4

la corbata tie   5

el cordero lamb   8

corregir (e → i, i) to correct

el correo post office; mail   12; **~ electrónico** email   12

correr to run   2

correspondiente corresponding

la corrida de toros bullfight

cortar to cut   11

cortarse to cut oneself   9

la cortina curtain

corto/a short (*in length*) 3
la cosa thing
coser to sew 11
la costa coast 12
costar (o → ue) to cost 5; **Cuesta un ojo de la cara.** It costs an arm and a leg. (literally: *It cost an eye of my face.*) 5
costarricense Costa Rican 1
la costumbre custom, habit
cotidiano/a daily
crear to create
el crecimiento growth
el crédito: la tarjeta de crédito credit card
creer to believe; to think 5
la crema de afeitar shaving cream 2
criar to breed, rear, raise
el croissant croissant 11
el crucero cruise
el crucigrama: hacer crucigramas to do crossword puzzles 11
la cruz cross
cruzar to cross (*the street*)
la cuadra city block
el cuadrado square
el cuadro painting; **de cuadros** plaid 5
¿cuál? which? 1; **¿ ~ es el origen de tu familia?** What is the origin of your family? 1; **¿ ~ es la capital de...?** What is the capital of . . . ? Pre.; **¿ ~ es tu/su número de teléfono?** What is your telephone number? 1
cualquier any; whichever
cuando when; **de vez en ~** once in a while, from time to time 9
¿cuándo? when? 2
cuanto: en ~ when, as soon as
¿cuánto? how much?; **¿ ~ tiempo hace que** + *preterit*? How long ago did you . . . ? 6; **¿ ~ tiempo hace que** + *present*? How long have you . . . ? 6; **¿ ~ cuesta/n...?** How much is/are . . . ? 3
¿cuántos? how many?; **¿ ~ años tiene él/ella?** How old is he/she? 1; **¿ ~ años tienes?** How old are you? 1
el cuarto room 10; **~ (de hora)** quarter (of an hour) 5; **~ de servicio** maid's room 10
cuarto/a fourth 10
el cuatro four-stringed guitar used in Andean and Caribbean music
cuatrocientos four hundred 6
cubano/a Cuban 1
los cubiertos silverware 8
cubrir to cover 9
la cuchara spoon 8
la cucharada spoonful
el cuchillo knife 8
el cuello neck 4
la cuenta check; account; bill 8; **~ , por favor.** The check, please.; **darse cuenta de algo** to realize something 7; **tener en cuenta** to take into account, bear in mind
el cuento story
la cuerda string
el cuero leather 5
el cuerpo body 4
el cuestionario questionnaire

el cuidado care; **con cuidado** carefully; **tener cuidado** to be careful
cuidar to care for, take care of; **~ plantas** to take care of plants 11
la culpa guilt
culpable guilty
cultivado/a cultured, cultivated
el cumpleaños birthday 4; **Feliz cumpleaños.** Happy birthday.
cumplir años to have a birthday 4
el/la cuñado/a brother-in-law/sister-in-law 6
el cura priest
curar to cure, treat
la curiosidad curiosity; indiscretion; question
curioso/a curious
la curita Band-Aid 9
el currículum (vitae) résumé, curriculum vitae
cursar to study, take (*a course*)
cursi overly cute; tacky, in bad taste; **¡Qué ~!** How tacky! 12
el curso course

la dama: la primera dama first lady
la danza dance
el daño damage, harm
dar to give 6; **~ a conocer** to make known; **~ de comer** to feed; **~ un paseo** to take a walk; **~ una excusa** to give an excuse; **~ una vuelta** to take a ride; to go for a stroll/walk; **~le vergüenza** to feel ashamed; **~le la vuelta** to turn over, flip 11; **~le las gracias a alguien** to thank someone; **~se cuenta de algo** to realize something 7
el dato fact, piece of information
de of; from 1; **¿ ~ acuerdo?** O.K.?, Agreed?; **~ compras** shopping; **~ cuadros** plaid 5; **¿ ~ dónde eres?** Where are you from? (*informal*) Pre.; **~ espaldas** back-to-back; **~ lunares** polka-dotted 5; **~ nada.** You're welcome. Pre.; **(~ parte de) ~...** It/This is . . . (*telephone*) 7; **¿ ~ parte de quién?** May I ask who is calling? 7; **¿ ~ qué color es?** What color is it? 5; **¿ ~ qué material/tela es?** What material is it made out of? 5; **~ quien** about whom; **¿ ~ quién/es?** whose? 2; **~ rayas** striped 5; **~ repente** suddenly; 6; **~ segunda mano** secondhand, used 10; **¿ ~ veras?** Really? 2; **~ vez en cuando** once in a while, from time to time 9
debajo (de) below 6
deber to owe; **~ + inf.** ought to/should/must + v. 4
debido/a due; **debido a** due to, because of
el/la decano/a dean
decidir to decide 6
décimo/a tenth 10
decir to say; to tell 5; **¿Cómo se dice... en español?** How do you say . . . in Spanish? Pre.; **es ~** that is (to say) 8; **¿Qué quiere ~ ...?** What does . . . mean? Pre.

el dedo finger 4; **~ meñique** little finger; **~ del pie** toe 4; **~ gordo** big toe
dejar to leave behind; to let, allow 6; **~ caer** to drop; **~ de + inf.** to stop, quit + *-ing* 8
del = de + el of the 2
delante (de) in front (of) 6
deletrear to spell
delgado/a thin 3
demás remaining, rest
demasiado too much 3
democrático/a democratic
¡Demonios! Damn! What the devil!
demorar to take (time), delay
demostrar (o → ue) to demonstrate
el/la dentista dentist 1
dentro: ~ de in, inside; **~ de poco** in a while
el departamento department; apartment
depender de to depend on
el deporte sport 8
el/la deportista (profesional) (professional) athlete 1
deportivo/a (*adj.*) related to sports
el depósito security deposit 10
la derecha right-hand side; **a ~ (de)** to the right (of) 6
el derecho right; law
desafortunadamente unfortunately
la desaparición disappearance
desarrollado/a developed
desarrollar to develop
el desastre disaster
desayunar to have breakfast 6
el desayuno breakfast 7
descansar to rest
el descanso rest
el/la descendiente descendant
descomponerse to break down 9
desconocido/a unknown
describir to describe
la descripción description 3
el descubrimiento discovery
descubrir to discover
desde since, from 6; **~ hace** for (*time duration*); **~ ... hasta** from . . . until; **~ luego** of course
desdeñoso/a disdainful, scornful
deseable desirable
desear to want; to desire 3
el desecho waste
el desempleo unemployment
el deseo wish, desire
desesperado/a desperate
desfilar to march
el desfile parade; **~ de modas** fashion show
el desierto desert 12
desnudo/a naked
el desodorante deodorant
el desorden disorder
despacio slow, slowly, **Más ~, por favor.** More slowly, please. Pre.; **¿Puede hablar más ~, por favor?** Can you speak more slowly, please? 7
la despedida farewell
despedir a alguien (e → i, i) to fire someone
despedirse (e → i, i) to say good-by
despejado/a clear, sunny; spacious
el desperdicio waste

despertar a alguien (e → ie) to wake someone up 5

despertarse (e → ie) to wake up 5

después after 3; then, later (on) 5; **~ de +** *inf.* after + -ing 5; **~ de que** after

destacarse to stand out, be outstanding

el destierro exile

el destino destination 7; destiny

destrozado/a ruined, destroyed

la destrucción destruction

destruido/a destroyed

destruir to destroy

la desventaja disadvantage

el detalle detail

detener to detain

detenidamente thoroughly

determinado/a specific

detestar to detest 7

detrás (de) behind 6

la deuda debt

devolver (o → ue) to vomit 9; to return, send back

el día day 2; **Buenos días.** Good morning. Pre.; **hoy (en) día** today; nowadays 12; **ponerse al día** to bring up to date; **todos los días** every day 3

el diablo devil

el diálogo dialogue

el diamante diamond

la diapositiva slide

el diario diary, journal

diario/a daily

diarrea: tener ~ to have diarrhea 9

dibujar to draw

el dibujo drawing, sketch

el diccionario dictionary 2

el dicho saying

diciembre December 4

el dictado dictation

la dictadura dictatorship

el diente tooth 4; **~ de ajo** clove of garlic; **cepillarse los dientes** to brush one's teeth 4; **la pasta de dientes** toothpaste 2

la dieta: estar a dieta to be on a diet

la diferencia difference; **a diferencia de** unlike; in contrast to

diferente different; **~ de** different from

difícil difficult

Diga/Dígame. Hello. (*Spain, telephone*) 7

¡No me digas! No kidding! 5

Dile a... Tell . . . Pre.

el dinero money 2; **~ en efectivo** cash

el/la dios/a god/goddess; **¡Por el amor de Dios!** For heaven's sake! (literally: *For the love of God!*) 10

la dirección address 1

directamente directly

el/la director/a director 1

dirigido/a directed

el disco record; **~ compacto** compact disc 2

la discoteca club, disco 3

discutir to argue; to discuss

el/la diseñador/a designer

disfrutar to enjoy

disparar to fire, shoot

disponible available

disputarse to argue

la distancia distance; **de larga distancia** long-distance (*call*) 7

el distrito district

diversificar to diversify

la diversión amusement, entertainment, recreation

divertido/a entertaining, amusing

divertirse (e → ie, i) to have fun 5

divinamente divinely, wonderfully 11

divino/a divine, wonderful

divorciado/a: estar ~ (de) to be divorced (from) 6

divorciarse (de) to get divorced (from) 6

el divorcio divorce

doblado/a dubbed (*movie*)

doblar to turn; to fold

doble: la habitación ~ double room 7

el/la doctor/a doctor 1

el documental documentary

doler (o → ue) to hurt 9

el dolor ache, pain 9; **~ de cabeza** headache 9

doloroso/a painful

doméstico/a domestic

el domicilio residence

domingo Sunday 2; **el ~** on Sunday 2; **los domingos** on Sundays, every Sunday 2

don/doña title of respect used before a man's/woman's first name

donde where

¿dónde? where?; **¿~ estás?** Where are you? 3; **¿De ~ eres?** Where are you from? (*informal*) Pre.; **¿De ~ es Ud.?** Where are you from? (*formal*) Pre.

dorado/a gilded, covered with gold

dormir (o → ue, u) to sleep 5

dormirse (o → ue, u) to fall asleep 5

el dormitorio bedroom 10

doscientos two hundred 6

dramático/a dramatic

la droga drug

la ducha shower 10

ducharse to take a shower 4

duda: no hay ~ (de) there is no doubt 11

dudar to doubt 11

dudoso: es ~ it's doubtful 11

el/la dueño/a de un negocio owner of a business 1

dulce (*adj.*) sweet; **los dulces** (*n.*) candy, sweets

durante during

durar to last

duro/a hard; **los huevos duros** hard-boiled eggs 11

el DVD DVD 2; **el reproductor de ~** DVD player 2

e and (before *i* or *hi*)

echar to throw; to put in, add; to throw out; **~ de menos** to miss (*someone or something*) 8; **~ la casa por la ventana** to go all out (literally: *to throw the house out the window*) 6; **~le gasolina al carro** to put gas in the tank 9

la ecología ecology

la economía economics 2; economy

el/la economista economist 1

el ecuador: la línea del ecuador equator

ecuatorial: la línea ~ equator

ecuatoriano/a Ecuadorian 1

la edad age; **~ Media** Middle Ages

el edificio building 3

la editorial publisher

educado/a: bien educado/a well behaved, well mannered

el (dinero en) efectivo cash

efectuar to carry out

ejecutar to execute

ejemplar exemplary, model

el ejemplo example; **por ejemplo** for example

el ejercicio exercise Pre.; **Mira/ Miren ~ ...** Look at exercise . . . Pre.

el ejército army

el (*m. sing.*) the 2

él he 1

la electricidad electricity 10

electrónico/a electronic 11

elegir (e → i, i) to choose, select

eliminar to delete (*email*)

ella she 1

ellos/as they 1

el elote corn (*Mexico*) 8

embarazada pregnant; **estar ~** to be pregnant

embarazoso/a embarrassing

embargo: sin ~ however, nevertheless 12

el embrague clutch 9

la emergencia emergency

la emisora radio station

empacar to pack

el emperador emperor

empezar (e → ie) to begin 5

el/la empleado/a employee; **la empleada (de servicio)** maid 7

emplear to employ, use

el empleo job/position; employment

la empresa enterprise; company

en in; on; at; **~ barco/tren/etc.** by boat/train/etc. 6; **~ cuanto** when, as soon as; **~ general** in general; **~ lugar de** instead of, in place of; **¿~ qué página, por favor?** What page please? Pre.; **¿~ qué puedo servirle?** How can I help you?; **~ realidad** really, actually; **~ seguida** at once, right away; **~ sus/tus propias palabras** in his/her/your own words

enamorado/a in love 3; **estar ~ (de)** to be in love (with)

enamorarse (de) to fall in love (with) 6

Encantado/a. Nice to meet you. (literally: *Charmed.*) Pre.

encantador/a enchanting, delightful

encantar to like a lot, love 8

encargo order (*of goods*)

encender (e → ie) to light; to ignite

encerrar (e → ie) to lock up, confine

la enciclopedia encyclopedia

encima (de) on top of 6

encontrar (o → ue) to find 5

encontrarse con (alguien) (o → ue) to run into (someone)

el encuentro encounter, meeting

la encuesta inquiry, poll

la energía energy

enero January 4

enfadarse to get angry

enfermarse to become sick
la enfermedad sickness, illness 9
el/la enfermero/a nurse 9
enfermo/a sick 3
enfilado/a in rows
enfocar to focus
el enfoque focus
enfrente (de) facing, across from 6
el enlace link, connection 12
enojado/a angry, mad 3; **estar ~ (con)** to be angry (at)
enojarse to become angry
la ensalada salad 8
ensayar to rehearse
el ensayo essay
enseñar to teach 6; to indicate, point out
entender (e → ie) to understand 5; **No entiendo.** I don't understand. Pre.
enterarse (de) to find out, learn (about)
el entierro burial
entonces then, therefore 1
la entrada ticket (*to get into a museum, sporting event, movie, etc.*); entrance
entrar (en/a) to enter 6
entre between 6; among
entregar to hand in; deliver
entretener to entertain
entretenido/a fun, entertaining
la entrevista interview
entrevistar to interview
enviado/a sent
la época time, epoch, era
el equipaje luggage 7
el equipo team 8; equipment, gear 8; **~ de audio** stereo system 2
equivocado: Tiene el número ~ You have the wrong number. (*formal*) (*telephone*) 7
equivocarse to be wrong, make a mistake
la escala stop, layover 7; **hacer escala** to make a stop
escalar to climb
la(s) escalera(s) stair(s), staircase
escalofríos: tener ~ to have the chills 9
escasear to be scarce
la escena scene
el/la esclavo/a slave
escoger to choose, select 10
escondido/a hidden
escribir to write 2; **~ cartas/poemas** to write letters/poems 11; **Escribe./Escriban.** Write. Pre.
el/la escritor/a writer 1
el escritorio desk 2
la escritura writing
escuchar to listen 2; **Escucha./Escuchen.** Listen. Pre.
la escuela school 3; **~ primaria** elementary school; **~ secundaria** high school
el/la escultor/a sculptor
la escultura sculpture
ese, esa (*dem. adj.*) that; (*dem. pron.*) that one 4
el esfuerzo effort
eso that thing/issue 4; **por ~** therefore, that's why 2; **~ quiere decir** that means
esos, esas (*dem. adj.*) those; (*dem. pron.*) those ones 4
el espacio blank, space

la espada sword
la espalda back 4; **de espaldas** back-to-back
español/española Spaniard 1
los espárragos asparagus 8
la especia spice
especial special
la especie species
específico/a specific
el espectáculo show
el espejo mirror 10; **~ retrovisor** rearview mirror
la esperanza hope 10
esperar to wait (for) 7; to hope 10
las espinacas spinach 8
el espíritu spirit
el/la esposo/a husband/wife 6
el esqueleto skeleton
el esquema diagram; sketch; outline
el esquí skiing; ski
esquiar to ski 2
los esquíes: ~ de agua water skis 8; **~ de nieve** snow skis 8
la esquina corner
esta this; **~ mañana/tarde/noche** this morning/afternoon/evening 2
estable (*adj.*) stable
establecer to establish 3
la estación season 4; station 7
estacionar to park 9
el estacionamiento parking lot 9
el estadio stadium 8
las estadísticas statistics
el estado state; **~ civil** marital status
la estampilla stamp 12
el estante bookshelf 10
estar to be 3; **~ a dieta** to be on a diet; **~ casado/a (con)** to be married (to) 6; **~ claro** to be clear; **~ comprometido/a** to be engaged; **~ de acuerdo (con)** to agree (with); **~ de moda** to be in style 5; **~ divorciado/a (de)** to be divorced (from) 6; **~ embarazada** to be pregnant; **~ en + lugar** to be in/at + *place* 3; **~ enamorado/a (de)** to be in love (with); **~ enojado/a (con)** to be angry (at); **~ listo/a** to be ready 3; **~ loco/a** to be crazy 3; **~ mareado/a** to be dizzy 9; **~ nublado** to be cloudy 4; **¿Está…, por favor?** Is . . . there, please? (*telephone*) 7; **~ resfriado/a** to have a cold 9; **~ seguro/a (de)** to be sure (of) 11
la estatua statue
este, esta (*dem. adj.*) this; (*dem. pron.*) this one 4
el este east 12
el estéreo stereo
el estilo style
estimado/a esteemed, respected
esto this thing/issue 4
el estómago stomach 4
estornudar to sneeze 9
estos, estas (*dem. adj.*) these; (*dem. pron.*) these ones 4
la estrategia strategy
la estrella star 7
la estrofa stanza
el/la estudiante student 1
estudiar to study 2
el estudio study

la estufa stove 10; **~ eléctrica/de gas** electric/gas stove 10
estúpido/a stupid 3
la etapa stage
étnico/a ethnic
europeo/a European 1
evidente: es ~ it's evident 11
evitar to avoid
exactamente exactly
el examen test, exam 2; examination
exceder to exceed
la excursión excursion, side trip
la excusa excuse
exento/a exempt
la exhibición exhibition
exigente demanding
existir to exist
éxito: tener ~ to be successful
el éxodo exodus
la experiencia experience
la explicación explanation
explicar to explain 6
la exposición exhibition
la expresión expression
expulsar to expel, throw out
externo/a external, outside
extranjero/a (*adj.*) foreign; **el/la extranjero/a** foreigner
extrañar to miss (*someone or something*)
extrañarse to find strange
extraño/a strange

la fábrica factory
fabuloso/a fabulous
fácil easy
fácilmente easily 11
la facultad academic department 4; school of a university
la falda skirt 5
falso/a false
la falta lack; **hacer falta** to lack, miss
faltar: ~le a uno to lack; to be missing 8
la familia family 3
famoso/a famous 3
el fantasma ghost
fantástico/a fantastic, great; **es fantástico** it's fantastic 11
la farmacia pharmacy, drugstore 3
fascinar to fascinate; **~le a uno** to like a lot, to find fascinating 8; **Me fascina/n.** I love it/them. 5
favor: por ~ please 1
favorito/a favorite
el fax fax 12
febrero February 4
la fecha date 4; **¿Qué fecha es hoy?** What is the date today? 4
la felicidad happiness
felicitar to congratulate
feliz happy; **~ cumpleaños.** Happy birthday.
feo/a ugly 3
la fianza security deposit 10
la ficción fiction
la ficha record card; index card
la fiebre fever 9; **tener fiebre** to have a fever 9
fiel faithful, loyal
la fiesta party
la figura figure
la fila row, line
el filete fillet; sirloin

el fin end; **~ de semana** weekend 2; **al fin y al cabo** after all; **por fin** at last 7

el final ending; **al final de** at the end of

finalmente finally

fino/a fine, elegant

la firma signature

firmar to sign

flaco/a skinny 3

flamenco/a (adj.) Flemish; (n. m.) **el flamenco** Spanish dance

el flan Spanish egg custard 8

la flauta flute 12

el flautín piccolo

la flor flower

el folleto brochure, pamphlet

fomentar to promote, foster, encourage

el fondo bottom; background

formado/a formed

formar to form

el formulario form

fornido/a robust, stout

la fotografía photograph 2; photography; **sacar fotos** to take photos 2

el fracaso failure

la fractura fracture, break 9

francés/francesa French 1

franco/a frank, candid

la frase phrase

frecuencia: con ~ frequently, often 9

frecuente frequent

frecuentemente frequently 11

el fregadero kitchen sink 10

freír (e → i, i) to fry 11

frenar to brake 9

el freno brake 9

la fresa strawberry 11

fresco/a fresh; cool; **Hace fresco.** It's chilly. 4

el frijol bean 8

frío/a cold; **Hace frío.** It's cold. 4; **tener frío** to be cold 5

frito/a fried; **los huevos fritos** fried eggs 11

la frontera border

frustrado/a frustrated

frustrante frustrating

la fruta fruit 8

el fuego fire

la fuente fountain; source

fuerte strong

la fuerza strength, power, force

la fuga de cerebros brain drain

Fulano, Mengano y Zutano Tom, Dick, and Harry 10

fumar to smoke 7; **se prohíbe ~** no smoking

funcionar to function, work (machines), run (machines) 9

el/la fundador/a founder

funerario/a funeral, funerary

el funicular funicular (type of cable car)

el fusilamiento execution

el fútbol soccer 8; **~ americano** football 8

el futuro future

las gafas eyeglasses; **~ de sol** sunglasses 5

la galleta cookie 11; cracker 11

el/la ganador/a winner

ganar to win; to earn 8; to gain

ganas: tener ~ de + inf. to feel like + -ing 6

la ganga bargain

el garaje garage 10

la garganta throat

el gas gas (for cooking or heating) 10

la gaseosa soda

la gasolina gas (for an automobile) 9; **echarle gasolina al carro** to put gas in the car 9

la gasolinera gas station 9

gastar to spend

los gastos expenses 10

el gato cat

el/la gemelo/a identical twin

general: en ~ in general

generalmente generally 11

el género genre; gender

el/la genio genius

la gente people 3

la geografía geography 12

la geología geology

el/la geólogo/a geologist

el/la gerente manager

el gesto gesture

el/la gigante giant

el gimnasio gym 3

el/la gitano/a gypsy

el/la gobernador/a governor

el/la gobernante person in power, ruler, governor

el gobierno government

el gol goal (sports)

el golf golf 8

el golpe: ~ de estado coup d'état; **~ militar** military coup

gordo/a fat 3

la gorra cap 5

la gota (n.) drop 9

gozar to enjoy

la grabación recording

grabar to record

Gracias. Thank you. Pre.; **Muchas ~.** Thank you very much. Pre.; **Un millón de ~.** Thanks a lot. 4

gracioso/a funny

el grado degree; **Está a... grados (bajo cero).** It's . . . degrees (below zero). 4

graduarse to graduate

la gramática grammar

grande large, big 3; great

gratis free, of no cost

grave grave, serious

la gripe flu 9; **tener gripe** to have the flu 9

gris gray 5

gritar to shout, scream 6

el grupo group

el guante (de béisbol/de boxeo/de ciclismo) (baseball/boxing/bicycle racing) glove 8

guapo/a good-looking 3

guardar to keep, store

guatemalteco/a Guatemalan 1

la guayabera specific style of men's shirt worn in the tropics

la guerra war

el/la guía guide (person); **~ turístico/a** tour guide; **la guía** guidebook 4

el guion script

el güiro musical instrument made from a gourd

el guisante pea (Spain) 12

la guitarra guitar 2; **tocar ~** to play the guitar 2

gustar to like, be pleasing 2; **me/te/le gustaría** I/you/he/she would like 3; **No me gusta/n nada.** I don't like it/them at all. 5

el gusto taste; pleasure; **Mucho gusto.** Nice to meet you. 1

haber to have (aux. v.)

había (imperfect of **haber**) there was/there were 8

la habichuela green bean 8

la habitación room 2; **~ doble** double room 7; **~ individual** single room 7

el/la habitante inhabitant

habitar to inhabit

hablar to speak 2; **Habla...** It/This is . . . (telephone) 7; **¿Puede ~ más despacio, por favor?** Can you speak more slowly, please? (formal) 7; **¿Quién habla?** Who is speaking/calling? 7; **Quisiera ~ con..., por favor.** I would like to speak with . . . , please. 7

hace (weather): **~ buen tiempo.** It's nice out. 4; **~ calor.** It's hot. 4; **~ fresco.** It's chilly. 4; **~ frío.** It's cold. 4; **~ mal tiempo.** It's bad out. 4; **~ sol.** It's sunny. 4; **~ viento.** It's windy. 4

hacer to do 2; to make 3; **~ artesanías** to make crafts 11; **~ caso (de)** to pay attention (to); **~ clic** to click; **~ cola** to stand in line 12; **~ crucigramas** to do crossword puzzles 11; **~ escala** to make a stop 7; **~ falta** to lack, miss; **~ punto** to knit; **~ rompecabezas** to do jigsaw puzzles 11; **¿Cuánto tiempo hace que + preterit?** How long ago did you . . . ? 6; **¿Cuánto tiempo hace que + present?** How long have you . . . ? 6; **hace dos días/semanas/ meses/años** two days/weeks/ months/years ago 6

hacia toward 6

el hall (de entrada) entrance hall 10

hallar to find

el hambre (f.) hunger; **tener hambre** to be hungry 5

la hamburguesa hamburger

hasta until, up to 6; **~ luego.** See you later. Pre.; **~ mañana.** See you tomorrow. Pre.; **~ pronto.** See you soon.; **~ que** until

hay there is/there are 4; **~ que + inf.** one/you must + v. 11; **No ~ de qué.** Don't mention it., You're welcome. 1; **no ~ duda (de)** there's no doubt 11

el helado ice cream 8

la hembra female

el hemisferio hemisphere

heredar to inherit

la herencia heritage

la herida injury, wound 9

el/la herido/a injured man/woman

herir (e → ie, i) to hurt, injure

el/la hermanastro/a stepbrother/ stepsister 6

el/la hermano/a brother/sister 6
hervir (e → ie, i) to boil 11
el hielo ice 8; **los patines de hielo** ice
 skates 8
el hierro iron
el/la hijastro/a stepson/stepdaughter 6
el/la hijo/a son/daughter 6
el/la hincha fan 8
hispano/a Hispanic
hispanoamericano/a Hispanic American
la historia history 2; story
el hockey hockey 8
el hogar home; fireplace, hearth
la hoja leaf; sheet (*of paper*)
Hola. Hi. Pre.
el hombre man; **~ de negocios**
 businessman 1
el hombro shoulder 4
el homenaje homage, tribute
hondureño/a Honduran 1
honorífico/a honorable (*title of respect*)
honrado/a honest
la hora hour 5; **~ de llegada** time of
 arrival 7; **~ de salida** time of
 departure 7; **¿A qué hora...?** At
 what time . . . ? 5; **¿Qué hora es?**
 What time is it? 5
el horario schedule
el horizonte horizon
el horno oven; **~ (de) microondas**
 microwave oven 10
el hospedaje lodging
hospedar to lodge, give lodging
el hospital hospital 3
el hostal inn
el hotel hotel 7
hoy today 2; **~ (en) día** today;
 nowadays 12
el hoyo hole
el/la huérfano/a orphan
el huésped guest
el huevo egg 11; **los huevos (fritos/**
 revueltos/duros) (fried/
 scrambled/hard-boiled) eggs 11
humilde humble

la ida one way; **el pasaje de ida**
 one-way ticket 7; **el pasaje de**
 ida y vuelta round-trip ticket 7
la idea idea
la identidad identity
identificar to identify
el idioma language
la iglesia church 3
ignorante ignorant
igual equal, (the) same; **al ~ que** just
 like, whereas
Igualmente. Nice to meet you, too.
 (literally: *Equally*.) Pre.
iluminar to illuminate
la imagen image
imaginarse to imagine
impar odd (*number*)
el imperio empire
importante important; **es ~** it's
 important 10
importar to matter; **No importa.** It
 doesn't matter. 2
impresionante impressive
el impuesto tax 7
inca Incan; **el/la ~** Inca
incaico/a Incan
incierto/a uncertain

incluido/a included
incluir to include
indicar to indicate
el indicativo del país country code
 (*telephone*) 7
el índice index
indiferente indifferent, apathetic
indígena (*adj.*) indigenous; (*n.*)
 native/indigenous person 1
indio/a Indian 1; **el/la ~** Indian
 man/woman; **el/la ~ americano/a**
 American Indian
individual: la habitación ~ single
 room 7
la inestabilidad instability
inexplicable unexplainable
la infección infection 9
la influencia influence
influir to influence
el informe report
el/la ingeniero/a engineer 1
el inglés English language 2
inglés/inglesa (*adj.*) English
ingresar to check in (*hospital*); to put in
 (*PIN number*)
los ingresos income, revenue
iniciar to initiate, start
la injusticia injustice
inmediatamente immediately 11
el inodoro toilet 10
inofensivo/a harmless
inolvidable unforgettable
instalar to install
las instrucciones instructions, directions;
 Lee/Lean ~ . Read the instructions.
 Pre.
el instrumento instrument 12
integrar to make up; to integrate
inteligente intelligent 3
intentar to try
el intercambio exchange
interesar to interest
el/la Internet Internet 12; **navegar**
 por Internet to surf the
 Internet 12
interno/a internal
internado/a intern; boarder (*boarding*
 school); **estar ~** to be a patient
 (*hospital*)
interrumpir to interrupt
la introducción introduction
inútil useless
inventar to invent
la inversión investment
invertir (e → ie, i) to invest
la investigación research
el invierno winter 4
la invitación invitation
el/la invitado/a guest
invitar to invite 7
la inyección injection 9
ir to go; **~ a + *inf.*** to be going to
 (*do something*) 2; **~ de compras**
 to shop, go shopping 5; **~ en**
 barco/tren to go by boat/train 7
irlandés/irlandesa Irish 1
la isla island 12
el itinerario itinerary
la izquierda left-hand side; **a ~ (de)** to
 the left (of) 6

el jabón soap 2
jamás never

el jamón ham 11; **~ serrano** a country-
 style ham
el jarabe cough syrup 9
el jardín flower garden; lawn
la jardinería gardening 11
el/la jefe/a boss 10
la jornada work day
joven (*adj.*) young 3; **el/la joven** (*n.*)
 youth, young person
las joyas jewelry
la joyería jewelry store
la judía verde green bean 12
judío/a Jewish
el juego game; **~ de mesa** board game
 11; **~ electrónico** electronic/video
 game 11
el/la jugador/a player 8
jueves (*m.*) Thursday 2; **el ~** on
 Thursday 2; **los ~** on Thursdays,
 every Thursday 2
el/la juez judge
jugar (u → ue) to play (*a sport or*
 game) 5; **~ (al) ajedrez** to play
 chess 11; **~ (al) billar** to play
 billiards 11; **~ (a las) cartas** to
 play cards 11; **~ con juegos elec-**
 trónicos/videojuegos to play
 videogames 11; **~ juegos de mesa**
 to play board games 11; **~se la**
 vida to risk one's life 9
el jugo juice 11
el juguete toy
el juicio trial
julio July 4
junio June 4
junto/a together
la juventud youth

el kilómetro kilometer
el kleenex Kleenex, tissue 2

la (*f. sing.*) the 2
los labios lips 4
el lado side; **al lado (de)** beside 6; **por**
 otro lado on the other hand; **por**
 todos lados on all sides; **por un**
 lado on the one hand
ladrar to bark
el lago lake 12
la lágrima tear
la laguna lagoon, small lake
la lámpara lamp 2
la lana wool 5
la lancha boat; launch
el/la lanzador/a pitcher (*baseball*)
el lápiz pencil Pre.
largo/a long 3; **a lo largo de** alongside;
 larga distancia long distance 7
las (*f. pl.*) the 2
lástima: es una ~ it's a shame/pity;
 ¡Qué ~! What a shame! 11
lastimarse to hurt oneself 9
la lata (de aluminio) (aluminum) can
el lavabo bathroom sink 10
la lavadora washing machine 10
el lavaplatos dishwasher 10
lavar to wash 4
lavarse to wash up, wash (oneself) 4:
 ~ las manos to wash one's
 hands 4
el lavavajillas dishwasher
la lección lesson

la leche milk 2

la lechuga lettuce 8

la lectura reading

leer to read 2; **Lee/Lean las instrucciones.** Read the instructions. Pre.

las legumbres vegetables, legumes 8

lejos (de) far (from) 6

la lengua tongue 4; language

el lenguaje language

la lenteja lentil 8

los lentes de contacto (blandos/duros) (soft/hard) contact lenses

lento/a slow

el letrero sign

levantar to lift

levantarse to stand up Pre.; to get up 4; **Levántate./Levántense.** Stand up. Pre.

la ley law

la leyenda legend

libre free (*with nothing to do*)

la librería bookstore 8

el libro book Pre.; **Abre/Abran ~ en la página...** Open your book to page . . . Pre.; **Cierra/Cierren ~.** Close your book. Pre.

la licencia de conducir driver's license 9

ligero/a light; slight

limitar con to border on

el limpiaparabrisas windshield wiper 9

limpiar to clean 8

lindo/a pretty

la línea line; **~ aérea** airline 7; **~ ecuatorial** equator; **los patines en línea** inline skates 8

lío: ¡Qué ~! What a mess! 9

la lista list

listo/a: estar ~ to be ready 3; **ser ~** to be clever 3

la literatura literature 2

el litoral shore (*of an ocean*)

la llamada telephone call; **~ a cobro revertido/para pagar allá** collect call; **~ de larga distancia** long-distance call 7; **~ local** local call 7

llamar to call; to phone; **~ a (alguien)** to call (someone) 2; **~ la atención** to call attention to

llamarse to be called, named 1; **Me llamo...** My name is . . . Pre.

la llanta tire 9

la llave key 9

la llegada arrival 7; **la hora de llegada** time of arrival

llegar to arrive 6; **~ a tiempo** to arrive on time 7; **~ con retraso** to arrive late 7

llenar to fill, fill out

lleno/a full

llevar to carry, take along 2; to wear 5; **~ a cabo** to accomplish; **~le la contraria a alguien** to disagree with someone; **~se bien/mal (con alguien)** to get along/not to get along (with someone)

llorar to cry 6

llover (o → ue) to rain 4; **Llueve.** It's raining. 4

la lluvia rain

lo que what (the thing that)

Lo siento. I'm sorry. 7

loco/a crazy 3; **estar ~** to be crazy 3; **¡Ni ~!** Not on your life!

el/la locutor/a commentator (*radio/TV*)

lograr to get, obtain; to achieve

los the (*m. pl.*) 2

las luces headlights 9; lights

la lucha fight, struggle

luego then, later (on) 5; **desde ~** of course; **Hasta ~.** See you later. Pre.

el lugar place 2; **en lugar de** instead of, in place of

lujoso/a luxurious

la luna moon; **~ de miel** honeymoon 6

lunares: de ~ polka-dotted 5

lunes (*m.*) Monday 2; **el ~** on Monday 2; **los ~** on Mondays, every Monday 2

la luz electricity; light 10

el macho male

la madera wood

la madrastra stepmother 6

la madre mother 1; **~ patria** motherland (*refers to Spain*)

la madrina godmother; maid of honor (*in a wedding*)

la madrugada wee hours of the morning

el/la maestro/a teacher

mago: los Reyes Magos the Three Wise Men

el maíz corn 8

majestuoso/a majestic

mal lousy, awful Pre.

la maleta suitcase 7; **las maletas** luggage

malo/a bad 3

la mamá mom, mother 1

mami mom, mommy

mandar to send 6; to command

el mandato command

manejar to drive (*Latin Am.*) 7

la manera way, manner

la manga sleeve 5

la mano hand 4; **de segunda mano** secondhand, used 10

mantener to maintain

la mantequilla butter 11

la manzana apple 11; (city) block (*Spain*)

mañana tomorrow 2; **Hasta ~.** See you tomorrow. Pre.; **la ~** morning 2; **por la ~** in the morning 2

el mapa map

maquillarse to put on make-up 4

la máquina machine; **~ de afeitar** electric razor 2; **~ de escribir** typewriter; **~ de fotos** camera

el mar sea 12

maravilloso/a wonderful

la marca brand

marcar to mark; to dial; **~ directo** to dial direct 7; **~ un gol** to score a goal/point

mareado/a: estar ~ to be dizzy 9

el mariachi mariachi musician

el marido husband

los mariscos shellfish

marrón brown 5

martes (*m.*) Tuesday 2; **el ~** on Tuesday 2; **los ~** on Tuesdays, every Tuesday 2

marzo March 4

más more 2; **¿Algo ~?** Something/Anything else? 12; **~ de +** *number* more than + *number* 12; **~ +** *n./adj./v.* **+ que** more . . . than 12; **~ o menos.** So-so. Pre.; more or less 1; **~ tarde** later 5

la máscara mask; costume

la mascota pet

matar to kill

el mate mate (*refers to the tea made from the leaves of the yerba mate plant, and the cup/gourd to drink it out of*)

las matemáticas mathematics 2

la materia class; subject; material

el material: ¿De qué material es? What material is it made of? 5

la matrícula license plate 9; tuition

matrimonial: la cama ~ double bed

el matrimonio marriage

mayo May 4

mayor old (*person*), older 3; older (*person*) 6; greater (+ *noun*) 12; **la ~ parte de** most of

la mayoría majority

la mazorca (de maíz) corn on the cob

el/la mecánico/a mechanic

la media sock 5; **las medias** socks; stockings 5

mediados middle, halfway through

la medialuna croissant 11

mediano/a average

la medianoche midnight 5

las medias stockings; socks 5

el medicamento medication 9

la medicina medicine 9

el/la médico/a doctor 1

medio/a half; **el asiento del medio** center seat (*in a plane*) 7; **la Edad Media** Middle Ages; **en medio de** in the middle of; **Es la una y media.** It's one thirty. 5; **media hora** half an hour 5; **media pensión** breakfast and one meal included 7; **el medio ambiente** environment; **el medio de transporte** means of transportation 7; **medio tiempo** part-time; **los medios de comunicación** mass media

el mediodía noon 5

medir (e → i, i) to measure

mejor better 12; **a lo ~** perhaps 8; **es ~** it's better 10

mejorar to improve, make better

mejorarse to recover, get better

el melocotón peach; peach tree

el melón melon

la memoria memory

memorizar to memorize

mencionar to mention

menor younger 6; lesser (+ *noun*) 12

menos less; **~ de +** *number* less than/fewer than + *number* 12; **a ~ que** unless; **Es la una ~ cinco.** It's five to one. 5; **más o ~.** So-so. Pre.; more or less 1; **por lo ~** at least

el mensaje message; **¿Le puedo dejar/Puedo dejarle un mensaje?** Can I leave a message for him/her? 7; **~ electrónico** email 12

el/la mensajero/a messenger

mensual monthly
la mente mind
mentir (**e → ie, i**) to lie 7
la mentira lie
el menú menu 8
menudo: a ~ often, frequently 9
meñique: el dedo ~ little finger
el mercadeo marketing
el mercado market; **~ consumidor** consumer market
la mermelada marmalade 11
el mes month 4; **~ pasado** last month 6; **todos los meses** every month 9
la mesa table 2; **poner ~** to set the table 8
mestizo/a of mixed Indian and European blood
la meta goal
meter la pata to meddle, interfere (literally: *to put one's foot in it*)
el método method
el metro subway 7
mexicano/a Mexican 1
la mezcla mixture
mezclar to mix
mí (*after a preposition*) me 6
mi my 1
el miedo fear; **tener miedo** to be scared 5
el miembro member
mientras while 9; **~ tanto** meanwhile 11
miércoles (*m.*) Wednesday 2; **el ~** on Wednesday 2; **los ~** on Wednesdays, every Wednesday 2
mil one thousand 6
el milagro miracle
la milla mile
un millón one million 6; **~ de gracias.** Thanks a million. 4
el mínimo minimum
ministro/a: el/la primer/a ~ prime minister
la minoría minority
el minuto minute 5
mío/a (*adj.*) mine; **el/la ~** mine
mirar to look (at); to watch 2; **~ a (alguien)** to look at (someone) 2; **Mira/Miren el ejercicio/la actividad...** Look at the exercise/the activity . . . Pre.
la misa mass (*church service*)
el/la mismo/a the same; **ahora mismo** right now 9
el misterio mystery
misterioso/a mysterious
la mitad half
el mocetón/la mocetona robust youth
la mochila backpack 2
la moda fashion, trend; **el desfile de modas** fashion show; **estar de moda** to be in style 5
los modales manners
el modelo model, example; **el/la modelo** (fashion) model
modificar to modify, alter
el modo manner, way
el mole (poblano) black chili sauce
molestar to bother; **~le a uno** to be bothered by, find annoying 8
momento: un ~ just a moment
el monaguillo altar boy

la moneda currency; coin; **coleccionar monedas** to collect coins 11
la monja nun
el monstruo monster
la montaña mountain 12
montar to ride; **~ en bicicleta/moto** to ride a bicycle/motorcycle 7; **~ en carro** to ride in a car
morado/a purple 5
morder (**o → ue**) to bite
moreno/a brunet/te; dark-skinned 3
morir/se (**o → ue, u**) to die 5
el/la moro/a Moor; Moslem
la mosca fly
mostrar (**o → ue**) to show
motivar to motivate
la moto/motocicleta motorcycle 7
el motor engine 9
el móvil cell phone 2
el mozo waiter; young man
el MP3; el reproductor de MP3 MP3 player 2
el/la muchacho/a boy/girl, young man/woman
mucho/a (*adj.*) a lot (of) 2; **Mucho gusto.** Nice to meet you. 1; **muchos/as** many 3; **Muchas gracias.** Thanks very much. Pre.; **muchas veces** many times 9
mudarse to move (*change residence*)
los muebles furniture 10
la muerte death
muerto/a dead
la mujer woman; **~ de negocios** businesswoman 1
mulato/a of mixed African and European blood
la multa fine (*parking, speeding*); **ponerle una multa (a alguien)** to give (someone) a ticket 9; **me puso una multa (por exceso de velocidad)** I got a (speeding) ticket 9
mundial: la Copa ~ World Cup (*soccer*)
el mundo world; **todo ~** everybody, everyone
la muñeca doll; wrist
el museo museum 3
la música music 2
muy very 3; **¡~ bien!** Very well! Pre.

nacer to be born
nacido/a born
el nacimiento birth
la nación nation
la nacionalidad nationality; **¿De qué nacionalidad eres/es?** What is your/his/her nationality? 1
nada nothing 6; **De ~.** You're welcome. Pre.
nadar to swim 2
nadie no one 6
el nailon nylon 5
las nalgas buttocks, rear end 4
la naranja orange 11
la nariz nose 4
narrar to narrate
natal native
la naturaleza nature
la náusea nausea 9; **tener náuseas** to feel nauseous 9
navegable navigable

navegar to sail; **~ por Internet** to surf the Net 2
la Navidad Christmas
necesario/a necessary; **es necesario** it's necessary 10
necesitar to need 3
el negocio business; **el hombre/la mujer de negocios** businessman/woman 1
negrita: en ~ in boldface type
negro/a black 5
nervioso/a nervous
nevar (**e → ie**) to snow 4; **Nieva.** It's snowing. 4
la nevera refrigerator 10
ni: ~ ... ~ neither . . . nor 12; **~ siquiera** not even
nicaragüense Nicaraguan 1
el/la nieto/a grandson/granddaughter 6
la nieve snow
el nilón nylon 5
ningún/ninguno/a (not) any; none; no one 10
el/la niño/a boy/girl
el nivel level
no no 1; **¿~ ?** right?, isn't it? 1; **~ hay de qué.** You're welcome., Don't mention it. 1; **~ importa.** It doesn't matter. 2; **¡~ me digas!** No kidding! 5; **~ sé.** I don't know. Pre.; **~ te preocupes.** Don't worry. 3; **~ tengo idea.** I have no idea. 3
la noche night, evening 2; **Buenas noches.** Good evening. Pre.; **por ~** at night 2
la Nochebuena Christmas Eve
nombrar to name
el nombre name; **~ de pila** first name 1; **~ de usuario** username 12
el norte north 12
nosotros/as we; us 1
la nota note; grade 2; **sacar buena/mala nota** to get a good/bad grade 2
notar to note, notice
la noticia news item; **las noticias** news 7
novecientos nine hundred 6
la novela novel 2
noveno/a ninth 10
noviembre November 4
el/la novio/a boyfriend/girlfriend 2; fiancé/fiancée; groom/bride 6
nublado: Está ~. It's cloudy. 4
nuestro/a our 2; **el/la ~** ours
nuevo/a new 3
numerar to number
el número number; shoe size 5; **~ de clave** PIN number 12; **Tiene ~ equivocado.** You have the wrong number. (*formal*) 7
nunca never 6

o or 2; **~ ... ~** either . . . or 12; **~ sea** that is to say 10
el obispo bishop
el objeto object
la obra work
obstruir to obstruct
obtener to obtain
obvio/a: es obvio It's obvious 11

ocasionar to cause
el océano ocean 12
ochocientos eight hundred 6
el ocio idleness, inactivity, leisure
octavo/a eighth 10
octubre October 4
la ocupación occupation 1
ocupado/a busy
ocupar to fill (*a position*); to occupy
ocurrir to happen, occur 6
odiar to hate 7
el oeste west 12
la oficina office 3
ofrecer to offer
el oído inner ear 4
oír to hear 7; **¡Oye!** Hey!, Listen! 1
ojalá (que) + *subj.* I hope that . . . 10
el ojo eye 4; **Cuesta un ojo de la cara.** It costs an arm and a leg. (literally: *It costs an eye of my face.*) 5; **¡Ojo!** Watch out!
la ola wave
la olla pot 11
olvidar to forget
opcional optional
el/la operador/a operator
oponer to oppose
la oración sentence
el orden order (*sequence*); **la orden** order (*command*)
el ordenador computer (*Spain*)
ordenar to arrange, put in order
la oreja ear 4
la Organización de las Naciones Unidas United Nations
organizar to organize
el orgullo pride
orgulloso/a proud
el origen origin Pre.
el original original
la orilla shore
el orisha god of Yoruba origin
el oro gold; **de oro** made of gold
la orquesta orchestra 12
oscuro/a dark 5
la ostra oyster; **aburrirse como una ostra** to be really bored (literally: *to be bored like an oyster*) 8
el otoño fall, autumn 4
otro/a other; another 3; **el uno al otro** (to) each other; **otra vez** again
¡Oye! Hey!, Listen! 1

el/la paciente patient
padecer de to have, suffer from (*an illness*)
el padrastro stepfather 6
el padre father 1; priest; **los padres** parents 1
los padrinos best man and maid of honor; godparents
pagar to pay (for) 6
la página page Pre.; **Abre/Abran el libro en ~ ...** Open your book to page . . . Pre.; **¿En qué página, por favor?** What page, please? Pre.
el pago payment
el país country
el paisaje landscape
el paisajismo landscape painting
la palabra word; **en sus/tus propias palabras** in his/her/your own words
el palo de golf golf club 8

la pampa Argentine prairie
el pan bread 8
panameño/a Panamanian 1
la pandereta tambourine
los pantalones pants 5; **~ cortos** shorts 5
la pañoleta scarf
el pañuelo (*women's*) scarf 5; handkerchief 5
la papa potato 8; **las papas fritas** potato chips 2; French fries 8; **el puré de papas** mashed potatoes 8
el papá dad, father 1; **los papás** parents 6
el papel paper Pre.; role
papi dad, daddy
el paquete package 12
par (*adj.*) even (*number*); **un par (de)** a pair (of)
para for; **~ colmo** to top it all off 11; **~ + *inf.*** in order to + *v.*; **~ que** in order that; **¿~ qué?** for what (purpose)? 5; **¿~ quién?** for whom? 5
el parabrisas windshield 9
el paracaídas parachute
la parada stop
el parador inn, hotel
paraguayo/a Paraguayan 1
parar to stop
parecer to seem 8
parecido/a similar
la pared wall
la pareja couple; lovers (*positive connotation*); significant other; pair; dance partner
el/la pariente relative 6
el parque park 3
el párrafo paragraph
la parte: De parte de... It/This is . . . (*telephone*) 7; **¿De parte de quién?** Who is calling? 7; **por mi parte** as far as I'm concerned
participar to participate
particular private
el partido game, match 8; **~ político** political party
partir: a ~ de starting from
pasado/a: el (sábado/mes/año) pasado last (Saturday/month/year) 6; **la semana pasada** last week 6
el pasaje (plane) ticket 7; **~ de ida** one-way ticket 7; **~ de ida y vuelta** round-trip ticket 7
el/la pasajero/a passenger 7
el pasaporte passport 1
pasar to spend (*time*) 11; to happen, occur; **~ por** to pass by/through; **~ tiempo con amigos** to hang out with friends 11; **~lo bien/mal** to have a good/bad time; **¿Qué pasa?** What's up?; **¿Qué pasa si...?** What happens if . . . ?
el pasatiempo pastime, hobby 11
la Pascua Florida Easter
pasear to take a walk
el paseo: dar un paseo to take a walk
el pasillo hallway 10; **el asiento de pasillo** aisle seat 7
el paso step
la pasta de dientes toothpaste 2
el pastel cake 8
la pastilla pill 9

la pata paw, foot
la patata potato (*Spain*) 2; **las patatas fritas** potato chips 2; French fries 8
paterno/a paternal 6
patinar to skate 8
los patines: ~ de hielo ice skates 8; **~ en línea** inline skates 8
la patria homeland
el patrimonio heritage
paulatinamente slowly
el pavo turkey 8
la paz peace
el pedido request
pedir (e → i, i) to ask for 5
peinarse to comb one's hair 4
el peine comb 2
la pelea fight
pelearse (con) to fight (with)
la película movie 2
el peligro danger; **en peligro** in danger
peligroso/a dangerous
el pelo hair 4; **tomarle ~ (a alguien)** to pull someone's leg (literally: *to pull someone's hair*); **cepillarse ~** to brush one's hair 4
la pelota (small) ball 8
la peluquería hair salon
la pena grief, sorrow; **(No) vale ~ + *inf.*** It's (not) worth + -ing. 9; **es una pena** it's a pity 11; **¡Qué pena!** What a pity! 11
el pendiente earring
el pensamiento thought
pensar (e → ie) to think 5; **~ en** to think about 5; **~ + *inf.*** to plan to + *v.* 5
la pensión boarding house; **la media pensión** breakfast and one meal included 7; **la pensión completa** all meals included 7
peor worse 12
pequeño/a small 3
la percepción extrasensorial ESP
perder (e → ie) to lose 5; **~ la conexión** to lose the connection 12; **~ el autobús/el avión/etc.** to miss the bus/plane/etc.
perdido/a lost
Perdón. Excuse me. 6
Perdone. I'm sorry./Excuse me.
perezoso/a lazy
perfecto/a perfect
el perfume perfume 2
el periódico newspaper 2
el/la periodista journalist 1
permanecer to stay, remain
el permiso permission; **~ de conducir** driver's license 9
pero but 1
el perro dog
la persona person 1
el personaje character (*in a book*)
la personalidad personality
personalmente personally
pertenecer a to belong to
peruano/a Peruvian 1
las pesas weights (*exercise equipment*) 8
pesado/a heavy
pesar to weigh; **a ~ de que** in spite of
la pesca fishing
el pescado fish 8
pescar to fish 11
el peso weight

el petardo firecracker
el petróleo oil
el piano piano 2; **tocar ~** to play the piano 2
picante spicy
el pie foot 4
la piedra rock, stone
la piel skin, hide
la pierna leg 4
la pieza piece
la pila (flashlight, AAA, C) battery; **el nombre de pila** first name 1
la píldora pill 9
el/la piloto pilot
el pimentero pepper shaker 8
la pimienta pepper (*seasoning*) 8
el pimiento (bell) pepper
pintar to paint 11
el/la pintor/a painter
pintoresco/a picturesque
la pintura painting
el piropo flirtatious remark
pisar to step on
la piscina pool 3
el piso floor 10
la pista clue; **~ de aterrizaje** landing strip
la pizarra chalkboard
la placa license plate 9
el placer pleasure
el plan plan; diagram
planear to plan
el plano diagram
la planta plant 2; **~ baja** first or ground floor
la plata slang for "money" (literally: *silver*) 10; **de plata** made of silver
el plátano plantain; banana
la plática chat (*Mexico*)
el plato course 8; plate, dish 8; **el primer/segundo plato** first/second course 8
la playa beach 3
la plaza plaza, square 3
la pluma pen
la población population
poblado/a populated
pobre poor
la pobreza poverty
poco/a (*adj.*) few, not much/many 3; **poco** (*adv.*) a little 3; **dentro de ~** in a while; **poco a poco** little by little; **un poco** a little bit
el poder power; **~ adquisitivo** purchasing power
poder (o → ue) to be able, can 5; **¿Podrías** + *inf.*? Could you . . . ? 4; **¿Puede decirme cómo...?** Can you tell me how . . . ?; **¿Puede hablar más despacio, por favor?** Can you speak more slowly, please? 7; **No puedo más.** I can't take it/eat/do it anymore. 11
poderoso/a powerful
la poesía poem 11; poetry
el polar fleece
el policía/la (mujer) policía police officer 1; **la policía** police force
político/a in-law 6; **hermano/a político/a** brother-/sister-in-law 6; **el/la político/a** politician
el polvo dust
el pollo chicken 8

poner to put, place 3; **~ la mesa** to set the table 8; **~le una multa (a alguien)** to give (someone) a ticket 9
ponerse: ~ al día to bring up to date; **~ de moda** to become fashionable; **~ de pie** to stand up; **~ rojo/a** to blush; **~ la ropa** to put on one's clothes 4
por for; by 5; **~ algo será.** There must be a reason.; **¡~ el amor de Dios!** For heaven's sake! (literally: *For the love of God!*) 10; **~ aquí** around here; **~ avión** by airmail; by plane; **~ barco** by boat; **~ cierto** by the way; **~ ejemplo** for example; **~ eso** therefore, that's why, because of this 2; **~ favor** please Pre.; **~ fin** at last, finally 5; **~ un lado** on the one hand; **~ lo general** in general; **~ lo menos** at least; **~ lo tanto** therefore 8; **~ la mañana** in the morning 2; **~ mi parte** as far as I'm concerned; **~ la noche** in the evening 2; **~ otro lado** on the other hand; **~ (pura) casualidad** by (pure) chance; **¿~ qué?** why? 3; **~ si acaso** (just) in case; **~ suerte** luckily; **~ supuesto.** Of course. 2; **~ todos lados** on all sides; **~ la tarde** in the afternoon 2; **~ tren** by train; **~ última vez** for the last time 7
el porcentaje percentage
porque because 3
portátil portable
el portero doorman; janitor 10; goalkeeper
portugués/portuguesa Portuguese 1
la posesión possession 1
el posgrado graduate studies
posible possible 7; **es ~** it's possible 11
posiblemente possibly 11
postal: la (tarjeta) ~ postcard 12
el postre dessert 8
la práctica practice
practicar to practice
el precio price 5
precolombino/a pre-Columbian
predecir to predict
la preferencia preference
preferir (e → ie, i) to prefer 5
el prefijo prefix; (*telephone*) area code 7
la pregunta question
preguntar to ask (*a question*) 6; **(Vicente), pregúntale a (Ana)...** (Vicente), ask (Ana) . . . Pre.
preguntarse to wonder
el premio prize
la prenda item of clothing
preocupado/a worried 3
preocuparse to worry; **No te preocupes.** Don't worry. 3
preparar to prepare
la presentación introduction
presentado/a presented
presidencial presidential
el presidente/la presidenta president
la presión pressure
prestar atención (a) to pay attention (to)
prever to foresee
previo/a previous

la prima bonus
la primavera spring 4
primer/o/a first 10; **el primer apellido** first last name (father's name) 1; **el primer plato** first course 8
primero (*adv.*) first 5
el/la primo/a cousin 6
el principio beginning
prisa: tener ~ to be in a hurry
probable: es ~ it's probable 11
probablemente probably 11
probar (o → ue) to taste (*food*) 11
probarse (o → ue) to try on (*clothes*) 5
el problema problem 2
la procedencia (point of) origin
procedente de coming from, originating in
producir to produce 3
el/la profesor/a teacher 1
el programa program 2
el/la programador/a de computadoras computer programmer 1
prohibirle (a alguien) to prohibit 10
el promedio average
la promesa promise
prometer to promise
pronto soon
la propaganda advertising
el/la propietario/a owner
la propina tip, gratuity 7
propio/a own; **en sus/tus propias palabras** in his/her/your own words
proponer to propose
el/la protagonista main character
proteger to protect
provenir (de) to come (from)
la provincia province
próximo/a next
el proyecto project
la prueba quiz
la psicología psychology 2
el/la psicólogo/a psychologist
el público audience
el pueblo town, village 12; people
el puente bridge 12
la puerta door; **~ (de salida) número...** (departure) gate number . . . 7
el puerto port 12
puertorriqueño/a Puerto Rican 1
pues well (then)
el puesto job, position
la pulgada inch
pulsar to push
el punto point; **dos puntos** colon (*as in email address*) 12; **hacer punto** to knit
la pupila pupil (*of the eye*)
el puré de papas mashed potatoes 8

que that, who
¿qué? what? 1; **¡~ + adj.!** How + adj.! 4; **¡~ + n. + más + adj.!** What a + adj. + n.! 6; **No hay de ~.** Don't mention it., You're welcome. 1; **¡~ barbaridad!** How awful!; **¡~ (buena) suerte!** What (good) luck! 11; **¡~ chévere!** Great! (*Caribbean expression*) 12; **¡~ cursi!** How tacky! 12; **¿~ fecha es hoy?** What is the date today? 4; **¿~ hace?** What does

he/she do? 1; **¿~ hay?** What's up? 1; **¿~ hora es?** What time is it? 5; **¡~ lástima!** What a shame! 11; **¡~ lío!** What a mess! 9; **¡~ mala suerte!** What bad luck! 11; **¿~ pasa?** What's up?; **¿~ pasa si...?** What happens if . . . ?; **~ pena** what a pity 11; **¿~ quiere decir...?** What does . . . mean? Pre.; **¿~ tal?** How are you? (*informal*) Pre.; **¿~ tiempo hace?** What's the weather like? 4; **¡~ va!** No way! 9

quedar: Te queda bien. It looks good on you., It fits you well. 5

quedarse en + *place* to stay in + *place* 7

la queja complaint

quejarse to complain 9

quemar to burn

quemarse to burn oneself 9

querer (e → ie) to want 5; **~ a alguien** to love someone 5; **quisiera/quisiéramos** I/we would like 7; **Quisiera hablar con..., por favor.** I would like to speak with . . . , please. 7

querido/a dear (*term of endearment*)

el queso cheese 8

quien who; **de ~** about whom

¿quién? who? (*pl.*) 1; **¿De parte de ~?** Can I ask who is calling? 7; **¿De ~?** Whose? 2; **¿~ habla?** Who is speaking/calling? 7

¿quiénes? who? (*pl.*) 1

químico/a (*adj.*) chemical; **la química** chemistry

quinientos five hundred 6

quinto/a fifth 10

quisiera I would like 7; **~ dejarle un mensaje.** I would like to leave him/her a message. 7; **~ hablar con..., por favor.** I would like to speak to . . . , please. 7

quisiéramos we would like 7

quitar to remove; to take away

quitarse la ropa to take off one's clothes 4

quizás + *subj.* perhaps, maybe 11

el/la radio radio 2

la radiografía X-ray 9

la raíz root

la ranchera Mexican country song

rápido/a fast

rápidamente rapidly 11

la raqueta racquet 8

el rascacielos skyscraper

el rasgo trait, characteristic

el rato period of time

el ratoncito tooth fairy

la raya stripe; **de rayas** striped 5

el rayón rayon 5

la raza race, ancestry

la razón reason; **tener razón** to be right

real royal; true

la realidad reality; **en realidad** really, actually

realizar to accomplish

realmente really

la rebaja discount, sale

rebelde (*adj.*) rebellious; (*n.*) rebel

la recámara bedroom (*Mexico*)

la recepción front desk 7

el/la recepcionista receptionist 1

la receta recipe; **~ médica** prescription 9

recibir to receive 2

el reciclaje recycling

reciclar to recycle

recién recently, newly

reciente recent

el recipiente bowl, container 11

el reclamo complaint

recoger to pick up, gather

recomendación: la carta de ~ letter of recommendation

recomendarle (e → ie) (a alguien) to recommend (to someone)

reconocer to recognize

recordar (o → ue) to remember

el recorrido route

recreativo/a recreational

recto/a straight

el recuerdo memory; memento

el recurso resource

la red the Web 12

la redacción composition; editorial office

redondo/a round

referir/se (e → ie, i) to refer to

el reflejo reflection; reflex

el refrigerador refrigerator 10

el refrán proverb, saying

el/la refugiado/a refugee

regalar to give a present 6

el regalo present, gift 6

regatear to haggle over, bargain for

la regla rule

regresar to return 2; **~ (a casa)** to return (home) 2

regular not so good Pre.

rehusar to refuse

la reina queen

la relación relation

relacionado/a related

relativamente relatively

rellenar to fill out

el reloj watch; clock 2

el remite return address 12

repente: de ~ suddenly 6

repetir (e → i, i) to repeat 7; **Repite./Repitan.** Repeat. Pre.

el/la reportero/a reporter

el reposo rest

representar to represent

el reproductor: ~ de DVD DVD player 2

requete +*adj.* really/extremely + *adj.* 6

el requisito requirement

res: la carne de ~ beef 8

la reseña description; critique, review

la reserva reservation 7

resfriado/a: estar ~ to have a cold 9

resfrío: tener ~ to have a cold

la residencia (estudiantil) dormitory 1

respetar to respect 7

respirar to breathe

responder to answer, respond

la responsabilidad responsibility

la respuesta answer Pre.; **(María), repite ~, por favor.** (María), repeat the answer, please. Pre.; **No sé ~.** I don't know the answer. Pre.

el restaurante restaurant 3

el resto rest, remainder

el resultado result; **como resultado** as a result 8

el resumen summary

resumir to summarize

retirar to take away

el retraso delay 7

el retrato portrait

retroceder to recede, go back

retrovisor: el espejo ~ rearview mirror

reunirse to meet, to get together

revertido: la llamada a cobro ~ collect call

revés: al ~ backward

revisar to check 9

la revista magazine 2

revolver (o → ue) to mix 11

revuelto/a scrambled; **los huevos revueltos** scrambled eggs 11

el rey king; **los reyes** king and queen; **los Reyes Magos** the Three Wise Men

rico/a rich

el río river 12

la riqueza wealth, riches, richness

el ritmo rhythm

robar to steal

rodilla knee 4

rojo/a red 5; **ponerse ~** to blush

el rompecabezas: hacer rompecabezas to do jigsaw puzzles 11

romper to break 9

romperse (una pierna) to break (a leg) 9

el ron rum

la ropa clothes 4; clothing 5; **~ interior** men's/women's underwear 5; **ponerse ~** to put on one's clothes 4; **quitarse ~** to take off one's clothes 4

el ropero armoire, closet 10

rosa pink 5

rosado/a pink 5

rubio/a blond/e 3

la rueda wheel; **los patines de ruedas** roller skates 8

el ruido noise

la ruina ruin

la ruta route

sábado Saturday 2; **el ~** on Saturday 2; **los sábados** on Saturdays, every Saturday 2

saber to know (*facts/how to do something*) 4; **¿Sabe(s) dónde está...?** Do you know where . . . is?; **No sé (la respuesta).** I don't know (the answer). Pre.

la sabiduría learning, knowledge

sabroso/a tasty, delicious

sacar to get a grade 2; to take out 6; **~ la basura** to take out the garbage; **~ buena/mala nota** to get a good/bad grade 2; **~ dinero del banco** to withdraw money from the bank; **~ fotos** to take pictures 2; **Saca/Saquen papel/bolígrafo/lápiz.** Take out paper/a pen/a pencil. Pre.

el sacerdote priest

el saco sports coat 5

sagrado/a sacred

la sal salt 8

la sala living room 10; **~ de emergencia** emergency room

la salchicha sausage 11

el salero salt shaker 8

la salida departure 7; **la hora de salida** time of departure; **la puerta de salida** departure gate 7

salir to leave; to go out 2; **~ con (alguien)** to date, go (out) with (someone) 3; **~ de** to leave (*a place*) 6; **Te va a ~ caro.** It's going to cost you. 8

el salón hall, room for a large gathering; formal living room

la salsa style of Caribbean music; sauce

saltar to jump

el salto waterfall; jump, dive

la salud health 9; **tener buena salud** to be in good health 9

el saludo greeting Pre.

salvadoreño/a Salvadoran 1

salvar to save, rescue

las sandalias sandals 5; **~ de playa** flip-flops 5

el sándwich sandwich 2

sangrar to bleed 9

la sangre blood 9

la sangría sangria (*a wine punch*) 2

el/la santo/a saint; **el santo patrón/la santa patrona** patron saint

el/la sartén frying pan 11

satisfecho/a satisfied

el saxofón saxophone 12

se come bien... they/people/one eats well . . . 5

el secador hair dryer

la secadora clothes dryer 10

secar to dry

seco/a dry

la sección section

el/la secretario/a secretary 1

el secreto secret

secundario/a secondary

sed: tener ~ to be thirsty 5

la seda silk 5

la sede headquarters

seguida: en ~ at once, right away

seguir (e → i, i) to follow 7; **~ derecho** to keep going straight

según according to

el segundo second (*part of a minute*) 5

segundo/a second 10; **de segunda mano** secondhand, used 10; **el segundo apellido** second last name (mother's maiden name) 1; **el segundo plato** second course 8

la seguridad security; safety

seguro/a safe; **estar ~ (de)** to be sure (of) 11

los seguros insurance (*medical*)

seiscientos six hundred 6

seleccionar to select

el sello stamp 12

la selva jungle 12

la semana week 2; **~ pasada** last week 6; **~ que viene** next week 2; **Semana Santa** Holy Week

la semejanza similarity

la semilla seed

sencillamente simply

sencillo/a simple, easy; **la habitación sencilla** single room 7

la sensación feeling 5

sensato/a sensible

sensible sensitive

sentado/a seated

sentarse (e → ie) to sit down 5; **Siéntate./Siéntense.** Sit down. Pre.

el sentido sense, feeling

el sentimiento feeling

sentir (e → ie, i) to feel; to be sorry 11; **Lo siento.** I'm sorry. 7

sentirse (e → ie, i) to feel 7

la señal signal 7; **No tengo señal.** I don't have a signal. (*cell phone*) 7

señalar to indicate, point out

señor/Sr. Mr. Pre.; **el señor** the man 1

señora/Sra. Mrs., Ms. Pre.; **la señora** the woman 1

señorita/Srta. Miss, Ms. Pre.; **la señorita** the young woman 1

separar to separate

septiembre September 4

séptimo/a seventh 10

ser to be 1; **~ + de** to be from 1; **~ + de + *material*** to be made of + *material* 5; **~ + *nationality*** to be + *nationality* 1; **~ celoso/a** to be jealous; **~ listo/a** to be clever 3; **~ soltero/a** to be single 6; **Es la/Son las...** It's . . . (*time*) 5; **Resultó ~ ...** It/He/She turned out to be . . . ; **Somos dos.** There are two of us. 11

el ser humano human being

la serpiente snake

serrano: el jamón ~ a country-style ham

la servilleta napkin 8

servir (e → i, i) to serve 5; **¿En qué puedo ~le?** How can I help you?

setecientos seven hundred 6

el sexo sex

sexto/a sixth 10

si if 3

sí yes 1; **~, cómo no.** Sure. 7

siempre always 3

Siéntate./Siéntense. Sit down. Pre.

el siglo century

el significado meaning

significar to mean

siguiente following

silenciosamente silently

la silla chair 2; **~ de ruedas** wheelchair

el sillón easy chair, armchair 10

la simpatía sympathy

simpático/a nice 3

sin without 6; **~ embargo** however, nevertheless; **~ que** without

sino but rather; **~ que** but rather; on the contrary; but instead

el síntoma symptom 11

siquiera: ni ~ not even

el sitio place; **~ web** website 12

sobre about 6; **el sobre** envelope 12

sobrepasar to surpass

sobresaliente outstanding

sobrevivir to survive

el/la sobrino/a nephew/niece 6

el socialismo socialism

la sociología sociology 2

el sofá sofa, couch 2

el sol sun; **las gafas de sol** sunglasses 5; **Hace sol.** It's sunny. 4

solamente only 11

el/la soldado soldier

solicitar to apply for

la solicitud application

solitario/a lonely, solitary

solo/a (*adj.*) alone 3; **solo** (*adv.*) only 3

soltar (o → ue) to let go, set free

soltero/a: ser ~ to be single 6

la sombra shadow

el sombrero hat 5

Somos dos. There are two of us. 11

sonar (o → ue) to ring, make a loud noise; to sound

el sonido sound

soñar (o → ue) (con) to dream (of/about)

la sopa soup 8

el soplón/la soplona tattletale

soportar to tolerate

sordo/a deaf

sorprenderse de to be surprised about 11

la sorpresa surprise

soso/a dull

el/la sospechoso/a suspect

el sostén bra

el squash squash (*sport*) 8

Sr./señor Mr. Pre.

Sra./señora Mrs., Ms. Pre.

Srta./señorita Miss, Ms. Pre.

su his/her/your (*formal*)/their 1

subir to go up, climb; to raise

subrayar to underline, emphasize

el subtítulo subtitle

sucio/a dirty

el/la suegro/a father-in-law/mother-in-law 6

el sueldo salary

suelto/a separate, unmatched

el sueño dream; **tener sueño** to be tired 5

la suerte luck; **por suerte** by chance; **¡Qué (buena)/mala suerte!** What good/bad luck! 11; **tener (buena)/mala suerte** to be (un)lucky 11

el suéter sweater 5

sufrir to suffer

la sugerencia suggestion

sugerir (e → ie, i) to suggest

la suma sum; amount

superar to surpass, exceed

el supermercado supermarket 3

la supervivencia survival

suponer to suppose

supuesto: Por ~. Of course. 2

el sur south 12

el suspenso suspense

suspirar to sigh

el sustantivo noun

la sutileza subtlety

suyo/a his/her/your (*sing./pl.*) (de Ud.)/their

el tablón de anuncios bulletin board

tachar to cross out

el tacón heel

tal vez + *subj.* perhaps, maybe 11

la talla size 5

el tamaño size

también too, also 1

tampoco neither, nor

tan so 12; **~ ... como** as . . . as 12
el tanque de gasolina gas tank 9
tanto: mientras ~ meanwhile 9; **por lo ~** therefore; **tanto/a... como** as much . . . as 12; **tantos/as... como** as many . . . as 12
tapar to cover
tardar to be late, to take a long time
la tarde afternoon 2; **Buenas tardes.** Good afternoon. Pre.; **más tarde** then, later (on) 5; **por ~** in the afternoon 2; **tarde** (*adv.*) late
la tarea homework 2
la tarjeta card 6; **~ de béisbol** baseball card 11; **~ de crédito** credit card; **~ de embarque** boarding pass 7; **~ postal** postcard 12; **~ virtual** virtual greeting card 12
el taxi taxi 7
el/la taxista taxi driver
la taza cup 8
te: ~ queda bien. It looks good on you., It fits well. 5; **~ va a salir caro.** It's going to cost you. 8
el té tea 2
el teatro theater 3
tejer to knit; to weave 11
el tejido weave; fabric
la tela cloth, fabric, material
el telar loom
el/la teleadicto/a television addict
el teléfono telephone 1; **~ celular** cell phone 2
la telenovela soap opera
la televisión TV programming; **mirar televisión** to watch TV 2
el televisor television set 2
el tema theme
temer to fear, be afraid of 11
el temor fear
la temperatura temperature 4
el templo temple
la temporada season
temprano early 2
el tenedor fork 8
tener to have 1; **~ ... años** to be . . . years old 1; **~ la batería baja** to have a low battery (*cell phone*) 7; **~ buena salud** to be in good health 9; **~ buena suerte** to have good luck 11; **~ calor** to be hot 5; **~ catarro** to have a cold 9; **~ diarrea** to have diarrhea 9; **~ dolor de cabeza** to have a headache 9; **~ en cuenta** to take into account, bear in mind; **~ escalofríos** to have the chills 9; **~ éxito** to succeed 9; **~ fiebre** to have a fever 9; **~ frío** to be cold 5; **~ ganas de + *inf.*** to feel like (doing something) 6; **~ gripe** to have the flu 9; **~ hambre** to be hungry 5; **~ lugar** to take place 5; **~ mala suerte** to have bad luck 11; **~ miedo de** to be scared of 5; **~ náuseas** to be nauseous 9; **~ prisa** to be in a hurry; **~ que + *inf.*** to have to (do something) 2; **~ que ver (con)** to have to do (with); **~ razón** to be right; **~ sed** to be thirsty 5; **~ sueño** to be tired 5; **~ tos** to have a cough 9; **~ vergüenza** to be ashamed 5; **~le alergia a (algo)** to be allergic

to (something) 9; **No tengo idea.** I have no idea. 3; **No, tiene el número equivocado.** No, you have the wrong number. (*formal*) 7
el tenis tennis 8
tercer/o/a third 10
terminar to finish 6
la ternera veal 8
el terremoto earthquake
terrestre terrestrial
el texto text
la tía aunt 6; **~ política** aunt by marriage 6
el tiempo weather 4; time; verb tense; **a tiempo** on time, in time 7; **¿Cuánto tiempo hace?** How long ago? 6; **Hace buen/mal tiempo.** It's nice/bad out. **~ libre** free time; 4; **medio tiempo** part-time; **¿Qué tiempo hace?** What's the weather like? 4; **tiempo completo** full-time
la tienda store 3
la tierra earth
tinto: el vino ~ red wine
el tío uncle 3; **~ político** uncle by marriage 6
típico/a typical
el tipo type
tirar to pull; to throw out; **~ la casa por la ventana** to go all out (literally: *to throw the house out the window*) 6
la tirita Band-Aid 9
el título title; (university) degree
la toalla towel 2
el tobillo ankle 9
tocar to play (*an instrument*) 2; to touch
el tocino bacon 11
todavía still, yet 8; **~ no** not yet 8
todo/a everything 6; every, all; **todo el mundo** everybody, everyone
todos/as all 1; everyone 6; **todos los días** every day 3; **todos los meses** every month 9
la toma rough cut (*when filming*)
tomar to have, drink; **~ café** to drink coffee 2; to take (*a bus, etc.*) 6; **~le el pelo (a alguien)** to pull someone's leg (literally: *to pull someone's hair*) 11
el tomate tomato 8
el tono tone
la tontería foolishness
tonto/a stupid 3
torcerse (o → ue) un tobillo to sprain an ankle 9
el torneo tournament 8
el toro bull
torpe clumsy, awkward
la torre tower
la torta cake
la tortilla (de patatas) (potato) omelette (*Spain*) 2
la tos cough 9; **tener tos** to have a cough 9
toser to cough 9
la tostada toast 11
la tostadora toaster 10
totalmente totally
trabajar to work 2; **~ medio tiempo** to work part-time; **~ tiempo completo** to work full-time

el trabajo work
traducir to translate 3
el/la traductor/a translator
traer to bring 3
el traje suit 5; **~ de baño** bathing suit 5
tranquilamente calmly 11
tranquilo/a quiet, tranquil
transporte: el medio de ~ means of transportation 7
trasero/a back, rear
el traslado transfer
transmitir to transmit
el tratado treaty
el tratamiento treatment
tratar de to try to
tratarse de to be about
través: a ~ de across, through
travieso/a mischievous, naughty
el tren train 7; **en/por ~** by train
trescientos three hundred 6
la tribu tribe
el trigo wheat
el trineo sled
triste sad 3
triunfar to triumph
el trombón trombone 12
la trompeta trumpet 12
tronar (o → ue) to thunder
el trozo piece
el truco trick
tu your (*informal*) 1
tú you (*informal*) Pre.
la tumba tomb
el turismo tourism
tuyo/a yours (*informal*)

ubicado/a located
Ud. (usted) you (*formal*) Pre.
Uds. (ustedes) you (*pl. formal or informal*) 1
últimamente lately, recently
último/a last, most recent; **la última vez** the last time 7
un, una a, an 2; **Un millón de gracias.** Thanks a lot. 4
el uniforme uniform 8
unir to unite, join together
la universidad university 3
uno one 1; **el ~ al otro** to each other
unos/as some 2
urbano/a urban
uruguayo/a Uruguayan 1
usar to use 2
útil useful
utilizar to use, utilize

las vacaciones vacation 4
la vacuna vaccine
la vaina green bean
la vainilla vanilla 8
Vale. O.K. (*Spain*) 2; **(No) ~ la pena.** It's (not) worth it. 9; **(No) ~ la pena + *inf.*** It's (not) worth + -ing. 9
valiente brave
el valle valley 12
el valor value
valorar to value, price
variar to vary
la variedad variety
varios/as several

vasco/a Basque
el vaso glass 8
¡Vaya! Wow! 10
veces times 4; **a ~** at times 9;
    algunas ~ sometimes 9;
    muchas ~ many times 9
el/la vecino/a neighbor
veloz swift, fast
vencer to conquer, overcome
el vendaje bandage 9
el/la vendedor/a seller; store clerk 1
vender to sell 2
venezolano/a Venezuelan 1
venir to come 5
la ventaja advantage
la ventana window; **echar la casa por ~**
    to go all out (literally: *to throw the*
    house out the window) 6
la ventanilla car window; **el asiento**
    de ventanilla window seat 7
ver to see 3; **A ~.** Let's see.;
    ~ a (alguien) to see (someone) 3
el verano summer 4
veras: ¿De ~? Really? 2
la verdad the truth; **¿verdad?** right? 1;
    es verdad it's true 11
verdadero/a real, true 12
verde green 5
la verdura vegetable 8
la vergüenza shame; **tener vergüenza**
    to be ashamed 5
vertir (e → ie, i) to shed (*a tear*)
el vestido dress 5
vestirse (e → i, i) to get dressed 5
vez: a la ~ at the same time; **de ~ en**
    cuando once in a while, from time
    to time 9; **en ~ de** instead of;
    la última ~ the last time 7; **por**

última ~ for the last time;
    una ~ one time, once
la vía way, road
viajar to travel 6
el viaje trip; **el/la agente de viajes**
    travel agent 1
el/la viajero/a traveler; **el cheque de**
    viajero traveler's check
la vida life; **jugarse (u → ue) ~** to
    risk one's life 9
el video VCR; videocassette 2
los videojuegos video games 11
viejo/a old 3
el viento wind: **Hace viento.** It's
    windy. 4
viernes (*m.*) Friday 2; **el ~** on Friday
    2; **los ~** on Fridays, every Friday
    2
el vinagre vinegar 8
el vino wine 2; **~ tinto** red wine
el violín violin 12
el violonchelo cello 12
la viruela smallpox
la visita visit
visitar to visit 2; **~ a (alguien)** to
    visit (someone) 2
la vista view
la vivienda dwelling
vivir (en) to live (in) 2
vivo/a bright (*color*); alive
el volante steering wheel
el volcán volcano 12
el voleibol volleyball 8
el/la voluntario/a volunteer
volver (o → ue) to return, come back
    5; **~ a +** *inf.* to do (something)
    again
volverse (o → ue) to become

vomitar to vomit 9
vosotros/as you (*pl. informal*)
    (*Spain*) 1
la votación vote
el/la votante voter
el voto vote
la voz voice
el vuelo flight 7; **el/la asistente de**
    vuelo flight attendant
la vuelta return trip 7; **darle ~** to turn
    over, flip 11; **dar una vuelta** to
    take a ride, to go for a stroll/walk;
    el pasaje de ida y vuelta round-
    trip ticket
vuestro/a your (*pl. informal*)
    (*Spain*) 2

y and 1; **Es la una ~ cinco.** It's five
    after one. 5
ya already 8; now 8; **~ era hora.** It's
    about time. 12; **~ no** no longer,
    not anymore 8; **¡~ voy!** I'm
    coming!
la yerba herb; grass
yo I 1
el yogur yogurt 11

la zanahoria carrot 8
los zapatos shoes 5; **~ de tacón alto**
    high-heeled shoes 5; **~ de tenis**
    tennis shoes, sneakers 5
la zona zone
el zumo juice (*Spain*) 11

English-Spanish Vocabulary

This vocabulary contains a selected listing of common words presented in the lesson vocabularies. Many word sets are not included, such as foods, sports, animals, and months of the year. Page references to word sets appear in the index.

Refer to page R26 for a list of abbreviations used in the following vocabulary.

@ (*as in email address*) arroba
able: be ~ poder (o ⟶ ue)
about sobre; **~ whom** de quien; **it's ~ time** ya era hora
above arriba
accent (*n.*) el acento; (*v.*) acentuar
accept aceptar
accident el accidente
accomplish realizar
according to según
account: take into ~ tener en cuenta
across a través de
action la acción
active activo/a
activity la actividad
actor el actor/la actriz
actually en realidad
add añadir
advantage la ventaja
adventure la aventura
advertise anunciar
advertisement el anuncio
advertising la propaganda
advise aconsejar; avisar
affair: love ~ la aventura amorosa
affect afectar
after después; **~ all** al fin y al cabo; **~ + -ing** después de + *inf.*
afternoon la tarde; **Good ~.** Buenas tardes.
again otra vez
against: be ~ estar en contra
age la edad
agree (with) estar de acuerdo (con)
Agreed? ¿De acuerdo?
airplane el avión
airmail por avión
alcoholic alcohólico/a
all todos/as
allow dejar
almost casi
alone solo/a
already ya
also también
alternate (*v.*) alternar
although aunque
always siempre
among entre
amusing divertido/a
ancient antiguo/a
and y; (*before words starting with i or hi*) e
Andean andino/a
angry: become ~ enfadarse, enojarse
anniversary el aniversario
announce anunciar
announcement el anuncio
another otro/a
answer (*n.*) la respuesta; (*v.*) responder, contestar
answering machine el contestador automático
antique antiguo/a

apathetic indiferente
appear aparecer
apply for solicitar
approximately aproximadamente
archaeologist el/la arqueólogo/a
architect el/la arquitecto/a
argue discutir
argument el argumento, la discusión
army el ejército
around alrededor; **~ here** por aquí
art el arte
as como; **~ . . . ~** tan... como; **~ a consequence** como consecuencia; **~ a result** como resultado; **~ if** como si; **~ many . . . ~** tantos/as... como; **~ much . . . ~** tanto/a... como
ask preguntar; **~ for** pedir (e ⟶ i, i); **May I ~ who is calling?** ¿De parte de quién?
assimilate asimilarse
association la asociación
astute astuto/a
at en; **@** (*as in email address*) arroba; **~ last** por fin; **~ least** por lo menos; **~ . . . o'clock** a la(s)...; **~ once** en seguida; **~ the end of** al final de; **~ the same time** a la vez; **~ times** a veces; **~ what time . . . ?** ¿A qué hora...?
athlete el/la deportista
ATM el cajero automático
attend asistir a
audience el público
avenue la avenida
average (*n.*) el promedio; (*adj.*) mediano/a
awful mal, fatal

backward al revés
bad malo/a; **It's ~ out.** Hace mal tiempo.
bald calvo/a
banana el plátano
bargain la ganga; **~ for** regatear
bark (*v.*) ladrar
baseball el béisbol
bathe bañarse
battle la batalla
bay la bahía
be estar, ser; **~ able** poder (o ⟶ ue); **~ afraid** tener miedo; **~ against** estar en contra (de); **~ ashamed** tener vergüenza; **~ called** llamarse; **~ careful** tener cuidado; **~ clever** ser listo/a; **~ cold** tener frío; **~ crazy** estar loco/a; **~ dizzy** estar mareado/a; **~ engaged** estar comprometido/a; **~ from** ser de; **~ happy about** alegrarse de; **~ hot** tener calor; **~ hungry** tener

hambre; **~ in a hurry** tener prisa; **~ in/at** estar en; **~ in good health** tener buena salud; **~ jealous (of)** estar celoso/a (de), tener celos (de); **~ late** atrasarse, llegar tarde; **~ lucky** tener suerte; **~ made of** ser de; **~ nauseous** tener náuseas; **~ on a diet** estar a dieta; **~ pregnant** estar embarazada; **~ ready** estar listo/a; **~ right** tener razón; **~ scared** tener miedo; **~ silent** callarse; **~ successful** tener éxito; **~ sure (of)** estar seguro/a (de); **~ surprised about** sorprenderse de; **~ thirsty** tener sed; **~ tired** tener sueño; **~ . . . years old** tener... años
bear in mind tener en cuenta
beautiful bello/a; **very ~** bellísimo/a
beauty la belleza
because porque
become: ~ angry enfadarse, enojarse; **~ crazy** volverse (o ⟶ ue) loco/a; **~ sick** enfermarse
bedroom la alcoba, el dormitorio, la recámara
before antes; **~ + -ing** antes de + *inf.*; **~ anything else** antes que nada
begin comenzar (e ⟶ ie), empezar (e ⟶ ie)
beginning el comienzo, el principio
behind atrás, detrás de
believe creer
below abajo, bajo, debajo de
beside al lado de
besides además
better mejor; **it's ~** es mejor
between entre
bilingual bilingüe
bill la cuenta
birth el nacimiento
birthday el cumpleaños; **Happy ~.** Feliz cumpleaños.; **have a ~** cumplir años
blue azul
blush ponerse rojo/a
bored (estar) aburrido/a
boring (scr) aburrido/a
boss el/la jefe/a
bottle la botella
bra el sostén
brain el cerebro
brand la marca
break romper/se
bring traer; **~ up to date** poner(se) al día
buckle the seat belt abrocharse el cinturón
build construir
burn quemar
business el negocio
businessman/woman el hombre/la mujer de negocios

R43

but pero; **~ instead** sino que; **~ rather** sino

buy comprar

by por; **~ boat/train/etc.** en barco/tren/etc., por barco/tren/etc.; **~ the way** por cierto

calculus el cálculo

calendar el calendario

call llamar; **be called** llamarse

can: ~ you speak more slowly, please? ¿Puede hablar más despacio, por favor?; **~ you tell me how . . . ?** ¿Puede decirme cómo...?

capable capaz

capital (city) la capital; **What is the ~ of . . . ?** ¿Cuál es la capital de...?

care el cuidado; **take ~ of** cuidar

career la carrera

careful: be ~ tener cuidado

carefully con cuidado

carrot la zanahoria

case: in ~ por si acaso; **in ~ that** en caso (de) que

castle el castillo

celebrate celebrar

celebration la celebración

cell phone el (teléfono) celular, el (teléfono) móvil

cent el centavo

century el siglo

cereal el cereal

chalkboard la pizarra

champagne el champán

championship el campeonato

change cambiar; **changing the subject** cambiando de tema; (*n.*) el cambio

chapter el capítulo

character (*in a story, movie, etc.*) el personaje

chat charlar

check: restaurant ~ la cuenta

chew mascar

chilly: It's ~. Hace fresco.

chimney la chimenea

choose elegir (e → i, i)

Christmas la Navidad

cigarette el cigarrillo

class la clase; la materia

clever: be ~ ser listo/a

click hacer clic

client el/la cliente

climate el clima

climb subir; **~ mountains** hacer andinismo/alpinismo

close cerrar (e → ie)

closed cerrado/a

cloth la tela

clothes: ~ dryer la secadora; **put on one's ~** ponerse la ropa; **take off one's ~** quitarse la ropa

cloudy: It's ~. Está nublado.

clue la pista

clumsy torpe

cold: be ~ tener frío; **have a ~** tener catarro, estar resfriado/a; **It's ~.** Hace frío.

collection la colección

cologne el agua de colonia

comb one's hair peinarse

combat combatir

come venir; **~ back** volver (o → ue)

comedy la comedia

comfortable cómodo/a

command la orden

comment (*n.*) el comentario; (*v.*) comentar

common común; **in ~** en común

community la comunidad

compare comparar

complain quejarse

computer programmer el/la programador/a de computadoras

conceited creído/a

concert el concierto

confidence la confianza

congratulate felicitar

conquer conquistar

conserve conservar

consist of consistir en

constant constante

consult consultar

consumer el consumidor

continue continuar

contraceptive el anticonceptivo

contrast: in ~ to a diferencia de

converse conversar

convert convertir (e → ie, i)

correct (*v.*) corregir (e → i, i); (*adj.*) correcto/a

cost (*v.*) costar (o → ue); (*n.*) el precio; **It's going to ~ you.** Te va a salir caro.

cough (*v.*) toser; **have a ~** tener tos

Could you . . .? ¿Podrías (+ *inf.*)?

counselor el/la consejero/a

count contar (o → ue)

country el país

course el curso

court (*for tennis, basketball*) la cancha

craftsmanship la artesanía

crash chocar

crazy: be ~ estar loco/a

create crear

croissant el croissant, la medialuna

cross (*n.*) la cruz; (*v.*) cruzar

crossword: do ~ puzzles hacer crucigramas

culture la cultura

current (*adj.*) actual

curse el mal de ojo; **put a ~ on** echar el mal de ojo

custom la costumbre

dance (*n.*) el baile; (*v.*) bailar

danger el peligro; **in ~** en peligro

dangerous peligroso/a

day el día; **the ~ before yesterday** anteayer; **every ~** todos los días

dead muerto/a

dear (*term of endearment*) cariño/a, querido/a

death la muerte

decide decidir

degree (*temperature*) grado; **It's . . . degrees (below zero).** Está a... grados (bajo cero).; **university ~** el título universitario

delicious sabroso/a, delicioso/a

delightful encantador/a

demanding exigente

democratic democrático/a

department (*of a university*) la facultad; **~ store** el almacén

describe describir

desert el desierto

desperate desesperado/a

destroy destruir

detain detener

develop desarrollar

developed desarrollado/a

diarrhea: have ~ tener diarrea

die morir/se (o → ue, u)

diet: be on a ~ estar a dieta

difference la diferencia

different diferente

difficult difícil

dinner la cena; **have ~** cenar

disadvantage la desventaja

disaster el desastre

discover descubrir

distance: long ~ larga distancia

divine divino/a

divorced divorciado/a; **get ~ (from)** divorciarse (de); **is ~ (from)** está divorciado/a (de)

dizzy: be ~ estar mareado/a

do hacer; **~ crossword puzzles** hacer crucigramas; **~ jigsaw puzzles** hacer rompecabezas

doll la muñeca

dollar el dólar

domestic doméstico/a

Don't mention it. No hay de qué.

doubt: there's no ~ no hay duda (de)

draw dibujar

dream (*n.*) el sueño; (*v.*) soñar (o → ue)

drink (*n.*) la bebida; (*v.*) beber

drive conducir, manejar

driver's license la licencia de manejar/conducir (*Spain*), el permiso de manejar/conducir (*Spain*)

drop (*v.*) dejar caer; (*n.*) la gota

dry (*adj.*) seco/a; (*v.*) secar

dryer: clothes ~ la secadora; **hair ~** el secador

dumbfounded: leave (someone) ~ dejar boquiabierto (a alguien)

during durante

each cada; **~ other** el uno al otro; **To ~ his own.** Cada loco con su tema.

earn ganar

earring el arete, el pendiente

earth la tierra

earthquake el terremoto

Easter la Pascua Florida

easy fácil, sencillo/a

eat comer

either . . . or o... o

elegant fino/a

elevator el ascensor

email el correo electrónico, el email, el mensaje electrónico

emergency la emergencia

end el fin

ending el final

engaged: be ~ estar comprometido/a

engagement (*for marriage*) el compromiso

enjoy disfrutar

enough bastante

enter entrar (a/en)

entertaining divertido/a

environment el medio ambiente

essay el ensayo

establish establecer
ethnic étnico/a
even (*adj.*) par; (*adv.*) aun
evening la noche; **Good ~.** Buenas noches.
every cada, todo/a; **~ day** todos los días; **~ month** todos los meses
everybody todo el mundo
everything todo
evident: it's ~ es evidente
example el ejemplo; **for ~** por ejemplo
exchange (money) cambiar (dinero)
exercise (*n.*) el ejercicio; (*v.*) hacer ejercicio
exist existir

fabric la tela, el material
fabulous fabuloso/a
fact: in ~ en realidad
factory la fábrica
fair justo/a
faithful fiel
fall caer; **~ asleep** dormirse (o ⟶ ue, u)
fan (*sports*) el/la aficionado/a
farmer el/la granjero/a
fashion la moda
fast rápido/a
fax el fax
fear el temor; **have a ~ of . . .** tenerle fobia a…
feel sentir/se (e ⟶ ie, i); **~ like (doing something)** tener ganas de + *inf.*
feeling el sentido
fever la fiebre; **have a ~** tener fiebre
few: a ~ pocos/as
fight (*n.*) la lucha, la pelea; (*v.*) pelearse
fill (*a position*) ocupar; **~ out** completar, rellenar
find encontrar (o ⟶ ue); **~ strange** extrañarse
fine (*as for speeding*) la multa
finish completar, terminar
first name el nombre (de pila)
fish (*n., animal*) el pez; (*n., food*) el pescado; (*v.*) pescar
fit: It fits you well. Te queda bien.
fix arreglar
flight attendant el/la aeromozo/a, el/la asistente de vuelo, la azafata (*female*)
floor el piso, el suelo; **first ~** la planta baja, el bajo
flower la flor; **~ garden** el jardín
flu: have the ~ tener gripe
fly la mosca
follow seguir (e ⟶ i, i)
following siguiente
foolishness la tontería
football el fútbol americano
for para, por; **~ example** por ejemplo; **~ heaven's sake!** ¡Por el amor de Dios!; **~ lack of** por falta de; **~ the last time** por última vez; **~ what (purpose)?** ¿Para qué?; **~ whom?** ¿Para quién?
foreign extranjero/a
former anterior
fountain la fuente
frame el marco
free (*no cost*) gratis; (*unoccupied*) libre
frequently con frecuencia, frecuentemente, a menudo
friend el/la amigo/a

from de
front: in ~ of delante de
frustrated frustrado/a
fun: have ~ divertirse (e ⟶ ie, i)
function funcionar
funny gracioso/a
furnish amueblar
furnished amueblado/a
furniture los muebles

gas station la gasolinera
gears los cambios
general: in ~ en general, por lo general
gentleman el caballero
geography la geografía
geology la geología
get conseguir (e ⟶ i, i); (*a grade*) sacar; **~ angry** enfadarse, enojarse; **~ dressed** vestirse (e ⟶ i, i); **~ off** bajar(se) de; **~ (someone) out of a jam** sacar de un apuro (a alguien)
gift el regalo
give dar; **~ a present** regalar
go ir; **~ all out** echar la casa por la ventana; **~ down** bajar; **~ out** salir; **~ (out) with (someone)** salir con (alguien); **~ to bed** acostarse (o ⟶ ue); **~ up** subir
goal (*sports*) el gol
good bueno/a; **~ afternoon.** Buenas tardes.; **~ evening/night.** Buenas noches.; **~ morning.** Buenos días.
gossip (*n.*) el cotilleo; (*v.*) cotillear
government el gobierno
grade la nota
graduate graduarse
granddaughter la nieta
grandson el nieto
Great! ¡Qué chévere! (*Caribbean expression*)
grief la pena
ground el suelo
group el grupo

habit la costumbre
hair el pelo; **~ dryer** el secador; **~ salon** la peluquería
half la mitad
hand la mano; **on the one ~** por un lado; **on the other ~** por otro lado
handicraft la artesanía
happen ocurrir
happiness la felicidad, la alegría
happy: be ~ about alegrarse de; **~ birthday.** Feliz cumpleaños.
hate odiar
have (*aux. v.*) haber; tener; (*drink*) tomar; **~ the chills** tener escalofríos; **~ a cold** estar resfriado/a, tener catarro; **~ a cough** tener tos; **~ diarrhea** tener diarrea; **~ dinner** cenar; **~ a fear of . . .** tenerle fobia a…; **~ a fever** tener fiebre; **~ the flu** tener gripe; **~ fun** divertirse (e ⟶ ie, i); **~ a good/bad time** pasarlo bien/mal; **~ just (done something)** acabar de (+ *inf.*); **~ lunch** almorzar (o ⟶ ue); **~ supper** cenar

health la salud; **be in good ~** tener buena salud
hear oír
heart attack el infarto
heat calor; calefacción (de la casa)
heavy pesado/a
help (*n.*) la ayuda; (*v.*) ayudar
here aquí
Hey! (*informal, formal*) ¡Oiga/n!
hidden escondido/a
hire contratar
Hispanic hispano/a
home el hogar; la casa
hot: be ~ tener calor; **It's ~.** Hace calor.
how? ¿cómo?; **~ are you?** (*informal/formal*) ¿Cómo estás/está?; **~ awful!** ¡Qué barbaridad!; **~ many?** ¿cuántos/as?; **~ much?** ¿cuánto/a?; **~ much is/are . . . ?** ¿Cuánto cuesta/n… ?; **~ old is he/she?** ¿Cuántos años tiene él/ella?
however sin embargo
hug (*n.*) el abrazo; (*v.*) abrazar
hungry: be ~ tener hambre
hunt cazar
hurricane el huracán
hurry: be in a ~ tener prisa
hurt doler (o ⟶ ue); herir (e ⟶ ie, i)

I love it/them! ¡Me fascina/n!
I would like me gustaría; **~ to speak with . . . , please.** Quisiera hablar con…, por favor.
ID card la cédula de identidad
identify identificar
if si
illiteracy el analfabetismo
I'm coming! ¡Ya voy!
I'm sorry. Perdone./Perdona.
image la imagen
imagine imaginarse
in en; **~ a while** dentro de poco; **~ case** por si acaso; **~ case that** en caso (de) que; **~ contrast to** a diferencia de; **~ danger** en peligro; **~ front of** delante de; **~ general** por lo general, en general; **~ order that** para que; **~ spite of** a pesar de que
inch la pulgada
income los ingresos
increase añadir, aumentar
indicate indicar, señalar
indifferent indiferente
indigenous indígena
influence (*n.*) la influencia; (*v.*) influir
inhabitant el/la habitante
instability la inestabilidad
instead of en vez de
interest (*v.*) interesar
interrupt interrumpir
interview (*n.*) la entrevista; (*v.*) entrevistar
invent inventar
invest invertir (e ⟶ ie, i)
Is . . . there, please? ¿Está…, por favor?
It looks good on you. Te/Le queda bien.
it's es; **~ about time** ya era hora; **~ bad out.** Hace mal tiempo.; **~ better** es mejor; **~ chilly.** Hace fresco.; **~ cloudy.** Está nublado.; **~ evident** es evidente; **~ going to**

it's (*continued*)
    cost you. Te va a salir caro.;
    ~ hot. Hace calor.; **~ nice out.**
    Hace buen tiempo.; **~ not worth it**
    no vale la pena; **~ obvious** es
    obvio; **~ a pity** es una pena, es
    una lástima; **~ probable** es proba-
    ble; **~ raining.** Llueve.; **~ a**
    shame es una lástima;
    ~ snowing. Nieva.; **~ sunny.**
    Hace sol.; **~ true** es cierto, es
    verdad; **~ windy.** Hace viento.;
    ~ worth it vale la pena
It/This is . . . Habla…/ De parte de…

jealous: be ~ (of) tener celos (de); estar
    celoso/a (de); ser celoso/a
jigsaw: do ~ puzzles hacer
    rompecabezas
joke el chiste
jot down anotar
journalist el/la periodista
jump saltar
just a moment un momento

keep going straight seguir (e ⟶ i, i)
    derecho
key la llave
kill matar
king el rey; **~ and queen** los reyes
kiss (*n.*) el beso; (*v.*) besar
knit tejer, hacer punto
know (*facts/how to do something*) saber;
    (*someone or something*) conocer;
    You didn't ~? ¿No sabía(s)?; **Do**
    you ~ where . . . is? ¿Sabe(s)
    dónde está…?; **I don't ~ (the**
    answer). No sé (la respuesta).;
    ~ people in the right places tener
    palanca
known: make ~ dar a conocer
lack faltar; **for ~ of** por falta de
landing strip la pista de aterrizaje
language el idioma
last último/a; **for the ~ time** por última
    vez; **~ night** anoche
last name el apellido; **first ~** (*father's*
    name) el primer apellido; **second**
    ~ (*mother's maiden name*) el
    segundo apellido
late (*adv.*) tarde; **be ~** atrasarse
lately últimamente
later luego, más tarde; **See you ~.**
    Hasta luego.
lawn el jardín
layover escala
learn aprender
leave salir; **~ behind** dejar;
    ~ (someone) dumbfounded
    dejar boquiabierto/a (a alguien)
lecture la conferencia
less menos; **~ than** menos de/que
lesson la clase, la lección
let's see a ver
lie (*n.*) la mentira; (*v.*) mentir (e ⟶ ie, i)
life la vida; **risk one's ~** jugarse
    (u ⟶ ue) la vida
light (*n.*) la luz; (*v.*) encender
    (e ⟶ ie)
like (*adv.*) como; (*v.*) gustar; **I don't ~**
    him/her. Me cae mal., No me gusta

él/ella.; **I ~ him/her a lot.** Me
    cae (la mar de) bien., Me gusta
    mucho.; **I don't ~ it/them at all.**
    No me gusta/n nada.; **~ a lot**
    encantar, fascinar; **~ this/that** así
listen escuchar; **~!** (*informal, formal*)
    ¡Oiga/n!
little: a ~ un poco; **~ by ~** poco a poco
live vivir
long distance larga distancia
look: ~ for buscar; **~ (at)** mirar
lose perder (e ⟶ ie)
lost perdido/a
lousy mal
love (*n.*) el amor; (*v.*) amar, querer;
    I ~ it/them! ¡Me fascina/n!
loyal fiel
luck la suerte; **What bad ~!** ¡Qué mala
    suerte!
lunch el almuerzo; **have ~** almorzar
    (o ⟶ ue)

maintain mantener
majority la mayoría
make hacer; **~ a stopover** hacer escala;
    ~ known dar a conocer
male el macho
manner la manera
many muchos/as; **as ~ . . . as**
    tantos/as… como; **~ times**
    muchas veces
map el mapa
marry casarse
married casado/a; **is ~ (to)** está
    casado/a (con)
mask la máscara
may: ~ I ask who is calling? ¿De parte
    de quién?, ¿Quién habla?
mean significar; **What do you ~ . . . ?**
    ¿Cómo que… ? **What does**
    . . . mean? ¿Qué significa… ?
meaning el significado
meanwhile mientras tanto
measure medir (e ⟶ i, i)
member el miembro
memorize memorizar
memory el recuerdo; la memoria
mention mencionar
mess: What a ~! ¡Qué lío!
message el mensaje
middle mediados; **~ Ages** la Edad
    Media
mile la milla
mind la mente
minimum el mínimo
minority la minoría
mirror el espejo
miss (*someone or something*) echar de
    menos, extrañar; (*a train, a bus*)
    perder
mix revolver (o ⟶ ue)
mixture la mezcla
model el/la modelo
modern moderno/a
monster el monstruo
month el mes
monthly mensual
morning la mañana; **Good ~.** Buenos
    días.
most recent último/a
motivate motivar
move (*relocate*) mudarse

murder el asesinato
must: One/You ~ (**+** *v.*) Hay que **+** *inf.*
mysterious misterioso/a
mystery el misterio

name: first ~ el nombre (de pila);
    last ~ el apellido; **My ~ is . . .**
    Me llamo…
nation la nación
nationality la nacionalidad
native indígena; (*adj.*) indígena
nauseous: be ~ tener náuseas
necessary necesario/a
neck el cuello
neighbor el/la vecino/a
neighborhood el barrio
neither tampoco; **~ . . . nor** ni… ni
nervous nervioso/a
never nunca
nevertheless sin embargo
news la(s) noticia(s); **~ item** la noticia
next próximo/a
nice simpático/a; **It's ~ out.** Hace buen
    tiempo.
night la noche; **Good ~.** Buenas
    noches.
no longer ya no
No way! ¡Qué va!
noise el ruido
nor tampoco
not even ni siquiera
note (*n.*) la nota, el apunte; (*v.*) notar;
    take notes apuntar, tomar apuntes
nothing nada
now ahora
nowadays hoy (en) día
number (*n.*) el número; (*v.*) numerar;
    You have the wrong ~. Tiene el
    número equivocado.
nurse el/la enfermero/a

O.K. Bien., De acuerdo., Vale.
obtain conseguir (e ⟶ i, i), obtener
obvious: it's ~ es obvio
occupation la ocupación
occur ocurrir
of de (del/de la); **~ course.** ¡Claro!,
    ¡Por supuesto!, ¡Claro que sí!;
    ~ course not! ¡Claro que no!
offer ofrecer
often a menudo, con frecuencia
old man/woman el/la anciano/a
on en; **~ all sides** por todos lados;
    ~ the one hand por un lado;
    ~ the other hand por otro
    lado; **~ time** a tiempo
once una vez; **at ~** en seguida; **~ in a**
    while de vez en cuando
One must + v. Hay que **+** *inf.*
only solamente, solo
open abierto/a
option la opción
optional opcional
or o, (*before words starting with o or ho*) u
order el orden; (*command*) la orden;
    in ~ that para que
organize organizar
origin el origen
other otro/a
ought to + v. deber **+** *inf.*
outstanding sobresaliente

over there allá
owe deber
own (*adj.*) propio/a

pair (of) un par (de); la pareja
paragraph el párrafo
park (*n.*) el parque; (*v.*) estacionar
participate participar
partner el/la compañero/a
pass by/through pasar por
path el camino
paw la pata
pay pagar; **~ attention (to someone)**
    hacerle caso (a alguien)
peace la paz
peasant el/la campesino/a
pen el bolígrafo, la pluma
people la gente
percentage el porcentaje
perfect perfecto/a
perhaps a lo mejor, tal vez + *subj.*,
    quizá(s) + *subj.*
personality la personalidad
pet la mascota
phone (*n.*) el teléfono; (*v.*) llamar
phrase la frase
pick up recoger
pictures: take ~ sacar fotos
picturesque pintoresco/a
pity: it's a ~ es una pena, es una
    lástima; **What a ~!** ¡Qué pena!
place el sitio; **take ~** tener lugar
plaid de cuadros
plan (*n.*) el plan; (*v.*) planear
plantain el plátano
play (*a sport or game*) jugar (u → ue);
    ~ (*an instrument*) tocar
pleasant agradable
please por favor
point el punto; **~ out** señalar
polka-dotted de lunares
population la población
possibly posiblemente
poster el afiche, el cartel
power el poder, la fuerza;
    purchasing ~ el poder adquisitivo
practice (*n.*) la práctica; (*v.*) practicar
predict predecir
prefer preferir (e → ie, i)
preference la preferencia
pregnant: be ~ estar embarazada
prepare preparar
prescription la receta médica
present-day actual
preserve conservar
previous anterior
pride el orgullo
priest el cura
prize el premio
probable: it's ~ es probable
probably probablemente
produce producir
program el programa
prohibit prohibir
project el proyecto
promise (*n.*) la promesa; (*v.*) prometer
proud orgulloso/a
provided that con tal (de) que
province la provincia
psychologist el/la psicólogo/a
pull tirar; **~ someone's leg** tomarle el
    pelo (a alguien)

purchasing power el poder adquisitivo
put poner; **~ a curse ("the evil eye") on**
    echar el mal de ojo; **~ on one's**
    clothes ponerse la ropa; **~ some-**
    one to bed acostar (o → ue)
puzzle: do crossword puzzles hacer
    crucigramas; **do jigsaw puzzles**
    hacer rompecabezas

quantity la cantidad
question la pregunta
quiet tranquilo/a
quit: ~ (doing something) dejar de + *inf.*

race la carrera
raining: It's ~. Llueve.
reading la lectura
ready: be ~ estar listo/a
real verdadero/a
reality la realidad
realize (something) darse cuenta (de algo)
really en realidad; **~?** ¿De veras?
reason la razón
recent: most ~ último/a
recipe la receta
recognize reconocer
record (*v.*) grabar
recording la grabación
refer to referir/se (e → ie, i)
rehearse ensayar
reject rechazar
relation la relación
relative (*family*) el/la pariente
relatively relativamente
remember acordarse (o → ue) de;
    recordar (o → ue)
remove quitar
rent (*n.*) el alquiler; (*v.*) alquilar
repeat repetir (e → i, i)
report el informe
reporter el/la reportero/a
request el pedido
requirement el requisito
research la investigación
reservation la reserva
respond responder
responsibility la responsabilidad
rest descansar
return (*an item*) devolver (o → ue);
    (*to a place*) volver (o → ue)
rice el arroz
rich rico/a
ride montar; **~ a bicycle** montar en
    bicicleta
right el derecho; **~?** ¿verdad?; **be ~**
    tener razón; **~ now** ahora mismo;
    on the ~ a la derecha ~
risk one's life jugarse (u → ue) la vida
road el camino, la carretera
rock la piedra
roof el techo
room la habitación; **double ~** la
    habitación doble; **single ~** la
    habitación individual
round redondo/a
royal real

safe seguro/a
saint el/la santo/a
same igual; **the ~** el/la mismo/a

satisfied satisfecho/a
save (*rescue*) salvar; (*money*) ahorrar
say decir; **How do you ~ . . . ?** ¿Cómo
    se dice... ?
scared: be ~ tener miedo
scarf la pañoleta (*women's*), el pañuelo;
    winter ~ la bufanda
schedule el horario
science la ciencia
search engine el buscador
secondary secundario/a
secondhand de segunda mano
see ver; **Let's ~.** A ver.; **~ you later.**
    Hasta luego.; **~ you tomorrow.**
    Hasta mañana.
seem parecer
select seleccionar
sell vender
send mandar
sensitivity la sensibilidad
sentence la oración
separate (from) separar/se (de)
serious grave
serve servir (e → i, i)
set the table poner la mesa
several varios/as
sex el sexo
shame la vergüenza; **it's a ~** es una
    lástima; **What a ~!** ¡Qué lástima!
share compartir
shave afeitarse
shaving cream la crema de afeitar
shellfish los mariscos
shoot disparar
shopping de compras
show mostrar (o → ue)
sick: become ~ enfermarse
side el lado; **on the one ~** por un lado;
    on the other ~ por otro lado; **on**
    all sides por todos lados
significant other la pareja
silent callado/a; **be ~** callarse
similar parecido/a
simple sencillo/a
simply sencillamente
since ya que, desde
sing cantar
singer el/la cantante
single soltero/a; **~ room** la habitación
    individual
sit down sentarse (e → ie)
situation la situación
skin la piel
slash (*as in* http://www) la barra
slave el/la esclavo/a
sleep dormir (o → ue, u)
slow lento/a
smoke (*v.*) fumar
snow (*n.*) nieve; (*v.*) nevar
    (e → ie)
snowing: It's ~. Nieva.
so tan
soap opera la telenovela
soccer el fútbol
sock el calcetín, la media
soda la gaseosa
soldier el/la soldado
some algún, alguno/a
someone alguien
something algo; **~ else?** ¿Algo más?
sometimes algunas veces
song la canción
soon pronto

sorry: I'm ~. (*informal*) Perdona.; (*formal*) Perdone., Lo siento.
source la fuente
speak hablar; **Can you ~ more slowly, please?** ¿Puede hablar más despacio, por favor?; **I would like to ~ with . . . , please.** Quisiera hablar con…, por favor.
special especial
specific específico/a
spend (*money*) gastar; (*time*) pasar
spice la especia
spicy picante
spite: in ~ of a pesar de que
stand in line hacer cola
start (*n.*) el comienzo; (*v.*) comenzar (e → ie), empezar (e → ie); **~ the car** arrancar
starting from a partir de
stay in (+ *place*) quedarse en (+ *place*)
steal robar
step on pisar
still aún, todavía
stingy tacaño/a
stone la piedra
stop (*n.*) la parada; **~ (doing something)** dejar de + *inf.*
stopover la escala
story el cuento
stove la estufa; **electric ~** la estufa eléctrica; **gas ~** la estufa de gas
straight recto/a; **keep going ~** seguir (e → i, i) derecho
strange extraño/a
strength la fuerza
striped de rayas
strong fuerte
struggle la lucha
study estudiar
subject (*in school*) la asignatura, la materia
succeed tener éxito
successful: be ~ tener éxito
suddenly de repente
suffer sufrir
sugar el azúcar
suggest sugerir (e → ie, i)
suggestion la sugerencia
summary el resumen
sunny: It's ~. Hace sol.
supper: have ~ cenar
suppose suponer
sure: be ~ (of) estar seguro/a de
surf the net navegar por Internet
surgery la cirugía
surprise la sorpresa
surprised: be ~ about sorprenderse de
suspect el/la sospechoso/a
switch roles cambiar de papel

take (*a bus, etc.*) tomar; **~ care of** cuidar; **~ into account** tener en cuenta; **~ notes** anotar, tomar apuntes; **~ off one's clothes** quitarse la ropa; **~ out** sacar; **~ out the garbage** sacar la basura; **~ pictures** sacar fotos; **~ place** tener lugar; **~ a walk** dar un paseo
talk conversar, hablar
taste probar (o → ue)
tasty sabroso/a

teach enseñar
tear (*cry*) la lágrima
television la televisión; **~ channel** el canal de televisión; **~ set** el televisor
tell contar (o → ue); decir; **Can you ~ me how . . . ?** ¿Puede decirme cómo… ?
thank you gracias
that que; (*dem. adj.*) ese/a, aquel, aquella; (*dem. pron.*) ese/a, eso, aquel, aquella, aquello; **~ is** o sea; **that's why** por eso
theme el tema
then entonces; (*in time sequence*) después, más tarde, luego
there allí; **~ is/~ are** hay; **~ must be a reason.** Por algo será.; **~ was/ ~ were** había; **there's no doubt** no hay duda (de)
therefore por eso, por lo tanto
thing la cosa
think pensar (e → ie); **~ about** pensar en
thirsty: be ~ tener sed
this (*dem. adj.*) este/a; (*dem. pron.*) este/a, esto
those (*dem. adj.*) esos/as, aquellos/as; (*dem. pron.*) esos/as, aquellos/as; **~ (over there)** (*adj.*) aquellos/ aquellas; **~ ones (over there)** (*dem. pron.*) aquellos/aquellas
throat la garganta
through a través de
throw: ~ out echar, tirar
ticket el boleto, el billete, el pasaje; (*for admission to an event*) la entrada
time: in ~ a tiempo; **on ~** a tiempo; **What ~ is. . .at?** ¿A qué hora es…?
times: many ~ muchas veces
tired: be ~ tener sueño
title el título
to a; **~ top it all** para colmo
together juntos/as
tomorrow mañana; **See you ~.** Hasta mañana.
too también; **~ much** demasiado
top: to ~ it all para colmo
touch tocar
tour la gira, el tour
tourism el turismo
translate traducir
travel viajar
tree el árbol
true cierto/a, real; **it's ~** es cierto, es verdad
truth la verdad
try intentar; (*food*) probar; **~ on** (*clothes*) probarse (o → ue); **~ to** tratar de
turn doblar; **~ off** apagar; **~ over** darle la vuelta
TV channel el canal de televisión
typical típico/a

unbearable insoportable
uncertain incierto/a
understand comprender, entender (e → ie)
understanding comprensivo/a
underwear (*men's*) los calzoncillos; (*women's*) los calzones
unexpected inesperado/a

unexplainable inexplicable
uniform el uniforme
unknown desconocido/a
unless a menos que
until hasta (que)
up arriba
upon + -ing al + *inf.*
use usar
useful útil
useless inútil

vacation las vacaciones
vain creído/a, vanidoso/a
value el valor
variety la variedad
vary variar
very muy; **~ well!** ¡Muy bien!
view la vista
visit (*n.*) la visita; (*v.*) visitar
voice la voz
vomit devolver (o → ue), vomitar

wake up despertarse (e → ie); **wake someone up** despertar (e → ie)
walk andar; **take a ~** dar un paseo
wall la pared
want desear, querer
war la guerra
warm caliente
water el agua (*f.*)
way la manera; **No ~!** ¡Qué va!
Web (www) la red
weekend el fin de semana
weigh pesar
weight el peso
well (then) pues
what? ¿qué?, ¿cómo?; **~ bad luck!** ¡Qué mala suerte!; **~ color is it?** ¿De qué color es?; **~ do you mean . . . ?** ¿Cómo que… ?; **~ is the capital of . . . ?** ¿Cuál es la capital de… ?; **~ is your phone number?** ¿Cuál es tu/su número de teléfono?; **~ a mess!** ¡Qué lío!; **~ a pity!** ¡Qué pena!; **~ a shame!** ¡Qué lástima!; **~ time is it?** ¿Qué hora es?; **What's the weather like?** ¿Qué tiempo hace?; **What's up?** ¿Qué hay?; **What's your address?** ¿Cuál es tu dirección?
when cuando; **~?** ¿cuándo?
where donde; **~?** ¿dónde?; **~ are you from?** ¿De dónde es/eres?; **~ (to)?** ¿adónde?
which? ¿cuál/es?
while mientras; **in a ~** dentro de poco
who quien, que; **~?** ¿quién? ¿quiénes?; **~ is speaking/calling?** ¿Quién habla?
whom: for ~? ¿para quién?
whose? ¿de quién/es?
why? ¿por qué?
win ganar
window la ventana
windy: It's ~. Hace viento.
winner el/la ganador/a
with con; **~ pleasure** con mucho gusto
without sin
wonder preguntarse
wonderful divino/a, maravilloso/a

work (*n.*) el trabajo; (*v.*) trabajar; **~ full-time** trabajar tiempo completo; **~ part-time** trabajar medio tiempo
worth: It's (not) ~ it. (No) vale la pena.
Wow! ¡Vaya!
wrist la muñeca
write escribir; **~ letters/poems** escribir cartas/poemas
writer el/la escritor/a

wrong: You have the ~ number. Tiene el número equivocado.

year el año; **last ~** el año pasado; **next ~** el año que viene; **New Year's Day** el Año Nuevo
yesterday ayer
yet aún, todavía; **not ~** todavía no
young person el/la joven

younger menor
You're welcome. De nada., No hay de qué.
youth la juventud

zip code el código postal
zone la zona

Index
■■■

Permissions and Credits

■■■

The authors and editors thank the following persons and publishers for permission to use copyrighted material.

Text Permissions

Chapter 2: p. 61, Procter & Gamble information from "Diapers for Fatima," Sean Gregory, *Time*, January 24, 2005. Data for Home Depot from http://homedepot.com.mx/hdmx/esmx/companyinfo.shtml **Chapter 7:** pp. 200–201, Courtesy of Secretaría General de Turismo/Turespaña, Ministerio de Industria, Comercio y Turismo.; p. 212, Data from: http://www.tia.org and *The Minority Traveler,* 2003 Edition. **Chapter 8:** p. 227, "El fútbol y yo," from *El País,* No. 179, July 24, 1994, Año XIX, p. 42. Copyright © Diario *El País,* S.L. Used by permission. **Chapter 9:** p. 257, "Tragedia" by Vicente Huidobro. Reprinted by permission of the Fundación Vicente Huidobro. **Chapter 10:** p. 287, Copyright © 2001 by Houghton Mifflin Company. Adapted and reproduced by permission from *The American Heritage Spanish Dictionary,* Second Edition.; pp. 285–286, "No quiero," by Ángela Figuera Aymerich, from *Obras completas* (Ediciones Hiperión, Madrid, First Edition © 1986, Second Edition © 1999). Reprinted with permission. **Chapter 11:** pp. 314–315, "La vida en la maquila," by Silvia Torralba. As appeared on oneworld.net.; p. 321, Data on history of chocolate from Kara Chocolates, May 8, 2005: http://www.karachocolates.com/chochist.html; **Chapter 12:** p. 344, "El Padre Antonio y el monaguillo Andrés," by Rubén Blades, from the CD *Rubén Blades y el son del solar live!* Reprinted with permission.

Photo Credits

Preliminary Chapter: p. 2, Richard Lord/The Image Works; p. 3, Francisco Rangel; p. 5 left, Kathy Squires; p. 5 right, Frerck/Odyssey Productions, Inc./Chicago; p. 5 bottom, Jefkin/Elnekave Photography. **Chapter 1:** p. 13, Cameramann/The Image Works; p. 14, Stuart Cohen/The Image Works; p. 21, Ulrike Welsch; p. 25 left to right: AP/Wide World; Marc Serota/Reuters/Corbis; Corbis; Allsport/Getty Images; p. 30 center left: Mike Blake/Reuters/Corbis; p. 30 center right, Armando Arorizo/ZUM/Corbis; p. 30 bottom left, Reuters/Corbis; p. 30 bottom right: Reuters/Corbis; p. 32, Mark Stevenson/Corbis; p. 33, top row, left to right: Beryl Goldberg; Tom & Michelle Grimm/Getty Images; Beryl Goldberg; bottom row, left to right: Claudia Parks/The Stock Market; Ulrike Welsch; Photri/Microstock; Ulrike Welsch. **Chapter 2:** p. 37, Tomas Stargardter/Latin Focus; p. 45, Bernie Núñez/Reuters/Corbis; p. 56, Corbis Sygma; p. 60 center, Beryl Goldberg; p. 60 bottom, David Botello; p. 62, courtesy Arthine Cossey van Duyne; p. 65, South Park Productions. **Chapter 3:** p. 67, Pablo Corral/National Geographic Image Collection; p. 68, Stephanie Cardinal/People Avenue/Corbis; p. 69, Studio Patellani/Corbis; p. 73, South Park Productions; p. 79 center, AP/Wide World Photos; p. 79 bottom, Reuters/Corbis; p. 85, Ulrike Welsch; p. 86, Jimmy Dorantes/Latin Focus. **Chapter 4:** p. 94, Daniel LeClair/Reuters/Corbis; p. 95, Bruce Klepinger/Adventure Photo; p. 96, Museo de América, Madrid, Spain/Index/Bridgeman Art Library; p. 97 top, Bibliothèque Nationale, Paris, France/Lauros-Giraudon/Bridgeman Art Library; p. 97 bottom left and right, Museo del Oro; p. 103, Pilar Olivares/Reuters/Corbis; p. 105, left, Ulrike Welsch; p. 105 right, Robert Fried; p. 111, Ulrike Welsch; p. 113, South Park Productions; p. 114, Vince Streano/The Stock Market; p. 115, Alan Grinberg; p. 118 left, Courtesy of Amy Waldren; p. 118 right, Courtesy of Jessica Giglia; p. 120, South Park Productions. **Chapter 5:** p. 123, Film Four/South Fork/Senator Film/The Kobal Collection; p. 124, Cristóbal Corral Vega/HBO Films/ZUMA/Corbis; p. 125, South Park Productions; p. 135 top, Courtesy of Kristin Horton; p. 135, bottom, Russell Gordon/Aurora; p. 136, Jesús Carneiro; p. 138, courtesy Zara; p. 139, Petre Buzoianu/Corbis; p. 141, LJ Regan/Getty Images; p. 142, Jimmy Dorantes/Latin Focus; p. 144, South Park Productions; p. 147, Art Resource, NY, p. 147, www.juanes.net; p. 148, Reuters/Corbis. **Chapter 6:** p. 151, Hans Strand/Getty Images; p. 152 left, Bill Bachman/Alamy; p. 152 right, Index Stock/Alamy; p. 153, James Blair/National Geographic Image Collection; p. 157, South Park Productions; p. 159, Owen Franken/Corbis; p. 164, AFP/Getty Images; p. 166, George F. Mobley/National Geographic Image Collection; p. 167, Michael Boeckmann; p. 170, Courtesy of Stephanie Valencia; p. 171 left, Franco Vogt/Corbis; p. 171 right, Leland Bobbé/Corbis; p. 172, Courtesy of Cristina Schulze; p. 179, courtesy Southwestern University, Georgetown, Texas; p. 183 top and bottom, South Park Productions. **Chapter 7:** p. 184, Masakatsu Yamazaki/HAGA/The Image Works; p. 185, Steve Vidler/Leo de Wys; p. 186, Robert Fried; p. 190, Courtesy Hotel Acueducto; p. 200, Paradores de Turismo de España; p. 201, Paradores de Turismo de España; p. 206, Viesti Associates; p. 212, Jimmy Dorantes/Latin Focus. **Chapter 8:** p. 214, Monika Graff/The Image Works; p. 215, Ulrike Welsch; p. 218, Francisco Rangel; p. 219, South Park Productions; p. 220, Randall Hyman/Stock Boston; p. 227, Duomo; p. 231, Steve Dunwell/Index Stock; p. 234, Bill Frakes/Sports Illustrated; p. 236, Odyssey/Frerck/Chicago; p. 238 top, Gary Hershorn/Reuters/Corbis; p. 238 bottom, Rita Rivera; p. 240, South Park Productions. **Chapter 9:** p. 242, Museo del Oro; p. 247, Frerck/Odyssey/Chicago; p. 256, SISIB/Universidad de Chile/Facultad de Filosofía y Humanidades; p. 261, Victor Englebert; p. 262, Manuel Bellver/Corbis; p. 266, Eduardo Aparicio; p. 268, Stringer/Chile/Reuters/Corbis; p. 269, Courtesy of Frank Garcini. **Chapter 10:** p. 271, Jeff Goldberg/Esto; p. 272, Margot Granitsas/The Image Works; p. 273, John Ehlers/Stockline; p. 284, Zurgai, Bilbao, España; p. 291, Peter M. Wilson/Alamy; p. 292, James Nelson/Getty Images; p. 293, South Park Productions; p. 298, courtesy David Kupferschmidt; p. 300, South Park Productions. **Chapter 11:** p. 302, Sven Martson/The Image Works; p. 303, Stuart Cohen/The Image Works; p. 309, Frerck/Odyssey/Chicago; p. 313, Jimmy Dorantes/Latin Focus; p. 320, University of California, San Francisco, CA/Index/Bridgeman Art Library; p. 323, John Williamson. **Chapter 12:** p. 332, Javier Pierini/Latin Stock/Corbis; p. 334 top, Miki Kratsman/Corbis; p. 334 bottom, Olberto Gili/Barbara von Schreiber, Ltd.; p. 338, South Park Productions; p. 339, Bob Krist/Corbis; p. 342, Dynamic Graphics Group/Creatas/Alamy; p. 343, AP/Wide World; p. 344, Deborah Harse/The Image Works; p. 347, DDB Stock Photography, p. 348, Pablo Corral/Corbis; p. 349 Tuna de Derecho de Valladolid, España, URL. http://www.tunaderecho. com; p. 351, Vince Bucci/Getty Images; p. 354 left, Courtesy of Sarah Bartels and Hernán Marrero; p. 354 right, Courtesy of Irma and Richard Perlman; p. 357, South Park Productions.

Illustration Credits

Duff Moses/Famous Frames: pp. 126, 156 top, 259; Jeff Kronen/Famous Frames: pp. 229, 267, 333; Anna Veltfort: p. 255; Roberto Ezzavelli/Famous Frames: pp. 285, 286, 289; All other illustrations by Andrés Fernández Cordón.

Realia Credits

Preliminary Chapter: p. 1, Data from Pew Hispanic Center, CIA World Factbook, and U.S. Census Bureau.   **Chapter 1:** p. 34 top, From *National Geographic,* September, 2001. Reprinted by permission of the National Geographic Society.; p. 34 bottom, Bilingual Education Specialists.   **Chapter 2:** p. 37, Data from glreach.com.; p. 39, Reprinted with the permission of TransFairUSA.; p. 50 top, Copyright © Google, Inc. Reprinted with permission.; p. 50 bottom, Reproduced with permission of Yahoo! Inc. © 2005 by Yahoo! Inc. YAHOO! and the YAHOO! logo are trademarks of Yahoo! Inc.; p. 61 center, Reprinted by permission from www.internetworldstats.com.; p. 61 bottom, From www.10xmarketing.com. Reprinted with the permission of 10 X Marketing.   **Chapter 3:** p. 79 top, *Selecciones* cover, Courtesy *Reader's Digest* México.; *Glamour* cover, Courtesy *Glamour* Magazine.; p. 79 bottom, Univision chart reprinted with permission from Microsoft Corporation.; p. 92 top, "More Colorful" Census Bureau Chart www.trans-mission.com.; p. 92 center, Copyright © 2005 Home TLC, Inc. Reprinted with permission.; p. 92 bottom, Kohler, South America, Printed with permission.   **Chapter 4:** p. 118, Reprinted by permission of Habitat for Humanity.   **Chapter 5:** p. 138, Juegos Olympicos de Barcelona, 1992.; p. 148 center, Reprinted by permission of the Republican National Committee.; p. 148 bottom, Reprinted by permission of the Democratic National Committee.   **Chapter 6:** p. 177, Copyright © Maitena.   **Chapter 7:** p. 188, Minicines Astorias, Peluqueros Pedro Molina, Restaurante El Hidalgo, Librería Compás.; p. 189, Courtesy of Finlay.; p. 193, Copyright © NIK.; p. 201, Paradores de Turismo de España.; p. 209, Copyright © Maitena.; p. 212, Courtesy Terra Networks Group, Madrid.   **Chapter 8:** p. 230, Courtesy of Alcalá, Madrid, Spain.; p. 232, Fernando Sendra.; p. 235, Ana von Rebeur.; p. 238, Copyright © ESPN. Used with permission.   **Chapter 9:** p. 244, Catedral de Sal, Zipaquirá, Colombia.; p. 247, *El País,* Sunday March 23, 1993.; p. 263, Copyright © NIK.; p. 269, Reprinted by permission of NOAH: New York Online Access to Health.   **Chapter 10:** p. 275, Courtesy Unipublic S.A., Madrid.; p. 281, Copyright © Maitena.; p. 283, Courtesy *Segundamano.*; p. 298, Courtesy Law Office of Shawn C. Brown.   **Chapter 11:** p. 305, Courtesy Mt. Hood Playing Card Company.; p. 321, Copyright © NIK.; p. 326 center, BARBIE is a trademark owned by, and used with permission from Mattel, Inc. © 2006 Mattel, Inc. All Rights Reserved.; p. 326 bottom, Courtesy Hallmark Cards.; p. 330 top, Reprinted by permission of the Sonoma County Human Resources Department.   **Chapter 12:** p. 336, Courtesy Correo Argentino.; p. 352, Courtesy of Nestlé, S.A., owner of the Nescafé ® trademark.

STUDENT ACTIVITIES MANUAL

Second Edition

Contents

To the Student

The Student Activities Manual to accompany *Imágenes, Second Edition* is divided in two parts: Workbook Activities and Lab Manual Activities.

Workbook

The Workbook activities are designed to reinforce the chapter material and to help develop your writing skills. Each chapter in the Workbook parallels the organization of your textbook so that you can begin doing the activities after studying each **Vocabulario esencial** and **Gramática para la comunicación** section in the text.

Un poco de todo sections in the middle and at the end of each chapter include activities that focus on more than one concept. This helps you apply your learning to more real-life like situations in which multiple topics come into play at once. At the end of the chapter, reading activities reinforce the strategies introduced in the textbook as you read about the Hispanic world. Becoming a better reader can also help you in other aspects of the language, such as increasing your vocabulary.

The **Repaso** sections after odd-numbered chapters will help you review some key concepts and are especially useful for review prior to midterm or final exams.

Answers to the Workbook activities may be made available to you by your instructor.

Here are some tips to follow when using the Workbook:

- Before doing the exercises, study the corresponding vocabulary and grammar sections in the textbook.

- Do the exercises with the textbook closed and without looking at the answer key.

- Write what you have learned. Be creative, but not overly so. Try not to overstep your linguistic boundaries.

- Try to use dictionaries sparingly.

- Check your answers against the answer key, if provided by your instructor, marking all incorrect answers in a different color ink.

- Check any wrong answers against the grammar explanations and vocabulary lists in the textbook. Make notes to yourself in the margins to use as study aids.

- Use your notes to help prepare for exams and quizzes.

- If you feel you need additional work with particular portions of the chapter, do the corresponding exercises in the CD-ROM or on the *Imágenes* Website.

Lab Manual

The activities in the Lab Manual are designed to help improve your pronunciation and listening skills. Each chapter contains two main parts:

- **Mejora tu pronunciación:** Contains an explanation of the sounds and rhythm of Spanish, followed by pronunciation exercises. This section can be done at the beginning of a chapter.

- **Mejora tu comprensión:** Contains numerous listening comprehension activities. As you listen to these recordings, you will be given a task to perform (for example, completing a telephone message as you hear the conversation). This section should be done after studying the last grammar explanation. It will help prepare you for the listening comprehension sections of the exams and quizzes.

The audio program for each chapter ends with the corresponding conversations from the text, which you may also listen to on the audio CD packaged with the textbook or on the *Imágenes* Website.

Tips for improving pronunciation and listening skills:

- While doing the pronunciation exercises, listen carefully, repeat accurately, and speak up.

- Read all directions and items before doing the listening comprehension activities.

- Pay specific attention to the setting and type of spoken language (for example, an announcement in a store, a radio newscast, a conversation between two students about exams, and so forth).

- Do not be concerned with understanding every word; your goal should be to do the task that is asked of you in the activity.

- Replay the activities as many times as needed.

- Listen to the recordings again after correction to hear what you missed.

Conscientious use of the Workbook and Lab Manual will help you make good progress in your study of the Spanish language. Should you need or want additional practice, the CD-ROM and Website exercises are excellent review tools for quizzes and exams.

Workbook

Capítulo preliminar
¡Bienvenidos!

Las presentaciones

Actividad 1 **¿Cómo te llamas?** Complete the following sentences with the correct word or words (**me, te, se, llamo, llamas, llama**).

1. Ud. se _____ Pedro Lerma, ¿no?

2. Me _____ Francisco.

3. ¿Cómo te _____?

4. ¿Cómo se _____ Ud.?

5. Ud. _____ _____ Julia Muñoz, ¿no?

6. _____ llamo Ramón.

7. ¿Cómo _____ _____ tú?

8. Hola, tú _____ _____ Patricia, ¿no?

Actividad 2 **El origen.** Complete the following sentences with the correct word (**soy, eres, es**).

1. Yo _____ de Cali, Colombia.

2. ¿De dónde _____ Ud.?

3. Tú _____ de California, ¿no?

4. Tomás, ¿_____ de México?

5. Ud. _____ de Valencia, ¿no?

6. ¿De dónde _____ tú?

7. Yo _____ de San José.

Actividad 3 **¿Cómo se llama Ud.?** Two business people are sitting next to each other on a plane, and they strike up a conversation. You can hear the woman, Mrs. Beltrán, but not the man, Mr. García. Write what you think Mr. García is saying.

SRA. BELTRÁN   Buenas tardes.

SR. GARCÍA   _____.

SRA. BELTRÁN   Me llamo Susana Beltrán, y ¿cómo se llama Ud.?

Continued on next page →

SR. GARCÍA   _____.

¿_____?

SRA. BELTRÁN   Soy de Guatemala, ¿y Ud.?

SR. GARCÍA   _____.

SRA. BELTRÁN   Encantada.

SR. GARCÍA   _____.

Actividad 4 **Buenos días.** Today is Pepe's first day at a new school. He is meeting his teacher, Mr. Torres, for the first time. Complete the following conversation. Remember, when Pepe speaks to his teacher he will use **usted**.

SR. TORRES   Buenos días.

PEPE   _____.

SR. TORRES   ¿_____?

PEPE   _____ Pepe.

SR. TORRES   ¿De dónde _____?

PEPE   _____ Buenos Aires.

SR. TORRES   Ahhh... Buenos Aires.

PEPE   Señor, ¿_____?

SR. TORRES   Soy el Señor Torres.

Actividad 5 **¿Cómo estás?** Complete the following sentences with the correct word (**estás, está**).

1. ¿Cómo _____ Ud.?

2. Pepe, ¿cómo _____?

3. Sr. Guzmán, ¿cómo _____?

4. Srta. Ramírez, ¿cómo _____?

Actividad 6 **En la universidad.** Finish the following conversation between two college students who are meeting for the first time.

ÁLVARO   ¿Cómo te _____?

TERESA   Me _____. ¿Y _____?

ÁLVARO   _____.

TERESA   ¿De _____ eres?

ÁLVARO   _____ Córdoba, España. ¿Y _____?

TERESA   _____ Ponce, Puerto Rico.

ÁLVARO   _____.

TERESA   Igualmente.

Actividad 7 **¡Hola! Parte A**. Two friends see each other on the street. Complete their brief conversation with what you think they said.

MARIEL Hola, Carlos.

CARLOS _____, _____.

¿_____?

MARIEL Bien, ¿_____?

CARLOS Muy bien.

MARIEL Hasta luego.

CARLOS _____.

Parte B. Rewrite the preceding conversation from **Parte A** so it takes place between two business acquaintances who meet at a conference.

SR. MARTÍN _____, _____.

SR. CAMACHO _____, _____.

¿_____ _____?

SR. MARTÍN _____. ¿_____?

SR. CAMACHO _____.

SR. MARTÍN _____.

SR. CAMACHO _____.

Países y sus capitales

Actividad 8 **La capital es...** Mr. Torres is teaching Latin American capitals and asks students the following questions. Write the students' answers using complete sentences.

1. ¿Cuál es la capital de Panamá? _____

2. ¿Cuál es la capital de Honduras? _____

3. ¿Cuál es la capital de Colombia? _____

4. ¿Cuál es la capital de Puerto Rico? _____

5. ¿Cuál es la capital de Chile? _____

Actividad 9 **Países.** As a student, Luis Domínguez has many opportunities to travel. Look at the button collection on his backpack and list the countries he has visited.

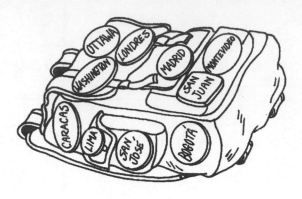

_____

_____

_____

Actividad 10 **Población.** Look at the following data provided by the United States Census Bureau. Then answer the questions that follow.

POBLACIÓN DE LOS ESTADOS UNIDOS		
Proyección para el año 2010		
Número total de habitantes	308.936.000	100%
Blancos (no hispanos)	201.112.000	65,1%
Negros (no hispanos)	40.454.000	13,1%
Hispanos (todas las razas)	47.756.000	15,5%
Proyección para el año 2020		
Número total de habitantes	335.805.000	100%
Blancos (no hispanos)	205.936.000	61,3%
Negros (no hispanos)	45.365.000	13,5%
Hispanos (todas las razas)	59.756.000	17,8%
Proyección para el año 2050		
Número total de habitantes	419.854.000	100%
Blancos (no hispanos)	210.283.000	50,1%
Negros (no hispanos)	61.361.000	14,6%
Hispanos (todas las razas)	102.560.000	24,4%

1. Do all groups mentioned increase in number of inhabitants from 2010 to 2050? _____ yes _____ no

2. In terms of percentage of the overall population, which group is increasing quickly?

_____ Which is declining? _____

Actividad 11 **Opinión.** In English, briefly discuss what you think may be some of the implications for the United States of the population trends seen in **Actividad 10.** When considering what the implications may be, think about them at the national, state, local, and even personal levels.

_____
_____
_____
_____
_____

El alfabeto

Actividad 12 **¿Cómo se escribe?** Write out the spellings for the following capitals.

➤ Asunción *A-ese-u-ene-ce-i-o con acento-ene*

1. Caracas _____
2. Tegucigalpa _____
3. San Juan _____
4. Quito _____
5. Santiago _____
6. La Habana _____
7. Managua _____
8. Montevideo _____

Acentuacíon y puntuación

Actividad 13 **Los acentos.** Write accents on the following words, if needed. The stressed syllables are in boldface.

1. televi**sor**
2. **fa**cil
3. impor**tan**te
4. **dis**co

5. Ra**mon**
6. **Me**xico
7. ri**di**culo
8. conti**nen**te

9. **fi**nal
10. fan**tas**tico
11. ciu**dad**
12. invita**cion**

Actividad 14 **Puntuación.** Punctuate the following conversation.

MANOLO   Cómo te llamas

RICARDO   Me llamo Ricardo Y tú

MANOLO   Me llamo Manolo

RICARDO   De dónde eres

MANOLO   Soy de La Paz

Study Tips

Two common sentences one can hear from people over 30 are the following:

I wish I had studied a foreign language.
I wish I had spent time in college studying abroad.

Learning a new language takes time, but the rewards are many. To avoid having any regrets, buckle down, study, and start to plan for a period of study abroad in a country where Spanish is spoken.

When studying a language, always remember that the goal of language study is communication. Learning a language does not mean memorizing vocabulary lists and studying grammar points. While grammar is one of the keys to communication, knowing grammar rules is not an end, but rather a means that enables you to express yourself in another language. As you learn more grammar rules and vocabulary, try to make your studying relevant to you as an individual. Each day ask yourself one question: What concepts can I express today in Spanish that I couldn't yesterday? For example, after studying the Preliminary Chapter you might say, "Now I can greet someone and find out where he/she is from."

Imágenes is based on the premise that we **learn by doing**. Trying to think in the language, without relying on translation, is the most effective way to learn. Try some of the following techniques to make the most of your study time.

1. **Have a positive attitude.**

2. **Study frequently.** It is better to study for a short while every day than to "cram" for an exam. If you learn something quickly, you tend to forget it quickly. If you learn something over time, your retention will improve.

3. **Focus on what function is being emphasized.** The word *function* refers to what you can do with the language. For example, *saying what you did yesterday* is a function, and in order to perform this function, you need to know how to form the *preterit tense* of verbs. Knowing the function makes it easier to see the purpose for studying a point of grammar.

   - Focus on the title of each grammar explanation to understand the function being presented.
   - Read examples carefully, keeping in mind the function.
   - Create sentences of your own, using the grammar point presented to carry out the function emphasized.

4. **Idle time = Study time.** Try to spend otherwise nonproductive time studying and practicing Spanish. That will mean less "formal" studying and more time for other things. These spontaneous study sessions are a good way to learn quickly and painlessly while retaining a great deal.

   - When learning numbers, say your friends' phone numbers in Spanish before dialing them, read license plates off cars, read numbers on houses, say room numbers before entering the rooms, etc.
   - When learning descriptive adjectives (i.e., *tall, short, pretty*, etc.), describe people as you walk to class; when watching TV, make up a sentence to describe someone in a commercial; etc.

5. **Make personal flash cards that contain no translation.** Carry the flash cards with you and go through them as you ride the bus, use an elevator, watch commercials, etc. Once you learn a word, put that card on top of your dresser. At the end of each week, look through the pile of cards and take out any word you may have forgotten and put it in your active file. The growing pile of cards on your dresser will be a visual reminder of how many words, phrases, and verb conjugations you have learned.

   - Draw a picture on one side of the card and write the Spanish equivalent on the other.
   - Use brand names that mean something to you: If you use Herbal Essences shampoo, write Herbal Essences on one side of the card and **champú** on the other.
   - Write names of people who remind you of certain words: If you think that Dave Chappelle is funny, write Dave Chappelle on one side and **cómico** on the other.

NOTE: You can also practice using the flash cards on the *Imágenes* website.

6. **Study out loud.** Verbalizing will help you retain more information, as will applying what you are studying to your own life.

- When you wake up in the morning, talk to yourself (in Spanish, of course): "I have to study calculus and I have to go to the bank. I'm going to write a letter today. I like to swim, but I'm going to go to the library."

7. **Write yourself notes in Spanish.** You can write shopping lists in Spanish, messages to your roommate, a "things-to-do list," etc.

8. **Speak to anyone who speaks Spanish.**

9. **Prepare for class each day.** This will cut down on your overall study time. It will also improve your class participation and make class more enjoyable for you.

10. **Participate actively in class.**

11. **Become a risk taker.** Don't be afraid to make mistakes. When you learn a language, you form hypotheses about what is correct and what is incorrect usage. When you speak or write in the language, you will make mistakes. Making mistakes and learning from them is part of the learning process.

12. **Listen, watch, read, and enjoy.** As you study the language, start watching Spanish TV or movies and listen to a Spanish-language radio station in the car. Read all that you can in the language: labels on products, instructions for the cell phone you just bought, Internet articles, and when you are ready, literature. This will increase your vocabulary, improve your listening comprehension and pronunciation, and open your eyes to new cultures and ways of life.

Tips for Using the Workbook and Lab Manual

See pages vii–viii for tips on using the Workbook and Lab Manual.

Tips for Learning about New Cultures

When using *Imágenes*, you will learn about other people and their cultures. When learning about the Spanish-speaking world, you will be confronted with stereotypes. Dr. Saad Eddin Ibrahim, a sociologist, states that "Stereotypes . . . are categorical beliefs about groups, peoples, nations, and whole civilizations. They are over-generalized, inaccurate, and resistant to new information."

There are many stereotypes surrounding Spanish-speakers. Many are simply myths caused by years of misperceptions. For example, many people feel that Spanish-speakers in the United States are resistant to learning English. Some use personal history to defend this point of view, making statements like "When my grandfather came to the United States, he . . ." These observations are commonly used to criticize and compare different immigrant groups. Statistics show that Spanish-speaking immigrants are learning English as fast or faster than other immigrant groups in the United States have, and that eventually they do assimilate. But the constant influx of Spanish-speaking immigrants over the years may create the illusion of a lack of assimilation to the culture of the United States. Therefore, a stereotype is created and it is through the tinted glasses of misperceptions that people are judged.

Remember that knowledge of a people gained through personal contact and speech, studying how they express themselves, reading newspapers and literature, watching movies, surfing the net, and listening to music can all help you to get a picture of the people and the cultures that comprise the Spanish-speaking world. In short, keep an open mind and learn all that you can.

Capítulo 1 ¿Quién es?

Vocabulario esencial I

Los números

Actividad 1 **¿Qué número es?** Write out the following numbers.

a. 25 _____

b. 15 _____

c. 73 _____

d. 14 _____

e. 68 _____

f. 46 _____

g. 17 _____

h. 82 _____

i. 54 _____

j. 39 _____

k. 91 _____

Actividad 2 **¿Cuál es tu número de teléfono?**
You are talking to a friend on the phone, and she asks
you for a few phone numbers. Write how you would say
the numbers.

➤ Juana
dos, cincuenta y ocho, setenta y seis, quince

Nombre	Teléfono
Juana	258 76 15
Paco	473 47 98
Marisa	365 03 52
Pedro	825 32 14

1. Paco _____

2. Marisa _____

3. Pedro _____

Las nacionalidades

Actividad 3 **¿De qué nacionalidad es?** Indicate the nationality of the following people in complete sentences.

➤ Juan es de Madrid. *Juan es español.*

1. María es de La Paz. _____

2. Hans es de Bonn. _____

3. Peter es de Londres. _____

4. Gonzalo es de Buenos Aires. _____

5. Jesús es de México. _____

6. Ana es de Guatemala. _____

7. Irene es de París. _____

8. Marta es de Quito. _____

9. Frank es de Ottawa. _____

10. Soy de los Estados Unidos. _____

Actividad 4 **¿De dónde son?** Look at the accompanying map and state each person's nationality using adjectives of nationality and complete sentences.

1. Teresa

2. Vicente

3. Claudia

4. Marisel

1. _____

2. _____

3. _____

4. _____

Gramática para la comunicación I

Stating Name and Origin: *Llamarse* and *ser*

Actividad 5 *Llamarse* **and** *ser.* Complete the following sentences with the appropriate form of the indicated verbs.

1. ¿Cómo _____ _____ él? (llamarse)

2. ¿De dónde _____ ella? (ser)

3. David _____ de Lisboa, ¿no? (ser)

4. ¿Cómo _____ _____ Ud.? (llamarse)

5. Yo _____ _____ Ramón y _____ de España.

   (llamarse, ser)

6. Felipe _____ boliviano, ¿no? (ser)

7. ¿Cómo _____ _____ tú? (llamarse)

8. Sra. Gómez, ¿de dónde _____ Ud.? (ser)

Actividad 6 **En orden lógico.** Put the following conversation in a logical order by numbering the lines from 1 to 10.

_____ ¿De dónde es?	_____ Bien... ¿Cómo se llama?
_____ ¿España?	_____ Es de Córdoba.
_____ ¿Quién, ella?	_1_ Hola, Carlos.
_____ ¡Ah! Hola, ¿cómo estás?	_____ No, Argentina.
_____ Antonio.	_____ No, él.

Indicating One's Age: *Tener*

Actividad 7 **¿Cuántos años tienes?** Complete the following sentences with the appropriate form of **tener.**

1. ¿Cuántos años _____ tú?

2. Ud. _____ treinta y siete años, ¿no?

3. Ella _____ veinticinco años.

4. Yo _____ dieciocho años.

5. Laura, ¿cuántos años _____?

6. ¿Cuántos años _____ la señora Madariaga?

7. Ana _____ diecinueve años y Pepe _____ veinte.

Un poco de todo

Actividad 8 **¿Quién es?** Write a brief paragraph saying all that you can about the two people shown in the accompanying student I.D.s.

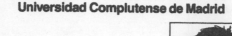

Universidad Complutense de Madrid	
Nombre: Claudia	
Apellidos: Dávila Arenas	
Ciudad: Bogotá	**País:** Colombia
Edad: 21	**Pasaporte:** 57968

Universidad Complutense de Madrid	
Nombre: Vicente	
Apellidos: Mendoza Durán	
Ciudad: San José	**País:** Costa Rica
Edad: 26	**Pasaporte:** 83954

_____
_____
_____
_____
_____
_____

Vocabulario esencial II

Las ocupaciones

Actividad 9 **¿Masculino o femenino?** Change the following words from masculine to feminine or from feminine to masculine. Note that some words may not change.

1. ingeniero _____
2. doctora _____
3. actriz _____
4. abogada _____
5. secretaria _____
6. artista _____
7. profesora _____
8. director _____
9. camarero _____
10. vendedora _____
11. comerciante _____
12. economista _____

Actividad **10** **¿Qué hacen?** Associate each of the following words or groups of words with an occupation; then write your answer. Include both masculine and feminine forms if applicable and use the articles **el** or **la**.

1. Steven Spielberg, Sofía Cóppola, Pedro Almodóvar _____

2. Colgate, Crest _____

3. hospital, clínica _____

4. Alex Rodríguez, Shaquille O'Neal, Mia Hamm _____

5. Hoover, Lysol, Betty Crocker _____

6. IBM, Macintosh _____

7. Hollywood, los Oscars _____

8. Wall Street _____

9. micrófono, música _____

10. J.C. Penney, Bloomingdale's, comisión _____

11. British Airways, hoteles, tour _____

12. examen, universidad, quince créditos _____

Gramática para la comunicación II

Talking About Yourself and Others

Actividad **11** **Verbos.** Complete the following sentences with the appropriate form of the indicated verbs.

1. Ellos _____ paraguayos. (ser)

2. ¿Cuántos años _____ Uds.? (tener)

3. Nosotros _____ abogados. (ser)

4. Él _____ veinticinco años y _____ ingeniero. (tener, ser)

5. Juan y yo _____ veintiún años. (tener)

6. ¿De dónde _____ Clara y Miguel? (ser)

7. Ella _____ _____ Pilar, _____ veinticuatro años y _____ artista. (llamarse, tener, ser)

8. El Sr. Escobar y la Sra. Beltrán _____ ecuatorianos. (ser)

Actividad 12 ¿De qué nacionalidad son? Rewrite the following sentences using subject pronouns (**yo, tú, Ud., él, ella, nosotros/as, vosotros/as, Uds., ellos, ellas**) and adjectives of nationality. Remember that an adjective of nationality agrees with the noun or pronoun it modifies (**él/mexicano; ella/mexicana; ellos/mexicanos; ellas/mexicanas**).

➤ Los dentistas son de México. *Ellos son mexicanos.*

1. Tus padres son de Ecuador. _____

2. El economista es de Venezuela. _____

3. Las señoras son de Francia. _____

4. Alberto y yo somos de Paraguay. _____

5. Las ingenieras son de Chile. _____

6. Laura es de Portugal. _____

7. Los deportistas son de la República Dominicana. _____

8. Mi padre es de Honduras. _____

9. Los vendedores son de Cuba. _____

10. Las profesoras son de España. _____

11. Las periodistas son de Costa Rica. _____

12. El cantante es de Irlanda. _____

13. El Sr. Moreno y yo somos de Inglaterra. _____

14. Mis padres son de los Estados Unidos. _____

Actividad 13 **Un párrafo.** Write a paragraph about yourself and your parents. Tell your names, nationalities, how old you are, and what each of you does.

_____

_____

_____

_____

_____

_____

Asking Information and Negating

Actividad 14 **Preguntas y respuestas.** Answer the following questions both affirmatively and negatively in complete sentences.

1. ¿Eres de Chile? Sí, _____

   No, _____

2. Ud. es colombiano, ¿no? Sí, _____

   No, _____

Continued on next page →

3. Ella se llama Piedad, ¿no? Sí, _____

No, _____

4. ¿Son españoles Pedro y David? Sí, _____

No, _____

5. Uds. tienen veintiún años, ¿no? Sí, _____

No, _____

Actividad 15 Las preguntas. Write questions for the following answers.

1. —¿_____?

—Sí, es Ramón.

2. —¿_____?

—Ellos son de Panamá.

3. —¿_____?

—Tenemos treinta años.

4. —_____, ¿no?

—No, me llamo Felipe.

5. —¿_____?

—Se llaman Pepe y Ana.

6. —¿_____?

—Es abogado.

7. —_____, ¿no?

—No, es abogada.

8. —_____, ¿no?

—No, no es abogado.

9. —¿_____?

—Soy guatemalteca.

Actividad 16 ¿Recuerdas? How many characters from the text can you remember? Try to answer the following questions in complete sentences. You might have to scan the text for answers.

1. ¿De dónde son Marisel y Juan Carlos? _____

2. ¿Es Álvaro de Perú? _____

3. ¿Cuántos años tiene Marisel? _____

4. ¿Qué hace el padre de Claudia y de dónde es él? _____

_____

5. ¿Es Juan Carlos el Sr. Moreno o el Sr. Arias? _____

6. Teresa es colombiana, ¿no? _____

7. ¿De dónde es Diana? _____

Continued on next page →

8. ¿Qué hace el padre de Vicente? ¿Y su madre? _____

_____

9. ¿De dónde son los padres de Vicente y cuántos años tienen? _____

_____

Un poco de todo

Actividad 17 **La respuesta correcta.** Select the correct responses to complete the following conversation.

PERSONA A	¿Quiénes son ellas?		
PERSONA B	a. Felipe y Juan.	b. Felipe y Rosa.	c. Rosa y Marta.
PERSONA A	¿De dónde son?		
PERSONA B	a. Soy de Ecuador.	b. Son de Ecuador.	c. Eres de Ecuador.
PERSONA A	Son estudiantes, ¿no?		
PERSONA B	a. No, son abogadas.	b. No, no son abogadas.	c. No, son estudiantes.
PERSONA A	Y tú, ¿qué haces?		
PERSONA B	a. Soy economista.	b. Soy doctor.	c. Somos ingenieros.
PERSONA A	¡Yo también soy economista!		

Actividad 18 **En el aeropuerto.** You are in the airport, and you overhear bits and pieces of five different conversations. Fill in the missing words.

1. —¿De dónde eres?

   —_____ de Monterrey, México.

2. —¿De dónde _____ Uds.?

   —_____.

   —Yo también _____ de Panamá.

3. —¿Cómo se _____ ellos?

   —Felipe y Gonzalo.

4. —¿_____?

   ¿Cómo?

   —¿_____?

   —¡Ah! Yo tengo veinte años y ella veintidós.

5. —¿_____ hacen Uds.?

   —_____ cantantes.

Actividad *19* **La suscripción.** Fill out the accompanying card to order *Bazaar* magazine for yourself or a friend.

RECIBA EN SU CASA

BAZAAR HARPER'S
EN ESPAÑOL

Lo último en moda y belleza para la mujer refinada.

6 ejemplares por sólo $15⁹⁰

¡Suscríbame hoy!

AHORRESE UN 10%

Esta oferta es válida **SOLO PARA NUEVAS SUSCRIPCIONES,** en Estados Unidos y Puerto Rico.

Hacer cheque o giro postal a nombre de:
EDITORIAL AMERICA, S.A.

Nombre_____

Dirección_____

_____

Ciudad_____ Estado_____ Z. Postal_____

Incluyo mi ☐ CHEQUE o ☐ GIRO POSTAL

Cargar a mi ☐ VISA ☐ MASTERCARD

Tarjeta No. ☐☐☐☐☐☐☐☐☐☐☐☐☐☐☐☐☐☐☐☐☐

Fecha de Vencimiento _____ _____
　　　　　　　　　　　Mes　　Año

_____
Firma autorizada

Su primer ejemplar será puesto en correo dentro de ocho semanas.　　J9104

Actividad *20* **La tarjeta.** Look at the accompanying business card and answer the questions that follow in complete sentences.

Sociedad Industrial de Productos Siderúrgicos S.A.

HUMBERTO HINCAPIÉ VILLEGAS
INGENIERO INDUSTRIAL

CARRERA 13 No. 26-45. OF. 1313
TELEX 044-1435
hicapivill@correo.com

TELS. 828-10-76 - 828-14-75
BOGOTÁ. D. E.

1. ¿Es el Sr. Hincapié o el Sr. Villegas? _____

2. ¿Qué hace Humberto? _____

3. ¿De qué país es? _____

4. ¿Cuáles son sus números de teléfono? _____

Actividad 21 **¿Quién es quién?** Read the clues and complete the following chart. You may need to find some answers by process of elimination.

Nombre	Primer apellido	Segundo apellido	Edad	País de origen
Ricardo	López	Navarro	25	Venezuela
Alejandro				
		Martínez		
			24	
				Argentina

La persona de Bolivia no es el Sr. Rodríguez.

La persona que tiene veinticuatro años es de Chile.

Su madre, Carmen Sánchez, es de Suramérica pero su padre es de Alemania.

Miguel es de Colombia.

La madre de Ramón se llama Norma Martini.

La persona de Chile se llama Ana.

La persona que es de Argentina tiene veintiún años.

El primer apellido de Ramón es Pascual.

El Sr. Rodríguez tiene veintidós años.

El segundo apellido del Sr. Fernández es González.

El primer apellido de Ana es Kraus.

La persona que tiene veintiún años no se llama Miguel.

El señor de Bolivia tiene diecinueve años.

Actividad 22 **Jorge Fernández Ramiro.** Jorge is a contestant on a TV show and is being interviewed by the host. Read the following description of Jorge and his family. Then, complete the conversation between Jorge and the host.

Se llama Jorge Fernández Ramiro. Tiene veinticuatro años y es ingeniero civil. Su padre también es ingeniero civil. Él también se llama Jorge. Su madre Victoria es ama de casa. Ellos tienen cincuenta años. Jorge tiene una novia que se llama Elisa. Ella es estudiante y tiene veinte años. Ellos son de Managua, la capital de Nicaragua.

ANIMADOR   Buenas tardes. ¿_____?

JORGE   Buenas tardes. Me llamo _____.

ANIMADOR   ¿_____?

JORGE   Jorge, también.

ANIMADOR   ¿_____?

Continued on next page →

JORGE   Victoria.

ANIMADOR   ¿_____?

JORGE   Tienen cincuenta años.

ANIMADOR   ¿_____?

JORGE   Veinticuatro.

ANIMADOR   ¿_____?

JORGE   Sí, tengo novia. Se llama Elisa. (¡Hola, Elisa!)

ANIMADOR   ¿_____?

JORGE   Soy ingeniero civil y ella es estudiante.

ANIMADOR   ¿_____?

JORGE   Él es ingeniero también y ella es ama de casa.

ANIMADOR   ¿_____?

JORGE   Somos de Managua.

ANIMADOR   Muchas gracias, Jorge.

Repaso

Geografía

Actividad 1 **Zonas geográficas.** Match the following countries with their geographic area.

1. _____ Venezuela

6. _____ Chile

a. Norteamérica

2. _____ Honduras

7. _____ Panamá

b. Centroamérica

3. _____ España

8. _____ La República Dominicana

c. El Caribe

4. _____ México

9. _____ Ecuador

d. Suramérica

5. _____ Cuba

10. _____ El Salvador

e. Europa

Actividad 2 **Países y capitales.**
Label the Spanish-speaking countries
(one is actually a Commonwealth of the
United States) and their capitals.

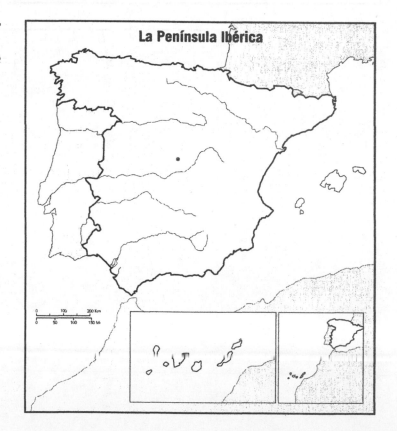

La Península Ibérica

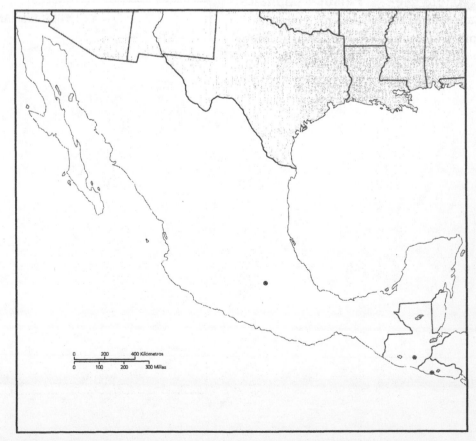

Capítulo 2 ¿Te gusta?

Vocabulario esencial I

La habitación de Vicente

Actividad 1 La palabra no relacionada. In each of the following word groups, select the word that doesn't belong.

1. champú, pasta de dientes, crema de afeitar, silla
2. cama, mesa, disco compacto, sofá
3. periódico, lápiz, revista, papel
4. equipo de audio, jabón, radio, televisor
5. cepillo, lámpara, escritorio, libro
6. novela, diccionario, peine, periódico
7. reproductor de DVD, CD, radio, reproductor de MP3
8. toalla, mochila, jabón, agua de colonia

Actividad 2 ¿Qué es? Write the word that you would associate with each of the following names or products. Include the definite article **el** or **la**.

1. Crest _____
2. New York Times, Washington Post _____
3. Time, Rolling Stone, Newsweek _____
4. (3452 × 897) – 798 _____
5. Webster's, Oxford _____
6. Ivory, Dove _____
7. 800-555-1212, Nokia, Samsung _____
8. Dell, Compaq, MAC _____
9. Finesse, Pantene, Paul Mitchell _____
10. Sealy, King Koil, Serta _____
11. Rolex, Timex _____

Continued on next page →

12. Isabel Allende, Stephen King, Agatha Christie, Gabriel García Márquez _____

13. NPR, 1430AM, 980FM _____

14. NBC, CNN, HBO, Sony, plasma _____

15. Sony, Casio, Canon, zoom óptico, 7 megapíxeles _____

Gramática para la comunicación I

Using Correct Gender and Number

Actividad 3 *El, la, los* o *las.* Add the proper definite article for each of the following words.

1. _____ calculadora

2. _____ plantas

3. _____ papel

4. _____ discos compactos

5. _____ lámparas

6. _____ escritorios

7. _____ reproductor de DVD

8. _____ días

9. _____ cama

10. _____ champú

11. _____ equipo de audio

12. _____ guitarras

13. _____ jabón

14. _____ clase

15. _____ mochilas

16. _____ peines

Actividad 4 **Plural, por favor.** Change the following words, including the articles, from singular to plural.

1. la ciudad _____

2. la nación _____

3. un estudiante _____

4. una revista _____

5. un reloj _____

6. el papel _____

7. el artista _____

8. el lápiz _____

9. el televisor _____

10. un problema _____

Expressing Likes and Dislikes (Part I): *Gustar*

Actividad 5 **Los gustos.** Complete each sentence by writing the appropriate word or words (**a, al, a la, a mí, a ti, a ella, a él, a Ud., me, te, le**) and a form of the verb **gustar**.

1. A mí _____ _____ las novelas.

2. Sr. García, _____ _____ le _____ la computadora, ¿no?

3. _____ Juan _____ _____ los MP3 de rock.

4. _____ _____ me _____ las plantas.

5. ¿A _____ te _____ el DVD de Harrison Ford?

6. A Elena _____ _____ la universidad.

7. _____ _____ Srta. Martínez _____ _____ la música clásica.

8. _____ mí _____ gusta tu móvil.

9. Marta, ¿_____ _____ te _____ el café de Guatemala?

10. _____ Sr. Navarro _____ _____ las cámaras digitales.

Actividad 6 **Las asignaturas. Parte A.** Write the letter of the item in Column B that you associate with each subject in Column A.

A	B
1. _____ matemáticas	a. animales y plantas
2. _____ sociología	b. fórmulas y números
3. _____ historia	c. Wall Street
4. _____ economía	d. Picasso, Miró, Velázquez, Kahlo
5. _____ literatura	e. adjetivos, sustantivos, verbos
6. _____ arte	f. 1492, 1776
7. _____ inglés	g. H_2O
8. _____ biología	h. Freud
9. _____ psicología	i. la sociedad
10. _____ química	j. Miguel de Cervantes y Gabriel García Márquez

Parte B. Now answer these questions based on the subjects listed in Column A of **Parte A.**

1. ¿Qué asignaturas tienes? _____

_____

2. ¿Qué asignatura te gusta? _____

_____

3. ¿Qué asignatura no te gusta? _____

_____

4. ¿Te gusta más el arte o la biología?

_____

Actividad 7 **¿A quién le gusta?** Form sentences by selecting one item from each column.

A mí			el café de Colombia
A ti			el jazz
A él	me		la música clásica
A ella	te		las novelas de Cervantes
A Ud. (no)	le	gusta	las computadoras
A nosotros	nos	gustan	los discos compactos de Thalía
A vosotros	os		el actor Antonio Banderas
A Uds.	les		los exámenes
A ellos			la televisión
A ellas			los relojes Rolex

1. _____

2. _____

3. _____

4. _____

5. _____

6. _____

7. _____

8. _____

Expressing Possession

Actividad 8 **La posesión.** Create sentences from the following words. You may need to add words or change forms.

➤ mesa / Carlos   *La mesa es de Carlos.*

1. lápiz / Manuel _____

2. papeles / el director _____

3. planta / mi madre _____

4. libros / la profesora _____

5. computadora / el ingeniero _____

Actividad 9 **Es mi móvil.** In Spanish, one can express possession using **de** or by using **mi/s, tu/s, su/s,** etc. Follow the models to create sentences that state who owns what.

➤ Yo tengo móvil. *Es mi móvil.*

   Tú tienes libros de historia. *Son tus libros de historia.*

1. Ella tiene guitarra. _____

2. Ellos tienen televisor. _____

3. Nosotros tenemos plantas. _____

4. Tú tienes reproductor de MP3. _____

5. Uds. tienen sofá. _____

6. Él tiene novelas. _____

7. Nosotros tenemos reproductor de DVD. _____

   _____

8. Yo tengo reloj. _____

9. Ud. tiene discos compactos. _____

Actividad 10 **¿De quién es?** Look at the drawing of these four people moving into their apartment. Tell who owns which items. Follow the example.

➤ Pablo y Mario: *El televisor es de Pablo y Mario.*

1. Pablo y Mario: _____

2. Ricardo: _____

3. Manuel: _____

Actividad **11** **¿Es tu televisor?** As a college student, you probably live with a roommate or roommates. Look at the following list of items and state who owns what. (If you live alone, make it up.) Follow the model.

➤ las plantas *Son mis plantas. Las plantas son de Jazmine.*
Son nuestras plantas. No tenemos plantas.

1. el televisor _____

2. las toallas _____

3. los discos compactos _____

4. el reproductor de DVD _____

5. el sofá _____

Un poco de todo

Actividad **12** **Una conversación.** Complete the following conversation between Beto and Bárbara by writing a logical word in each blank. Only one word per blank.

BETO   Hola. ¿Cómo _____?

BÁRBARA   Bien. Oye, ¿qué tienes?

BETO   Un libro.

BÁRBARA   Ahhhhh. ¿Y cómo _____ llama el libro?

BETO   *100 años de soledad,* de Gabriel García Márquez.

BÁRBARA   ¡Huy! Me _____ mucho sus libros. García Márquez es _____ autor

favorito. ¿Es _____ libro?

BETO   No, es _____ mi profesor de literatura.

BÁRBARA   El profesor Menéndez, ¿no?

BETO   Sí, Menéndez es bueno, pero no me gustan _____ clases.

Vocabulario esencial II

Acciones

Actividad **13** **Asociaciones.** Associate the words in the following list with one or more of these actions: **escribir, leer, escuchar, hablar, mirar.**

1. equipo de audio _____

2. novela _____

3. televisión _____

4. computadora _____

5. revista _____

6. periódico _____

7. radio _____

8. guitarra _____

9. MP3 _____

10. teléfono _____

Actividad 14 **Verbos.** Write the verb that you associate with the following word or group of words.

1. Gary Hall, agua, Malibu, Janet Evans _____

2. ballet, tango, rumba _____

3. sándwich _____

4. Coca-Cola, Pepsi, vino, café _____

5. examen, universidad, libros _____

6. Blockbuster, NetFlix _____

7. el maratón de Boston, Florence Griffith Joyner _____

8. Vail, Steamboat, Aspen _____

9. examen de historia A+ , examen de biología A, examen de química A _____

10. Plácido Domingo, ópera _____

11. composiciones _____

12. periódicos, novelas, revistas _____

13. de 9:00 a 5:00 _____

14. Chanel No. 5, Polo Sport _____

Los días de la semana

Actividad 15 **El calendario.** Complete this calendar by writing the missing days of the week. Note: A Spanish calendar does not start with the same day as one in English.

AGOSTO						
			jueves			domingo
		1	2	3	4	5
6	7	8	9	10	11	12
13	14	15	16	17	18	19
20	21	22	23	24	25	26
27	28	29	30	31		

Actividad 16 **¿Qué día es?** Complete the following sentences in a logical manner.

1. Si hoy es martes, mañana es _____ .

2. Si hoy es viernes, mañana es _____ .

3. No tenemos clases los _____ y los _____ .

4. Si hoy es lunes, mañana es _____ .

5. Tengo clase de español los _____ .

Gramática para la comunicación II

Expressing Likes and Dislikes (Part II): *Gustar*

Actividad 17 Le gusta... Complete each sentence by writing the appropriate word or words (**a, al, a la, a los, me, te, le, nos, os, les**) and a form of the verb **gustar**.

1. _____ Juan _____ _____ las cámaras Nikon.

2. _____ _____ Sres. Ramírez les _____ vivir en la ciudad.

3. ¿_____ Ud. le _____ estudiar inglés?

4. _____ _____ profesora Lerma _____ _____ la revista *Hola*.

5. Nos _____ cantar y visitar museos.

6. ¿A Ud. _____ _____ los CDs o los MP3?

7. _____ Pepe y _____ mí _____ _____ bailar salsa.

8. A mí no _____ _____ los exámenes de química.

9. _____ Diana y a Carlos _____ _____ escuchar música clásica.

10. _____ Sr. Cabrera _____ _____ mirar películas románticas.

11. _____ ellos _____ _____ leer novelas de detectives.

Actividad 18 Tus gustos. Parte A. On the first line of each item, state whether you like or dislike what is listed. On the second line, state whether your parents like it or not. Remember to include an article if necessary (**el, la, los, las**).

➤ comer pizza *A mí (no) me gusta comer pizza.*
A mis padres (no) les gusta comer pizza.

1. los videos de MTV

_____

_____

2. escuchar música rock

_____

_____

3. correr

_____

_____

4. sacar fotos con cámara digital

_____

_____

Continued on next page →

5. CDs de los Black Eyed Peas

_____

_____

6. usar computadoras y navegar por Internet

_____

_____

7. películas de ciencia ficción

_____

_____

Parte B. Look at the preceding list and indicate the things that both you and your parents like or dislike.

➤ *(No) nos gusta leer novelas.*

1. _____
2. _____
3. _____
4. _____
5. _____
6. _____
7. _____

Expressing Obligation and Making Plans: *Tener que* and *ir a*

Actividad 19 **Preguntas y respuestas.** Answer the following questions in complete sentences according to the cues given.

1. ¿Qué vas a hacer mañana? (leer / novela) _____

_____

2. ¿Qué tiene que hacer tu amigo esta noche? (trabajar) _____

_____

3. ¿Tienes que escribir una composición? (sí) _____

_____

4. ¿Tienen que estudiar mucho o poco los estudiantes? (mucho) _____

_____

5. ¿Van a hacer una fiesta tus amigos el sábado? (no) _____

_____

6. ¿Vas a visitar a tus padres la semana que viene? (sí) _____

_____

Actividad 20 **Hoy y mañana. Parte A.** List three things that you are going to do tonight. Use **ir a** + *infinitive.*

1. _____
2. _____
3. _____

Parte B. List three things that you have to do tomorrow. Use **tener que** + *infinitive.*

1. _____
2. _____
3. _____

Actividad 21 **¿Obligaciones o planes?** Write an **O** if the following phrases refer to future obligations and a **P** if they refer simply to future plans. Then write a sentence saying what you are going to do or have to do.

➤ ___P___ comer en un restaurante con tus amigos
Voy a comer en un restaurante con mis amigos.

1. _____ estudiar para el examen de historia

_____

2. _____ nadar

_____

3. _____ hacer la tarea de filosofía

_____

4. _____ salir a comer con Margarita

_____

5. _____ ir al cine

_____

6. _____ comprar el libro de álgebra

_____

Actividad 22 **La agenda de Álvaro.** Look at Álvaro's date book and answer the following questions.

OCTUBRE	ACTIVIDADES
lunes 15	*estudiar cálculo; comer con Claudia*
martes 16	*examen de cálculo; ir a bailar*
miércoles 17	*salir con Diana y Marisel a comer; nadar*
jueves 18	*leer y hacer la tarea*
viernes 19	*mirar un video con Juan Carlos*
sábado 20	*nadar; ir a la fiesta—llevar discos compactos y equipo de audio*
domingo 21	*visitar a mis padres*

1. ¿Adónde va a ir Álvaro el sábado? _____

2. ¿Qué tiene que hacer el lunes? _____

3. ¿Cuándo va a salir con Diana y Marisel y qué van a hacer? _____
   _____

4. ¿Qué tiene que llevar a la fiesta? _____
   _____

5. ¿Cuándo va a nadar? _____

6. ¿Qué va a hacer el domingo? _____
   _____

Actividad 23 **Tus planes. Parte A.** Use the accompanying date book to list the things that you have to do or are going to do next week, and indicate with whom you are going to do them. Follow the sample entry.

OCTUBRE	ACTIVIDADES
lunes	
martes	*Pablo y yo tenemos que estudiar—examen mañana*
miércoles	
jueves	
viernes	
sábado	
domingo	

Parte B. Based on your date book notations, write a description in paragraph form of what you are going to do and what you have to do next week. Be specific.

El lunes _____

_____

_____

_____

_____

Un poco de todo

Actividad 24 **La vida de Julio.** Complete this paragraph about what Julio does in a typical day. Fill in each blank with a logical verb.

Por la mañana, a Julio le gusta _____ café, _____ el periódico y _____ un CD. Va a sus clases y por la tarde, no le gusta _____ sándwiches, pero le gusta mucho la pizza. Tiene que _____ mucho para sus clases para _____ buenas notas. Tiene que _____ novelas para la clase de inglés y _____ composiciones. Tiene que _____ de 5 a 7 en la cafetería (recibe $8 la hora). Por la noche le gusta _____ 2 o 3 kilómetros en un parque, _____ películas de Blockbuster o _____ merengue y salsa en un club con sus amigos.

Actividad 25 **Gustos y obligaciones.** Answer the following questions.

1. ¿Qué tienes que hacer mañana por la mañana? _____

_____

2. ¿Qué van a hacer tus amigos mañana? _____

_____

3. ¿Qué les gusta hacer a ti y a tus amigos los sábados? _____

_____

4. ¿Qué van a hacer Uds. el sábado? _____

_____

Actividad 26 **Planes y gustos.** Complete the following paragraph to describe yourself and your friends.

A mí me gusta _____; por eso, tengo _____.

A mis amigos les gusta _____. Este fin de semana yo tengo que

_____, pero mis amigos y yo también vamos a _____

_____.

Lectura

Estrategia de lectura: Scanning

When scanning a written text, you look for specific information and your eyes search like radar beams for their target.

Actividad 27 **La televisión.** Scan these Spanish TV listings to answer the following question:

¿Cuáles son los programas de los Estados Unidos?

_____

_____

PROGRAMAS DE TV

MIÉRCOLES
4 de octubre de 2006

18,00 hs

7 **ALF**
Alf tiene que vivir en un garaje porque se porta mal. Willy trata de enseñarle cómo debe comportarse.

13 **EL SHOW DE XUXA**
Programa infantil.

19,00 hs

7 **FÚTBOL: COPA LIBERTADORES**
Final. Boca Juniors vs. River Plate.

9 **BUFFY, CAZAVAMPIROS: EPISODIO 21**
Buffy y Ángel cantan durante un programa del Instituto Sunnydale. Willow se enamora de un robot.

13 **LABERINTOS DE PASIÓN**
Telenovela.

19,30 hs

11 **CONCIERTOS EN VIVO**
Segmentos de los últimos conciertos de Shakira, los Gypsy Kings y Juanes.

20,00 hs

9 **LOS SIMPSON: UN TRANVÍA LLAMADO MARGE**
¡Marge actriz! Marge hace el papel de Blanche DeBois en un teatro. A Homer no le gusta la idea.

13 **TELEFÉ NOTICIAS**
Noticiero

Capítulo **3** # Un día típico

■■■

Vocabulario esencial I

Lugares

Actividad 1 **Asociaciones.** What places do you associate with the following names, items, and actions? Follow the model and be sure to give an indefinite article with each noun.

➤ Whole Foods, Albertson's, Shaw's *un supermercado*

1. Gap, TJ Maxx _____

2. Walgreens, CVS _____

3. libros, estudiar _____

4. libros, comprar, Barnes & Noble _____

5. arte, Picasso _____

6. nadar _____

7. médicos, operaciones _____

8. $$$$, Chase Manhattan _____

9. Kleenex, aspirinas _____

10. Broadway, Shakespeare _____

11. mirar películas _____

12. Harvard, Wellesley, Duke, UCLA _____

13. comer, TGI Fridays, Applebee's, Olive Garden _____

14. AAA, agente, Southwest _____

Actividad 2 **¿Al o a la?** Complete the following sentences with **al** or **a la.**

1. Tengo que ir _____ banco.

2. Los domingos Juana va _____ iglesia.

3. Mañana vamos a ir _____ cine.

4. Tengo que comprar champú. Voy _____ tienda.

5. Tenemos que trabajar. Vamos _____ oficina.

Actividad 3 **Los lugares.** Fill in the following crossword puzzle with the appropriate names of places.

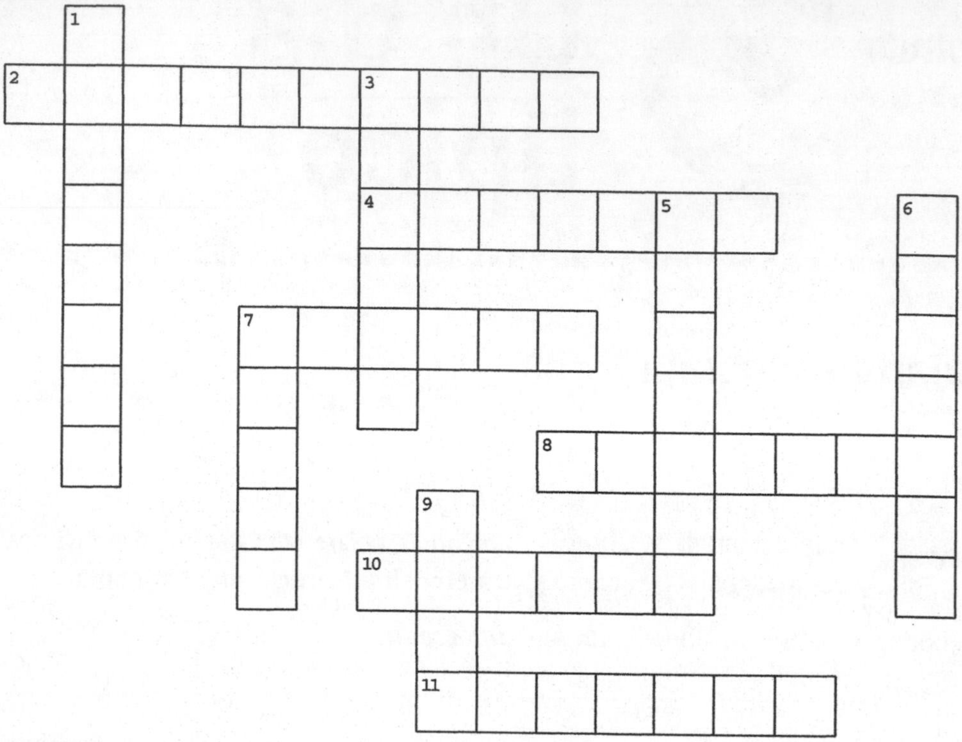

[crossword puzzle grid]

Horizontales

2. Un lugar donde estudias.
4. _____ de viajes.
7. El _____ Central está en Nueva York.
8. El hotel tiene una _____ para las personas que nadan.
10. Para comprar cosas vas a una _____.
11. Los maestros trabajan con niños en una _____ primaria.

Verticales

1. Una tienda que vende libros.
3. Vas allí para ver un ballet o un concierto de música clásica.
5. Mis amigos católicos van a la _____ los domingos.
6. Un lugar donde compras Coca-Cola, vegetales, etc.
7. Para nadar, vamos a la _____ de Luquillo en Puerto Rico.
9. Adonde vas para ver *Psycho, Titanic, E.T.*, etc.

Actividad 4 **¿Adónde vas?** Imagine that this is your schedule for the week. State what you have to do (**tengo que** + *infinitive*) or are going to do (**voy a** + *infinitive*) and where you are going to go.

➤ domingo   correr cinco kilómetros
El domingo voy a correr cinco kilómetros; por eso voy al parque.

1. lunes   estudiar para un examen

_____

2. martes   comprar discos compactos

_____

Continued on next page →

3. miércoles   nadar

_____

4. jueves   comprar libros para la clase de literatura

_____

5. viernes   mirar una película

_____

6. sábado   comprar papas fritas, hamburguesas, café y Coca-Cola

_____

7. domingo   ver la exhibición de Picasso

_____

Gramática para la comunicación I

Indicating Location: *Estar en* + place

Actividad 5   **Siempre está en...** Some people love doing certain things, so you can always find them in one place. Write complete sentences describing where the following people are, based on their likes. Follow the model.

➤ A Marta y a mí nos gusta la ópera. ***Estamos en un teatro.***

1. A Felipe le gusta nadar, pero no le gusta la piscina. _____

2. Me gusta mucho el arte. _____

3. Nos gusta comer bien. _____

4. Te gusta estudiar en silencio. _____

5. A Uds. les gusta bailar. _____

6. A Ana y a Sofía les gusta Angelina Jolie. _____

7. A nosotros nos gusta leer y comprar libros. _____

Actividad 6   **¿Dónde están?** While Salvador is at home alone, he receives a phone call from his wife, Paquita, asking where their children are. Read the entire conversation; then go back and fill in the missing words.

SALVADOR   ¿Aló?

PAQUITA   Hola, Salvador. ¿Está Fernando?

SALVADOR   No, no _____.

PAQUITA   ¿Dónde _____?

SALVADOR   Fernando y su novia _____ _____ el cine.

PAQUITA   ¿Y Susana?

Continued on next page →

SALVADOR   Susana _____ _____ la librería. Tiene que trabajar esta tarde.

PAQUITA   ¿_____ _____ Pedro y Roberto?

SALVADOR   _____ _____ la piscina. Yo _____ solo en casa. ¿Dónde _____ tú?

PAQUITA   _____ _____ la oficina. Voy a ir al supermercado y después voy a casa.

SALVADOR   Bueno, hasta luego.

PAQUITA   Chau.

Talking about the Present: Regular Verbs

Actividad 7 **Verbos.** Complete the following sentences with the appropriate form of the logical verb.

1. Pablo _____ francés muy bien. (hablar, caminar)

2. Ellos _____ en la discoteca. (nadar, bailar)

3. Tú _____ en la cafetería. (comer, llevar)

4. Nosotros _____ novelas. (leer, visitar)

5. Me gusta _____ música. (mirar, escuchar)

6. ¿_____ Uds. equipos de audio? (vender, aprender)

7. Yo _____ Coca-Cola. (beber, comer)

8. Carlota y yo _____ a las ocho. (regresar, necesitar)

9. Uds. tienen que _____ champú. (estudiar, comprar)

10. Nosotros _____ mucho en clase. (vender, escribir)

11. Mi padre _____ el piano. (leer, tocar)

12. Tú _____ cinco kilómetros todos los días. (recibir, correr)

13. Ellos _____ en Miami. (vivir, hacer)

14. Margarita _____ en una biblioteca. (esquiar, trabajar)

15. Yo _____ por Internet todos los días. (navegar, usar)

16. Mis padres _____ en Puerto Vallarta. (desear, estar)

17. Guillermo, Ramiro y yo _____ la televisión. (mirar, hacer)

18. Mis amigos siempre _____ en Vail, Colorado. (esquiar, regresar)

19. Tú _____ buenas notas en la clase de historia. (tocar, sacar)

20. Paula _____ álgebra en la escuela. (recibir, aprender)

21. Uds. _____ DVDs de NetFlix, ¿no? (alquilar, leer)

Talking about the Present: Irregular *yo* Forms

Actividad 8 **Más verbos.** Change the following sentences from **nosotros** to **yo.** Follow the model.

➤ ¿Salimos mañana? *¿Salgo mañana?*

1. Traducimos cartas al francés. _____

2. Nosotros salimos temprano. _____

3. Traemos la Coca-Cola. _____

4. Vemos bien. _____

5. Producimos música rap. _____

6. ¿Qué hacemos? _____

7. Ponemos los papeles en el escritorio. _____

Actividad 9 **Una conversación.** Ana and Germán are at an art gallery organizing a party for an art exhibition. Complete their conversation with the present tense of the indicated verbs.

ANA   ¿Qué _____ yo? (traer)

GERMÁN   Tú _____ los discos compactos de música clásica, ¿no? (traer)

ANA   Bien. ¿Quién va a _____ el café? (hacer)

GERMÁN   Yo _____ un café muy bueno. _____ un café de

         Costa Rica que es delicioso. (hacer, tener)

ANA   Perfecto.

GERMÁN   ¿Dónde _____ el equipo de audio? (poner)

ANA   En la mesa.

GERMÁN   Oye, ¿quién está con el director? Yo no _____ bien. (ver)

ANA   Es Patricia, y ella _____ traer Coca-Cola y vino. (ofrecer)

GERMÁN   OK. Ahora yo _____ que hablar con el director porque nosotros

         _____ los programas. ¿Adónde _____ tú ahora?

         (tener, necesitar, ir)

ANA   _____ para la universidad. Chau. (salir)

Un poco de todo

Actividad 10 **Una nota.** Teresa has promised her uncle (**tío**) Alejandro to baby-sit his children while he and his wife (**Rosaura**) accompany a tour group for the weekend. This note from him confirms the dates and gives her some instructions. Complete the sentences with the appropriate form of the verbs indicated.

Teresa:

Nosotros _____ (tener) que ir a Salamanca el viernes con un grupo

de turistas y _____ (regresar) el domingo por la mañana. Rosaura

_____ (ir) a visitar a unos amigos y yo voy a _____

(trabajar). Pero me gusta el trabajo: yo _____ (traducir) para los

turistas, _____ (ofrecer) un tour opcional de la ciudad,

_____ (hacer) reservas en restaurantes y por las noches

_____ (salir) con ellos a las discotecas. ¡Me gusta ser agente de viajes!

Vas a estar con los niños, ¿no? En general, los niños _____ (mirar)

la televisión después del colegio y luego _____ (ir) al parque. Por la

noche, ellos _____ (comer) poco y solo _____

(beber) agua. Mientras (*While*) los niños _____ (estudiar) el sábado por

la mañana, tú debes (*should*) comprar unos sándwiches para comer después en la piscina.

En la piscina no vas a _____ (tener) problemas porque Carlitos siempre

_____ (estar) con sus amigos y Cristina _____

(nadar). Generalmente los niños van al cine el sábado por la tarde. Y tú,

_____ (salir), _____ (estudiar) o

_____ (usar) mi computadora.

Gracias por todo. Tu tío,

Alejandro

Actividad 11 La rutina diaria. Answer the following questions about yourself.

1. Cuando vas al cine, ¿con quién vas? _____
_____

2. ¿Nadas? Si contestas que sí, ¿con quién nadas? ¿Dónde nadan Uds.?
_____
_____

3. ¿Corres con tus amigos? ¿Corren Uds. en un parque? _____
_____

4. En las fiestas, ¿qué beben Uds.? _____
_____

5. ¿Lees mucho o poco? ¿Qué lees? _____
_____

6. ¿Sales con tus amigos los sábados? ¿Adónde van Uds.? _____
_____

7. Cuando estás en la universidad, ¿escribes muchos emails o hablas mucho por teléfono?
_____
_____

8. ¿Ves a tu familia mucho o poco? _____
_____

Vocabulario esencial II

El físico y la personalidad: *Ser* + adjective

Actividad 12 Opuestos. Write the opposites of the following adjectives.

1. guapo _____
2. alto _____
3. bueno _____
4. tonto _____
5. nuevo _____
6. moreno _____
7. simpático _____
8. joven _____
9. delgado _____
10. corto _____

Actividad 13 Una descripción.

Describe your aunt and uncle to a friend who is going to pick them up at the bus station. Base your descriptions on the accompanying drawing. Use the verb **ser**.

_____

_____

_____

_____

_____

_____

Las emociones y los estados: *Estar* + adjective

Actividad 14 ¿Cómo están? Look at the accompanying drawings and describe how each person or persons feel. Use the verb **estar** and an appropriate adjective in your responses. Remember to use accents with **estar** when needed.

1. _____ 2. _____

3. _____ 4. _____ 5. _____

46 *Imágenes* ■■■ Workbook

Actividad 15 **Hoy estoy...** Finish the following sentences in an original manner.

1. Me gustaría _____ porque hoy estoy _____.

2. Hoy voy a _____ porque estoy muy _____.

3. Hoy tengo que _____ porque necesito _____.

4. Deseo _____ porque estoy _____.

Gramática para la comunicación II

Describing: Adjective Agreement, Position, and Use of *ser/estar* + Adjective

Actividad 16 **El plural.** Change the following sentences from singular to plural.

1. Pablo es guapo. Pablo y Ramón _____.

2. Yo soy inteligente. Miguel y yo _____.

3. Ana es simpática. Ana y Elena _____.

4. Maricarmen es delgada. Maricarmen y David _____.

Actividad 17 **Descripción.** Complete the following sentences with the correct form of the indicated descriptive or possessive adjectives.

1. Lorenzo y Nacho son _____. (simpático)

2. La chica _____ está en la cafetería. (guapo)

3. _____ amigas están _____ . (mi, aburrido)

4. _____ padres son _____ . (su, alto)

5. _____ clases son muy _____ . (nuestro, interesante)

6. Ellos están _____ . (borracho)

7. Voy a comprar discos compactos de música _____ . (clásico)

8. Daniel y Rodrigo están _____ . Vamos al cine. (listo)

9. Marcos y Ana tienen un equipo de audio. _____ equipo de audio es muy

   _____ . (su, bueno)

10. Elena está muy _____ . (preocupado)

Actividad 18 En orden lógico. Form complete sentences by putting the following groups of words in logical order.

1. altos / Pablo / son / y / Pedro

_____

2. profesores / los / inteligentes / son

_____

3. disco compacto / un / tengo / de / Norah Jones

_____

4. amigos / muchos / simpáticos / tenemos

_____

5. madre / tres / tiene / farmacias / su

_____

Actividad 19 ¿Ser o estar? Complete the following sentences with the correct form of **ser** or **estar**.

1. Mis amigos Sara y Hernán _____ enamorados.

2. Ellos _____ peruanos.

3. Yo _____ aburrida, porque el profesor _____ terrible.

4. Carmen, tenemos que salir. ¿_____ lista?

5. Nosotros _____ nerviosos porque tenemos un examen de biología.

6. Mi novio _____ muy alto.

7. Mi profesor de historia _____ joven.

8. Tú _____ muy simpático.

9. Es muy tarde y Felipe no _____ listo.

10. Julián y yo _____ enojados.

Actividad 20 Mi familia. Finish the following sentences with adjectives to describe yourself and your parents.

1. Mi padre es _____, _____ y _____ y
   siempre está _____.

2. Mi madre es _____, _____ y _____ y
   siempre está _____.

3. Yo soy _____, _____ y _____ y
   siempre estoy _____.

Actividad 21 **¿La familia típica?** Look at the accompanying drawing and describe the mother, the father, and their son, Alfonso. Tell what they look like (**ser**) and how they feel (**estar**).

_____

_____

_____

_____

_____

_____

Talking about Actions in Progress: Present Progressive

Actividad 22 **¿Qué están haciendo?** Say what the following people are doing right now, using the indicated verbs.

1. José Carreras _____ _____ ópera. (cantar)

2. Felipe y Silvia _____ _____. (comer)

3. Usher y Justin Timberlake _____ _____. (bailar)

4. Yo _____ _____ una respuesta. (escribir)

5. Picabo Street _____ _____. (esquiar)

Actividad 23 **El detective.** A detective is following a woman. Write what he says into the microphone of his tape recorder (**grabadora**).

➤ hablar / micrófono *Él está hablando en el micrófono.*

➤

1.

2.

3.

4.

5.

1. salir / apartamento _____

2. caminar / parque _____

3. comprar / grabadora _____

4. hablar / grabadora _____

5. vender / cassette _____

Un poco de todo

Actividad 24 **Los problemas.** Ignacio wrote a note to his friend Jorge, who replied. Read both notes first; then go back and fill in the missing words with the appropriate forms of the following verbs: **bailar, cantar, escuchar, estar, estudiar, gustar, leer, ser, tener, tocar.** You can use a verb more than once.

Querido Jorge:

Yo _____ una persona muy simpática y _____ una novia que también es simpática. Nos gusta hacer muchas cosas: nosotros _____ muchos tipos de música, _____ en las discotecas, yo _____ la guitarra y ella _____. Ella y yo _____ literatura en la universidad; nos _____ mucho _____ poemas. Nosotros _____ enamorados, pero yo _____ un problema: ella _____ muy alta. Yo no _____ contento porque _____ muy bajo.

Ignacio

Querido Ignacio:

Tu novia es fantástica. Tú _____ un problema: ¡tu ego!

Jorge

Actividad 25 **Eres profesor/a.** You are the teacher. Correct the grammar in the following sentences. The bolded words contain no errors and will help you find the mistakes. (There are nine mistakes.)

Mi familia y yo regreso mañana de nuestros **viaje** a Guadalajara. Mi hermano Ramón no regresa porque **él** viven en Guadalajara. Su novia es **en Guadalajara**, también. **Ella** es guapo, inteligente y simpático. Ellos van a una fiesta esta noche y van a llevar sus **equipo de audio**. A **ellos** le gusta mucho la música. Siempre baila en las fiestas.

Actividad 26 **El cantante famoso.** Freddy Fernández, a famous Mexican rock singer, was interviewed by a reporter. Write an article based on the following notes that the reporter took. Remember to add words such as **en, el, la, al, a la,** etc. where needed; use **ser** and **estar** correctly with adjectives; use present tense to say what he does everyday; use **ir a** + *inf.* to discuss the future; and use **le gustaría** + *inf.* to state what he would like to do.

Descripción
alto, guapo, simpático

Estado
contento, enamorado

Un día normal
cantar por la mañana / guitarra
leer / periódico
correr / 10 kilómetros / parque
él / novia / comer / restaurante
él / novia / mirar / DVDs

Planes futuros
él / novia / ir / un hotel / Mazatlán / sábado
él / ir / cantar / Cancún / programa de televisión

Le gustaría
cantar / Carnegie Hall en Nueva York
ir / novia / una playa / del Pacífico

_____
_____
_____
_____
_____
_____
_____
_____
_____
_____
_____
_____
_____
_____
_____
_____

Lectura

Estrategia de lectura: Dealing with Unfamiliar Words

When reading, people frequently come across unfamiliar words. Sometimes you consult a dictionary to find the exact meaning, but more often than not, you simply guess the meaning from context. You will practice guessing meaning from context in **Actividad 29**.

Actividad 27 Ideas principales. Each paragraph in the following email expresses one of the main ideas in the list. Scan the email and put the correct paragraph number next to its corresponding idea.

a. _____ las actividades de Mario   c. _____ las preguntas a Teresa

b. _____ la familia de Mario   d. _____ la composición étnica

Email de Puerto Rico

Teresa recibe emails de sus amigos puertorriqueños. El siguiente email es de su amigo Mario. Él vive con sus padres en San Juan, Puerto Rico.

Asunto: Hola

Querida Teresa:

Por fin tengo tiempo para escribir. ¿Cómo estás? Espero que bien. Tengo muchas preguntas porque deseo saber cómo es tu vida en España y cuáles son tus planes y actividades. ¿Te gusta Madrid? ¿Tienes muchos amigos? ¿De dónde
5 son y qué **estudian**? ¿Qué haces los sábados y los domingos? Escribe pronto y contesta todas las preguntas; todos deseamos recibir noticias de nuestra querida Teresa.

Yo estoy muy bien. Voy a la universidad todas las noches y trabajo por las mañanas en American Express. Soy agente de viajes y me gusta mucho el
10 trabajo. Por las tardes voy a la biblioteca y estudio con Luis Sosa. Eres amiga de Luis, ¿verdad? **Tengo** que estudiar dos años más y termino mi carrera; voy a ser hombre de negocios. ¿Te gusta la idea? A mí me gusta mucho.

Por cierto, uno de mis cursos es geografía social de Hispanoamérica y es muy interesante, pero tengo que memorizar muchos datos. Por ejemplo, en
15 Argentina casi todas las personas **son** de origen europeo y solamente un 2% tiene mezcla de blancos, indígenas y/o negros; pero en México solo un 5% es de origen europeo; el 25% de los mexicanos son indígenas y el 60% son mestizos. Necesito tener buena memoria porque hay mucha variedad en todos los países, ¿verdad?

20 Por aquí, todos bien. Mis padres y yo vivimos ahora en la Calle Sol en el Viejo San Juan. Nos gusta mucho el apartamento. Los amigos están bien. Marta estudia y trabaja todo el día. Tomás, el deportista profesional, practica béisbol ocho horas diarias y Carolina va a comprar una computadora Macintosh. Ahora **escribe** en mi computadora y quiere aprender todo en tres días, ¡como
25 siempre! Bueno, no tengo más noticias.

Teresa, **espero** recibir un email muy pronto. Contesta todas las preguntas, ¿O.K.? Adiós.
Cariños,
Mario
30 P.D. La dirección nueva es: Calle Sol, Residencias Margaritas, Apto. 34, San Juan, Puerto Rico 00936.

Actividad 28 **¿Quién es el sujeto?** To whom do the following verbs refer? Reread the email; note the verb endings and the context given before choosing an answer.

1. "¿De dónde son y qué **estudian**?" (línea 5)

   a. Teresa y Mario   b. los amigos de Teresa   c. los amigos de Teresa y Mario

2. "**Tengo** que estudiar dos años más... " (línea 11)

   a. Mario   b. Teresa   c. Luis

3. "Por ejemplo, en Argentina... **son** de origen europeo... " (línea 15)

   a. los amigos de Mario   b. casi todas las personas   c. los hispanoamericanos

4. "Ahora **escribe** en mi computadora... " (línea 24)

   a. Marta   b. Tomás   c. Carolina

5. "Teresa, **espero** recibir un email muy pronto." (línea 26)

   a. Mario   b. Teresa   c. Carolina

Actividad 29 **Contexto.** Refer to the reading to determine which translation best fits each word in bold.

1. "Tengo que estudiar dos años más y termino mi **carrera**; voy a ser hombre de negocios." (línea 11)

   a. career   b. internship   c. university studies

2. " ...y solamente un 2% tiene **mezcla** de blancos, indígenas y/o negros... " (línea 15–16)

   a. mixture   b. blended   c. combining

3. " ...pero en México solo un 5% es de origen europeo; el 25% de los mexicanos son indígenas y el 60% son **mestizos**." (líneas 16–18)

   a. indigenous   b. European   c. European and indigenous

Actividad 30 **Preguntas.** Answer the following questions based on the email you read.

1. ¿Dónde trabaja Mario y qué hace? _____

   _____

2. ¿Cuál es el origen de los argentinos? _____

   _____

3. En México, ¿qué porcentaje de personas son mestizas? _____

   _____

4. ¿Qué practica Tomás todos los días? _____

   _____

5. ¿Qué va a comprar Carolina? _____

   _____

Capítulo  **3 Repaso**

■■■

Ser, estar, tener
■ ■ ■

In Chapter 3, you learned how to describe someone using **ser** or **estar** with adjectives. In previous chapters, you already learned other uses of **ser** and **estar**.

Ser:	¿De dónde **eres**?	**Soy** de Wisconsin. Soy norteamericana.
	¿Qué haces?	**Soy** economista.
	¿Cuál **es** tu número de teléfono?	Mi número de teléfono **es** 448 22 69.
	¿**Es** tu padre?	Sí, él **es** mi padre.
	¿Quién **es** ella?	Es mi madre.
	¿De quién **es** el carro?	Es de mi madre.
	¿Cuándo **es** tu examen de historia?	Es el lunes.
	¿Cómo **es** tu profesor de historia?	Es muy simpático, pero la clase **es** difícil.
Estar:	¿Cómo **estás**?	**Estoy** bien.
	¿Dónde **está** tu madre?	**Está** en casa, está enferma.
	¿Dónde **está** tu casa?	**Está** en la parte vieja de Bogotá.
	¿Qué **estás** haciendo?	**Estoy** escribiendo la tarea.

You also learned that to express age in Spanish, you use the verb **tener**.

¿Cuántos años **tienes**?   **Tengo** veinte años.

Actividad / En el aeropuerto. Paula and Hernán are sitting next to each other in the airport when they find out their flight will be delayed for a few hours. Fill in the blanks in their conversation with the appropriate forms of **ser, estar,** or **tener.**

COMPUTADORA   Bip. . . Bip. . . Bip. . .

HERNÁN   ¿Qué haces?

PAULA   _____ (1) trabajando con la computadora, pero ya no tiene batería.

HERNÁN   ¿Cómo te llamas?

PAULA   _____ (2) Paula, Paula Barrero. ¿Y tú?

HERNÁN   Hernán Gálvez. Encantado. ¿De dónde _____ (3)?

PAULA   _____ (4) de Santiago.

HERNÁN   ¿En qué país _____ (5) Santiago?

PAULA   Ay, perdón, _____ (6) en Chile.

Continued on next page →

HERNÁN   Pues, yo también _____ (7) de Santiago, pero Santiago en España. Y ¿qué haces?

PAULA   _____ (8) programadora de computadoras.

HERNÁN   ¿Para qué compañía trabajas?

PAULA   Para IBM.

HERNÁN   ¿Tu oficina _____ (9) en Santiago?

PAULA   No, _____ (10) en Valparaíso. Y tú, ¿qué haces?

HERNÁN   _____ (11) director de cine.

PAULA   Entonces, _____ (12) muy creativo, ¿no?

HERNÁN   No exactamente; _____ (13) un poco creativo e idealista, pero también _____ (14) muy responsable... Si _____ (15) programadora de computadoras, te gustan los números, ¿no?

PAULA   No sé... _____ (16) posible, pero ahora _____ (17) aburrida en el trabajo. Todos los días _____ (18) iguales.

HERNÁN   Todos los días _____ (19) diferentes y activos para mí. Y tus padres, ¿viven en Valparaíso?

PAULA   No, _____ (20) en Santiago.

HERNÁN   ¿Trabajan?

PAULA   No. Mi padre _____ (21) enfermo. _____ (22) un poco gordo y tiene diabetes; por eso mi madre _____ (23) en casa con él. _____ (24) mayores.

HERNÁN   _____ (25) preocupada, ¿no?

PAULA   Sí, un poco. Mi padre siempre _____ (26) en el sofá con el televisor todo el día y el pobre _____ (27) aburrido y mi madre _____ (28) un poco triste últimamente.

HERNÁN   ¿Cuántos años _____ (29) ellos?

PAULA   Mi madre _____ (30) sesenta y cinco años y mi padre _____ (31) setenta y cinco.

HERNÁN   Bueno, _____ (32) un poco mayores... ¿Te gustaría tomar una Coca-Cola o algo?

PAULA   Bueno. Gracias.

HERNÁN   La cafetería Los Galgos _____ (33) en este aeropuerto y _____ (34) muy bonita. Vamos.

Capítulo 4 ¿Tarde o temprano?

Vocabulario esencial I

Las partes del cuerpo

Actividad 1 **¿Qué parte es?** Look at the following drawing and label the parts of the body. Be sure to include the definite article.

1. _____
2. _____
3. _____
4. _____
5. _____
6. _____
7. _____
8. _____
9. _____
10. _____
11. _____
12. _____
13. _____
14. _____
15. _____
16. _____
17. _____
18. _____
19. _____
20. _____

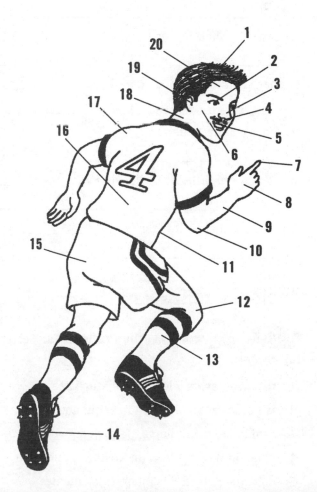

Actividad 2 **La parte más interesante.** Stars are constantly scrutinized for their appearance, either in a positive or a negative manner. Associate these people with their most distinctive body part; then write if you like it or not. If you don't, indicate what that person should do to improve. Here are a few suggestions for what they should do: **consultar con un cirujano plástico, ir al dentista, hacer ejercicio, ir a un peluquero** (*hair stylist / barber*) **bueno, comprar una peluca** (*wig*).

➤ nariz / Matt Damon *Me gusta la nariz de Matt Damon. ¡Qué sexy/bonita/atractiva!*
No me gusta la nariz de Matt Damon. ¡Qué fea/horrible/gorda!
Debe consultar con un cirujano plástico.

1. pelo / Donald Trump _____

   _____

2. dientes / Madonna _____

   _____

3. piernas / Anna Kournikova _____

   _____

4. estómago / Kirsty Ally _____

   _____

5. labios / Mick Jagger _____

   _____

6. barba / Billy Gibbons de ZZ Top _____

   _____

7. boca / Julia Roberts _____

   _____

8. orejas / el príncipe Carlos de Inglaterra _____

   _____

9. ojos / Renée Zellweger _____

   _____

Acciones reflexivas

Actividad 3 **Los verbos reflexivos.** Select the word that does not belong in each of the following groups.

1. bañarse, lavarse, levantarse, ducharse
2. la barba, el bigote, afeitarse, quitarse la ropa
3. cepillarse, maquillarse, pelo, peinarse
4. el jabón, lavarse la cara, afeitarse, ducharse
5. ducharse, el pelo, cepillarse, los dientes
6. quitarse, ponerse, la ropa, lavarse

Actividad 4 **Asociaciones.** Write all the reflexive actions that you associate with each of the following items.

➤ los dientes *cepillarse*

1. la cara _____

2. la barba _____

3. la ropa _____

4. las manos _____

5. el cuerpo _____

6. los ojos _____

7. las piernas _____

Gramática para la comunicación I

Describing Daily Routines: Reflexive Verbs

Actividad 5 **Las rutinas.** Complete the following sentences with the appropriate form of the indicated reflexive verbs.

1. Los domingos yo _____ _____ tarde. (levantarse)

2. Mi novio no _____ _____ porque a mí me gusta la barba. (afeitarse)

3. Todos los niños _____ _____ el pelo con champú Johnson para no llorar. (lavarse)

4. Nosotros siempre _____ _____ tarde. (levantarse)

5. ¿_____ _____ o _____ _____ tú por la mañana? (ducharse, bañarse)

6. Yo _____ _____ los dientes después de comer. (cepillarse)

7. El niño tiene cuatro años, pero _____ _____ la ropa solo. (ponerse)

8. Las actrices de Hollywood _____ _____ mucho. (maquillarse)

Actividad 6 **Posición de los reflexivos.** Write the following sentences a different way by changing the position of the reflexive pronoun, but without changing their meaning. Remember to use accents if needed.

1. Voy a lavarme el pelo. _____

2. Ella tiene que maquillarse. _____

3. Juan se va a afeitar. _____

4. Tenemos que levantarnos temprano. _____

5. Me estoy poniendo la ropa. _____

Actividad 7 **¡Qué tonto!** Rewrite the following nonsense sentences in a logical manner, changing whatever elements are necessary.

1. El señor se afeita los brazos.

   _____

2. La señora se maquilla el pelo.

   _____

3. Me levanto, me pongo la ropa y me ducho.

   _____

4. Antes de comer, los chicos se quitan las manos.

   _____

5. Antes de salir de la casa, me cepillo la nariz y me maquillo las orejas.

   _____

Actividad 8 **Una familia extraña.** Pedro's family seems to be caught in a routine. First read the entire paragraph, then go back and fill in the missing words with the appropriate forms of the verbs in the list. You can use verbs more than once. When finished, reread the paragraph and check to see that each verb agrees with its subject. Note: Some verbs are reflexives and some aren't.

afeitarse	ducharse	levantarse	mirar	salir
cepillarse	leer	maquillarse	peinarse	tomar

En mi casa todos los días son iguales (*the same*). Mis padres _____ temprano.

Mi madre va al baño y _____. Mi padre prepara el café. Después él

_____ el periódico. Al terminar de ducharse, mi madre _____ los

dientes con Crest (mi padre usa Colgate) y _____ la cara con productos de Revlon.

Entonces, mi padre _____ , _____ con su Gillette,

_____ los dientes y _____ (¡tiene poco pelo, pero tiene peine!).

Al final ellos _____ café. Después, ellos _____ los dientes otra

vez y _____ para el trabajo. Luego, yo _____ y

_____ café. Después, _____ los dientes y

_____ la televisión. Voy a la universidad, pero por la tarde, no por la mañana.

The Personal *a*

Actividad 9 **A, al, a la, a los, a las.** Complete the following sentences with **a, al, a la, a los,** or **a las** only if necessary; otherwise, leave the space blank.

1. Voy a ir _____ ciudad.

2. No veo bien _____ actor.

3. ¿_____ ti te gusta esquiar?

4. Escucho _____ discos compactos muy interesantes.

5. Tengo _____ un profesor muy interesante.

6. Siempre visitamos _____ padres de mi novio.

Continued on next page →

Nombre _____ Sección _____ Fecha _____

7. Vamos a ver _____ la película mañana.

8. Me gustar caminar _____ parque.

Actividad 10 **El día de Teresa.** Finish the following paragraph about what Teresa is doing today. Use **a, al, a la, a los,** or **a las** only if necessary; otherwise, leave the space blank.

Hoy Teresa va _____ levantarse temprano. Normalmente escucha _____ CDs de salsa y merengue cuando se ducha y se pone la ropa. Después va _____ universidad. Hoy tiene que ver _____ profesor Aguirre para hablar sobre un examen. Por la tarde va _____ llamar _____ Álvaro y _____ Diana para tomar un café con ellos. _____ Álvaro le gusta la cafetería Nueva Orleans porque siempre ponen _____ música vieja de John Coltrane, Charlie Parker y Ella Fitzgerald. Pero _____ Teresa no le gusta mucho escuchar _____ jazz. Por eso van _____ ir _____ cafetería Teatriz porque es más tranquila. Después Teresa tiene que ir _____ Biblioteca Nacional para hacer _____ investigación para una clase. Más tarde tiene que ir _____ oficina de su tío Alejandro para hablar un poco del trabajo. Por la noche, _____ Teresa le gustaría ir _____ bailar. _____ amigos de Teresa les gusta mucho el reggaetón y tienen _____ música de Don Omar y Tego Calderón, pero Daddy Yankee es su favorito.

Un poco de todo

Actividad 11 **Una carta.** Finish the following letter to your Spanish-speaking grandmother, who has asked you to describe a typical day at the university.

Universidad de _____ , 12 de septiembre de 20 _____

Querida abuela:

¿Cómo estás? Yo _____ . Me gusta mucho

_____ . Estudio mucho

pero también _____ . Tengo muchos amigos que son

_____ . A ellos les

gusta _____ .

Todos los días son iguales; normalmente me levanto y _____

_____ .

Después de clase, llamo por teléfono a _____ . Y por la noche

_____

_____ .

Un abrazo (*hug*),

_____
(tu nombre)

Vocabulario esencial II

Los meses, las estaciones, el tiempo y las fechas

Actividad 12 **Las fechas y las estaciones.** Write out the following dates and state what season it is in the Northern and Southern Hemispheres. Remember that the day is written first in Spanish. The first one has been done for you.

	Fecha	Hemisferio norte	Hemisferio sur
a. 15/2	el quince de febrero	invierno	verano
b. 3/4	_____	_____	_____
c. 15/12	_____	_____	_____
d. 30/8	_____	_____	_____
e. 25/10	_____	_____	_____
f. 1/2	_____	_____	_____

Actividad 13 **El tiempo.** Look at the accompanying drawings. Using complete sentences, state what the weather is like in each case. The first one has been done for you.

1. _____ *Hace sol.* _____
2. _____
3. _____
4. _____

5. _____
6. _____
7. _____
8. _____

Actividad 14 **Fechas importantes.** Complete the following lists with names, events, and dates (e.g., **el doce de marzo**) that are important to you.

		Fecha
Cumpleaños:	madre	_____
	padre	_____
	_____	_____
	_____	_____
	_____	_____
Aniversario:	padres	_____
Último (Last) día de clases:		_____
Exámenes finales:	español	_____
	_____	_____
	_____	_____
	_____	_____
	_____	_____

Actividad 15 **Asociaciones.** Associate the following words with actions, weather expressions, months, and other nouns.

➤ otoño *clases, noviembre, hace fresco, estudiamos*

1. julio _____

2. primavera _____

3. Acapulco _____

4. diciembre _____

5. invierno _____

6. hacer viento _____

7. octubre _____

¿Qué tiempo hace? You are on vacation in the Dominican Republic, and you call a friend in Cleveland. As always, you begin your conversation by talking about the weather. Complete the following conversation based on the accompanying drawings.

La República Dominicana   **Cleveland**

TU AMIGO	¿Aló?
TÚ	Hola. ¿Cómo estás?
TU AMIGO	Bien, pero _____
	_____ .
TÚ	¿También llueve?
TU AMIGO	_____ .
	¿ _____ ?
TÚ	¡Fantástico! _____
	_____ .
TU AMIGO	¿Cuál es la temperatura?
TÚ	_____ .
TU AMIGO	Creo que voy a visitar la República Dominicana.

Gramática para la comunicación II

Talking about Who and What You Know: *Saber* and *conocer*

Actividad 17 **¿Saber o conocer?** Complete the following sentences with the appropriate form of the verbs **saber** or **conocer**.

1. ¿_____ tú a mi padre?

2. Yo no _____ tu número de teléfono.

Continued on next page →

3. ¿_____ Uds. dónde está la casa de Fernanda?

4. Ellos _____ Caracas muy bien porque trabajan allí.

5. ¿_____ nadar Teresa?

6. ¿_____ Uds. cómo se llama el profesor nuevo?

7. Yo no _____ la película nueva de Almodóvar.

8. Jorge _____ bailar muy bien porque es bailarín profesional.

Actividad 18 Claudia y sus amigos. Finish the following story about Claudia, Juan Carlos, Vicente, and Teresa. Fill in the blanks with the correct form of **saber** or **conocer**.

Claudia desea _____ más de Juan Carlos; por eso llama a Teresa porque ella

_____ a Juan Carlos. Teresa _____ que Juan Carlos va a llamar a

Claudia para salir con ella. Teresa también _____ que a Juan Carlos le gusta ir a

discotecas y que _____ bailar salsa muy bien. Él _____ una discoteca

que se llama *Son Latino*, pero Teresa no _____ exactamente dónde está.

   Vicente también _____ a Juan Carlos. Claudia _____ que a Teresa

le gusta mucho Vicente. Teresa no _____ su número de teléfono, pero ella ve a Vicente

todos los días en la cafetería. Entonces, mañana Teresa va a hablar con Vicente para ir al cine con

Claudia y Juan Carlos el domingo.

   Así que Teresa va a salir con Vicente y Claudia con Juan Carlos. ¿Va a pasar algo interesante? Quién

_____ pero es posible...

Actividad 19 Muchas preguntas pero poco dinero. You work for a low-budget advertising agency that makes ads for TV and radio. Complete your boss's questions, using **saber** or **conocer,** and then answer them in complete sentences.

1. ¿_____ el número de teléfono de la compañía de champú?

   _____

2. ¿Tú _____ personalmente a un actor famoso?

   _____

3. Necesito un pianista para un anuncio comercial (*ad*). ¿_____ tocar el piano?

   _____

4. Necesito un fotógrafo. ¿_____ a un fotógrafo bueno?

   _____

5. ¿_____ tus amigos nuestros productos?

   _____

Pointing Out: Demonstrative Adjectives and Pronouns

Actividad 20 **¿Cuál es?** Complete these miniconversations by selecting the appropriate demonstrative and writing the correct form.

1. —Me gustan las plantas que están cerca de la puerta.

   —¿_____ plantas que están allí? (este, ese)

2. —¿Te gustan _____ discos compactos que tengo en la mano? (este, aquel)

   —Sí, me gustan mucho.

3. —¿Dónde está el restaurante?

   —Tenemos que caminar mucho. Es _____ restaurante que está allá.

   (este, aquel)

4. —¿Vas a comprar una revista?

   —Sí, pero ¿cuál quieres? ¿_____ que tengo aquí o

   _____ que está allí? (este, ese) (este, ese)

   —Me gusta más *People en español.*

Un poco de todo

Actividad 21 **Lógica.** Finish the following series of words in a logical manner.

1. junio, julio, _____

2. hacer frío, hacer fresco, _____

3. afeitarse, crema de afeitar; lavarse el pelo, champú; cepillarse los dientes,

   _____

4. este libro, ese libro, _____

5. verano, _____, _____, primavera

6. noviembre, _____, enero

7. el brazo, el codo, _____, los dedos

Actividad 22 **Una conversación.** Luis calls Marcos on his cell phone. Complete the conversation by selecting the correct response.

LUIS   ¿Qué estás haciendo?

MARCOS   a. Te estás duchando.

          b. Voy a ir a Ávila mañana.

          c. Estoy lavando el carro.

LUIS   a. Yo estoy estudiando y tengo una pregunta.

          b. No tengo carro.

          c. También estoy duchándome.

Continued on next page →

MARCOS   a. Ud. es el profesor.

           b. Bueno, pero no sé mucho.

           c. Eres experto.

LUIS   a. ¡Hombre! Por lo menos sabes más que yo.

           b. Claro que soy inteligente.

           c. Siempre saca buenas notas.

MARCOS   a. O.K. ¿Conoces al profesor?

           b. ¿Por qué no hablas con el médico? Sabe mucho.

           c. O.K., pero estoy lavando el carro. Más tarde, ¿eh?

Actividad 23 **El fin de semana.** Look at the accompanying map and plan your weekend. You can only go to **one** place. Say where you are going to go and why. Use phrases such as **voy a ir a...,** **porque hace...,** and **me gusta....**

_____

_____

_____

_____

Actividad 24 **La fiesta.** You and your friend are at a party close to the people on the right and you begin discussing the physical variety that exists among people. Look at the drawing and finish the conversation that follows describing the people you see. Supply the word that is missing for each blank.

TÚ   No hay dos personas iguales. _____ señor es gordo, bajo y tiene poco

            pelo. Y _____ hombres son guapos, altos y delgados. Uno tiene barba y el

            otro _____ .

TU AMIGA   Sí, y _____ , que _____ bailando,

            _____ muy alto.

TÚ   Y _____ mujer, que _____ bailando con él, es _____

            también.

TU AMIGA   ¿Y aquella señora?

TÚ   ¡Huy! _____ señora, que está _____ , es un poco fea, ¿no?

TU AMIGA   No, no es fea, pero tampoco _____ muy guapa.

TÚ   Es verdad, todos somos diferentes.

Lectura

Estrategia de lectura: Using Background Knowledge and Identifying Cognates

The following are excerpts taken from a Peruvian, Spanish-language website about Machu Picchu. By using your general knowledge and your ability to recognize cognates (words in Spanish that are similar to English), you should be able to obtain a great deal of information about this intriguing place.

When doing the following activities, assume that you are a tourist in Peru and do not have a bilingual dictionary. Simply try to get as much information as you can from the readings. A few key words have been glossed to help you.

Actividad 25 **Cognados.** In the excerpts that follow, underline all the cognates (words that are similar in Spanish and English) you can identify and all the words you may have already learned in Spanish. Then read the excerpts to extract as much information as you can.

VISITE MACHU PICCHU

Machu Picchu es, sin duda, el principal atractivo turístico del Perú, y uno de los más renombrados del mundo, atrayendo por este motivo un gran número de turistas anualmente. La UNESCO lo ha declarado Patrimonio Cultural de la Humanidad.

Su arquitectura es el más notable ejemplo inca de integración urbanística con la naturaleza. Esta actitud integral caracterizaba a los incas, y es expresada plenamente en su política estatal, organización social y planificación.

Machu Picchu es un símbolo de peruanidad, que compartimos con toda la humanidad porque presenta los niveles más altos alcanzados por el hombre para vivir integrado armónicamente[1] a su medio ambiente, [2] mediante un avanzado desarrollo tecnológico y estético.

Hiram Bingham

El 14 de julio de 1911, arribó Hiram Bingham con especialistas de la Universidad de Yale en biología, geología, ingeniería y osteología. Ellos fueron conducidos hasta el lugar por Melchor Arteaga, un habitante de la zona quien les dio derroteros[3] de cómo llegar hasta lo que hoy se considera la Octava Maravilla del Mundo.

Posteriormente, en 1914, Bingham volvió a Machu Picchu con apoyo económico y logístico de la propia universidad y la Sociedad Geográfica de los Estados Unidos al frente de un equipo especializado y con una publicación que ya circulaba por el mundo: "La Ciudad Perdida[4] de los Incas".

[1]*in harmony* [2]*environment* [3]*routes* [4]*lost*

Actividad 26 **¿Qué sabes ahora?** Make a list of all the information you have been able to obtain from the above reading. You can make this list in English.

_____

_____

_____

_____

_____

_____

_____

_____

_____

_____

Capítulo 5 Los planes y las compras

Vocabulario esencial I

La hora, los minutos y los segundos

Actividad 1 **¿Qué hora es?** Write out the following times in complete sentences.

➤ 2:00 *Son las dos.*

a. 9:15 _____

b. 12:05 _____

c. 1:25 _____

d. 5:40 _____

e. 12:45 _____

f. 7:30 _____

Actividad 2 **La hora.** Answer each of the following questions according to the cue in parentheses. Use complete sentences.

➤ ¿A qué hora vamos a comer? (2:00) *Vamos a comer a las dos.*

1. ¿A qué hora es la película? (8:30) _____

2. ¿Qué hora es? (4:50) _____

3. ¿A qué hora es el examen? (10:04) _____

4. ¿Cuándo va a llegar el médico? (1:15) _____

5. ¿Qué hora es? (12:35) _____

6. ¿A qué hora es el programa? (2:45) _____

Las sensaciones

Actividad 3 **¿Tiene calor, frío o qué?** Read the following situations and indicate how each person or group of people feels: hot, cold, hungry, etc. Use complete sentences. Remember to use the verb **tener** in your responses.

1. Una persona con una pistola entra en la casa de Esteban. Esteban llama al 911.

   Esteban _____

2. Es el mes de julio y estoy en los Andes chilenos.

   _____

3. Son las tres y media de la mañana y estamos estudiando en la biblioteca.

   _____

4. Estoy en clase y veo mis medias (*socks*). ¡Por Dios! Las dos son de colores diferentes.

   _____

5. Después de jugar al fútbol, Sebastián compra una Coca-Cola.

   Sebastián _____

6. Volvemos de estudiar, vemos una pizzería, entramos y compramos una pizza grande con todo.

   _____

7. Mis amigos están en San Juan, Puerto Rico, en el invierno porque no les gusta el frío de Minnesota.

   Mis amigos _____

Gramática para la comunicación I

Expressing Habitual and Future Actions and Actions in Progress: Stem-changing Verbs

Actividad 4 **En singular.** Change the subjects of the following sentences from **nosotros** to **yo** and make all other necessary changes.

1. Podemos ir a la fiesta. _____

2. Dormimos ocho horas todas las noches. _____

3. No servimos vino. _____

4. Nos divertimos mucho. _____

5. Nos acostamos temprano. _____

6. Jugamos al fútbol. _____

Actividad 5 **Verbos.** Complete the following sentences by selecting a logical verb and writing the appropriate form.

1. María no _____ venir hoy. (poder, entender)

2. Los profesores siempre _____ las ventanas. (jugar, cerrar)

3. Carmen y yo _____ estudiar esta noche. (volver, preferir)

4. Marisel siempre _____ temprano. (dormirse, encontrar)

5. Yo no _____ francés. (entender, pedir)

6. ¿A qué hora _____ el concierto? (despertarse, empezar)

7. Juan _____ ir a bailar esta noche. (decir, pensar)

8. Pablo es camarero; ahora está _____ cerveza. (servir, comenzar)

9. Nosotros _____ a casa esta tarde. (volver, poder)

10. ¿Qué _____ hacer Uds.? (querer, dormir)

11. _____ Ricardo y Germán mañana? (despertar, venir)

12. Los niños están jugando al fútbol y están _____ mucho. (querer, divertirse)

13. Yo siempre _____ la verdad. (sentarse, decir)

14. ¿Cuándo _____ Ud. las clases? (comenzar, servir)

15. Ellos dicen que _____ ir. (decir, querer)

Actividad 6 **Preguntas.** Answer the following questions about your life in complete sentences.

1. ¿A qué hora empiezan tus clases los lunes? _____

_____

2. ¿A qué hora te acuestas los domingos por la noche? _____

_____

3. ¿Con quién almuerzas durante la semana? _____

_____

4. ¿Dónde almuerzan Uds.? _____

_____

5. ¿Puedes estudiar por la tarde o tienes que trabajar? _____

_____

6. ¿Prefieres estudiar por la tarde o por la noche? _____

_____

7. Generalmente, ¿cuántas horas duermes cada noche? _____

_____

Actividad 7 **Un email a Chile.** Here you have one page from an email that Teresa is writing to a friend in Chile. First read the entire page; then reread the letter and complete it with the appropriate forms of the verbs found to the left of each paragraph. Note: You may use verbs more than once.

Asunto: Hola

divertirse
entender
estar
querer
salir
ser

...y cómo están tus clases? ¿Tienes mucho trabajo? Tengo unos amigos fantásticos. Una se llama Diana; (1)_____ de los Estados Unidos, pero (2)_____ en España estudiando literatura. Habla y (3)_____ español como tú y yo porque su familia (4)_____ de origen mexicano. Yo (5)_____ mucho cuando (6)_____ con ella porque siempre pasa algo interesante. Nosotras (7)_____ ir a Barcelona el fin de semana que viene y después irnos a Sitges para (8)_____ en la playa.

encontrar
poder
ponerse
saber
ser

Tengo otra amiga que a ti te gustaría. Se llama Marisel; (9)_____ de Venezuela. Tiene ropa, ropa y más ropa. Siempre (10)_____ ropa muy moderna. Yo siempre tengo problemas con la ropa; voy a muchas tiendas, pero no (11)_____ cosas bonitas. (12)_____ que no soy fea, pero no hay ropa para mí. En cambio, Marisel siempre (13)_____ encontrar algo que es perfecto para ella.

conocer
pensar
poder
querer
vivir

Si vienes a España, vas a (14)_____ a dos chicos muy simpáticos. (15)_____ en un apartamento y si tú (16)_____, (17)_____ vivir con ellos. Debes (18)_____ en venir porque te gustaría y tienes que...

Actividad 8 **Dos conversaciones.** Complete the following conversations with verbs from the lists provided. Follow this procedure: first, read one conversation; then go back, select the verbs, and fill in the blanks with the appropriate forms; when finished, reread the conversations and check to see that all the verbs agree with their subjects. Note: You may use verbs more than once.

1. Una conversación por teléfono (**divertirse, empezar, mirar, preferir, querer, saber, volver**)

    —¡Aló!

    —¿Jesús?

    —Sí.

    —Habla Rafael. Carmen y yo _____ ver la película de Ron Howard. ¿Quieres ir?

    —¿A qué hora _____ la película?

    —No _____.

    —¿Por qué no _____ en el periódico?

    —Buena idea... Es a las siete y cuarto en el Cine Rex.

    —¿_____ Uds. comer un sándwich antes?

    —Claro. Siempre tengo hambre. Hoy Carmen _____ a casa a las cinco. ¿Dónde _____ comer tú?

    —_____ la comida de la Perla Asturiana porque es barata y es un lugar bonito.

    —Buena idea; yo siempre _____ en esa cafetería porque los camareros son muy cómicos.

2. Una conversación con el médico (**acostarse, despertarse, dormir, dormirse, entender**)

    —Normalmente, ¿a qué hora _____ Ud. por la noche?

    —A la una y media.

    —¡Qué tarde! ¿Y a qué hora _____?

    —_____ a las siete.

    —¡Cinco horas y media! ¿No _____ Ud. en la oficina?

    —No, pero yo _____ la siesta todos los días.

    —Ah, ahora _____. En mi casa, nosotros también _____ la siesta.

Actividad 9 **El detective.** The detective is still watching the woman. Today is very boring because the woman isn't leaving her apartment and the detective has to watch everything through the windows. Write what the detective says into his microphone, including the time and the activity in progress. Use the verb **estar** + *present participle* (**-ando, -iendo**) to describe the activity in progress.

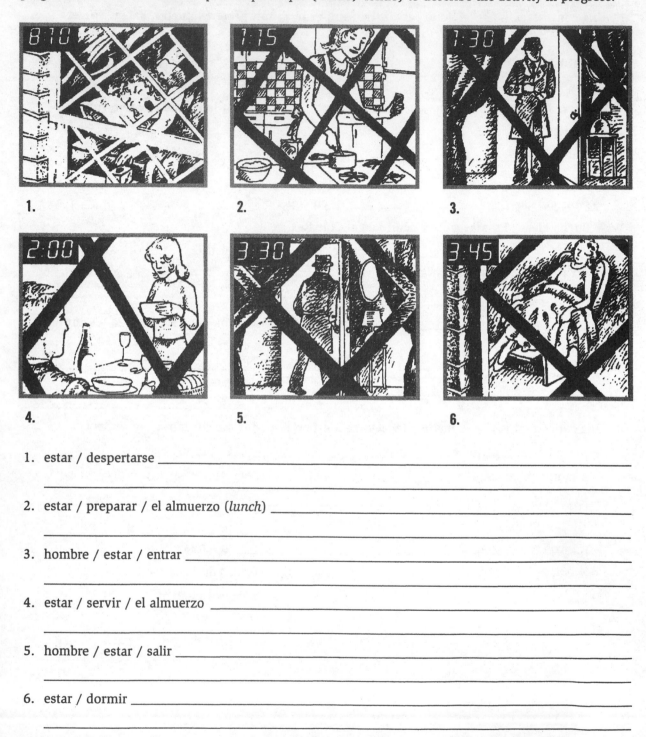

1.

2.

3.

4.

5.

6.

1. estar / despertarse _____

_____

2. estar / preparar / el almuerzo (*lunch*) _____

_____

3. hombre / estar / entrar _____

_____

4. estar / servir / el almuerzo _____

_____

5. hombre / estar / salir _____

_____

6. estar / dormir _____

_____

Un poco de todo

Actividad 10 **El horario de Pilar.** Pilar is a first-year student of philosophy. Look at her schedule (**horario**) and then answer the questions that follow.

	lunes	martes	miércoles	jueves	viernes
9:00–9:50	Antropología I	La herencia socrática	Antropología I	La herencia socrática	
10:05–11:05	Filosofía de la naturaleza	Teorías científicas de la cultura	Filosofía de la naturaleza	Teorías científicas de la cultura	Filosofía de la naturaleza
11:20–12:10	Metafísica I		Metafísica I		
12:25–1:25		Filosofía de la religión		Filosofía de la religión	
1:40–2:30	Fenomenología de la religión	Nihilismo y metafísica	Fenomenología de la religión	Nihilismo y metafísica	Fenomenología de la religión

1. ¿A qué hora empieza la clase de Antropología I los lunes y los miércoles?

_____

2. ¿A qué hora puede tomar un café en la cafetería los martes?

_____

3. ¿A qué hora termina la clase de Filosofía de la religión?

_____

4. Normalmente las clases empiezan a las nueve. ¿A qué hora empiezan sus clases los viernes?

_____

5. ¿Prefieren estudiar Antropología I o Nihilismo y metafísica tú y tus amigos?

_____

6. ¿Te gustaría tener este horario o prefieres tu horario de este semestre?

_____

Vocabulario esencial II

Los colores

Actividad 11 **Asociaciones.** Write the color or colors that you associate with each of the following things.

➤ las plantas *verde*

1. el sol _____
2. los dientes _____
3. el océano Atlántico _____
4. el elefante Dumbo _____
5. el chocolate _____
6. la ecología _____
7. la bandera (*flag*) de Canadá _____
8. Tropicana, el pelo de Donald Trump y Sunkist _____
9. las bananas _____
10. la bandera de los Estados Unidos _____
11. el jugo Welch's _____

La ropa y los materiales (clothes and materials)

Actividad 12 **La ropa.** Identify the clothing items in this drawing. Include the definite article in your response.

1. _____
2. _____
3. _____

4. _____
5. _____
6. _____
7. _____
8. _____
9. _____
10. _____

Actividad 13 **En orden lógico.** Put the following words in logical order to form sentences. Make all necessary changes.

1. tener / suéter / ella / de / azul / lana / mi _____

_____

2. camisas / el / para / comprar / yo / verano / ir a / algodón / de _____

_____

3. gustar / rojo / me / pantalones / tus _____

_____

4. yo / los / probarse / zapatos / alto / de / tacón / querer / negro _____

_____

Actividad 14 **La importación.** Answer the following questions in complete sentences based on the clothes you are wearing.

1. ¿De dónde es tu camisa? _____

2. ¿De qué material es? _____

3. ¿Son de los Estados Unidos tus pantalones favoritos? _____

_____

4. ¿De dónde son tus zapatos? _____

5. ¿Son de cuero? _____

Actividad 15 **Descripción.** Look at the accompanying drawing and describe what the people in it are wearing. Use complete sentences and be specific. Include information about colors and fabrics.

_____

_____

_____

_____

_____

Actividad 16 **Tu ropa.** Using complete sentences, describe what you normally wear to class.

_____

_____

_____

_____

Gramática para la comunicación II

Indicating Purpose, Destination, and Duration: *Para* and *por*

Actividad 17 **Por o para.** Complete the following sentences with **por** or **para**.

1. La blusa es _____ mi madre porque mañana es su cumpleaños.

2. Salimos el sábado _____ Lima.

3. Voy a vivir en la universidad _____ dos años más.

4. Álvaro estudia _____ ser abogado.

5. Ahora Carlos trabaja los sábados _____ la noche.

6. Vamos a Costa Rica _____ dos semanas.

7. No me gusta ser camarero pero trabajo _____ poder vestirme bien.

8. Tenemos que leer la novela _____ mañana.

9. Mi amigo estudia _____ ser médico.

10. Esta noche tengo que estudiar _____ un mínimo de seis horas.

11. ¿Vas _____ tu casa ahora?

12. Durante los veranos yo trabajo _____ un banco en mi pueblo.

Indicating the Location of a Person, Thing, or Event: *Estar en* and *ser en*

Actividad 18 **¿Dónde es o dónde está?** Complete each sentence with the appropriate form of **ser** or **estar**.

1. Mi padre _____ en Acapulco este fin de semana.

2. La fiesta _____ en casa de Paco.

3. ¿Dónde _____ los niños?

4. El concierto de Ricardo Arjona _____ en el estadio.

5. Los libros _____ en la biblioteca.

6. ¿Dónde _____ la exhibición de Picasso?

Continued on next page →

80 *Imágenes* ■■■ Workbook

Copyright © Houghton Mifflin Company. All rights reserved.

7. Muchos cuadros de Picasso _____ en Barcelona en el Museo Picasso.

8. El presidente _____ en la Casa Blanca.

9. La bufanda que quieres _____ en Bloomingdale's.

Actividad 19 **Los viajes.** All of the following people are currently traveling. Say where they are from and imagine where they are right now. Use complete sentences.

1. Salma Hayek _____
   _____

2. Denzel Washington _____
   _____

3. Tus padres _____
   _____

4. Enrique Iglesias _____
   _____

Un poco de todo

Actividad 20 **Ser o estar.** Complete the following sentences with the appropriate form of **ser** or **estar.** Don't forget the other uses of **ser** and **estar** you've studied. See **Capítulo 3** if needed.

1. Tu camisa _____ de algodón, ¿no?

2. Mis padres _____ en Paraguay.

3. ¿De dónde _____ tus zapatos?

4. ¿Dónde _____ tus zapatos?

5. El concierto _____ en el Teatro Colón.

6. Tus libros _____ en la biblioteca.

7. ¿Dónde _____ la fiesta?

8. ¿Dónde _____ Daniel?

9. Daniel _____ de Cuba, ¿no?

10. ¿_____ de plástico o de vidrio tus gafas de sol?

Actividad 21 ¿Dónde están? Read the following miniconversations and complete the sentences with an appropriate verb. Afterward, tell where each conversation is taking place.

1. —¿A qué hora _____ la película, por favor?

   —A las nueve y cuarto.

   ¿Dónde están? _____

2. —¿Cuánto _____ la habitación?

   —52 euros.

   —¿Tiene dos camas o una cama?

   —Dos.

   ¿Dónde están? _____

3. —¿Qué hora es?

   —_____ las dos y media.

   —¿Siempre _____ Ud. aquí?

   —Sí, es un lugar excelente para pedir hamburguesas vegetarianas.

   ¿Dónde están? _____

4. —¿Aló?

   —Hola, Roberto. _____ hablar con tu padre.

   —Está _____ en el sofá.

   —Bueno. Voy a llamar más tarde.

   ¿Dónde están Roberto y su padre? _____

Actividad 22 ¡A comprar! Complete the following conversation between a store clerk and a customer who is looking for a gift for his girlfriend.

CLIENTE   Buenos días.

VENDEDORA   ¿En qué _____ servirle?

CLIENTE   Me gustaría ver una blusa.

VENDEDORA   ¿_____ quién?

CLIENTE   _____ mi novia porque es su cumpleaños. Es que ella

             _____ Ecuador y yo salgo _____ Quito

             mañana.

VENDEDORA   Muy _____. ¿De qué color?

CLIENTE   _____, _____ o

             _____.

VENDEDORA   Aquí tiene tres blusas.

Continued on next page →

CLIENTE   ¿Son de _____?

VENDEDORA Esta es de algodón, _____ las otras

           _____ seda.

CLIENTE   No, no quiero una de algodón, _____ una blusa de seda.

VENDEDORA ¿ _____?

CLIENTE   Creo que es 36.

VENDEDORA Bien, 36. Aquí están. Son muy _____.

CLIENTE   ¡Ay! Estas sí. Me gustan mucho.

VENDEDORA Y _____ solamente 60 euros. ¿Cuál quiere?

CLIENTE   Quiero la blusa _____.

VENDEDORA Es un color muy bonito.

CLIENTE   También necesito una corbata _____ mí.

VENDEDORA ¿Con rayas o de un solo color? ¿De qué material?

CLIENTE   Todas mis corbatas son de _____. Y tengo muchas de rayas.

           Creo que quiero una azul.

VENDEDORA Aquí hay _____ que _____ muy

           elegante.

CLIENTE   Perfecto.

VENDEDORA ¿Cómo va a _____?

CLIENTE   Con la tarjeta Visa.

VENDEDORA Si la talla no le queda _____ a su novia, yo siempre estoy aquí

           _____ las tardes.

CLIENTE   Muchas gracias.

VENDEDORA De nada y buen viaje.

Lectura

Estrategia de lectura: Activating Background Knowledge

Predicting helps activate background knowledge, which aids you in forming hypotheses before you read. As you read, you confirm or reject these hypotheses based on the information given. As you reject them, you form new ones and the process of deciphering written material continues. Before reading an article about festivals in Latin America, you will be asked some questions to activate your background knowledge.

Actividad 23 **¿Qué sabes?** Before reading the article, answer these questions to activate your background knowledge about the Hispanic celebrations you read about in **Capítulo 5** of your textbook.

1. En el libro de texto, hay una lectura que explica las Fallas de Valencia, España, las Posadas en México y el Carnaval en Venezuela. Estos festivales _____.

   a. celebran un día o evento importante para los católicos

   b. celebran un evento importante en la historia de su país

   c. son para recordar grupos especiales (por ejemplo: los trabajadores, los amantes, las madres, etc.)

2. En las celebraciones de las Fallas, las Posadas y Carnaval, la gente _____. Marca todas las respuestas posibles.

   a. se pone ropa especial

   b. sale a la calle (*street*) para celebrar

   c. se queda en casa con su familia todos los días

   d. celebra con otras personas

Actividad 24 **Palabras desconocidas.** While reading, try to discern from context what the following words mean.

1. Inti Raymi

   extranjeros (línea 17) _____

   siglo (línea 17) _____

2. El día de Santiago apóstol

   estatua (línea 40) _____

   la bomba (línea 43) _____

   triunfan (línea 43) _____

Nombre _____ Sección _____ Fecha _____

Celebraciones del mundo hispano

Inti Raymi

Francisco Pizarro conquista a los incas y poco
después, en 1572, el festival Inti Raymi deja de
existir por orden de la iglesia católica por ser una
celebración pagana. En el año 1944, los habi-
5 tantes de Cuzco, muchos de ellos descendientes
de los incas, empiezan a celebrar Inti Raymi otra
vez. Inti Raymi es el festival del sol porque
marca el solsticio de invierno. La fiesta dura una
semana y marca el final de un año y el principio
10 de otro en el calendario inca.

Festival de Inti Raymi en las ruinas de Saqsaywaman

    El 24 de junio los eventos empiezan en la
ciudad de Cuzco con una procesión de dos
kilómetros. Va hasta las ruinas de Saqsaywaman
donde las personas representan una antigua ceremonia incaica en que el jefe de los incas honra
15 a su dios, el Sol. Participan cientos de personas que llevan ropa tradicional mientras peruanos de
todo el país y unos 100.000 turistas extranjeros van para mirar la ceremonia. Como en el siglo
XVI, el líder de los incas, que se llama el Sapa Inca, habla y también hablan tres personas vestidas de animales: una serpiente, un puma y un cóndor. Los animales representan el mundo que
existe debajo de la tierra, la tierra y el mundo de los dioses respectivamente. Todo es igual ex-
20 cepto que hoy día no sacrifican una llama, solo representan esta antigua tradición. Para leer
más, haz clic **aquí.**

El día de Santiago[1] apóstol

La gente de Loíza Aldea, Puerto Rico, es principalmente de ascendencia africana. En este
pueblo se puede ver el sincretismo religioso y
25 cultural de los ritos paganos combinados con los
ritos cristianos cuando celebran el día de Santiago apóstol el 25 de julio. En esta fiesta la gente
le pide[2] favores a Santiago como buena salud,
mucho dinero y matrimonio. Los protagonistas
30 de la fiesta son los vejigantes (símbolo de la cultura africana) y los caballeros (representantes de
la tradición católica española). Los vejigantes
representan demonios y los caballeros representan a los caballeros españoles que luchan[3], igual

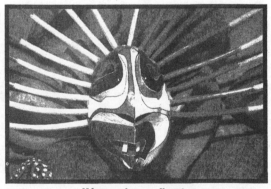
Máscara de un vejigante

35 que el apóstol Santiago, contra los demonios. Los vejigantes se visten con ropa de colores bri-
llantes y en la cara llevan máscaras grotescas de coco, una fruta típica de la región. Los niños
tienen miedo de los vejigantes. La fiesta, a finales de julio, dura más o menos una semana, cada
día la gente saca una estatua diferente de la iglesia: una es el Santiago de los hombres, otra el
Santiago de las mujeres y la tercera es el Santiago de los niños. Se llaman Santiagón, Santiago y
40 Santiaguito respectivamente. Se hacen desfiles[4] por las calles donde se puede escuchar el ritmo
de la bomba, música tradicional de influencia africana. Al final, triunfan los caballeros y pierden
los vejigantes así que el bien gana contra el mal. Para leer más, haz clic **aquí.**

---

[1]*Santiago = Saint James, known for leading the Christians in the reconquest of Spain from the invading Moors in the
8th century.* [2]*ask for* [3]*fight* [4]*parades*

Actividad 25 **¿Entendiste?** After reading the articles, answer the following questions.

Inti Raymi

1. ¿De quiénes son descendientes las personas de Cuzco? _____

   _____

2. ¿Dónde es la parte más importante de la celebración de Inti Raymi? _____

   _____

3. ¿La fiesta ocurre durante los días más cortos o más largos del año? _____

   _____

4. ¿A quién honra el Sapa Inca durante el festival? _____

   _____

El día de Santiago apóstol

1. ¿Cuál es el origen de la mayoría de la gente de Loíza Aldea? _____

   _____

2. ¿Qué combina la celebración de Santiago apóstol? _____

   _____

3. ¿Quiénes representan el mal, los vejigantes o los caballeros? _____

   _____

4. ¿Qué ropa llevan los vejigantes? ¿Qué llevan en la cara? _____

   _____

5. ¿Qué tipo de música tocan en los desfiles y cuál es el origen de esa música? _____

   _____

6. Al final, ¿quiénes ganan? _____

   _____

Capítulo 5 Repaso

Future, Present, and Immediate Past

You have learned to talk about obligations and plans, to state preferences, to say what you do every day, and to say what you are doing right now. You have also learned to state what has just happened.

Future obligations and plans:

Esta noche tengo que acostarme temprano.
Esta noche debo estudiar.
Esta noche voy a estudiar.
¿Cuándo vienes?
Pienso estudiar economía.
No puedo ir.

Preferences:

Me gustaría salir con mis amigos.
Me gusta comer en restaurantes e ir al cine.
Quiero ir contigo.
Prefiero la blusa roja.

What you do every day:

Yo me levanto temprano.
Vuelvo a casa tarde.
Voy al trabajo.
Miro la televisión.
Como con mis amigos.
Me acuesto temprano.

What you are doing right now:

Estoy leyendo.
Estoy estudiando.
Estoy haciendo la tarea.

What you just did:

Acabo de hablar con mi jefe.

Actividad / Un email. Complete the following email to a friend. Write the correct form of the indicated verbs in the blanks.

Querida Mariana:

estar   ¿Cómo _____? Yo bien. En este momento

estar   _____ escuchando un disco compacto de Marc

gustar   Anthony. Me _____ mucho, ¿y a ti? Un día me

gustar   _____ ver uno de sus conciertos. Tú

deber, comprar   _____ _____ su nuevo CD porque

ser   _____ excelente.

ser   Aquí con el trabajo, todos los días _____

levantarse, ducharse   iguales. _____ temprano, _____,

vestirse, tomar   _____ y _____ un café en una

cafetería cerca del trabajo. Este sábado no voy a

levantarse   _____ hasta las doce.

buscar   Tengo que _____ un trabajo nuevo. De

gustar   verdad, no me _____ mi jefe (*boss*). Además

querer   _____ vivir en Caracas para estar cerca de mis

gustar   padres. Me _____ encontrar un trabajo de

acabar   profesora en una escuela. _____ de leer en

necesitar   el periódico que _____ profesores en una

escuela bilingüe.

ser, salir   ¿Cómo _____ tu vida? ¿_____ con

ir, hacer   Tomás? ¿Qué _____ a _____ tú para las

gustar   vacaciones de Navidad? Me _____ ir a una isla

tener   del Caribe, pero no _____ dinero.

ir, venir   Mis padres _____ a _____ aquí para

ir, divertirse   Navidad. Nosotros _____ a _____

venir   mucho. ¿Por qué no _____ tú? Un fuerte abrazo

de tu amiga,

Raquel

Capítulo 6 Ayer y hoy

Vocabulario esencial I

Los números del cien al millón

Actividad 1 **Los números.** Write out the following numbers. Remember that in Spanish a period is used instead of a comma when writing large numbers.

a. 564 _____

b. 1.015 _____

c. 2.973 _____

d. 4.743.010 _____

Actividad 2 **Una serie de números.** Write the number that fits logically in each series.

1. doscientos, trescientos, cuatrocientos, _____

2. ochocientos, _____, seiscientos

3. cuatro millones, tres millones, dos millones, _____

4. _____, doscientos, trescientos, cuatrocientos

5. trescientos, seiscientos, _____

6. cuatro mil, tres mil, dos mil, _____

7. doscientos, trescientos, _____

Preposiciones de lugar

Actividad 3 **¿Dónde están?** In the first blank, write **C** (**cierto**) if the statement is true and **F** (**falso**) if the statement is false. Correct the false statements by writing the correct preposition (including the word **de** when needed) in the second space. All questions are based on the following configuration of letters.

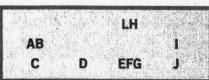

Continued on next page →

	C/F	PREPOSICIÓN
1. La ce está debajo de la a.	_____	_____
2. La efe está encima de la e y la ge.	_____	_____
3. La ele está cerca de la be.	_____	_____
4. La i está entre la ele y la jota.	_____	_____
5. La ge está a la izquierda de la efe.	_____	_____
6. La jota está debajo de la i.	_____	_____
7. La be está cerca de la a.	_____	_____
8. La e está a la derecha de la efe.	_____	_____
9. La ge está al lado de la efe.	_____	_____
10. La ele está encima de la i.	_____	_____

Actividad 4 **¿Dónde está?** Using the accompanying drawing and different prepositions of location, write six sentences that describe where things are in Ricardo's bedroom.

➤ *El equipo de audio esta al lado de la silla.*

1. _____

2. _____

3. _____

4. _____

5. _____

6. _____

Gramática para la comunicación I
■■■

Talking about the Past: The Preterit

Actividad 5 **El pasado.** Complete the following sentences by selecting a logical verb and writing the appropriate preterit form.

1. Ayer yo _____ con el Sr. Martínez. (hablar, costar)

2. Anoche nosotros no _____ cerveza. (beber, comer)

3. Esta mañana Pepe _____ al médico. (empezar, ir)

4. ¿Qué _____ Ramón ayer? (hacer, vivir)

5. Anoche Marcos y Luis _____ cinco kilómetros. (llevar, correr)

6. El verano pasado yo _____ a Buenos Aires. (despertarse, ir)

7. Yo _____ un buen restaurante, no _____ uno y al final _____ en una cafetería. (buscar, nadar) (encontrar, pagar) (correr, comer)

8. Guillermo, ¿_____ anoche con Mariana? (bailar, entender)

9. ¿_____ Ud. mi email? (vivir, recibir)

10. Tú _____ la composición, ¿no? (escuchar, escribir)

11. Ayer yo _____ 25 pesos por una camisa. (pagar, salir)

12. Ellos _____ una tortilla de patatas. (hacer, beber)

13. Después del accidente, el niño _____. (llorar, conocer)

14. Anoche yo _____ a estudiar a las siete. (asistir, empezar)

15. ¿A qué hora _____ la película? (pensar, terminar)

Actividad 6 **¿Qué hicieron?** Answer the following questions about you and your friends in complete sentences.

1. ¿Adónde fueron Uds. el sábado pasado? _____

2. ¿A qué hora volvieron Uds. anoche? _____

3. ¿Recibió un amigo un email de tu madre? _____

   _____

4. ¿Visitaste a tus padres el mes pasado? _____

5. ¿Pagaste tú la última vez que saliste con un/a chico/a? _____

   _____

6. ¿Tomaste el autobús esta mañana para ir a la universidad? _____

   _____

7. ¿Fuiste a una fiesta la semana pasada? _____

   _____

Continued on next page →

8. ¿Quién compró Coca-Cola y papas fritas para la fiesta?

_____

9. ¿Aprendieron Uds. mucho ayer en clase?

_____

10. ¿Escribieron Uds. la composición para la clase de español?

_____

11. ¿Quién no asistió a la clase de español esta semana?

_____

Actividad 7 **¿Infinitivo o no?** Complete the following sentences with the appropriate form of the indicated verbs (present, preterit, infinitive) and add the preposition **a** if necessary.

1. Ayer nosotros _____ y _____ . (cantar, bailar)

2. Ayer Margarita _____ la clase de biología. (asistir)

3. Los músicos van a _____ tocar a las ocho. (empezar)

4. Necesito _____; tengo hambre. (comer)

5. Todos los días yo _____ cuatro horas. (estudiar)

6. Debes _____ más. (estudiar)

7. Me gusta _____ en el invierno. (esquiar)

8. Ayer yo _____ la piscina, pero no _____. (ir, nadar)

Actividad 8 **Un día horrible.** Complete this conversation between two friends. First, read the entire conversation. Then, fill in the missing words by selecting verbs from the list and writing them in the appropriate forms. Note: You may use verbs more than once.

comer	hacer	perder	ser
dejar	ir	recibir	ver
encontrar	llegar	sacar	volver
escribir	pagar		

—Ayer _____ un día increíble.

—¿Qué _____ Uds.?

— _____ a ver una película. Después _____ algo

en un restaurante.

—¿Y?

—Qué idiota soy. Yo _____ el dinero en el cine. ¡Qué vergüenza! Por eso

María _____ su reloj en el restaurante con un camarero. El camarero

_____ su nombre en un papel y guardó (*put away*) el reloj. ¡Un Rolex! Y

Continued on next page →

nosotros _____ al cine. Por fin, yo _____ el

dinero.

—¡Huy! Gracias a Dios.

—No termina la historia.

—(Nosotros) _____ al restaurante y no _____ al camarero.

—¿Qué _____ Uds. entonces?

—Por fin, el camarero _____ y María _____ su reloj.

Yo _____ el dinero de mi cartera (*wallet*) y _____ los

160 pesos.

Actividad 9 **¿Cuándo fue la última vez que...?** Explain when was the last time that you did the following things. The first one has been done as an example.

1. ir al médico   ayer

2. visitar a tus padres   anteayer

3. hablar por teléfono con tus abuelos   hace dos/tres días

4. comer en un restaurante   la semana pasada

5. levantarte tarde   hace dos/tres semanas

6. ir al dentista   el mes pasado

7. hacer un viaje   hace dos/tres meses

8. volver a tu escuela secundaria   el año pasado

9. comprar un CD   hace dos años

10. ir a un concierto

1. *Hace tres meses que fui al médico* _____

2. _____

3. _____

4. _____

5. _____

6. _____

7. _____

8. _____

9. _____

10. _____

Actividad 10 **Un email.** Write an email to a friend telling him/her what you did last weekend and with whom, as well as what you are going to do next week.

Asunto: Mi fin de semana

Querido/a _____ :

¿Qué tal? ¿Cómo está tu familia? Por aquí todo bien. El viernes pasado _____

_____

_____

_____ .

El sábado pasado _____

_____

_____ .

El domingo pasado nosotros _____

_____

_____ .

La semana que viene yo _____

_____

_____

_____ .

_____

Un abrazo,

(tu nombre)

Indicating Relationships: Prepositions and Prepositional Pronouns

Actividad 11 **Espacios en blanco.** Fill in the following blanks with the appropriate preposition or prepositional pronoun. Use only one word per blank.

1. ¿Este dinero es para _____? ¡Gracias!

2. No puedo vivir _____ ti. Eres fantástico.

3. Después _____ comer en el restaurante, fuimos al cine.

4. Entre _____ y _____ vamos a escribir la composición.

5. _____ del examen, fui a hablar con el profesor; por eso, contesté a las preguntas muy bien y saqué buena nota en el examen.

6. Javier no asiste _____ muchas clases; por eso va a sacar malas notas.

7. Ahora comienzo _____ entender tu pregunta.

Continued on next page →

8. ¿Quieres ir _____ al cine el viernes?

9. Antonio Banderas se casó _____ Melanie Griffith.

10. Estoy aburrida. ¿Por qué no salimos _____ aquí?

11. No quiero salir más _____. Eres un desastre.

Actividad **12**   **La telenovela.** One of your friends is in South America and can not see her favorite soap opera. Complete the following summary for her of what happened during this week's episodes. First, read the entire summary. Then, complete the story with the appropriate prepositions or prepositional pronouns.

Maruja dejó a su esposo Felipe, y se va a casar _____ Javier, el mecánico de la señora

rica (entre _____ y _____, ella está loca porque, como tú sabes, Javier no es

simpático). Entonces, Felipe decidió no ir más a Alcohólicos Anónimos y empezó _____

beber otra vez. Él cree que no puede vivir _____ ella. Felipe compró un regalo muy caro y

en la tarjeta escribió, "Para _____, con todo mi amor para siempre, tu Felipe". Después, ella

habló _____ Javier por teléfono sobre el regalo y él no dijo nada.

Pero más tarde ella fue a la casa de Javier, abrió la puerta y encontró a Javier _____

otra mujer. Ella empezó a llorar y salió corriendo _____ la casa de Felipe. Y así terminó el

programa del viernes. Como me vas a llamar el martes, puedo hablar _____ de qué ocurre

el lunes.

Un poco de todo

Actividad **13**   **¿Qué ocurrió?** Last night you went out to a restaurant and a club with some friends, including Carmen, Ramón's ex-girlfriend. Since Ramón couldn't go, he wants to know all the details of the evening. Read all of Ramón's questions first; then complete your part of the conversation.

RAMÓN   ¿Carmen salió contigo anoche?

TÚ   _____

RAMÓN   ¿Quiénes más fueron?

TÚ   _____

RAMÓN   ¿Adónde fueron y qué hicieron?

TÚ   _____

RAMÓN   ¿Habló mucho Carmen con Andrés?

TÚ   _____

RAMÓN   ¿Qué más hizo con él?

TÚ   _____

RAMÓN   Bueno, ¿y tú qué?

TÚ   _____

Vocabulario esencial II

La familia de Diana

Actividad **14** **La familia.** Complete the following sentences.

1. La hermana de mi madre es mi _____.

2. El padre de mi padre es mi _____.

3. Los hijos de mis padres son mis _____.

4. La hija de mi tío es mi _____.

5. Mi _____ es la hija de mi abuelo y la esposa de mi padre.

6. La esposa del hermano de mi madre es mi _____.

7. Mi _____ es el hijo de mis abuelos y el padre de mi primo.

8. Mi padre se casó por segunda vez; su nueva esposa es mi _____.

9. Los hijos del hijo de mi madre son mis _____.

10. Mis hermanos son los _____ de mis abuelos.

11. No es mi hermana pero es la nieta de mis abuelos; es mi _____.

12. Mi madre se casó con un hombre que tiene dos hijos. Esos hijos son los
_____ de mi madre y son mis _____.

Actividad **15** **Mi familia. Parte A.** List five of your relatives. For each of these relatives, indicate his/her name, relationship to you, age, occupation, marital status (single, married, or divorced), any children he/she may have, and whether he/she is a favorite relative. Follow the format shown in the example.

➤ *Betty: abuela—74 años—jubilada* (retired)—*divorciada—4 hijos—mi abuela favorita*
Clarence: abuelo—69 años—pintor—casado (con Helen)—2 hijos
Etc.

1. _____

   _____

2. _____

   _____

3. _____

   _____

4. _____

   _____

5. _____

   _____

Parte B. Use information from **Parte A** to write a short composition about a member of your family.

_____

_____

_____

_____

_____

_____

Gramática para la comunicación II

Using Indirect-Object Pronouns

Actividad 16 **Complementos indirectos.** Complete the following sentences with the appropriate indirect-object pronouns.

1. ¿_____ escribiste un email a tu hermano?

2. Ayer _____ diste (a mí) el libro de cálculo.

3. A ti _____ gusta esquiar.

4. Ayer _____ mandé el regalo a ellos.

5. ¿_____ diste a Carlos y a mí el disco compacto?

6. ¿Qué _____ regalaste a tus padres para su aniversario?

7. ¿_____ diste mi trabajo al profesor Galaraga?

8. Carlos _____ explicó su problema, ¿no? Ahora entiendes por qué está tan triste.

Actividad 17 **Preguntas y respuestas.** Answer the following questions in the affirmative in complete sentences.

1. ¿Te dio dinero tu padre el fin de semana pasado?

_____

2. ¿Le ofrecieron el trabajo a Carlos? _____

_____

3. ¿Le dieron a Ud. el informe Pablo y Fernando? _____

_____

4. ¿Me vas a escribir? _____

5. ¿Les explicaron a Uds. la verdad? _____

6. ¿Me estás hablando? _____

Actividad 18 **¿Qué hiciste?** Your roommate is sick and asked you to do a few things. He/She still has a few more requests. Answer his/her questions, using indirect-object pronouns.

COMPAÑERO/A   ¿Le mandaste a mi tía la carta que te di?

TÚ   Sí, _____

COMPAÑERO/A   ¿Me compraste el champú y la pasta de dientes? ¿Cuánto te costaron?

TÚ   Sí, _____

_____

COMPAÑERO/A   ¿Le diste la composición al profesor de historia?

TÚ   Sí, _____

_____

COMPAÑERO/A   ¿Le dejaste la nota al profesor de literatura?

TÚ   No, _____

_____

COMPAÑERO/A   ¿Nos dio tarea la profesora de cálculo?

TÚ   No, _____

_____

COMPAÑERO/A   ¿Me buscaste el libro en la biblioteca?

TÚ   Sí, _____

_____

COMPAÑERO/A   ¿Les vas a decir a Adrián y a Pilar que no puedo ir a esquiar mañana?

TÚ   Sí, _____

_____

COMPAÑERO/A   ¿Esta noche me puedes comprar papel para la computadora?

TÚ   No, _____

_____

Using Affirmative and Negative Words

Actividad 19 **Negativos.** Rewrite the following sentences in the negative. Use **nada, nadie,** or **nunca.**

1. Siempre estudio. _____

2. Hago muchas cosas. _____

3. Él sale con su novia. _____

4. Voy al parque todos los días. _____

5. Compró mucho. _____

Actividad 20 **La negación.** Using complete sentences, answer the following questions in the negative. Use **nada, nadie,** or **nunca.**

1. ¿Esquías todos los inviernos? _____

2. ¿Bailaste con alguien anoche? _____

3. ¿Quién fue a la fiesta? _____

4. ¿Qué le regalaste a tu madre para su cumpleaños? _____

   _____

5. ¿Siempre visitas a tus abuelos? _____

6. ¿Tiene Ud. 20 pesos? _____

Actividad 21 **Niño triste.** Complete the following paragraph with affirmative or negative words. Use **algo, alguien, siempre, nada, nadie,** and **nunca.**

Es el primer día de clases y Pablo está triste, requetetriste porque está en un país nuevo. No tiene amigos, y no juega con _____ en el parque. No estudia _____ porque no entiende _____. _____ habla en inglés con el y _____ comprende sus problemas. No tiene _____ que hacer y quiere volver a su país. La madre de Pablo no está preocupada porque ella sabe que él va a aprender a decir _____ en el idioma pronto y que _____ va a empezar a jugar con su hijo. Los niños _____ hacen amigos nuevos y se adaptan a diferentes situaciones en poco tiempo.

Un poco de todo

Actividad 22 **La novia y los padres de él.** Manuel's girlfriend, Laura, spent an afternoon with his parents while he was at a convention. It was the first time they met her. Complete Laura's side of the conversation with Manuel where he finds out how things went.

MANUEL   ¿Hicieron Uds. algo especial?

LAURA   No, no hicimos _____

MANUEL   ¿Adónde fueron?

LAURA   _____

MANUEL   ¿Conociste a alguien más de mi familia?

LAURA   No, no _____

MANUEL   ¿Mi madre te habló de mí?

LAURA   Sí, _____

Continued on next page →

MANUEL   ¿Hablaron de algo en especial?

LAURA   No, no _____ , solo

un poco de los políticos corruptos, de las películas de Gael García Bernal, de los nuevos

escándalos de Hollywood. Como ves, nada en particular. Ah... y claro, para ellos tú eres

muy especial.

MANUEL   ¿Y te gustaron mis padres?

LAURA   Sí, son muy _____

Lectura

Estrategia de lectura: Skimming and Scanning

Skimming is a skill used for getting the gist of written materials. For example, you skim the contents of a newspaper, reading only the headlines and glancing at the photos to see which articles might interest you. Once you find an article of interest, you may then skim or scan it. Skimming means merely reading quickly to get the general message. Scanning means looking for specific details to answer questions that you already have in mind.

Actividad 23 Lectura rápida. Skim the article on page 101 to find out what the main topic is:

a. geography and peoples of South America

b. peoples of South America

c. geography of South America

Actividad 24 Lectura enfocada. Scan the following article to find the answers to these questions.

1. ¿Dónde está el Atacama y qué es? _____

_____

2. ¿Dónde están las montañas más altas de América? _____

_____

3. ¿Dónde encontró Darwin animales casi prehistóricos? _____

_____

4. ¿Son tristes o alegres las leyendas? _____

_____

SURAMÉRICA: UNA MARAVILLA

La diversidad natural de Suramérica es extraordi-
naria. Cuando los españoles llegaron a fines del
siglo XV, encontraron una tierra muy rica y variada,
pero que les causó muchos problemas por su diver-
5 sidad natural. No fue fácil explorar las tierras vírgenes del río Amazonas, el desierto de Atacama en
Chile y los Andes cubiertos de nieve. Al llegar los
conquistadores españoles a lo que hoy día es la
frontera entre Argentina y Chile, vieron las mon-
10 tañas más altas de todo el continente americano y,
cuando las cruzaron, **llegaron** al océano Pacífico.
También encontraron el delta del Río de la Plata,
entre Uruguay y Argentina, que les ofreció lugares

El volcán Osorno, Chile

ideales para construir las ciudades de Buenos Aires, La Plata y Montevideo. El delta les dio ac-
15 ceso al interior por el río y al continente europeo por el océano Atlántico: Un sitio perfecto para
los comerciantes.

En 1492, los españoles encontraron un continente ya habitado por los indígenas y
aprendieron de ellos muchas cosas. Así, siguiendo el ejemplo de los indígenas, la llama en la
cordillera andina y la canoa en los ríos Orinoco, Amazonas y Paraná resultaron ser para ellos
20 medios de transporte mucho mejores que los caballos[1] y las caravelas[2] que trajeron de España.
Pronto los españoles aprendieron a moverse por esas tierras, explorando diferentes lugares
y conociendo la vida y costumbres de los habitantes. Los indígenas **les** contaron leyendas
regionales. Como muchas otras leyendas, **estas** explican el origen de lugares geográficos y casi
siempre aparecen en ellas seres humanos y dioses. Por ejemplo, las leyendas dicen que los
25 dioses **se enfadaron** y crearon las cataratas del Iguazú entre Argentina y Brasil y los Cuernos del
Paine, montañas en Chile. En el caso de Iguazú, un dios se enfadó tanto que mató a dos amantes
con un torrente de agua, y en el otro, el dios se enfadó con dos guerreros y con ellos formó montañas. Estas leyendas pasaron oralmente de generación en generación y hoy día forman parte del
folclore suramericano.

30 En el siglo XXI la diversidad natural de Suramérica todavía nos ofrece mucha belleza y recur-
sos naturales. Las cataratas del Iguazú son majes-
tuosas y le dan electricidad a un área muy extensa.
Los Cuernos del Paine forman parte de un parque
35 nacional que es magnífico para hacer ecoturismo.
Las islas Galápagos, que con sus animales casi prehistóricos **le** dieron a Darwin la oportunidad de investigar su teoría de la evolución, son un tesoro de
la naturaleza. Suramérica es también rica en mine-
40 rales como el cobre[3] de Chile, el petróleo de
Venezuela, el estaño[4] de Bolivia y el carbón de
Colombia. Además, la misma tierra que nos **dio** la

Las cataratas del Iguazú, Argentina

papa, todavía es rica en vegetación y exporta flores, bananas, café y muchos otros productos.
Los españoles llegaron a América con la idea de conquistar, explorar y llevar mucho oro[5]
45 a España, pero no pensaron en la importancia de las riquezas naturales del Nuevo Mundo. Su
llegada empezó un nuevo capítulo en la historia suramericana. Ahora, en el siglo XXI, estamos
empezando a escribir otro capítulo, pero debemos ser conscientes y no destruir la belleza y las
riquezas naturales que forman esa tierra tan maravillosa.

_____
[1]*horses*   [2]*ships, caravels*   [3]*copper*   [4]*tin*   [5]*gold*

Actividad 25 **Los detalles.** Answer the following questions based on the reading.

1. ¿Cuál es el sujeto del verbo **llegaron** en el párrafo 1? _____

2. ¿Por qué fue un lugar ideal el Río de la Plata para construir ciudades? _____
_____

3. ¿Qué animal usaron los indígenas para transportar cosas en la zona andina? _____

4. ¿A quiénes se refiere **les** en el párrafo 2? _____

5. ¿A qué se refiere **estas** en el párrafo 2? _____

6. ¿Cuál es el sujeto del verbo **se enfadaron** en el párrafo 2? _____

7. ¿Cuál es un sinónimo de **se enfadaron**? _____

8. ¿A quién se refiere **le** en el párrafo 3? _____

9. ¿Cuál es el sujeto de **dio** en el párrafo 3? _____

10. ¿Hoy día qué productos exporta Suramérica? _____
_____

11. ¿De qué debemos ser conscientes en el siglo XXI? _____
_____

Capítulo **7 Los viajes**

▪▪

Vocabulario esencial I

El teléfono

Actividad 1 **Hablando por teléfono.** Match the sentences in Column A with the logical responses from Column B.

A	B
1. _____ ¿Aló?	a. Tiene Ud. el número equivocado.
2. _____ ¿De parte de quién?	b. ¿Para hablar con quién?
3. _____ ¿Hablo con el 233–44–54?	c. Buenos días, ¿está Tomás?
4. _____ Operadora internacional, buenos días.	d. ¿Por qué? ¿Tienes la batería baja?
5. _____ Tenemos que hablar rápido.	e. Quisiera el número del cine Rex, en la calle Luna.
6. _____ Información, buenos días.	f. Quisiera hacer una llamada a Panamá.
7. _____ No estamos en casa. Puede dejar un mensaje después del tono.	g. No me gusta hablar con máquinas. Te veo esta tarde.
8. _____ Lo siento, pero Carlos no está.	h. ¿Le puede decir que llamó Héctor?
	i. Habla Félix.

Actividad 2 **Número equivocado.** Complete the following conversations that Camila has as she tries to reach her friend Imelda by telephone.

1. SEÑORA   ¿Aló?

   CAMILA   ¿_____ Imelda?

   SEÑORA   No, _____.

   CAMILA   ¿No es el 4–49–00–35?

   SEÑORA   Sí, pero _____.

Continued on next page →

2. OPERADORA Información.

   CAMILA _____ Imelda García Arias.

   OPERADORA El número es 8–34–88–75.

   CAMILA _____

3. SEÑOR ¿_____?

   CAMILA ¿_____?

   SEÑOR Sí, ¿_____?

   CAMILA _____ Camila.

   SEÑOR Un momento. Ahora viene.

En el hotel

Actividad 3 **¿Quién es o qué es?** Complete the following sentences with the logical words.

1. Una habitación para una persona es _____.

2. Una habitación para dos personas es _____.

3. La persona que limpia (*cleans*) el hotel es _____.

4. La persona que trabaja en recepción es _____.

5. Una habitación con desayuno y una comida es _____.

6. Una habitación con todas las comidas es _____.

7. El dinero extra que le das al botones es _____.

Actividad 4 **En el Hotel Meliá.** Complete the following conversation between a guest and a receptionist at the Hotel Meliá. First, read the entire conversation. Then, go back and complete it appropriately.

RECEPCIONISTA Buenos días. ¿_____ puedo servirle?

CLIENTE Necesito una _____.

RECEPCIONISTA ¿Con una o dos camas?

CLIENTE Dos, por favor.

RECEPCIONISTA ¿_____? Es más económico si no

tiene.

CLIENTE Con baño.

RECEPCIONISTA ¿_____?

CLIENTE Con media pensión.

RECEPCIONISTA Bien, una habitación doble con baño y media pensión.

CLIENTE ¿_____?

RECEPCIONISTA 125 euros. ¿_____?

CLIENTE Vamos a estar tres noches.

RECEPCIONISTA Bien. Su habitación es la 24.

Gramática para la comunicación I

Talking About the Past

Actividad 5 **Los verbos en el pasado.** Complete the following sentences with the appropriate preterit form of the indicated verbs.

1. ¿Dónde _____ tú las cartas? (poner)

2. Ayer yo no _____ ver a mi amigo. (poder)

3. ¿A qué hora _____ anoche el concierto? (comenzar)

4. La semana pasada la policía _____ la verdad. (saber)

5. Nosotros _____ la cerveza. (traer)

6. ¿Por qué no _____ los padres de Ramón? (venir)

7. La profesora _____ las preguntas dos veces. (repetir)

8. Yo no _____ tiempo para estudiar. (tener)

9. Martín _____ el email que Paco le _____ a Carmen. (leer, escribir)

10. Yo le _____ a José el número de teléfono de Beatriz. (pedir)

11. Yo _____ dormir, pero no _____. (querer, poder)

12. La compañía _____ unas oficinas nuevas en la calle Lope de Rueda. (construir)

13. Ellos no nos _____ la verdad ayer. (decir)

14. ¿_____ tú que _____ el padre de Raúl? (oír, morirse)

15. Anoche Gonzalo _____ en su carro. (dormir)

Actividad 6 **La vida universitaria.** In complete sentences, answer the following survey questions from a student newspaper.

1. ¿Cuántas horas dormiste anoche? _____

_____

2. ¿Cuándo fue la última vez que mentiste? _____

_____

3. ¿Estudiaste mucho o poco para tu último examen? _____

_____

4. ¿Qué nota sacaste en tu último examen? _____

_____

5. ¿A cuántas fiestas fuiste el mes pasado? _____

_____

6. La última vez que saliste de la universidad por un fin de semana, ¿llevaste los libros? _____

_____

Continued on next page →

7. ¿Cuánto tiempo hace que leíste una novela para divertirte? _____
   _____

8. ¿Comiste bien o comiste mal (papas fritas, Coca-Cola, etc.) anoche? _____
   _____

Actividad 7 **Las obligaciones.** In Column A of the accompanying chart, list three things you had to do and did do yesterday (**tuve que**). In Column B, list three things you had to do but refused to do (**no quise**). In Column C, list three things you have to do tomorrow (**tengo que**). Use complete sentences.

A	B	C

Expressing the Duration of an Action: *Hace que*

Actividad 8 **¿Presente o pretérito?** Answer the following questions in complete sentences, using either the present or the preterit.

1. ¿Cuánto tiempo hace que estudias español? _____
   _____

2. ¿Cuánto tiempo hace que comiste? _____
   _____

3. ¿Cuánto tiempo hace que viven tus padres en su casa? _____
   _____

4. ¿Cuánto tiempo hace que asistes a esta universidad? _____
   _____

5. ¿Cuánto tiempo hace que hablaste con tu madre? _____
   _____

Un poco de todo

Actividad **9** **¿Cuánto tiempo hace que...?** Look at this portion of Mario Huidobro's résumé. Complete the questions with the appropriate forms of the verbs **trabajar, tocar, vender,** or **terminar.** Remember: Use **hace** + *time period* + *present* to refer to actions that started in the past and continue to the present; use **hace** + *time period* + *preterit* to refer to actions that happened in the past and do not continue to the present.

> Guadalajara, de 1996 a 2000: estudiante universitario y recepcionista en el hotel Camino Real
> Querétaro, de 2000 al presente: pianista profesional
> Querétaro, de 2000 al presente: vendedor de computadoras para Dell

1. ¿Cuánto tiempo hace que Mario _____ como recepcionista?

   _____

2. ¿Cuánto tiempo hace que Mario _____ el piano profesionalmente?

   _____

3. ¿Cuánto tiempo hace que Mario _____ sus estudios universitarios?

   _____

4. ¿Cuánto tiempo hace que Mario _____ computadoras para Dell?

   _____

Vocabulario esencial II

Medios de transporte

Actividad **10** **El transporte.** Write the transportation-related word that you associate with each of the following words or groups of words. Include the appropriate definite article.

1. Amtrak _____

2. Trek, Schwinn _____

3. Volkswagen, Honda, Buick _____

4. U-Haul, Ryder _____

5. LAX, O'Hare, J.F.K., Logan _____

6. Ford Explorer, Jeep Cherokee, Suburban _____

7. BART (San Francisco), El (Chicago), T (Boston) _____

8. Harley-Davidson, Kawasaki _____

9. United, Aeroméxico, Jet Blue, Iberia, LACSA _____

10. Titanic _____

11. Greyhound _____

Actividad *11* **Transporte en Barcelona.** Complete the following travel guide description about the modes of transportation in Barcelona.

Al aeropuerto de Barcelona llegan _____ de vuelos (*flights*) nacionales e internacionales. Como el aeropuerto está a diez kilómetros de la ciudad, se puede tomar un _____ , pero hay un servicio de autobuses a la ciudad que cuesta menos. Como Barcelona está en la costa, también llegan _____ de Italia y de otras partes del Mediterráneo. Existen dos estaciones de _____ ; a muchas personas les gusta este medio rápido de transporte porque pueden dormir durante el viaje en una cama. Dentro de la ciudad el transporte público es muy bueno y cuesta poco: hay _____ , _____ y, por supuesto, _____ , que cuestan más. El _____ es el medio más rápido porque no importan los problemas de tráfico. Muchas personas prefieren conducir su _____ , pero es difícil encontrar dónde dejarlo, especialmente en la parte vieja de la ciudad. Como en todas las ciudades grandes, hay pocos lugares para aparcar.

El pasaje y el aeropuerto

Actividad *12* **De viaje.** Complete the following sentences with the word being defined.

1. La hora en que llega el vuelo es la _____ .
2. Si un avión llega tarde, llega con _____ .
3. Si vas de Nueva York a Tegucigalpa y vuelves a Nueva York es un viaje de _____ .
4. La hora en que sale el vuelo es la _____ .
5. La persona que viaja es un _____ .
6. Si vas de Nueva York a Tegucigalpa pero el avión va primero a Miami, el vuelo hace _____ .
7. Si el vuelo no va a Miami (como en la pregunta anterior), es un vuelo _____ .
8. La silla de un avión se llama _____ .
9. Iberia, Lan Chile y Avianca son _____ .
10. El equipaje que puedes llevar contigo en el avión es el _____ .
11. El asiento que está entre el asiento de la ventanilla y el del pasillo es el _____ .
12. La tarjeta que presentas para subir al avión es la tarjeta de _____ .

Actividad 13 **Información.** Give or ask for flight information based on the accompanying arrival and departure boards from the international airport in Caracas. Use complete sentences.

Llegadas Internacionales				
Línea aérea	**Nº de vuelo**	**Procedencia**	**Hora de llegada**	**Comentarios**
Iberia	952	Lima	09:50	a tiempo
VIASA	354	Santo Domingo	10:29	11:05
LAN Chile	988	Santiago/Miami	12:45	a tiempo
Lacsa	904	México/N.Y.	14:00	14:35

Salidas Internacionales					
Línea aérea	**Nº de vuelo**	**Destino**	**Hora de salida**	**Comentarios**	**Puerta**
U.S. Air	750	San Juan	10:55	11:15	2
Avianca	615	Bogotá	11:40	a tiempo	3
VIASA	357	Miami/N.Y.	14:20	a tiempo	7
Aeroméxico	511	México	15:00	14:00	9

1. —Información.

   —¿_____?

   —Llega a las 12:45.

   —¿_____?

   —No, llega a tiempo.

2. —Información.

   —Quisiera saber si hay retraso con el vuelo de VIASA a Miami.

   —_____

   —¿A qué hora sale y de qué puerta?

   —_____

   —Por favor, una pregunta más. ¿Cuál es el número del vuelo?

   —_____

   —Gracias.

   —_____

Actividad 14 **El itinerario.** You work at a travel agency. Refer to the accompanying itinerary to answer the questions from the agency's clients. Use complete sentences.

ITINERARIO DE VUELOS			
DESDE CARACAS	**Nº de Vuelo**	**Hora**	**Día**
Caracas/Maracaibo	620	7:00	miércoles/sábado
Caracas/Porlamar	600	21:00	viernes/domingo
Caracas/Ciudad de Panamá*/ San Juan Pto. Rico	610	16:55	viernes
Caracas/Barcelona	614	21:00	viernes
HACIA CARACAS	**Nº de Vuelo**	**Hora**	**Día**
Maracaibo/Caracas	621	19:00	miércoles/sábado
Porlamar/Caracas	601	22:25	viernes/domingo
Barcelona/Caracas	611	18:20	viernes
Barcelona/Caracas	615	22:25	viernes

*Cambio de avión

1. —Quiero ir de Caracas a Barcelona el sábado. ¿Es posible?

   —_____

2. —¿Puedo ir de Maracaibo a Caracas el lunes que viene?

   —_____

3. —¿Qué días y a qué horas puedo viajar de Porlamar a Caracas?

   —_____

   _____

4. —¿Hay un vuelo directo de Caracas a San Juan?

   —_____

   —¿Dónde hace escala?

   _____

   —¿Tengo que cambiar de avión o solo hace escala?

   —_____

   —Bueno, entonces voy a comprar un pasaje.

Continued on next page →

Nombre _____ Sección _____ Fecha _____

—¿Tiene Ud. pasaporte y visa para entrar en los Estados Unidos? ¿Y cuánto tiempo hace que sacó su pasaporte y la visa?

—_____

_____

Gramática para la comunicación II

Indicating Time and Age in the Past: *Ser* and *tener*

Actividad 15 **¿Qué hora era?** State what time it was when the following actions took place.

➤ despertarse

1. vestirse

2. preparar la comida

3. esposo / llegar

4. servir el almuerzo

5. esposo / volver al trabajo

➤ *Eran las ocho y diez cuando la mujer se despertó.*

1. _____
2. _____
3. _____
4. _____
5. _____

Actividad 16 **¿Cuántos años tenías?** Answer these questions about you and your family.

1. ¿Cuántos años tenías cuando terminaste la escuela primaria? _____
   _____

2. ¿Cuántos años tenías cuando recibiste tu primera bicicleta? _____
   _____

3. ¿Cuántos años tenías cuando empezaste la universidad? _____
   _____

4. ¿Cuántos años tenías cuando George W. Bush subió a la presidencia por segunda vez en el año 2005?
   _____

Actividad 17 **Feliz cumpleaños.** Answer the following questions in complete sentences.

1. ¿Cuántos años tenía tu madre cuando tú naciste (*were born*)? _____
   _____

2. ¿Y tu padre? _____

3. ¿Qué hora era cuando tú naciste? _____

Avoiding Redundancies: Direct-Object Pronouns

Actividad 18 **Lo, la, los, las.** Rewrite the following sentences, replacing the direct object with the appropriate direct-object pronoun.

1. No veo a Juan. _____

2. No tenemos los libros. _____

3. Elisa está comprando comida. _____

4. No conoció a tu padre. _____

5. Juan y Nuria no trajeron a sus primos. _____

6. Vamos a comprar papas fritas. _____

Actividad 19 **De otra manera.** Rewrite the following sentences in a different manner without changing their meaning. Make all necessary changes.

1. Tengo que comprarlos. _____

2. Te estoy invitando a la fiesta. _____

3. Lo estamos escribiendo. _____

4. Van a vernos mañana. _____

Actividad 20 **Pronombres de complemento directo.** Answer the following questions in complete sentences, using direct-object pronouns.

1. ¿Me quieres? _____

2. ¿Vas a traer los pasajes? _____

3. ¿Nos estás invitando? _____

4. ¿Llevas la maleta? _____

5. ¿Compraste la pasta de dientes? _____

Actividad 21 **La respuesta apropiada.** Construct a logical conversation by selecting the correct options.

CLIENTE   Quiero ver estas blusas, pero en azul.

VENDEDORA a. ☐ Aquí los tienes.

                  b. ☐ No las tenemos en azul.

                  c. ☐ No la tengo.

CLIENTE   a. ☐ Entonces, en otro color.

                  b. ☐ Pues, deseo verlo en rosado.

                  c. ☐ Bueno, si no hay en otro color, quiero azul.

VENDEDORA a. ☐ Las tengo en color rosado.

                  b. ☐ Voy a ver si los tengo en amarillo.

                  c. ☐ Sí, hay mucha.

CLIENTE   a. ☐ Este es muy elegante. Lo llevo.

                  b. ☐ No me gusta este. Lo siento.

                  c. ☐ Esta es muy bonita. La voy a llevar.

VENDEDORA a. ☐ ¿La va a pagar?

                  b. ☐ ¿Cómo va a pagarla?

                  c. ☐ ¿Cómo va a pagarlas?

CLIENTE   a. ☐ Las pago con la tarjeta de crédito.

                  b. ☐ La pago con la tarjeta Visa.

                  c. ☐ No, no voy a pagarla.

Actividad 22 **Las definiciones.** Write definitions for the following objects without naming the objects themselves. To do this, you will need to use direct-object pronouns, as shown in the example. Remember that the word **it** is never expressed as a subject in Spanish.

➤ libros *Los compramos para las clases. Los usamos cuando estudiamos.*
    Tienen mucha información. Son de papel.
    Los leo todas las noches. Me gustan mucho.

1. computadora _____
_____
_____

2. pantalones _____
_____
_____

Un poco de todo

Actividad 23 **Una conversación.** Read this conversation between two friends who haven't seen each other in a long time. After reading it, go back and fill in each missing word with a logical verb from the list in the appropriate present, preterit, or imperfect. Do not repeat any verbs.

dar	estar	mentir	tener
decir	explicar	pedir	trabajar
escribir	ir	ser	ver

MARTA   Hace ocho años que te _____ por última vez. ¿Cómo estás?

ANTONIO   Bien. ¿Todavía _____ en el banco?

MARTA   No, te _____ un email hace dos años donde te

_____ todo.

ANTONIO   Ah sí, tú les _____ un cambio (*change*) de oficina a tus jefes.

MARTA   Exacto. Entonces me _____ que sí, pero nunca me

_____ una oficina nueva.

ANTONIO   Así que ellos te _____.

MARTA   Sí, y yo _____ a trabajar en una compañía de electrónica. Increíble

¿no? _____ 52 años cuando hice todo eso.

ANTONIO   ¿_____ contenta ahora?

MARTA   Muy contenta. El trabajo _____ maravilloso.

Lectura

Estrategia de lectura: Identifying Main Ideas

As you read in your textbook, main ideas can be found in titles, headings, or subheadings and also in topic sentences, which many times begin a paragraph or a section of a reading. Other important or supporting ideas can be found in the body of a paragraph or section.

In the following reading about lodging in Spain, each section is introduced by a title and a topic sentence.

Actividad 24 **Alojamiento en tu país.** Before reading, make a list of different types of lodging available in your country for tourists. You can make this list in English.

_____

_____

Actividad 25 **Un esquema.** Fill in the boxes and the blanks with the titles of the sections, the topic sentences, and the supporting evidence provided.

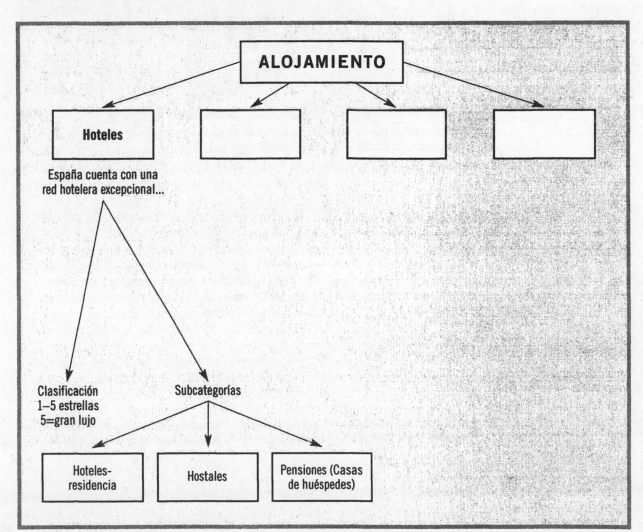

ALOJAMIENTO

HOTELES

España cuenta con una red hotelera excepcional por el número, la variedad y la calidad de unos establecimientos que se reparten por toda la geografía de nuestro país, y que son capaces de adaptarse a cualquier exigencia y posibilidad.

Los hoteles españoles están clasificados en cinco categorías, que se identifican con un número de estrellas que va de una a cinco, según los servicios y las características de cada uno. Existe también un reducido número de hoteles de cinco estrellas, de características auténticamente excepcionales, que ostentan además la categoría máxima de GRAN LUJO.

Los denominados **hoteles-residencia,** que se rigen por la misma clasificación que los demás hoteles, son aquellos que carecen de restaurante, aunque sirven desayunos, tienen servicio de habitaciones y poseen un bar o una cafetería. Los **hostales,** establecimientos de naturaleza similar a los hoteles, pero más modestos, constituyen otra modalidad de alojamiento. Están clasificados en tres categorías que van de una a tres estrellas.

Otra posible modalidad de alojamiento es la constituida por las **casas de huéspedes,** que en España se llaman **pensiones.** De gran tradición en nuestro país, resultan generalmente establecimientos acogedores y cómodos, cuyas instalaciones y servicios pueden variar entre la sobriedad y un lujo relativo. Regentados generalmente por la familia propietaria de la casa, su precio suele incluir solamente el alojamiento y las comidas, frecuentemente excelentes. Las pensiones resultan un tipo de alojamiento ideal para los visitantes que deseen conocer España en profundidad, apartándose de las rutas turísticas más frecuentadas.

El comedor del Parador Los Reyes Católicos en Santiago de Compostela, España. ¿A un niño le gustaría comer allí?

CAMPINGS

España cuenta con cerca de 800 campings, que reúnen una capacidad global de casi 400.000 plazas. Repartidos por todo el terreno nacional, son especialmente abundantes en las costas, y están clasificados en diversas categorías según sus características e instalaciones, como los hoteles. Sus tarifas varían en función de la cantidad y calidad de sus servicios. En el caso de que se opte por hacer acampada libre es recomendable informarse previamente acerca de la no existencia de prohibiciones municipales que afecten al lugar elegido. Si se desea acampar en un terreno privado, es preciso obtener previamente el permiso del propietario.

La Federación Española de Empresarios de Campings y Ciudades de Vacaciones tiene su sede en General Oráa 52-2°D, 28006 Madrid. Tel.: (91) 562 99 94.

PARADORES DE TURISMO

Los Paradores de Turismo constituyen la modalidad hotelera más original e interesante de la oferta turística española.

La red de Paradores está constituida por 86 establecimientos, que ofrecen los servicios y comodidades de los más modernos hoteles, pero ocupan, en cambio, en la mayoría de los casos, antiguos edificios monumentales de valor histórico y artístico, como castillos, palacios, monasterios y conventos, que, abandonados en el pasado, han sido adquiridos y rehabilitados para este fin.

Enclavados casi siempre en lugares de gran belleza e interés, los Paradores, que tienen generalmente categoría de hoteles de tres o cuatro estrellas, se reparten por todos los rincones de nuestro país. Para información y reservas: Paradores de Turismo, Velázquez 18, 28001 Madrid. Tels.: (91) 435 97 00 y (91) 435 97 44.

Actividad **26** **El alojamiento en España.** After reading the article, answer the following questions about lodging in Spain.

1. ¿Cuál es más impersonal, un hotel-residencia o una pensión? ¿Por qué? _____

_____

2. ¿Dónde hay más lugares para hacer camping? ¿En el centro de España o en la costa?

_____

3. ¿Cuántos Paradores hay? ¿En qué tipo de edificios están? ¿Cómo son generalmente los lugares donde están?

_____

_____

4. ¿Dónde te gustaría pasar una noche: en un hostal, una pensión, un camping o en un Parador? ¿Por qué?

_____

_____

_____

Capítulo **7 Repaso**

The Details

Look at the following sentences and note how the use of an article (**el/un, la/una**) or lack of one can change the meaning.

Voy a comprar **la chaqueta** que vimos ayer.	The speaker has a specific one in mind.
Voy a comprar **una chaqueta** para el invierno.	The speaker has none in mind; he/she will go to some stores and just look for one.
Mañana voy a comer en **el restaurante** Casa Pepe.	The speaker has a specific one in mind—Casa Pepe.
Mañana voy a comer en **el restaurante**.	Implying the specific one the speaker has in mind.
Mañana voy a comer en **un restaurante** chino.	The speaker will eat in a Chinese restaurant, but does not specify which.
Yo como en **restaurantes** con frecuencia.	Implying that the speaker goes to many different restaurants.

Look at how the use of **el/los** can change the meaning in these sentences.

Trabajo **el** lunes.   On Monday
Trabajo **los** lunes.   On Mondays

Note the use of these prepositions in Spanish:

Estudio **en** la universidad de Georgetown.
Para mí, la clase **de** literatura moderna es muy difícil.
Normalmente estudio **por** la tarde.
Tengo que terminar un trabajo **para** el viernes.

Remember all the uses of **a**:

* the personal **a**
  Conozco **a** mi profesor de biología muy bien.

* before an indirect object (as with **gustar**)
  A Juan y **a** Verónica les gusta la clase de biología.
  Le doy el trabajo **al** profesor.

118 *Imágenes* ■■■ Workbook

- **a** + *place*

  asistir a + *place/event*, **ir a** + *place/event*
  Asisto a mi clase de español todos los días.
  Voy a la universidad temprano todos los días.

- verbs that take **a** before infinitives

  aprender ⎤
  comenzar ⎮
  empezar ⎬ + **a** + *infinitive*
  enseñar ⎮
  ir   ⎦

  Poco a poco **aprendo a escribir** español.
  Empiezo a entender las conversaciones del programa de laboratorio.
  El profesor nos **enseña a pronunciar** las palabras correctamente.

Actividad 7 **Conversaciones.** Complete the following conversations with the correct articles or prepositions. Only one word per blank.

1. —Mi padre está _____ _____ hospital.

   —¿Cuándo va _____ salir?

   —_____ miércoles, si Dios quiere.

2. —¡Carlitos! ¿Cuándo vas _____ aprender _____ comer bien?

   —Mamá, mamá, Ramón me está molestando.

3. —No quiero asistir _____ la reunión.

   —Yo tampoco. ¿Por qué no vamos _____ _____ restaurante _____ el centro?

   —Buena idea. Yo conozco _____ restaurante muy bueno.

4. —Por fin empiezo _____ entenderte.

   —¿Aprendiste _____ leer mis pensamientos?

   —No dije eso.

5. —¿Dónde estudias?

   —_____ la Universidad Autónoma.

   —¿Cuándo empezaste?

   —Empecé _____ estudiar allí hace tres años.

   —¿Qué estudias?

   —Arte.

   —¿_____ tus padres les gusta _____ idea?

   —Claro, ¡son artistas!

Continued on next page →

6. —Oye, voy _____ tener el carro _____ Felipe este fin de semana.

   —¿Adónde quieres ir?

   —Me gustaría ir _____ _____ capital. ¿Podemos ir?

   —¿Por qué no? Voy _____ ver _____ Pilar mañana _____ la noche.

   —¿Y?

   —Y su hermano comenzó _____ trabajar en la capital _____ mes pasado. Podemos

   dormir _____ el apartamento _____ él. Creo que está cerca _____ centro y que

   es muy grande.

   —Buena idea.

7. —¿Compraste _____ saco que vimos _____ otro día?

   —Sí, me costó _____ ojo de la cara.

   —Ahora necesitas corbata.

   —Sí, _____ corbata _____ seda roja.

8. —¿ _____ cuándo es la composición?

   —Es _____ _____ lunes.

Capítulo **8** La comida y los deportes

Vocabulario esencial I

La comida

Actividad 1 **La palabra que no pertenece.** Select the word that doesn't belong.

1. aceite, ensalada, servilleta, vinagre

2. arvejas, cordero, habichuelas, espárragos

3. pavo, bistec, chuleta, carne de res

4. cuchillo, tenedor, taza, cuchara

5. ternera, ajo, cordero, cerdo

6. tomate, maíz, papa, cuenta

7. lentejas, coliflor, frijoles, arvejas

8. fruta, helado, zanahorias, flan

9. plato, copa, vaso, taza

10. coliflor, espinacas, cebolla, ajo

Actividad 2 **La mesa.** Look at the following drawing and label the items. Remember to include the definite article in your answers.

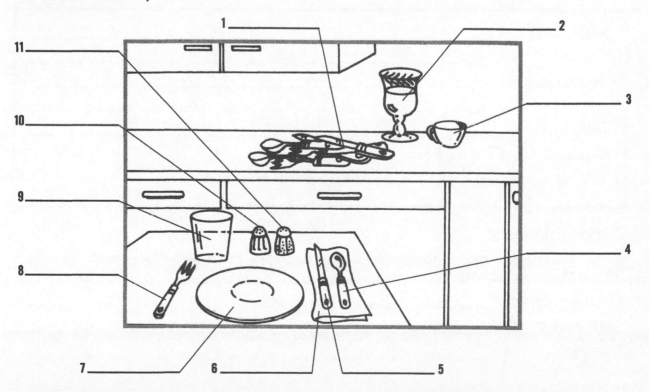

Actividad 3 **Una cena especial.** You are planning a dinner party at a restaurant for your parents' wedding anniversary. The restaurant manager suggests ordering two dishes for the first course, two dishes for the second, and something for dessert; that way your guests will have choices. You also need to plan a special vegetarian menu for your aunt and uncle. You can spend up to 30 euros per person. Look at the menu and complete the restaurant order form.

Mi Buenos Aires Querido

Casa del Churrasco
Castellana 240, Madrid

Primer plato	euros
Sopa de verduras	6,00
Espárragos con mayonesa	7,00
Salmón ahumado	8,20
Tomate relleno	6,00
Ensalada rusa (papas, arvejas, zanahorias)	5,80
Provoleta (queso provolone con orégano)	6,00

Segundo plato	
Churrasco	16,00
Bistec de ternera con puré de papas	15,00
Medio pollo al ajo con papas fritas	13,00
Ravioles de queso	10,00
Lasaña	10,00
Pan	2,00

Ensaladas	euros
Mixta	6,00
Zanahoria y huevo	6,00
Waldorf	7,00

Bebidas	
Agua con o sin gas	3,00
Media botella	2,00
Gaseosas	3,00
Té	2,50
Café	2,50
Vino tinto, blanco	4,00

Postres	
Helado de vainilla, chocolate	6,20
Flan con dulce de leche	6,20
Torta de chocolate	7,80
Frutas de estación	5,50

Menú del día

ensalada mixta, medio pollo al
   ajo con papas, postre, café
   y pan   25,00

Primer plato   1. _____

                  2. _____

Segundo plato   1. _____

                  2. _____

Postre   _____

Champán   ☐ Sí   ☐ No

Vino, agua, pan y café incluidos en el precio para grupos de veinticinco o más.

Señor Jiménez:

     También necesitamos un menú especial para vegetarianos, que va a incluir lo siguiente:

Primer plato _____

Segundo plato _____

Postre _____

Actividad 4 **Rompecabezas.** Do the following newspaper puzzle. By finding the correct word for each definition, you will be able to complete a popular Spanish saying that means *he's blushing*.

1. Es verde y es la base de la ensalada.

___ ___ ___ ___
 1   10

2. Lloro cuando corto esta verdura; es blanca.

___ ___ ___ ___
 8   6

3. Lo uso en la cocina y en mi carro.

___ ___ ___ ___
 4

4. A Popeye le gusta comer esto mucho.

___ ___ ___ ___ ___ ___
   2

5. Una banana es parte de este grupo.

___ ___ ___ ___ ___
    3

6. En una ensaláda pongo aceite y esto.

___ ___ ___ ___ ___ ___
    11

7. Son rojos, negros o marrones y se ponen en los burritos.

___ ___ ___ ___ ___ ___
    7

8. Para comer uso una cuchara, un cuchillo y esto.

___ ___ ___ ___ ___ ___
       5

9. Es la compañera de la sal; es negra.

___ ___ ___ ___ ___
   9

El dicho secreto: ___ ___ ___ ___ ___ ___ ___ ___ ___ ___ ___ ___
     1 2 3 4   5 6 7 6   8 6 9 6

___ ___ ___ ___ ___ ___ ___ ___
10 11   3 6 9 4 3 1

Grámatica para la comunicación I

Expressing Likes, Dislikes, and Opinions: Using Verbs Like *Gustar*

Actividad 5 **Verbos como *gustar*.** Complete the following sentences with the correct form of the indicated verb. (Some function like **gustar** and need an indirect-object pronoun; others do not.)

1. A mí _____ que estás loca. (parecer)

2. A Bernardo y a Amalia _____ las películas viejas. (fascinar)

3. ¿A ti _____ tiempo para terminar la tarea? (faltar)

4. El Sr. Castañeda nunca _____ trabajar porque es millonario. (necesitar)

5. Ahora, después de caminar tanto hoy, a Gustavo _____ los zapatos. (molestar)

6. Ayer a Julio _____ el concierto. (fascinar)

7. ¿Por qué no me _____ cuando te pedí ayuda? (ayudar)

8. A Amparo siempre _____ dinero. (faltar)

Actividad 6 **La universidad.** You just received a questionnaire about university life. Answer the following questions, using complete sentences.

1. ¿Cuáles son tres cosas que te fascinan de esta universidad? _____

_____

2. ¿Cuáles son tres cosas que te molestan? _____

_____

3. ¿Te parecen excelentes, buenas, regulares o malas las clases? _____

_____

4. ¿Te parece excelente, buena, regular o mala la comida? _____

_____

5. ¿Te parece que hay suficientes computadoras en la universidad para hacer investigación (*research*)?

_____

6. ¿Te falta algo en la universidad? _____

_____

Algún comentario personal:

_____

_____

Avoiding Redundancies: Combining Direct- and Indirect-Object Pronouns

Actividad 7 **Combina.** Rewrite the following sentences, using direct- and indirect-object pronouns.

1. Te voy a escribir una carta de amor. _____

2. Le regalé dos discos compactos de rock. _____

3. Mi madre les pidió una sopa de verduras. _____

4. ¿Te mandé los papeles? _____

5. Estoy preparándote un café. _____

Actividad 8 **De otra manera.** Rewrite the following sentences that contain direct- and indirect-object pronouns without changing their meaning. Pay attention to accents.

➤ ¿Me lo vas a preparar? *¿Vas a preparármelo?*

1. Te lo voy a comprar. _____

2. Se la estoy escribiendo. _____

3. Me los tienes que lavar. _____

4. Nos lo está leyendo. _____

5. ¿Se lo puedes mandar? _____

Continued on next page →

6. Te las va a preparar. _____

7. ¿Me lo estás pidiendo? _____

8. Se los vamos a traer. _____

Actividad 9 **El esposo histérico.** Your friend Víctor is preparing a romantic dinner for his wife's return from a long business trip and you are helping him. Víctor is very nervous and wants everything to be perfect. Complete the conversation between you and Víctor, using direct- and indirect-object pronouns when possible.

VÍCTOR   Gracias por tu ayuda. ¿Me compraste el vino blanco?

TÚ   Sí, _____

VÍCTOR   ¿Pusiste las flores en la mesa?

TÚ   _____

VÍCTOR   ¿Me limpiaste el baño?

TÚ   Sí, esta mañana _____

VÍCTOR   ¿Qué crees? ¿Debo ponerme corbata?

TÚ   _____

VÍCTOR   ¡Ay! Tengo los zapatos sucios (*dirty*).

TÚ   ¡Tranquilo, hombre! Yo voy a _____

¿Por qué no te sientas y miras la televisión? Tu esposa no llega hasta las tres. Te voy a preparar un té.

Using *ya* and *todavía*

Actividad 10 **¿Ya o todavía?** Complete the following sentences, using **ya** or **todavía**.

1. Mi madre _____ sabe qué va a preparar para la cena: arroz con pollo.

2. _____ no tenemos carro, pero vamos a comprar uno mañana.

3. La gente _____ votó en las elecciones. ¡Hay un presidente nuevo!

4. _____ tengo que hablar con mis padres; esta mañana no contestaron el teléfono.

5. ¡¡¡¡SHHHH!!!! El bebé _____ está dormido, pero se va a despertar pronto.

6. Carolina me dijo lo que pasó. _____ sé la verdad.

7. Limpié la casa, preparé la comida y la sangría, compré el pastel. _____ no tengo que hacer nada más para la fiesta.

8. ¡Hombre, claro! _____ entiendo.

9. _____ no entiendo. ¿Puedes repetirlo?

Las actividades de esta semana. Look at the following list and state what things you have already done and what things you still have to do this week. Use **ya** or **todavía** in your responses.

➤ invitar a Juan a la fiesta   *Ya lo invité.*
   Todavía tengo que invitarlo.

1. estudiar para el examen _____

2. comprar pasta de dientes _____

3. escribirle una carta a mi abuelo _____

4. hablar por teléfono con mis padres _____

5. ir al laboratorio de español _____

6. aprender las formas del imperfecto _____

7. sacar dinero del banco _____

8. comprarle un regalo a mi novio/a _____

Un poco de todo

Actividad **12** **El primer mes. Parte A:** Answer these questions about your first month at college. Use object pronouns when possible.

1. ¿Tus padres te mandaron dinero? _____

2. ¿Te mandó comida tu abuela? ¿Qué te mandó? _____
   _____

3. ¿Les escribiste cartas a tus abuelos? _____

4. ¿Les mandaste fotos digitales a tus padres? _____

5. Para su cumpleaños, ¿les mandaste tarjetas (*cards*) virtuales a tus amigos de la escuela secundaria
   o les compraste tarjetas de Hallmark? _____
   _____

6. ¿Le dijiste tus problemas a tu compañero/a de cuarto? ¿Te escuchó? _____
   _____

7. ¿Los profesores te dieron ayuda extra? _____

8. ¿La universidad les ofreció a los estudiantes nuevos programas especiales de orientación?
   ¿Asististe a estos programas? _____
   _____

9. ¿Qué cosas te gustaron de tu nueva vida? _____
   _____

Continued on next page →

Parte B: Now that you have been at the university for a while, answer these questions.

1. ¿Tus padres todavía te mandan dinero? _____

_____

2. ¿Todavía hablas con tus amigos de la escuela secundaria con mucha frecuencia? _____

_____

3. ¿Ya eres experto/a o todavía hay más que tienes que aprender sobre cómo funciona la universidad?

_____

4. ¿Te pareció fácil o difícil adaptarte a la vida universitaria? _____

_____

Vocabulario esencial II

Los artículos de deportes

Actividad 13 **Los deportes.** Match the sports-related items in Column A with the sports in Column B. Write all possible answers.

A

1. cascos _____
2. uniformes _____
3. pelotas _____
4. bates _____
5. raquetas _____
6. guantes _____
7. palos _____
8. estadio _____
9. balón _____

B

a. béisbol
b. basquetbol
c. fútbol
d. fútbol americano
e. tenis
f. bolos
g. golf
h. boxeo
i. ciclismo

Actividad 14 **Tus deportes favoritos.** State what sports you do and what items you have or don't have to play those sports.

➤ *Me gusta jugar al basquetbol, pero no tengo balón y*
por eso siempre usamos el balón de mi amigo Chris.

_____

_____

_____

Grámatica para la comunicación II

Describing in the Past: The Imperfect

Actividad 15 **¿Qué hacíamos?** Complete the sentences with the appropriate imperfect form of the indicated verbs.

1. Todos los días, yo _____ a la escuela. (ir)

2. Mi familia siempre _____ a la una y media. (comer)

3. Todos los martes y jueves después de trabajar, ellos _____ al fútbol en un equipo. (jugar)

4. Cuando yo _____ pequeño, mi madre _____ en un hospital. (ser, trabajar)

5. Cuando mis abuelos _____ veinte años, no _____ DVDs. (tener, haber)

6. Pablo Picasso _____ todos los días. (pintar)

7. John F. Kennedy, Jr. _____ muy guapo. (ser)

8. De pequeño, mi hermano nos _____ muchas cosas. (preguntar)

9. Todos los veranos, mi primo y yo _____ en torneos de tenis. Nosotros no _____ mucho, pero siempre _____ . (participar, ganar, divertirse)

Actividad 16 **Todos los días.** Complete the sentences with the appropriate imperfect form of the indicated verbs. As you have learned, the imperfect is used for habitual past actions, recurring past events, or to describe in the past. After completing the sentence, write **H/R** if the sentence describes habitual past actions or recurring past events and **D** for past description.

H/R or D

1. Nuestra casa _____ grande y _____ cinco dormitorios. (ser, tener) _____

2. Todos los viernes nosotros _____ al cine. (ir) _____

3. Todos los días, mis amigos y yo _____ al tenis y yo siempre _____ . (jugar, perder) _____

4. De pequeño, Pablo _____ mucho y ahora es médico. (estudiar) _____

5. Francisco Franco _____ bajo, un poco gordo y _____ bigote. (ser, tener) _____

6. En la escuela secundaria, nosotros _____ a las doce, y después de la escuela _____ a comer pizza. (almorzar, ir) _____

Continued on next page →

7. Mi madre siempre nos _____ a ver películas de

   Disney. (llevar)   _____

8. Todos los días mi ex esposo me _____ poesías

   horribles. (escribir)   _____

9. Mi primera novia _____ muy inteligente, pero no le

   _____ nada la política y a mí me _____.

   (ser, gustar, fascinar)   _____

Actividad 17 Mi vida en Santiago. Complete this description about Mario's life while he was living in Santiago de Chile. Use the imperfect.

Todos los días yo _____ (levantarse) temprano para ir a trabajar.

_____ (caminar) al trabajo porque _____ (vivir) muy

cerca. _____ (Trabajar) en una escuela de inglés y _____

(enseñar) cuatro clases al día, un total de veinticuatro horas por semana. Mis estudiantes

_____ (ser) profesionales que _____ (necesitar) el

inglés para su trabajo. Todos _____ (ser) muy inteligentes e

_____ (ir) a clase muy bien preparados. Me _____ (gustar)

mis estudiantes y muchas veces ellos y yo _____ (salir) después de las clases.

_____ (comer) en restaurantes o _____ (ir) al cine.

Santiago es fantástico y quiero volver algún día.

Un poco de todo

Actividad 18 Wimbledon. Parte A. Choose the appropriate verbs from the list to complete the following summary of a tennis match. Write the imperfect form of the verb if there is an **i** and the preterit form if there is a **p.** Note: This and the following activity preview use of the preterit and imperfect together. You will learn more about this in **Capítulo 9.**

decir	esperar	estar	haber	poder	tener
empezar	esperar	ganar	hacer	ser	

Ayer _____ (i) mucha gente en el estadio de Wimbledon. _____ (i)

mucho calor y sol. Entre el público _____ (i) Guillermo Vilas, el príncipe Carlos,

Marcelo Ríos, Arantxa Sánchez Vicario y otra gente famosa. Todo el mundo _____

(i) ver el partido entre el español Rafael Nadal y el argentino Mariano Puerta.

_____ (i) las dos y media cuando _____ (p) el partido;

todo el mundo _____ (i) en silencio; nadie _____ (i) nada,

esperando ansiosamente la primera pelota. Después de hora y media de juego en el calor intenso, Nadal

_____ (p) un accidente y no _____ (p) continuar. Así que

Mariano Puerta _____ (p) el partido.   Continued on next page →

Workbook ■■■ Capítulo **8**   **129**

Parte B. Read the paragraph again and answer these questions.

1. Is the imperfect or the preterit used to give past description? _____

2. Is the imperfect or the preterit used to narrate what occurred? _____

Actividad 19 **El robo.** Yesterday you witnessed a theft and you had to go to the police station to make a statement. Look at the drawings and complete the conversation with the police in complete sentences. Use the preterit and the imperfect as cued by the questions.

POLICÍA	¿Qué hora era cuando vio Ud. el robo?
TÚ	_____
POLICÍA	¿Dónde estaba Ud. y dónde estaba la víctima?
TÚ	_____
POLICÍA	¿Qué hizo específicamente el ladrón *(thief)*?
TÚ	_____
	_____
POLICÍA	¿Cómo era físicamente el ladrón?
TÚ	_____
	_____
POLICÍA	¿Bigote o barba? La víctima nos dijo que tenía barba.
TÚ	_____
POLICÍA	¿Y la descripción del carro?
TÚ	_____
	_____
POLICÍA	¿Quién manejaba? ¿Lo vio Ud. bien? ¿Sabe cómo era?
TÚ	_____
POLICÍA	Muchas gracias por ayudarnos.

Actividad **20** **Los niños de ayer y de hoy.** Diana and Marisel are comparing what they did when they were 13 years old with what 13-year-olds in the U.S. do now. Complete their conversation using the imperfect or the present.

DIANA Cuando yo tenía trece años, _____

_____.

MARISEL Yo iba al cine, salía con grupos de amigos y viajaba con mis padres.

DIANA También _____

_____.

MARISEL Pero hoy... ¡los adolescentes parecen adultos!

DIANA Sí, es verdad, hoy los jóvenes de la escuela donde enseño en los Estados Unidos _____

_____.

MARISEL ¡Es una lástima!

DIANA Pero eso no es todo; también _____

_____.

MARISEL Son como pequeños adultos; casi no tienen infancia (*childhood*).

Actividad **21** **¡Cómo cambiamos!** Paulina went to the same high school as you. You saw her yesterday and couldn't believe your eyes; she seems like a different person. Look at the drawings of Paulina and write an email to your friend Hernando. Tell him what Paulina was like and what she used to do (imperfect), and what she is like and what she does now (present).

Antes **Ahora**

Asunto: Paulina

▼ 12▼ ■ A A A K 三 三 三 正 正 正 ▼ ▼

Querido Hernando:

No lo vas a creer; acabo de ver a Paulina Mateos. ¿La recuerdas? Recuerdas que

era _____

_____

_____

_____

_____

Pues ahora _____

_____

_____

_____

Un abrazo,

_____

Lectura

Estrategia de lectura: Finding References

Understanding the relationship between words and sentences can help improve your understanding of a text. A text is usually full of pronouns and other words that are used to avoid redundancies. Common examples are possessive adjectives; demonstrative adjectives and pronouns; and subject, indirect-, and direct-object pronouns. Furthermore, as you have seen, subject pronouns are generally omitted where the context allows it.

You will have a chance to practice identifying referents (the word or phrase to which a pronoun refers) while you read the next selection.

Actividad 22 **¿Qué sabes?** Before reading, answer the following questions without consulting anyone.

1. Mira el mapa en la contratapa (*inside cover*) de tu libro de texto y escribe qué países forman Centroamérica. _____

_____

2. ¿Sabes qué país construyó el Canal de Panamá? ¿Sabes qué país lo administra? _____

_____

3. ¿Qué aprendiste sobre Costa Rica en este capítulo? _____

_____

4. ¿Qué sabes sobre la situación política de Centroamérica? _____

_____

Actividad 23 **Referencias.** While you read the passage, write what the following words or phrases refer to.

1. línea 4: **esa región** _____
2. línea 10: **lo** _____
3. línea 16: **su** _____
4. línea 21: **sus** _____
5. línea 26: **Allí** _____
6. línea 28: **ellos** _____
7. línea 31: **Estas** _____

CENTROAMÉRICA: MOSAICO GEOGRÁFICO Y CULTURAL

Los siete países que forman Centroamérica unen dos gigantes, Norteamérica y Suramérica, y separan el océano Atlántico del océano Pacífico. Seis de ellos son países hispanos; el otro, Belice, es una antigua colonia británica.

Centroamérica es un mosaico de tierras y de pueblos.[1] En **esa región** se encuentran playas blancas, selvas tropicales,[2] montañas de clima fresco, sabanas[3] fértiles y volcanes gigantescos. Su población incluye indígenas con lenguas y algunas costumbres precolombinas, descendientes de europeos, negros, mestizos, mulatos y también asiáticos.

El país más austral[4] de Centroamérica es Panamá, que tiene la mayor población negra de los países hispanos de la región. El recurso económico más importante de ese país es el Canal de Panamá que construyeron los Estados Unidos. El gobierno estadounidense **lo** administró hasta el año 2000, cuando pasó a manos de Panamá. Este canal es de gran importancia comercial porque, al conectar el océano Pacífico con el océano Atlántico, es la ruta ideal para los barcos que van no solo de Nueva York a California sino también de Europa a Asia.

En Costa Rica, la mayoría de la población es de origen europeo y el porcentaje de analfabetismo es bajo (4%). Es un país que no tiene ejército[5] y, además, no tiene grandes conflictos políticos internos. En 1987, el presidente Óscar Arias recibió el Premio Nobel de la Paz por **su** iniciativa en buscar un fin a las guerras[6] de Centroamérica.

Nicaragua, Honduras y El Salvador, por otro lado, son países de grandes conflictos políticos internos, pero a la vez de grandes riquezas naturales. Nicaragua es un país de volcanes donde solo se cultiva el 10% de la tierra. Honduras es un país montañoso; su población vive principalmente en zonas rurales y **sus** exportaciones principales son el banano, el café y la madera. El Salvador, a pesar de ser el país más pequeño de la región, es el tercer exportador de café del mundo, después de Brasil y Colombia. El Salvador es además un país muy densamente poblado. La población de Nicaragua, Honduras y El Salvador tiene un alto porcentaje de mestizos (70%–90%).

Al norte de El Salvador está Guatemala. **Allí** se encuentran ruinas de una de las civilizaciones precolombinas más avanzadas, la civilización maya. Más de un 50% de los guatemaltecos son descendientes directos de los mayas y hablan una variedad de lenguas indígenas; **ellos** forman la población indígena de sangre pura más grande de Centroamérica.

A pesar de las grandes diferencias que existen entre los países centroamericanos, también hay muchas semejanzas. **Estas** forman la base de lo que es Centroamérica, pero, realmente, es la diversidad la que le da riqueza a esta región.

_____

[1]*peoples* [2]*tropical rainforests* [3]*plains* [4]*southernmost* [5]*army* [6]*wars*

Actividad 24 **Preguntas.** Now, answer the following questions, using complete sentences.

1. ¿Cuál es la importancia del Canal de Panamá?

   _____

2. ¿En qué se diferencia Costa Rica de los otros países centroamericanos?

   _____

   _____

3. ¿Qué peculiaridad caracteriza a Nicaragua, Honduras y El Salvador?

   _____

   _____

4. ¿Cuál es una característica particular de Guatemala? _____

   _____

Capítulo **9** Cosas que ocurrieron

Vocabulario esencial I

La salud

Actividad 1 **¿Buena salud?** Unscramble the following letters to form health-related words. Write accents where necessary.

1. nacaamubil _____
2. gernsa _____
3. igper _____
4. nfniieócc _____
5. clseoísraof _____
6. irrdaea _____

7. ssáneau _____
8. dígraofaari _____
9. efbire _____
10. tceorsar _____
11. gaelair _____
12. aehidr _____

La salud, los medicamentos y otras palabras relacionadas

Actividad 2 **Asociaciones.** Match the items from Column A with the medicine-related words in Column B.

A

1. _____ X
2. _____ Contac
3. _____ ACE
4. _____ Robitussin
5. _____ 103°F, 39°C
6. _____ Pepto-Bismol
7. _____ aspirina
8. _____ Band-Aid
9. _____ 2 pastillas por día por 1 semana
10. _____ Visine

B

a. receta médica
b. fractura
c. radiografías
d. diarrea
e. dolor de cabeza
f. gotas
g. jarabe
h. fiebre
i. curita
j. cápsulas
k. vendaje

Los remedios. Complete the following conversation that takes place in a pharmacy.

CLIENTE	Tengo un dolor de cabeza terrible.
FARMACÉUTICA	¿Por qué no _____?
CLIENTE	¿Tiene Bayer?
FARMACÉUTICA	Claro que sí. ¿Algo más?
CLIENTE	Sí, mi hijo tiene un catarro muy fuerte y fiebre.
FARMACÉUTICA	Entonces, él tiene que _____.
CLIENTE	¡Ay! No le gustan las cápsulas. ¿No tiene pastillas de Tylenol?
FARMACÉUTICA	_____.
CLIENTE	También tiene tos.
FARMACÉUTICA	Bien, pues debe comprarle _____ _____.
CLIENTE	Y mi marido se cortó la mano.
FARMACÉUTICA	Entonces, _____. ¿Algo más?
CLIENTE	Creo que es todo.
FARMACÉUTICA	Ya entiendo por qué le duele la cabeza.

Gramática para la comunicación I

Narrating and Describing in the Past: The Preterit and the Imperfect

Actividad 4 **Me jugué la vida. Parte A.** Read the following description of how to use the preterit and imperfect when narrating in the past.

When narrating in the past, if you simply want to list a series of occurrences in the past, you need only the preterit.

Three bears **left** their house.
They **went** to the woods.
A child **arrived** at the house, **knocked** on the door, and **opened** it.
She **entered** the house.

If you want to go beyond the **who did what** (preterit) part of the story, you need to use the imperfect (shown in italics).

There *were* three bears that *lived* in a cute little house in the woods. It *was* a beautiful day. The birds *were singing* and the sun *was shining*. So the three bears **decided** to go for a walk and **left** their house. While they *were enjoying* their walk, a child **appeared** at the house. She *was* young, blond, tired, and hungry. She **knocked** on the door, but no one **answered** because no one *was* home. The door *was* open, so she **went** inside.

In **Part B** you will read a story in English and decide if the verbs should be in the preterit or the imperfect if the story were to be told in Spanish. First, read the following questions and answers; then refer back to them as needed.

Continued on next page →

1. Is this a completed action (similar to a photograph or a finger snap)? If yes, **preterit.**

    The child **knocked** on the door (click/snap)
    She **opened** the door. (click/snap)

2. Does the verb indicate the start or end of an action? If yes, **preterit.**

    The bears **started** their walk at 10:00 and **ended** it at 4:00.

3. Does the verb refer to a completed action that was limited by time? If yes, **preterit.**

    They **walked** for six hours.

4. Does the verb refer to a habitual action or recurring events? If yes, *imperfect.*

    Every day Mama Bear *used to take* Baby Bear for a walk. Every Saturday Papa Bear *went* with them.

5. Does the verb refer to an action or state in progress that is not limited by time? If yes, *imperfect.*

    The bears *lived* in the woods and *were* very happy.

6. Does the verb refer to an action in progress that occurred while another action was happening? If yes, *imperfect.*

    While the bears *walked* (*were walking*) in the woods, the girl *explored* (*was exploring*) their house.

7. Does the verb refer to an action in progress that occurred when another action happened or interrupted it? If yes, *imperfect*, **preterit.**

    While the bears *walked* (*were walking*) in the woods, the girl **broke** a chair.

8. Are you describing in the past? If yes, *imperfect.*

    Baby Bear *was* little, but he *had* big paws and an engaging personality.

9. Time and age in the past are always expressed with the *imperfect.*

    It *was* 4:05 in the afternoon.
    Baby Bear *was* only one year old.

Parte B. The following is a true story about a car accident. As you read it, write **P** for preterit and **I** for imperfect for the indicated verbs.

I was (1) _____ a student in Spain and it was (2) _____ a Friday. I wanted (3) _____ to go to Valencia to visit friends and didn't have (4) _____ a lot of money, so a friend and I decided (5) _____ to hitchhike. Classes ended (6) _____ and I went (7) _____ with my friend to an entrance to the highway to Valencia. It was (8) _____ a beautiful day. We stuck out (9) _____ our thumbs and immediately a car stopped (10) _____ to give us a ride. The car was (11) _____ new and only had (12) _____ 5000 kilometers on the odometer. It was (13) _____ a four-door sedan. My friend sat (14) _____ in the front seat and I sat (15) _____ in the back. The driver was (16) _____ a very nice businessman.

I took off (17) _____ my shoes and soon fell asleep (18) _____ in the back seat. Some time later, we passed (19) _____ a car. We were going (20) _____ quite fast—about 130 kilometers per hour (80 mph), when our car hit (21) _____ a bump in the road and the axle broke (22) _____. The car began (23) _____ to zigzag. We collided (24) _____ head-on with another car. Both cars flew (25) _____ up in the air and

Continued on next page →

our car started (26) _____ to burn. The driver and my friend were (27) _____ unconscious and still in the car. With the impact, my head pushed (28) _____ open the back door and I flew (29) _____ out of the car.

Two couples, who were (30) _____ about 70 years old, were returning (31) _____ from a vacation on the coast when they saw (32) _____ the accident. The men jumped (33) _____ out of their car and ran (34) _____ toward ours. First, they got out (35) _____ the driver. Then they went (36) _____ to get my friend. Her seat was tilted (37) _____ forward and was (38) _____ jammed. Her seatbelt was (39) _____ stuck. One of the men cut (40) _____ the seatbelt with a pocket knife and they finally got (41) _____ her out. While they were pulling (42) _____ her out of the car, one of the men's pants caught fire (43) _____. Then they saw (44) _____ me. I was (45) _____ unconscious on the pavement about 10 meters from the car, but they did not come (46) _____ closer since the car was burning (47) _____. The car never did explode (48) _____. When the fire died down (49) _____, the men came (50) _____ to check on me. I awoke (51) _____ 16 hours later, in a hospital.

Thank goodness no one died (52) _____ in the accident. I spent (53) _____ 17 days in the hospital and then went back (54) _____ to Madrid and returned (55) _____ to my studies.

Today everyone is fine. I only have two little scars as reminders of the accident!

Actividad 5 **¿Imperfecto o pretérito?** Complete the following sentences with the correct preterit or imperfect form of the indicated verbs.

1. Ayer yo _____ a un gimnasio nuevo por primera vez. Allí la gente
   _____ gimnasia aeróbica, _____ y
   _____ pesas. (ir, hacer, nadar, levantar)

2. De pequeña todos los veranos yo _____ un mes en la playa con mi
   familia. A mí me _____. (pasar, encantar)

3. El año pasado durante cuatro meses Manuel y Carmen _____ con turistas
   en Cancún. Por eso, ellos _____ un apartamento. (trabajar, alquilar)

4. Todo el sábado pasado _____ náuseas y fiebre y por eso no fui a trabajar.
   (tener)

5. Javier _____ a 150 kilómetros por hora cuando lo
   _____ la policía. (manejar, ver)

6. Cuando Roberto me _____, yo _____ y por eso no
   _____ el teléfono. (llamar, ducharse, contestar)

7. El año pasado cuando nosotros _____ por Argentina,
   _____ a un concierto de Les Luthiers. (viajar, ir)

Actividad 6 **¿Qué le pasaba?** Complete this excerpt of an email that don Alejandro and his wife received from their friend in Chile. For each blank, select the appropriate verb from the left margin and write the correct form in the imperfect or preterit.

entrar
estar
tener
levantarse
preparar
pasar
saber
estar

Es increíble el cambio que veo en Nando después de que se casó. Tú sabes que él

nunca (1) _____ en la cocina cuando estaba soltero. Y el

viernes pasado yo (2) _____ por la casa de él para dejarle

algo y mientras su esposa Olga miraba la televisión, él (3) _____

la cena. Cuando él (4) _____ preparando la ensalada,

yo (5) _____ segura que la ensalada

(6) _____ demasiado vinagre; entonces

(7) _____ del sofá para ayudarlo, pero resulta que Nando

(8) _____ exactamente cómo hacer una ensalada y al final, ¡qué

ensalada más deliciosa!

creer
decir
poner
saber
ser
empezar

Olga me (9) _____ que el otro día mientras ella

(10) _____ la ropa en la lavadora, Nando

(11) _____ a ayudarla. Yo (12) _____

que él (13) _____ muy machista (sé que todavía es en ciertos

sentidos), pero últimamente está cambiando. Cada día se parece más a su padre. Él tampoco

(14) _____ cocinar antes de casarse.

Actividad 7 **El informe del detective.** You are a private detective and you spent the morning tracking the husband of your client. Using complete sentences, write the report that you are going to give to your client. Say what her husband did during the morning.

trabajar

salir

mientras tomar café / llegar

entrar

mientras probarse vestido / comprar perfume

volver

_____

_____

_____

_____

_____

La verdad. Complete the following conversation between the husband from the previous activity and his wife.

ELLA ¿Qué hiciste hoy?

ÉL Nada; _____.

ELLA ¿Toda la mañana _____?

ÉL Sí, excepto cuando _____ para comprarte esto.

ELLA Un regalo… A ver… ¡Un vestido y un perfume!

ÉL Claro, hoy hace diez años que te _____.

ELLA Es que… es que…

ÉL ¿Quieres decirme algo?

ELLA Es que yo creía que tú _____

_____.

ÉL No, ella era _____.

Pero, ¿cómo supiste que fui con ella a la tienda?

Actividad 9 **¿Qué estaban haciendo?** The people in the drawing below heard an explosion and looked toward the street to see what happened. Write what they were doing when they heard the explosion.

➤ El mecánico *El mecánico estaba trabajando cuando oyó la explosión.*

1. La señora en la ventana _____.

2. Los dos señores en el banco _____.

3. El niño _____.

4. El señor en el balcón _____.

5. La joven en el balcón _____.

Narrating and Describing in the Past: Time Expressions

Actividad 10 **Las vacaciones.** Complete the following sentences about vacations using the preterit or the imperfect. Pay attention to time expressions.

1. De joven, durante los veranos, a menudo _____ en bicicleta con un grupo de amigos en el parque cerca de mi casa. (montar)

2. Estuve en Puerto Rico una semana en febrero. Todos los días _____ en la piscina del hotel por la mañana y por la tarde _____ al golf. (nadar, jugar)

3. Cuando Carlos _____ en Chile, de vez en cuando _____ a la playa de Viña del Mar con su familia. (vivir, ir)

4. Todos los años, mi familia _____ a la casa de mi abuela para la Navidad. Mi abuela _____ unas comidas espectaculares. (ir, preparar)

5. Después de terminar las negociaciones con Aeroméxico para mi compañía, _____ cinco días en Oaxaca. Cada día _____ ruinas diferentes de la zona. (pasar, visitar)

Actividad 11 **El encuentro.** Many people have a strict daily routine and when they do something different, interesting things can happen. Complete this paragraph to tell how Mr. and Mrs. Durán met. Fill in each blank with a logical word or words. Pay attention to the time expressions to help you decide whether to use the preterit or imperfect.

Con frecuencia el Sr. Durán _____ y muchas veces _____ .

Estas actividades eran parte de su rutina diaria. También _____ ,

_____ y _____ . Pero el 3 de marzo fue diferente; no

_____ . Fue a la playa y allí vio a la Srta. Guzmán. Pensaba que era

una mujer muy _____ y quería conocerla. Mientras ella

_____ , él _____ . De repente,

_____

_____ . Así se conocieron y llevan diez años de casados.

Un poco de todo

Actividad 12 **Los síntomas.** Complete the following conversations between patients and their doctors.

1. PACIENTE A Hace tres días _____

_____

_____.

   MÉDICO Creo que Ud. le tiene alergia a algo, pero vamos a hacer unos análisis.

2. PACIENTE B Mi hijo tosía, _____

_____.

   Ahora está bien, pero no quiere comer.

   DOCTORA Creo que solo fue gripe, pero debe obligarlo a comer algo.

3. PACIENTE C Todas las mañanas _____

_____.

   Ahora estoy mejor, pero no sé qué me pasaba.

   MÉDICO Vamos a ver. Creo que puede estar embarazada.

Actividad 13 **Un cuento. Parte A.** In this workbook, normally you read a passage and then you answer questions to see if you understood the story. Now you're going to do the opposite. First, read through all the questions that follow. Then use your imagination to answer them.

1. ¿Adónde fueron Ricardo y su esposa de vacaciones? _____

_____

2. ¿Cómo era el lugar y qué tiempo hacía? _____

_____

3. ¿Qué hicieron durante las vacaciones? _____

_____

4. ¿Cómo se murió la esposa de Ricardo? _____

_____

5. ¿Qué estaba haciendo Ricardo cuando se rompió la pierna? _____

_____

6. La policía no dejó a Ricardo volver a su ciudad. ¿Por qué? _____

_____

7. ¿Quién era la señora del vestido negro y los diamantes? _____

_____

8. ¿Cómo era físicamente la señora? _____

_____

Continued on next page →

9. ¿Qué importancia tiene ella? _____

_____

10. Al fin, la policía supo la verdad. ¿Cuál era? _____

_____

Parte B. Now create a story based on your answers from Part A. Use the following words and phrases to enhance the telling of your story.

primero	de repente	después
luego/más tarde	mientras	al final
media hora más tarde	después de una hora	

_____

_____

_____

_____

_____

_____

_____

_____

_____

_____

_____

Vocabulario esencial II

El carro

Actividad **14** **El carro.** Identify each numbered automobile part. Include the definite article in your answers.

1. _____

2. _____

3. _____

4. _____

5. _____

6. _____

7. _____

Problemas, problemas y más problemas. Complete this letter that Lorenzo Martín wrote to a car rental agency following a terrible experience with a rental car.

Caracas, 15 de febrero de 2006

Estimados señores:

Hace tres semanas, alquilé un carro con transmisión automática en su compañía y tuve muchísimos problemas. Primero, estaba bajando la montaña y de repente noté que no funciona-ban muy bien los _____. Por suerte no tuve un accidente. Paré en una gasolinera y me los arreglaron. Más tarde empezó a llover, pero no podía ver nada porque el _____ del lado del conductor no funcionaba. Después, cuando llegué al hotel, no podía sacar las maletas del _____ porque la llave que Uds. me dieron no era la llave que necesitaba; pero por fin un policía me lo abrió. Esa noche salí y no pude ver bien porque una de las _____ no funcionaba. Al día siguiente hacía muchísimo calor y el _____ no echaba aire frío, solo aire caliente. Y para colmo, me pusieron una _____ por exceso de velocidad por ir a 140 kilómetros por hora pero el velocímetro del carro marcaba solo 110.

Hace muchos años que alquilo automóviles de su compañía sin ningún problema; pero después de esta experiencia, creo que voy a tener que ir a otra agencia de alquiler de carros.

Atentamente,

Lorenzo Martín

Gramática para la comunicación II

■ ■ ■

Narrating and Describing in the Past: *Iba a* and *tenía/tuve que; saber* and *conocer*

Actividad *16* **Las excusas.** Read the following miniconversations. Then complete them, using the preterit or imperfect of **ir** and **tener**. Remember that if you use **tuve/tuvo/**etc. **que** + *infinitive* or **fui, fuimos,** etc., it indicates that the action actually took place. The imperfect of **ir a** + *infinitive* means that the action did not take place, and the imperfect of **tener que** + *infinitive* is ambiguous.

1. —Había muchas personas en la fiesta.

   —Entonces, ¿te divertiste?

   —Sí y no. Y tú, ¿dónde estabas? Prometiste venir.

   —_____ a ir, pero _____ que ayudar a mi madre, que estaba enferma.

Continued on next page →

2. —_____ que ir al dentista ayer.

   —¿Fuiste o no?

   —No fui porque el dentista estaba enfermo.

3. —Nosotros _____ que ir al banco ayer.

   —¿Al final _____ o no?

   —Sí, y el director del banco nos ayudó con un problema que teníamos.

4. —¿Me compraste el champú?

   —_____ a comprártelo, pero no _____ a la tienda

   porque _____ un pequeño accidente con el carro.

   —¡No me digas! ¿Estás bien?

   —_____ que ir al hospital.

   —¡Por Dios! ¿Y qué te dijo el médico?

   —No mucho. Estoy bien, solo tengo que tomar aspirinas.

5. —Nosotros _____ a ir al cine, pero llegamos tarde.

   —Entonces, ¿qué hicieron?

   —Volvimos a casa.

Actividad 17 **¿Pretérito o imperfecto?** Write the correct preterit or imperfect form of the indicated verbs. Remember that the preterit indicates the start of an action; therefore, use the preterit of **saber** to say *I/he/she/etc. found out something* and use the preterit of **conocer** to say *I/you/they/etc. met someone.*

1. El otro día mi novio _____ a mi padre. (conocer)

2. Ayer yo _____ la verdad, pero no le _____ nada a nadie. (saber, decir)

3. Ella no _____ su número de teléfono, por eso no lo _____. (saber, llamar)

4. Yo _____ en Salamanca por tres años, por eso cuando

   _____ a esa ciudad el año pasado, no _____ mapa

   porque ya _____ la ciudad muy bien. (vivir, volver, usar, conocer)

5. Margarita _____ las vacaciones en Hollywood, pero tuvo mala suerte y no

   _____ a nadie famoso. (pasar, conocer)

6. Raúl _____ al profesor Guzmán en enero del año pasado.

   _____ con él varias veces sobre sus investigaciones. Así que cuando

   _____ a tomar su clase, ya lo _____ muy bien. (conocer,

   Hablar, empezar, conocer)

Actividad 18 **La semana pasada.** Write two sentences describing what you were going to do last week, but didn't. Then write two sentences describing what you had to do, but didn't. Finally, tell what you had to do last week and did. Use **iba a** + *infinitive* and **tenía/tuve que** + *infinitive*.

1. _____
2. _____
3. _____
4. _____
5. _____

Describing: Past Participle as an Adjective

Actividad 19 **Descripciones.** Complete the following sentences with the correct past participle form of the indicated verbs.

1. Llegamos tarde y el banco estaba _____. (cerrar)

2. El niño que perdió su perro está _____ allí. (sentar)

3. La ropa sucia está en la lavadora y la ropa _____ está en tu dormitorio. (lavar)

4. Las tiendas están _____ los domingos, excepto en el centro comercial, donde están _____ de las doce a las cinco. (cerrar, abrir)

5. María, ¿por qué estás _____? (preocupar)

6. El contrato estaba _____, pero nadie quería firmarlo. (escribir)

7. Mi tío vende carros _____. (usar)

8. Después del accidente, el limpiaparabrisas estaba _____ y llevamos el carro a un garaje. Ahora el carro está _____ y _____. (romper, arreglar, lavar)

9. Los niños están _____ y _____. (bañar, vestir)

10. Los niños tienen las manos _____, la comida está _____ y la mesa está _____; ya podemos comer. (lavar, hacer, poner)

11. *Don Quijote de la Mancha* está _____ a casi todos los idiomas. (traducir)

Actividad **20** **El correo electrónico.** Finish this email message that Alicia sent to Paco, a professional pianist. Use the correct past participle form of the following verbs: **alquilar, morir, preparar, reservar,** and **vender.**

Asunto: Tu viaje

Ya está todo listo para tu viaje: La habitación está _____

en el Hotel Santa Cruz. El carro está _____ en Hertz.

Todas las entradas están _____ . Todo está

_____ para tu concierto del jueves. ¡Mucha suerte! Después

de tanto trabajo, yo estoy _____ y creo que voy a dormir

por tres días.

Alicia

Un poco de todo

Actividad **21** **Casi se mueren.** Complete these stories about people in risky situations. Write the correct preterit or imperfect form of the indicated verbs.

1. Un amigo, que _____ celebrando el final de semestre, _____ mucho en una fiesta. _____ un poco mareado, pero _____ la llave del carro de un amigo y _____ de la fiesta. Por suerte, una persona lo _____ y otros _____ para quitarle la llave. Al final, ellos lo _____ que llevar a casa.

   (estar, beber, Sentirse, tomar, salir, ver, salir, tener)

2. Una amiga _____ manejando un carro alquilado e _____ a mucha velocidad cuando un niño _____ detrás de un balón de fútbol enfrente de su carro. Ella _____ , pero en ese momento los frenos no _____ . Mi amiga no _____ que el carro _____ mal los frenos. Por suerte no _____ al niño, pero _____ contra un árbol. Gracias a Dios, no le _____ nada a nadie.

   (estar, ir, correr, frenar, funcionar, saber, tener, atropellar, chocar, pasar)

Actividad 22 **Un email.** Diana wrote the following email to a friend who is a Spanish-language professor in the U.S. Complete her message by choosing a logical verb and writing the infinitive, present participle, or correct form in the present, preterit, or imperfect.

Asunto: Mi vida en Madrid

Querida Vicky:

Ya hace cinco meses que _____ a España y por fin hoy

_____ unos minutos para _____ tu email. Las cosas

aquí me van de maravilla. Por cuatro meses _____ en un colegio

mayor, pero ahora _____ un apartamento con cuatro amigas his-

panoamericanas. _____ muy simpáticas y estoy

_____ mucho sobre España y también sobre Hispanoamérica.

   (alquilar, aprender, contestar, llegar, ser, tener, vivir)

Durante el verano pasado, _____ clases de arte y arquitectura

de lunes a viernes por tres semanas. Por las mañanas, nosotros

_____ a la universidad y por las tardes _____

museos y lugares históricos como la Plaza Mayor, el Palacio Real y el

Convento de las Descalzas Reales. Cuando _____ por primera

vez en el Museo del Prado, me _____ grandísimo, y solamente

_____ las salas de El Greco y de Velázquez.

   (entrar, ir, parecer, tener, ver, visitar)

_____ enamorada de España. La música me _____

porque tiene mucha influencia árabe y gitana (gypsy). El otro día

_____ por la calle cuando _____ a unos niños

gitanos cantando y bailando; _____ unos diez años y ellos me

_____ que, con frecuencia, _____ en la calle para

_____ dinero.

   (caminar, cantar, decir, estar, fascinar, ganar, tener, ver)

Mis clases _____ hace dos meses; después _____

seis semanas de vacaciones y las clases _____ otra vez la

semana pasada. Además de tomar clases, _____ enseñando inglés

desde junio para _____ técnicas nuevas de enseñanza. Y tú,

¿cómo estás? ¿Todo bien?

   (aprender, empezar, estar, tener, terminar)

Un abrazo desde España de tu amiga,

Diana

Nombre _____ Sección _____ Fecha _____

Actividad 23 **¿Qué hiciste?** Using complete sentences, answer the following questions about the last concert you saw.

1. ¿A quién viste? _____

2. ¿Con quién fuiste? _____

3. ¿A qué hora empezó? _____

4. ¿Cuándo terminó? _____

5. ¿Dónde se sentaron Uds.? _____

6. ¿Pudiste ver y oír bien? _____

7. ¿Cuánto te costó la entrada? _____

8. ¿Qué canciones (*songs*) tocaron? _____

9. ¿Cuál de las canciones fue tu favorita? _____

Actividad 24 **¿Cómo era?** Answer these questions about the same concert using complete sentences.

1. ¿Había mucha gente? _____

2. ¿Cuántos músicos (*musicians*) había? _____

3. ¿Qué ropa llevaban los músicos? _____

_____

4. ¿Cómo era el escenario (*set*)? _____

_____

5. ¿Cómo reaccionaba el público mientras escuchaba las canciones? _____

_____

6. ¿Usaron efectos especiales (láser, video, etc.)? Si contestas que sí: ¿Qué hacían los músicos mientras Uds. veían los efectos especiales? _____

_____

_____

7. ¿Valió la pena ir al concierto o no? ¿Por qué sí o no? _____

_____

Actividad 25 **Un concierto.** In order to describe an event well, you need to use the preterit and the imperfect. Use the information from *Actividad 23* and *Actividad 24* to write an email to a friend telling him/her about the concert you saw. Describe what you did, what happened, and what the concert was like. Add more details if needed.

_____:

_____

_____

_____

_____

_____

_____

_____

_____

_____

_____

Un abrazo,

_____

Lectura

Estrategia de lectura: Activating Background Knowledge

You have already learned that by activating background knowledge prior to reading a text, you can increase your comprehension. In the following activities, you will have an opportunity not only to activate your background knowledge to become a better reader, but also to develop a greater sense of cultural understanding. By examining your knowledge of your own culture, you can better understand another one.

Actividad 26 **Aquí.** Craig, a Spanish teacher in the U.S., asked Diana to write to him in Spanish, with information about the education system in Spanish-speaking countries so that he could share it with his classes. Before reading Diana's email, answer these questions about universities in the U.S.

1. Para entrar a una universidad en los Estados Unidos, normalmente hay que tomar un examen de ingreso (*entry*). ¿Cómo se llama uno de los exámenes de ingreso?

_____

2. ¿Es normal empezar estudios universitarios sin saber la especialización?

   ☐ Sí ☐ No

Continued on next page →

3. ¿Se pueden estudiar asignaturas en diferentes facultades (*departments or schools*)?

☐ Sí ☐ No

4. ¿Es común salir de la ciudad natal (*hometown*) para asistir a la universidad?

☐ Sí ☐ No

5. ¿Cuesta mucho o poco la educación universitaria en los Estados Unidos?

☐ Mucho ☐ Poco

Asunto: Sistema educativo

Querido Craig:

Recibí tu email hace unos días, pero no tuve tiempo para contestarte antes porque estaba ocupadísima con mis clases de literatura en la universidad. Por fin comencé mis vacaciones y ahora tengo tiempo para escribirte unas líneas. ¿Cómo estás? ¿Cómo va tu clase de español? ¿Mucho trabajo?

En tu email me pides información sobre el sistema educativo hispano para usar en tu clase de español. Bueno, a nivel universitario los estudiantes deben pasar primero un examen para entrar en la universidad, pero desde el momento en que entran comienzan a especializarse. Por ejemplo, si quieres estudiar psicología, entras en esa facultad (lo que nosotros llamamos *department*) y estudias asignaturas de ese campo desde el primer día, no como en los Estados Unidos, donde tomas asignaturas de varios campos. Aquí los estudiantes tienen una preparación más global en la escuela secundaria. Y por lo que me contaron unos amigos, el sistema de educación superior es parecido al de España en casi toda Hispanoamérica.

En general, la gente va a la universidad en el lugar donde vive y no se muda a otra parte del país. Aunque muchas ciudades grandes tienen ciudades universitarias, en otras, las diferentes facultades están en distintas partes de la ciudad. Esto no es ningún problema porque en general solo necesitas ir a una facultad. ¡Y el tamaño de algunas de estas universidades! ¡Una sola facultad puede tener alrededor de veinte mil estudiantes! Increíble, ¿no? Algunas universidades importantes son la Central en Venezuela, la Universidad de Costa Rica, la Complutense de Madrid, y, por supuesto, la UNAM en México con casi 300.000 estudiantes.

¿Qué más te puedo contar? ¡Ah, sí! La educación pública generalmente es gratis o cuesta poco; mejor dicho, los ciudadanos pagan impuestos que ayudan a mantener las universidades. En lugares como Cuba, por ejemplo, los estudiantes universitarios trabajan en el campo para devolver ese dinero al gobierno. También hay universidades donde sí tienes que pagar, pero es algo mínimo; yo, por ejemplo, pago 250 euros por año en la Complutense de Madrid. Naturalmente, también existen las universidades privadas donde los estudiantes pagan la matrícula, y a veces es cara.

Bueno, no se me ocurre qué más decirte sobre el sistema educativo universitario. Una cosa interesante aquí en la Complutense es que no todos los estudiantes pagan exactamente lo mismo, por ejemplo, un estudiante de medicina paga más que un estudiante de arte, y si tienes que repetir un curso, es más caro la segunda vez. Un amigo también me contó que en Colombia se paga según los ingresos de la familia, es decir que si un estudiante viene de una familia pobre, no paga nada.

Si tienes alguna pregunta, puedes mandarme otro email; por fin tengo acceso a una computadora. ¿No te gustaría venir a estudiar aquí? Para mí estas son circunstancias ideales: estoy aprendiendo cantidades, del idioma, de la cultura y de la gente; además, la comida española es deliciosa. Siempre pienso en ti cuando como paella. Tienes que venir a probarla.
Espero entonces noticias tuyas.

Un abrazo,

Diana

Actividad 27 **Allá.** In the first column, you will find some facts about the university system in the U.S. In the second column, write the corresponding information about universities in the Spanish-speaking world, according to the email.

Estados Unidos	El mundo hispano
1. Para entrar en la universidad, hay que tomar un examen de ingreso (SAT, ACT).	1. _____ _____ _____
2. Los estudiantes pueden pasar los primeros años de universidad sin saber su especialización.	2. _____ _____ _____
3. Los estudiantes pueden estudiar asignaturas en diferentes facultades.	3. _____ _____ _____
4. Muchos estudiantes no estudian en su pueblo o su ciudad; muchos estudian en otro estado.	4. _____ _____ _____
5. La educación universitaria cuesta un ojo de la cara.	5. _____ _____ _____
6. Todos los estudiantes pagan la misma matrícula.	6. _____ _____ _____

Capítulo 9 Repaso

■■■

Saber and *conocer*

In Chapter 4, you studied when to use **saber** and **conocer.**

You use **saber** to say what someone *knows how to do* and to state factual information that someone *knows.*

> Ella **sabe** esquiar muy bien.
> Él **sabe** la dirección de mi casa y el número de teléfono.

You use **conocer** when saying that someone *knows a person* or *is familiar with a place or a thing.*

> Yo **conozco** a Jesús Covarrubias; es de Puerto Varas, Chile.
> **Conozco** Puerto Varas; es un pueblo muy bonito.

When **saber** and **conocer** are used in the preterit, they have a different meaning when translated into English. This is because the use of the preterit implies the beginning of an action. Study these examples and their explanations.

> Verónica me contó todo y así por fin **supe** la verdad.
> *Veronica told me everything and that's how I found out the truth. (The start of knowing something is to find it out.)*

> **Conocí** a Hernán en una fiesta en casa de mis amigos.
> *I met Hernán at a party at my friends' house. (The start of knowing someone is to meet him/her.)*

Actividad / Conversaciones. Complete the following conversations with the correct present, preterit, or imperfect form of **saber** or **conocer.**

1. —Por favor, señor, ¿_____ Ud. dónde está la calle O'Higgins?

   —Lo siento, no _____ muy bien esta ciudad. _____ que está cerca de aquí, pero no _____ exactamente dónde.

2. —Juan ya _____ que Jorge iba a ir a Cochabamba este fin de semana con Paulina, pero no nos dijo nada.

   —Es verdad. ¿Cuándo lo _____ tú?

   —Cuando me lo dijo Paulina. ¿Y tú?

   —Lo _____ cuando Ricardo me lo dijo.

Continued on next page →

—¿Ricardo? Yo no _____ a ningún Ricardo. ¿De quién hablas?

—Trabaja en la agencia de viajes de la calle Libertador.

—Ah sí... Ricky. Lo _____ en un viaje que hice a Caracas.

3. —Oye Carmen, ¿_____ qué autobús debo tomar para ir a la calle Ibiza?

—Lo siento, no _____ la calle Ibiza.

—Está cerca del Parque del Retiro.

—_____ que el 62 pasa por allí.

—Gracias.

4. —¿Dónde _____ tu padre a tu madre?

—La _____ en un accidente de coche.

—¡¿De veras?!

—Él dice que los frenos no funcionaron y por eso chocó con el carro de mi madre.

—Bueno, todos nosotros _____ que tu padre no maneja bien... siempre tiene

por lo menos un accidente al año.

Capítulo 10 Mi casa es tu casa

Vocabulario esencial I

Los números ordinales

Actividad 1 **La primera actividad.** Completa cada oración con el número ordinal apropiado.

1. Ellos viven en el _____ piso. (2)

2. Ricardo llegó en _____ lugar. (3)

3. María fue la _____ persona en recibir su dinero. (5)

4. Ana terminó _____ . (7)

5. Perú ganó el _____ premio (*prize*). (4)

6. Carlos llegó _____ . (3)

7. Tengo que estudiar _____ ; después puedo salir. (1)

8. Compraron un apartamento en el _____ piso y pueden ver toda la ciudad. (9)

9. Guillermo fue el _____ hijo de su familia que terminó la universidad. (1)

10. Esta es la _____ oración. (10)

Actividad 2 **¿En qué piso?** Imagina que eres portero(a). Estos son los buzones (*mailboxes*) del edificio de apartamentos donde trabajas. Usando oraciones completas, contesta las preguntas que te hacen las visitas que van al edificio.

101 Martín	301 Pascual	501 Robles
201 Lerma	401 Cano	601 Fuentes

1. ¿En qué piso vive la familia Robles? _____

   _____

2. ¿En qué piso vive Pepe Cano? _____

   _____

3. ¿Sabe Ud. en qué piso viven los Sres. Martín? _____

   _____

4. La Srta. Pascual vive en el sexto piso, ¿no? _____

   _____

Las habitaciones de una casa

Actividad 3 **La casa.** Asocia las siguientes acciones con las habitaciones de una casa.

1. preparar comida _____
2. mirar la televisión _____
3. dormir _____
4. vestirse _____

5. llegar a casa _____
6. comer _____
7. afeitarse _____

Actividad 4 **¡Muchos gastos!** Cuando una persona alquila un apartamento tiene muchos gastos. Escribe a qué gasto se refiere cada una de las siguientes descripciones. Usa el artículo definido en tus respuestas.

1. El dinero que se paga cada mes por un apartamento. _____

2. El dinero extra que se paga antes de empezar a vivir en un apartamento.

   _____

3. Cuando usas computadoras o lámparas, tienes que pagar esto. _____

4. Cuando te bañas o te duchas, tienes que pagar esto. _____

5. Cuando preparas la comida, tienes que pagar esto. _____

6. Si hace mucho frío y quieres sentir calor tienes que pagar esto. _____

Gramática para la comunicación I

Using Affirmative and Negative Words

Actividad 5 **Negativos.** Completa las siguientes oraciones con **algún, alguno, alguna, algunos, algunas, ningún, ninguno** o **ninguna.**

1. No tengo _____ clase interesante.

2. —¿Cuántos estudiantes vinieron anoche?

   —No vino _____.

3. ¿Tienes _____ libro de economía?

4. —Necesitamos _____ discos compactos de salsa para la fiesta.

   —¿Discos compactos de salsa? Sí, creo que tengo _____.

5. —¿Tienes una tarjeta telefónica?

   —No, no tengo _____.

Continúa en la página siguiente →

6. —¿Limpiaste todas las habitaciones?

   —No todas, pero limpié _____.

7. —¿Conoces _____ restaurante bueno cerca de aquí?

   —No hay _____ bueno, pero hay un restaurante muy barato.

Actividad 6 **El mensaje.** Completa este mensaje que Camila le escribió a su compañera de apartamento. Usa palabras afirmativas y negativas (**ningún, algún, ninguna,** etc.).

Pilar:

Busqué y no encontré _____ toalla. Si tienes

tiempo, favor de lavarlas. Voy a ir al supermercado esta tarde para comprar

_____ cosas; si quieres algo en especial, voy a

estar en la oficina y no hay _____ problema,

puedes llamarme allí. Otra cosa, iba a escuchar un disco compacto de los

Gypsy Kings, pero no encontré _____. Sé que

tenemos _____ discos compactos de ellos;

¿sabes dónde están?

     Camila

P.D. Esta noche van a venir _____ amigos para

estudiar.

Talking About the Unknown: The Present Subjunctive

Actividad 7 **Busco apartamento.** Miguel busca apartamento. Completa lo que dice con la forma correcta del subjuntivo de los verbos indicados.

1. Busco un apartamento que _____ cerca del trabajo. (estar)

2. No me gusta subir escaleras (*stairs*); por eso necesito un apartamento que

   _____ ascensor (*elevator*). (tener)

3. Necesito estudiar; por eso, busco un apartamento que _____ tranquilo. (ser)

4. Tengo muchas plantas. Quiero un apartamento que _____ balcón. (tener)

5. No tengo mucho dinero; por eso, busco un apartamento que _____ poco.

   (costar)

Actividad 8 ¿Subjuntivo o indicativo? Completa las siguientes oraciones con la forma apropiada del indicativo o del subjuntivo de los verbos indicados.

1. Mi novio conoce a una secretaria que _____ noventa palabras por minuto. (escribir)

2. Quiero un novio que _____ inteligente. (ser)

3. Mi director necesita un recepcionista que _____ hablar italiano. (saber)

4. Voy a estar en un hotel que _____ cuatro piscinas. (tener)

5. Necesitamos un carro que _____ nuevo. (ser)

6. Quiero un esposo que _____ bien. (bailar)

7. No veo a nadie que nos _____ ayudar. (poder)

8. Necesito unas clases que no _____ antes de las 10. (empezar)

9. Tengo una profesora que no _____ exámenes. (dar)

10. Tenemos unos profesores que _____ bien las lecciones. (explicar)

11. Busco un trabajo que _____ bien. (pagar)

12. Necesito un vendedor que _____ en Caracas. (vivir)

13. No conozco a nadie que _____ un Mercedes Benz. (tener)

14. En la librería tienen unos libros de arte que _____ muy poco. (costar)

15. No hay ningún carro aquí que me _____. (gustar)

Actividad 9 **El apartamento perfecto.** El año que viene vas a buscar apartamento. Describe el apartamento ideal para ti: el número de habitaciones y cómo es, cuánto cuesta el apartamento, dónde está, etc.

Voy a buscar un apartamento que _____

_____

_____

_____

_____

Actividad 10 **Habitación libre.** Buscas un/a compañero/a de apartamento. Escribe un anuncio (*advertisement*) para describir a la persona perfecta.

Busco un/a compañero/a que _____

_____

_____

_____

_____

Actividad 11 **Una clase fácil.** Ya tienes varias clases difíciles para el próximo semestre, pero necesitas unos créditos más. Buscas la clase perfecta: interesante pero sin mucho trabajo. Tu compañero/a de habitación siempre encuentra clases "fáciles". Descríbele la clase que buscas.

Necesito una clase fácil con un profesor que _____

_____

_____

_____

_____

Un poco de todo

Actividad 12 **Los anuncios personales. Parte A:** Recibiste la siguiente nota de un amigo. Completa la nota con palabras afirmativas y negativas (**ningún, algún, ninguna,** etc.).

> Hola:
> Tengo un problema. Nunca conozco a
> _____ chica que quiera salir
> conmigo. Quiero escribir un anuncio personal.
> Escribí _____ líneas, pero no
> me salieron bien. De verdad no tengo
> _____ idea sobre qué escribir.
> ¿Por qué no me escribes el anuncio tú?
> Gracias,
>   Miguel Ángel

Parte B: Como tú eres una persona cómica y escribes bien, vas a escribir un anuncio personal para tu amigo Miguel Ángel. Primero, describe cómo es él y qué le gusta hacer (indicativo). Luego, describe el tipo de mujer que busca (subjuntivo). Recuerda que estás escribiendo por él.

Yo _____

_____

_____

_____

_____

Vocabulario esencial II

En la casa

Actividad 13 **¿Dónde está...?** Escribe en qué habitación o habitaciones normalmente encuentras los siguientes muebles y electrodomésticos. Incluye el artículo definido.

1. sofá _____

2. inodoro _____

3. horno _____

4. cama _____

5. estante _____

6. mesa y seis sillas _____

7. lavabo _____

8. nevera _____

9. televisor _____

10. congelador _____

11. cómoda _____

12. espejo _____

Actividad 14 **Necesitamos...** Gonzalo acaba de alquilar un apartamento semiamueblado. Mira el dibujo y completa el mensaje que Gonzalo le escribió a su compañero de apartamento con los muebles y electrodomésticos apropiados.

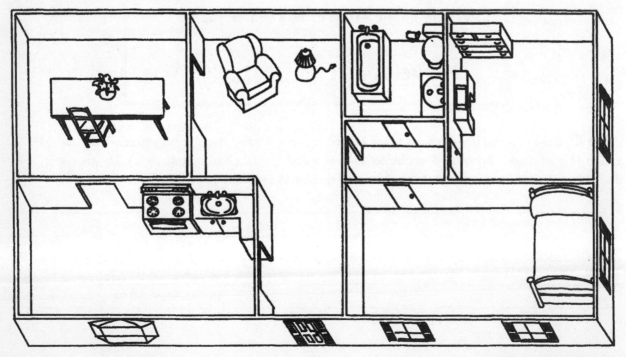

Continúa en la página siguiente →

Paco:

En la sala solo hay _____ ;
entonces necesitamos _____
_____. En el comedor _____
_____.

Un dormitorio tiene _____
y el otro _____.
Por eso, necesitamos _____.

Tenemos un problema enorme en la cocina: tenemos _____
_____ ,
pero _____.

Podemos hablar más esta noche.
Chau,
Gonzalo

Gramática para la comunicación II

Giving Advice and Stating Desires: Other Uses of the Subjunctive

Actividad 15 **La influencia.** Jaime quiere ir a vivir a California y sus amigas tienen muchos consejos para él. Completa la conversación con el infinitivo o la forma apropiada del subjuntivo de los verbos indicados.

ANA   Te aconsejo que _____ a Sacramento. (ir)

MARTA   Quiero que nos _____ una vez al mes. (llamar)

ANA   Es importante que _____ un carro nuevo antes del viaje. (comprar)

MARTA   Es mejor _____ por avión. (viajar)

ANA   Necesitas buscar un trabajo que _____ interesante. (ser)

MARTA   Te prohibimos que _____ a fumar otra vez. (comenzar)

ANA   Te pido que me _____. (escribir)

MARTA   No es bueno _____ la primera oferta de trabajo. (aceptar)

ANA   Es importante que antes de ir, _____ información sobre apartamentos. (tener)

Continúa en la página siguiente →

MARTA Espero que _____ fotos de tu apartamento nuevo. (sacar)

ANA Te recomiendo no _____ con cualquier (*any*) Fulano, Mengano y Zutano. (salir)

MARTA Es importantísimo que _____. (divertirse)

JAIME Bien, bien... ¿y si decido ir a Colorado?

Actividad 16 Los tíos preguntones. Magdalena pasó el día con sus tíos que son muy simpáticos, pero siempre le preguntan demasiado. Escribe lo que contestó Magdalena a sus preguntas, algunas discretas y otras indiscretas con el subjuntivo.

1. ¿Tus compañeros de apartamento quieren que cocines mucho?

   Sí, _____.

2. ¿Les prohíbes a tus compañeros que hagan fiestas?

   No, _____.

3. ¿Tus compañeras de apartamento y tú les prohíben a sus amigos que fumen en el apartamento?

   Sí, _____.

4. ¿Tu novio quiere que vivas con él?

   No, _____.

5. ¿Tus padres quieren que vivas en una residencia en vez de un apartamento?

   No, _____.

6. ¿Tus padres te aconsejan que cambies de especialización?

   No, _____.

7. ¿Tu profesor de francés te prohíbe que otros te ayuden con tus composiciones?

   Sí, _____.

8. ¿Tu profesor de francés les recomienda a Uds. que usen un CD-ROM?

   Sí, _____.

9. ¿Quieres que tu tío y yo vayamos a visitarte el mes que viene?

   No, _____.

10. ¿Quieres visitarnos durante tus próximas vacaciones?

   Sí, es buena idea que _____.

Nombre _____ Sección _____ Fecha _____

Actividad *17* **La queja.** Lee esta carta que escribió Raimundo Lerma a una agencia de protección al consumidor en Nicaragua. Luego, completa la respuesta de la agencia.

Puerto Cabezas, 17 de abril de 2006

Estimados señores:

   La semana pasada compré una tostadora. Funcionó por tres días y ahora no funciona. Busqué y no encontré ninguna garantía. Volví a la tienda para devolverla y recibir mi dinero, pero no me lo quisieron dar. Ahora tengo un problema: gasté 850 córdobas por una tostadora que no funciona. ¿Qué puedo hacer?

Gracias por su atención,

Raimundo Lerma Zamora

Managua, 20 de abril de 2006

Estimado Sr. Lerma:

   Le aconsejamos que _____,

pero es importante que _____.

Si todavía tiene problemas, es mejor que _____

_____.

Atentamente,

Susana Valencia Blanco

Susana Valencia Blanco

Defensa del consumidor

Actividad *18* **Un problema serio.** Tu hermano menor tiene problemas con las drogas. Tus padres no saben qué hacer y te pidieron consejos. Completa las siguientes oraciones para ayudarlos.

1. Es mejor que Uds. _____.
2. Les aconsejo que Uds. _____.
3. Es bueno que Uds. no _____.
4. Les pido que Uds. _____.
5. Es importante que Uds. _____.

Un poco de todo

Actividad 19 Ayuda. Hablas con dos estudiantes de Bolivia que llegaron hace poco a tu ciudad. Dales algunos consejos para ayudarlos a buscar un apartamento.

Tipo de apartamento

1. Deben buscar un apartamento que _____

_____

Precio de un alquiler típico

2. Un alquiler normal _____

_____

Depósito típico

3. Es típico pagar _____

_____

Buenas zonas de la ciudad para vivir

4. Les aconsejo que _____

_____

Actividad 20 El estudiante confuso. Lee el siguiente email de un estudiante de inglés que pide consejos a estudiantes que ya tomaron el curso. Luego, completa el email con consejos usando el infinitivo, el presente del indicativo o el presente del subjuntivo de los verbos indicados.

Asunto: Estudiante confuso

Queridos ex estudiantes de inglés elemental:

Tengo un pequeño problema. Me gusta mucho el inglés y estudio muchas horas la noche antes de los exámenes. Memorizo el vocabulario, leo las explicaciones gramaticales y hago toda la tarea en el cuaderno de ejercicios. En los primeros exámenes saqué buenas notas, pero en los últimos tres, mis notas fueron fatales. ¿Qué me aconsejan?

Estudiante confuso

Continúa en la página siguiente →

Asunto: Consejos

Querido estudiante confuso:

Primero, es bueno estudiar el inglés y es importante tener una actitud positiva. Tu problema es que esperas hasta el último momento para estudiar. Hay algunas cosas que _____ fáciles de hacer. Te aconsejamos que
(ser)
_____ un poco todos los días. Es mejor que _____
(estudiar)   (empezar)
a estudiar el vocabulario el primer día de cada capítulo y que después lo
_____ diez o quince minutos cada día. También debes
(repasar)
_____ las actividades de Internet. A nosotros nos gustan
(hacer)
mucho porque corregir las actividades en Internet es rápido y tienes la respuesta correcta en un segundo. Es importante _____
(comenzar)
con las actividades de vocabulario y gramática y _____
(terminar)
con las actividades de lectura (conversaciones y párrafos) que son más abiertas. También tienes que _____ la tarea todos los
(hacer)
días y no esperar hasta el último día. Una cosa más: Tenemos amigos que
_____ buenas notas y estudiamos con ellos; esto es una ayuda
(sacar)
enorme. Es importante buscar gente que _____ trabajar con
(querer)
otros y que _____ preparada a colaborar.
(venir)

Cuando estudias a última hora, recuerdas algunas cosas para el examen, pero después de dos días no sabes mucho. Por eso, es mejor _____
(estudiar)
un poco todos los días; así vas a recibir una buena nota en la clase y vas a poder hablar inglés bien. Esperamos que _____ una buena nota
(sacar)
en la clase.

Un abrazo y buena suerte,

Ex estudiantes de inglés elemental

P.D. Es muy importante que _____ mucho en clase todos los
(hablar)
días.

Lectura

Estrategia de lectura: Using the Dictionary

When you don't know what a word means, follow this procedure:

1. Skip it if it isn't important.

2. Discern meaning from context.

3. Check and see if the word is mentioned again in the reading.

4. Look it up in the dictionary.

Remember: The dictionary should be your last resort or you may become very frustrated trying to look up every single word you do not understand at first glance. See your textbook for information about how to use a dictionary.

Actividad 21 **Cognados.** Mientras lees el siguiente artículo sobre los mercados al aire libre, subraya (*underline*) los cognados.

LOS MERCADOS EN EL MUNDO HISPANO

Si viajas a un país hispano, un lugar interesante para visitar es el mercado al aire libre. Hay muchas clases de mercados: mercados de artesanía, de antigüedades, de comida y también de cosas en general. Algunos de estos mercados son principalmente para turistas y otros son para la gente del lugar. Vas a encontrar mercados que están abiertos todos los días y otros que solo
5 abren días específicos.

En general, se pueden conseguir buenos precios en los mercados y, a veces inclusive, se puede regatear, pero tienes que tener cuidado con el regateo. En algunos lugares el regateo es común: el comerciante espera que el cliente no acepte el primer precio que se le dé, y que haga una contraoferta o pida un precio más bajo. Por otro lado, hay mercados donde no se re-
10 gatea y si lo haces puedes insultar al comerciante. Para no meter la pata, es una buena idea ver qué hace la gente del lugar. Si ellos no regatean, pues entonces, es mejor no hacerlo.

Los mercados de artesanía y de comidas más conocidos de Hispanoamérica están en México, Guatemala y Perú. Allí prevalecieron las culturas azteca, maya e incaica y hoy día sus descendientes venden al público productos de la región y la artesanía que aprendieron a hacer
15 de sus antepasados. En México, Guatemala y Perú están, por ejemplo, los mercados de Oaxaca, Chichicastenango y Huancayo respectivamente, donde la gente local vende telas típicas, hamacas, cerámica, especias y comidas. Para saber si los precios de las artesanías que tienen son buenos o no, y para comparar precios, es buena idea ir a las tiendas artesanales del gobierno, donde tienen productos similares.
20 En la ciudad de México y en Buenos Aires puedes encontrar mercados de antigüedades como la Lagunilla y el mercado de San Telmo, respectivamente. Allí es posible regatear. Los sábados y domingos son los días más interesantes porque hay mucha gente.

Para comprar de todo, existen mercados como el Rastro en Madrid, que está abierto todos los domingos. Este mercado es enorme y está dividido en diferentes zonas donde se venden
25 cosas como antigüedades, ropa y artesanía moderna, y hay además una zona para comprar animales domésticos. En ese mercado normalmente no es apropiado regatear.

Si estás en un país hispano y quieres saber si hay mercados como los que se mencionan aquí, puedes averiguar en la oficina de turismo local o simplemente preguntarle a alguien del lugar.

Actividad 22 **Usa el diccionario.** Adivina qué significan las siguientes palabras del texto que acabas de leer. Luego, consulta el diccionario de abajo para ver si tus predicciones son ciertas.

	Guess	Dictionary Definition
1. línea 2: **artesanía**	_____	_____
2. línea 6: **conseguir**	_____	_____
3. línea 10: **meter la pata**	_____	_____
4. línea 13: **prevalecieron**	_____	_____
5. línea 16: **telas**	_____	_____

ar·te·sa·ní·a f. *(habilidad)* craftsmanship; *(producto)* crafts.
con·se·guir §64 tr. *(obtener)* to obtain; *(llegar a hacer)* to attain; *(lograr)* to manage.
pa·ta f. ZOOL. *(pie)* paw, foot; *(pierna)* leg; COLL. *(pierna humana)* leg; *(base)* leg <*las patas de la mesa* the legs of the table>; ORNITH. female duck ◆ **a cuatro patas** on all fours • **a p.** COLL. on foot • **estirar la p.** COLL. to kick the bucket • **meter la p.** COLL. to put one's foot in it • **p. de gallo** crowfoot.
pre·va·le·cer §17 intr. *(sobresalir)* to prevail; BOT. to take root.
te·la f. *(paño)* fabric; *(membrana)* membrane; *(nata)* film; *(de araña)* web; ANAT. film; BOT. skin; ARTS *(lienzo)* canvas; *(pintura)* painting ◆ **poner en t. de juicio** to call into question • **t. adhesiva** adhesive tape • **t. aislante** electrical tape • **t. metálica** wire netting.

Actividad 23 **Consejos para turistas.** Después de leer el artículo, explica qué aconseja el autor sobre estos temas:

1. el regateo _____

_____

2. cómo saber si los precios son buenos o malos _____

_____

3. cuándo ir a la Lagunilla y a San Telmo _____

_____

4. si se puede regatear en el Rastro de Madrid _____

_____

Capítulo **//** El tiempo libre

Vocabulario esencial I

Los pasatiempos

Actividad / Asociaciones. Escribe la letra del pasatiempo de la Columna B que mejor corresponda con la(s) palabra(s) de la Columna A.

A

1. _____ plantas
2. _____ el póker
3. _____ hacer una blusa
4. _____ mecánico
5. _____ preparar comida
6. _____ tres horizontal
7. _____ hacer un suéter
8. _____ Pablo Picasso
9. _____ PlayStation, Xbox
10. _____ dinero
11. _____ Monopolio, Scrabble
12. _____ conexión por cable, ADSL
13. _____ Sammy Sosa, Manny Ramírez

B

a. hacer crucigramas
b. tejer
c. hacer jardinería
d. jugar juegos de mesa
e. coleccionar tarjetas de béisbol
f. jugar con juegos electrónicos
g. navegar por Internet
h. cocinar
i. coser
j. arreglar el carro
k. coleccionar monedas
l. jugar a las cartas
m. pintar

Gramática para la comunicación I

Expressing Doubt and Certainty: Contrasting the Subjunctive and the Indicative

Actividad 2 **Por las dudas.** Completa las siguientes oraciones con la forma correcta del indicativo o del subjuntivo de los verbos indicados.

1. Dudo que Laura _____ mañana. (venir)

2. Es posible que él _____ crucigramas contigo. (hacer)

3. Es evidente que nosotros _____ un problema. (tener)

4. No es verdad que mi madre _____ mucho. (coser)

5. ¿Crees que Paco _____ mucho a las cartas? (jugar)

6. No creo que Raúl _____ arreglar el carro. (saber)

7. Es cierto que yo _____ hacerlo. (poder)

8. El médico cree que tú _____ comer menos. (deber)

9. Estamos seguros de que el profesor _____ buenas notas. (dar)

10. Es probable que _____ la carta hoy. (llegar)

11. Es verdad que Uds. _____ mucho. (pescar)

12. Quizás mis hermanos _____ venir esta noche. (querer)

13. Es obvio que la clase _____ a ser difícil. (ir)

14. Es cierto que tú _____ poesías preciosas. (escribir)

15. No crees que Jorge _____ aquí en Madrid, ¿verdad? (estar)

16. Tal vez yo _____ la lotería algún día. (ganar)

17. No hay duda que tu padre _____ bien. (bailar)

18. Está claro que ella nos _____. (mentir)

19. Es dudoso que nosotros _____ juegos de mesa hoy. (jugar)

20. ¿Crees que el profesor de historia me _____? (odiar)

21. No es verdad que los crucigramas _____ aburridos. (ser)

Actividad 3 **Los pasatiempos. Parte A:** Completa la siguiente encuesta (*survey*) sobre los pasatiempos. Luego, completa la encuesta otra vez, con las preferencias de uno de tus padres o de un(a) amigo(a). Escribe tus iniciales y las de la otra persona en la columna apropiada, según las preferencias.

Me/Le gusta:	mucho	poco	nada
1. navegar por Internet			
2. pescar			
3. hacer crucigramas			

Continúa en la página siguiente →

4. jugar juegos de mesa   _____ _____ _____

5. coser   _____ _____ _____

6. jugar con videojuegos   _____ _____ _____

7. pintar   _____ _____ _____

8. arreglar carros   _____ _____ _____

9. jugar a las cartas   _____ _____ _____

10. jugar al billar   _____ _____ _____

Parte B: Ahora, escríbele una nota a la persona de la **Parte A.** Uds. van a pasar el fin de semana juntos. Recomienda actividades que les gusta hacer.

➤ *Como a nosotros nos gusta arreglar carros, es posible que trabajemos en mi garaje.*
   También, como siempre pintas, me puedes pintar...

_____

_____

_____

_____

Actividad 4 **Tal vez...** Lee las siguientes conversaciones y contesta las preguntas, usando oraciones completas. Usa **tal vez** o **quizás** en tus respuestas.

➤ —¿Puedo ver uno de esos?
   —Claro que sí.
   —Es muy bonito. ¿Cuánto cuesta?
   —Solo 295 euros.
   ¿Dónde están?
   Tal vez estén en una tienda.
   Quizás estén en una tienda.

1. —Necesito una carta más.

   —¿Solo una? Vas a perder.

   —Yo siempre gano.

   ¿Qué están haciendo? _____

2. —Bienvenidos al programa. Hoy vamos a preparar una ensalada. Primero lavo y corto la lechuga, después lavo bien los tomates y también los corto, pero no muy pequeños...

   ¿Dónde está esta persona? _____

   ¿A quiénes crees que les esté hablando? _____

3. —¿Cómo que no me queda dinero?

   —No señor, no hay nada.

   —Pero, debo tener algo.

   ¿Dónde están? _____

Hola:

Creo que tengo problemas con mi esposa, pero tal vez sea mi imaginación. Hace dos meses empezó un trabajo nuevo como arquitecta. Al principio todo iba bien, pero comenzó a trabajar con un arquitecto joven y últimamente está trabajando muchas horas (anoche no regresó a casa hasta las diez y media). Dice que le gusta mucho el trabajo y sé que, para ella, es muy importante trabajar. Dice que la semana que viene, ese arquitecto y ella tienen que ir a otra ciudad por dos días para asistir a una conferencia. Ella me dice que no pasa nada, pero yo tengo mis dudas. Anteayer, en vez de volver en autobús, él la trajo a casa.

Es posible que no sea nada, pero no estoy seguro. ¿Qué crees tú? ¿Qué debo hacer?

Ernesto

Querido Ernesto:

Es evidente que _____. Es posible que

_____

_____. También dudo que _____

_____. Pero es cierto que _____

_____. Te aconsejo que

_____ porque estoy segura(a)

de que _____. Te deseo

mucha suerte.

Un abrazo,

_____

Saying How an Action Is Done: Adverbs Ending in -mente

Actividad 6 **¿Cómo?** Escribe oraciones, usando las siguientes palabras. Haz cambios y añade otras palabras si es necesario.

➤ yo / correr / rápido / clase *Yo corro rápidamente a clase.*

1. general / ellas / estudiar / biblioteca _____
   _____

2. mi / hermanos / hablar / constante / teléfono _____
   _____

3. yo / saber / cantar / divino _____

4. ellos / jugar con videojuegos / continuo _____

5. nosotros / poder / encontrar / trabajo / Caracas / fácil _____
   _____

Un poco de todo

Actividad 7 **Un anuncio.** Lee este anuncio y contesta las preguntas.

¿QUIERES SER INSTRUCTORA DE AEROBICS?

Inscríbete en:

Guiesca

Tenemos el mejor sistema de enseñanza por medio de un programa activo, con intervención | de profesores ampliamente capacitados dentro de un agradable ambiente.

Servicios que presta: Gimnasia aeróbica, Jazz, Pesas.

Fdo. Iglesias y Calderón
No. 50 Jardín Balbuena
15900 5 - 73 - 63 -78
Inscripción de la S.E.P. No. Reg. 88:056

1. Marca las actividades que se pueden hacer en Guiesca.

   ☐ levantar pesas

   ☐ nadar

   ☐ hacer ejercicio

   ☐ jugar al squash

2. ¿Crees que Guiesca busque personas que tengan experiencia? ¿Por qué sí o no?
   _____

3. ¿Crees que sea un gimnasio para hombres? ¿mujeres? ¿hombres y mujeres?
   _____

   ¿Por qué crees eso? _____

Vocabulario esencial II

El desayuno

Actividad 8 **La palabra que no pertenece.** Escoge la palabra que no pertenece al grupo.

1. fresas, mantequilla, naranja, manzana

2. yogur, salchicha, tocino, jamón

3. churros, medialuna, galleta, jugo

4. jugo, café, cereal, chocolate caliente

5. tostadas, revueltos, duros, fritos

La preparación de la comida

Actividad 9 **En la cocina.** Escribe las letras de todas las cosas de la Columna B que asocias con cada verbo de la Columna A. Escribe todas las respuestas posibles para cada verbo.

A	B
1. _____ freír	a. salchicha
2. _____ cortar	b. jamón
3. _____ añadir	c. cuchillo
4. _____ darle la vuelta	d. olla
5. _____ hervir	e. azúcar
6. _____ revolver	f. pan
	g. yogur
	h. huevos
	i. sartén
	j. mantequilla
	k. recipiente
	l. tocino

Gramática para la comunicación II

Giving Instructions: The Passive *se*

Actividad 10 **Una receta.** Completa la siguiente receta con la forma correcta de los verbos indicados. Usa el **se** pasivo.

UNA TORTILLA ESPAÑOLA

Primero, _____ cuatro patatas grandes en   *cortar*

trozos pequeños. Segundo, _____ una cebolla.   *cortar*

Después _____ aceite en una sartén a fuego   *poner*

alto. _____ las patatas y la cebolla al aceite   *añadir*

caliente. Mientras _____ las patatas y la cebolla,   *freír*

_____ cuatro huevos en un recipiente.   *revolver*

_____ sal a los huevos. Después,   *añadir*

_____ las patatas y la cebolla con los huevos y   *revolver*

_____ todos los ingredientes en la sartén. Después   *poner*

de unos minutos, _____ la vuelta. Al final,   *darle*

_____ una tortilla deliciosa con un grupo de amigos.   *comer*

Actividad 11 **Una ensalada.** Tu amiga es un desastre en la cocina. Para ayudarla, le escribiste un mensaje explicándole cómo se prepara una ensalada. Completa la receta con las palabras apropiadas.

Primero se lava y _____ _____ la lechuga. Después _____

_____ y _____ _____ los tomates. _____

_____ la lechuga en el plato y _____ _____ los

tomates encima de la lechuga. También puedes _____ una cebolla si quieres

y ponerla encima de la lechuga. Como te gusta mucho el queso, te aconsejo que

_____ un poco encima de todo. Ahora, _____ _____

aceite y vinagre (pero poco vinagre), después _____ _____ sal

(y pimienta si quieres). Finalmente _____ _____ todo y se come.

Other Uses of *para* and *por*

Actividad 12 **¿Para o por?** Completa estas oraciones con **para** o **por**.

1. Le cambié mi radio _____ su chaqueta.

2. Anoche caminamos _____ la playa _____ varias horas.

3. _____ mí, el trabajo es muy aburrido.

4. Mañana Jaime sale _____ Punta del Este.

Continúa en la página siguiente →

5. Mañana tengo que ir al médico; por eso Victoria va a trabajar _____ mí.

6. ¿Cuánto pagaste _____ los churros?

7. Eran las tres cuando me llamaste _____ teléfono.

8. Mis padres van en tren de Valencia a Madrid y van a pasar _____ Albacete.

9. Debes mandar los documentos _____ email.

10. _____ Álvaro, las tortillas de su abuela son deliciosas.

11. Trabajé más horas de lo normal _____ ganar un poco más de dinero.

12. Compré galletas, croissants y jugo _____ el desayuno.

Expressing Emotions: More Uses of the Subjunctive

Actividad *13* **¡Qué emoción!** Completa estas oraciones con el infinitivo o la forma correcta del indicativo o del subjuntivo de los verbos indicados.

1. A Mercedes le sorprende que tú no _____ más. (leer)

2. Es una pena que _____ bombas atómicas. (haber)

3. Espero _____ dinero del banco esta tarde. (sacar)

4. A mi madre le gusta que yo la _____ con los crucigramas del periódico. (ayudar)

5. Mi padre espera que la universidad _____ a mi hermano. (aceptar)

6. Me alegro de que tú _____ aquí. (estar)

7. Sentimos no _____ venir mañana. (poder)

8. Temo que mi novia me _____ . (mentir)

9. Es fantástico que a Guillermo le _____ arreglar carros. (gustar)

10. Miguel espera que su compañero le _____ un buen desayuno. (preparar)

11. Es una pena no _____ tiempo hoy para jugar a las cartas. (tener)

12. Rogelio se sorprendió de _____ a Roberto en su clase. (ver)

13. Tenemos miedo de que el examen _____ difícil. (ser)

14. A mi hermana le molesta que yo _____ su guitarra. (tocar)

Actividad *14* **¿Qué sientes?** Describe tus emociones y opiniones sobre tu universidad. Escribe sobre el presente o el futuro. No escribas sobre el pasado.

➤ Es bueno que la *universidad tenga una biblioteca grande.*

1. Me sorprendo de que _____ .

2. Es fantástico que _____ .

3. Me molesta que _____ .

4. Es una pena que _____ .

5. Me alegro de que _____ .

6. Tengo miedo de que _____ .

Un poco de todo

Actividad 15 **Las mentes curiosas quieren saber.** Lee los siguientes titulares (*headlin*
Algunos son de periódicos respetables y algunos de periódicos sensacionalistas. Escribe tus reacci
usando estas frases: **Me sorprendo de que..., No creo que..., Me alegro de que..., (No) Es posible**
que..., Creo que..., etc.

1. Viajes a Marte en el año 2015. _____
   _____

2. Cumple 110 años y todavía hace artesanías. _____
   _____

3. Mujer de 72 años tiene bebé. _____
   _____

4. Nueva droga del Amazonas. ¿La cura del cáncer? _____
   _____

5. Niño de 6 años va a competir en las semifinales de un campeonato de ajedrez contra adultos. ____
   _____

6. Costa Rica tiene más profesores que policías y no tiene militares. _____
   _____

7. Cada año España tiene más turistas que habitantes. _____
   _____

8. La fruta del futuro: La *nanzana*, una combinación de una naranja y una manzana. _____
   _____

Lectura

Estrategia de lectura: Topic Sentences and Supporting Evidence

As you read, you need to focus your attention in order to understand the text. One way to do this is to
locate the topic sentence (**oración principal**) in each paragraph. Once you have identified these, you can
look for supporting information (**ideas de apoyo**).

Actividad 16 **Oración principal e ideas de apoyo.** Mientras lees el siguiente artículo, escribe
las oraciones principales de los párrafos indicados y toma apuntes sobre las ideas de apoyo.

Párrafo 2: _____
_____

   Ideas de apoyo:

   _____

   _____

   _____

Continúa en la página siguiente →

3: _____

_____

Ideas de apoyo:

_____

_____

_____

Párrafo 4: _____

_____

Ideas de apoyo:

_____

_____

_____

Párrafo 5: _____

_____

Ideas de apoyo:

_____

_____

_____

_____

CURIOSIDADES Y COSTUMBRES DEL MUNDO HISPANO

En algunos países hispanos se encuentran enigmas difíciles de comprender. Hay enigmas arqueológicos intrigantes que se están investigando, pero quizás

5 nunca se encuentre una explicación para ellos. Por otro lado, hay fenómenos religiosos curiosos que tienen su origen en civilizaciones pasadas.

Uno de los fenómenos arqueológi-
10 cos inexplicables son los dibujos de Nasca, Perú. Allí, en la tierra, hay dibujos gigantescos de animales y flores que solo pueden verse en su totalidad desde el aire. También hay unas líneas

Las líneas de Nasca

15 muy derechas. Algunos dicen que tal vez sean pistas de aterrizaje[1] que se hicieron en la época prehistórica para visitantes extraterrestres.

Otro enigma que contradice toda lógica está en la Isla de Pascua, Chile. Allí, al lado del mar, hay unas cabezas enormes de piedra volcánica. Hay mucha controversia sobre el origen de estos monolitos, pero se cree que se construyeron unos cuatrocientos años antes de Cristo.
20 Estas piedras pesan más de veinte toneladas[2] cada una y, hoy en día, todavía es inexplicable cómo una pequeña población pudo moverlas tantos kilómetros, desde el volcán hasta la costa. Hay gente que afirma que es un fenómeno sobrenatural.

En el mundo hispano no solo hay fenómenos arqueológicos fascinantes; existen también algunas costumbres religiosas que muestran aspectos únicos de la cultura. Una de estas cos-
25 tumbres es cómo usan la hoja de coca los indígenas de Bolivia y Perú. Ellos le ofrecen la coca a la diosa Pachamama para que ella les dé buena suerte; también mascan[3] la hoja de coca para combatir el hambre y el cansancio que causa la altitud. La hoja de coca se usa además en esa zona para predecir el futuro y para diagnosticar enfermedades.

Un fenómeno religioso que coexiste con el catolicismo es la santería, común en varios
30 países del Caribe. Es de origen africano y consiste en la identificación de dioses africanos con santos cristianos. Cuando los españoles trajeron a los esclavos a América, los forzaron a adoptar el cristianismo, pero ellos no abandonaron totalmente su propia religión y el resultado fue una mezcla de las dos religiones. La santería que se practica hoy en día varía de país en país. En Cuba, por ejemplo, los orishas (dioses) corresponden a los santos cristianos: Babalú es el
35 nombre de San Lázaro y es el protector de los enfermos; Changó, el dios del rayo[4], es Santa Bárbara. Hay símbolos especiales asociados con cada orisha y rituales para honrarlos.

Estos fenómenos arqueológicos y estas costumbres religiosas nos muestran varios aspectos de la cultura hispana. Conocer las costumbres propias de otras culturas nos ayuda a comprenderlas.

---

[1]**pistas...** *landing strips*   [2]*toneladas métricas. Una tonelada métrica = 2204 libras*   [3]*they chew*   [4]*lightning*

Actividad 17 **Preguntas.** Contesta estas preguntas, usando oraciones completas. _____

1. ¿Crees que las líneas de Nasca sean para extraterrestres? _____
   _____

2. ¿Cuál es el fenómeno inexplicable de la Isla de Pascua? _____
   _____

3. ¿Para qué usan la coca los indígenas de Perú y Bolivia? _____
   _____

4. ¿Cuál es el origen de la santería? _____
   _____

5. ¿Conoces otros fenómenos inexplicables en otras partes del mundo? ¿Cuál o cuáles? _____
   _____

Capítulo // Repaso

Para and *por*

In Chapters 5 and 11 you studied different uses of the words **para** and **por**. Study these examples and then complete the conversations that follow.

—¿**Para** qué estudias?

—Pero trabajas también, ¿no?

—En J. Crew, ¿la ropa es cara?

—¿Cómo supiste del trabajo?

—¿Lo leíste en un periódico?

—¿**Para** qué trabajas?

—¿Cuándo trabajas?

—En tu opinión, ¿es bueno estudiar y trabajar?

—Pero si estudias, ¿hay días que no puedes ir a trabajar?

—¿Cuántos años más vas a estar en la universidad?

—¿Y después de terminar?

—¿Cuándo te vas **para** tu pueblo **para** visitar a tus padres?

—¿Cuándo es tu próxima visita?

—Estudio **para** ser médico/abogado/etc.

—Sí, trabajo **para** J. Crew.

—Sí y no, depende. Es posible pagar $30 o $100 **por** un suéter.

—**Por** un anuncio.

—No, un amigo me lo mandó **por** email.

—Trabajo **para** tener dinero, **para** poder salir con mis amigos y **para** pagar mis estudios.

—Trabajo **por** la tarde los lunes, los martes y los jueves.

—**Para** otras personas, no sé, pero **para** mí, sí. En la universidad aprendo mucho, pero en el trabajo también aprendo.

—Claro, pero tengo un amigo en el trabajo. Si él no puede trabajar, yo trabajo **por** él, y si yo no puedo, él trabaja **por** mí.

—Voy a estar aquí **por** dos años más.

—Pienso viajar **por** Suramérica.

—Me voy **para** mi pueblo pronto.

—Voy **para** Navidad.

Actividad 7 **Conversaciones.** Completa las siguientes conversaciones con **para** o **por**.

Dos estudiantes de francés hablan:

—¿Entiendes la tarea que nos dio la profesora hoy en la clase de francés?

—_____ (1) mí, la lección _____ (2) mañana es fácil, pero hay otras cosas que son problemáticas.

—_____ (3) los estudiantes de inglés, los verbos son fáciles.

—Los verbos en francés son difíciles _____ (4) mí.

Dos aficionados al fútbol hablan sobre un nuevo jugador:

—Ahora Jorge juega al fútbol _____ (5) los Huracanes.

—Juega solo _____ (6) tener dinero y _____ (7) ser famoso. No me gusta su actitud.

—A mí tampoco. Si Jorge está enfermo, Lorenzo juega _____ (8) él. ¿Sabías eso?

—Lorenzo es mejor jugador y él juega _____ (9) divertirse.

Dos personas hablan sobre el hermano de uno de ellos:

—¿Conoces a mi hermano Hernando?

—No, ¿cómo es?

—_____ (10) mis padres, es el hijo perfecto.

—¿Y eso?

—_____ (11) Hernando, la educación universitaria es muy importante. Él estudia _____ (12) ser maestro de niños pequeños. Tiene clases _____ (13) la mañana, trabaja _____ (14) la tarde _____ (15) una compañía internacional y estudia _____ (16) la noche. Los lunes, los miércoles y los sábados corre _____ (17) el parque _____ (18) hacer ejercicio. Los domingos Hernando sale de la ciudad y se va _____ (19) el pueblo _____ (20) visitar a nuestros padres. Normalmente los visita _____ (21) un par de horas. Después, al volver a casa pasa _____ (22) la casa de nuestra abuela _____ (23) ver si está bien.

—Ya veo. ¿El señor perfecto tiene novia?

—Claro. Ella vive en otra ciudad, entonces él siempre le manda regalos pequeños. Y también le manda mensajes todos los días _____ (24) correo electrónico.

—Tienes razón, su vida es perfecta.

—No, perdón. _____ (25) mí, esa no es una vida perfecta. No puede ir a caminar _____ (26) la calle todas las noches con su novia, no puede verla, solo puede hablar con ella _____ (27) teléfono o mandarle mensajes _____ (28) correo electrónico.

—Tu hermano piensa en su futuro y tú piensas en el presente.

—Sí, es verdad. Hablando del presente, ¿por qué no nos vamos _____ (29) el club?

—Bueno, pero primero podemos pasar _____ (30) un cajero automático; necesito sacar dinero.

—Bien.

Capítulo 12 ¡Viva la música!

Vocabulario esencial I

El correo y la red

Actividad 1 **Mandar una carta.** Escribe las palabras que corresponden a las siguientes cosas. Incluye el artículo definido en tus respuestas.

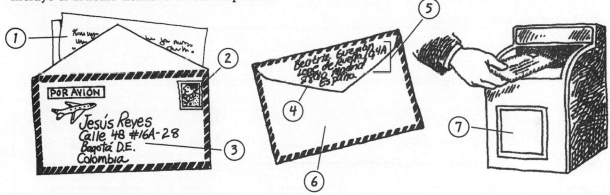

1. _____
2. _____
3. _____
4. _____

5. _____
6. _____
7. _____

Actividad 2 **La red.** Combina las cosas de la Columna A con las de la Columna B.

A

1. _____ @
2. _____ /
3. _____ :
4. _____ enlace
5. _____ dirección de correo electrónico
6. _____ buscador
7. _____ bajar música
8. _____ nombre de usuario

B

a. iTunes
b. dos puntos
c. Google
d. arroba
e. dto2mo2@gmail.com
f. dto2mo2
g. barra
h. http://www.latinolink.com

El paquete. Parte A. Estás en México y tienes que mandarle un paquete muy importante a tu jefe, Diego Velazco Ramírez. El paquete contiene unos contratos y lo vas a mandar al Hotel Meliá Castilla, Capitán Haya 43, 28020 Madrid, España. Es necesario que el paquete llegue mañana o pasado mañana. Completa la conversación que tienes con el empleado del correo.

EMPLEADO   ¿Qué desea?

TÚ   _____

EMPLEADO   ¿Adónde va el paquete?

TÚ   _____

EMPLEADO   ¿Contiene comida o alcohol?

TÚ   _____

EMPLEADO   ¿Cómo lo quiere mandar? ¿Por avión? ¿Urgente?

TÚ   _____

¿ _____ ?

EMPLEADO   Mañana o pasado mañana.

TÚ   _____

¿ _____ ?

EMPLEADO   140,00 pesos. Favor de completar el formulario.

Parte B. Ahora, llena el formulario de aduanas. Puedes inventar la dirección del remitente.

ADUANA DE MÉXICO

Destinatario: _____

_____

_____

Remitente: _____

_____

_____

Contenido del paquete: _____

_____

_____

Gramática para la comunicación I

Making Comparisons

Actividad 4 **Comparaciones.** Escribe oraciones comparando estas personas o cosas. ¡Ojo! Algunas usan superlativos y otras usan comparativos.

➤ Paris Hilton / Rosie O'Donnell / Oprah / delgado
  Paris Hilton es la más delgada de las tres.

1. Danny DeVito / Tom Hanks / bajo _____

   _____

2. México / Guatemala / El Salvador / grande _____

   _____

3. el tango / la salsa / sensual _____

   _____

4. carro / costar / más / diez mil dólares _____

   _____

5. George W. Bush / Bill Clinton / George Bush / joven _____

   _____

6. el jazz / el merengue / el rock / bueno _____

   _____

Actividad 5 **El ejercicio y la salud.** Compara los siguientes gimnasios. Usa el comparativo o el superlativo.

	Cuerposano	Musculín	Barriguita
Número de clases aeróbicas	14/semana	7/semana	21/semana
Precio	$1.700/año	$2.500/año	$1.875/año
Piscina	50 metros	25 metros	40 metros
Número de miembros	1500 Hombres y mujeres	1400 Para toda la familia	1350 Solo mujeres
Extras	Bar con jugos y sándwiches	Máquinas de Coca-Cola, boutique	Bar, cafetería y restaurante

1. clases aeróbicas: Cuerposano / Musculín _____

   _____

2. precio: Cuerposano / Musculín / Barriguita _____

   _____

3. piscina: Cuerposano / Musculín / Barriguita _____

   _____

Continúa en la página siguiente →

4. número de miembros: Musculín / Barriguita _____

_____

5. En tu opinión, ¿cuál es el mejor gimnasio? ¿Por qué? _____

_____

Actividad 6 **Los hermanos Villa.** Mira el
dibujo de los hermanos Villa y lee las pistas (*clues*).
Después identifica el nombre de la persona en cada
dibujo, su edad y qué hace.

Pistas

Felisa es la más alta de las hermanas.

El estudiante tiene un año más que el músico y un año menos que la secretaria.

La secretaria tiene el pelo más largo de todos.

David es más alto que el músico.

El menor de la familia tiene veinticinco años y se llama Felipe.

La persona que tiene dos años más que Felisa es doctora.

El estudiante no trabaja.

La mayor de todos los hermanos tiene treinta y cuatro años y es la más delgada.

La hermana más alta de las tres es arquitecta.

Maribel es mayor que Ana; Ana tiene solo veintisiete años.

Nombre	Edad	Ocupación
1. _____	_____	_____
2. _____	_____	_____
3. _____	_____	_____
4. _____	_____	_____
5. _____	_____	_____

Actividad 7 **¿Cómo es tu familia?** Escribe una pequeña descripción de tu familia usando
comparativos y superlativos. Usa adjetivos como **interesante, inteligente, trabajador/a, mayor,
menor,** etc.

_____

_____

_____

_____

_____

_____

_____

_____

Making Requests and Giving Commands: Commands with *usted* and *ustedes*

Actividad 8 **Lo que deben hacer.** Lee estas recomendaciones que se pueden escuchar en una oficina de correos y luego cámbialas a órdenes de **Ud.** y **Uds.** Usa pronombres de complemento directo e indirecto si es posible.

➤ Ud. tiene que comprar las estampillas allí. ***Cómprelas allí.***

1. Deben hablar con el supervisor. _____

2. No debe beber Coca-Cola aquí. _____

3. Deben sentarse allí. _____

4. No pueden tocar la guitarra aquí. _____

5. Ud. tiene que explicarle su problema a mi supervisor. _____

6. Uds. deben mandarle el paquete a su madre por avión. _____

_____

7. Señor, no puede poner los pies en la silla. _____

8. Aquí no pueden fumar. _____

9. Debe pagar allí. _____

10. Señores, el paquete está roto, tienen que arreglarlo antes de mandarlo. _____

_____

11. Está cerrado. Deben volver mañana. _____

Actividad 9 **¡Ojo!** Mira estos dibujos y escribe órdenes apropiadas. Usa pronombres de complemento directo cuando sea posible.

1. _____

2. _____

3. _____

4. _____

Sin supervisión. Los padres de Fabiana y Raúl se fueron de viaje a otra ciudad por el fin de semana. La madre les dejó un mensaje para recordarles lo que deben y no deben hacer. Completa el mensaje con las órdenes apropiadas de los verbos indicados.

Ya saben; vamos a quedarnos en el Hilton en Cartagena. Si necesitan algo, _____ (llamarnos) al hotel. En la nevera hay una sopa de verduras y unos filetes. _____ (Prepararlos) en una sartén grande con un poco de aceite. Por la noche, _____ (salir) pero _____ (regresar) a casa antes de las dos. No _____ (olvidar) que tienen tarea para el lunes; _____ (empezarla) temprano. Si quieren, _____ (usar) la computadora de su padre. _____ (Navegar) por Internet, pero no _____ (bajar) música ni _____ (visitar) salones de chat.

Mamá

P.D. Por supuesto, no _____ (organizar) fiestas en la casa.

En la clase. Parte A: Escribe dos órdenes que un/a profesor/a normalmente les dice a los estudiantes de español elemental antes de un examen final.

1. _____

2. _____

Parte B: Ahora, tú tienes la oportunidad de decirle algunas cosas al/a la profesor/a de español elemental. Escribe dos órdenes que le dirías *(would say)* antes del examen final. Usa la forma de Ud.

1. _____

2. _____

Un poco de todo

Instrucciones. Termina las siguientes instrucciones que les dio una profesora a sus estudiantes. Usa los verbos indicados para escribir sus órdenes y luego comparativos para completar cada instrucción.

1. No _____ (bajar) canciones de Internet en las computadoras de la universidad. Hoy día un CD es _____ barato que _____.

2. Todos saben su nombre de usuario. _____ (Escribirlo) en un lugar seguro y luego

Continúa en la página siguiente →

_____ (memorizar) la contraseña. Su contraseña es secreta, no _____ (dársela) a nadie o pueden tener _____ problemas que _____

_____.

3. Para el trabajo que tienen que hacer, _____ (buscar) información en la biblioteca. Los libros son _____ informativos _____ algunas páginas de Internet.

4. Al escribir el trabajo, _____ (ser) creativos. Uds. tienen _____ ideas que _____.

5. Tienen que entregarme el trabajo terminado para el viernes a las 4:00 de la tarde. Como muchos de Uds. no van a estar el viernes porque van al museo con la clase de arte, _____ (mandármelo) por email porque el correo eléctronico es _____ rápido que _____

_____.

Vocabulario esencial II

La geografía

Actividad 13 La variedad geográfica. Asocia las palabras de la Columna A con los términos geográficos de la Columna B.

A

1. _____ Misisipí, Amazonas, Ebro
2. _____ Caracas, Quito
3. _____ Etna, Osorno y Popocatépetl
4. _____ las Galápagos, Puerto Rico y Cuba
5. _____ los Pirineos, los Andes
6. _____ Jack y Jill
7. _____ Atlántico, Pacífico
8. _____ Malibú, Luquillo
9. _____ Michigan, Superior y Titicaca
10. _____ Sahara, Atacama

B

a. islas

b. desiertos

c. colina

d. playas

e. ríos

f. océanos

g. ciudades

h. lagos

i. montañas

j. volcanes

Actividad 14 **La geografía.** Completa este crucigrama.

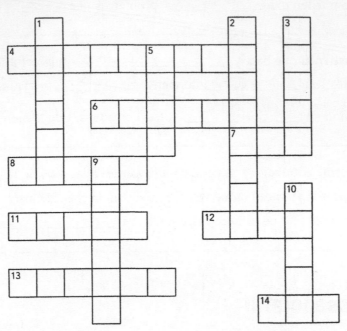

Horizontales

4. Es una carretera para vehículos de alta velocidad.
6. Es más pequeña que una montaña.
7. El Amazonas o el Orinoco.
8. Donde vive Tarzán.
11. Un lugar entre dos montañas: Napa es un _____ .
12. Titicaca es el _____ navegable más alto del mundo.
13. El Atlántico o el Pacífico.
14. El Mediterráneo.

Verticales

1. Los romanos construyeron muchos, pero uno muy famoso y moderno conecta Manhattan y Brooklyn.
2. Iguazú o el salto Ángel.
3. No es la ciudad.
5. Puerto Rico, Cuba o Mallorca.
9. De esto sale lava cuando hace erupción.
10. Viajando por la _____ este de España, vimos el Mediterráneo.

Actividad 15 **Alquiler de carros.** Lee este anuncio de Hertz y contesta las preguntas usando oraciones completas.

Latinoamérica A Su Alcance^MR con Hertz.

Descubra el colorido de un mundo de culturas.

Argentina. Brasil. Chile. Venezuela. Perú. Panamá. Y otros siete destinos en Latinoamérica. En cada uno encontrará un mundo de culturas. Países donde verá ruinas arqueológicas casi junto a modernas ciudades. Además de magníficas playas, paisajes montañosos, selvas y miles de maravillas naturales.

Desde Centroamérica hasta la Patagonia, Hertz le espera con un flamante auto, limpio y cómodo, con tarifas garantizadas en dólares (US$). Hertz le proporcionará el placer de descubrir las bellezas de este Nuevo Mundo, mientras disfruta del servicio y la experiencia de la compañía de alquiler de autos más importante en Latinoamérica.

Continúa en la página siguiente →

1. ¿En cuántos países latinoamericanos tiene oficinas Hertz? _____
   _____

2. Latinoamérica es un lugar de contrastes. ¿Con qué contrasta Hertz las ruinas arqueológicas?
   _____

3. Hertz habla de variedad geográfica. ¿Qué cosas menciona el anuncio? _____
   _____

4. ¿Dónde crees que esté la Patagonia? ¿Cerca o lejos de Centroamérica? _____
   _____

5. ¿Hertz te puede garantizar un precio antes de salir de los Estados Unidos o depende del país y del
   precio del dólar? _____
   _____

Gramática para la comunicación II

Making Comparisons: Comparisons of Equality

Actividad 16 **Comparaciones.** Escribe comparaciones basadas en los dibujos.

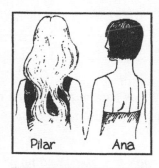

1. Isabel / Paco / alto _____

2. pelo / Pilar / Ana / largo _____

3. Paula / María / bonito _____

4. Pedro / Martín / dinero _____

5. Pepe / Laura / sueño _____

6. ojos / Elisa / Juana / pequeño _____

Actividad 17 **¿Idénticos?** Mario y David son dos hombres muy parecidos (*similar*). Escribe solo lo que tienen en común, usando **tan, tanto, tantos** o **tantas.**

	Mario	David
altura	1'80	1'80
hermanos	1	0
hermanas	3	3
carros	1	1
novias	2	1
coeficiente intelectual (IQ)	146	146
trabajos	2	3
sueldo	698 euros/semana	698 euros/semana
relojes Rólex	3	2
teléfonos celulares	2	1
llamadas recibidas por día	16	16

1. _____

2. _____

3. _____

4. _____

5. _____

6. _____

Actividad 18 **Los anuncios.** Trabajas para una compañía de publicidad. Tienes que escribir frases que llamen la atención (*catchy phrases*). Usa **tan... como** en tus oraciones.

➤ el detergente Mimosil
El detergente Mimosil te deja la ropa tan blanca como la nieve.

1. la película *Spiderman VI* _____

   _____

2. el buscador Google _____

   _____

3. la dieta Kitakilos _____

   _____

4. el nuevo carro Mercedes Sport _____

   _____

Making Requests and Giving Commands: Commands with *tú*

Actividad 19 **Una vida de perros.** Tienes un perro inteligente pero a veces es malo. Escribe órdenes para tu perro.

1. sentarse _____

2. traerme el periódico _____

3. bailar _____

4. no molestar a la gente _____

5. no subirse al sofá _____

6. acostarse _____

7. hacerse el muerto _____

8. no comer eso _____

9. quedarse allí _____

10. venir aquí _____

Actividad 20 **Consejos para tu hermano.** Tu hermano menor va a comenzar sus estudios universitarios este año. Piensa tomar italiano elemental y, como estudias español, él te pidió consejos. Escríbele tus consejos usando órdenes e incluye otras palabras si es necesario.

1. llegar / clase / a tiempo _____

2. ir / oficina del profesor / si necesitar ayuda _____

   _____

3. no / salir / noche / antes / examen _____

4. no / copiar / respuestas / cuaderno de ejercicios _____

   _____

5. usar / CD-ROM / frecuentemente _____

6. tener / actitud positiva _____

7. no / entregar / tarea / tarde _____

8. no / dormirse / en clase _____

9. ser / estudiante bueno _____

10. decirle / al profesor / si no entender _____

Actividad 21 **Ayuda tecnológica.** La abuela de Alejandra no sabe mucho de computadoras, pero quiere aprender a ver fotografías que recibe en email y cómo mandarles fotos a otros amigos. Termina esta conversación entre Alejandra y su abuela. Usa órdenes de **tú** y pronombres de complementos directos e indirectos si es posible.

ABUELA   Para abrir una foto de un email, hago clic aquí, ¿no?

ALEJANDRA   Sí, abuela, _____.

Continúa en la página siguiente →

ABUELA   Lo hice. Ahhh, ¡qué bonita! ¿La bajo ahora?

ALEJANDRA   No, no _____. Solo vas a bajarla si quieres tener la

            foto para siempre en tu computadora.

ABUELA   Huy, primero tengo que copiarla, ¿no?

ALEJANDRA   Sí, _____.

ABUELA   ¿Ahora abro un email nuevo?

ALEJANDRA   Sí, _____ ahora.

ABUELA   ¿Escribo la dirección y el mensaje?

ALEJANDRA   Correcto, _____ ahora.

ABUELA   ¿Y dónde copio la foto?

ALEJANDRA   _____ allí mismo en el email después de lo que escribiste.

ABUELA   ¡Huy! Aquí está.¿Luego le mando el email a mi amigo?

ALEJANDRA   Exacto. _____ ahora mismo.

ABUELA   Tengo una nieta súper inteligente y muy buena profesora.

Un poco de todo

Actividad 22 **¿Cuánto sabes?** Marca estas oraciones con **C** (cierta) o **F** (falsa). Corrige las oraciones falsas.

1. _____ El Aconcagua es la montaña más alta del mundo.

   _____

2. _____ Hay más de veinticinco países de habla española en el mundo.

   _____

3. _____ San Agustín, en la Florida, es una ciudad tan vieja como Plymouth, Massachusetts, en los Estados Unidos.

   _____

4. _____ El salto Ángel, en Venezuela, es la catarata más alta del mundo.

   _____

5. _____ La papa es tan importante en Centroamérica y en México como el maíz en los Andes en Suramérica.

   _____

6. _____ Carlos Gardel fue el cantante de salsa más famoso del mundo.

   _____

7. _____ Las montañas de los Andes son tan altas como las Rocosas en Norteamérica.

   _____

Actividad 23 **Imágenes satelitales.** Un profesor chileno le explica a su clase de segundo grado cómo mirar imágenes satelitales de su ciudad, Santiago, en Google. Escribe órdenes formales o informales.

PROFESOR ¿Todos están en la página Web de mapas de Google?

ESTUDIANTES Sí.

PROFESOR Bien. Ahora _____ (mirar) el mapa, _____ (buscar) la palabra "satélite".

PEPITO ¿Dónde la busco?

PROFESOR _____ (buscarla) arriba a la derecha en el mapa.

PEPITO Gracias, ahora la veo.

PROFESOR Bueno, ahora _____ (hacer) Uds. clic en la palabra "satélite". Una vez que hicieron esto, _____ (escribir) "Santiago, Chile" y _____ (hacer) clic en el botón que dice "búsqueda".

ESTUDIANTES ¡Qué bonito! ¡Increíble!

PEPITO Yo no veo fotos.

PROFESOR A ver Pepito, ¿hiciste clic?

PEPITO Ah, no señor.

PROFESOR Pues, _____ (hacerlo) ahora.

PEPITO Ya veo.

PROFESOR Bien. Es posible ver la foto de Santiago desde más cerca o más lejos. ¿Ven esta línea vertical a la izquierda de la foto? _____ (hacer) clic, pero no _____ (levantar) el dedo, y luego _____ (subir) o _____ (bajar) el rectángulo. Si lo suben, van a ver la foto más de cerca.

ESTUDIANTES ¡No lo puedo creer! ¡Allí está mi casa! ¡Veo la escuela! ¡Allí está la piscina de mi casa!

ALICIA Mi computadora no funciona. Lo subo y lo bajo y no pasa nada.

PROFESOR Es que levantaste el dedo. _____ (hacer) clic sin levantar el dedo. No _____ (levantarlo). Ahora _____ (subirlo) y _____ (bajarlo).

ALICIA Ah, ya veo. Gracias.

Actividad 24 **El entrenador personal.** Carlos tiene que bajar de peso rápidamente antes de una operación y, por eso, va a un gimnasio todos los días con un entrenador personal. Termina estas instrucciones que le dio el entrenador a Carlos. Usa órdenes de **tú** de los verbos indicados y comparativos para completar los otros espacios en blanco.

1. _____ (correr) 300 metros. Debes correr _____ rápido como _____

   _____ .

2. _____ (sentarte) en esta silla. _____ (levantar) la pierna derecha.

   No _____ (bajarla). La pierna debe estar _____ recta (*straight*) como

   _____ . Después de un minuto _____ (hacer) lo

   mismo con la izquierda.

3. Después de salir del gimnasio, no _____ (ir) a MacDonalds y no _____

   (comer) comida alta en calorías. Si haces ejercicio y si comes bien, después de tu operación vas a

   recuperarte tan rápido _____ un abrir y cerrar de ojos.

Lectura

■■■

Estrategia de lectura: Reading an Interview Article

Prior to reading an interview article, you should go through the following steps to give you some background information:

- Read the headline and subheadline.
- Look at accompanying photographs, drawings, graphs, or tables.
- Scan the text for the interviewer's questions.

Actividad 25 **Lee y adivina.** Lee el título, el subtítulo y las preguntas; luego mira los dibujos. Ahora, contesta esta pregunta.

¿Cuál es la idea principal del artículo?

a. la música de España

b. la historia de la música hispana

c. la historia de la música hispanoamericana

Continúa en la página siguiente →

EL MUNDO DE LA MÚSICA HISPANA

Entrevista con el cantante boliviano Pablo Cuerda[1]

POR LAURA RÓGORA

Entré en la sala de su casa y allí me esperaba sentado con su guitarra, compañera inseparable. Charlamos un poco sobre su gira musical por Europa y luego comencé así.

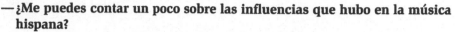

—¿Me puedes contar un poco sobre las influencias que hubo en la música hispana?

—Bueno, la influencia fundamental en España fue la de los árabes. Su música fue la base del flamenco de hoy día que es popular en el sur de España.

—Y el flamenco influyó en la música hispanoamericana, ¿verdad?

—Exactamente. El instrumento principal del flamenco es la guitarra y los españoles la trajeron al Nuevo Mundo.

—¿Y los indígenas adoptaron este instrumento?

—Bueno, es decir, no lo adoptaron sino que lo adaptaron porque crearon instrumentos más pequeños como el cuatro y el charango, que está hecho del caparazón del armadillo. Y, naturalmente, la música indígena es la base de gran parte de la música moderna hispanoamericana.

—Muy interesante. ¿Y qué otra influencia importante existe?

—Pues, la más importante para la zona caribeña fueron los ritmos africanos de los esclavos, que fueron la inspiración para la cumbia colombiana, el joropo de Venezuela, el merengue dominicano, el jazz y los blues norteamericanos y también para la salsa.

—La salsa. ¡Qué ritmo!

—Por supuesto, ¿y sabes que Cuba, Puerto Rico y Nueva York se disputan su origen? Pero en realidad fue en Nueva York donde se hizo famosa la salsa.

—¿Hay otros movimientos musicales?

—Era justamente lo que iba a decir. Un movimiento es el de la "Nueva Trova Cubana" con Silvio Rodríguez y Pablo Milanés, quienes cantan canciones de temas políticos, sociales y sentimentales. El otro movimiento importante es la "Nueva Canción" que nació en Chile en la década de los sesenta. Este tipo de música se conoció en el resto del mundo cuando Simon y Garfunkel incluyeron en un álbum "El cóndor pasa", una canción del conjunto Los Incas, quienes pertenecen a este movimiento. Sirven de inspiración para los cantantes de hoy.

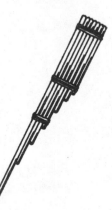

—Pero, ¿qué es la Nueva Canción?

—Es un estilo de música que tiene como elementos esenciales el uso de los ritmos e instrumentos tradicionales de los indígenas de los Andes. Las canciones son de protesta, o sea, de tema político, y critican la situación socioeconómica de los países hispanos. Pero, ahora este estilo de música se conoce en todo el mundo, y se puede oír a los músicos tocando en la calle o en los metros de ciudades de Copenhagan a Tokio.

[1]*Pablo Cuerda is a fictitious character.*

—Y esto nos lleva a mi última pregunta. ¿Qué escucha la gente joven hoy día?

—La gente joven escucha de todo: la Nueva Canción, rock nacional y extranjero, la Nueva Trova, rap, pop, rumba, guaracha, bachata, reggaetón y también cumbia, salsa y merengue, y los bailan muchísimo. Permíteme ahora tocarte una canción de Juan Luis Guerra, un innovador de la música hispanoamericana.

Y así terminó nuestra entrevista: con un ritmo y una melodía maravillosos.

Actividad 26 **Completa las ideas.** Después de leer la entrevista, escribe una o dos oraciones sobre cada una de las siguientes ideas relacionadas con el texto.

1. la guitarra _____

_____

2. los esclavos africanos _____

_____

3. la salsa _____

_____

4. "El cóndor pasa" _____

_____

5. La Nueva Trova _____

_____

6. La Nueva Canción _____

_____

Lab Manual

Capítulo preliminar
¡Bienvenidos!

Tips for Using the Lab Audio Program

1. Listen to and do the pronunciation section when you begin to study each chapter.

2. Do the rest of the lab activities after studying the grammar explanation in the second half of each chapter.

3. Read the directions and the items in each activity in your Lab Manual before listening to the audio.

4. You are not expected to understand every word you hear on the audio. All you need to be able to do is to comprehend enough information to complete the activities in the Lab Manual.

5. Listen to the audio as many times as may be needed. At first you may feel that the speakers speak too quickly; however, with practice you will find that it becomes easier as you become more comfortable listening to Spanish.

Mejora tu pronunciación

Stressing Words

You have already seen Spanish stress patterns in the text. Remember that a word that ends in *n, s,* or a vowel is stressed on the next-to-last syllable; for example, **repitan, Honduras, amigo.** A word that ends in a consonant other than *n* or *s* is stressed on the last syllable; as in the words **español, favor, Madrid.** Any exception to these two rules is indicated by a written accent mark on the stressed vowel, as in **Andrés, Perú, ángel.**

Placing correct stress on words helps you to be better understood. For example, the word **amigo** has its natural stress on the next-to-last syllable. Listen again: **amigo,** not **amigo,** nor **amigo; amigo.** Try to keep stress in mind when learning new words.

Actividad **1** **Escucha y subraya.**

A. Listen to the following names of Hispanic countries and cities and underline the stressed syllables. You will hear each name twice.

1. Pa-na-má

2. Bo-go-tá

3. Cu-ba

4. Ve-ne-zue-la

5. Mé-xi-co

6. Ma-drid

7. Te-gu-ci-gal-pa

8. A-sun-cion

Continued on next page →

Lab Manual ■■■ Capítulo preliminar **201**

B. Pause the recording and decide which of the words from part **A** need written accents. Write the missing accents over the appropriate vowels.

Actividad 2 **Los acentos.**

A. Listen to the following words related to an office and underline the stressed syllables. You will hear each word twice.

1. o-fi-ci-na
2. di-rec-tor
3. pa-pel
4. dis-cu-sion

5. te-le-fo-no
6. bo-li-gra-fo
7. se-cre-ta-rio
8. ins-truc-cio-nes

B. Pause the recording and decide which of the words from part **A** need written accents. Write the missing accents over the appropriate vowels.

Mejora tu comprensión

Actividad 3 **La fiesta.** You will hear three introductions at a party. Indicate whether each one is formal or informal.

	Formal	Informal
1.	☒	☐
2.	☐	☒
3.	☐	☒

Actividad 4 **¿De dónde eres?** You will hear three conversations. Don't worry if you can't understand every word. Just concentrate on discovering where the people in the pictures are from. Write this information on the lines provided.

1. _Ecuador_   2. _Guatemala_   3. _Chile_

Actividad 5 **¡Hola! ¡Adiós!** You will hear three conversations. Don't worry if you can't understand every word. Just concentrate on discovering whether the people are greeting each other or saying good-by.

	Saludo (*greeting*)	Despedida (*saying good-by*)
1.	☐	☒
2.	☒	☐
3.	☒	☐

Actividad 6 **La entrevista.** A man is interviewing a woman for a job. You will only hear what the man is saying. As you listen, number the response that the woman should logically make to each of the interviewer's statements and questions. Before listening to the interview, pause the recording, and look at the woman's possible responses. You may have to listen to the interview more than once.

_____ Gracias.

_____ Soy de Caracas.

_____ Claudia Menéndez.

_____ ¡Muy bien!

Actividad 7 **Las capitales.** You will hear a series of questions on the capitals of various countries. Select the correct answers. Before listening to each question, pause the recording and read the three possible responses.

1. Washington, D.C.   San Salvador ✓   Lima
2. México   Guatemala   Madrid ✓
3. Ottawa   Washington, D.C. ✓ Buenos Aires
4. Lima ✓   Bogotá   Tegucigalpa
5. Caracas   Santiago ✓   Managua

Las órdenes. You will hear a teacher give several commands. Number the picture that corresponds to each command. If necessary, pause the recording after each item.

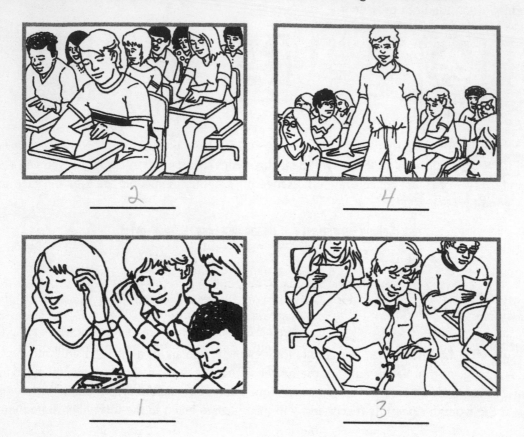

2

4

1

3

Actividad 9   **Las siglas.** Listen and write the following acronyms.

1. _____EBM_____   4. _____BBC_____
2. _____CBS_____   5. _____RCA_____
3. _____HBO_____   6. _____CNN_____

Actividad 10   **¿Cómo se escribe?** You will hear two conversations. Concentrate on listening to the names that are spelled out within the conversations and write them down.

1. __OD   LI__   2. __GUMEERBER__

Capítulo

¿Quién es?

Mejora tu pronunciación

Vowels

In Spanish, there are only five basic vowel sounds: **a, e, i, o, u.** These correspond to the five vowels of the alphabet. In contrast, English has long and short vowels; for example, the long *i* in *pie* and the short *i* in *pit*. In addition, English has the short sound, schwa, which is used to pronounce many unstressed vowels. For example, the first and last *a* in the word *banana* are unstressed and are therefore pronounced [ə]. Listen: *banana*. In Spanish, there is no similar sound because vowels are usually pronounced the same way whether they are stressed or not. Listen: **banana**.

Actividad *1* **Escucha la diferencia.** Listen to the contrast in vowel sounds between English and Spanish.

Inglés	Español
1. map	mapa
2. net	neto
3. beam	viga
4. tone	tono
5. taboo	tabú

Actividad *2* **Escucha y repite.** Listen and repeat the following names, paying special attention to the pronunciation of the vowel sounds.

1. Ana Lara
2. Pepe Méndez
3. Mimí Pinti
4. Toto Soto
5. Lulú Mumú

Actividad 3 **Repite las oraciones.** Listen and repeat the following sentences from the textbook conversations. Pay attention to the pronunciation of the vowel sounds.

1. ¿Cómo se llama Ud.?
2. Buenos días.
3. ¿Cómo se escribe?

4. ¿Quién es ella?
5. Juan Carlos es de Perú.
6. Las dos Coca-Colas.

Mejora tu comprensión

Actividad 4 **Guatemala.** You will hear a series of numbers. Draw a line to connect these numbers in the order in which you hear them. When you finish, you will have a map of Guatemala.

1	2	3	4	5	6	7	8	9	10
11	12	13	14	15	16	17	18	19	20
21	22	23	24	25	26	27	28	29	30
31	32	33	34	35	36	37	38	39	40
41	42	43	44	45	46	47	48	49	50
51	52	53	54	55	56	57	58	59	60
61	62	63	64	65	66	67	68	69	70
71	72	73	74	75	76	77	78	79	80
81	82	83	84	85	86	87	88	89	90
91	92	93	94	95	96	97	98	99	100

Actividad 5 **Los números de teléfono.** You will hear a telephone conversation and two recorded messages. Don't worry if you can't understand every word. Just concentrate on writing down the telephone number that is given in each case.

1. 234 9 _____   2. _____   3. _____

Actividad 6 **¿Él o ella?** Listen to the following three conversations and select the person who is being talked about in each case. Don't worry if you can't understand every word. Just concentrate on discovering to whom each discussion refers.

1. ☐   ☐   2. ☐   ☐   3. ☐   ☐

Actividad 7 **En el tren.** Carlos is talking to a woman with a child on the train. Listen to the four questions that he asks. For each of the four questions, number the appropriate response one to four. Note that there is one extra response below that will not be used. Before you begin the activity, pause the recording and read the possible responses.

_____ Dos años.   _____ De Tegucigalpa.

_____ Andrea.   _____ Ella se llama Deborah.

_____ Son de México.

Actividad 8 **La conversación.**

A. You will hear a series of sentences. Write each sentence or pairs of sentences you hear in the first column below. Be sure to use correct capitalization and punctuation. You will hear each sentence or pair of sentences twice.

A. _____	_____
B. _____	_____
C. _____	_____
D. _____	_____
E. _____	_____
F. _____	_____
G. _____	_____
H. _____	_____

Continued on next page →

B. Now stop the recording and put the sentences you have written in the correct order to form a logical conversation. Number each sentence in the blank in the right-hand column above.

Actividad 9 **En el hotel.** You will hear a conversation between a hotel receptionist and a guest who is registering. Fill out the computer screen with the information about the guest. Don't worry if you can't understand every word. Just concentrate on listening for the information needed. You may have to listen to the conversation more than once. Remember to look at the computer screen before you begin the activity.

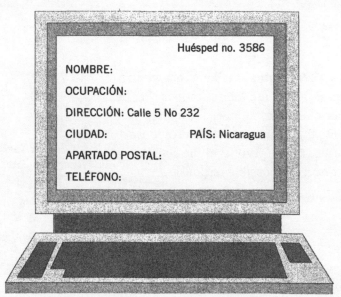

Huésped no. 3586

NOMBRE:

OCUPACIÓN:

DIRECCIÓN: Calle 5 No 232

CIUDAD: PAÍS: Nicaragua

APARTADO POSTAL:

TELÉFONO:

Actividad 10 **Los participantes.** Mr. Torres and his assistant are going over the participants they have chosen for a TV game show. Listen to their conversation and fill out the chart with information on the participants. Don't worry if you can't understand every word. Just concentrate on listening for the information needed to complete the chart. You may have to listen to the conversation more than once.

Participantes	Nacionalidad	Ocupación	Edad
Francisco	*chileno*		
Laura		*abogada*	
Gonzalo			*30*
Andrea	*mexicana*		

Conversación: En el Colegio Mayor Hispanoamericano
Conversación: En la cafetería del colegio mayor

Capítulo 2 ¿Te gusta?

Mejora tu pronunciación

The consonant *d*

The consonant **d** is pronounced two different ways in Spanish. When **d** appears at the beginning of a word or after *n* or *l*, it is pronounced by pressing the tongue against the back of the teeth; for example, **depósito**. When **d** appears after a vowel, after a consonant other than *n* or *l*, or at the end of a word, it is pronounced like the *th* in the English word *they*; for example, **médico**.

Actividad 1 **Escucha y repite.** Listen and repeat the names of the following occupations, paying attention to the pronunciation of the letter **d**.

1. director
2. deportista
3. vendedor
4. médico
5. estudiante
6. abogada

SPANISH *p, t,* AND *[k]*

In Spanish, **p, t,** and **[k]** (**[k]** represents a sound) are unaspirated. This means that no puff of air occurs when they are pronounced. Listen to the difference: *Paul,* **Pablo.**

Actividad 2 **Escucha y repite.** Listen and repeat the names of the following objects often found around the house. Pay attention to the pronunciation of **p, t,** and **[k].**

1. periódico
2. teléfono
3. computadora
4. televisor
5. cámara
6. disco compacto

Actividad 3 **Las cosas de Marisel.** Listen and repeat the following conversation between Teresa and Marisel. Pay attention to the pronunciation of **p, t,** and **[k].**

TERESA   ¿Tienes café?
MARISEL   ¡Claro que sí!
TERESA   ¡Ah! Tienes computadora.
MARISEL   Sí, es una Macintosh. Me gusta la Macintosh.
TERESA   ¿De veras? A mí no me gusta la Mac.

Mejora tu comprensión

Actividad 4 **La perfumería.** You will hear a conversation in a drugstore between a customer and a salesclerk. Select only the products that the customer buys and indicate whether she buys one or more than one of each item. Don't worry if you can't understand every word. Just concentrate on the customer's purchases. Before you listen to the conversation, read the list of products.

	Uno/a	Más de uno/a (*more than one*)
1. aspirina	☐	☐
2. crema de afeitar	☐	☐
3. champú	☐	☐
4. cepillo de dientes	☐	☐
5. desodorante	☐	☐
6. jabón	☐	☐
7. pasta de dientes	☐	☐
8. peine	☐	☐
9. perfume	☐	☐

Actividad 5 **El baño de las chicas.** Alelí, Teresa's young cousin, is visiting her at the dorm and she is now in the bathroom asking Teresa a lot of questions. As you hear the conversation, indicate in the drawing which of the items mentioned belong to whom.

Actividad 6 **¿Hombre o mujer?** Listen to the following remarks and select the person or persons being described in each situation.

1. _____ _____   2. _____ _____

3. _____ _____   4. _____ _____

Actividad 7 **El mensaje telefónico.** Ms. Rodríguez calls home and leaves a message on the answering machine for her children, Esteban and Carina. Ms. Rodríguez reminds them to do four things. Select each item that she reminds them about. Before you listen to the message, pause the recording and read the list of reminders. Notice there are five items in the list and she only mentions four. Don't worry if you can't understand every word. Just concentrate on which reminders are for Esteban and which ones are for Carina.

	Esteban	Carina
1. comprar hamburguesas	☐	☐
2. llamar a Carlos	☐	☐
3. estudiar matemáticas	☐	☐
4. mirar un DVD	☐	☐
5. no ir al dentista	☐	☐

Actividad 8 **El regalo de cumpleaños.**

A. You will hear a phone conversation between Álvaro and his mother, who would like to know what she can buy him for his birthday. Select the things that Álvaro says he already has. Don't worry if you can't understand every word. Just concentrate on what Álvaro doesn't need. Before you listen to the conversation, read the list of items.

Álvaro tiene...

☐ escritorio   ☐ lámpara   ☐ reloj   ☐ silla   ☐ toallas

B. Now write what Álvaro's mother is going to give him for his birthday. You may need to listen to the conversation again.

El regalo es _____ .

La agenda de Diana.

A. Pause the recording and write in Spanish two things you are going to do this weekend.

1. _____

2. _____

B. Now complete Diana's calendar while you listen to Diana and Claudia talking on the phone about their weekend plans. Don't worry if you can't understand every word. Just concentrate on Diana's plans. You may have to listen to the conversation more than once.

DÍA	ACTIVIDADES
viernes	*3:00 P.M. —examen de literatura*
sábado	
domingo	

Actividad 10 **La conexión amorosa.** Mónica has gone to a dating service and has made a tape describing her likes and dislikes. Listen to the recording and then choose a suitable man for her from the two shown. Don't worry if you can't understand every word. Just concentrate on Mónica's preferences. You may use the following space to take notes. Before you listen to the description, read the information on the two men.

A Mónica le gusta:

NOMBRE: Óscar Varone
OCUPACIÓN: profesor de historia
EDAD: 32
GUSTOS: música salsa, escribir

NOMBRE: Lucas González
OCUPACIÓN: médico
EDAD: 30
GUSTOS: música clásica, salsa, esquiar

El hombre perfecto para Mónica es _____ .
                                                                    (nombre)

Conversación: ¡Me gusta mucho!
Conversación: Planes para una fiesta de bienvenida

Capítulo 3 Un día típico

Mejora tu pronunciación

The consonants *r* and *rr*

The consonant **r** in Spanish has two different pronunciations: the flap, as in **caro,** similar to the double *t* sound in *butter* and *petty,* and the trill sound, as in **carro.** The **r** is pronounced with the trill only at the beginning of a word or after *l* or *n,* as in **reservado, sonrisa** (*smile*). The **rr** is always pronounced with the trill, as in **aburrido.**

Actividad 1 **Escucha y repite.** Listen and repeat the following descriptive words. Pay attention to the pronunciation of the consonants **r** and **rr.**

1. enfermo
2. rubio
3. moreno
4. gordo

5. aburrido
6. enamorado
7. preocupado
8. borracho

Actividad 2 **Escucha y marca la diferencia.** Circle the word you hear pronounced in each of the following word pairs. Before you begin, look over the pictures and word pairs.

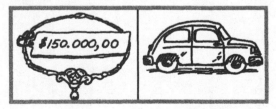

1.   caro   carro   2.   coro   corro

3.   ahora   ahorra   4.   cero   cerro

Actividad 3 **Teresa.** Listen and repeat the following sentences about Teresa. Pay attention to the pronunciation of the consonants **r** and **rr**.

1. Estudia turismo.
2. Trabaja en una agencia de viajes.
3. Su papá es un actor famoso de Puerto Rico.
4. ¿Pero ella es puertorriqueña?

Mejora tu comprensión

Actividad 4 **¿Dónde?** You will hear four remarks. Match the letter of each remark with the place where it is most likely to be heard. Before you listen to the remarks, review the list of places. Notice that there are extra place names.

1. _____ farmacia
2. _____ biblioteca
3. _____ teatro
4. _____ supermercado
5. _____ agencia de viajes
6. _____ librería

Actividad 5 **Mi niña es...** A man has lost his daughter in a department store and is describing her to the store detective. Listen to his description and place a check mark below the drawing of the child he is looking for. Don't worry if you can't understand every word. Just concentrate on the father's description of the child. Before you listen to the conversation, look at the drawings.

1. ☐   2. ☐   3. ☐

Actividad 6 **Su hijo está...** Use the words in the list to complete the chart about Pablo as you hear a conversation between his teacher and his mother. Fill in **en general** to describe the way Pablo usually is. Fill in **esta semana** to indicate how he has been behaving this week.

aburrido   antipático   bueno
cansado   inteligente   simpático

Pablo Hernández
En general, él es _____
_____.
Pero, esta semana él está _____
_____.

Actividad 7 **La conversación telefónica.** Teresa is talking with her father long-distance. You will hear her father's portion of the conversation only. After you hear each of the father's questions, complete Teresa's partial replies.

1. _____ _____ Claudia.

2. _____ economía.

3. _____ _____ la Universidad Complutense.

4. _____ de Colombia.

5. _____, pero ahora _____ en Quito.

6. _____ es comerciante.

7. _____ ama de casa.

8. _____, gracias.

9. _____, _____ mucho.

10. _____ en la agencia de viajes del tío Alejandro.

11. _____ muy ocupado.

Actividad **8** **Intercambio estudiantil.** Marcos contacts a student-exchange program in order to have a foreign student stay with him. Complete the following form as you hear his conversation with the program's secretary. Don't worry if you can't understand every word. Just concentrate on filling out the form. Before you listen to the conversation, read the form.

C.A.D.I.E.: Consejo Argentino de Intercambio Estudiantil
Nombre del interesado: *Marcos Alarcón*
Teléfono:
Móvil: Edad: Ocupación:
Gustos: *leer ciencia ficción*
Preferencia de nacionalidad:

Actividad **9** **Las descripciones.**

A. Choose three adjectives from the list of personality characteristics that best describe each of the people shown. Pause the recording while you make your selection.

artístico/a	intelectual	inteligente
optimista	paciente	pesimista
serio/a	simpático/a	tímido/a

Tu opinión   **Tu opinión**

1. _____   2. _____

   _____   _____

   _____   _____

B. Now listen as these two people describe themselves, and enter these adjectives in the blanks provided. You may have to listen to the descriptions more than once.

Su descripción   **Su descripción**

1. _____   2. _____

   _____   _____

   _____   _____

Actividad 10 **El detective Alonso.** Detective Alonso is speaking into his tape recorder while following a woman. Number the drawings in the upper left corner according to the order in which he says the events take place. Don't worry if you can't understand every word. Just concentrate on the sequence of events.

Conversación: Una llamada de larga distancia
Conversación: Hay familias... y... FAMILIAS

Capítulo

¿Tarde o temprano?

Mejora tu pronunciación

The consonant *ñ*

The pronunciation of the consonant **ñ** is similar to the *ny* in the English word *canyon*.

Actividad 1 **Escucha y repite.** Listen and repeat the following words, paying attention to the pronunciation of the consonants **n** and **ñ**.

1.   cana   caña   2.   una   uña

3.   mono   moño   4.   sonar   soñar

Actividad 2 **Escucha y repite.** Listen and repeat the following sentences. Pay special attention to the pronunciation of the consonants **n** and **ñ**.

1. Subo **una montaña.**
2. Trabajo con **niños** que **no** tienen padres.
3. Tú conoces al se**ñor** de Rodrigo, ¿**no**?
4. ¿Cuándo es tu cumpleaños?

Mejora tu comprensión

Actividad 3 **Los sonidos de la mañana.** Listen to the following sounds and write what Paco is doing this morning.

1. _____
2. _____
3. _____
4. _____

Actividad 4 **El tiempo este fin de semana.**

A. As you hear this weekend's weather forecast for Argentina, draw the corresponding weather symbols on the map under the names of the places mentioned. Remember to read the place names on the map and look at the symbols before you listen to the forecast.

B. Now replay the activity and listen to the forecast again, this time adding the temperatures in Celsius under the names of the places mentioned.

Actividad 5 **La identificación del ladrón.** As you hear a woman describing a thief to a police artist, complete the artist's sketch. You may have to replay the activity and listen to the description more than once.

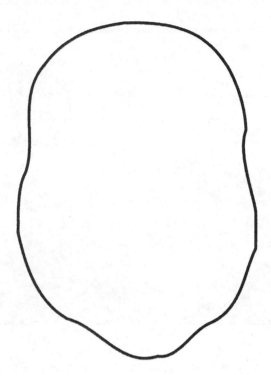

Actividad 6 **Celebraciones hispanas.**

A. A woman will describe some important holidays around the Hispanic world. As you listen to the description of each holiday, write the date on which it is celebrated.

Fecha

1. Día de los Muertos   _____

2. Día de los Santos Inocentes   _____

3. Día Internacional del Amigo   _____

4. Día de Reyes   _____

B. Now listen again and match the holiday with the activity people usually do on that day. Write the number of the holiday from the preceding list.

a. _____ las personas reciben emails de otras personas

b. _____ las personas hacen bromas (*pranks*)

c. _____ las personas hacen un altar en casa

d. _____ los niños reciben juguetes (*toys*)

A. Miriam and Julio are discussing some guests at a party. As you listen to their conversation, write the guests' names in the drawing. Use arrows to indicate which name goes with which person.

Miguel

Laura

Carmen

Ramón

Begoña

B. Now listen to the conversation again, and next to each name write who the person knows or what the person knows how to do using **conocer** or **saber**.

Actividad **8** **La entrevista.** Lola Drones, a newspaper reporter, is interviewing a famous actor about his weekend habits. Cross out those activities listed in Lola's notebook that the actor does *not* do on weekends. Remember to read the list of possible activities before you listen to the interview.

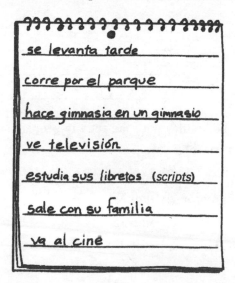

se levanta tarde

corre por el parque

hace gimnasia en un gimnasio

ve televisión

estudia sus libretos (scripts)

sale con su familia

va al cine

Conversación: Noticias de una amiga
Conversación: El mensaje telefónico

Capítulo 5 Los planes y las compras

Mejora tu pronunciación

THE CONSONANTS *ll* AND *y*

The consonants **ll** and **y** are usually pronounced like the *y* in the English word *yellow*. When the y appears at the end of a word, or alone, it is pronounced like the vowel **i** in Spanish.

Actividad 1 **Escucha y repite.** Listen and repeat the following verse. Pay special attention to the pronunciation of the **ll** and the **y**.

Hay una toalla   Hoy no llueve.
en la playa amarilla.   Ella no tiene silla.

Actividad 2 **Escucha y repite.** Listen and repeat the following sentences. Pay special attention to the pronunciation of the **ll** and the **y**.

1. **Y** por favor, otra cerveza.
2. ¿Tiene por casualidad un periódico de ho**y**?
3. Se come muy bien a**ll**í.
4. **Y** entonces, como es su cumpleaños, e**ll**a invita.

Mejora tu comprensión

Actividad 3 **¿Qué acaban de hacer?** As you hear the following short conversations, select what the people in each situation have just finished doing. Remember to read the list of possible activities before you begin.

1. a. Acaban de ver una película.
   b. Acaban de hablar con un director.

2. a. Acaban de beber un café.
   b. Acaban de comer.

3. a. Acaban de ducharse.
   b. Acaban de jugar un partido de fútbol.

Actividad 4 **El cine.** You will hear a recorded message and a conversation, both about movie schedules. As you listen, complete the information on the cards. Don't worry if you can't understand every word. Just concentrate on filling out the cards. Remember to look at the cards before beginning.

GRAN REX

La historia oficial

Horario: _____, _____, _____, 10:00

Precio: $_____ $_____ matinée.

SPLENDID

La mujer cucaracha

Horario: _____, 8:00, _____

Precio: $_____ $_____ matinée.

Actividad 5 **Las citas del Dr. Malapata.** As you hear Dr. Malapata's receptionist making appointments for two patients, complete the corresponding scheduling cards.

DR. MALAPATA

Paciente:

Fecha: Hora:

Fecha de hoy:

DR. MALAPATA

Paciente:

Fecha: Hora:

Fecha de hoy:

Actividad 6 **Las sensaciones.** Listen to the conversation between Alberto and Dora, and select the different sensations or feelings they have. Read the list of sensations and feelings before you listen to the conversation. Note that there are extra sentences.

	Alberto	**Dora**
1. Tiene calor.	☐	☐
2. Tiene frío.	☐	☐
3. Tiene hambre.	☐	☐
4. Tiene miedo.	☐	☐
5. Tiene sed.	☐	☐
6. Tiene sueño.	☐	☐
7. Tiene vergüenza.	☐	☐

Actividad 7 **Ofertas increíbles.** Listen to the following radio ad about a department store and select the articles of clothing that are mentioned. Remember to read the list of items before you listen to the ad.

_____ blusas de cuadros _____ cinturones de plástico

_____ blusas de rayas _____ faldas de seda

_____ camisas de manga corta _____ trajes de baño de algodón

_____ camisas de manga larga _____ zapatos de diferentes colores

_____ chaquetas de cuero

Actividad 8 **La fiesta.**

A. Look at the drawing of a party and write four sentences in Spanish describing what some of the guests are doing. Pause the recording while you write.

Pablo

_____

Fabiana

_____

Lucía

_____

Mariana

_____

1. _____

2. _____

3. _____

4. _____

Continued on next page →

B. Miriam and Julio are discussing some of the guests at the party. As you listen to their conversation, write the guests' names in the drawing. Use arrows to indicate which name goes with which person. Don't worry if you can't understand every word. Just concentrate on who's who.

C. Now listen to the conversation again and write the occupations of the four guests below their names.

Actividad 9   **Los fines de semana.**

A. Write three sentences in Spanish describing things you usually do on weekends. Pause the recording while you write.

1. _____

2. _____

3. _____

B. Pedro is on the phone talking to his father about what he and his roommate Mario do on weekends. Listen to their conversation and select Pedro's activities versus Mario's. Remember to read the list of activities before you listen to the conversation.

	Pedro	Mario
1. Se acuesta temprano.	☐	☐
2. Se acuesta tarde.	☐	☐
3. Sale con sus amigos.	☐	☐
4. Se despierta temprano.	☐	☐
5. Se despierta tarde.	☐	☐
6. Duerme 10 horas.	☐	☐
7. Duerme 14 horas.	☐	☐
8. Juega al fútbol.	☐	☐
9. Almuerza con sus amigos.	☐	☐
10. Pide una pizza.	☐	☐
11. Juega al tenis.	☐	☐

Conversación: ¿Qué hacemos esta noche?
Conversación: De compras en San Juan

Capítulo **6 Ayer y hoy**

Mejora tu pronunciación

The sound [g]

The sound represented by the letter *g* before *a*, *o*, and *u* is pronounced a little softer than the English *g* in the word *guy*: **gustar, regalo, tengo**. Because the combinations **ge** and **gi** are pronounced **[he]** and **[hi]**, a *u* is added after the *g* to retain the **[g]** sound: **guitarra, guerra**.

Actividad 1 Escucha y repite. Listen and repeat the following phrases, paying special attention to the pronunciation of the letter **g**.

1. mi ami**g**a
2. te **g**ustó
3. es ele**g**ante

4. sabes al**g**o
5. no ten**g**o
6. no pa**g**ué

Actividad 2 ¡Qué guapo! Listen and repeat the following conversation between Claudio and Marisa. Pay special attention to the pronunciation of the letter **g**.

MARISA   Me **g**ustan mucho.

CLAUDIO   ¿Mis bi**g**otes?

MARISA   Sí, estás **gu**apo pero cansado, ¿no?

CLAUDIO   Es que ju**g**ué al tenis.

MARISA   ¿Con **G**ómez?

CLAUDIO   No, con López, el **gu**ía de turismo.

The sound [k]

The **[k]** sound in Spanish is unaspirated, as in the words **casa, claro, quitar,** and **kilo.** Hear the contrast between the *[k]* sound in English where a puff of air comes out as one pronounces the letter, and the **[k]** sound in Spanish where there is no puff of air: *case,* **caso;** *kilo,* **kilo;** *cape,* **capa.** The **[k]** sound in Spanish is spelled *c* before *a*, *o*, and *u*; *qu* before *e* and *i*; and *k* in a few words of foreign origin such as **kiwi, karate, kilómetro.** Remember that the *u* is not pronounced in *que* or *qui*, as in the words **qué** and **quitar.**

Lab Manual ■■■ Capítulo **6**   **227**

El saco. Listen and repeat the following conversation between a salesclerk and a customer. Pay attention to the [k] sound.

CLIENTE   ¿**Cu**ánto **cu**esta ese sa**c**o?

VENDEDORA   ¿A**qu**el?

CLIENTE   Sí, el de **cu**ero negro.

VENDEDORA   ¿No **qu**iere el sa**c**o azul?

CLIENTE   No. Bus**c**o uno negro.

Mejora tu comprensión

Actividad 4 **El gran almacén.** You are in Falabella, a department store in Chile, and you hear about the sales of the day over the loudspeaker system. As you listen, write the correct price above each of the items shown. Remember that Spanish uses periods where English uses commas and vice versa: **3.500 pesos.**

Actividad 5 **Los premios.**

A. You will listen to a radio ad for a photo contest that mentions the prizes (**premios**) that will be awarded and how much each is worth. Before you listen to the ad, stop the recording and write down under **tu opinión** how much you think each item is worth in dollars.

	tu opinión	el anuncio (*ad*)
Mercedes-Benz	$ _____	$ _____
viaje para dos por una semana a Las Vegas	$ _____	$ _____
reproductor de DVD	$ _____	$ _____
cámara digital	$ _____	$ _____
chaqueta de cuero	$ _____	$ _____

B. Now listen to the ad and write down how much each prize is worth in Mexican pesos in the second column.

Actividad 6 **La habitación de Vicente.** Vicente is angry because Juan Carlos, his roommate, is very messy. As you listen to Vicente describing the mess to Álvaro, write the names of the following objects in the drawing of the room, according to where Juan Carlos leaves them.

medias   **teléfono**   **libros**   **periódico**

Actividad 7 **¿Presente o pasado?** As you listen to each of the following remarks, select whether the speaker is talking about the present or the past.

	Presente	Pasado
1.	☐	☐
2.	☐	☐
3.	☐	☐
4.	☐	☐

Actividad 8 **El fin de semana pasado.**

A. Write in Spanish three things you did last weekend. Pause the recording while you write.

1. _____

2. _____

3. _____

B. Now listen to Raúl and Alicia talking in the office about what they did last weekend. Write **R** next to the things that Raúl did, and **A** next to the things that Alicia did. Remember to look at the list of activities before you listen to the conversation.

1. _____ Fue a una fiesta.   6. _____ Tomó café.

2. _____ Trabajó.   7. _____ Habló con una amiga.

3. _____ Comió en su casa.   8. _____ Se acostó tarde.

4. _____ Se acostó temprano.   9. _____ Jugó al tenis.

5. _____ Fue al cine.   10. _____ Miró TV.

Actividad 9 **La familia de Álvaro.** This is an incomplete tree of Álvaro's family. As you listen to the conversation between Álvaro and Clara, complete the tree with the initials of the names listed. Don't be concerned if you don't understand every word. Just concentrate on completing the family tree. You may have to listen to the conversation more than once.

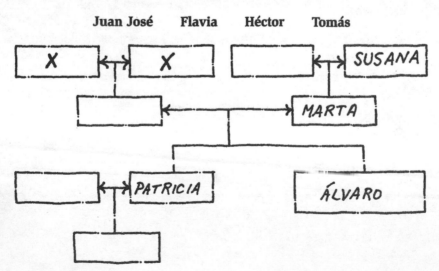

Actividad *10* **Una cena familiar.** Tonight there is a family dinner at Álvaro's and his mother is planning the seating arrangements. Listen to Álvaro's mother, Marta, as she explains her plan to Álvaro. Write the name of each family member on the card in front of his/her place setting. You may have to refer to **Actividad 9** for the names of some of Álvaro's relatives.

Actividad *11* **El matrimonio de Nando y Olga.**

A. Nando and Olga have already gotten married, and now Hernán, Nando's father, gets a phone call. Read the questions; then listen to the phone call and jot one word answers next to each question. You may have to listen to the conversation more than once.

1. ¿Quién llamó al padre de Nando por teléfono? _____

2. ¿A quién le hizo un vestido la Sra. Montedio? _____

3. ¿Qué le alquiló la mamá de Nando a su hijo? _____

4. ¿Quién les regaló una cámara de video a los novios? _____

5. ¿Quiénes les regalaron un viaje? _____

6. ¿A quiénes llamaron los novios desde la República Dominicana? _____

B. Now pause the recording and use your one-word answers to write down complete answers to the questions from part **A.**

1. _____

2. _____

3. _____

4. _____

5. _____

6. _____

Conversación: Una llamada de Argentina
Conversación: La boda en Chile

Capítulo 7 Los viajes

■■■

Mejora tu pronunciación
■■■

The consonants *b* and *v*

In Spanish, there is generally no difference between the pronunciation of the consonants **b** and **v**. When they occur at the beginning of a sentence, after a pause, or after *m* or *n*, they are pronounced like the *b* in the English word *bay;* for example, **bolso, vuelo, ambos, envío.** In all other cases, they are pronounced by not quite closing the lips, as in **cabeza** and **nuevo.**

Actividad 1 **Escucha y repite.** Listen and repeat the following travel-related words, paying special attention to the pronunciation of the initial **b** and **v.**

1. banco
2. vestido
3. vuelo
4. bolso
5. vuelta
6. botones

Actividad 2 **Escucha y repite.** Listen and repeat the following weather expressions. Note the pronunciation of **b** and **v** when they occur within a phrase.

1. Está nublado.
2. Hace buen tiempo.
3. ¿Cuánto viento hace?
4. Llueve mucho.
5. Está a dos grados bajo cero.

Actividad 3 **En el aeropuerto.** Listen and repeat the following sentences. Pay special attention to the pronunciation of **b** and **v.**

1. Buen viaje.
2. ¿Y su hijo viaja solo o con Ud.?
3. Las llevas en la mano.
4. ¿Dónde pongo las botellas de ron?
5. Vamos a hacer escala en Miami.
6. Pero no lo va a beber él.
7. Voy a cambiar mi pasaje.

Mejora tu comprensión

Actividad 4 **¿Qué es?** As you hear each of the following short conversations in a department store, select the object that the people are discussing.

1. ☐ una blusa   ☐ un saco
2. ☐ unos pantalones   ☐ un sombrero
3. ☐ unas camas   ☐ unos DVDs

Actividad 5 **Un mensaje para Teresa.** Vicente calls Teresa at work, but she is not there. Instead, he talks with Alejandro, Teresa's uncle. As you listen to their conversation, write the message that Vicente leaves.

MENSAJE TELEFÓNICO		
Para: *Teresa* _____		
Llamó: _____		
Teléfono: _____		
Mensaje: _____		
Recibido por: *tío Alejandro*	Fecha: *6 de septiembre*	Hora:

Actividad 6 **La operadora.** You will hear two telephone conversations. For each situation, select what happens.

1. ☐ tiene el número equivocado   ☐ no comprende a la persona
2. ☐ quiere el indicativo del país   ☐ quiere el prefijo de la ciudad

Actividad 7 **Las excusas.** Two of Perla's friends call her to apologize for not having come to her party last night. They also explain why some others didn't show up. As you listen, match each person with his or her excuse for not going to the party. Before you listen, stop the recording and read the excuses. Notice that there are extra excuses.

Invitados	Excusas
1. _____ Esteban	a. Tuvo que estudiar.
2. _____ Pilar	b. No le gusta salir cuando llueve.
3. _____ Andrés	c. Conoció a una persona en la calle.
4. _____ Viviana	d. Se durmió en el sofá.
	e. No pudo dejar a su hermano solo.
	f. Se acostó temprano.

Actividad 8 **Aeropuerto Internacional, buenos días.** You will hear three people calling the airport to ask about arriving flights. As you listen to the conversations, fill in the missing information on the arrival board.

LLEGADAS INTERNACIONALES				
Línea aérea	Número de vuelo	Procedencia	Hora de llegada	Comentarios
Iberia		Lima		a tiempo
TACA	357		12:15	
LACSA		NY/México		

Actividad 9 **Las noticias.** As you hear the news report, complete the following chart indicating who the people are and what happened in each case.

	Quién es	Qué ocurrió
1. María Salinas	_____	_____
2. Mario Valori	_____	_____
3. Pablo Bravo	_____	_____
4. Sara Méndez	_____	_____

Actividad 10 **¿Cuánto tiempo hace que...?** You will listen to a set of personal questions. Pause the recording after you listen to each question, and write a complete answer.

1. _____
2. _____
3. _____
4. _____

Actividad 11 **Mi primer trabajo.** As you listen to Mariano tell about his first job, fill in each of the blanks in his story with one or more words. Pause the recording and read the paragraph before you listen to Mariano.

_____ cuando empecé mi primer trabajo.

_____ cuando llegué a la oficina el primer día. Allí conocí

a mis colegas. Todos eran muy simpáticos. Una persona estaba enferma, así que yo

_____ todo el santo día. _____ de la

mañana cuando terminé. Ése fue un día difícil pero feliz.

Actividad *12* **El horario de Nélida.** After you hear what Nélida did this evening, figure out when each event happened. You may want to listen more than once.

¿Qué hora era cuando pasaron estas cosas?

1. Nélida llegó a casa. _____

2. Alguien la llamó. _____

3. Entró en la bañera. _____

4. Comenzó "Los Simpson". _____

5. Se durmió. _____

Conversación: ¿En un "banco" de Segovia?
Conversación: Un día normal en el aeropuerto

Capítulo 8 La comida y los deportes

Mejora tu pronunciación

Diphthongs

In Spanish, vowels are classified as weak (**i, u**) or strong (**a, e, o**). A diphthong is a combination of two weak vowels or a strong and a weak vowel in the same syllable. When a strong and a weak vowel are combined in the same syllable, the strong vowel takes a slightly greater stress; for example, **vuelvo**. When two weak vowels are combined, the second one takes a slightly greater stress, as in the word **ciudad**. Sometimes the weak vowel in a strong-weak combination takes a written accent, and the diphthong is therefore dissolved and two separate syllables are created. Listen to the contrast between the endings of these two words: **farmacia, policía**.

Actividad 1 **Escucha y repite.** Listen and repeat the following words.

1. las habich**ue**las
2. el m**aí**z
3. los cub**ie**rtos
4. la zanahor**ia**
5. la v**ai**nilla
6. c**ui**dar

Actividad 2 **Escucha y repite.** Listen and repeat the following sentences from the textbook conversation between Vicente and his parents.

1. S**ie**mpre los echo de m**e**nos.
2. B**ue**no, ahora vamos a ir a Sarchí.
3. Ten**ía** tres años c**ua**ndo subí a la carreta del ab**ue**lo.
4. No me s**ie**nto b**ie**n.
5. Q**uie**ren comprarle algo de artesan**ía** típica.

¿Diptongo o no? Listen and mark whether the following words have a diphthong or not.

Sí   No

1. ☐   ☐
2. ☐   ☐
3. ☐   ☐
4. ☐   ☐
5. ☐   ☐
6. ☐   ☐
7. ☐   ☐

Mejora tu comprensión

Actividad **4**   **¿Le molesta o le gusta?** As you listen to a series of statements, select the opinion of the speaker.

1. a. Las clases le parecieron fáciles.
   b. Las clases le parecieron difíciles.

2. a. Le encanta ir a la casa de sus padres.
   b. Le molesta ir a la casa de sus padres.

3. a. Le fascina la luz.
   b. Le molesta la luz.

4. a. A él le pareció interesante la película.
   b. A él le pareció aburrida la película.

Actividad **5**   **Las compras.** Doña Emilia is going to send her son Ramón grocery shopping and is now figuring out what they need. As you listen to their conversation, select the items they have, those they need to buy, and those they are going to borrow from a neighbor.

	Tienen	Necesitan comprar	Van a pedir prestado (*borrow*)
1. aceite	☐	☐	☐
2. lechuga	☐	☐	☐
3. pan	☐	☐	☐
4. vino blanco	☐	☐	☐
5. pimienta	☐	☐	☐
6. vinagre	☐	☐	☐

Actividad 6 **En el restaurante.** A family is ordering in a restaurant. Listen to them place their order and select what each person wants.

MESA No. 8			CAMARERO: JUAN
Cliente No.			Menú
1 (mujer)	2 (hombre)	3 (niño)	
			Primer Plato
			Sopa de verduras
			Espárragos con mayonesa
			Tomate relleno con pollo
			Segundo Plato
			Ravioles
			Bistec de ternera
			Medio pollo al ajo
			Papas fritas
			Puré de papas
			Ensalada
			Mixta
			Zanahoria y huevo
			Espinacas, queso y tomate

Actividad 7 **Cómo poner la mesa.** You will hear a man on the radio describing how to set a place setting. As you listen to him, draw where each item should go on the place mat.

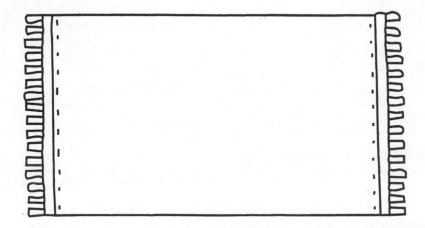

Actividad 8 **Los preparativos de la fiesta.** Mrs. Uriburu calls home to find out if her husband has already done some things for tonight's dinner. While you listen to Mrs. Uriburu's part of the phone conversation, choose from the list the correct answers her husband gives her.

1. a. Sí, ya la limpié.
    b. Sí, ya lo limpié.

2. a. No, no lo compró.
    b. No, no lo compré.

3. a. No tuviste tiempo.
    b. No tuve tiempo.

4. a. Sí, te la preparé.
    b. Sí, se la preparé.

5. a. Sí, se lo di.
    b. Sí, se los di.

6. a. No, no me llamó.
    b. No, no la llamé.

Actividad 9 **La dieta Kitakilos.**

A. Look at the drawings of María before and after Dr. Popoff's diet. Stop the recording and, under each drawing, write two adjectives that describe her. Also imagine and write two things she does now that she didn't used to do before.

Antes

Después

María era _____ y

_____ .

Ahora es _____ y

_____ .

Ahora puede _____ y

_____ .

B. Now listen to a radio ad on Dr. Popoff's diet and write two things María used to do before the diet and two things she does after the diet. It's not necessary to write all the activities she mentions.

Antes	Después
_____	_____
_____	_____

Actividad **10** **Los testimonios.** There was a bank robbery yesterday and a detective is questioning three witnesses. Listen to the descriptions the witnesses give and choose the correct drawing of the thief.

☐   ☐   ☐

Actividad **11** **Un mensaje telefónico.** The bank robber calls his boss at home and leaves her a very important message. Listen and write the message. When you finish, stop the recording and use the letters with numbers underneath them to decipher the secret message that the thief leaves his boss.

Mensaje:

___ ___ ___ ___ ___ ___   ___ ___ ___ . ___ ___ ___ ___ ___ ___ ___
          8   7 4 9   2   5   13

___ ___ ___ ___ ___ ___ ___ ___ ___ ___ ___ . ___ ___ ___ ___ ___
1   11   12   6   10

___ ___ ___ ___ ___ .
3

El mensaje secreto:

___ ___   ___ ___ ___ ___ ___ ___ ___ ___ ___   ___ ___   ___ ___ ___ ___ ___ .
1 2   3 4 5 2 6 7 8 13   4 9   6 10 7 11 12

Actividad 12 **Los regalos.** María and Pedro are at a sporting goods store that has many items on sale. Listen to their conversation and write what they are going to buy their children.

Le van a comprar a...

1. Miguel _____

2. Felipe _____

3. Ángeles _____

4. Patricia _____

Actividad 13 **Diana en los Estados Unidos.** Diana is talking to Teresa about her life in the U.S. Listen to their conversation and mark whether the following sentences about Diana are true or false.

	Cierto	Falso
1. Vivía en una ciudad pequeña.	☐	☐
2. Enseñaba inglés.	☐	☐
3. Hablaba español casi todo el día.	☐	☐
4. Se levantaba tarde.	☐	☐
5. Ella vivía con sus padres.	☐	☐
6. Estudiaba literatura española.	☐	☐

Conversación: ¡Feliz cumpleaños!
Conversación: Teresa, campeona de tenis

Capítulo **9** **Cosas que ocurrieron**

Mejora tu pronunciación

The consonants *c*, *s*, and *z*

In Hispanic America, the consonant **c** followed by an *e* or an *i*, and the consonants **s** and **z** are usually pronounced like the *s* in the English word *sin*. In Spain, on the other hand, the consonant **c** followed by an *e* or an *i*, and **z** are usually pronounced like the *th* in the English word *thin*.

Actividad 1 **Escucha y repite.**

A. Listen and repeat the following food-related words. Pay attention to the pronunciation of the consonant **c** followed by an *e* or an *i*, and the consonants **s** and **z**.

1. la taza
2. el vaso
3. el azúcar

4. el to**c**ino
5. la co**c**ina
6. la **c**erveza

B. Now listen to the same words again as they are pronounced by a speaker from Latin America and then by a speaker from Spain. Do not repeat the words.

Actividad 2 **El accidente.** Listen to a Spaniard as he describes an accident he had. Pay attention to the pronunciation of the consonant **c** followed by an *e* or an *i*, and the consonant **z**.

1. Iba a Bar**c**elona, pero tuve un a**c**cidente horrible en **Z**arago**z**a.
2. Me tor**c**í el tobillo.
3. Luego me corté un dedo y tuve una infe**cc**ión muy grave.
4. Gra**c**ias a Dios no me hi**c**ieron una opera**c**ión.
5. Pero ahora tengo un dolor de cabeza muy grande.

Mejora tu comprensión

Actividad 3 **No me siento bien.**

A. You will hear three conversations about people who have health problems. Listen and write in the chart the problem that each person has.

	Problema
El hombre	
La niña	
Adriana	

B. Now listen to the conversations again and write the solution to each person's problem in the chart below.

	Solución
El hombre	
La niña	
Adriana	

Actividad 4 **La conversación telefónica.** Clara is talking on the phone with a friend. She has the hiccups and can't finish some phrases. Listen to what Clara says and select a word to complete the idea that she is not able to finish each time her hiccups interrupt her. Number them from 1 to 4.

_____ hechos   _____ vestidos

_____ aburrido   _____ preocupada

_____ dormidos   _____ sentados

Actividad 5 **La fiesta inesperada.** Esteban decided to have a "come as you are" party yesterday and immediately called his friends to invite them over. Today, Esteban is talking to his mother about the party. Listen to the conversation and mark what the people were doing when Esteban called them.

_____ Ricardo   a. Estaba mirando televisión.

_____ María   b. Estaba vistiéndose.

_____ Héctor   c. Estaba bañándose.

_____ Claudia   d. Estaba afeitándose.

_____ Silvio   e. Estaba comiendo.

Actividad 6 **El accidente automovilístico.**

A. You will listen to a radio interview with a doctor who saw an accident between a truck and a school bus. Before listening, stop the recording and use your imagination to write what you think the people from the list were doing when the doctor arrived.

1. los niños _____
2. los paramédicos _____
3. la policía _____
4. los peatones (*pedestrians*) _____

B. Now listen to the interview and write what the people from the list were doing according to the doctor.

1. los niños _____
2. los paramédicos _____
3. la policía _____
4. los peatones _____

Actividad 7 **Problemas con el carro.** A man had a car accident and is on the phone talking to his car insurance agent about some of the problems his car has. Listen to the conversation and draw an X on the parts of the car that were damaged in the accident.

Actividad 8 **Quiero alquilar un carro.** Tomás is in Santiago, Chile, and wants to rent a car for a week to visit the country. Listen to the conversation and complete his notes.

Rent-a-carro: 698–6576

Por semana: $ _____

Día extra: $ _____

¿Seguro (*Insurance*) incluido? Sí / No   ¿Cuánto? $ _____

¿Depósito? Sí / No

¿Puedo devolver (*return*) el carro en otra ciudad? Sí / No

¿A qué hora debo devolverlo? _____

Actividad 9 **La novia de Juan.** Juan is talking to Laura about his girlfriend. Read the questions and then, while you listen to the conversation, answer the questions with complete sentences.

1. ¿Conocía Juan a su novia antes de empezar la universidad? _____
_____

2. ¿Cuándo y dónde la conoció? _____
_____

3. ¿Qué era algo que no sabía sobre ella cuando empezaron a salir? _____
_____

4. ¿Cómo y cuándo lo supo? _____
_____

5. ¿Qué piensa hacer Juan? _____
_____

Conversación: De vacaciones y enfermo
Conversación: Si manejas, te juegas la vida

Capítulo **10** Mi casa es tu casa

Mejora tu pronunciación

The consonants *g* and *j*

As you saw in Chapter 6, the consonant **g**, when followed by the vowels *a*, *o*, or *u* or by the vowel combinations *ue* or *ui*, is pronounced a little softer than the *g* in the English word *guy*; for example, **gato, gordo, guerra. G** followed by *e* or *i* and **j** in all positions are both pronounced similarly to the *h* in the English word *hot*, as in the words **general** and **Jamaica.**

Actividad 1 **Escucha y repite.** Escucha y repite las siguientes palabras. Presta atención a la pronunciación de las consonantes **g** y **j**.

1. ojo
2. Juan Carlos
3. trabajar
4. escoger
5. congelador
6. gigante

Actividad 2 **Las asignaturas.** Escucha y repite la siguiente conversación del libro entre dos estudiantes. Presta atención a la pronunciación de las consonantes **g** y **j**.

ESTUDIANTE 1   ¿Qué asignatura vas a escoger?

ESTUDIANTE 2   Creo que psicología.

ESTUDIANTE 1   Pero es mejor geografía.

ESTUDIANTE 2   ¡Ay! Pero no traje el papel para inscribirme.

ESTUDIANTE 1   ¿El papel rojo?

ESTUDIANTE 2   No. El papel anaranjado.

Mejora tu comprensión

Actividad 3 **El crucigrama.** Usa las pistas (*clues*) que escuchas para completar el crucigrama sobre aparatos electrodomésticos (*electrical appliances*). Mira la lista de palabras y el crucigrama antes de empezar.

aspiradora	horno	lavaplatos	secadora
cafetera	lavadora	nevera	tostadora

Actividad 4 **En busca de apartamento.** Paulina ve el anuncio de un apartamento para alquilar y llama para averiguar más información. Escucha la conversación entre Paulina y el dueño del apartamento y completa sus apuntes.

Teléfono 986-4132

Apartamento: 1 dormitorio

¿Alquiler? $ _____   ¿Depósito? $ _____

¿Amueblado? _____   ¿Luz natural? _____

Baño: ¿bañera? _____ ¿bidé? _____

¿Dirección? San Martín _____   ¿Piso? _____

Actividad 5 **¿Dónde ponemos los muebles?** Paulina y su esposo van a vivir en un nuevo apartamento y ahora planean en qué parte de la habitación van a poner cada mueble. Mientras escuchas la conversación, indica dónde van a poner cada mueble. Pon el número de cada cosa en uno de los cuadrados (*squares*) del plano de la habitación.

1 alfombra	3 cómoda	5 sillón
2 cama	4 mesa	6 televisor

Actividad 6 **En el Rastro.** Vicente y Teresa van al Rastro (un mercado al aire libre en Madrid) para buscar unos estantes baratos. Escucha la conversación con el vendedor y, basándote en lo que escuchas, marca si las oraciones son ciertas o falsas.

	Cierto	Falso
1. Hay poca gente en este mercado.	☐	☐
2. Vicente ve unos estantes.	☐	☐
3. Los estantes son baratos.	☐	☐
4. Teresa regatea (*bargains*).	☐	☐
5. El comerciante no baja el precio.	☐	☐
6. Teresa compra dos estantes.	☐	☐

Actividad 7 **Radio consulta.**

A. Esperanza es la conductora del programa de radio "Problemas". Escucha la conversación entre Esperanza y una persona que la llama para contarle un problema y marca cuál es su problema.

1. ☐ La señora está deprimida (*depressed*).
2. ☐ La señora no sabe dónde está su animal.
3. ☐ La señora tiene un esposo que no se baña.
4. ☐ La señora tiene un hijo sucio (*dirty*).

Continúa en la página siguiente →

B. Antes de escuchar la respuesta de Esperanza, escoge y marca bajo "Tus consejos" qué consejos de la lista te gustaría darle a la persona.

	Tus consejos	Los consejos de Esperanza
1. Debe poner a su esposo en la bañera.	☐	☐
2. Debe hablar con un compañero de trabajo de su esposo para que él le hable a su esposo.	☐	☐
3. Debe llevar a su esposo a un psicólogo.	☐	☐
4. Ella debe hablar con una amiga.	☐	☐
5. Tiene que decirle a su esposo que él es muy desconsiderado.	☐	☐
6. Tiene que decirle a su esposo que la situación no puede continuar así.	☐	☐

C. Ahora escucha a Esperanza y marca en la última columna los tres consejos que ella le da.

Actividad 8 **El mensaje telefónico.** La jefa de Patricio salió de la oficina y le dejó un mensaje telefónico para recordarle las cosas que tiene que hacer hoy. Escucha el mensaje y escribe una **P** delante de las cosas que ella le pide a Patricio que haga y una **J** delante de las cosas que va a hacer la jefa.

1. _____ comprar una cafetera

2. _____ escribirle un email al Sr. Montero

3. _____ llamar al Sr. Montero para verificar su dirección de email

4. _____ llamar a la agencia de viajes

5. _____ ir a la agencia de viajes

6. _____ ir al banco

7. _____ pagar el pasaje

Actividad 9 **Busco un hombre/una mujer...**

A. Vas a escuchar un anuncio en la radio de una mujer que busca su compañero ideal. Antes de escuchar el anuncio, para la grabación (*recording*) y marca las características que buscas en un compañero o una compañera.

Busco/Busca un hombre/una mujer...	tú	ella
que sea inteligente	_____	_____
que tenga dinero	_____	_____
que tenga un trabajo estable (*stable*)	_____	_____
que salga por la noche	_____	_____
que sepa bailar	_____	_____
que sea guapo/a	_____	_____
que sea simpático/a	_____	_____

B. Ahora escucha el anuncio en la radio y marca en la lista de arriba las características que busca esta mujer en un hombre.

Conversación: En busca de apartamento
Conversación: Todos son expertos

Capítulo **11** El tiempo libre

Mejora tu pronunciación

The consonant *h*

The consonant **h** is always silent in Spanish. For example, the word *hotel* in English is **hotel** in Spanish.

Actividad 1 **Escucha y repite.** Escucha y repite las siguientes palabras relacionadas con la salud.

1. hemorragia
2. hospital
3. hacer un análisis

4. herida
5. alcohol
6. hepatitis

Actividad 2 **La conversación.** Escucha y repite las siguientes oraciones de la conversación en el libro de texto entre Rosa y Raúl.

1. Es que los hombres son más fuertes.
2. Hay algunas diferencias entre la Kahlo y yo, empezando con mi habilidad artística.
3. Hacen falta las manos y no los músculos.
4. Tenían hijos de menos de cinco años.

Mejora tu comprensión

Actividad 3 **¿Certeza o duda?** Vas a escuchar cuatro oraciones. Para cada una, indica si la persona expresa certeza o duda.

	Certeza	Duda
1.	☐	☐
2.	☐	☐
3.	☐	☐
4.	☐	☐

Actividad 4 **¿Quién las hace?** Escucha a cuatro personas e indica, en cada caso, si la persona expresa emoción por sus acciones o las acciones que hacen otras personas.

Acciones de la persona que habla	Acciones de otra persona
1. ☐	☐
2. ☐	☐
3. ☐	☐
4. ☐	☐

Actividad 5 **Mañana es día de fiesta.** Silvia habla por teléfono con una amiga sobre sus planes para mañana. Mientras escuchas lo que dice, escribe cuatro oraciones sobre lo que quizás ocurra.

Mañana quizá / tal vez...

1. _____
2. _____
3. _____
4. _____

Actividad 6 **La receta de doña Petrona.** Vas a escuchar a doña Petrona mientras demuestra en su programa de televisión, **"Recetas exitosas"**, cómo preparar una ensalada de papas. Mientras escuchas la descripción de cada paso, numera los dibujos en el orden apropiado. ¡Ojo! Hay algunos dibujos extras.

Actividad 7 Un regalo poco común. Antes de escuchar el siguiente anuncio de la radio, escribe un regalo poco común *(unusual)* que alguna vez le diste a un amigo o amiga. Luego lee la información que se presenta y escucha el anuncio para completarla.

regalo que diste: _____

1. tipo de regalo: _____

2. precio: _____

3. algo para beber: _____

4. dos cosas para comer: _____

5. otra cosa (no bebida o comida): _____

6. dónde comprar el regalo: _____

Actividad 8 Un anuncio informativo.

A. Antes de escuchar un anuncio informativo para padres, lee la siguiente lista de pasatiempos. Marca, en la columna que dice **tú**, qué actividades hacías tú cuando eras niño o niña.

	tú	el anuncio
1. coleccionar algo	_____	_____
2. hacer artesanías	_____	_____
3. hacer crucigramas	_____	_____
4. hacer rompecabezas	_____	_____
5. jugar al ajedrez	_____	_____
6. jugar con juegos electrónicos	_____	_____
7. jugar juegos de mesa	_____	_____
8. navegar por Internet	_____	_____
9. pescar	_____	_____
10. tejer	_____	_____

B. Ahora escucha el anuncio y marca en la lista de arriba las actividades que los padres les pueden enseñar a sus hijos según lo que dice el anuncio.

Actividad 9 Cuando estudio mucho.

A. Antes de escuchar una conversación entre tres amigos, escribe en español tres cosas que te gusta hacer cuando tienes tiempo libre.

1. _____

2. _____

3. _____

Continúa en la página siguiente →

B. Federico, Gustavo y Marisa están hablando de las cosas que les gusta hacer cuando tienen tiempo libre. Escucha la conversación y escribe oraciones para indicar qué actividad o actividades le gusta hacer a cada uno.

1. Federico: _____

   _____

2. Gustavo: _____

   _____

3. Marisa: _____

   _____

Actividad 10 **El viaje a Machu Picchu.** El Sr. López recibe una llamada. Antes de escuchar, lee las oraciones. Luego, escucha la conversación y marca si las siguientes oraciones son ciertas o falsas.

	Cierto	Falso
1. El señor López ganó un viaje a Ecuador.	☐	☐
2. La señora dice que una computadora escogió su número de teléfono.	☐	☐
3. La señora dice que él ganó pasajes para dos personas.	☐	☐
4. El señor López le da su número de tarjeta de crédito a la mujer.	☐	☐
5. El señor López cree que la mujer le dice la verdad.	☐	☐

Conversación: El trabajo y el tiempo libre
Conversación: Después de comer, nada mejor que la sobremesa

Capítulo 12 ¡Viva la música!

Mejora tu pronunciación

Linking

In normal conversation, you link words as you speak to provide a smooth transition from one word to the next. In Spanish, the last letter of a word can usually be linked to the first letter of the following word, for example, **mis_amigas, tú_y_yo.** When the last letter of a word is the same as the first letter of the following word, they are pronounced as one letter, for example, **las_sillas, te_encargo.** Remember that the *h* is silent in Spanish, so the link occurs as follows: **la_habilidad.**

Actividad 1 **Escucha y repite.** Escucha y repite las siguientes frases prestando atención al unir las palabras.

1. la_cartera
2. mandar_un_email
3. la_estampilla
4. caerse_el_servidor
5. el_enlace
6. no quiero_hacer_esa_cola

Actividad 2 **En el restaurante argentino.** Escucha y repite parte de la conversación entre Teresa y Vicente en el restaurante argentino.

VICENTE   Espero que_a la_experta de tenis le gusten la comida_y los tangos_argentinos con
bandoneón_y todo.

TERESA   Los tangos que cantaba Carlos Gardel me fascinan. El_otro día, bajé de_Internet
"Mi Buenos_Aires Querido" cuando yo te vuelva_a ver... Pero, dime Vicente, ¿cómo_encontraste_este restaurante?

VICENTE   Navegando por_Internet. Bajé_una lista de restaurantes_argentinos y_este tenía muy buenos
comentarios.

Mejora tu comprensión

Actividad 3 **Los instrumentos musicales.** Vas a escuchar cuatro instrumentos musicales. Numera cada instrumento que escuches.

_____ batería

_____ violín

_____ violonchelo

_____ trompeta

_____ flauta

Actividad 4 **Tengo correo electrónico.** Escucha la conversación telefónica entre Fernando y Betina y completa la tabla del manual.

Dirección de correo electrónico de Betina: _____

Sitio que recomienda Fernando: _____

Actividad 5 **¿De qué hablan?** Antes de escuchar, para la grabación y mira la siguiente lista. Luego, escucha cinco miniconversaciones e indica de qué o de quién se habla en cada caso.

_____ el buzón   _____ mandar un fax

_____ el/la cartero/a   _____ el paquete

_____ la estampilla   _____ el remite

_____ hacer la cola   _____ las tarjetas postales

Actividad 6 **La isla Pita Pita.** Escucha la descripción de la isla Pita Pita y usa los símbolos que se presentan y los nombres de los lugares para completar el mapa incompleto. Los nombres de los lugares que se mencionan son **Blanca Nieves**, **Hércules**, **Mala-Mala**, **Panamericana** y **Pata**.

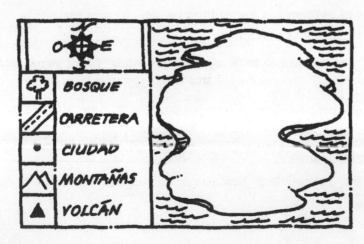

Actividad 7 **Visite Venezuela.** ¿Sabes cuáles de los lugares de la lista forman parte de Venezuela y cuáles no? Escucha el anuncio comercial sobre Venezuela y marca solo los lugares que pertenecen a ese país.

_____ el salto Ángel   _____ las islas Los Roques

_____ las cataratas del Iguazú   _____ las playas de Punta del Este

_____ la Ciudad Bolívar   _____ la playa de La Guaira

_____ Mérida   _____ el volcán de Fuego

_____ las islas Galápagos

Actividad 8 **La dieta.**

A. La Sra. Kilomás necesita bajar de peso (*to lose weight*) y está en el consultorio hablando con el médico. Antes de escuchar, escribe tres cosas que crees que el médico le va a decir que no coma.

1. _____ 2. _____ 3. _____

B. Ahora escucha la conversación y escribe en la columna correcta las cosas que la Sra. Kilomás puede y no puede comer o beber.

Coma: **No coma:**

_____   _____

_____   _____

                                    _____

                                    _____

Beba: **No beba:**

_____   _____

_____

Actividad 9 **La llamada anónima.** Unos hombres secuestraron (*kidnapped*) al Sr. Tomono, un diplomático, en Guayaquil, Ecuador, y quieren un millón de dólares. Llaman a la Sra. Tomono para decirle qué debe hacer con el dinero. Antes de escuchar, lee las oraciones que aparecen en el manual. Luego, escucha la conversación telefónica y marca si las siguientes oraciones son ciertas o falsas.

	Cierto	Falso
1. La Sra. Tomono debe poner el dinero en una mochila marrón.	☐	☐
2. Ella debe ir a la esquina (*corner*) de las calles Quito y Colón.	☐	☐
3. Tiene que hablar por un teléfono público.	☐	☐
4. Tiene que ir en taxi.	☐	☐

Actividad 10 **Pichicho.** Sebastián le está mostrando a su amigo Ramón las cosas que su perro Pichicho puede hacer. Escucha a Sebastián y numera los dibujos según las órdenes. ¡Ojo! Hay dibujos de ocho órdenes pero Sebastián solo da seis.

_____ _____ _____ _____

_____ _____ _____ _____

Actividad 11 **Las tres casas.**

A. Llamas a una inmobiliaria (_real-estate agency_) para obtener información sobre tres casas y te contesta el contestador automático. Escucha la descripción de las casas y completa la tabla.

	Tamaño (m2)	Dormitorios	Año	Precio (dólares)
Casa 1	250			350.000
Casa 2		2		
Casa 3			2005	

B. Ahora mira la tabla y escucha las siguientes oraciones. Marca **C** si son ciertas o **F** si son falsas.

1. _____
2. _____
3. _____
4. _____
5. _____

Actividad 12 **La peluquería.**

A. La Sra. López y la Sra. Díaz están en la peluquería hablando de sus hijos. Escucha la conversación y completa la información sobre sus hijos.

Hijo	Edad	Ocupación	Sueldo (*salary*)	Deportes
Alejandro López	_____	_____ _____	_____	nadar _____
Marcos Díaz	_____	abogado y _____	_____	_____ _____

B. Ahora escribe comparaciones sobre los dos chicos usando la información de la tabla y las palabras que aparecen en esta parte.

1. joven: _____

2. activo: _____

3. ganar dinero: _____

Conversación: ¡Qué música!
Conversación: La propuesta

Mar Caribe

Barranquilla
Cartagena
Maracaibo
San Carlos
Caracas
La Guaira
TRINIDAD Y
TOBAGO
Puerto España

VENEZUELA
Ciudad Bolívar
Salto Ángel
GUYANA
Georgetown
Paramaribo
SURINAM
Cayena
GUAYANA
FRANCESA

OCÉANO
ATLÁNTICO

Medellín
Zipaquirá
Cali
Bogotá
COLOMBIA
Popayán
San Agustín
Otavalo
Santo Domingo
de los Colorados
Pichincha
Quito
ECUADOR
Chimborazo
Guayaquil
Iquitos

CORDILLERA DE LOS ANDES

Manaos
Belén

Ecuador

BRASIL

Recife

Sipán
Trujillo
PERÚ
Callao
Lima
Machu Picchu
Cuzco
Puno
Arequipa
Arica
Iquique
La Paz
Tiahuanaco
Cochabamba
Sucre
BOLIVIA
Potosí

Salvador

Brasilia

Bello
Horizonte

Trópico de Capricornio

Antofagasta

Filadelfia
PARAGUAY
Asunción

San Pablo
Santos

Río de Janeiro

Salta
San Miguel
de Tucumán
Resistencia

Puerto Iguazú

Puerto Alegre

OCÉANO
PACÍFICO

CHILE

Córdoba
Aconcagua
Mendoza
Viña del Mar
Valparaíso
Santiago
Rosario
ARGENTINA
Buenos Aires
La Plata

URUGUAY
Montevideo
Punta del Este

Río de la Plata

Concepción

Mar del Plata

Bahía Blanca

CORDILLERA DE LOS ANDES

Bariloche
Puerto Montt

PATAGONIA

ISLAS GALÁPAGOS

San
Salvador
Santa Cruz
San Cristóbal
Isabela

Ecuador

Quito
ECUADOR
Guayaquil

Estrecho de
Magallanes

Islas
Malvinas

América del Sur

Punta Arenas
TIERRA
DEL FUEGO

Cabo de Hornos

0   250   500 Km.

0   250   500 Mi.